Graphic Technology Qualification

GTQ 포토샵 1급
Photoshop CC

GTQ 자료 다운로드 받기

1. 렉스미디어 홈페이지(www.rexmedia.net)에 접속한 후 [자료실]-[대용량 자료실]을 클릭합니다. 그런다음 렉스미디어 자료실 페이지가 나타나면 '수험서 관련\2022년 GTQ' 폴더를 선택한 후 [GTQ 1급 포토샵 CC.exe]를 클릭합니다.

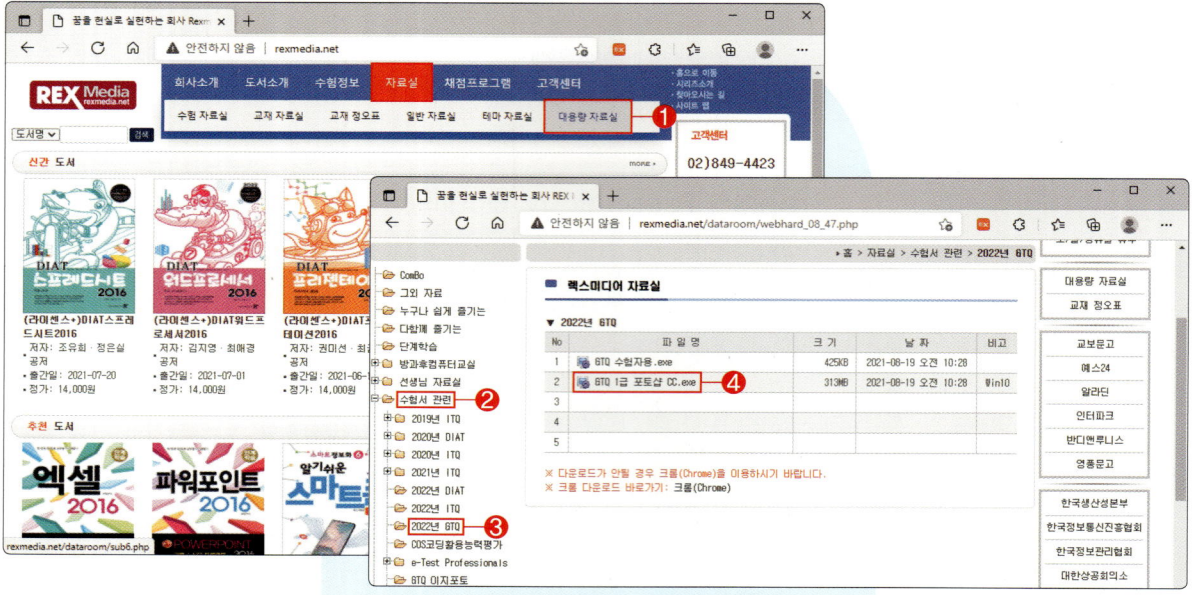

2. 'GTQ 1급 포토샵 CC.exe이(가) 장치를 손상시킬 수 있기 때문에 차단되었습니다.'라고 메시지가 나타나면 [추가 작업]을 클릭한 후 [유지]를 클릭합니다. 그런다음 [이 앱은 장치를 손상시킬 수 있습니다.] 메시지가 나타나면 [더 보기]를 클릭한 후 [그래도 계속]을 클릭합니다.

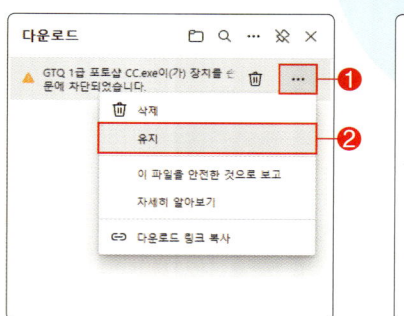 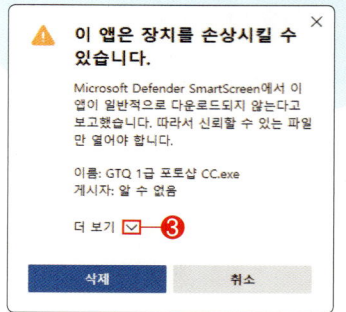 

3. 다운로드가 완료되면 [파일 열기]를 클릭합니다. 그런다음 'Windows의 PC 보호' 화면이 나타나면 [추가 정보]를 클릭한 후 [실행]을 클릭합니다.

 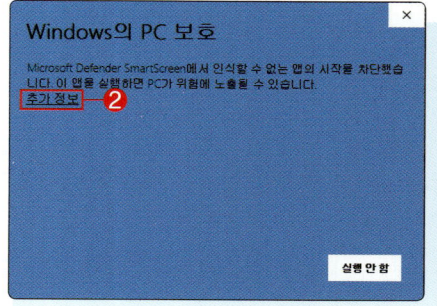 

4. [GTQ 1급 포토샵 CC 1.00설치] 대화상자의 '설치 마법사입니다' 화면이 나타나면 [다음] 단추를 클릭합니다. 그런 다음 [GTQ 1급 포토샵 CC 1.00설치] 대화상자의 '설치 위치 선택' 화면이 나타나면 [다음] 단추를 클릭합니다.

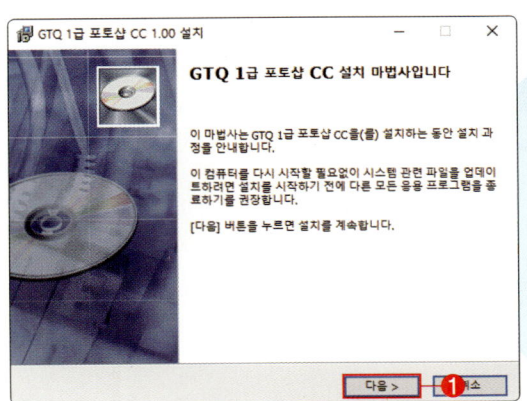
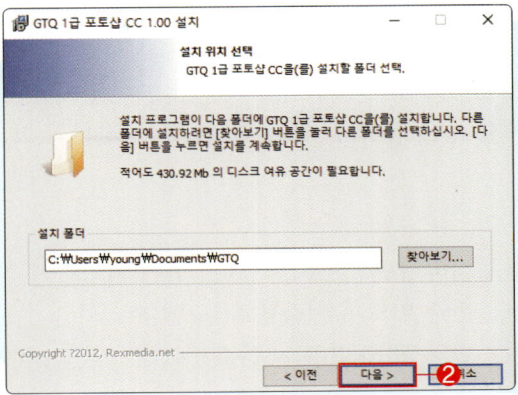

5. [GTQ 1급 포토샵 CC 1.00설치] 대화상자의 '설치 준비 완료' 화면이 나타나면 [설치] 단추를 클릭합니다. 그런 다음 [GTQ 1급 포토샵 CC 1.00설치] 대화상자의 '설치가 완료되었습니다' 화면이 나타나면 [마침] 단추를 클릭합니다.

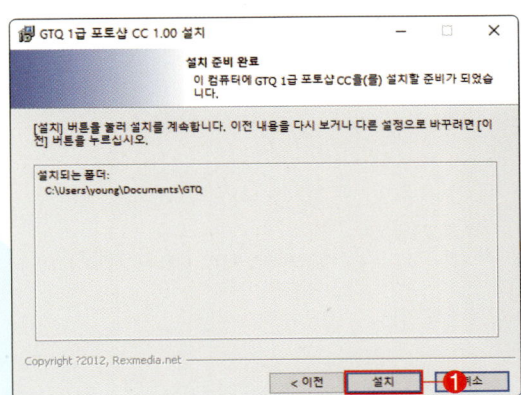
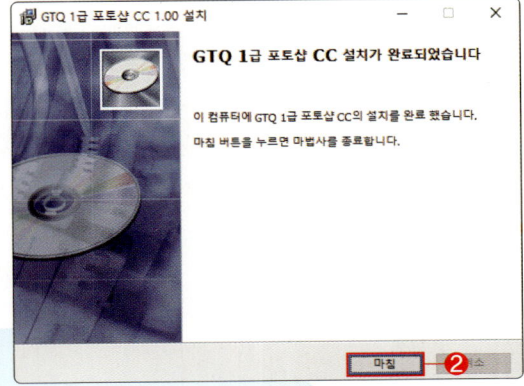

6. Windows 탐색기를 실행한 후 '내 PC\문서\GTQ' 폴더를 선택하면 다음과 같이 GTQ 1급 포토샵 CC 자료가 다운로드된 것을 확인할 수 있습니다.

❶ [Image] 따라하기에서 사용하는 이미지 파일이 담겨져 있습니다.
❷ [Part 01] 포토샵 기본 익히기에서 사용하는 연습파일과 완성파일이 담겨져 있습니다.
❸ [Part 02] 한문제 따라하기에서 다룬 문제의 이미지 파일 및 완성파일이 담겨져 있습니다.
❹ [Part 03] 실전모의고사에서 다룬 문제의 이미지 파일 및 완성파일이 담겨져 있습니다.
❺ [Part 04] 최신기출문제에서 다룬 문제의 이미지 파일 및 완성파일이 담겨져 있습니다.
❻ GTQ 수험자용 프로그램을 통해 답안을 전송하는 방법을 연습할 수 있습니다.

GTQ 시험 안내

1. GTQ 포토샵 시험의 의의와 목적

한국생산성본부가 주관하여 시행하는 GTQ(Graphic Technology Qualification) 시험은 컴퓨터 그래픽에 대한 기능적 요소와 실무환경에 접근 가능한 응용적 요소를 결합시킨 실무 중심형시험으로 그래픽에 대한 대중적인 이해와 수준을 한 단계 높여 국내 관련 산업의 발전에 이바지할 수 있는 역량 있는 인재를 양성하는데 그 목적이 있습니다.

2. 주관

- 주관 : 한국생산성본부(산업발전법에 의거하여 설립된 특별법인)
- 협찬 : 한국 어도비 시스템즈, 코렐 코리아
- 참여 : 한국생산성본부 회원 600여개사 및 산학협동대학

3. 시험의 장점

- 국제수준 자격시험으로 정착
- 컴퓨터 그래픽 관련 교육 평가 도구로 활용
- 대학의 관련학과 입학 시 가산점 및 재학시 학점인정제도와 연계
- 한국생산성본부 주관 I-Top 경진대회 참가종목
- 기업체 및 공공기관의 신입사원 채용 우대 및 내부 승진시 인사고과 자료로 적극 활용 추진

4. 시험 일정 및 검정 수수료

- 시험 일정 및 검정 수수료는 한국생산성본부 KPC 자격(https://license.kpc.or.kr)에서 확인할 수 있습니다.

5. 시험과목 및 버전

자격종목	등급	S/W Version	평가범위	시험시간	합격기준
GTQ 포토샵	1급	Adobe PhotoShop CS4, CS6, CC (한글, 영문)	기능평가 40% 기초실무능력평가 60%	90분	100점 만점 70점 이상
	2급		기능평가 60% 기초실무능력평가 40%	90분	100점 만점 60점 이상
	3급		기능평가 100%	60분	100점 만점 60점 이상

6. 시험 배점, 문항 및 시험시간

급수	시험배점	시험방법	시험시간
1급	총점 100점	4문항 실무 작업형 실기시험	90분
2급	총점 100점	4문항 실무 작업형 실기시험	90분
3급	총점 100점	3문항 기능 작업형 실기시험	60분

7. 출제기준

문제	사용 기능	평가 항목	배점	이미지
문제1 [기능평가] 고급 Tool(도구) 활용	• Filter(필터) • Pen Tool(펜 도구) • Clipping Mask(클리핑 마스크) • Selection Tool(선택 도구) • Layer Style(레이어 스타일) • Shape Tool(모양 도구) • Type Tool(문자 도구) • Free Transform(자유 변형)	• 작품 규격 및 해상도 설정, 레이아웃 • 펜 도구를 이용한 드로잉 평가, 모양 도구, 마스크 • 이미지 합성 및 필터, 이미지 변형 • 그라디언트 활용 및 레이어 스타일 • 문자 입력 및 왜곡 • 파일 관리 및 저장 방법	20점	3개
문제2 [기능평가] 사진편집 응용	• Filter(필터) • Hue/Saturation(색조/채도) • Layer Style(레이어 스타일) • Shape Tool(모양 도구) • Type Tool(문자 도구) • Free Transform(자유 변형)	• 작품 규격 및 해상도 설정, 레이아웃 • 펜 도구를 이용한 드로잉 평가, 모양 도구, 마스크 • 이미지 합성 및 필터, 이미지 변형 • 그라디언트 활용 및 레이어 스타일 • 문자 입력 및 왜곡 • 파일 관리 및 저장 방법	20점	3개
문제3 [실무응용] 포스터 제작	• Background(배경) 지정 • Layer Mask(레이어 마스크) • Gradient(그라디언트) • Opacity(불투명도) • Blending Mode(혼합 모드) • Filter(필터) • Layer Style(레이어 스타일) • Hue/Saturation(색조/채도) • Shape Tool(모양 도구) • Type Tool(문자 도구) • Free Transform(자유 변형)	• 작품 규격 및 해상도 설정, 레이아웃 • 배경 색상의 단색 및 그라디언트 • 모양 도구 활용 및 그라디언트 활용 • 레이어 스타일 적용 • 이미지 합성 및 필터, 이미지 변형, 마스크 • 색상 보정 및 혼합 모드, 불투명도 • 문자 입력 및 필터 • 파일 관리 및 저장 방법	25점	5개
문제4 [실무응용] 웹 페이지 제작	• Background(배경) 지정 • Pattern(패턴) • Layer Mask(레이어 마스크) • Opacity(불투명도) • Blending Mode(혼합 모드) • Gradient(그라디언트) • Layer Style(레이어 스타일) • Filter(필터) • Shape Tool(모양 도구) • Hue/Saturation(색조/채도) • Type Tool(문자 도구) • Free Transform(자유 변형)	• 작품 규격 및 해상도 설정, 레이아웃 • 배경 색상의 단색 및 그라디언트 • 패턴 제작, 펜 도구를 이용한 드로잉 평가 • 모양 도구 활용 및 그라디언트 활용 • 레이어 스타일 적용 • 이미지 합성 및 필터, 이미지 변형, 마스크 • 색상 보정 및 혼합 모드, 불투명도 • 문자 입력 및 필터 • 파일 관리 및 저장 방법	35점	6개

목차

PART 01　Photoshop CC 기본 익히기

● Chapter 01 · 포토샵 CC 실행하기
- STEP 01. Photoshop CC(2020) 알아보기 ············· 10
- STEP 02. 새 문서 만들어 저장하고 종료하기 ············· 16

● Chapter 02 · 선택 영역 지정 및 이동하기
- STEP 01. 이동 도구(Move Tool) ············· 21
- STEP 02. 사각형 선택 윤곽 도구(Rectangular Marquee Tool) ············· 24
- STEP 03. 원형 선택 윤곽 도구(Elliptical Marquee Tool) ············· 27
- STEP 04. 자석 올가미 도구(Magnetic Lasso Tool) ············· 29
- STEP 05. 개체 선택 도구(Object Selection Tool) ············· 31
- STEP 05. 자동 선택 도구(Magic Wand Tool) ············· 33

● Chapter 03 · 이미지 리터칭 및 복제하기
- STEP 01. 스팟 복구 브러시 도구(Spot Healing Brush Tool) ············· 38
- STEP 02. 복구 브러시 도구(Healing Brush Tool) ············· 40
- STEP 03. 패치 도구(Patch Tool) ············· 42
- STEP 04. 브러시 도구(Brush Tool) ············· 44
- STEP 05. 복제 도장 도구(Clone Stamp Tool) ············· 47
- STEP 06. 그라디언트 도구(Gradient Tool) ············· 49

● Chapter 04 · 문자 활용하기
- STEP 01. 문자 도구(Type Tool) ············· 54
- STEP 02. 텍스트 변형(Warp Text) ············· 57

● Chapter 05 · 모양 그리기
- STEP 01. 펜 도구(Pen Tool) ············· 61
- STEP 02. 사용자 정의 모양 도구(Custom Shape Tool) ············· 67

● Chapter 06 · 이미지 보정하기
- STEP 01. 혼합 모드(Blending Mode) ············· 73
- STEP 02. 레벨(Levels) ············· 76
- STEP 03. 색상 균형(Color Balance) ············· 78
- STEP 04. 명도/대비(Brightness/Contrast) ············· 80
- STEP 05. 곡선(Curves) ············· 82
- STEP 06. 색조/채도(Hue/Saturation) ············· 84

● Chapter 07 · 레이어(Layer) 활용하기
- STEP 01. 레이어 생성, 복사, 이동 및 레이어 관리하기 ············· 88
- STEP 02. 레이어 스타일(Layer Style) ············· 92
- STEP 03. 레이어 마스크(Layer Mask) ············· 96
- STEP 04. 클리핑 마스크(Clipping Mask) ············· 99

● Chapter 08 · 패턴 및 필터 적용하기
- STEP 01. 패턴(Pattern) ············· 106
- STEP 02. 필터 갤러리(Filter Gallery) ············· 111
- STEP 03. 필터(Filter) ············· 117

C·o·n·t·e·n·t·s

PART 02 한문제 따라하기 (입실부터 퇴실까지 GTQ 시험 체험하기)

- Chapter 01 · 입실 및 수험관리 프로그램 실행하기 ········· 130
- Chapter 02 · 문제지 수령 및 파일 확인하기 ············· 132
- Chapter 03 · [기능평가] 고급 Tool(도구) 활용 ············ 135
- Chapter 04 · [기능평가] 사진편집 응용 ················ 170
- Chapter 05 · [실무응용] 포스터 제작 ················· 198
- Chapter 06 · [실무응용] 웹 페이지 제작 ··············· 246

PART 03 실전모의고사

- 제01회 실전모의고사 ···························· 322
- 제02회 실전모의고사 ···························· 326
- 제03회 실전모의고사 ···························· 330
- 제04회 실전모의고사 ···························· 334
- 제05회 실전모의고사 ···························· 338
- 제06회 실전모의고사 ···························· 342
- 제07회 실전모의고사 ···························· 346
- 제08회 실전모의고사 ···························· 350
- 제09회 실전모의고사 ···························· 354
- 제10회 실전모의고사 ···························· 358

PART 04 최신기출문제

- 제01회 최신기출문제 ···························· 364
- 제02회 최신기출문제 ···························· 368
- 제03회 최신기출문제 ···························· 372
- 제04회 최신기출문제 ···························· 376
- 제05회 최신기출문제 ···························· 380

PART 05 정답 및 해설

- 실전모의고사 ································ 386
- 최신기출문제 ································ 432

Graphic Technology Qualification GTQ 포토샵

PART 01

Photoshop CC 기본 익히기

Graphic Technology Qualification

Chapter **01**

포토샵 CC 실행하기

STEP **01** Photoshop CC(2020) 알아보기
STEP **02** 새 문서 만들어 저장하고 종료하기

STEP 01 Photoshop CC(2020) 알아보기

포토샵을 실행하는 방법과 Photoshop CC(2020) 전체 화면이 어떤 요소들로 이루어져 있는지, 각각의 요소들의 역할은 무엇인지 알아보겠습니다.

1 ⊞[시작]을 클릭한 후 [Adobe Photoshop 2020]을 클릭하여 Adobe Photoshop CC(2020)를 실행합니다.

2 Photoshop CC(2020)이 실행되면 [Create new(새로 만들기)] 단추를 클릭합니다.

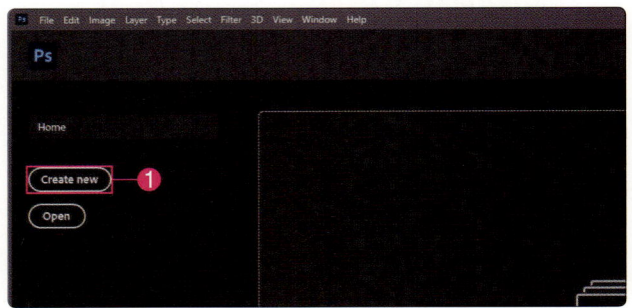

3 [New Document(새로 만들기 문서)] 대화상자가 나타나면 Width(너비)를 '400', Height(높이)를 '500'을 입력한 후 Resolution(해상도)을 '72'를 입력한 다음 [Create(만들기)] 단추를 클릭합니다.

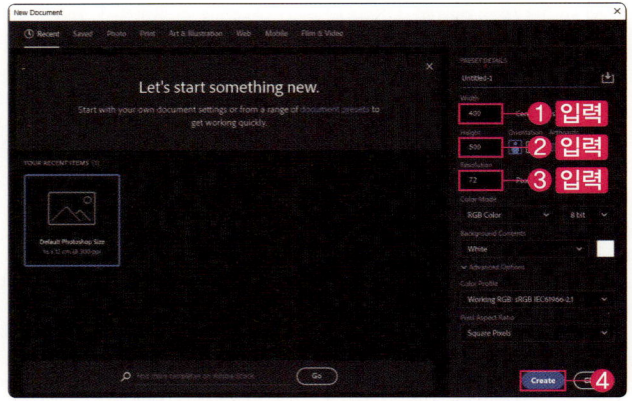

> **Tip**
> GTQ 시험에서 Resolution(해상도)는 72 Pixel/Inch(픽셀/인치)로 작업합니다.

4 사용하지 않는 부분을 숨기기 위해 ▶▶[Collapse to Icons(아이콘으로 축소)]를 클릭합니다.

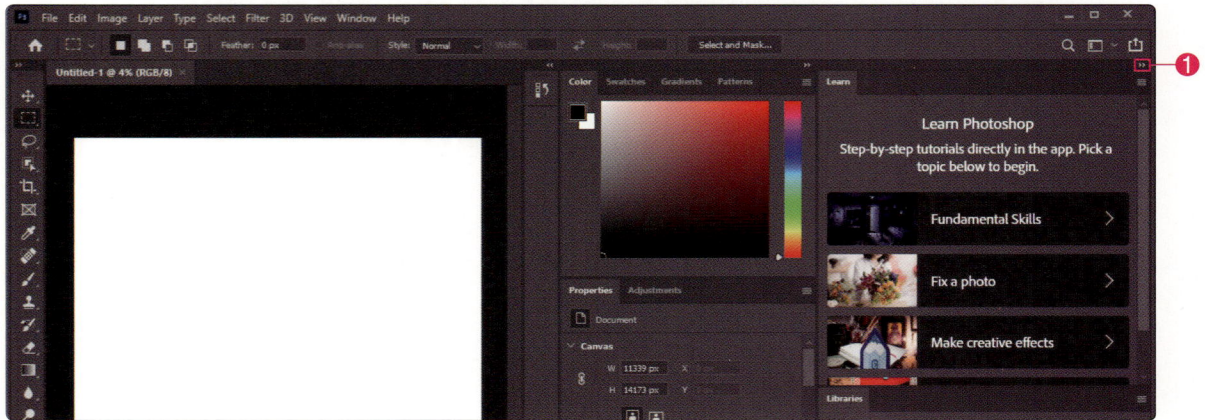

⊙ Photoshop CC(2020) 화면 구성 알아보기

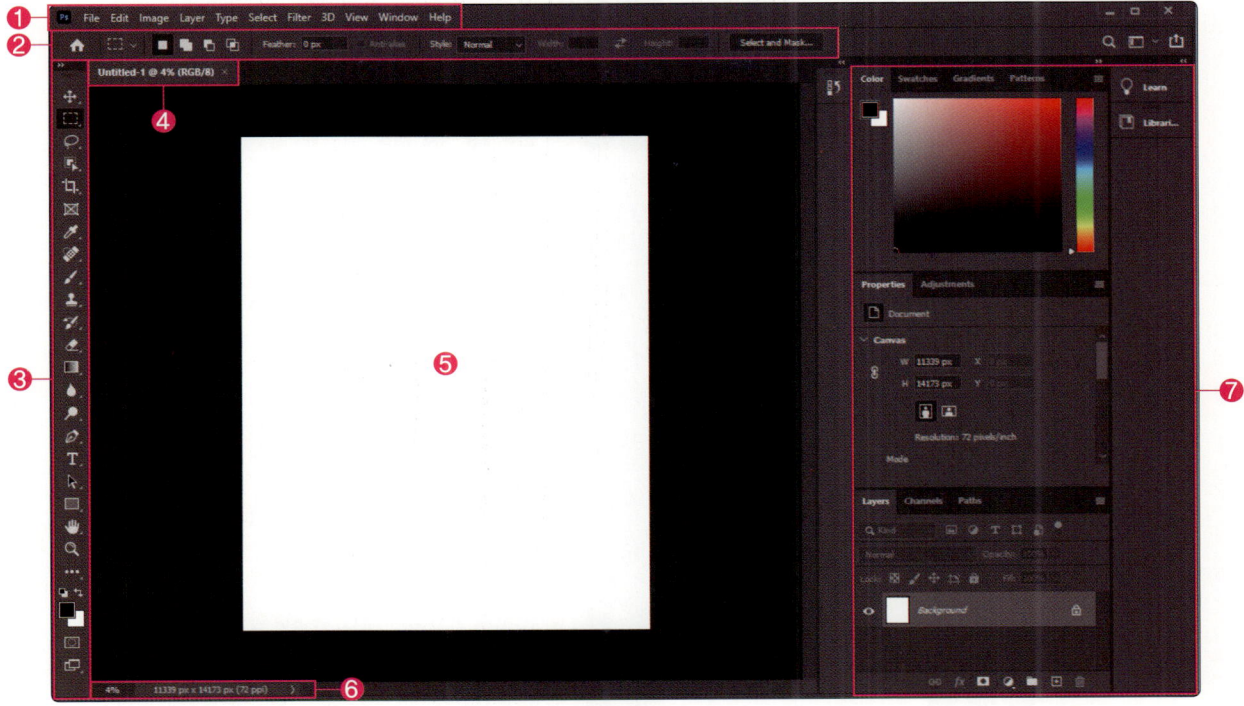

❶ **메뉴 표시줄** : 포토샵의 여러 가지 명령을 실행할 수 있는 메뉴들이 모여 있는 공간으로 File(파일), Edit(편집), Image(이미지), Layer(레이어), Type(문자), Select(선택), Filter(필터), 3D, View(보기), Window(창), Help(도움말)와 같이 11가지의 메뉴가 있습니다.

❷ **옵션 바** : Tool Box(도구 상자)에서 선택한 도구에 대한 세부적인 기능을 설정할 수 있습니다.

❸ **도구 상자** : 이미지 편집 작업에 사용되는 다양한 기능들을 각각의 아이콘으로 만들어 모아 놓은 곳으로, 아이콘 오른쪽 삼각형이 있는 아이콘은 누르고 있으면 숨은 메뉴가 표시됩니다.

❹ **파일명 탭** : 작업중인 파일의 이름과 화면 확대 비율, 그리고 색상 모드가 표시됩니다.

❺ **캔버스** : 실제적으로 이미지를 편집하는 작업 공간입니다.

❻ **상태 표시줄** : 화면 확대 비율, 파일 크기 등 현재 작업 중인 파일에 대한 정보가 표시됩니다.

❼ **패널(Panel)** : 자주 사용하는 기능들을 그룹별로 모아 놓은 곳으로, Photoshop에서는 많은 패널이 제공됩니다.

⊙ Tool Box(도구 상자)

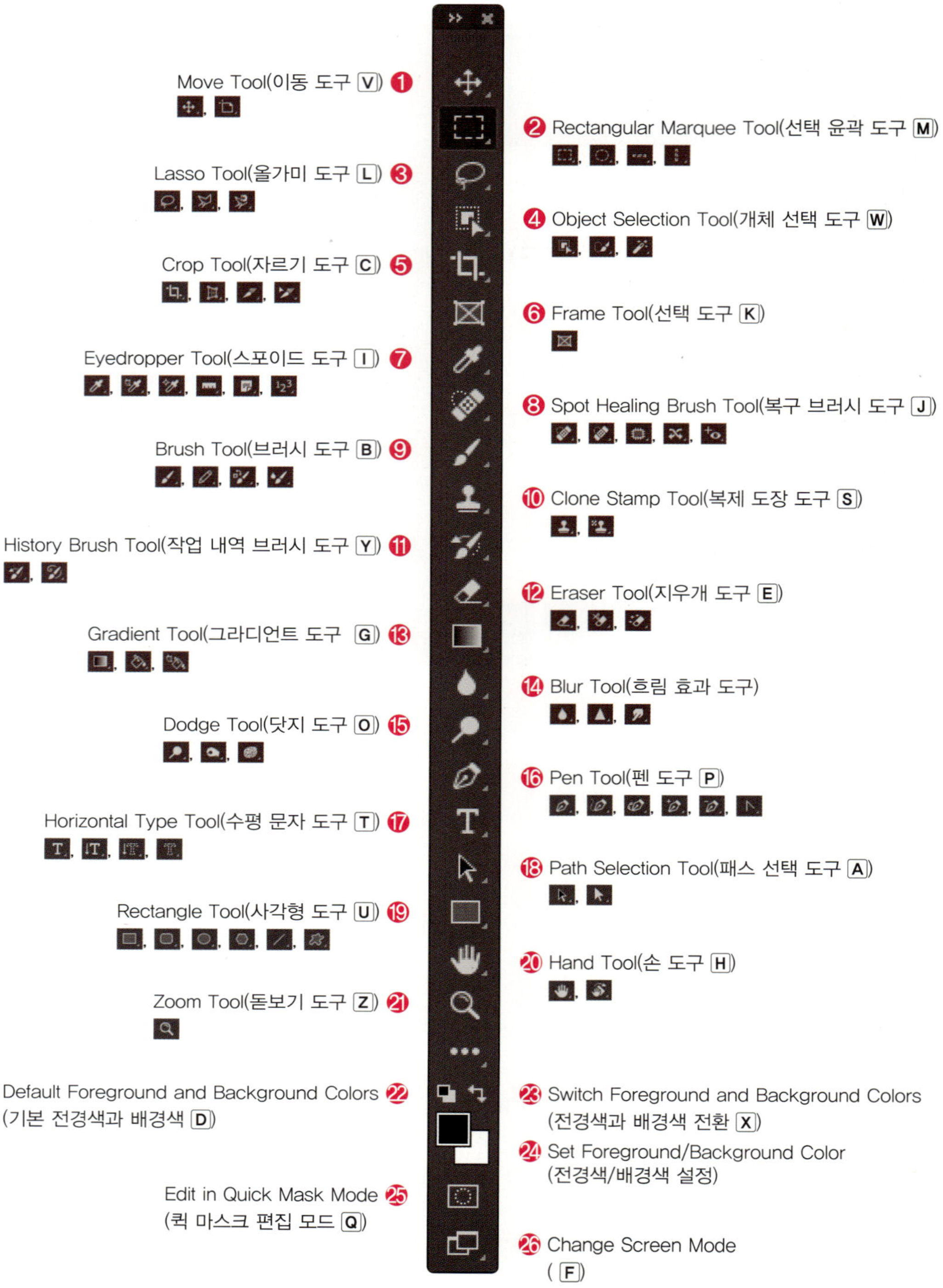

Move Tool(이동 도구 V) ❶
❷ Rectangular Marquee Tool(선택 윤곽 도구 M)
Lasso Tool(올가미 도구 L) ❸
❹ Object Selection Tool(개체 선택 도구 W)
Crop Tool(자르기 도구 C) ❺
❻ Frame Tool(선택 도구 K)
Eyedropper Tool(스포이드 도구 I) ❼
❽ Spot Healing Brush Tool(복구 브러시 도구 J)
Brush Tool(브러시 도구 B) ❾
❿ Clone Stamp Tool(복제 도장 도구 S)
History Brush Tool(작업 내역 브러시 도구 Y) ⓫
⓬ Eraser Tool(지우개 도구 E)
Gradient Tool(그라디언트 도구 G) ⓭
⓮ Blur Tool(흐림 효과 도구)
Dodge Tool(닷지 도구 O) ⓯
⓰ Pen Tool(펜 도구 P)
Horizontal Type Tool(수평 문자 도구 T) ⓱
⓲ Path Selection Tool(패스 선택 도구 A)
Rectangle Tool(사각형 도구 U) ⓳
⓴ Hand Tool(손 도구 H)
Zoom Tool(돋보기 도구 Z) ㉑
Default Foreground and Background Colors ㉒
(기본 전경색과 배경색 D)
㉓ Switch Foreground and Background Colors
(전경색과 배경색 전환 X)
㉔ Set Foreground/Background Color
(전경색/배경색 설정)
Edit in Quick Mask Mode ㉕
(퀵 마스크 편집 모드 Q)
㉖ Change Screen Mode
(F)

❶ • **Move Tool(이동 도구)** : 선택 영역이나 레이어, Guide(가이드) 등을 이동합니다.
• **Artboard Tool(대지 도구)** : 여러 캔버스 만들기, 이동 또는 크기 조정합니다.

Move Tool V
Artboard Tool V

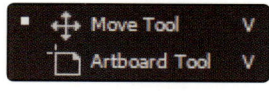

❷ **Rectangular Marquee Tool(선택 윤곽 도구)** : 선택 영역을 나타냅니다. 사각형, 원형, 가로, 세로 픽셀을 선택할 수 있습니다.

Rectangular Marquee Tool M
Elliptical Marquee Tool M
Single Row Marquee Tool
Single Column Marquee Tool

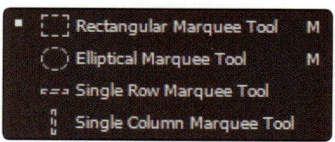

❸ • **Lasso Tool(올가미 도구)** : 이미지의 원하는 부분을 자유롭게 드래그하여 선택합니다.
• **Polygonal Lasso Tool(다각형 도구)** : 다각형 모양으로 자유롭게 선택합니다.
• **Magnetic Lasso Tool(자석 올가미 도구)** : 색상의 경계를 자동으로 인식하여 선택합니다.

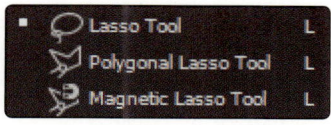

❹ • **Object Selection Tool(개체 선택 도구)** : 정의된 영역 내에서 개체를 찾고 자동으로 선택합니다.
• **Quick Selection Tool(빠른 선택 도구)** : 드래그한 영역에 있는 색상들과 동일한 색상들을 한꺼번에 선택 영역으로 지정합니다.
• **Magic Wand Tool(자동 선택 도구)** : 클릭한 부분의 색과 비슷한 색상을 선택 영역으로 지정합니다.

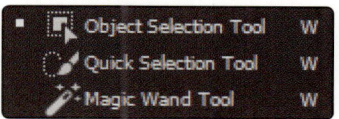

❺ • **Crop Tool(자르기 도구)** : 이미지의 선택 영역만 남기고 나머지 영역을 잘라 없앱니다.
• **Perspective Crop Tool(원근 자르기 도구)** : 원근으로 인한 왜곡을 보정하기 위해 이미지를 자릅니다.
• **Slice Tool(분할 영역 도구)** : 웹에서 이미지를 불러오는 로딩 속도를 줄이기 위하여 이미지를 분할합니다.
• **Slice Select Tool(분할 영역 선택 도구)** : 자른 이미지를 선택합니다.

❻ **Frame Tool(프레임 도구)** : 이미지에 대한 자리 표시자 프레임을 만듭니다.

❼ • **Eyedropper Tool(스포이드 도구)** : 이미지의 색상을 추출합니다.
• **3D Material Eyedropper Tool(3D 재질 스포이드 도구)** : 3D 개체에서 선택한 재질을 추출합니다.
• **Color Sampler Tool(색상 샘플러 도구)** : 기본 색상 정보를 확인할 때 사용하는 도구로서 4개의 고정된 컬러 샘플링 지점을 설정할 수 있습니다.
• **Ruler Tool(측정 도구)** : 거리를 알고자 하는 임의의 두 점을 클릭 드래그하여 직선을 만들고, 그 직선의 좌표와 크기, 각도 등의 정보를 알 수 있습니다.
• **Note Tool(메모 도구)** : 이미지에 포스트잇 같은 메모창을 달아줍니다.
• **Count Tool(카운트 도구)** : 이미지의 개체 수를 카운트합니다.

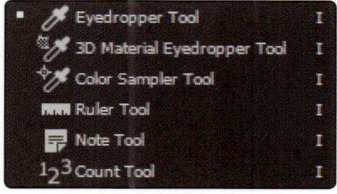

❽ • **Spot Healing Brush Tool(스팟 복구 브러시 도구)** : 마우스로 클릭한 지점의 주변 색상과 자연스럽게 어울려 지도록 복원합니다.
• **Healing Brush Tool(복구 브러시 도구)** : 이미지를 다른 이미지로 복제할 때 그림자, 빛, 텍스추어등의 속성을 그대로 보존하면서 먼지, 흠, 주름과 같은 것들을 효율적으로 제거합니다.
• **Patch Tool(패치 도구)** : 이미지 영역을 자유롭게 드래그, 선택하여 이미지를 복사하고 이미지를 주위 환경에 최적화 시키는 기능으로 복구 브러시 도구와 관련된 기능을 좀 더 섬세하게 작업할 수 있는 도구입니다.
• **Content-Aware Move Tool(내용 인식 이동 도구)** : 이미지의 일부를 선택 및 이동하고, 나머지 영역을 자동으로 채웁니다.
• **Red Eye Tool(적목 현상 도구)** : 적목 현상을 없앨 수 있으며, 또한 눈동자의 크기와 어두운 정도를 선택할 수 있습니다.

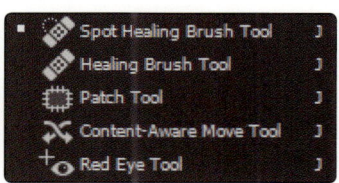

❾ • **Brush Tool(브러시 도구)** : 사용자가 임의로 여러 가지 형태의 다양한 브러시를 지정하거나 만들어 그림을 그릴 수 있으며 원하는 영역에 채색을 할 수 있습니다.
• **Pencil Tool(연필 도구)** : 연필 도구는 기본적으로 계단 현상이 적용되기 때문에 선이 부드럽지 않고 딱딱하고 거친 느낌을 줍니다. 주로 픽셀 아트에 사용합니다.
• **Color Replacement Tool(색상 대체 도구)** : 이미지의 배경색만 바꾸거나 질감이나 음영을 그대로 유지한 상태로 이미지 특정 부분의 색상을 쉽게 바꿀 수 있습니다.
• **Mixer Brush Tool(혼합 브러시 도구)** : 혼합 색상 및 다양한 페인트 젖음과 같은 실제 페인트 기술을 시뮬레이션합니다.

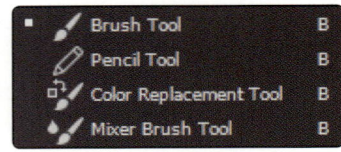

❿ • **Clone Stamp Tool(복제 도장 도구)** : 이미지의 특정 부분을 다른 이미지의 부분, 또는 전체에 복제하는 도구로 Alt를 누른 상태에서 클릭하여 복제 기준점을 설정하고, 원하는 위치에 드래그하면 기준점의 이미지가 복제됩니다.
• **Pattern Stamp Tool(패턴 도장 도구)** : 원하는 이미지의 일부분을 패턴으로 등록 후 적용하는 기능으로 패턴으로 등록시킬 부분을 사각 선택 영역으로 선택합니다. [Edit(편집)]-[Define Pattern(패턴 정의)] 메뉴를 클릭하여 패턴을 등록한 후 원하는 이미지 위에 드래그하면 패턴이 그려지듯 적용됩니다.

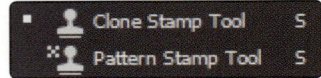

⑪ • **History Brush Tool(작업 내역 브러시 도구)** : 변형시켰던 이미지를 부분적으로 원래의 이미지로 복원시키는 기능을 지원합니다.
• **Art History Brush Tool(미술 작업 내역 브러시)** : 붓을 질감을 이용하여 회화적인 브러시 효과를 표현합니다.

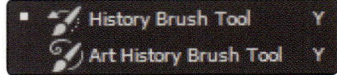

⑫ • **Eraser Tool(지우개 도구)** : 마우스로 드래그하는 부분을 투명하게 지워주거나 배경색으로 칠해줍니다.
• **Background Eraser Tool(배경 지우개 도구)** : 마우스로 클릭한 부분의 이미지 색상을 인식하여 투명하게 지워줍니다. 배경 이미지를 레이어 상태로 만들어 투명하게 지워줍니다.
• **Magic Eraser Tool(자동 지우개 도구)** : 자동 선택 도구처럼 옵션 바의 Tolerance(허용치) 설정 값에 따라 유사한 색상을 선택하여 한 꺼번에 지워줍니다.

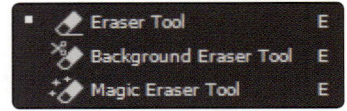

⑬ • **Gradient Tool(그라디언트 도구)** : 두 가지 이상의 색상과 색상 사이에 변해가는 색상을 뚜렷한 경계 없이 부드럽게 채워줍니다.
• **Paint Bucket Tool(페인트 통 도구)** : 이미지에서 같은 색 범위를 인식하여 그 영역에 색상이나 패턴을 한 번에 채우는 도구입니다.
• **3D Material Dro p Tool(3D 재질 놓기 도구)** : 도구에 로드된 재질을 3D 개체의 대상 영역에 채워줍니다.

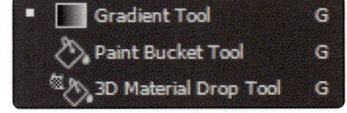

⑭ • **Blur Tool(흐림 효과 도구)** : 이미지를 뿌옇게, 초점이 흐린 효과를 줍니다.
• **Sharpen Tool(선명 효과 도구)** : 이미지를 뚜렷하게, 초점이 선명한 효과를 줍니다.
• **Smudge Tool(손가락 도구)** : 손가락으로 문지르는 듯한 효과를 줍니다.

⓯ • Dodge Tool(닷지 도구) : 이미지를 밝게 합니다.
• Burn Tool(번 도구) : 이미지를 어둡게 합니다.
• Sponge Tool(스폰지 도구) : 이미지의 채도를 조절합니다.

⓰ • Pen Tool(펜 도구) : 직선 또는 곡선 패스를 그리거나, 곡선으로 이루어진 물체의 외곽을 선택 영역으로 저장하여 선택 툴 용도로 사용합니다.
• Freeform Pen Tool(자유 형태 펜 도구) : 마우스로 자유롭게 드래그하여 패스를 만듭니다.
• Curvature Pen Tool(곡률 펜 도구) : 포인트를 사용하여 경로 또는 모양 생성 또는 변경합니다.
• Add Anchor Point Tool(기준점 추가 도구) : 만들어진 패스에 기준점을 추가합니다.
• Delete Anchor Point Tool(기준점 삭제 도구) : 만들어진 패스에 기준점을 삭제합니다.
• Convert Point Tool(기준점 변환 도구) : 핸들을 삭제시키거나 생성시켜 기준점의 속성을 바꾸면서 형태를 변형합니다.

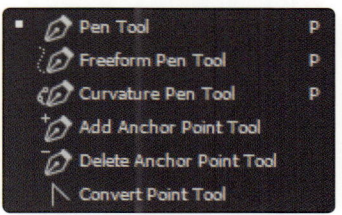

⓱ • Horizontal Type Tool(수평 문자 도구) : 텍스트를 가로로 입력합니다.
• Vertical Type Tool(세로 문자 도구) : 텍스트를 세로로 입력합니다.
• Vertical Type Mask Tool(세로 문자 마스크 도구) : 텍스트를 세로로 입력하며 입력한 텍스트를 선택 영역으로 만들어줍니다.
• Horizontal Type Mask Tool(수평 문자 마스크 도구) : 텍스트를 가로로 입력하며 입력한 텍스트를 선택 영역으로 만들어줍니다.

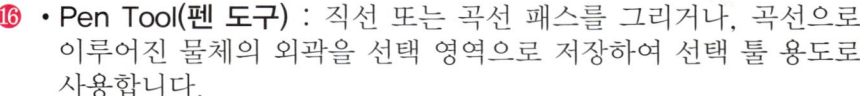

⓲ • Path Selection Tool(패스 선택 도구) : 패스나 도형의 전체를 선택하여 이동할 때 사용합니다.
• Direct Selection Tool(직접 선택 도구) : 패스나 도형의 포인트, 핸들을 선택하여 모양을 수정할 때 사용합니다.

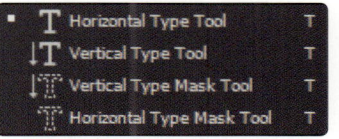

⓳ • Rectangle Tool(사각형 도구) : 도형 도구는 여러 가지 모양의 다양한 벡터 형식의 도형들을 만들 수 있는 기능으로 사각 도형 도구는 사각형 모양의 도형을 그립니다.
• Rounded Rectangle Tool(모서리가 둥근 직사각형 도구) : 모서리가 둥근 사각형을 그립니다.
• Ellipse Tool(타원 도구) : 정원이나 타원을 그립니다.
• Polygon Tool(다각형 도구) : 다각형을 그립니다.
• Line Tool(선 도구) : 직선 라인을 그립니다.
• Custom Shape Tool(사용자 정의 모양 도구) : 여러 가지 모양의 도형을 그릴 수 있습니다.

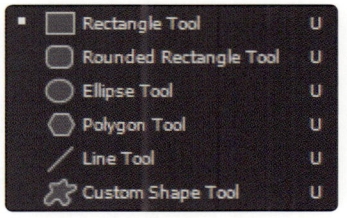

⓴ • Hand Tool(손 도구) : 이미지 화면을 원하는 부분으로 이동할 때 사용합니다.
• Rotate View Tool(도큐먼트 회전 도구) : 도큐먼트를 회전시킵니다.

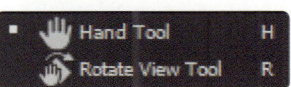

㉑ Zoom Tool(돋보기 도구) : 이미지 보기 배율을 확인합니다. Alt를 누른 상태에서 사용하면 축소합니다.

STEP 02 새 문서 만들어 저장하고 종료하기

포토샵에서 새 문서를 만든 후 Tool Box(도구 상자)를 선택하거나 보이는 도구와 숨어 있는 도구를 선택하는 방법 등에 대해 알아보고 저장하는 방법과 종료하는 방법에 대해 알아보겠습니다.

1 새 캔버스를 만들기 위해 [Create new(새로 만들기)] 단추를 클릭합니다.

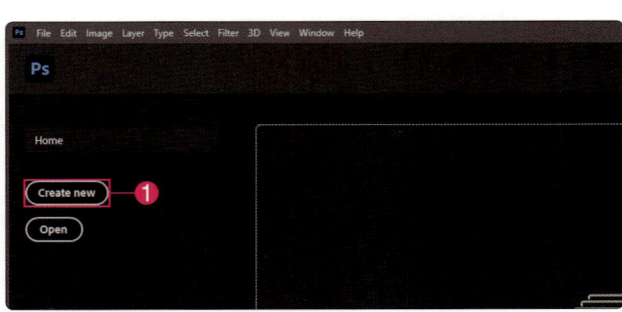

> **Tip**
> Ctrl+N을 눌러도 [새로 만들기 문서] 대화상자를 표시할 수 있습니다.

2 [New Document(새로 만들기 문서)] 대화상자가 나타나면 단위(Pixels(픽셀))를 선택한 후 Width(너비)를 '600' 입력한 다음 Height(높이)를 '400'을 입력하고 Resolution(해상도)을 '72'를 입력합니다. 그런 다음 [Create(만들기)] 단추를 클릭합니다.

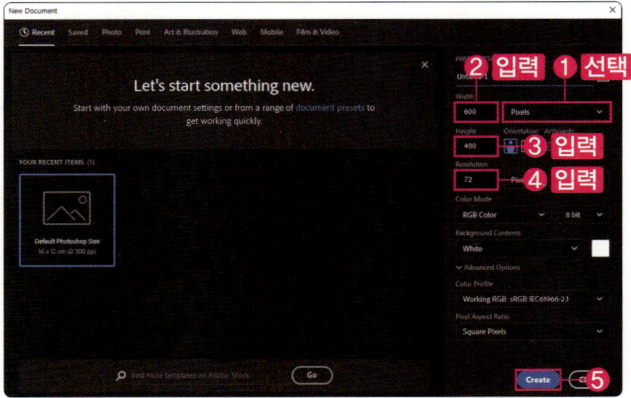

■ 알고 넘어갑시다 ■

New Document(새로 만들기 문서) 대화상자
New Document(새로 만들기 문서) 대화상자에서는 새 캔버스를 만들 때 필요한 다양한 옵션을 설정할 수 있습니다.

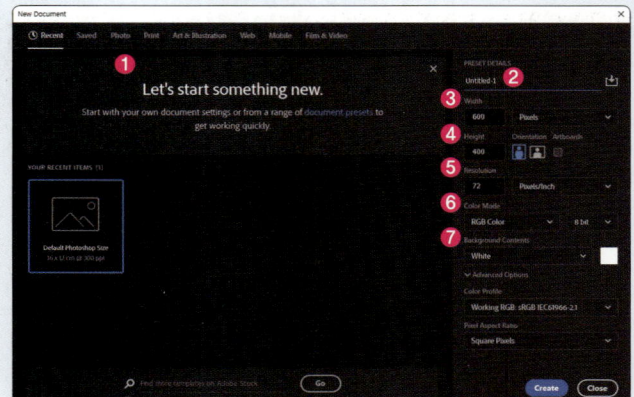

❶ **YOUR RECENT ITEMS(내 최근 항목)** : 최근에 만든 문서의 속성을 빠르게 선택하여 지정할 수 있습니다.
❷ **Name(이름)** : 새로운 파일의 이름을 입력합니다.
❸ **Width(폭)** : 이미지의 가로 크기를 의미하며, 단위(pixels(픽셀), inch(인치), cm(센티미터), mm(밀리미터), points(포인트), picas(파이카), columns(단)에 따라 입력 값이 달라집니다.
❹ **Height(높이)** : 이미지의 세로 크기를 의미하며, 단위(pixels, inch, cm, mm, points, picas)에 따라 입력 값이 달라집니다.
❺ **Resolution(해상도)** : 이미지의 해상도를 설정할 수 있습니다.
❻ **Color Mode(색상 모드)** : 이미지 표현 방식을 어떤 종류(Bitmap, Grayscale, RGB Color, CMYK Color, Lab Color)로 할 것인지를 결정합니다.
❼ **Background Contents(배경 내용)** : 자동으로 만들어질 배경색을 설정합니다.

3 Tool Box(도구 상자)에서 [Rectangular Marquee Tool(사각형 선택 윤곽 도구)]를 클릭합니다.

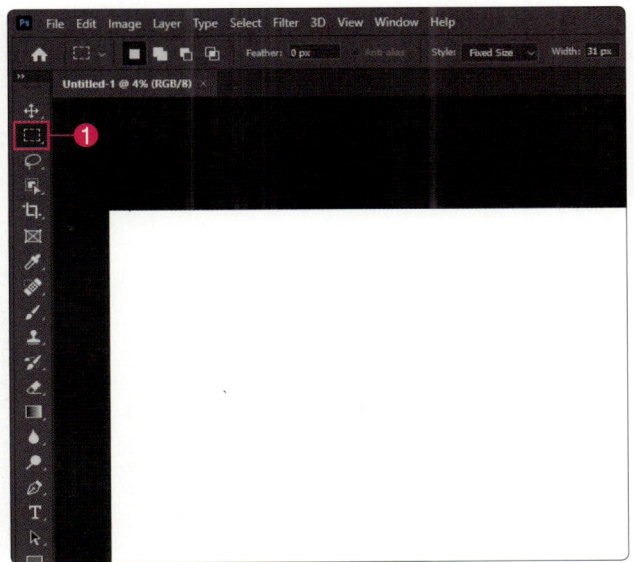

4 [Rectangular Marquee Tool(사각형 선택 윤곽 도구)] 위에서 오른쪽 마우스 단추를 클릭한 후 확장 도구가 나타나면 [Elliptical Marquee Tool(원형 선택 윤곽 도구)]를 클릭합니다.

> **Tip**
> 숨은 도구가 있는 도구 아이콘은 오른쪽 아래에 삼각형이 표시되어 있고, 해당 도구를 잠시 클릭한 상태로 있거나 마우스 오른쪽 버튼을 클릭하면 숨은 도구가 표시됩니다.

5 Tool Box(도구 상자)에서 [Rectangular Marquee Tool(사각형 선택 윤곽 도구)]에서 [Elliptical Marquee Tool(원형 선택 윤곽 도구)]로 변경됩니다.

> **Tip**
> GTQ 시험에서 사용되는 도구 중에서 어떤 것들이 자주 사용되며 각 도구들이 어떠한 쓰임새가 있고 어떤 옵션이 있으며, 옵션에 따라 어떻게 달라지는지 꼭 파악해야 합니다.

Chapter01 • 포토샵 CC 실행하기

6 새 캔버스를 저장하기 위해 [File(파일)]-[Save As(다른 이름으로 저장)]을 클릭합니다.

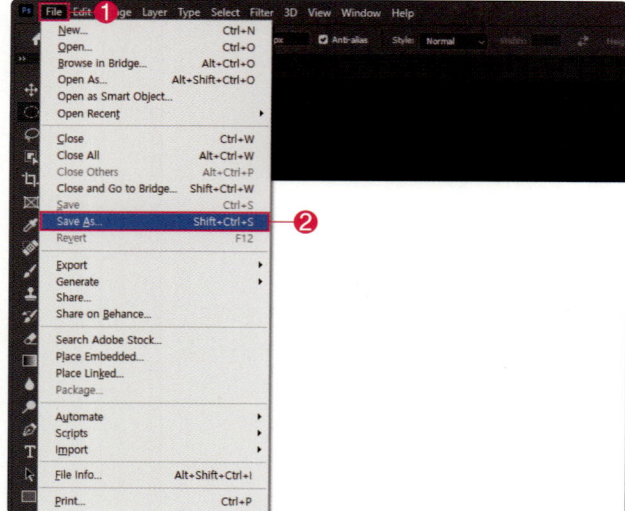

> Tip
> 캔버스를 만들고 아무 작업을 하지 않았기 때문에 [Save(저장하기)] 메뉴가 비활성화된 것입니다.

7 [Save on your computer or to cloud documents(컴퓨터 또는 클라우드 문서에 저장)] 대화상자가 나타나면 [Save on your computer(내 컴퓨터에 저장)] 단추를 클릭합니다.

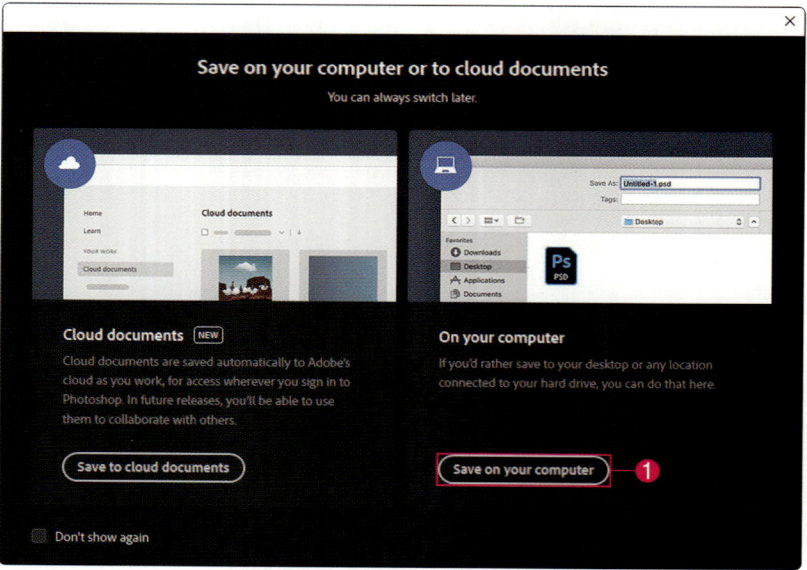

8 [다른 이름으로 저장] 대화상자가 나타나면 저장 위치(내 PC₩문서)를 지정한 후 파일 이름(연습)을 입력한 다음 파일 형식(JPEG (*.JPG;*.JPEG;*.JPE)을 지정하고 [저장] 단추를 클릭합니다.

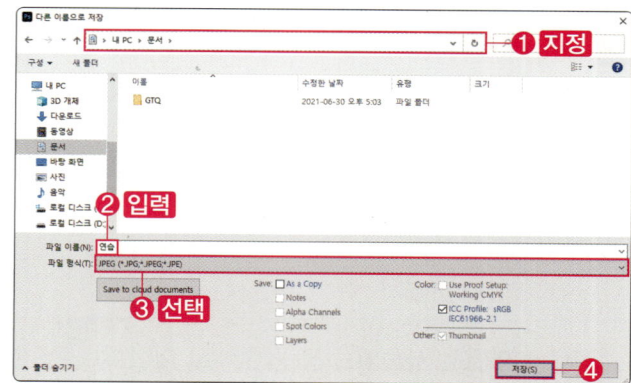

> Tip
> GTQ 시험에서는 '내 PC₩문서₩GTQ' 폴더에 '수험번호-성명-문제번호'로 저장합니다.

9 [JPEG Options] 대화상자가 나타나면 Image Options의 Quality(품질)을 '12'로 입력한 후 [OK(확인)] 단추를 클릭합니다.

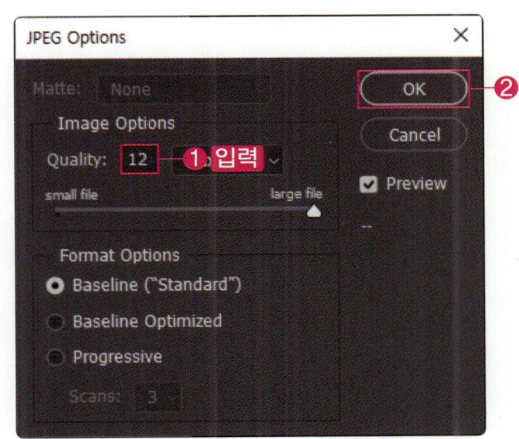

> **Tip**
> **Quality(품질)**
> JPEG 형식으로 저장하면 이미지의 압축률을 조절할 수 있습니다. Quality의 숫자가 낮을수록 압축률이 아주 높아 파일 용량은 작아지지만 이미지 질은 많이 손상됩니다.

10 파일이 저장되면 캔버스 상단에 파일명이 표시됩니다.

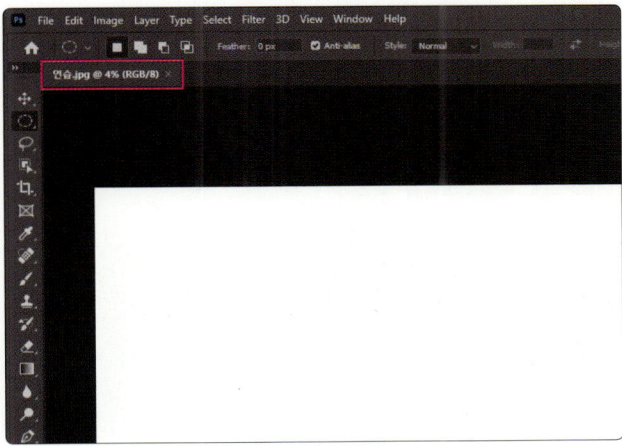

11 포토샵을 종료하기 위해 [File(파일)]-[Exit(종료)]를 클릭합니다.

> **Tip**
> Ctrl+Q 또는 ✕[닫기]를 클릭하여 포토샵을 종료할 수 있습니다.

Chapter01 · 포토샵 CC 실행하기 **19**

Graphic Technology Qualification

Chapter 02

선택 영역 지정 및 이동하기

- STEP 01 이동 도구(Move Tool)
- STEP 02 사각형 선택 윤곽 도구(Rectangular Marquee Tool)
- STEP 03 원형 선택 윤곽 도구(Elliptical Marquee Tool)
- STEP 04 자석 올가미 도구(Magnetic Lasso Tool)
- STEP 05 개채 선택 도구(Object Selection Tool)
- STEP 06 자동 선택 도구(Magic Wand Tool)

STEP 01 이동 도구 (Move Tool)

Move Tool(이동 도구)는 선택한 이미지나 레이어 또는 안내선을 이동할 때 사용하는 도구입니다. Alt 을 누른 상태에서 이미지를 이동하면 복사할 수 있습니다.

❶ **Tool Preset(도구 사전)** : 자주 사용하는 도구에 여러 가지 옵션들을 미리 설정하여 저장해 놓은 곳으로, 사용자는 일일이 옵션을 지정하지 않고도 필요한 옵션이 지정된 도구를 선택해 사용할 수 있습니다.

❷ **Auto-Select(자동 선택)**
- Auto Select Group(그룹 자동 선택) : 선택된 레이어가 포함되는 레이어 그룹을 선택합니다.
- Auto Select Layer(레이어 자동 선택) : 선택된 레이어가 아닌 [Move Tool(이동 도구)] 아래의 픽셀을 포함하는 최상위 레이어를 선택합니다.

❸ **Show Transform Controls(변형 컨트롤 표시)** : 선택된 항목 주위의 테두리 상자에 핸들을 표시합니다.

❹ **Align(정렬)** : 두 개 이상의 레이어가 링크되어 있을 경우에만 활성화 되는 옵션으로, 선택된 레이어를 기준으로 정렬합니다.

❺ **Distribute(분포)** : 세 개 이상의 레이어가 링크되어 있을 경우에만 활성화 되는 옵션으로, 링크시킨 레이어 이미지들이 정렬되는 방식을 지정합니다.

1 새 캔버스를 만들기 위해 [Create new(새로 만들기)] 단추를 클릭합니다.

> **Tip**
> **새로 만들기 문서**
> - [File(파일)]-[New(새로 만들기)]
> - Ctrl + N

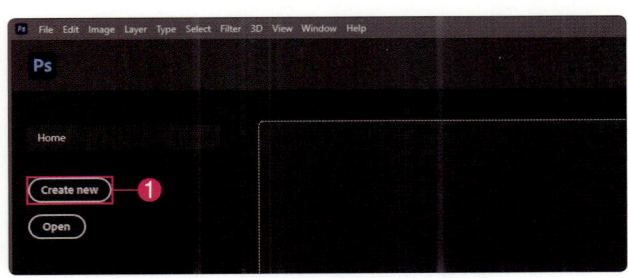

2 [New Document(새로 만들기 문서)] 대화상자가 나타나면 Width(너비)를 '600', Height(높이)를 '400'을 입력한 후 Resolution(해상도)을 '72'를 입력한 다음 [Create(만들기)] 단추를 클릭합니다.

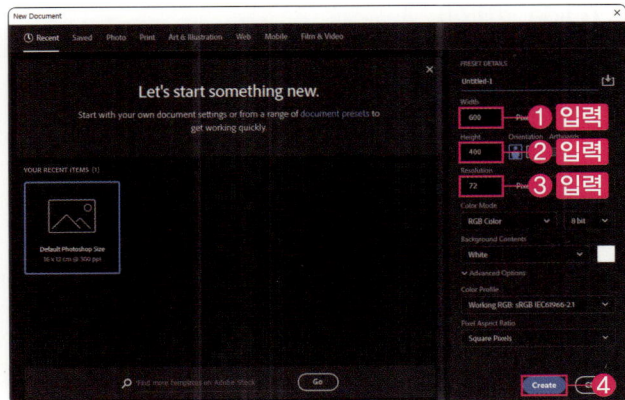

Chapter02 • 선택 영역 지정 및 이동하기

3 새 캔버스가 만들어지면 Tool Box(도구 상자)에서 [Move Tool(이동 도구)]를 선택한 후 Rulers(눈금자)에서 '100 pixels' 만큼 드래그하여 Guides(안내선)을 작성합니다.

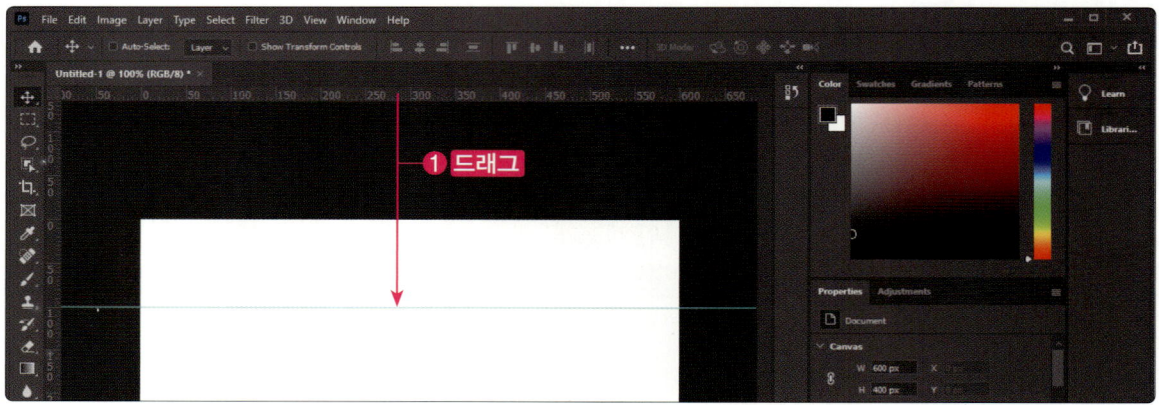

> **Tip**
> • Rulers(눈금자)가 나타나지 않을 경우 [View(보기)]-[Rulers(눈금자)] 또는 Ctrl+R을 누릅니다.
> • 눈금자가 표시되어 있어야 이미지의 위치 및 크기를 문제지와 비슷하게 지정할 수 있습니다.

4 같은 방법으로 가로 세로 '100 pixels' 만큼 Guides(안내선)을 작성합니다.

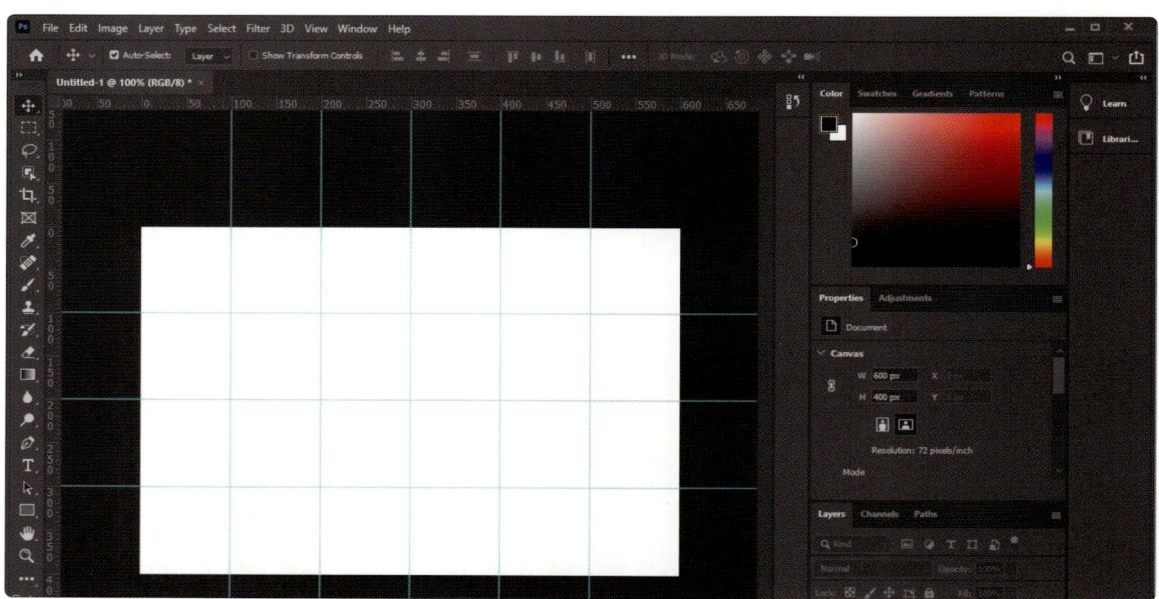

> **Tip**
> **Guide(안내선)**
> 안내선은 작업의 편의를 위한 일종의 기준선 또는 안내선를 의미합니다. 만들어진 안내선은 Ctrl+;을 눌러 나타내거나 숨길 수 있습니다. 생성된 안내선은 마우스로 드래그하여 위치를 이동하거나 안내선을 삭제하려면 안내선을 작업 영역 외곽으로 드래그합니다.

■ 알고 넘어갑시다 ■

Guide(안내선) 이동
생성된 안내선을 이동하려면 반드시 [Move Tool(이동 도구)]가 선택된 상태여야 합니다. 작업 도중 Ctrl을 눌러 임의적으로 이동 도구로 전환한 후 안내선의 위치를 변경하거나 이미지 위치를 이동시키는 작업 등을 빠르게 적용할 수 있습니다.

■ 알고 넘어갑시다 ■

New Guide(새 안내선)
안내선을 정확한 위치만큼 이동하고자 할 경우 마우스로 드래그하지 않고 위치 값을 입력하여 안내선을 작성할 수 있습니다.

1 [View(보기)]-[New Guide(새 안내선)]를 클릭합니다.

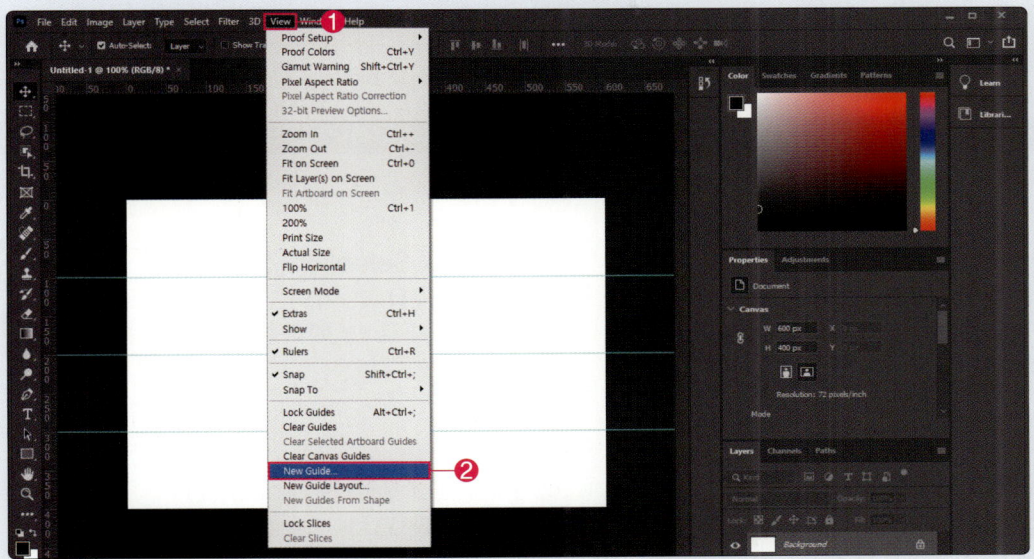

2 [New Guide(새 안내선)] 대화상자가 나타나면 Orientation(방향) 항목에서 [Vertical(세로)]를 선택한 후 Position(위치) 값을 '100 px'을 입력한 다음 [OK(확인)] 단추를 클릭합니다.

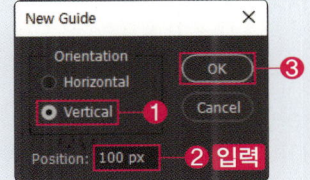

3 다음과 같이 Guide(안내선)이 작성됩니다.

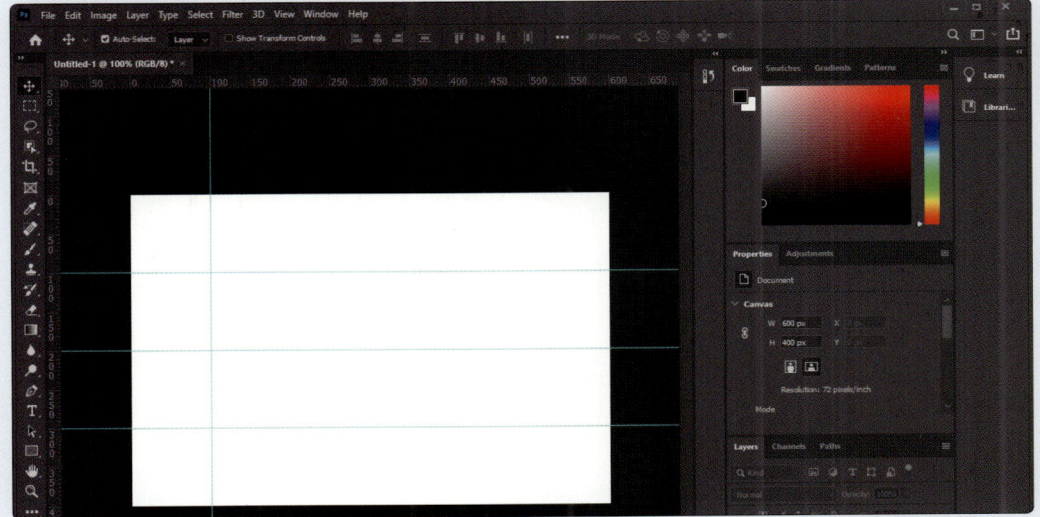

> **Tip**
> New Guide(새 안내선) 기능을 이용하면 정확한 위치만큼 안내선을 작성할 수 있지만 매번 메뉴를 눌러 위치 값을 입력해야하는 번거로움이 있습니다.

Chapter02 • 선택 영역 지정 및 이동하기 **23**

STEP 02 사각형 선택 윤곽 도구
(Rectangular Marquee Tool)

정사각형이나 직사각형을 선택할 때 사용합니다. 선택을 시작하려는 부분을 클릭한 후 선택하고 싶은 부분까지 드래그하면 됩니다. 이때 선택 영역은 반짝이는 점선으로 표시되어 확인할 수 있습니다.

❶❷❸❹ ❺ ❻ ❼

❶ **New Selection(새 선택 영역)** : 선택 영역을 지정할 때마다 그영역을 새로운 영역으로 선택합니다.

❷ **Add to Selection(선택 영역에 추가)** : 이미 선택된 영역에 새로 선택하는 영역을 추가합니다.

❸ **Subtract from selection(선택 영역에서 빼기)** : 이미 선택된 영역에서 새로 선택하는 영역을 제외시킵니다.

❹ **Intersect with selection(선택 영역과 교차)** : 이미 선택한 영역과 새로 선택하는 영역이 교차하는 부분만을 선택영역으로 지정합니다.

❺ **Feather(페더)** : 선택 영역의 가장자리 부분의 부드러운 퍼짐 효과를 조절합니다. 이 값은 페더 가장자리의 폭을 정의하며 범위는 0~255픽셀까지입니다.

Feather = 0　　　Feather = 50　　　Feather = 100　　　Feather = 150

❻ **Anti-alias(앤티 엘리어스)** : 앤티 엘리어스를 사용하면 가장자리 픽셀을 부분적으로 배경과 혼합하여 가장자리가 매끄러운 선택 영역을 지정할 수 있습니다.
※ 앤티 엘리어스는 Elliptical Marquee Tool(원형 선택 윤곽 도구)를 선택하면 활성화됩니다.

❼ **Style(스타일)**
- Normal(표준) : 드래그하면서 선택 영역을 지정합니다.
- Fixed Ratio(고정비) : Width(폭)과 Height(높이)의 비율을 지정하여 지정된 비율대로 영역을 선택합니다.
- Fixed Size(크기 고정) : Width(폭)과 Height(높이)의 픽셀수를 입력하여 영역을 선택합니다.

1 파일을 불러오기 위해 [Open(열기)]를 클릭합니다.

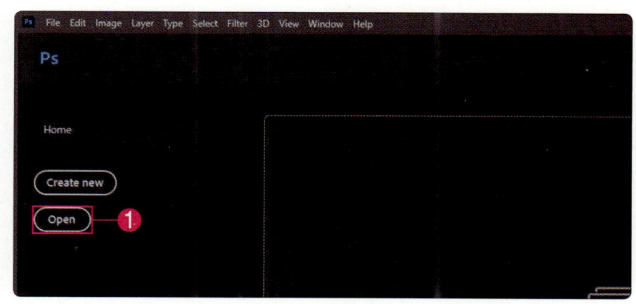

> **Tip**
> 파일 불러오기
> • [File(파일)]-[Open(열기)]
> • Ctrl + O

2 [열기] 대화상자가 나타나면 찾는 위치(내 PC₩문서₩GTQ₩Part 01 핵심요약₩Chapter 02)를 지정한 후 불러올 파일(Rectangular-1.jpg, Rectangular-2.jpg)을 선택한 다음 [열기] 단추를 클릭합니다.

> **Tip**
> 실제 시험에서 사용되는 이미지 파일은 '내 PC₩문서₩GTQ₩Image' 폴더에 있습니다.

3 이미지 파일이 불러지면 Ctrl + 0 을 눌러 이미지를 확대한 후 Tool Box(도구 상자)에서 ▭ [Rectangular Marquee Tool(사각형 선택 윤곽 도구)]를 클릭합니다.

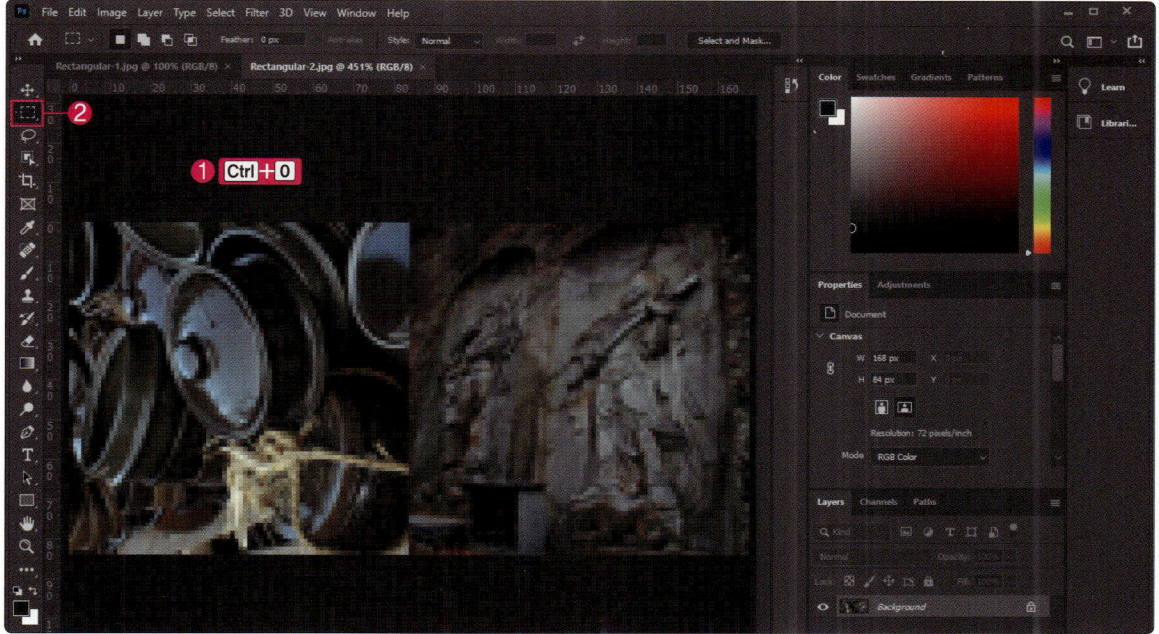

> **Tip**
> 화면 배율 조정하기
> • Ctrl + + : 100%씩 화면 배율을 확대
> • Ctrl + − : 100%씩 화면 배율을 축소
> • Ctrl + 0 : 현재 작업 창 크기에 맞게 화면 배율을 조정
> • Ctrl + Alt + 0 : 현재 화면 배율에 관계없이 화면 배율을 원본 이미지의 100%로 지정

4 선택 영역을 지정할 부분을 드래그하여 범위를 지정한 후 Ctrl+C를 눌러 선택 영역을 복사합니다.

5 선택 영역이 복사되면 [Rectangular-1.jpg] 이미지 탭을 클릭한 후 Ctrl+V를 눌러 복사한 이미지를 붙여넣기 합니다.

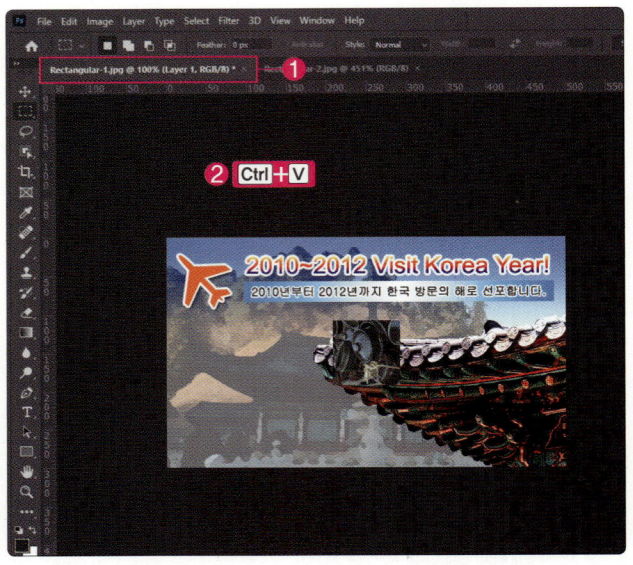

6 이미지가 복사되면 Ctrl+;을 눌러 숨겨진 안내선을 표시한 후 Tool Box(도구 상자)에서 [Move Tool(이동 도구)]를 클릭한 다음 드래그하여 이미지의 위치를 이동합니다.

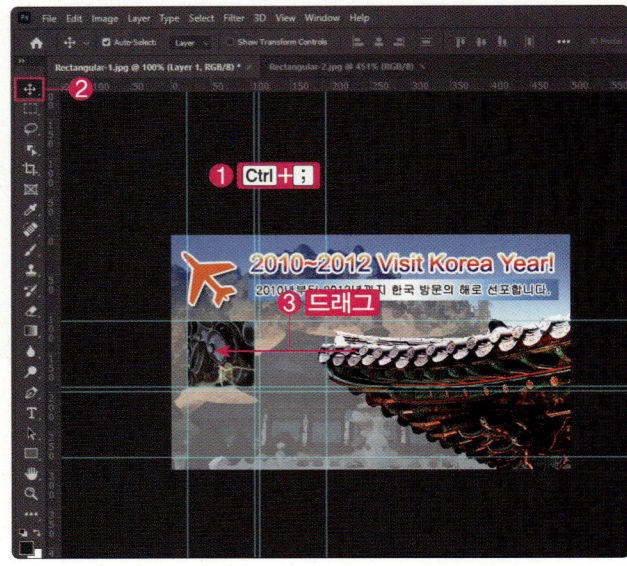

> **Tip**
> Guide(안내선)
> 안내선은 작업의 편의를 위한 일종의 기준선 또는 가이드를 의미합니다. 만들어진 안내선은 Ctrl+;을 눌러 나타내거나 숨길 수 있습니다.

STEP 03 원형 선택 윤곽 도구
(Elliptical Marquee Tool)

원형 선택 윤곽 도구는 이미지에서 정원이나 타원 등 원형으로 선택할 때 사용합니다. 드래그하면 타원이 그려지고 [Shift]를 누른 채 드래그하면 정원을 그릴 수 있습니다.

1 'Elliptical.jpg' 파일을 열고 Tool Box(도구 상자)에서 ◯[Elliptical Marquee Tool(원형 선택 윤곽 도구)]를 선택합니다.

Tip 확장 도구 선택
▯[Rectangular Marquee Tool(사각형 선택 윤곽 도구)]를 클릭한 채로 잠시 있으면 확장 도구가 나타나지만, [사각형 선택 윤곽 도구]를 클릭한 다음 마우스에서 바로 손을 떼면 확장 도구가 나타나지 않습니다.

2 선택 영역을 지정할 부분을 드래그하여 범위를 지정합니다.

Tip 선택 영역 그리기
- [Alt]를 누른 상태에서 드래그하면 정 가운데에서 선택 영역이 그려집니다.
- [Shift]를 누른 상태에서 드래그하면 가로, 세로 비율이 동일한 정원 모양으로 선택 영역이 그려집니다.

3 동전 영역을 정확히 선택하기 위해 [Select(선택)]-[Transform Selection(선택 영역 변형)]을 클릭합니다.

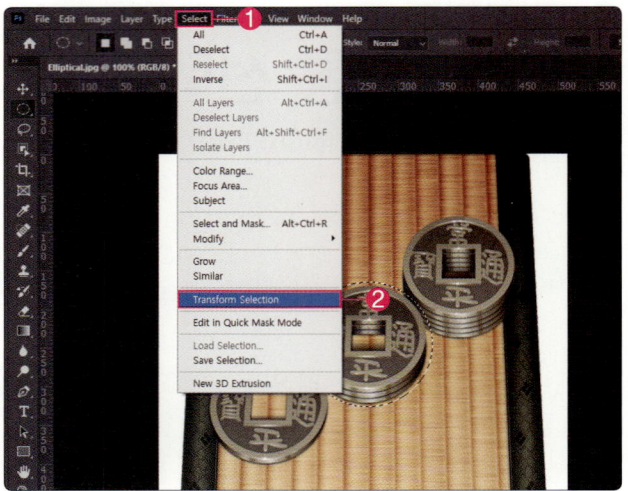

> **Tip**
> Transform Selection(선택 영역 변형)은 선택 영역의 모양을 변형시켜주는 명령입니다.
> Free Transform(자유 변형)과 사용 방법은 같지만, 자유 변형은 이미지 자체를 변형시키는 반면 선택 영역 변형은 이미지는 그대로 두고 선택 영역만을 변형시킨다는 차이가 있습니다.

4 원형 선택 영역에 8개의 크기 조절점이 나타나면 드래그하여 동전의 크기에 맞춰 조절합니다.

 ▶

> **Tip**
> **크기 조절점**
> 크기 조절점은 안쪽으로 드래그하면 선택 영역의 모양이 작아지고 바깥쪽으로 드래그하면 영역이 커집니다.

5 크기 조절이 완료되면 Enter 를 눌러 원형 선택 영역을 지정합니다.

STEP 04 자석 올가미 도구
(Magnetic Lasso Tool)

자석 올가미 도구는 이미지의 색상 차이를 이용하여 자석처럼 자동으로 선택 영역을 지정할 수 있는 도구입니다. 이 도구는 색상 차이가 분명하여 윤곽이 드러나는 이미지를 선택할 때 효율적으로 사용할 수 있습니다.

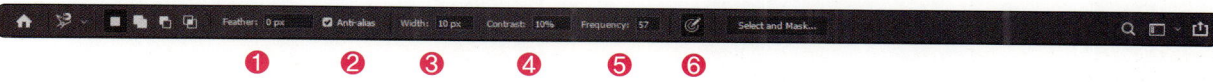

❶ ❷ ❸ ❹ ❺ ❻

❶ **Feather(페더)**
선택 영역의 가장자리 부분의 부드러운 퍼짐 효과를 조절합니다. 수치 값이 커질수록 퍼짐 효과가 많이 적용됩니다.

❷ **Anti-alias(앤티 앨리어스)**
선택 영역의 경계선을 부드럽게 처리해주는 기능으로, 특히 사선이나 곡선 주위의 계단 현상을 부드럽게 해줍니다.

❸ **Width(폭)**
자석 올가미 도구의 감지 영역(Detection width)을 픽셀 단위로 설정합니다. 1~256까지 입력할 수 있으며 값이 낮을수록 정교하게 선택됩니다. 자석 올가미 도구 사용 도중 [CapsLock]을 누르면 마우스 포인터의 모양이 원 모양으로 변경되어 감지 영역을 쉽게 확인할 수 있습니다.

❹ **Contrast(대비)**
이미지 가장자리의 색상, 명도, 채도의 대조 차이를 조절할 수 있습니다.
백분율 값을 입력하면 값이 클수록 색상의 경계가 부드럽게 선택됩니다.

❺ **Frequency(빈도 수)**
기준점의 생성 빈도수를 나타내며, 값이 클수록 기준점이 많이 생성되어 정교하게 선택할 수 있습니다.

Frequency : 10   Frequency : 100

❻ **Use Tablet pressure to change pen width(타블렛 압력 조절)**
타블렛 사용자가 이용할 수 있는 옵션으로, 타블렛의 압력에 의해 색상 경계의 자동 인식 범위를 조절할 수 있습니다.

1 'Magnetic.jpg' 파일을 열고 Tool Box(도구 상자)에서 [Magnetic Lasso Tool(자석 올가미 도구)]를 선택한 후 옵션 바에서 Frequency(빈도 수) 값 '100'을 입력합니다.

2 시작 지점을 클릭한 후 커피잔 외곽을 따라 마우스를 드래그하여 선택 영역을 지정합니다.

> **Tip**
> 처음 시작 지점에서만 마우스를 클릭하고 그 이후에는 마우스를 클릭하지 않은 채로 경계를 따라 이동하면, segment(세그먼트)가 자석처럼 달라붙으면서 자동으로 선택됩니다.

3 처음 시작 지점까지 이동하여 선택 영역을 완료합니다.

> **Tip**
> 마지막 지점까지 도달하면 처음 기준점을 클릭하여 완성합니다. 만약 처음 기준점을 지나서 세그먼트가 계속 따라오면 Delete 또는 BackSpace를 눌러 차례로 지울 수 있습니다.

4 선택이 완료되면 커피잔 부분에 점선의 선택 영역이 지정됩니다.

STEP 05 개체 선택 도구
(Object Selection Tool)

개체 선택 도구는 원하는 이미지 위를 드래그하면 범위 내에서 개체를 찾고 자동으로 개체를 선택 영역으로 만듭니다. 포토샵 CC 2020 버전에 새롭게 추가된 기능입니다.

❶ Mode(모드)
Rectangle(사각형) 또는 Lasso(올가미) 모드를 통해 선택 영역을 쉽게 지정할 수 있습니다.

Rectangle(사각형)　　　　　　　　　　　　Lasso(올가미)

❷ Sample All Layers(모든 레이어 샘플링)
선택된 레이어의 개체만 선택할 것인지, 다른 레이어에 있는 개체도 같이 선택할 것인지를 선택합니다.
- Sample All Layers(모든 레이어 샘플링)이 선택 해제되어 있으면 선택되어 있는 레이어의 개체만 선택가능합니다.
- Sample All Layers(모든 레이어 샘플링)이 선택되어 있으면 선택된 레이어에 관계없이 모든 개체가 선택가능합니다.

❸ Enhance Edge(가장자리 향상)
선택 영역의 테두리를 보정합니다.

❹ Object Subtract(개체빼기)
선택 영역 안에서 개체를 찾고 자동으로 제외합니다.

❺ Select Subject(피사체 선택)
클릭하면 사진 속의 배경과 피사체를 자동으로 구분합니다.

❻ Select and Mask(선택 및 마스크)
가장자리와 모서리의 모양, 부드러운 정도 등을 세밀하게 지정할 수 있습니다.

1 'Object.jpg' 파일을 열고 Tool Box(도구 상자)에서 [Object Selection Tool(개체 선택 도구)]를 선택한 후 선택 영역을 지정할 부분을 드래그하여 범위를 지정합니다.

2 옵션 바에서 [Subtract from selection(선택 영역에서 빼기)]를 선택한 후 흰색 물감을 드래그하여 선택영역에서 뺍니다.

> **Tip**
> Alt를 누른 상태에서 드래그하여 선택 영역에서 빼기를 할 수 도 있습니다.

3 선택이 완료되면 녹색 물감 부분이 선택 영역으로 지정됩니다.

STEP 06 자동 선택 도구
(Magic Wand Tool)

자동 선택 도구는 이미지를 클릭하면 마술처럼 단번에 클릭한 곳의 색상과 유사한 색상을 선택 영역으로 만듭니다. 배경과 색상의 대비가 뚜렷하고 선택하는 이미지가 주로 단조로운 색상으로 이루어진 이미지를 선택할 때 사용합니다.

❶ Tolerance(허용치)
선택된 픽셀의 유사성 또는 차이를 판별합니다. 0~255 사이의 픽셀 값을 입력합니다. 낮은 값을 지정하면 사용자가 클릭한 픽셀과 매우 유사한 몇 가지 색상만 선택됩니다. 높은 값을 지정하면 보다 넓은 범위의 색상이 선택됩니다.

Tolerance = 0   Tolerance = 50   Tolerance = 100   Tolerance = 150

❷ Contiguous(인접)
동일한 색상을 사용하는 인접 영역만을 선택합니다. 이 옵션을 선택하지 않으면 전체 이미지에서 동일한 색상을 사용하는 모든 픽셀이 선택됩니다.

Contiguous 선택   Contiguous 선택 해제

❸ Sample All Layers(모든 레이어 샘플링)
보이는 모든 레이어의 데이터를 사용하여 색상을 선택합니다. 이 옵션을 선택하지 않으면 [Magic Wand Tool(자동 선택 도구)]은 활성 레이어의 색상만 선택합니다.

1 'Magic Wand.jpg' 파일을 열고 Tool Box(도구 상자)에서 [Magic Wand Tool(자동 선택 도구)]를 선택합니다.

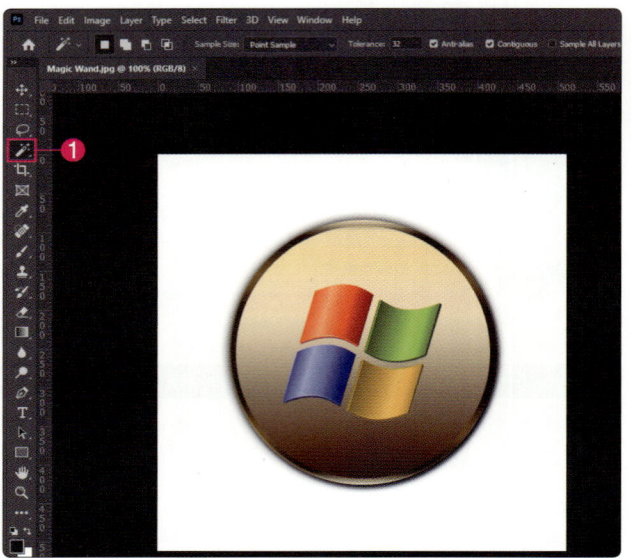

2 옵션 바에서 Tolerance(허용치) 값을 '30'으로 입력한 후 Anti-alias(앤티 앨리어스)와 Contiguous(인접)을 선택합니다.

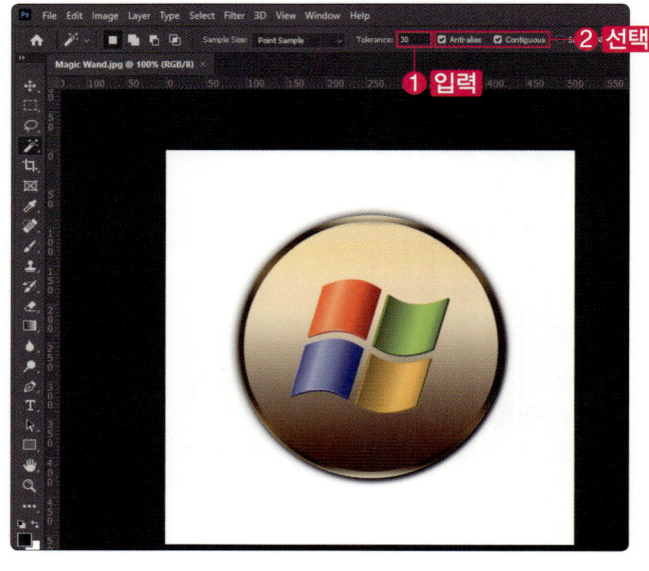

> **Tip**
> **Tolerance(허용치)**
> Tolerance(허용치)는 0~255까지 설정할 수 있으며 설정 범위가 클수록 선택 영역이 넓어집니다.

3 왼쪽 위의 윈도우 로고를 클릭합니다.

> **Tip**
> **Contiguous(인접)**
> 옵션 바에서 기본 값으로 [Contiguous(인접)]이 선택되어 있기 때문에 클릭한 지점과 인접한 영역의 색상만 선택됩니다.

4 선택된 영역을 추가하기 위해 옵션 바에서 [Add to Selection(선택 영역 추가)]를 선택한 후 인접한 이미지를 클릭하여 선택 영역을 추가합니다.

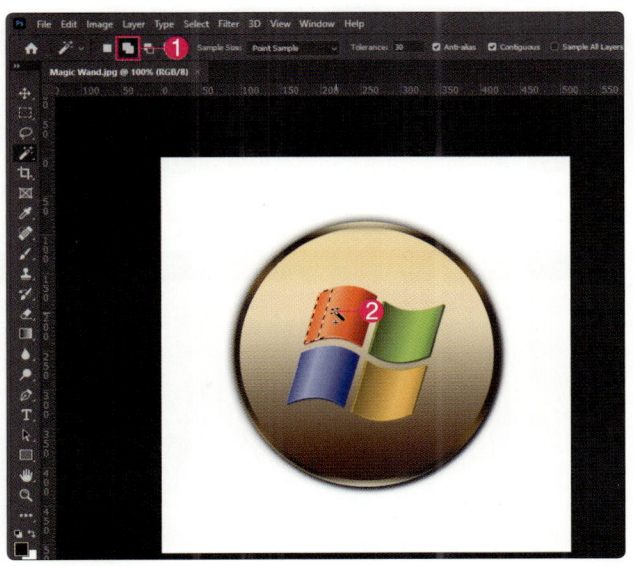

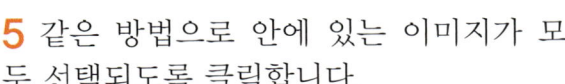

선택 영역
- [Add to Selection(선택 영역에 추가)] : 이미 선택된 영역에 새로 선택하는 영역을 추가합니다.
- [Subtract from selection(선택 영역에서 빼기)] : 이미 선택된 영역에서 새로 선택하는 영역을 제외시킵니다.

5 같은 방법으로 안에 있는 이미지가 모두 선택되도록 클릭합니다.

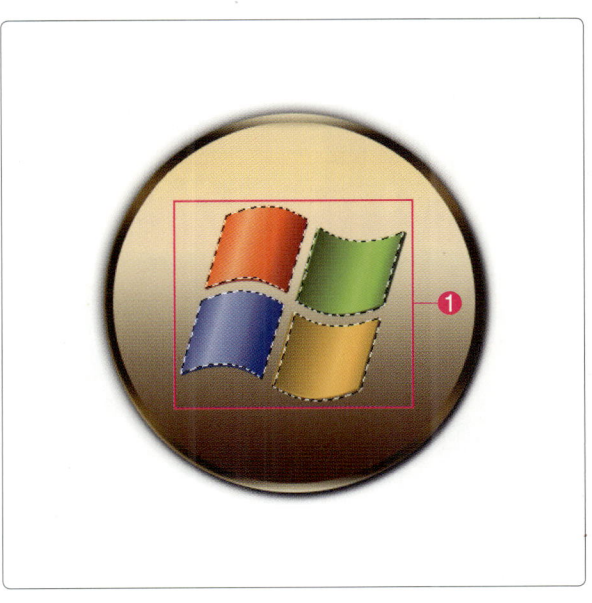

| 합격을 위한 실전문제 | 다음 지시사항대로 작업하시오.

1 캔버스(600×400 pixel)를 만든 후 그림 1과 그림2를 복사하여 작성하시오.

- 그림 1 : Ch_02_01_01.jpg
- 그림 2 : Ch_02_01_02.jpg

완성 : Ch_02_01_정답.psd

2 캔버스(500×500 pixel)를 만든 후 그림 1과 그림2를 복사하여 작성하시오.

- 그림 1 : Ch_02_02_01.jpg
- 그림 2 : Ch_02_02_02.jpg

완성 : Ch_02_02_정답.psd

Graphic Technology Qualification

Chapter 03

이미지 리터칭 및 복제하기

- STEP 01 스팟 복구 브러시 도구(Spot Healing Brush Tool)
- STEP 02 복구 브러시 도구(Healing Brush Tool)
- STEP 03 패치 도구(Patch Tool)
- STEP 04 브러시 도구(Brush Tool)
- STEP 05 복제 도장 도구(Clone Stamp Tool)
- STEP 06 그라디언트 도구(Gradient Tool)

STEP 01 스팟 복구 브러시 도구
(Spot Healing Brush Tool)

스팟 복구 브러시 도구는 점과 같은 흠을 보정할 때 사용합니다. 큰 크기의 브러시를 사용하기 보다는 점이나 흠보다 약간 더 큰 브러시를 사용하면 자연스럽게 보정할 수 있습니다.

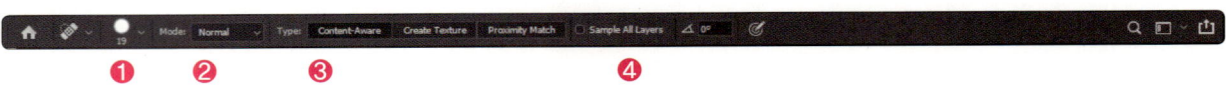

❶ **Brush Picker(브러시 피커)** : 사용할 브러시의 크기와 모양을 지정합니다.

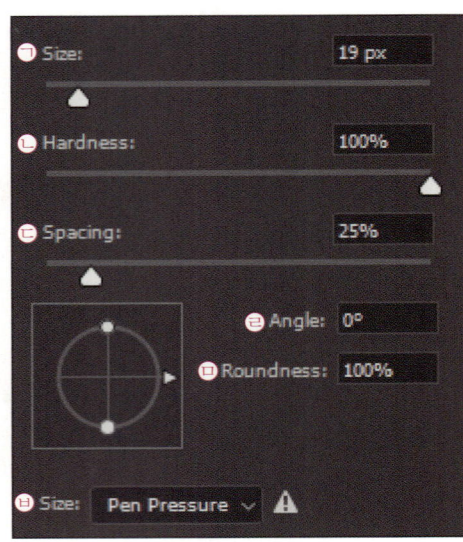

ㄱ **Size(크기)** : 브러시 크기를 조절합니다. 픽셀 단위로 값을 입력하거나 슬라이더를 드래그합니다.

ㄴ **Hardness(경도)** : 브러시의 선명하게(단단하게) 표현되는 중앙 크기를 조절합니다. 숫자를 입력하거나 슬라이더를 사용하여 브러시 직경의 백분율로 값을 입력합니다. 샘플 브러시의 경도는 변경할 수 없습니다.

ㄷ **Spacing(간격)** : 브러시 선에 나타나는 브러시 자국 사이의 거리를 조절합니다. 간격을 변경하려면 숫자를 입력하거나 슬라이더를 사용하여 브러시 직경의 백분율로 값을 입력합니다. 이 옵션을 선택하지 않으면 커서의 속도에 따라 간격이 결정됩니다.

ㄹ **Angle(각도)** : 타원형 브러시나 샘플 브러시의 긴축과 수평선 사이의 각도를 지정합니다. 각도 단위로 값을 입력하거나 미리보기 상자에서 가로 축을 드래그합니다.

ㅁ **Roundness(원형율)** : 브러시의 짧은 축과 긴축의 비율을 지정합니다. 비율 값을 입력하거나 미리보기 상자에서 점을 드래그합니다. 100% 값은 원 모양의 브러시를 나타내고, 0% 값은 선형 브러시를 나타내며, 중간 값은 타원형 브러시를 나타냅니다.

ㅂ **Size(크기)** : 태블릿을 사용할 경우 압력 감지 부분에 대한 옵션입니다.

❷ **Mode(모드)** : 브러시 적용시에 다양한 Blending Mode(혼합 모드)를 적용할 수 있습니다.

❸ **Type(유형)**
- Content-Aware(내용 인식) : 브러시로 선택된 이미지 속을 주변의 이미지색으로 혼합하여 빈틈없이 적용해줍니다.
- Create Texture(텍스처 만들기) : 선택 영역의 모든 픽셀을 사용하여 영역을 수정할 텍스처를 만듭니다. 텍스처가 제대로 작동하지 않으면 영역을 통과해 드래그합니다.
- Proximity Match(근접 일치) : 선택 영역 가장자리 주변의 픽셀을 사용하여 선택된 영역의 패치로 사용할 이미지 영역을 찾습니다.

❹ **Sample All Layers(모든 레이어 샘플링)**
- 선택 : 표시된 모든 레이어의 데이터가 샘플링 됩니다.
- 선택 해제 : 활성 레이어의 데이터만 샘플링 됩니다.

1 'Spot Healing.jpg' 파일을 열고 Tool Box(도구 상자)에서 [Spot Healing Brush Tool(스팟 복구 브러시 도구)]를 선택합니다.

2 브러시 크기를 지정하기 위해 옵션 바에서 [Brush Picker(브러시 피커)] 목록 단추를 클릭한 후 Size(크기)를 '10px'로 입력합니다.

> **Tip**
> 브러시 크기
> •] : 누를 때마다 브러시의 크기가 커집니다.
> • [: 누를 때마다 브러시의 크기가 작아집니다.

3 Brush Picker(브러시 피커)의 크기가 작아지면 점 부분을 클릭하여 복구합니다.

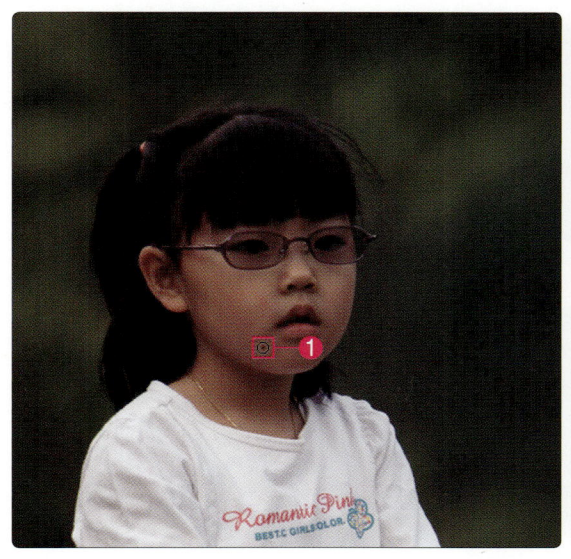
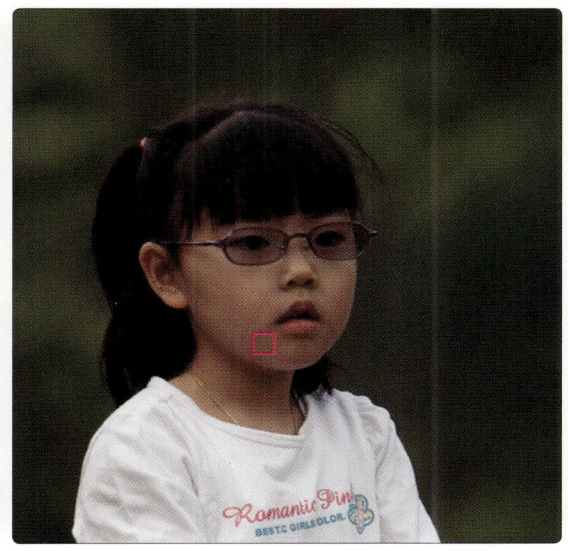

> **Tip**
> 만약 점이 지워지지 않고 원하지 않는 질감으로 대치된다면 옵션 바에서 [Proximity Match(근접 일치)]가 선택되어 있는지 확인합니다.

Chapter03 • 이미지 리터칭 및 복제하기

STEP 02 복구 브러시 도구
(Healing Brush Tool)

복구 브러시 도구는 흠이나 상처 같은 작은 이미지를 주변의 질감으로 복원할 때 사용합니다. 스팟 복구 브러시 도구와 다른 점은 대치되는 질감을 사용자가 정의할 수 있다는 것입니다.

❶ **Source(소스)**
- Sampled(샘플) : 현재 이미지의 픽셀을 샘플로 추출하여 이미지를 리터칭 합니다.
- Pattern(패턴) : 패턴으로 등록된 이미지 샘플을 선택하여 리터칭 합니다.

❷ **Aligned(정렬)**
- 선택 : 마우스 단추를 놓은 경우에도 현재 샘플링 지점이 그대로 유지되면서 픽셀이 연속적으로 샘플링 됩니다.
- 선택 해제 : 페인팅을 중지했다가 다시 시작할 때마다 처음 샘플링 지점의 샘플 픽셀이 다시 사용됩니다.

❸ **Diffusion(확산)**
복구한 부분이 너무 명확해서 부자연스러울때 값을 조절하면 경계가 부드러워집니다.

1 'Healing.jpg' 파일을 열고 Tool Box(도구 상자)에서 [Healing Brush Tool(복구 브러시 도구)]를 선택합니다.

2 브러시 크기를 지정하기 위해 [Brush Picker(브러시 피커)]의 Size(크기)을 '10px'로 입력합니다.

3 브러시의 크기가 변경되면 수박씨를 제거하기 위해 Alt를 누른 상태에서 견본으로 사용할 부분을 클릭합니다.

> **Tip**
> 견본으로 정의하기 위해 클릭할 때 그림처럼 마우스 포인터가 동그라미 안에 십자가 모양으로 나타나는 것을 확인할 수 있습니다.

■ 알고 넘어갑시다 ■

이미지에 그냥 클릭할 경우 소스가 될 부분에 Alt를 누르고 사용하라는 경고창이 나타납니다.

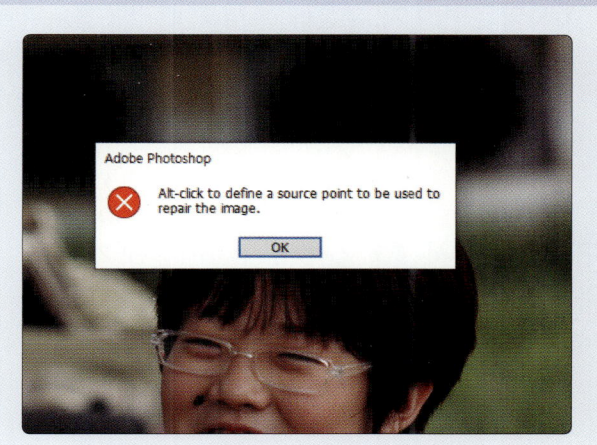

4 Brush Picker(브러시 피커)의 크기가 작아지면 점 부분을 클릭하여 복구합니다.

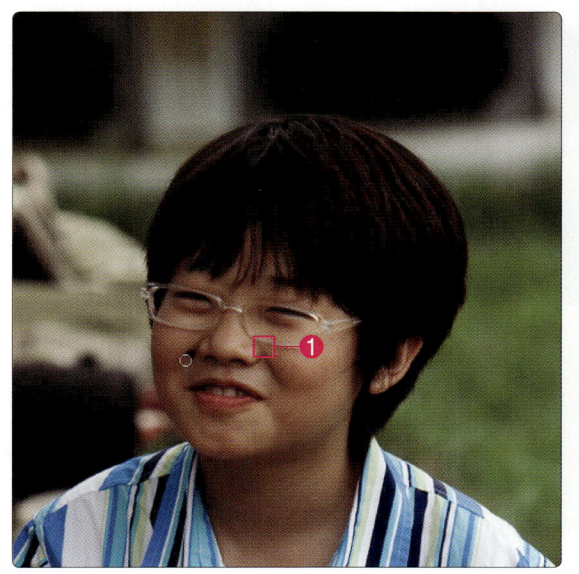

Chapter03 • 이미지 리터칭 및 복제하기 **41**

STEP 03 패치 도구
(Patch Tool)

복구 브러시 도구와 마찬가지로 패치 도구도 이미지의 특정 부분을 견본으로 추출하면 그림자나 빛, 텍스처를 보존하면서 복제가 되기 때문에 이미지의 먼지, 주름, 흠집을 제거하기에 쉬운 복원 도구입니다. 복구 브러시 도구는 클릭하거나 드래그하여 칠하면서 복구하지만 패치 도구는 손상된 부분을 영역, 즉 범위로 선택하여 손상되지 않은 곳으로 이동하여 복원합니다.

❶ ❷ ❸

❶ **Patch(패치)**
 • Source(소스) : 손상된 이미지를 먼저 선택한 후 온전한 이미지로 드래그하여 복구합니다.
 • Destination(대상) : 온전한 이미지를 먼저 선택한 후 손상된 이미지에 드래그하여 복구합니다.

❷ **Transparent(투명)**
복사되는 이미지 부분에 투명도가 적용됩니다.

❸ **Use Pattern(패턴 사용)**
선택한 영역에 지정한 패턴을 적용합니다.

1 'Patch.jpg' 파일을 열고 Tool Box(도구 상자)에서 [Zoom Tool(돋보기 도구)]를 선택한 후 여자 아이 상의에 있는 마크 부분을 드래그하여 확대합니다.

> **Tip**
> • 확대 : 왼쪽에서 오른쪽으로 드래그
> • 축소 : 오른쪽에서 왼쪽으로 드래그
> • [Zoom Tool]이 아닌 경우
> ▶ Ctrl + SpaceBar + 클릭 또는 드래그 : 확대
> ▶ Alt + SpaceBar + 클릭 or 드래그 : 축소

■ 알고 넘어갑시다 ■

Scrubby Zoom(스크러비 확대/축소) 활성화하기

[Scrubby Zoom(스크러비 확대/축소)]가 비활성화되어 선택할 수 없을 경우 Ctrl + K 를 누른 후 [Preferences(환경 설정)] 대화상자가 나타나면 [Performance(성능)]를 클릭한 다음 [Graphics Processor Settings(그래픽 프로세서 설정)] 항목의 [Use Graphics Processor(그래픽 프로세서 사용)]을 선택하고 [OK(확인)] 단추를 클릭합니다.

2 마크 부분이 확대되면 Tool Box(도구 상자)에서 ▣[Patch Tool(패치 도구)]를 선택한 후 마크 부분을 드래그하여 선택합니다.

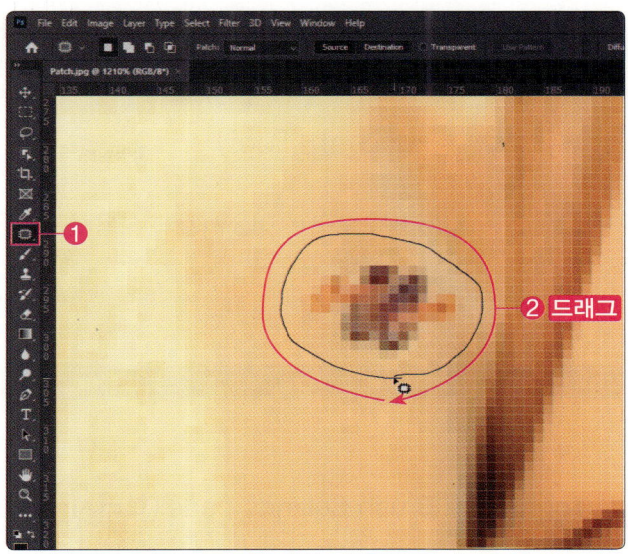

3 선택 영역을 마크가 없는 부분으로 드래그하여 마크 부분을 복구합니다.

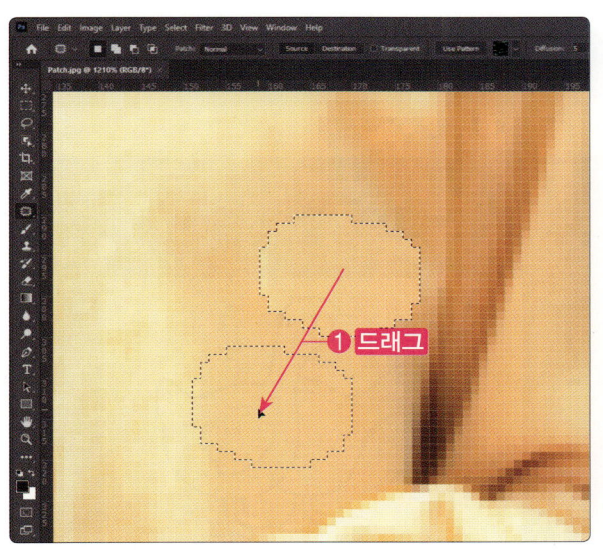 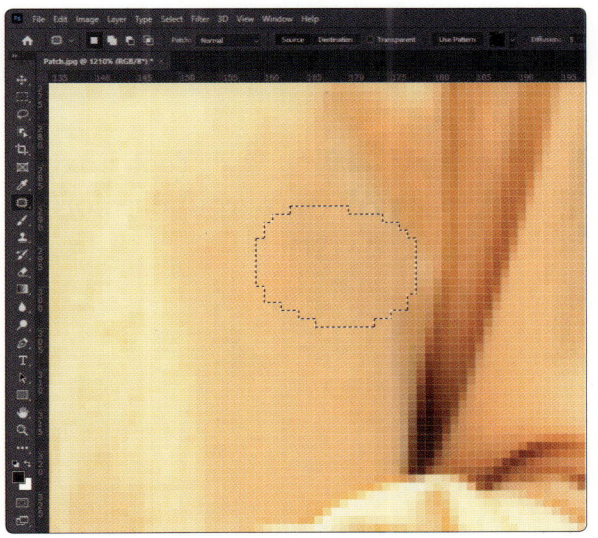

4 같은 방법으로 남자 아이 옷의 마크를 복구합니다.

Chapter03 • 이미지 리터칭 및 복제하기

STEP 04 브러시 도구
(Brush Tool)

브러시 도구는 미술시간에 사용하던 붓처럼 이미지에 그림을 그리거나 채색을 하는 도구라고 생각하면 됩니다.

❶ **Toggle the Brush Settings panel(브러시 설정 패널 전환)**
브러시 설정 패널을 보이게 하거나 숨깁니다.

❷ **Opacity(불투명도)**
색의 불투명도를 설정합니다.

❸ **Flow(플로우)**
물감의 양을 설정합니다.

1 'Brush.jpg' 파일을 열고 Tool Box(도구 상자)에서 [Set foreground color(전경색 설정)]을 클릭합니다.

2 [Color Picker (Foreground Color)(색상 피커(전경색))] 대화상자가 나타나면 연한 노란색 계열을 선택한 후 [OK(확인)] 단추를 클릭합니다.

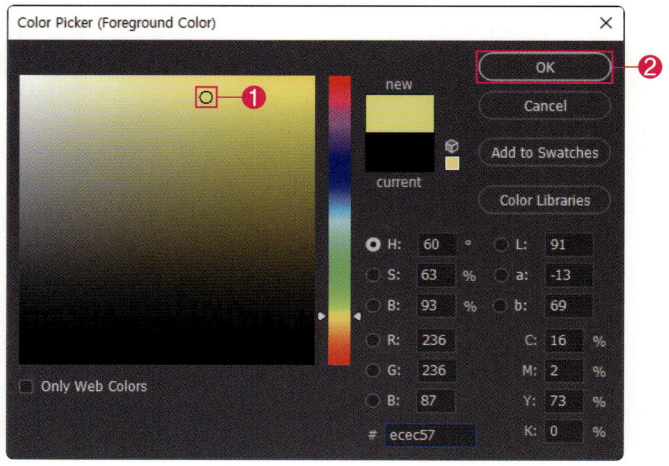

▶알고 넘어갑시다◀

Color Picker(색상 피커)

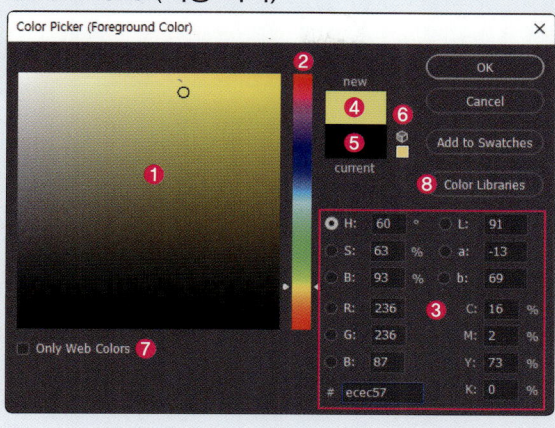

❶ **색상 필드** : 색상 슬라이드 바를 통해 선택한 색상의 명도와 채도를 조절합니다. 클릭하여 명도, 채도를 선택할 수 있습니다.

❷ **색상 슬라이드** : 슬라이드를 드래그해서 사용하려는 색상을 선택할 수 있습니다.

❸ **색상 입력 수치란** : 여러 종류의 색상 체계에 따른 색상 값을 직접 수치로 입력하여 색을 만들 수 있습니다.

❹ 새롭게 선택한 색상을 표시합니다.

❺ 선택하기 이전의 색상을 표시합니다.

❻ 웹에 적합한 색상이 아닐 경우 아이콘 모양과 색이 표시됩니다.

❼ **웹 색상 전용** : 옵션을 체크하면 웹 안전 색상을 표시합니다.

❽ **색상 라이브러리** : 색상 라이브러리를 열어 별 색을 선택할 수 있습니다.

3 Tool Box(도구 상자)에서 [Magic Wand Tool(자동 선택 도구)]를 선택한 후 옵션 바에서 [Add to Selection(선택 영역에 추가)]를 선택한 다음 색상을 칠할 부분을 클릭하여 선택 영역을 지정합니다.

> Tip
> 경계선을 지정하지 않고 색상을 칠할 경우 경계선 밖까지 색이 칠해집니다.

4 Tool Box(도구 상자)에서 [Brush Tool(브러시 도구)]를 선택한 후 브러시 크기를 조절한 다음 선택 영역을 드래그하여 색을 칠합니다.

> Tip
> 선택 영역을 지정하고 [Brush Tool(브러시 도구)]를 드래그하면 선택 영역 안에만 색상이 칠해집니다.
>
> **브러시 크기**
> •] : 누를 때마다 브러시의 크기가 커집니다.
> • [: 누를 때마다 브러시의 크기가 작아집니다.

Chapter03 • 이미지 리터칭 및 복제하기 **45**

5 좀 더 진한 노란색 계열의 색상을 선택한 후 [Brush Picker(브러시 피커)]의 크기를 조절한 다음 이미지에 명암이 나타나도록 칠합니다.

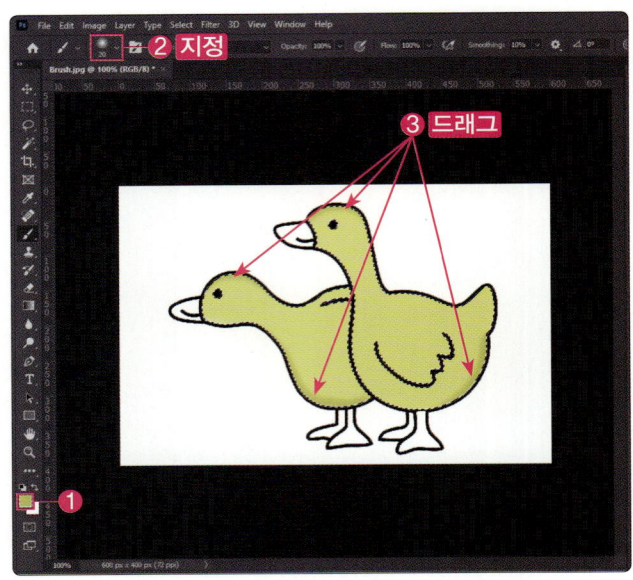

6 Tool Box(도구 상자)에서 [Magic Wand Tool(자동 선택 도구)]를 이용하여 부리와 다리 부분을 선택합니다.

7 부리와 다리 부분이 선택 영역으로 지정되면 전경색을 갈색 계열로 선택한 후 [Brush Tool(브러시 도구)]로 선택 영역에 색을 칠합니다.

> **Tip**
> 선택 영역 해제
> • 방법 1 : [Selection(선택)]–[Deselect(선택 해제)]
> • 방법 2 : Ctrl + D

STEP 05 복제 도장 도구
(Clone Stamp Tool)

복제 도장 도구는 복구 브러시 도구와 패치 도구처럼 질감을 유지한 채 복구하지 않고 이미지를 있는 그대로 도장으로 찍은 듯 복제를 합니다. 옵션 바의 정렬 설정에 따라 복사되는 정렬방식이 달라집니다.

❶ **Mode(모드)**
복제 도장 도구 적용시 Blending Mode(혼합 모드)를 적용할 수 있습니다.

❷ **Opacity(불투명도)**
복제 도장 도구 적용시 불투명도를 설정합니다.

❸ **Flow(플로우)**
마우스의 누름 정도에 따라 번짐 값을 설정할 수 있는 옵션으로 수치가 높을수록 빠르고 강하게 번짐 효과를 적용할 수 있습니다.

❹ **Aligned(정렬)**
• 선택 : 처음 견본으로 선택한 부분과 이동하여 복제하려는 곳의 간격을 유지하면서 복제가 됩니다.
• 선택 해제 : 마우스를 떼고 다시 드래그할 때마다 처음 견본으로 선택한 부분이 나타납니다.

❺ **Sample(샘플링)**
• Current Layer : 활성 레이어의 데이터만 샘플링 됩니다.
• Current & Below : 활성 레이어부터 아래 레이어의 데이터가 샘플링 됩니다.
• All Layers : 표시된 모든 레이어의 데이터가 샘플링 됩니다.

1 'Clone Stamp.jpg' 파일을 열고 Tool Box(도구 상자)에서 🔍[Zoom Tool(돋보기 도구)]를 선택한 후 복제하고자 할 부분을 드래그하여 확대합니다.

2 헬멧 부분이 확대되면 Tool Box(도구 상자)에서 [Clone Stamp Tool(복제 도장 도구)]를 선택한 후 브러시 크기를 조절한 다음 Alt를 누른 상태에서 견본으로 사용할 부분을 클릭합니다.

> **Tip**
> Alt를 누른 상태에서 복제하려는 영역을 클릭하여 소스로 정의하면, 동일한 이미지 창뿐만 아니라 열려 있는 다른 이미지 창에서도 이미지를 복제할 수 있습니다.

3 헬멧의 텍스트 부분에서 마우스를 클릭 또는 드래그하면 이미지가 삭제되면서 복제되는 것을 확인할 수 있습니다.

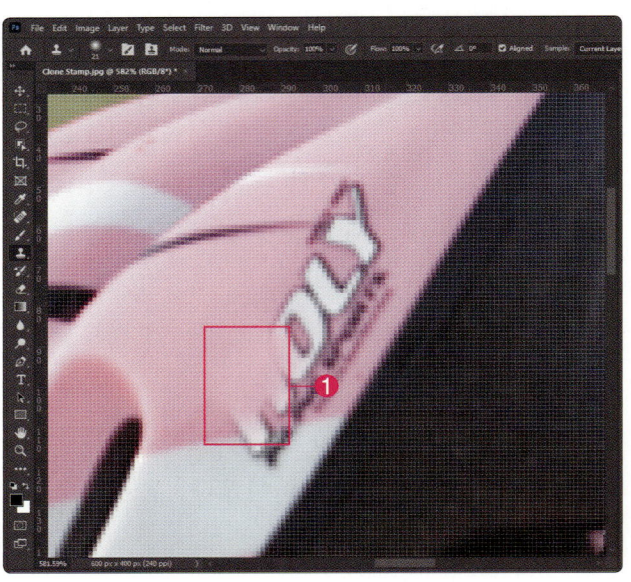

4 Alt를 눌러 견본 위치를 수시로 정의해 가면서 이미지의 텍스트를 깨끗이 제거합니다.

> **Tip**
> 견본으로 사용할 부분을 수시로 변경해 가면서 이미지를 복제해야 깨끗하게 복제할 수 있습니다.

STEP 06 그라디언트 도구 (Gradient Tool)

그라디언트 도구는 색상을 점진적으로 혼합하여 채워주는데, 이미지 위에 드래그한 거리와 각도에 영향을 받아 색상이 채워진다는 것이 중요합니다.

❶ ❷ ❸ ❹ ❺

❶ Gradient Editor(그라디언트 편집)

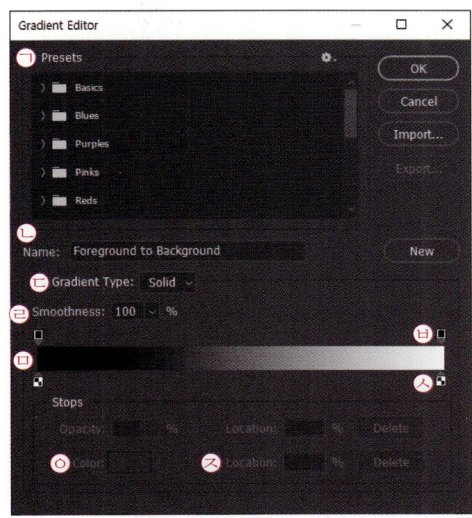

㉠ **Presets(사전 설정)** : 기존의 그라디언트와 새로 만든 그라디언트가 저장되어있습니다.

㉡ **Name(이름)** : 현재 선택된 그라디언트의 이름이 나타나는 부분으로, [New(새로 만들기)] 단추를 클릭하여 이름을 지정할 수 있습니다.

㉢ **Gradient Type(그라디언트 유형)** : 단일 색상으로 혼색을 만드는 Solid(단색)와 그라디언트의 색상을 무작위로 추가하는 Noise(노이즈) 중 선택하여 사용할 수 있습니다.

㉣ **Smoothness(매끄러움)** : 그라디언트의 부드러움 정도를 설정합니다.

㉤ **Color Slider(색상 슬라이더)** : 현재 선택된 그라디언트의 색상 정보를 보여줍니다.

㉥ **Opacity Stop(불투명도 정지점)** : Opacity(불투명도)를 조절하기 위한 것으로, 클릭하면 새로운 불투명도 Opacity Stop(불투명도 정지점)이 추가되고 밖으로 드래그하면 제거됩니다.

㉦ **Color Stop(색상 정지점)** : 그라디언트 색상을 조절하기 위한 것으로, 색상을 추가하고자 하는 부분에 클릭하면 새로운 Color Stop(색상 정지점)이 추가되고 밖으로 드래그하면 제거됩니다.

㉧ **Color(색상)** : 선택된 Color Stop(색상 정지점)의 색상을 보여줍니다. 이 부분을 클릭할 경우 Color Picker(색상 피커) 대화상자가 나타나며 색상을 변경할 수 있습니다.

㉨ **Location(위치)** : Opacity Stop(불투명도 정지점) 또는 Color Stop(색상 정지점)의 위치를 설정합니다.

❷ Gradient Style(그라디언트 스타일)

Linear(선형)   Radial(방사형)   Angle(각진)   Reflected(반사)   Diamond(다이아몬드)

❸ **Reverse(반전)** : 반전을 선택하고 드래그하면 그라디언트의 시작점과 끝점의 색상을 반대로 적용합니다.

❹ **Dither(디더)** : 색상이 이어지는 부분의 경계들이 부드럽게 적용됩니다.

❺ **Transparency(투명도)** : 투명 그라디언트를 적용할 수 있습니다. 투명 그라디언트를 사용할 경우에는 반드시 선택해 주어야 합니다.

1 [Create new(새로 만들기)] 단추를 클릭한 후 [New Document(새로 만들기 문서)] 대화상자가 나타나면 캔버스 크기(600×400 Pixels)를 지정한 다음 [Create(만들기)] 단추를 클릭합니다.

2 새 캔버스가 생성되면 Tool Box(도구 상자)에서 ▣[Gradient Tool(그라디언트 도구)]를 선택한 후 옵션바에서 ▭[Click to edit the gradient(클릭하여 그라디언트 편집)]을 클릭합니다.

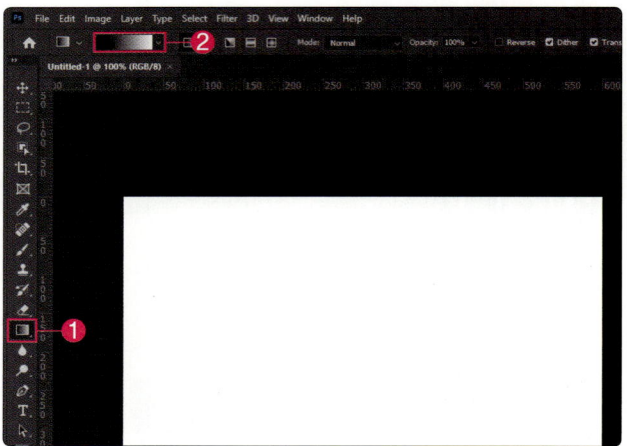

3 [Gradient Editor(그라디언트 편집기)] 대화상자가 나타나면 Presets([Basics(기본 사항)]-[Foreground to Background(전경색에서 배경색으로)])를 선택한 후 왼쪽 [Color Stop(색상 정지점)]을 더블클릭합니다.

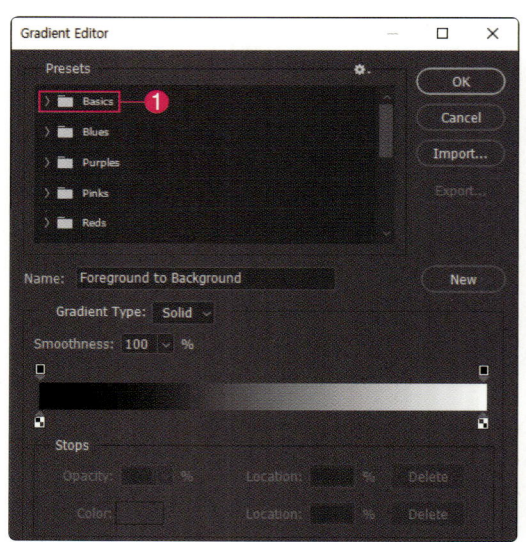 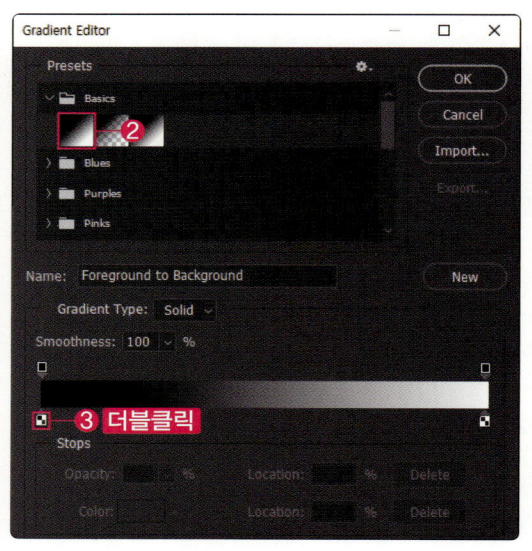

4 [Color Picker (stop color)(색상 피커(정지 색상))] 대화상자가 나타나면 진한 파랑색 계열을 선택한 후 [OK(확인)] 단추를 클릭합니다.

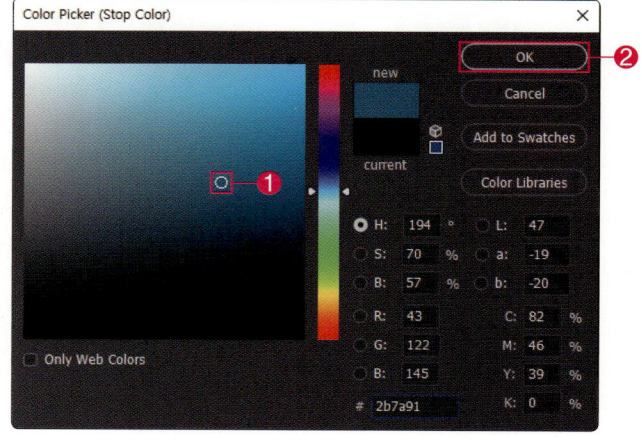

5 [Gradient Editor(그라디언트 편집기)] 대화상자가 다시 나타나면 [OK(확인)] 단추를 클릭합니다.

6 캔버스에 그라디언트를 채우기 위해 위에서 아래 방향으로 드래그합니다.

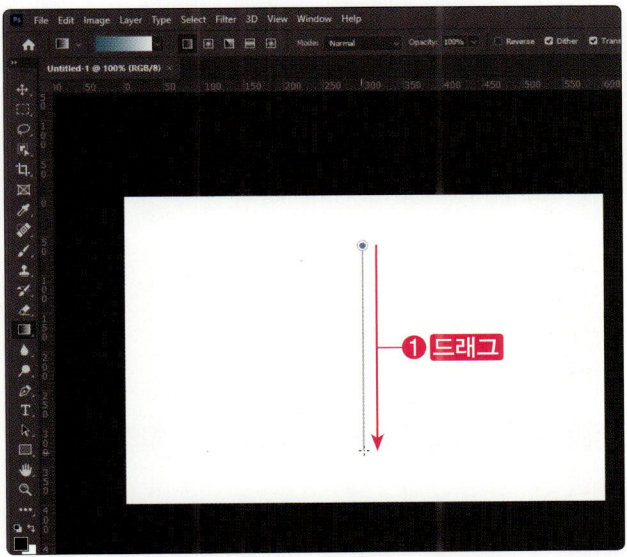

7 다음과 같이 그라디언트가 위에서 아래로 적용됩니다.

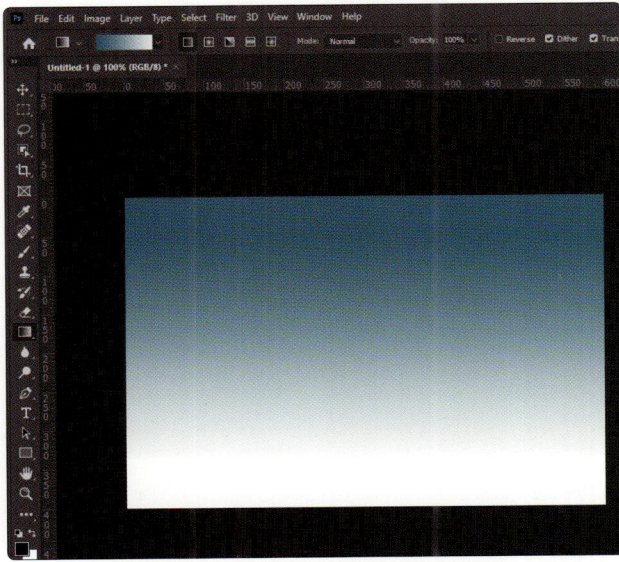

> **Tip**
> 그라디언트를 적용할 때는 한 번에 자연스러운 효과를 만들기는 힘듭니다. 적용된 효과가 이상하거나 잘못 적용 되었다면 Ctrl+Z 명령으로 되돌린 후 반복해서 적용해 보고 자연스러운 결과물을 만듭니다.

합격을 위한 실전문제   다음 지시사항대로 작업하시오.

1 'Ch_03_01_01.jpg' 파일을 열고 복원 도구를 이용하여 다음과 같이 보정해 보세요.

완성 : Ch_03_01_정답.psd

2 'Ch_03_02_01.jpg' 파일을 열고 복원 도구를 이용하여 다음과 같이 보정해 보세요.

완성 : Ch_03_02_정답.psd

Chapter

문자 활용하기

STEP 01   문자 도구(Type Tool)
STEP 02   텍스트 변형(Warp Text)

STEP 01 문자 도구 (Type Tool)

가장 기본적으로 텍스트를 입력하기 위해 도구 상자에서 가로로 쓰이는 수평 문자 도구와 세로로 쓰이는 세로 문자 도구를 제공합니다.

❶ **Toogle the text orientation(텍스트 방향 켜기/끄기)**
입력한 텍스트의 방향을 가로와 세로 중에서 선택합니다.

❷ **Set the font family(글꼴 모음 설정)**
입력된 텍스트의 글꼴을 변경하거나 새로 입력될 텍스트의 글꼴을 지정합니다.

❸ **Set the font style(글꼴 스타일 설정)**
입력된 텍스트의 유형(스타일)을 지정합니다.

❹ **Set the font size(글꼴 크기 설정)**
텍스트의 크기를 지정합니다.

❺ **Set the anti-aliasing method(앤티 앨리어싱 방법 설정)**
텍스트의 경계 처리 방식을 지정합니다.

❻ **Align(정렬)**
텍스트의 정렬 방식(■[Left Align Text(텍스트 왼쪽 정렬)], ■[Center Text(텍스트 중앙 정렬)], ■[Right Align Text(텍스트 오른쪽 정렬)])을 지정합니다.

❼ **Set the text color(텍스트 색상 설정)**
텍스트의 색상을 지정합니다.

❽ **Create warped text(변형된 텍스트 만들기)**
텍스트를 다양한 형태로 왜곡하여 변형합니다.

❾ **Toggle the Character and Paragraph panels(문자 및 단락 패널 켜기/끄기)**
Character(문자) 패널과 Paragraph(단락) 패널이 나타나거나 사라집니다.

1 'Type.jpg' 파일을 열고 Tool Box(도구 상자)에서 [Horizontal Type Tool(수평 문자 도구)]를 클릭합니다.

2 텍스트를 삽입할 위치를 클릭한 후 커서가 깜빡이면 "손끝에서 시작하는"을 입력한 다음 Ctrl+Enter를 누릅니다.

3 같은 방법으로 텍스트(자연보호)를 입력합니다.

4 입력된 텍스트에 효과를 지정하기 위해 [Layers(레이어)] 패널에서 [손끝에서 시작하는] 레이어를 클릭한 후 옵션 바에서 글꼴(Dotum(돋움)), 글꼴 크기(30), 글꼴 색(ffff33)을 지정합니다.

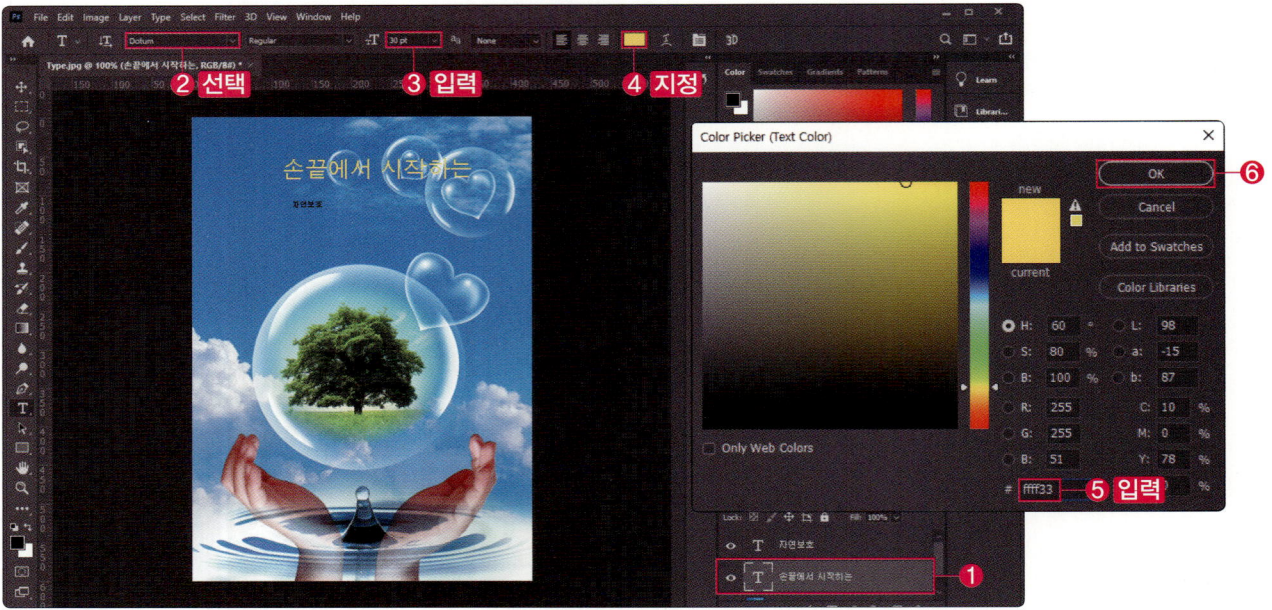

5 같은 방법으로 [Layers(레이어)] 패널에서 [자연보호] 레이어를 클릭한 후 옵션바에서 글꼴(Dotum(돋움)), 글꼴 크기(50), 글꼴 색(ff9933)을 지정합니다.

6 글꼴에 효과가 적용되면 Tool Box(도구 상자)에서 [Move Tool(이동 도구)]를 클릭한 후 텍스트의 위치를 조절합니다.

STEP 02 텍스트 변형
(Warp Text)

텍스트나 단락을 왜곡하여 단락의 의미를 더욱 호소력 있게 표현할 수 있는 Warp Text(텍스트 변형)에 대하여 알아보도록 하겠습니다.

1 'Warp Text.psd' 파일을 열고 [Layers(레이어)] 패널에서 [자연보호] 레이어를 선택한 후 옵션 바에서 [Warp Text(텍스트 변형)]을 클릭합니다.

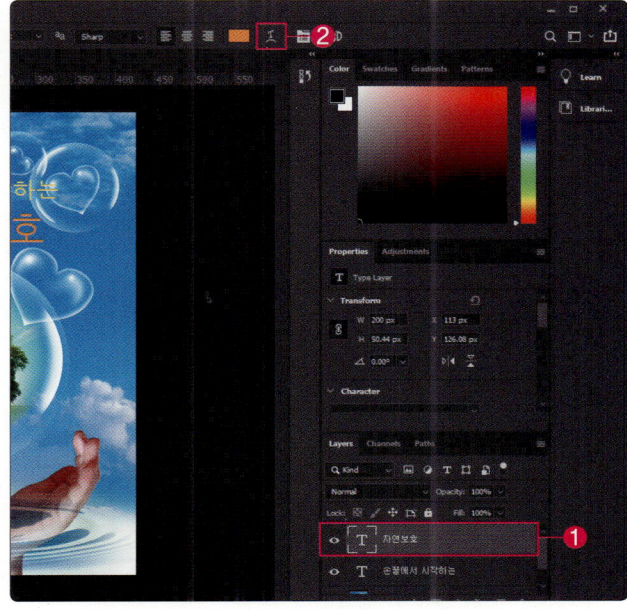

2 [Warp Text(텍스트 변형)] 대화상자가 나타나면 Style(Arc(부채꼴))을 선택한 후 Bend(구부리기)를 드래그하여 값을 지정한 다음 [OK(확인)] 단추를 클릭합니다.

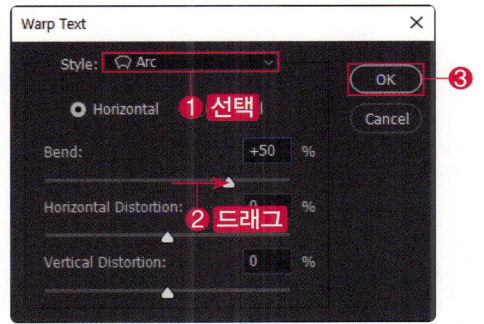

3 글꼴이 변형되면 Tool Box(도구 상자)에서 [Move Tool(이동 도구)]를 클릭한 후 텍스트의 위치를 조절합니다.

Warp Text(텍스트 변형)

텍스트 변형은 텍스트나 문단을 다양하게 왜곡된 형태로 변형시킬 수 있습니다. 단, 텍스트 래스터화(Rasterize Type)하여 비트맵화한 문자나 문자 패널의 팝업 메뉴인 [Faux Bold(포 볼드체)]를 사용한 경우는 사용할 수 없습니다.

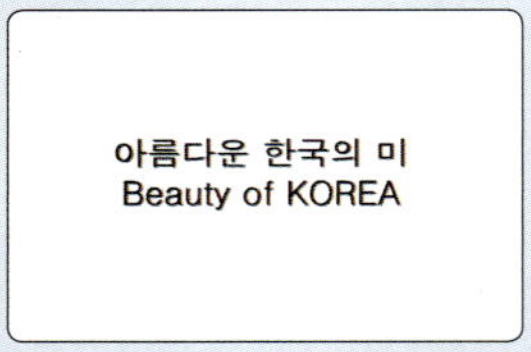

◀ 원본 텍스트

▲ Arc(부채꼴)

▲ Arc Lower (아래 부채꼴)

▲ Arc Upper (위 부채꼴)

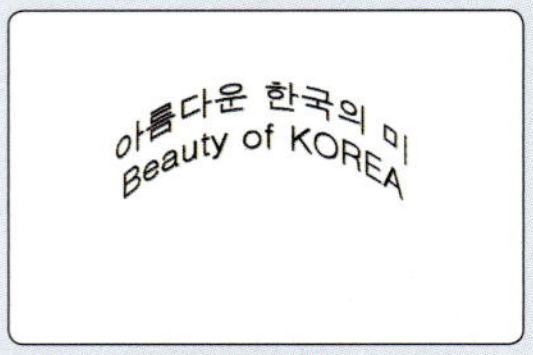

▲ Arch(아치)

▲ Bulge(돌출)

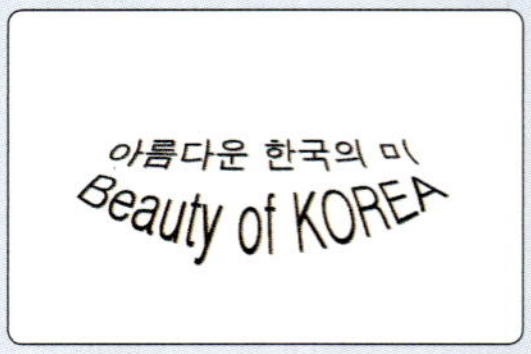

▲ Shell Lower (아래가 넓은 조개)

▲ Shell Upper (위가 넓은 조개)

▲ Flag(깃발)

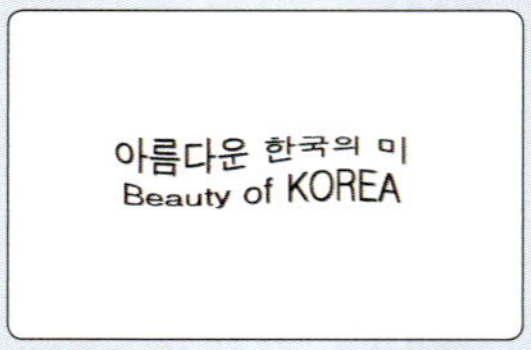

▲ Wave(파도)

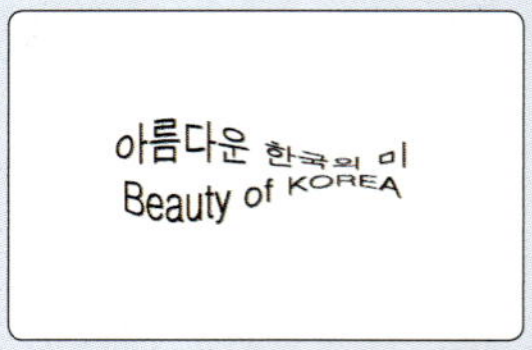

▲ Fish(물고기)

▲ Rise(상승)

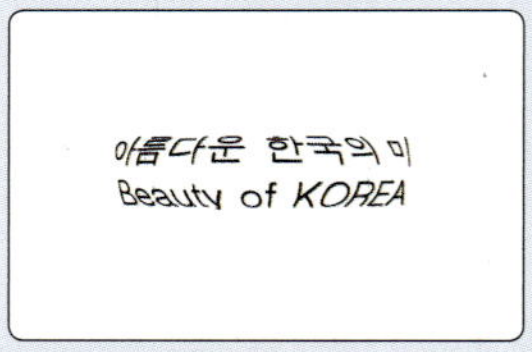

▲ Fisheye (물고기 눈 모양)

▲ Inflate(부풀리기)

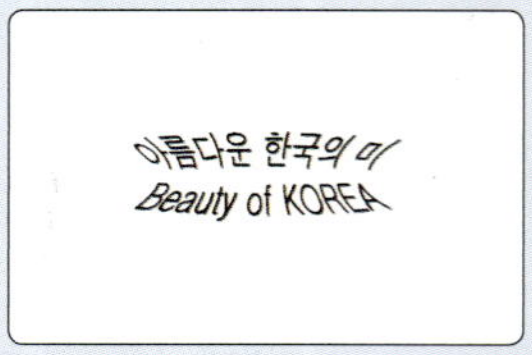

▲ Squeeze (양쪽 누르기)

▲ Twist(비틀기)

1 'Ch_04_01_01.jpg' 파일을 열고 다음 조건에 맞게 텍스트를 작성하시오.

- Flower of Korea : Arial, Bold Italic, 48pt, #ffcc00
- 한국의 국화, 무궁화 : 궁서, 30pt, #e5fa00

완성 : Ch_04_01_정답.psd

2 'Ch_04_02_01.jpg' 파일을 열고 다음 조건에 맞게 텍스트를 작성하시오.

- Welcome To... : Arial, Regular, 20pt, #993300
- Teddy Bear Farm : Arial, Bold, 20pt, #993300

완성 : Ch_04_02_정답.psd

Graphic Technology Qualification

Chapter 05

모양 그리기

STEP 01 — 펜 도구(Pen Tool)
STEP 02 — 사용자 정의 모양 도구(Custom Shape Tool)

STEP 01 펜 도구 (Pen Tool)

펜 도구는 사용자가 어려워하는 도구 중 하나입니다. 여러 번 연습이 필요하지만 곡선 패스에 비하면 직선 패스는 만들기 간단합니다. 모서리 지점마다 클릭하면서 처음 지점으로 되돌아오면 패스가 만들어집니다.

❶ **Pick Tool Mode(선택 도구 모드)**
- **Shape(모양)** : 패스를 제작할 때 도형으로 만듭니다. 레이어 패널과 패스 패널에 모양 창이 생성됩니다.
- **Path(패스)** : 패스를 만들어줍니다. 패스 패널에 Work Path(작업 패스) 창이 생성됩니다.
- **Pixels(픽셀)** : 패스, 도형이 아닌 픽셀 이미지로 만들어지면서 전경색이 채워집니다. 펜 도구에서는 지정되지 않고, 도형 도구에서만 지정하여 사용할 수 있습니다.

❷ **Make(마스크)**
- **Selection(선택)** : 패스를 그린 후 Selection을 클릭하면 패스가 점선 모양으로 선택 영역으로 변경됩니다. (Ctrl + Enter)
- **Mask(마스크)** : 선택한 부분을 제외하고 마스크가 씌워집니다.
- **Shape(모양)** : 전경색이 칠해집니다.

❸ **Path Operations(패스 작업)**
하나 이상의 패스를 생성 할 경우 패스끼리 더해주거나 빼주거나 하는 옵션들을 지정할 수 있습니다.
- **New Layer(새 레이어)** : 새 패스 레이어를 생성해 줍니다.
- **Combine Shape(모양 결합)** : 기존 패스에 더해 줍니다.
- **Subtract Front Shape(전면 모양 빼기)** : 기존 패스에서 빼줍니다.
- **Intersect Shape Areas(모양 영역 교차)** : 서로 다른 패스에서 교차되는 영역만 남깁니다.
- **Exclude Overlapping Shapes(모양 오버랩 제외)** : 서로 다른 패스에서 교차되는 부분만 빼줍니다.
- **Merge Shape Components(모양 병합 구성 요소)** : 패스를 서로 병합합니다.

❹ **Path Alignment(패스 정렬)** : 패스들을 정렬합니다.

❺ **Path Arrangement(패스 배열)** : 생성된 패스들을 Layer처럼 순서로 정렬합니다.

❻ **[Set additional pen and path options(패스 옵션)]-[Rubber Band(고무 밴드)]**
패스의 모양이 고무줄 처럼 늘어나면서 다음 그려질 패스를 미리 확인 할 수 있습니다.

❼ **Auto Add/Delete(자동 추가/삭제)**
이 자동추가 삭제 옵션을 선택하고 패스를 그리면 선분에 커서가 닿으면 자동으로 포인트를 추가/삭제 해줍니다.
이 옵션이 활성화 되어 있으면 패스 추가지점에 커서를 대면 +가 표시되고 이미 생성된 포인트에 커서를 대면 -가 표시됩니다.

❽ **Align Edges(가장자리 정렬)**
Anti Aliasing과 비슷합니다. 가장자리가 거칠게 계단 현상이 생긴 곳을 부드럽게 만들어 줍니다.

1 [Create new(새로 만들기)] 단추를 클릭한 후 [New Document(새로 만들기 문서)] 대화상자가 나타나면 캔버스 크기(600×400 Pixels)를 지정한 다음 [Create(만들기)] 단추를 클릭합니다.

2 새 캔버스가 생성되면 Tool Box(도구 상자)에서 [Pen Tool(펜 도구)]를 선택합니다.

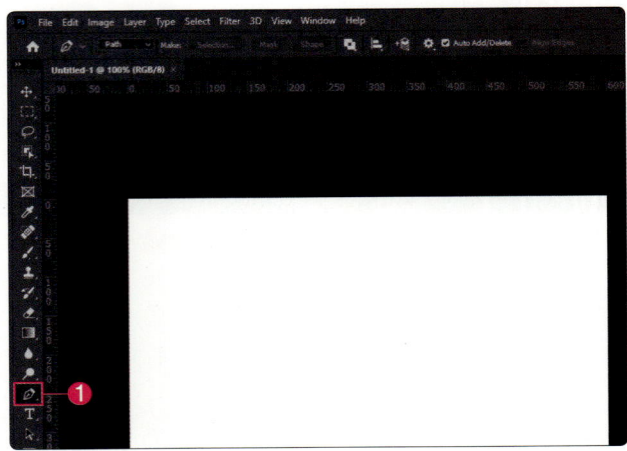

3 직선을 그리기 위해 시작점을 클릭한 후 끝점을 크릭하면 직선 패스가 만들어집니다.

 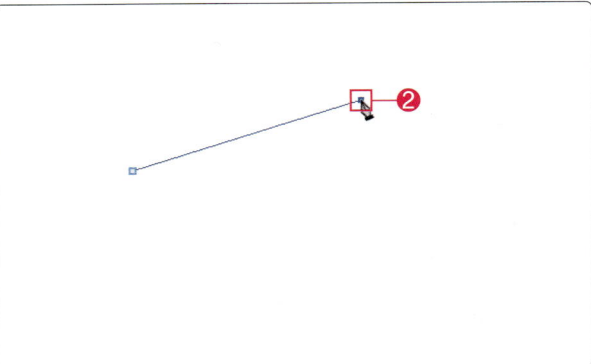

> **Tip**
> Delete 를 한 번 누르면 이전 패스가 하나 지워지고, 두 번 누르면 작업하던 패스가 모두 지워집니다.

4 Delete 를 두 번 눌러 이전 직선 패스를 삭제한 후 시작점을 클릭한 다음 두번째 지점을 클릭하고 마우스 버튼을 누른 상태에서 드래그합니다. 그런 다음 끝점을 클릭하면 방향선의 영향을 받아 자연스러운 곡선이 만들어집니다.

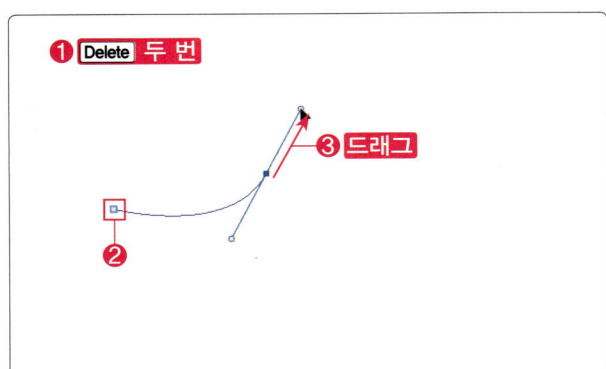 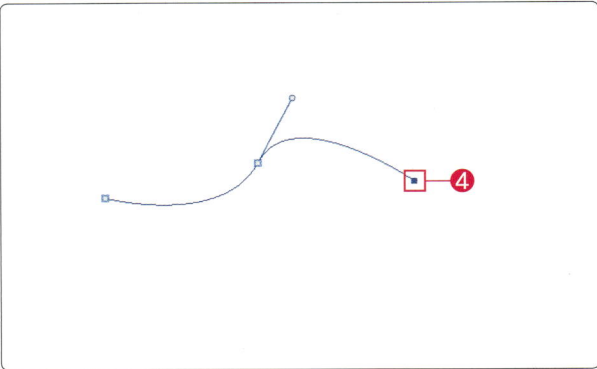

5 방향선이 없는 곡선을 그리기 위해 Delete를 두 번 눌러 이전 직선 패스를 삭제한 후 시작점을 클릭한 다음 두번째 지점을 클릭하고 마우스 버튼을 누른 상태에서 드래그합니다. 그런 다음 Alt를 누른 상태에서 Anchor Point(기준점)을 클릭하여 방향선을 제거한 후 같은 방법으로 패스를 작성합니다.

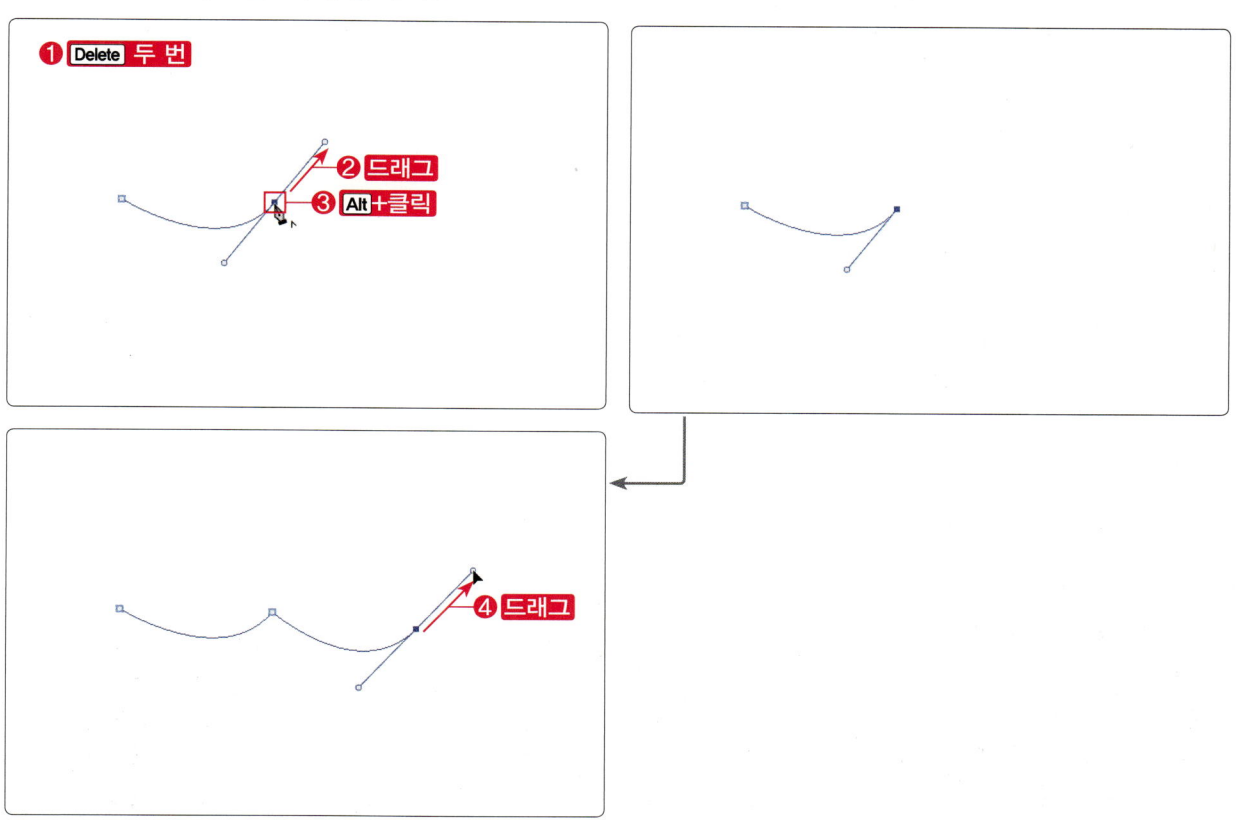

6 닫힌 패스를 그리기 위해 Delete를 두 번 눌러 이전 패스를 삭제한 후 시작점을 클릭한 다음 두 번째, 세 번째, 네 번째 지점을 지정하고 시작점에 마우스 포인터를 가져와 모양이 ✎. 모양으로 변경되면 클릭합니다.

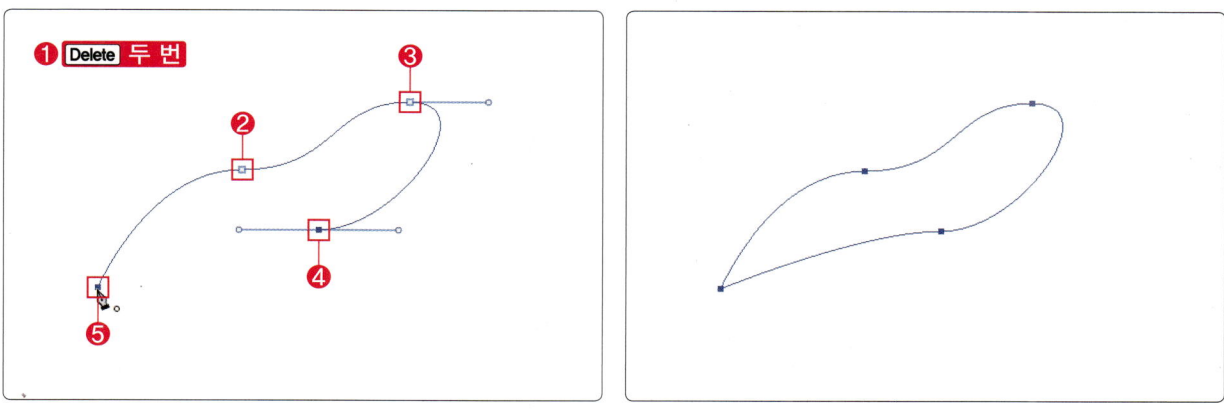

> **Tip**
> 처음 클릭했던 기준점에 마우스 포인터를 위치하면 마우스 포인터 모양이 ✎. 모양으로 변경됩니다. 이 상태에서 마우스를 클릭하면 닫힌 패스가 완성됩니다.

■ 알고 넘어갑시다 ■

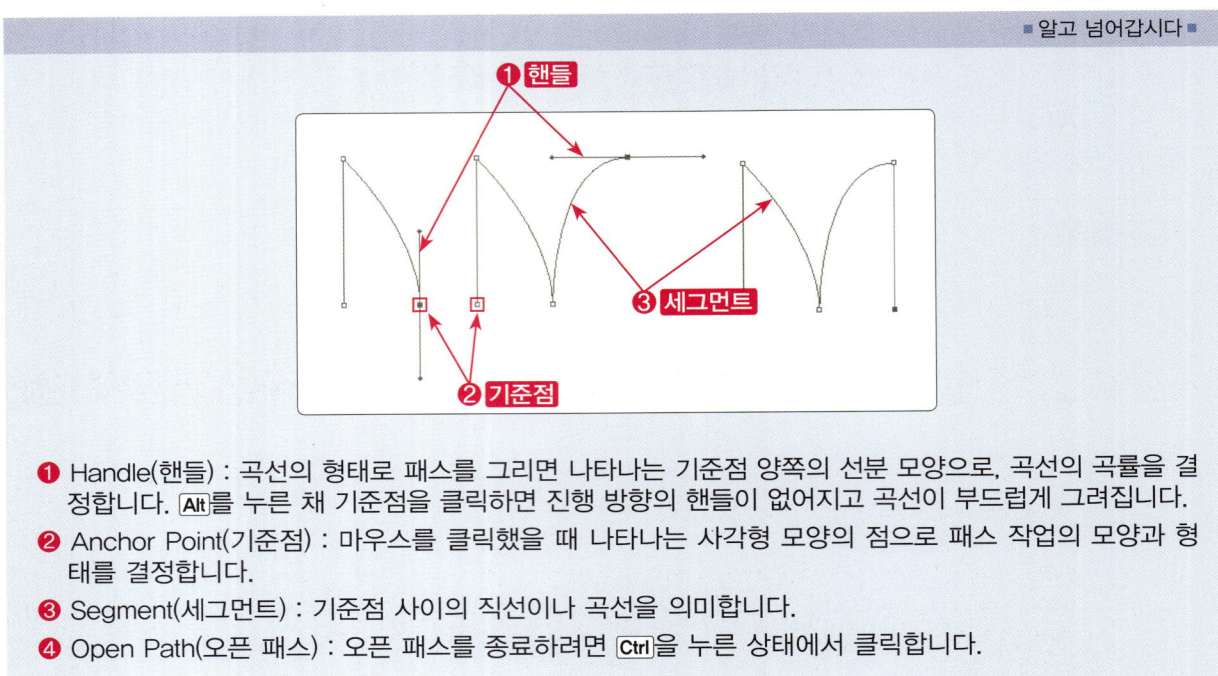

① **Handle(핸들)** : 곡선의 형태로 패스를 그리면 나타나는 기준점 양쪽의 선분 모양으로, 곡선의 곡률을 결정합니다. Alt를 누른 채 기준점을 클릭하면 진행 방향의 핸들이 없어지고 곡선이 부드럽게 그려집니다.
② **Anchor Point(기준점)** : 마우스를 클릭했을 때 나타나는 사각형 모양의 점으로 패스 작업의 모양과 형태를 결정합니다.
③ **Segment(세그먼트)** : 기준점 사이의 직선이나 곡선을 의미합니다.
④ **Open Path(오픈 패스)** : 오픈 패스를 종료하려면 Ctrl을 누른 상태에서 클릭합니다.

7 옵션 바에서 Shape(모양)를 선택합니다.

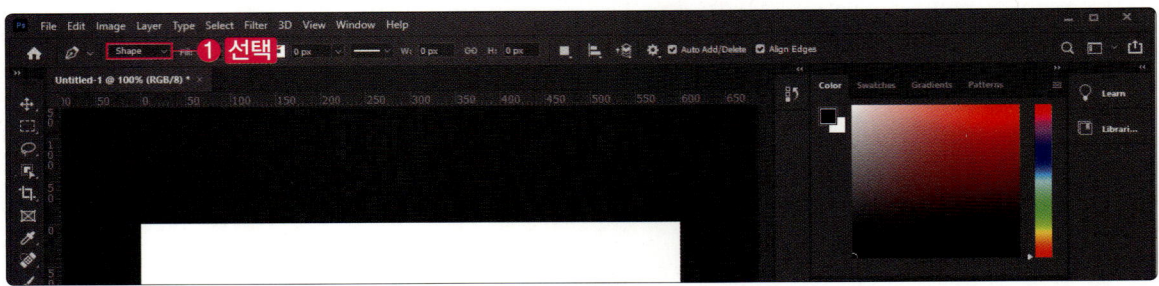

8 첫 번째 위치를 클릭한 후 드래그하여 곡선으로 만듭니다. 그런 다음 두 번째 위치를 클릭한 후 드래그하여 곡선을 만듭니다.

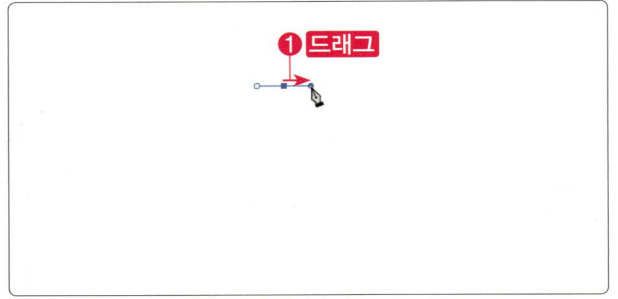 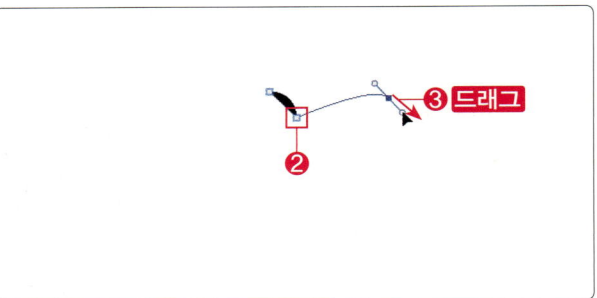

9 같은 방법으로 잠자리 모양을 작성합니다.

패스 변경

패스 구성 요소 선택

[Direct Selection Tool(직접 선택 도구)]를 선택한 후 원하는 구성 요소를 클릭하거나 구성 요소들이 포함되도록 드래그합니다.

- **선분 선택** : 선분을 클릭합니다. 곡선일 경우에는 선과 연결된 핸들이 함께 선택됩니다.

 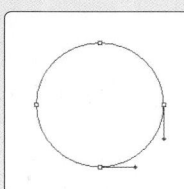

- **기준점 선택** : 기준점을 클릭하면 기준점과 연결된 선분이 선택됩니다. 곡선일 경우에는 기준점, 선분, 핸들이 함께 선택됩니다.

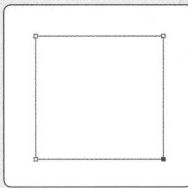 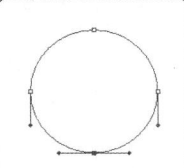

- **방향선 선택** : 기준점이나 선분을 선택하면 방향선이 표시됩니다.

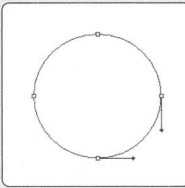 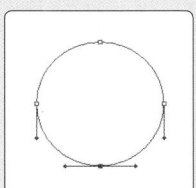

기준점/선분 이동

[Direct Selection Tool(직접 선택 도구)]를 선택한 후 이동하려는 구성 요소를 마우스로 드래그하면됩니다.

- **기준점 이동**

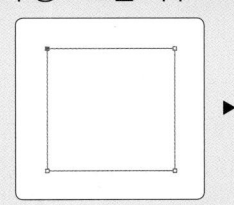 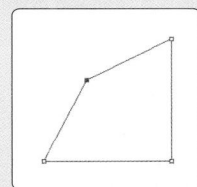

- **선분 이동** : 곡선 패스의 경우 선분과 연결된 방향선의 길이도 함께 변경됩니다.

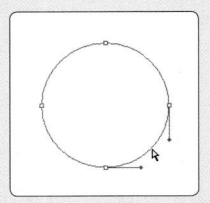 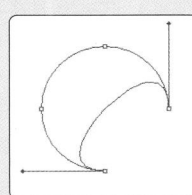

방향선 분리하기

두 개의 방향점 중 하나를 드래그하면 기준점과 연결된 양쪽의 곡선 패스가 모두 변경됩니다. Alt를 누른 채 방향점을 드래그하면 한쪽 방향의 곡선 패스만 변경됩니다.

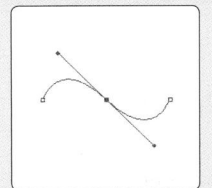 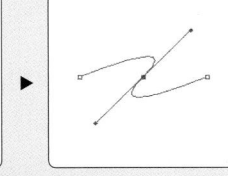 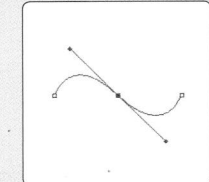 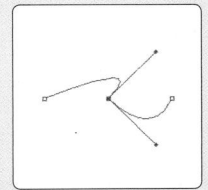

▲ 방향선이 연결된 상태 　　　　▲ 방향선이 분리된 상태

기준점 변경 도구

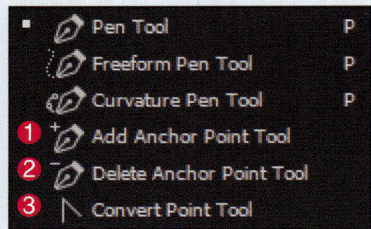

❶ [Add Anchor Point Tool(기준점 추가 도구)]

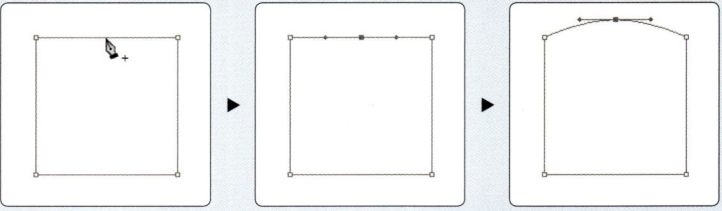

❷ [Delete Anchor Point Tool(기준점 삭제 도구)]

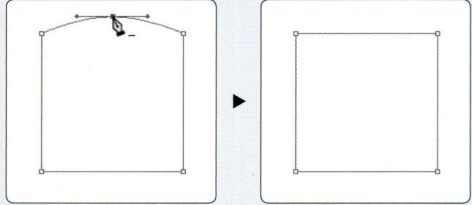

❸ [Convert Point Tool(기준점 변환 도구)]
- 곡선 패스 만들기 : 직선 패스의 기준점을 클릭한 후 드래그하여 핸들을 표시합니다.

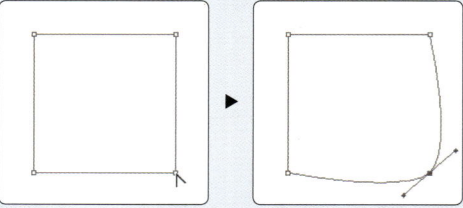

- 직선 패스 만들기 : 곡선 패스의 기준점을 클릭합니다.

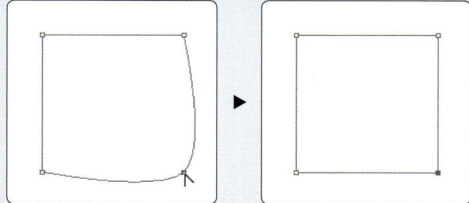

STEP 02 사용자 정의 모양 도구
(Custom Shape Tool)

다양한 형태의 모양을 만들 수 있습니다.

❶ **Pick Tool Mode(선택 도구 모드)**
  - **Shape(모양)** : 모양을 제작할 때 도형으로 만듭니다. 레이어 패널과 패스 패널에 모양 창이 생성됩니다.
  - **Path(패스)** : 모양을 패스로 만들어줍니다. 패스 패널에 Work Path(작업 패스) 창이 생성됩니다.
  - **Pixels(픽셀)** : 패스, 도형이 아닌 픽셀 이미지로 만들어지면서 전경색이 채워집니다. 펜 도구에서는 지정되지 않고, 도형 도구에서만 지정하여 사용할 수 있습니다.

❷ **Fill(칠)**
모양 레이어 항목을 선택할 경우 활성화 되는 옵션으로, 패스 영역 안쪽에 적용되는 색상을 지정할 수 있습니다.

❸ **Stroke(선)**
테두리 선의 색상을 선택합니다.

❹ **Set shape stroke width(모양 획 폭 설정)**
선의 두께를 설정한다.

❺ **Set shape stroke type(모양 획 유형 설정)**
선의 모양을 설정합니다.

❻ **Set Shape width and height (모양 폭 및 높이 설정)**
도형의 넓이와 높이를 설정합니다. [Link shape width and height(모양 폭 및 높이 연결)]을 선택하면 사이즈 변형 시 비율이 고정됩니다.

❼ **Path Option(패스 옵션)**

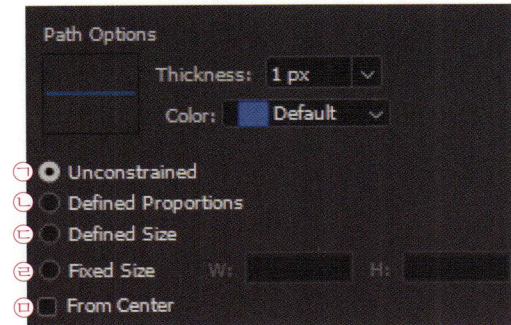

  ㉠ Unconstrained(제한 없음) : 드래그한 형태로 자유롭게 모양을 그릴 수 있습니다.
  ㉡ Defined Proportions(정의된 비율) : 도형의 가로/세로 비율을 유지하면서 그릴 수 있습니다.
  ㉢ Defined Size(정의된 크기) : 도형의 원래 크기대로만 그릴 수 있습니다.
  ㉣ Fixed Size(크기 고정) : 입력 창에 입력되는 크기만큼 그릴 수 있습니다.
  ㉤ From Center(중앙부터) : 클릭한 지점이 도형의 중심이 됩니다.

❽ **Shape(모양)**
여러 모양 중에서 원하는 모양을 지정합니다.

1 'Custom Shape.jpg' 파일을 열고 Tool Box(도구상자)에서 [Custom Shape Tool(사용자 정의 모양 도구)]를 선택한 후 옵션 바에서 [Click to open Custom shape picker(사용자 정의 모양 피커)]의 목록 단추를 클릭합니다.

2 사용자 정의 모양 목록이 나타나면 [Flowers(꽃)]의 [목록] 단추를 클릭한 후 [shape 53]을 클릭합니다.

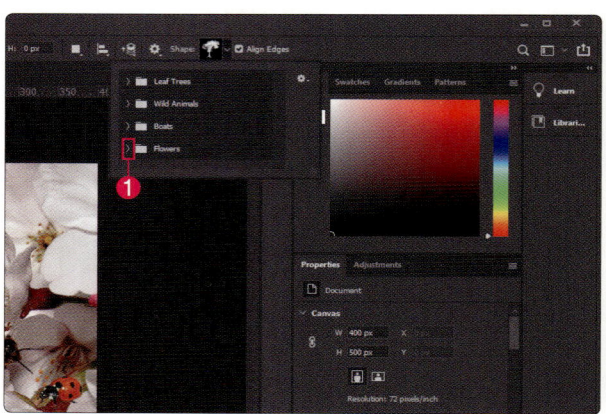 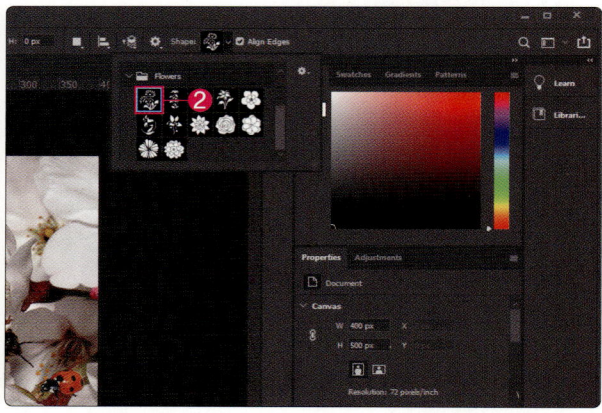

3 꽃 모양을 삽입하고자 하는 위치에서 드래그합니다.

68 PhotoShop CC(2020) 기본 익히기

4 도형의 모양을 좌우 대칭하기 위해 [Edit(편집)]-[Transform Path(변형)]-[Flip Horizontal(가로로 뒤집기)]를 클릭합니다.

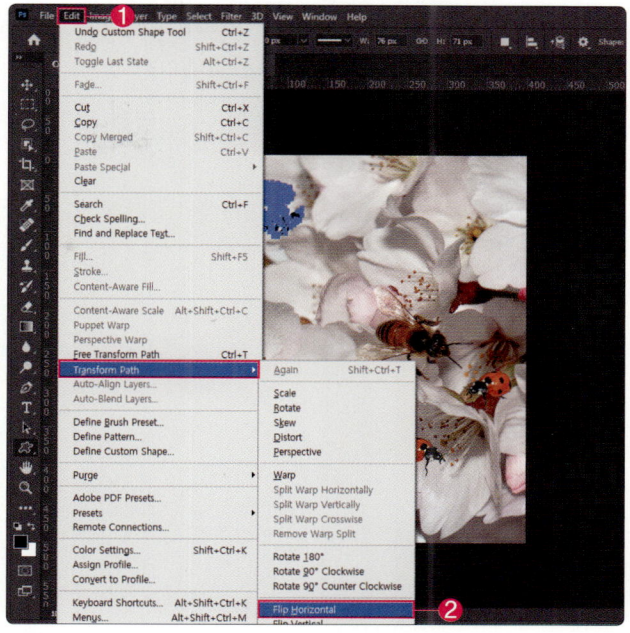

5 레이어 패널의 [Layer thumbnail(레이어 썸네일)]을 더블클릭한 후 [Color Picker(Solid color)(색상 피커(단색 선택))] 대화상자가 나타나면 색상(ff0000)을 입력한 다음 [OK(확인)] 단추를 클릭합니다.

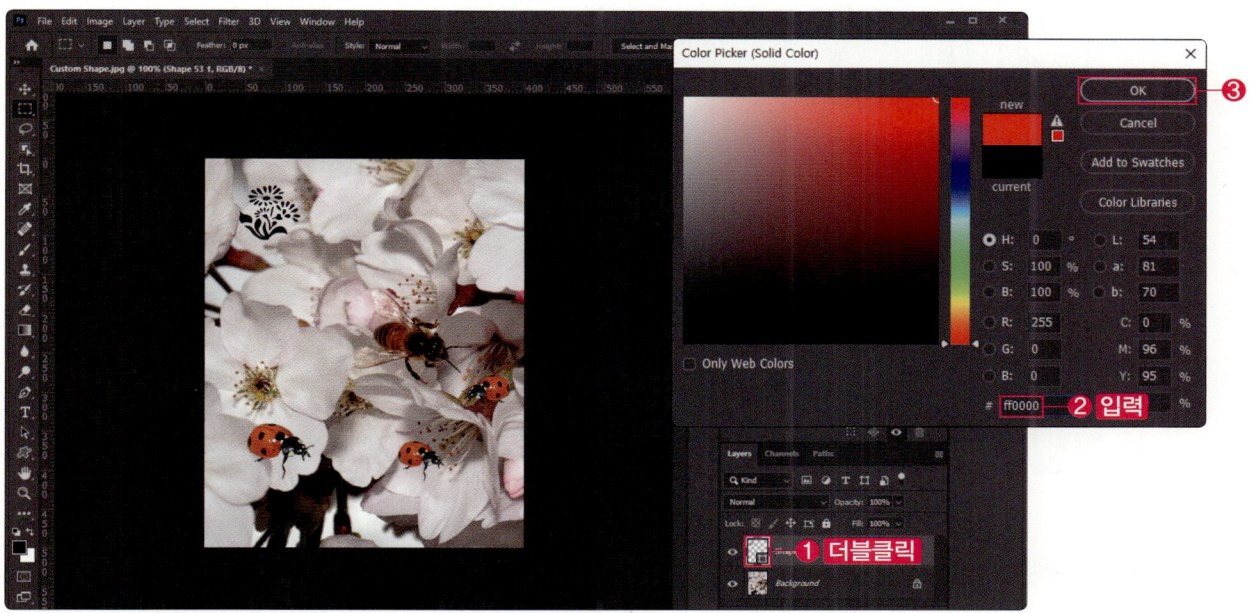

6 다음과 같이 꽃 모양 도형의 색상이 변경됩니다.

■ 알고 넘어갑시다 ■

이전 사용자 정의 모양 도구 설정하기

포토샵 CC 2019 버전부터 사용자 정의 모양 도구 모양의 이전 모양이 나타나지 않습니다. GTQ 시험에서 사용되는 모양을 나타나게 하기 위해서는 다음과 같이 설정해야 합니다.

1 [Window(창)]-[Shapes(모양)]를 클릭합니다.

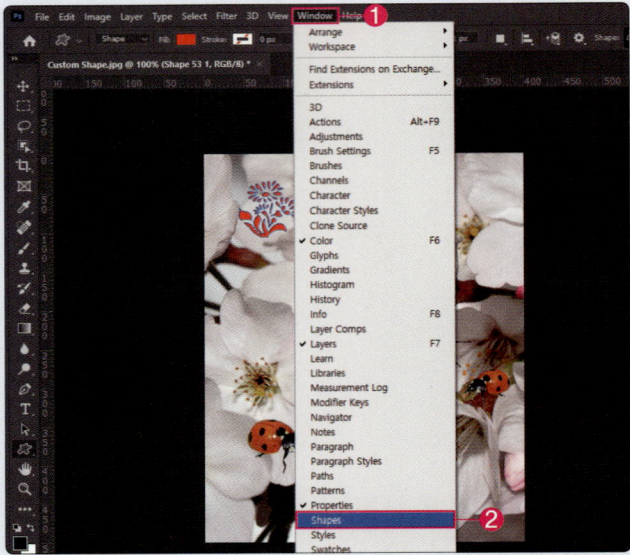

2 [Shapes(모양)] 패널이 나타나면 오른쪽 상단의 ▤[메뉴]를 클릭한 후 [Legacy Shapes and More(레거시 모양 및 기타)]를 클릭합니다. 그런 다음 옵션 바에서 [Click to open Custom shape picker(사용자 정의 모양 피커)의 ▸[목록] 단추를 클릭합니다.

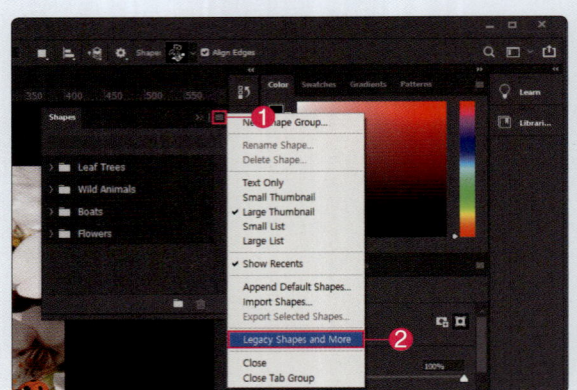 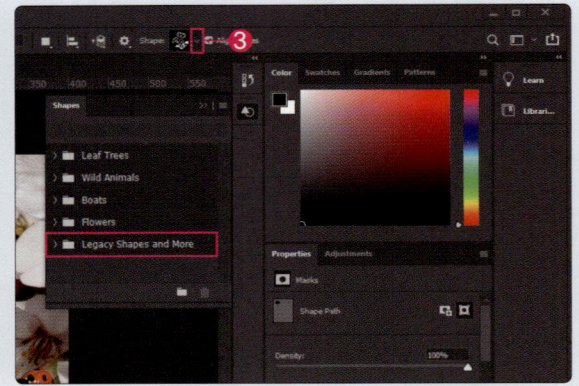

3 [Legacy Shapes and More(레거시 모양 및 기타)]의 ▸[목록] 단추를 클릭한 후 [All Legacy Default Shapes(모든 레거시 기본 모양)]의 ▸[목록] 클릭한 다음 각각의 하위 ▸[목록] 단추들을 클릭하면 이전 모양을 확인할 수 있습니다.

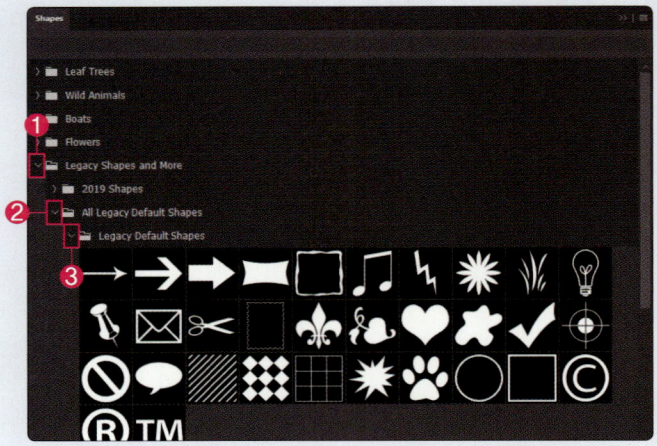

> **Tip**
> Alt를 누른 상태에서 [All Legacy Default Shaps(모든 레거시 기본 모양)]를 클릭하면 하위 목록이 전체 활성화되어 표시됩니다.

70 PhotoShop CC(2020) 기본 익히기

합격을 위한 실전문제
다음 지시사항대로 작업하시오.

1 캔버스(300×300 Pixel)를 만든 후 다음과 같이 패스(Paths)를 작성하시오.

[문제 1]

완성 : Ch_05_01_정답.psd

[문제 2]

완성 : Ch_05_02_정답.psd

[문제 3]

완성 : Ch_05_03_정답.psd

[문제 4]

완성 : Ch_05_04_정답.psd

Graphic Technology Qualification

Chapter 06

이미지 보정하기

- STEP 01 혼합 모드(Blending Mode)
- STEP 02 레벨(Levels)
- STEP 03 색상 균형(Color Balance)
- STEP 04 명도/대비(Brightness/Contrast)
- STEP 05 곡선(Curves)
- STEP 06 색조/채도(Hue/Saturation)

STEP 01 혼합 모드 (Blending Mode)

옵션 막대에서 지정한 혼합 모드는 페인팅 도구로 이미지의 픽셀을 변경하는 방법을 조절합니다.

▲ Normal(표준)　　　　▲ Dissolve(디졸브)

- **Normal(표준)** : 각 픽셀을 편집하거나 페인트하여 결과 색상으로 만듭니다. 이 모드가 기본 모드입니다. 비트맵이나 인덱스 색상 이미지로 작업하는 경우에는 [표준] 모드를 한계값이라고 합니다.
- **Dissolve(디졸브)** : 각 픽셀을 편집하거나 페인트하여 결과 색상으로 만듭니다. 그러나 결과 색상은 픽셀 위치의 불투명도에 따라 임의로 픽셀을 기본 색상이나 혼합 색상으로 대체한 색상입니다.

▲ Darken(어둡게 하기)　▲ Multiply(곱하기)　▲ Color Burn(색상 번)　▲ Linear Burn(선형 번)

▲ Darker Color(어두운 색상)

- **Darken(어둡게 하기)** : 각 채널의 색상 정보를 보고 기본 색상이나 혼합 색상 중 더 어두운 색상을 결과 색상으로 선택합니다. 혼합 색상 보다 밝은 픽셀은 대체되고 혼합 색상보다 어두운 픽셀은 변경되지 않습니다.
- **Multiply(곱하기)** : 각 채널의 색상 정보를 보고 기본 색상과 혼합 색상을 곱합니다. 결과 색상은 항상 더 어두운 색상이 됩니다. 어느 색상이든 검정색을 곱하면 검정색이 되고, 어느 색상이든 흰색을 곱하면 색상에 변화가 없습니다. 검정색이나 흰색 이외의 다른 색상으로 페인트하면 페인팅 도구로 계속 선을 그릴수록 점점 더 어두운 색상이 됩니다. 이 모드는 이미지에 여러 개의 마킹펜으로 그리는 것과 유사한 효과를 냅니다.
- **Color Burn(색상 번)** : 각 채널의 색상 정보를 보고 대비를 증가시켜서 기본 색상을 어둡게 하여 혼합 색상을 반영합니다. 흰색과 혼합하면 색상 변화가 없습니다.
- **Linear Burn(선형 번)** : 각 채널의 색상 정보를 보고 명도를 감소시켜서 기본 색상을 어둡게 하여 혼합 색상을 반영합니다. 흰색과 혼합하면 색상 변화가 없습니다.
- **Darker Color(어두운 색상)** : 혼합 색상과 기본 색상에 대한 모든 채널 값의 총합을 비교하고 더 낮은 값의 색상을 표시합니다. [어두운 색상]은 제3의 새로운 색상을 생성하지 않으며, 결과 색상을 만들기 위해 기본 색상과 혼합 색상 중 가장 낮은 채널 값을 선택하기 때문에 [어둡게 하기] 혼합으로 만들어질 수 있습니다.

▲ Lighten(밝게 하기)

▲ Screen(스크린)

▲ Color Dodge(색상 닷지)

▲ Linear Dodge(Add)(선형 닷지)

▲ Lighter Color(밝은 색상)

- **Lighten(밝게 하기)** : 각 채널의 색상 정보를 보고 기본 색상이나 혼합 색상 중 더 밝은 색상을 결과 색상으로 선택합니다. 혼합 색상보다 어두운 픽셀은 대체되고 혼합 색상보다 밝은 픽셀은 변경되지 않습니다.

- **Screen(스크린)** : 각 채널의 색상 정보를 보고 혼합 색상과 기본 색상의 반전색을 곱합니다. 결과 색상은 항상 더 밝은 색상이 됩니다. 검정색으로 스크린하면 색상에 변화가 없고, 흰색으로 스크린하면 흰색이 됩니다. 이 모드는 여러 장의 사진 슬라이드를 서로 포개서 투영하는 것과 유사한 효과를 냅니다.

- **Color Dodge(색상 닷지)** : 각 채널의 색상 정보를 보고 명도를 증가시켜서 기본 색상을 밝게 하여 혼합 색상을 반영합니다. 검정색과 혼합하면 색상 변화가 없습니다.

- **Linear Dodge(Add)(선형 닷지(추가))** : 각 채널의 색상 정보를 보고 명도를 증가시켜서 기본 색상을 밝게 하여 혼합 색상을 반영합니다.

- **Lighter Color(밝은 색상)** : 혼합 색상과 기본 색상에 대한 모든 채널 값의 총합을 비교하고 더 높은 값의 색상을 표시합니다. [밝은 색상]은 제3의 새로운 색상을 생성하지 않으며, 결과 색상을 만들기 위해 기본 색상과 혼합 색상 중 가장 높은 채널 값을 선택하기 때문에 [밝게 하기] 혼합으로 만들어질 수 있습니다.

▲ Overlay(오버레이)

▲ Soft Light(소프트 라이트)

▲ Hard Light(하드 라이트)

▲ Vivid Light(선명한 라이트)

▲ Linear Light(선형 라이트)

▲ Pin Light(핀 라이트)

▲ Hard Mix(하드 혼합)

- **Overlay(오버레이)** : 기본 색상에 따라 색상을 곱하거나 스크린합니다. 패턴이나 색상은 기본 색상의 밝은 영역과 어두운 영역을 보존하면서 기존 픽셀 위에 겹칩니다. 기본 색상은 대체되지 않고 혼합 색상과 섞여 원래 색상의 밝기와 농도를 반영합니다.

- **Soft Light(소프트 라이트)** : 혼합 색상에 따라 색상을 어둡게 하거나 밝게 하여 이미지에 확산된 집중 조명을 비추는 것과 유사한 효과를 냅니다. 혼합 색상(광원)이 50% 회색보다 밝으면 이미지는 닷지한 것처럼 밝아지고, 혼합 색상이 50% 회색보다 더 어두우면 이미지는 번한 것처럼 어두워집니다. 순수한 검정색이나 흰색으로 칠하면 더 밝거나 더 어두운 영역이 뚜렷이 나타나지만 순수한 검정이나 흰색이 되지는 않습니다.

- **Hard Light(하드 라이트)** : 혼합 색상에 따라 색상을 곱하거나 스크린합니다. 이미지에 강한 집중 조명을 비추는 것과 유사한 효과를 냅니다. 혼합 색상(광원)이 50% 회색보다 밝으면 이미지는 스크린한 것처럼 밝아집니다. 이 모드는 이미지에 밝은 영역을 추가하는 데 유용합니다. 혼합 색상이 50% 회색보다 어두우면 이미지는 곱한 것처럼 어두워집니다. 이 모드는 이미지에 어두운 영역을 추가하는 데 유용합니다. 순수한 검정색이나 흰색으로 페인트하면 순수한 검정색이나 흰색이 됩니다.

- **Vivid Light(선명한 라이트)** : 혼합 색상에 따라 대비를 증가 또는 감소시켜 색상을 번하거나 닷지합니다. 혼합 색상(광원)이 50% 회색보다 밝으면 대비를 감소시켜 이미지를 밝게 하고, 혼합 색상이 50% 회색보다 어두우면 대비를 증가시켜 이미지를 어둡게 합니다.

- **Linear Light(선형 라이트)** : 혼합 색상에 따라 명도를 증가 또는 감소시켜 색상을 번하거나 닷지합니다. 혼합 색상(광원)이 50% 회색보다 밝으면 명도를 증가시켜 이미지를 밝게 하고, 혼합 색상이 50% 회색보다 어두우면 명도를 감소시켜 이미지를 어둡게 합니다.

- **Pin Light(핀 라이트)** : 혼합 색상에 따라 색상을 대체합니다. 혼합 색상(광원)이 50% 회색보다 밝으면 혼합 색상보다 어두운 픽셀은 대체되고 혼합 색상보다 밝은 색상은 변화가 없습니다. 혼합 색상이 50% 회색보다 어두우면 혼합 색상보다 밝은 픽셀은 대체되고 혼합 색상보다 어두운 색상은 변화가 없습니다. 이 모드는 이미지에 특수 효과를 추가하는 데 유용합니다.

- **Hard Mix(하드 혼합)** : 혼합 색상의 빨강, 녹색, 파랑 채널 값을 기본 색상의 RGB 값에 추가합니다. 채널의 결과 합계가 255 이상이면 255 값을 받고 255 미만이면 0 값을 받습니다. 따라서 모든 혼합 픽셀의 빨강, 녹색, 파랑 채널 값은 0 또는 255입니다. 모든 픽셀을 빨강, 녹색, 파랑, 사이안, 노랑, 마젠타, 검정 또는 흰색 등의 원색으로 바꿉니다.

▲ Difference(차이)　　　　▲ Exclusion(제외)　　　　▲ Subtract()　　　　▲ Divide()

- **Difference(차이)** : 각 채널의 색상 정보를 보고 기본 색상과 혼합 색상 중 명도 값이 더 큰 색상에서 다른 색상을 뺍니다. 흰색과 혼합하면 기본 색상 값이 반전되고 검정색과 혼합하면 색상 변화가 없습니다.

- **Exclusion(제외)** : [차이] 모드와 유사하지만 대비가 더 낮은 효과를 냅니다. 흰색과 혼합하면 기본 색상 값이 반전되고, 검정색과 혼합하면 색상 변화가 없습니다.

- **Subtract(빼기)** : 디트랙드 블렌딩 모드는 기본 레이어에서 픽셀 값을 뺍니다. 이 블렌딩 모드는 밝기를 빼서 픽셀을 크게 어둡게 합니다.

- **Divide(나누기)** : 나누기는 빼기와 반대의 효과를 생성합니다.

▲ Hue(색조)　　　　▲ Saturation(채도)　　　　▲ Color(색상)　　　　▲ Luminosity(광도)

- **Hue(색조)** : 기본 색상의 광도와 채도 및 혼합 색상의 색조로 결과 색상을 만듭니다.

- **Saturation(채도)** : 기본 색상의 광도와 색조 및 혼합 색상의 채도로 결과 색상을 만듭니다. 이 모드를 사용하여 채도가 0인 영역(회색)을 페인트하면 색상 변화가 일어나지 않습니다.

- **Color(색상)** : 기본 색상의 광도 및 혼합 색상의 색조와 채도로 결과 색상을 만듭니다. 이 모드는 이미지의 회색 레벨을 유지하며 단색 이미지에 색상을 칠하고 컬러 이미지에 색조를 적용하는 데 유용합니다.

- **Luminosity(광도)** : 기본 색상의 색조와 채도 및 혼합 색상의 광도로 결과 색상을 만듭니다. 이 모드는 [색상] 모드의 반대 효과를 냅니다.

STEP 02 레벨 (Levels)

레벨 명령은 이미지를 256 단계의 명암 단계로 그래프화하여 보여주는데, 이 그래프를 히스토그램이라고 합니다. 히스토그램의 슬라이더를 조절함으로써 이미지의 밝기(Brightness)와 대비(Contrast), 색상 및 명암을 조절합니다.

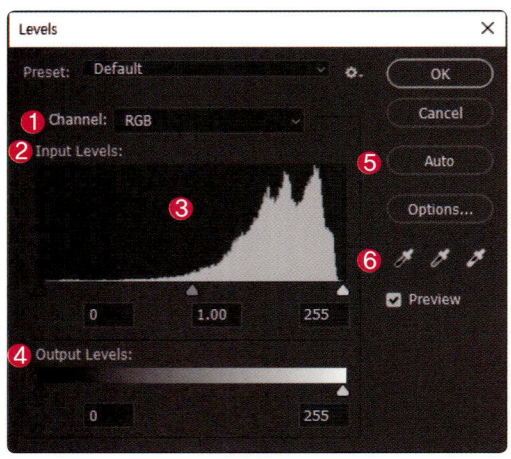

❶ **Channel(채널)** : 보정할 채널을 선택하여 레벨을 적용할 수 있습니다.

❷ **Input Levels(입력 레벨)** : 수치 값을 직접 입력해 어두운 영역(Shadows), 중간 영역(Midtones), 밝은 영역(Highlights)의 명도 대비를 조절합니다.

❸ **히스토그램 슬라이드바** : 이미지의 명도 분포를 그래프로 표시해주며 슬라이더를 이동하여 이미지의 명도대비를 조절합니다.

❹ **Output Levels(출력 레벨)** : 절대적 명도를 조절하며, 현재 이미지의 픽셀 명암 단계가 아니라 전체적인 이미지의 명암단계를 밝고 어둡게 조절합니다.

❺ **Auto(자동)** : 자동으로 레벨을 보정합니다.

❻ **Spuit(색상 스포이트)** : 각각의 스포이트로 이미지에서 클릭한 픽셀을 기준으로 하여 가장 어두운 톤, 중간 톤, 가장 밝은 톤을 설정할 수 있습니다.

1 'Levels.jpg' 파일을 열고 [Image(이미지)]-[Adjustments(조정)]-[Levels(레벨)]을 클릭합니다.

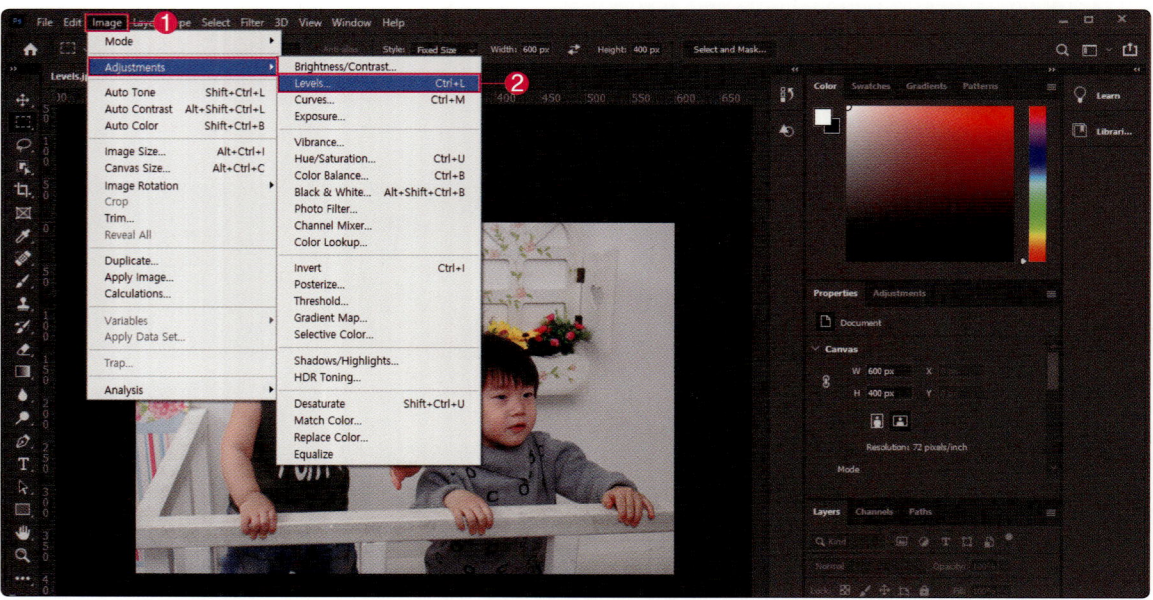

> **Tip**
> Ctrl+L을 눌러 실행할 수 있습니다.

2 [Levels(레벨)] 대화상자가 나타나면 밝은 영역(Highlights)을 증가시켜 이미지를 밝게합니다.

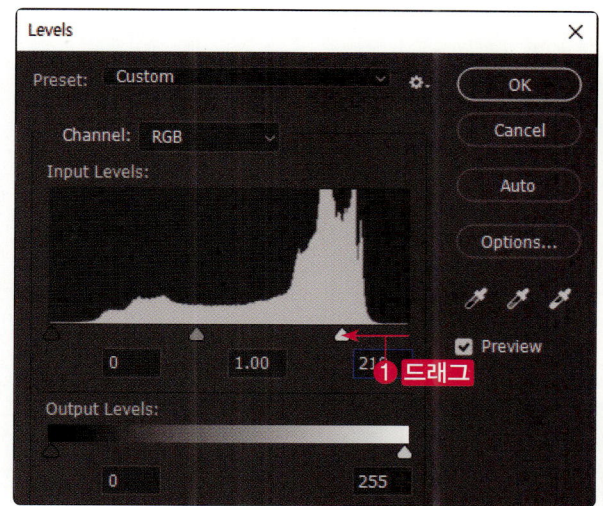

3 같은 방법으로 어두운 영역(Shadows)과 중간 영역(Midtones)을 조절한 후 [OK(확인)] 단추를 클릭합니다.

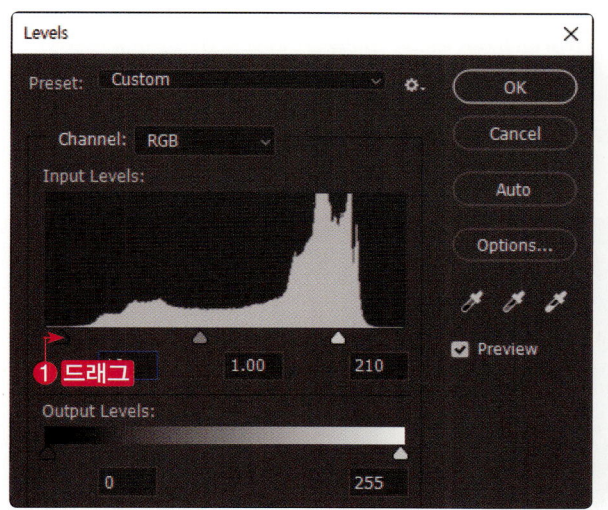 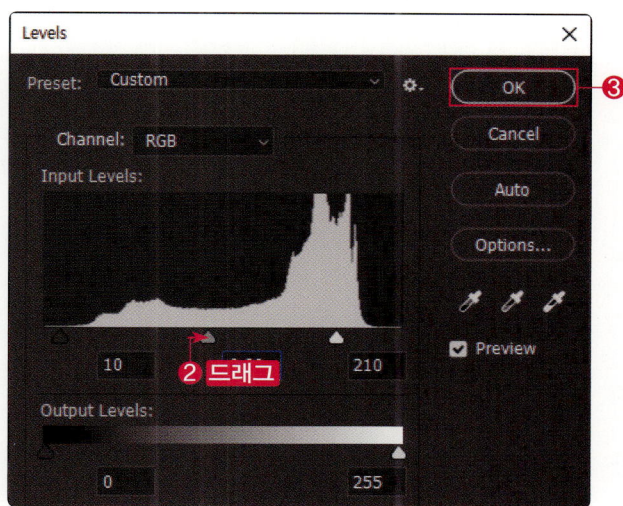

> **Tip**
> Alt 를 누르고 있으면 [Cancel(취소)]가 [Reset(다시 설정)]으로 변경됩니다. 초기 설정값으로 돌아가고 싶으면 이때 [Reset(다시 설정)]을 클릭합니다.

4 이미지가 선명하게 변경된 것을 확인할 수 있습니다.

 ▶

Chapter06 • 이미지 보정하기 **77**

STEP 03 색상 균형 (Color Balance)

색상 균형 명령은 이미지에 색상을 더하거나 제거하여 색감을 조절하는 기능으로, 각각 어두운 영역(Shadows), 중간 영역(Midtones), 밝은 영역(Highlights)을 선택하여 색상을 조절합니다. 슬라이더의 양 끝 쪽에 위치한 색상은 보색 관계로 동시에 색상을 줄 수는 없습니다.

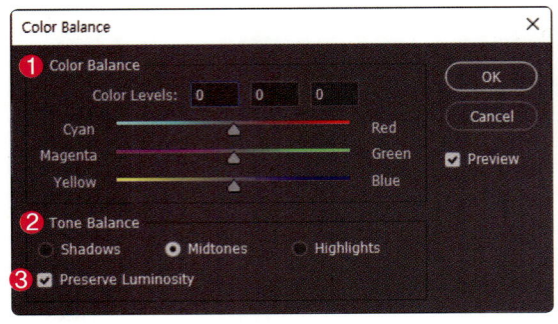

❶ **Color Balance(색상 균형)** : 슬라이더의 양쪽 끝의 색상은 보색으로 설정되어 있습니다. 보색의 원리를 이용하여 슬라이더를 이동해 색상을 더하거나 빼줍니다.

❷ **Tone Balance(색조 균형)**
- **Shadows(어두운 영역)** : 전반적으로 어두운 색 위주로 색상을 추가
- **Midtones(중간 영역)** : 중간 영역 부분에 색상이 추가
- **Highlights(밝은 영역)** : 밝은 영역 위주로 색상이 추가

❸ **Preserve Luminosity(광도 유지)** : 명암이 유지된 채 색상만 조절됩니다.

1 'Color balance.jpg' 파일을 열고 Tool Box(도구 상자)에서 [Magnetic Lasso Tool(자석 올가미 도구)]를 선택한 후 왼쪽 오이를 선택합니다.

2 왼쪽 오이가 선택되면 [Image(이미지)]-[Adjustments(조정)]-[Color Balance(색상 균형)]를 클릭합니다.

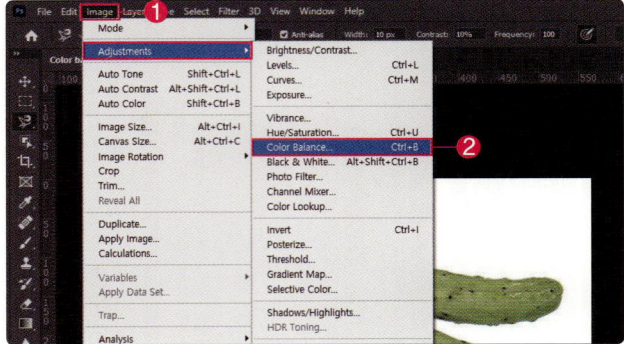

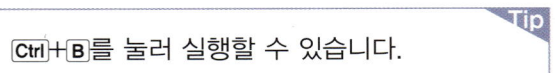

Tip
Ctrl+B를 눌러 실행할 수 있습니다.

3 [Color Balance(색상 균형)] 대화상자가 나타나면 Midtones(중간 영역)의 [Green(녹색)] 색상에 '30'을 더해 줍니다.

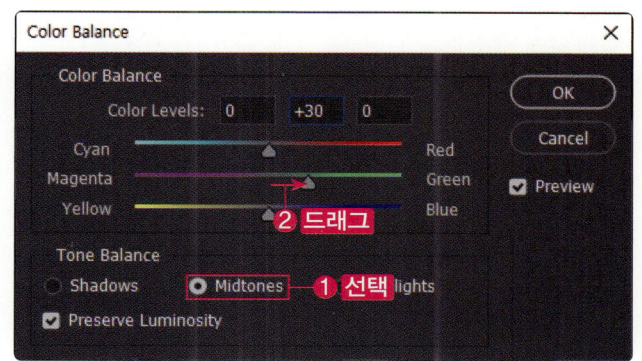

4 같은 방법으로 어두운 영역(Shadows)의 [Green(녹색)]을 '30'을 더해 줍니다.

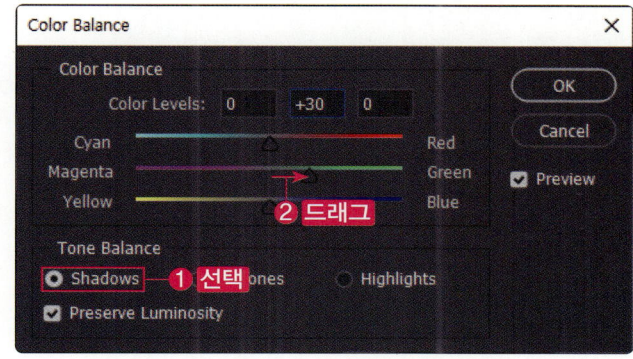

5 같은 방법으로 밝은 영역(Highlights)의 [Green(녹색)]을 '50'을 더한 다음 [OK(확인)] 단추를 클릭합니다.

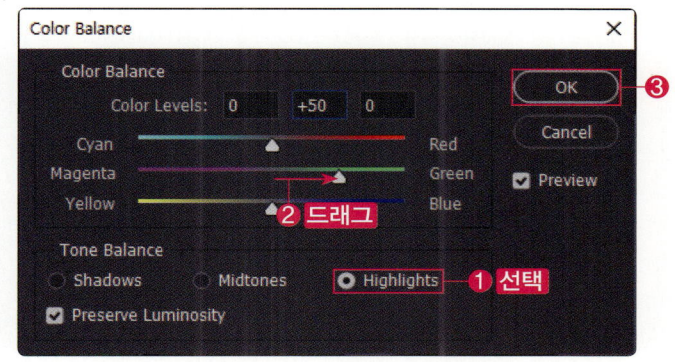

6 Ctrl+D를 눌러 선택 영역을 해제하면 왼쪽 오이에만 Green(녹색) 색상이 더해진 것을 확인할 수 있습니다.

Chapter06 • 이미지 보정하기 **79**

STEP 04 명도/대비 (Brightness/Contrast)

명도/대비 명령을 사용하면 이미지의 색조 범위를 간단하게 조정할 수 있습니다. 이미지의 픽셀에 비례적(비선형) 조정 내용을 적용하는 [곡선] 및 [레벨]과 달리 [명도/대비]는 모든 픽셀에 동일한 양을 조정합니다.

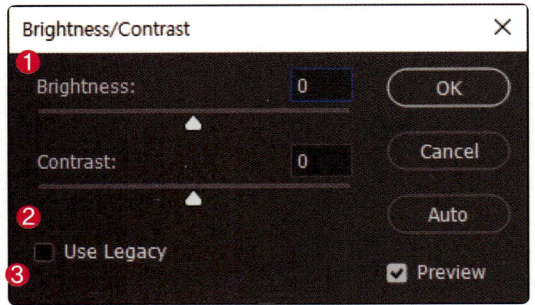

❶ **Brightness(명도)** : 슬라이더를 오른쪽으로 이동하면 밝아지고, 왼쪽으로 이동하면 어두워집니다.

❷ **Contrast(대비)** : 슬라이더를 오른쪽으로 이동하면 픽셀의 대비가 심해지고, 왼쪽으로 이동하면 대비가 약해져 중화 톤을 갖습니다.

1 'Brightness.jpg' 파일을 열고 [Image(이미지)]-[Adjustments(조정)]-[Brightness/Contrast(명도/대비)]를 클릭합니다.

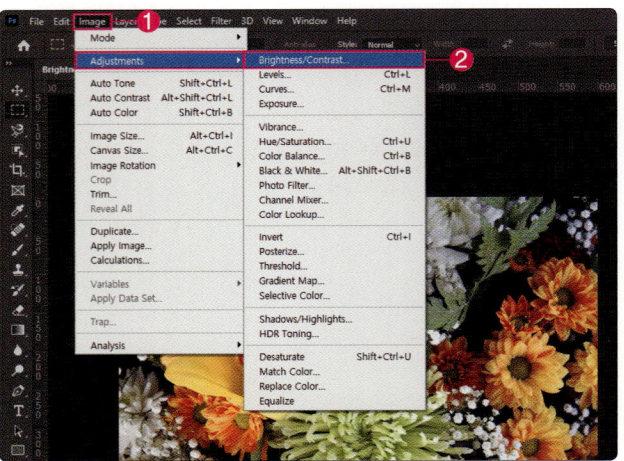

2 [Brightness/Contrast(명도/대비)] 대화상자가 나타나면 Brightness(명도)와 Contrast(대비)를 조절한 후 [OK(확인)] 단추를 클릭합니다.

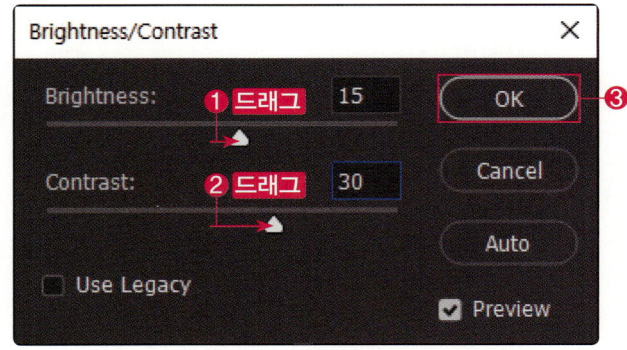

> **Tip**
> Brightness(명도)를 먼저 조정한 후 Contrast(대비)를 조정하되, Contrast(대비)를 Brightness(명도)의 2배 정도로 설정하면 선명한 이미지를 얻을 수 있습니다.

3 이미지에 Brightness(명도)와 Contrast(대비)가 적용되어 선명한 이미지가 된 것을 확인할 수 있습니다.

 ▶

■ 알고 넘어갑시다 ■

[Brightness/Contrast(명도/대비)] 대화상자 [Cancel(취소)] 단추를 [Reset(다시 설정)] 단추로 전환하기
[Brightness/Contrast(명도/대비)] 대화상자의 설정 값을 변경한 후 를 누르면 [Cancel(취소)] 단추가 [Reset(다시 설정)] 단추로 변경됩니다. 이때 Alt 클릭하면 초기 값으로 변환됩니다.
대화상자의 옵션이 많을 때 단번에 초기값으로 변경할 수 있고, 설정 값을 변경할 때의 이미지 변화를 원본과 비교해가며 살펴볼 때 유용한 기능입니다.

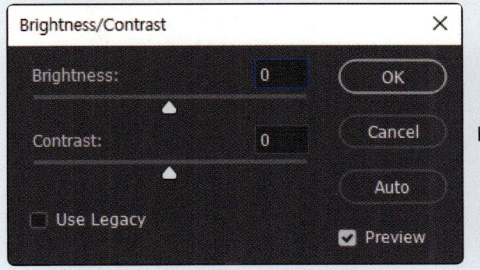 ▶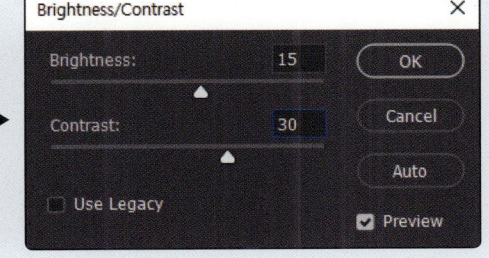

▲ 초기 설정 값 　　　　　　　　　　　　　▲ 설정 값 변경

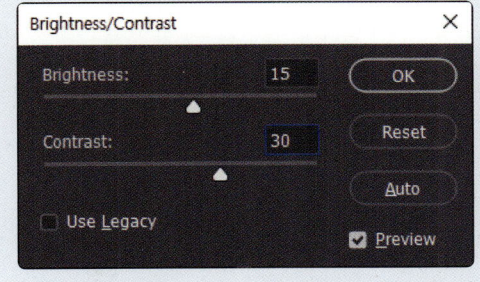 ▶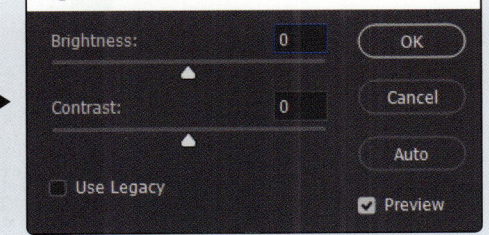

▲ Alt 를 누른 채 [Reset(다시 설정)]을 클릭　▲ 설정 값 초기화

STEP 05 곡선 (Curves)

Curves(곡선)은 최대 15개의 다른 값을 상수로 유지하면서 픽셀의 강도 값을 0~255까지 사이에서 조정합니다.

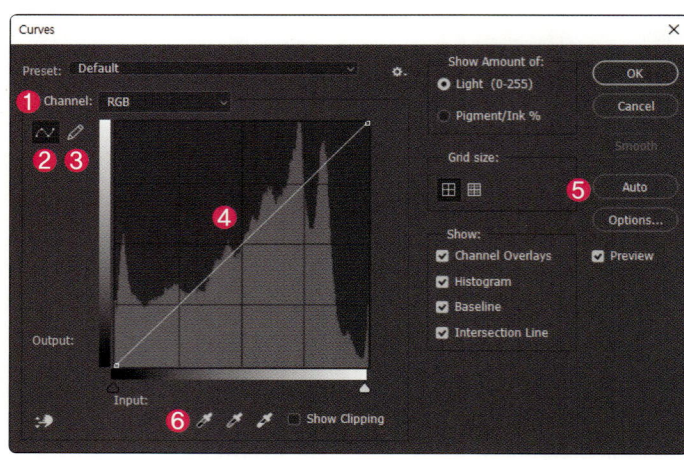

❶ **Channel(채널)** : 원하는 채널, 즉 RGB나 CMYK에서 수정하려는 채널로 선택하여 색상을 변경할 수 있습니다.

❷ **Curves(곡선)** : 조절점을 이용하여 조정합니다.

❸ **Pencil(연필)** : 그래프를 연필로 자유롭게 그려서 조정합니다.

❹ **그래프** : 곡선을 조절하여 이미지의 밝기를 변경합니다. 사선 모양의 그래프 영역의 위쪽은 밝은 영역(Highlights), 중간 영역(Midtones), 아래쪽은 어두운 영역(Shadows)입니다.

❺ **Auto(자동)** : 어두운 영역과 밝은 영역의 클리핑 비율을 지정할 수 있고 어두운 영역, 중간 영역 및 밝은 영역에 색상 값을 할당할 수 있습니다.

❻ **Spuit(색상 스포이트)** : 각각의 스포이트로 이미지에서 클릭한 픽셀을 기준으로 하여 가장 어두운 영역, 중간 영역, 밝은 영역을 설정할 수 있습니다.

1 'Curves.jpg' 파일을 열고 [Image(이미지)]-[Adjustments(조정)]-[Curves(곡선)]을 클릭합니다.

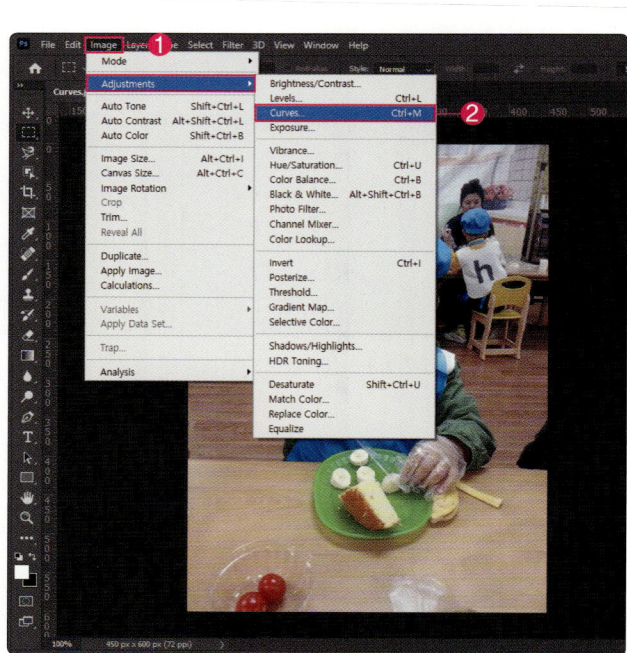

> **Tip**
> Ctrl+M를 눌러 실행할 수 있습니다.

82 PhotoShop CC(2020) 기본 익히기

2 [Curves(곡선)] 대화상자가 나타나면 그래프를 드래그합니다.

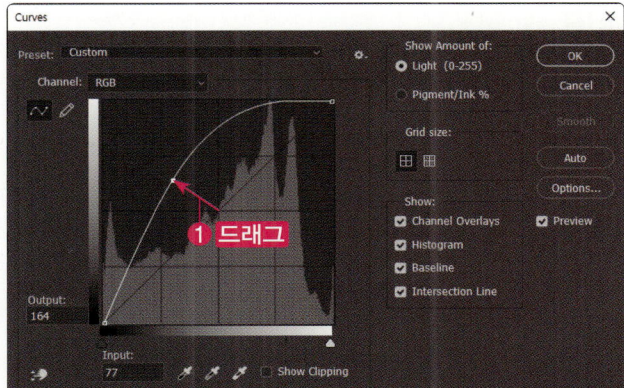

> **Tip**
> 그래프를 드래그해야 Input(입력) 및 Output(출력) 값을 입력할 수 있도록 활성화됩니다.

3 Input(입력) 및 Output(출력) 값을 입력할 수 있도록 활성화되면 Input(100)과 Output(150)을 입력한 후 [OK(확인)] 단추를 클릭합니다.

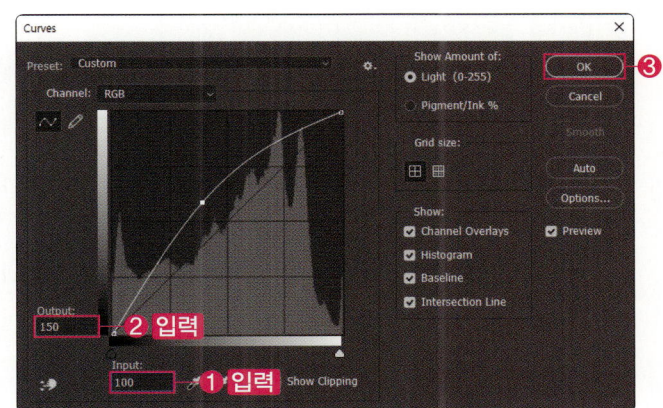

4 이미지에 Curves(곡선)이 적용되어 밝은 이미지가 된 것을 확인할 수 있습니다.

STEP 06 색조/채도 (Hue/Saturation)

Hue/Saturation(색조/채도) 명령은 이미지의 색상과 채도, 밝기를 보정해주는 명령입니다. 대화상자에서 [Edit(편집)] 항목을 기본 값인 [Master(마스터)]로 설정하면 단순히 이미지의 색감을 추가하거나 빼는 정도가 아닌 전혀 다른 색상으로 바꿀 수 있고, 이미지의 색상과 채도, 밝기를 쉽게 바꾸어주므로 자주 사용하는 기능입니다.

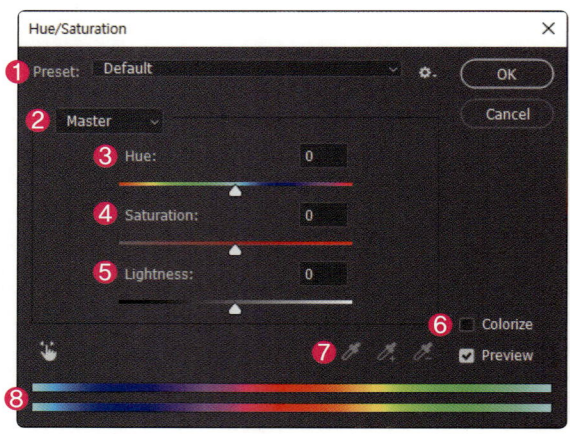

❶ **Preset(사전 설정)** : 자주 사용하는 값을 미리 설정하여 저장해 놓은 곳으로, 사용자는 일일이 설정 값을 지정하지 않고도 필요한 옵션이 지정된 설정 값을 선택해 사용할 수 있습니다.

❷ **Edit(편집)** : 보정할 색상을 선택합니다.

❸ **Hue(색조)** : 이미지의 색상을 바꿔줍니다.

❹ **Saturation(채도)** : 이미지의 채도를 높이거나 낮춰줍니다.

❺ **Lightness(밝기)** : 이미지의 명도를 높이거나 낮춰줍니다

❻ **Colorize(색상화)** : 듀오톤과 같이 한 가지 색상으로 색상 보정이 가능합니다.

❼ **Eyedropper Tool(스포이트)** : 이미지에 직접 클릭하여 수정할 색상을 선택합니다.
  • [Add to Sample(샘플에 추가)] : 색상 영역을 확장
  • [Subtract form Sample(샘플에서 빼기)] : 색상 영역을 축소
※ [Edit(편집)] 항목에서 [Master(마스터)] 이외의 항목을 선택했을 때 사용할 수 있습니다.

❽ **Gradient Bar(그라디언트 바)** : 위의 바는 기본 색상을 나타내고, 아래의 바는 현재 이미지 색상의 그라디언트로 보정되는 상태를 나타냅니다.

1 'Hue Saturation.jpg' 파일을 열고 Tool Box(도구 상자)에서 [Object Selection Tool(개체 선택 도구)]를 선택한 후 모자 범위를 드래그하여 선택 영역으로 지정합니다.

> **Tip**
> 포토샵 CC(2020) 이전 버전에서는 [개체 선택 도구(Object Selection Tool)]가 없기 때문에 [Magnetic Lasso Tool(자석 올가미 도구)]를 선택한 후 모자 범위를 선택 영역으로 지정합니다.

2 모자가 선택 영역으로 지정되면 [Image(이미지)]-[Adjustments(조정)]-[Hue/Saturation(색조/채도)]를 클릭합니다.

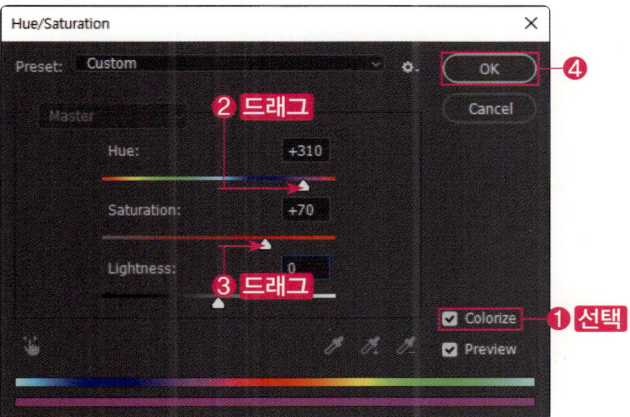

> Tip
> Ctrl+U를 눌러 실행할 수 있습니다.

3 [Hue/Saturation(색조/채도)] 대화상자가 나타나면 [Colorize(색상화)]를 선택한 후 Hue(색조)와 Saturation(채도)를 조절하여 모자를 붉은색 계열로 보정한 다음 [OK(확인)] 단추를 클릭합니다.

> Tip
> Colorize(색상화)를 선택하면 한가지 색상으로 보정이 가능하므로 원하는 색상 계열을 쉽게 보정할 수 있습니다.

4 Ctrl+D를 눌러 선택 영역을 해제하면 모자의 색상이 하늘색 계열에서 붉은색 계열로 변경된 것을 확인할 수 있습니다.

 ▶

Chapter06 · 이미지 보정하기 **85**

합격을 위한 실전문제 — 다음 지시사항대로 작업하시오.

1 'Ch_06_01_01.jpg' 파일을 열고 다음 조건에 맞게 이미지를 보정하세요.

- 복구 브러시를 이용하여 이미지 제거
- Hue/Saturation(색조/채도)을 이용하여 파란색 계열로 보정
- Curves(곡선)을 이용하여 밝기 조정
  − Input(입력) : 90, Output(출력) : 110

완성 : Ch_06_01_정답.psd

2 'Ch_06_02_01.jpg' 파일을 열고 다음 조건에 맞게 이미지를 보정하세요.

- 복구 브러시를 이용하여 이미지 제거
- Hue/Saturation(색조/채도)을 이용하여 노란색 계열로 보정
- Curves(곡선)을 이용하여 밝기 조정
  − Input(입력) : 150, Output(출력) : 130

완성 : Ch_06_02_정답.psd

Graphic Technology Qualification

Chapter

레이어(Layer) 활용하기

STEP 01 레이어 생성, 복사, 이동 및 레이어 관리하기

STEP 02 레이어 스타일(Layer Style)

STEP 03 레이어 마스크(Layer Mask)

STEP 04 클리핑 마스크(Clipping Mask)

STEP 01 레이어 생성, 복사, 이동 및 레이어 관리하기

이미지의 간단한 합성을 통하여 새로운 레이어를 생성하는 방법, 복사하는 방법, 레이어를 이동하는 방법을 익혀보도록 하겠습니다.

■ 레이어란
레이어(Layer)란 투명한 필름에 이미지가 얹어있는 것으로 이해하면 됩니다. 따라서 여러 장의 레이어가 겹쳐 있으면 투명한 필름 사이로 이미지가 보여 마치 한 장의 그림으로 보입니다. 하지만, 레이어 이미지들은 하나가 아닌 여러 장의 레이어로 따로 분리되어 있기 때문에 필요한 이미지를 언제든지 이동하거나 수정, 편집할 수 있습니다.

■ 레이어 패널
레이어에 관한 거의 모든 메뉴는 Layers(레이어) 패널에 다양한 형태로 숨어 있습니다. 실질적으로 [Layer(레이어)] 메뉴를 사용하기 보다는 패널을 많이 사용하므로 패널을 중점적으로 이용하여 익히는 것이 좋습니다.

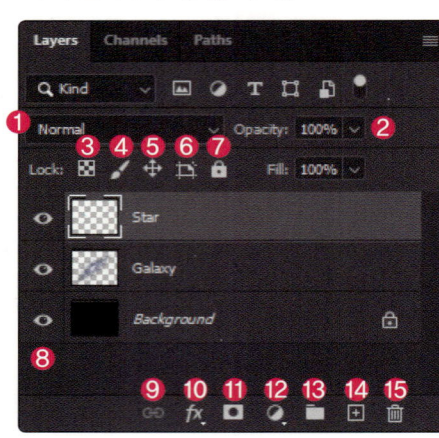

❶ **Blending Mode(혼합 모드)** : 레이어가 서로 겹칠 때, 겹치는 부분의 색상 혼합 방식을 지정합니다.

❷ **Opacity(불투명도)** : 레이어의 불투명도를 설정합니다.

❸ **Lock transparent pixels(투명 픽셀 잠그기)** : 투명한 부분에는 어떤 작업도 할 수 없습니다.

❹ **Lock image pixels(이미지 픽셀 잠그기)** : 이미지에 페인팅 할 수 없습니다.

❺ **위치 잠그기(Lock positions)** : 이미지를 이동할 수 없습니다.

❻ **Prevent auto-nesting into and out of Artboards and Frames(대지와 프레임 내부 및 외부에 자동 중첩 방지)** : 그림의 잠금을 대지에 할당하여 대지에 자동 중첩을 허용하지 않도록 하거나 대지 내의 특정 레이어에 해당 레이어의 자동 중첩을 허용하지 않도록 합니다.

❼ **Lock All(모두 잠그기)** : 이미지를 이동하거나 수정할 수 없습니다.

❽ **Indicates layer visibility(레이어 가시성)** : 클릭할 때마다 레이어가 표시되거나 숨겨집니다. '눈' 모양이 보이면 레이어도 보이는 것입니다.

❾ **Link layers(레이어 연결)** : 여러 이미지를 선택하여 연결을 걸면 함께 이동시킬 수 있습니다.

❿ **Add a layer style(레이어 스타일)** : 레이어 스타일을 적용할 수 있습니다.

⓫ **Add layer mask(레이어 마스크)** : 현재 레이어에서 선택된 영역을 마스크로 만듭니다.

⓬ **Create new fill or adjustment layer(새 칠 또는 조정 레이어)** : 이미지에 조정 레이어를 만듭니다.

⓭ **Create a new group(새 그룹)** : 레이어가 많을 경우 폴더처럼 넣어서 관리합니다.

⓮ **Create a new layer(새 레이어)** : 새 레이어를 만듭니다. 또한, 특정 레이어를 이곳으로 끌어다 놓으면 레이어가 복사됩니다.

⓯ **Delete layer(레이어 삭제)** : 선택된 레이어를 삭제합니다.

1 'Layer.psd' 파일을 열고 'Star' 레이어를 선택합니다.

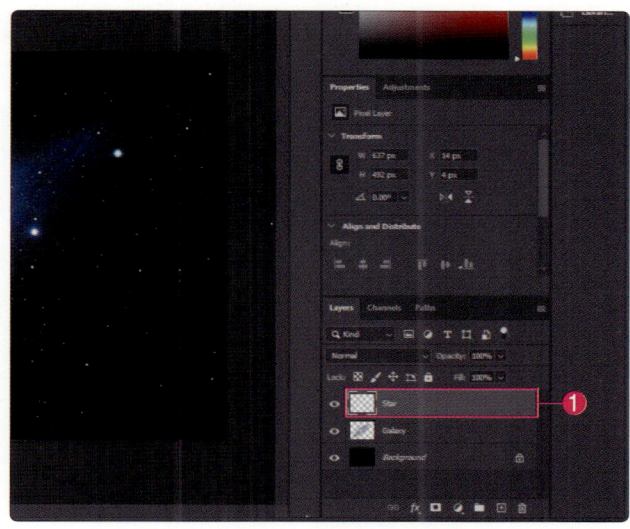

2 레이어 앞의 ◉[Indicates layer visibility(레이어 가시성)]을 클릭하면 해당 레이어의 이미지가 나타나지 않습니다.

3 ◉[Indicates layer visibility(레이어 가시성)]을 눌러 모든 레이어가 화면에 표시되도록 수정한 후 새로운 레이어를 만들기 위해 ⊞[Create a new layer(새 레이어)]를 클릭합니다.

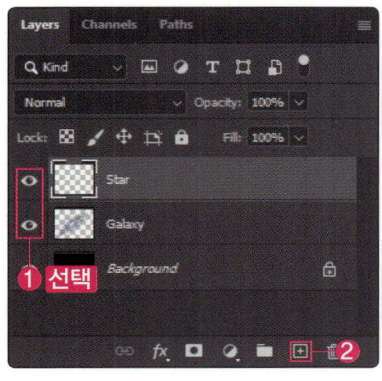 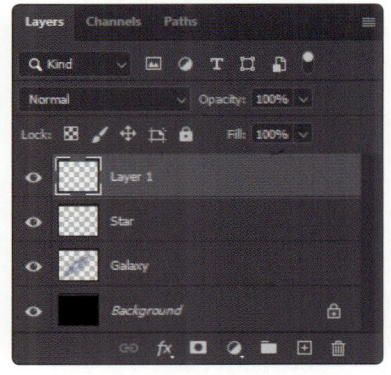

> **Tip**
> 새 레이어는 선택된 레이어 바로 위에 새로운 레이어가 생성됩니다.

Chapter07 • 레이어(Layer) 활용하기 **89**

4 레이어를 복사하기 위해 'Galaxy' 레이어를 [Create a new layer(새 레이어)]로 드래그 합니다.

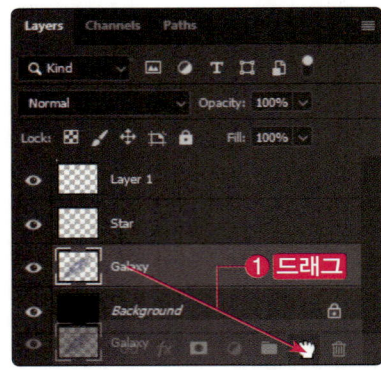
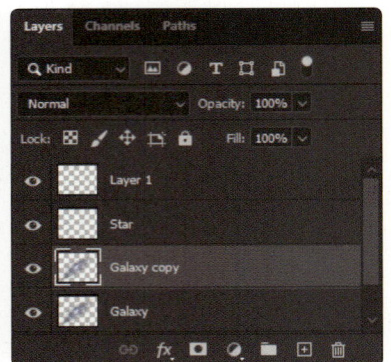

> **Tip**
> 복사된 레이어 이름 뒤에는 자동으로 'copy(사본)'이 붙습니다.

5 레이어가 복사되면 Tool Box(도구 상자)에서 [Move Tool(이동 도구)]를 선택한 후 드래그하여 'Galaxy copy' 레이어의 이미지를 이동합니다.

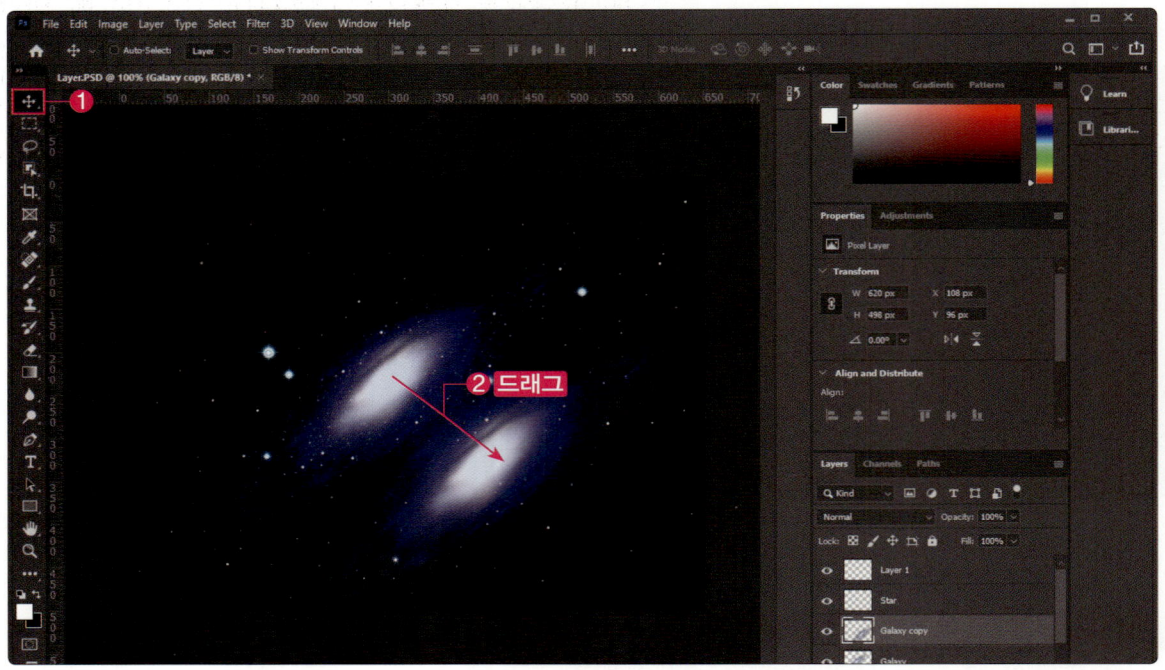

6 두 개의 레이어를 연결하기 위해 Shift 를 누른 상태에서 'Galaxy' 레이어를 클릭한 후 [Link layers(레이어 연결)] 단추를 클릭합니다.

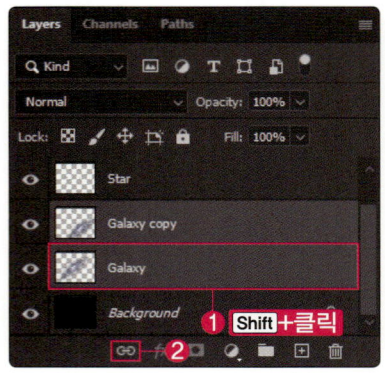
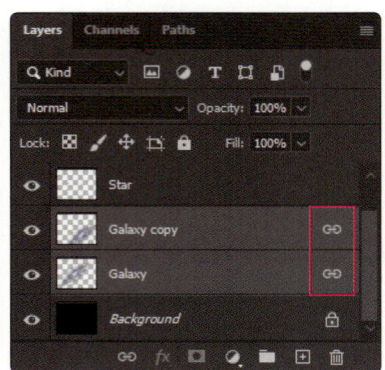

> **Tip**
> 사슬 모양의 아이콘은 레이어가 연결되어 있다는 것을 의미하며, 이미지를 이동할 때 함께 움직입니다.

7 레이어의 이름을 변경하기 위해 'Galaxy copy' 레이어 이름을 더블클릭한 후 레이어 이름을 "Galaxy Shadow"로 변경합니다.

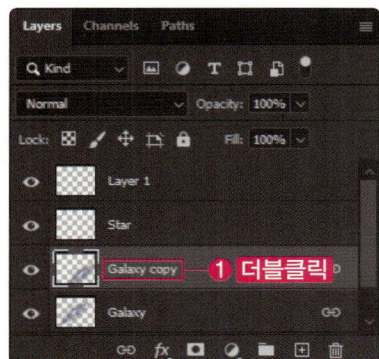 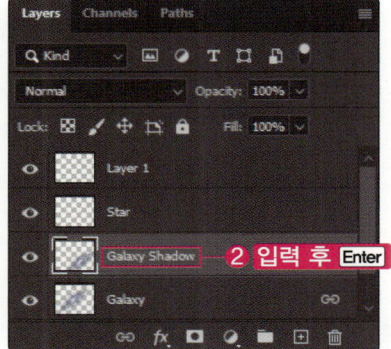

> Tip
> 텍스트 부분을 더블클릭해야 레이어 이름을 변경할 수 있습니다.

8 레이어 순서를 변경하기 위해 'Galaxy Shadow'를 드래그하여 'Galaxy' 레이어 아래로 이동합니다.

 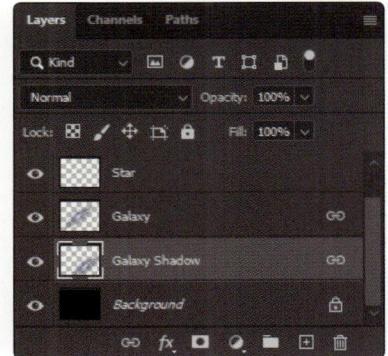

9 레이어를 삭제하기 위해 삭제할 레이어를 선택한 후 [Delete layer(레이어 삭제)] 아이콘으로 드래그하여 삭제합니다.

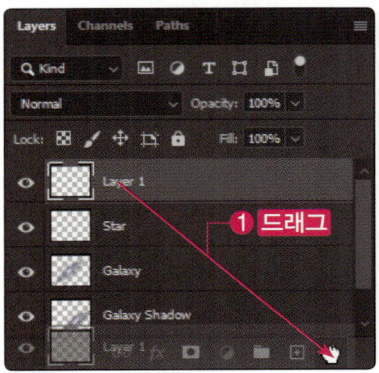 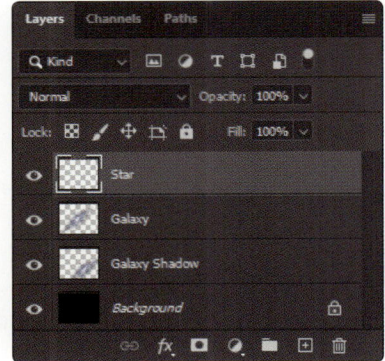

STEP 02 레이어 스타일
(Layer Style)

Layer Style(레이어 스타일)은 화려한 입체 효과들을 초보자들이 사용하기 쉽도록 미리 만들어 놓은 것으로, 주로 텍스트나 세이프 등에 사용합니다. 레이어 스타일은 한 가지만으로도 그럴듯한 효과가 나타나지만 보통 2~3가지를 섞어서 사용하기도 합니다.

■ Layer Style(레이어 스타일)

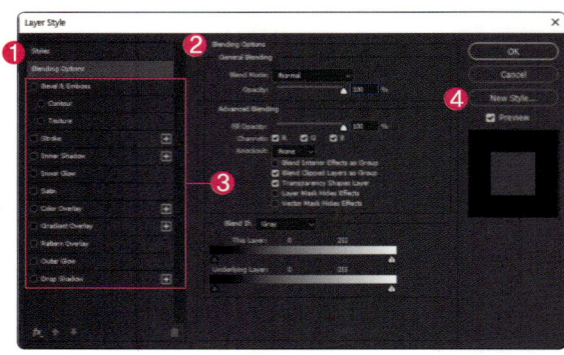

❶ **Styles(스타일)** : 클릭하면 오른쪽 창에 스타일 팔레트를 불러들입니다.
❷ **Blending Options(혼합 옵션)** : 레이어를 합성할 때 혼합이나 불투명도 등을 조절합니다.
 − General Blending(일반 혼합) : 혼합 모드, 불투명도를 설정할 수 있습니다.
 − Advanced Blending(고급 혼합) : 칠 영역의 불투명도, 채널, 녹아웃의 옵션을 설정할 수 있습니다.
 − Blend If(혼합 조건) : 슬라이더를 조절하여 현재 선택된 레이어와 바로 아래 레이어의 색상 범위를 조절하여 합성효과를 더 세밀하게 조절할 수 있습니다.
❸ 레이어에 적용하려는 효과를 선택합니다. 레이어 스타일 이름을 클릭하여 활성화하면 오른쪽 창에 옵션들이 나타나 세부사항을 조절할 수 있습니다.
❹ **New Style(새 스타일)** : 옵션을 조절한 다음 클릭하면 현재 설정 값으로 레이어 스타일이 저장됩니다.

■ Bevel and Emboss(경사와 엠보스)
이미지에 입체적인 엠보싱 효과를 만들어 주는 명령으로 5가지 스타일이 있습니다.

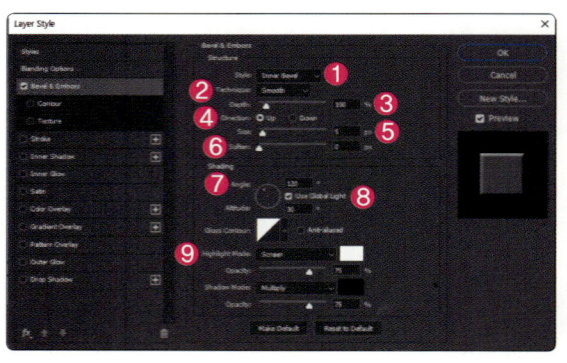 

❶ **Style(스타일)** : 5가지의 엠보싱의 스타일을 설정합니다.
❷ **Technique(기법)** : 엠보싱 돌출의 부드러움을 설정합니다.
❸ **Depth(깊이)** : 엠보싱의 돌출 정도를 설정합니다.
❹ **Direction(방향)** : 엠보싱 효과의 돌출 방향을 설정합니다. 하이라이트와 그림자의 방향을 정반대로 바꿔줍니다.
❺ **Size(크기)** : 엠보싱 효과의 크기를 설정합니다.
❻ **Soften(부드럽게)** : 모서리의 부드러움 정도를 조절합니다.
❼ **Angle(각도), Altitude(높이)** : 설정한 Angle(각도)에 따라 하이라이트가 생성되고 반대쪽에는 자동적으로 그림자가 생성됩니다.
 Altitude(높이)에서는 빛의 높이를 설정합니다. 원 모양의 아이콘에서 각도와 높이를 직접 드래그하여 설정할 수 있습니다.
❽ **Use Global Light(전체 조명 사용)** : 이 항목을 선택하면 다른 스타일 효과에 적용된 빛의 각도를 동일하게 조정할 수 있습니다.
❾ **Highlight Mode(밝은 영역 모드)와 Shadow Mode(그림자 모드)** : 밝은 영역 모드와 그림자 모드의 혼합 모드와 색상, 불투명도를 설정합니다.

◨ Stroke(선)

이미지의 경계부분에 테두리를 만들어주는 효과로 테두리에 단색이나 그라디언트, 패턴을 채울 수 있습니다.

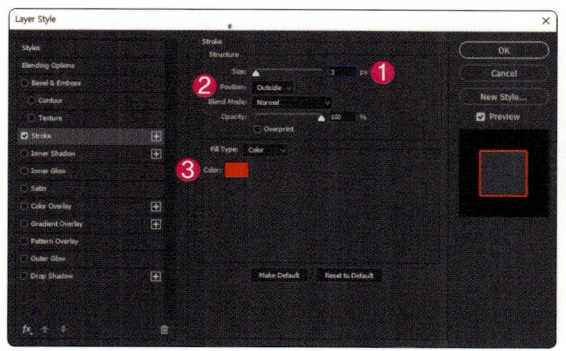 ▶

❶ Size(크기) : 테두리 두께를 설정합니다.
❷ Position(위치) : 테두리가 만들어질 위치를 설정합니다.
❸ Color(색상) : 테두리에 적용할 색상을 설정합니다.

◨ Inner Shadow(내부 그림자)

이미지의 안쪽으로 그림자 효과를 주는 명령으로 마치 종이를 잘라낸 듯한 효과를 줍니다. 그림자 색상을 밝은 색상으로 설정하면 오히려 돌출된 듯한 효과를 줍니다.

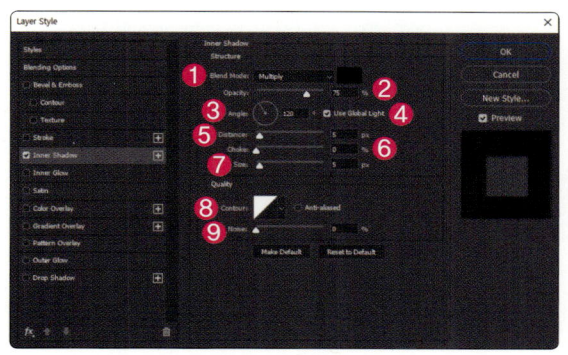 ▶

❶ Blend Mode(혼합 모드) : 그림자의 합성 모드를 설정합니다. 기본적으로 Multiply(곱하기)로 설정되어 있습니다.
❷ Opacity(불투명도) : 그림자의 불투명도를 설정합니다. 기본값은 75%로 설정되어 있습니다.
❸ Angle(각도) : 그림자의 각도를 설정합니다. 기본값은 120°로 설정되어 있습니다.
❹ Use Global Angle(전체 조명 사용) : 이 항목을 선택하면 다른 스타일 효과에 적용된 각도를 함께 조정할 수 있습니다.
❺ Distance(거리) : 그림자의 길이를 설정합니다. 기본값은 5px로 설정되어 있습니다.
❻ Choke(경계 감소) : 수치가 커질수록 그림자가 강하고 경계가 부자연스럽습니다.
❼ Size(크기) : 그림자의 퍼지는 정도를 설정합니다. 기본값은 5px로 설정되어 있으며, 값이 클수록 경계가 흐립니다.
❽ Contour(윤곽선) : 그림자의 윤곽을 설정합니다.
❾ Noise(노이즈) : 그림자에 노이즈(작은 알갱이)를 줄 수 있습니다.

◨ Inner Glow(내부 광선)

이미지의 안쪽으로 빛이 발산하는 효과를 줍니다.

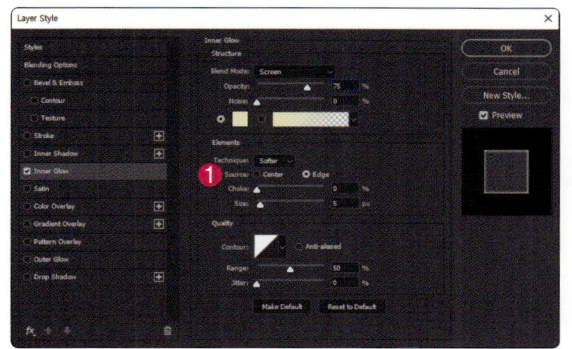 ▶

❶ Source(소스) : 퍼짐 효과를 레이어 내부 전체에 적용할 것인지, 내부 테두리를 따라 적용할 것인지를 선택합니다.

Chapter07 · 레이어(Layer) 활용하기 **93**

◘ Satin(새틴)

매끈하게 윤이 나는 음영을 레이어 내부에 적용합니다.

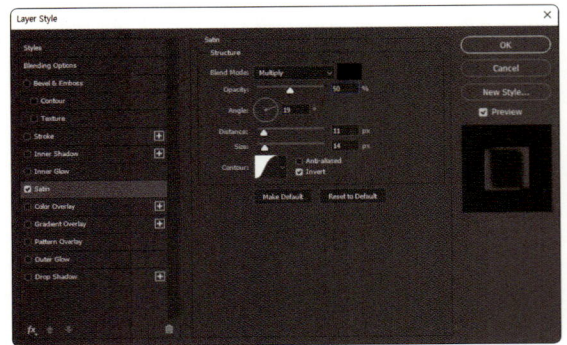 ▶

◘ Color Overlay(색상 오버레이)

레이어의 이미지에 색상을 칠하는 기능입니다.

 ▶

◘ Gradient Overlay(그라디언트 오버레이)

레이어의 이미지에 그라디언트 색상을 칠하는 기능입니다.

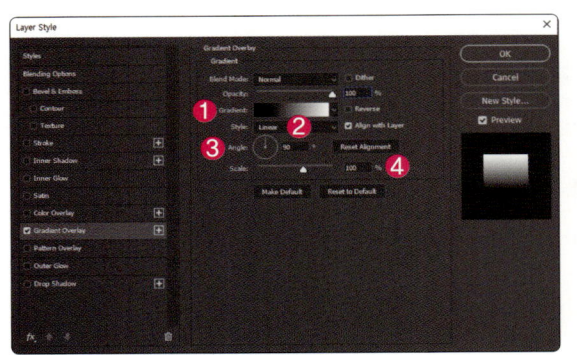 ▶

❶ Gradient(그라디언트) : 그라디언트 색상을 설정하거나 원하는 색상을 만들 수 있습니다.
❷ Style(스타일) : 그라디언트의 스타일을 설정합니다.
❸ Angle(각도) : 그라디언트의 적용 각도를 설정합니다.
❹ Scale(비율) : 그라디언트의 무늬 간격을 설정합니다.

■ Pattern Overlay(패턴 오버레이)
레이어의 이미지에 패턴 무늬를 칠하는 기능입니다.

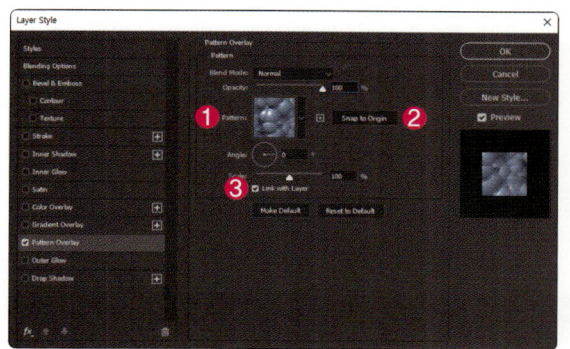 

❶ Pattern(패턴) : 적용할 패턴 무늬를 설정합니다.
❷ Snap to Origin(원본에 스냅) : 패턴이 왼쪽 상단부터 순서대로 칠해집니다.
❸ Link with Layer(레이어와 연결) : 선택하고 레이어를 이동하면 패턴도 같이 이동합니다.

■ Outer Glow(외부 광선)
이미지의 주변으로 빛이 발광하는 효과를 줍니다.

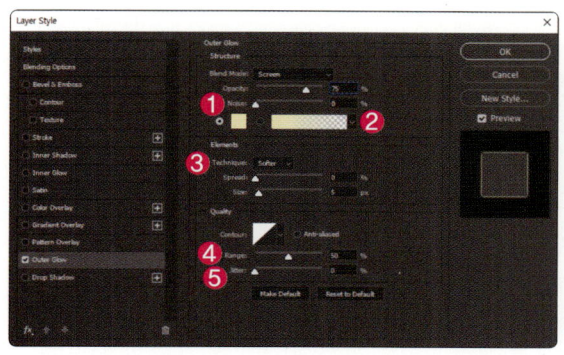 

❶ Noise(노이즈) : 거친 점 형태로 퍼지는 효과를 적용합니다.
❷ Color(색상) : 빛 효과를 내는 색상이나 그라디언트 색상을 지정합니다.
❸ Technique(기법) : 빛 효과를 부드럽게 퍼지게 할 것인지, 정교한 색상으로 만들 것인지를 선택합니다.
❹ Range(범위) : 변동 가능한 범위를 설정합니다.
❺ Jitter(파형) : 흐트러짐의 정도를 설정합니다.

■ Drop Shadow(그림자 효과)
선택된 이미지의 뒤로 그림자 효과를 줍니다. 그림자 색상, 불투명도, 각도, 길이 등을 설정할 수 있습니다.

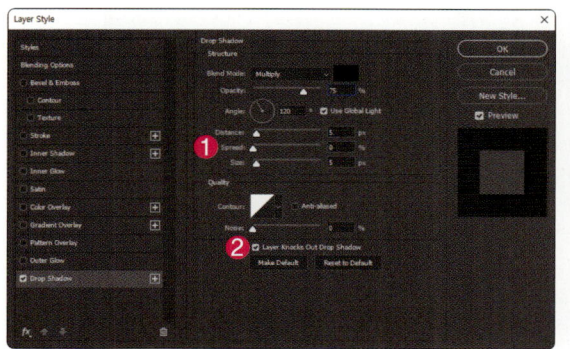 

❶ Spread(스프레드) : 그림자의 퍼짐의 강도를 설정합니다. 기본값은 0%로 설정되어 있으며, 값이 커질수록 그림자가 강하고 경계가 부자연스럽습니다.
❷ Layer Knocks Out Drop Shadow(레이어 녹아웃 그림자) : 그림자 아래로 이미지가 보이게 할 것인지를 설정합니다.

STEP 03 레이어 마스크
(Layer Mask)

레이어에 있는 이미지를 가리고 싶을 때 마스크를 사용합니다. 마스크에서 흰색으로 표시된 부분은 완전 투명, 검은색으로 표시된 부분은 완전 불투명으로 가릴 수 있습니다. 회색의 농도에 따라 가려지는 불투명도 정도가 달라집니다.

1 새 캔버스를 만들기 위해 [Create new(새로 만들기)] 단추를 클릭합니다.

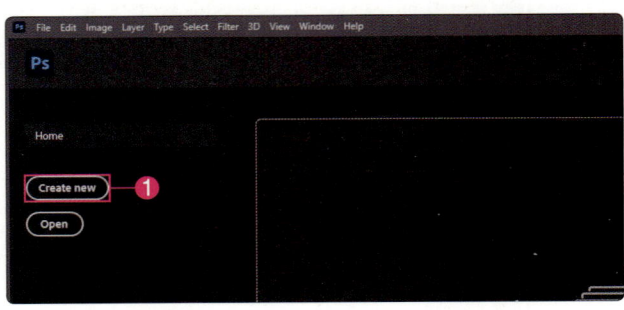

> Tip
> Ctrl + N 을 눌러도 [새로 만들기 문서] 대화상자를 표시할 수 있습니다.

2 [New Document(새로 만들기 문서)] 대화상자가 나타나면 Width(너비)를 '550' 및 Height(높이)를 '400'을 입력한 후 Resolution(해상도)을 '72'를 입력합니다. 그런 다음 [Create(만들기)] 단추를 클릭합니다.

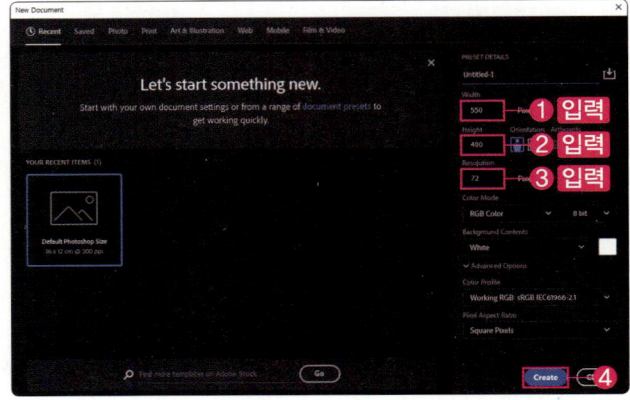

3 새 캔버스가 만들어지면 'Layer Mask_01.jpg', 'Layer Mask_02.jpg' 파일을 불러온 후 [Layer Mask_01.jpg] 탭을 클릭합니다.

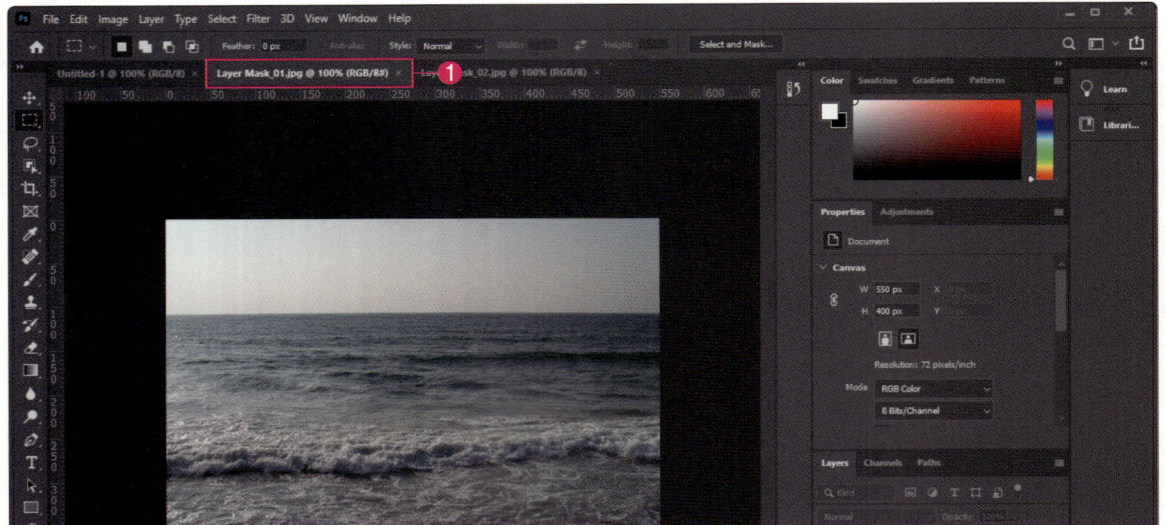

96 PhotoShop CC(2020) 기본 익히기

4 이미지를 복사하기 위해 Ctrl+A를 눌러 이미지 전체를 선택 영역으로 지정한 후 Ctrl+C를 눌러 이미지를 복사합니다.

5 이미지가 복사되면 [Untitled-1] 탭을 클릭한 후 Ctrl+V를 눌러 복사한 이미지를 붙여넣기 합니다.

6 같은 방법으로 [Layer Mask_02.jpg] 탭을 클릭한 후 이미지를 복사한 다음 [Untitled-1] 탭에 붙여넣기 합니다.

Chapter07 · 레이어(Layer) 활용하기 **97**

7 레이어 마스크를 지정하기 위해 [Layers(레이어)] 패널에서 [Layer 2(레이어 2)] 레이어를 선택한 후 ◻[Add layer mask(레이어 마스크 추가)]를 클릭합니다.

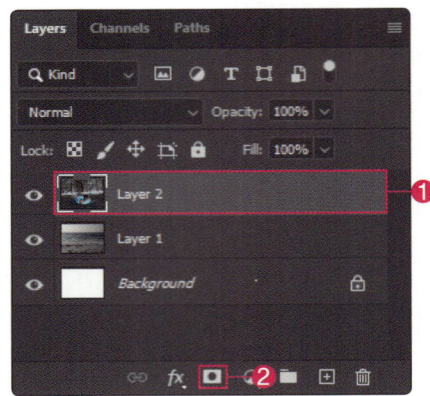 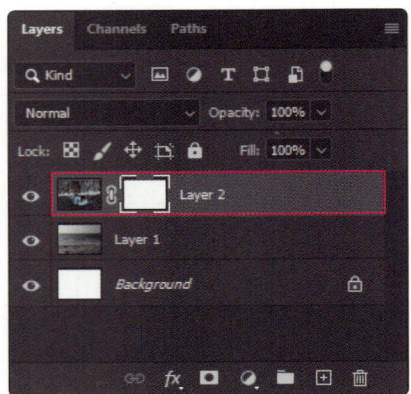

8 Tool Box(도구 상자)에서 ▭[Gradient Tool(그라디언트 도구)]를 선택한 후 옵션 바에서 ▭[Click to edit the gradient(클릭하여 그라디언트 편집)]의 ▾[목록] 단추를 클릭한 다음 [Basics(기본 사항)]-[Foreground to Background(전경색에서 배경으로)]를 클릭합니다. 그런 다음 이미지 영역을 드래그하여 마스크를 적용합니다.

■ 알고 넘어갑시다 ■

[Layer Mask(레이어 마스크)] 삭제하기
레이어 마스크를 사용하지 않고 사라지게 하려면, 레이어 팔레트에서 레이어 마스크를 [레이어 삭제(Delete layer)] 아이콘으로 드래그 합니다. 그러면 레이어 마스크를 반영한 상태에서 지울 것인지 [적용(Apply)], 취소할 것인지 [취소(Cancel)], 반영하지 않고 지울 것인지 [삭제(Delete)]를 묻는 대화 상자가 나타나며 여기서 원하는 것을 클릭합니다.

 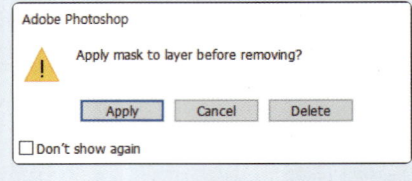

STEP 04 클리핑 마스크
(Clipping Mask)

레이어의 내용을 마스크로 사용하여 위에 있는 레이어를 숨기거나 나타낼 수 있습니다. 아래쪽 레이어 또는 기본 레이어의 투명 픽셀은 클리핑 마스크의 일부인 위에 있는 레이어의 내용을 마스크로 숨깁니다. 기본 레이어의 내용은 클리핑 마스크에서 위에 있는 레이어의 내용을 나타냅니다.

1 '600×400 pixels' 캔버스를 만든 후 'Clipping Mask_01.jpg', 'Clipping Mask_02.jpg' 파일을 불러옵니다.

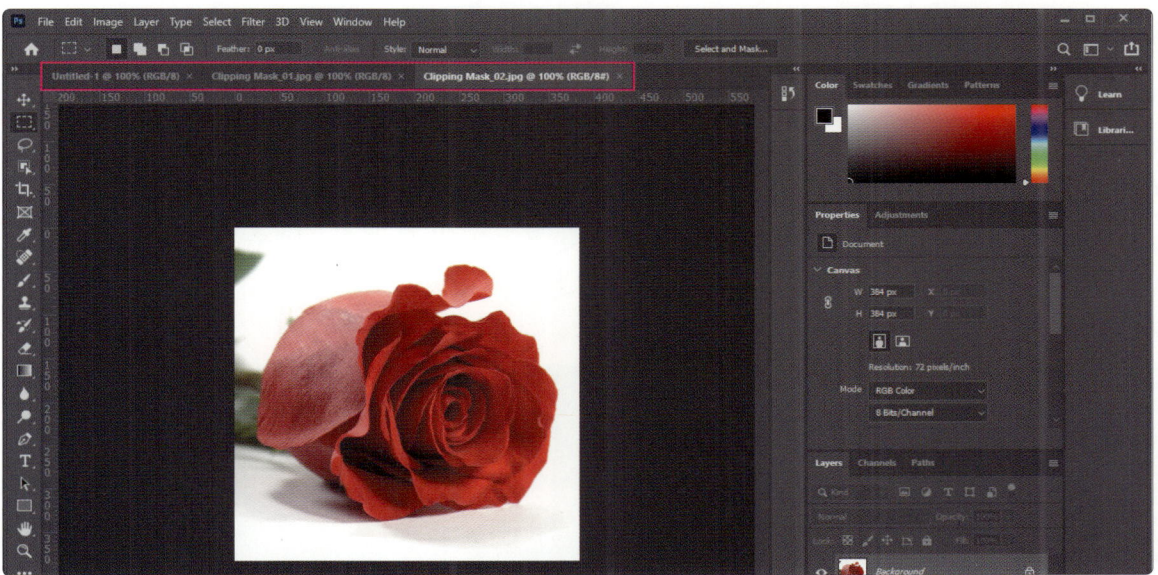

2 [Clipping Mask_01.jpg] 탭을 클릭한 후 이미지를 복사하기 위해 Ctrl+A를 눌러 이미지 전체를 선택 영역으로 지정한 다음 Ctrl+C를 눌러 이미지를 복사합니다.

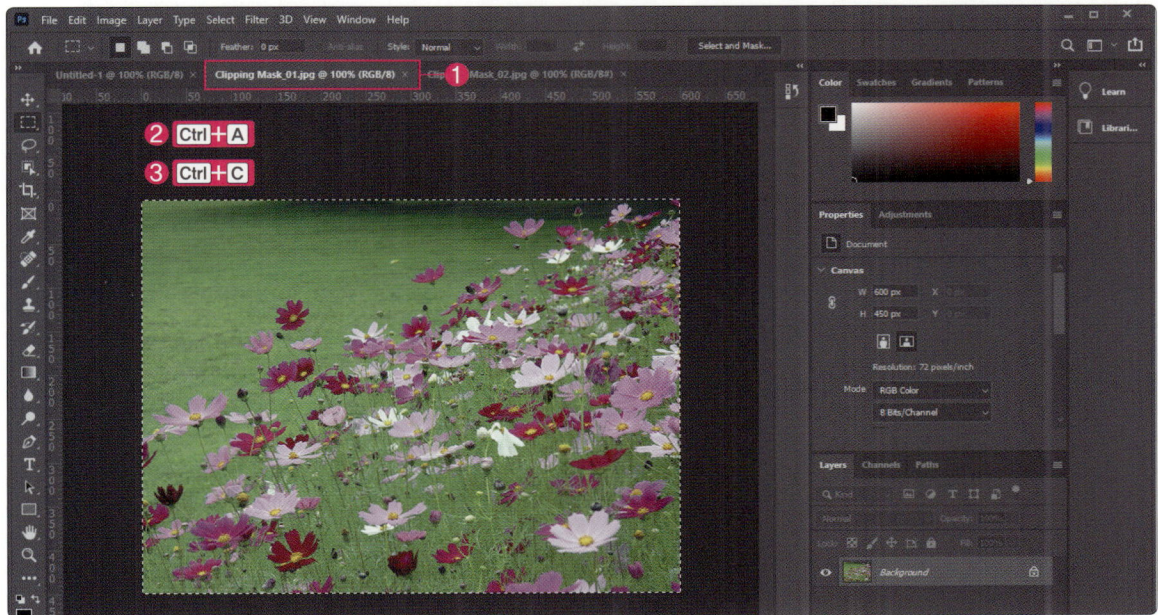

Chapter07 • 레이어(Layer) 활용하기 **99**

3 복사한 이미지를 [Untitled-1] 탭에 Ctrl+V를 눌러 붙여넣기 합니다.

4 이미지가 복사되면 Tool Box(도구상자)에서 [Custom Shape Tool(사용자 정의 모양 도구)]를 선택한 후 옵션 바에서 [Click to open Custom shape picker(사용자 정의 모양 피커)]의 목록 단추를 클릭합니다. 그런 다음 사용자 정의 모양 목록이 나타나면 [Legacy Shapes and More(레거시 모양 및 기타)]의 [목록] 단추를 클릭한 후 [All Legacy Default Shapes(모든 레거시 기본 모양)]-[Legacy Default Shapes(레거시 기본 모양)]의 [목록] 단추를 클릭한 다음 [Heart Card]를 클릭합니다.

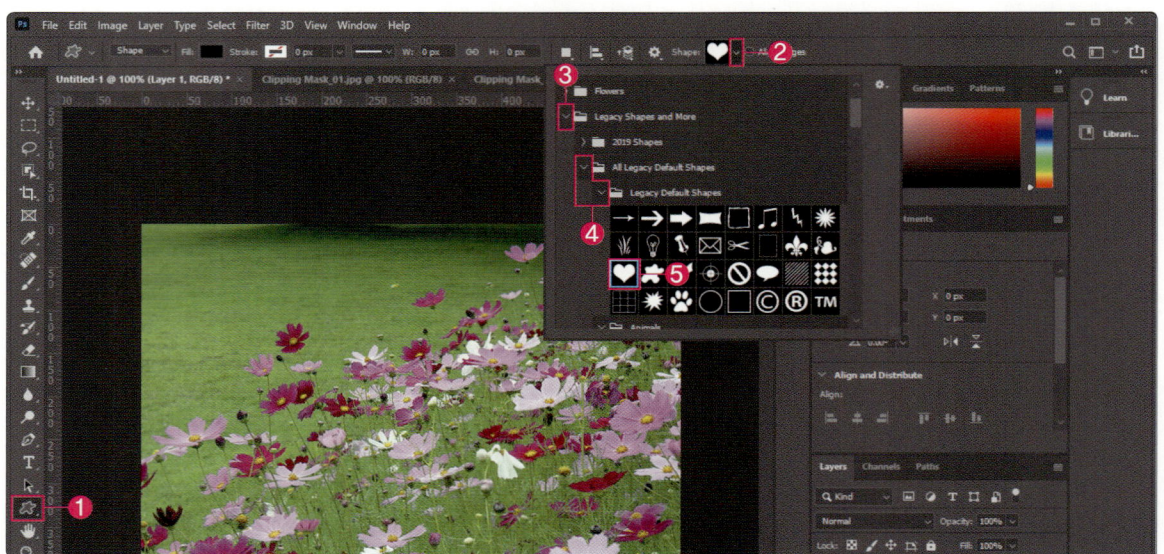

5 마우스 포인터 모양이 + 모양으로 변경되면 드래그하여 하트 모양을 작성합니다.

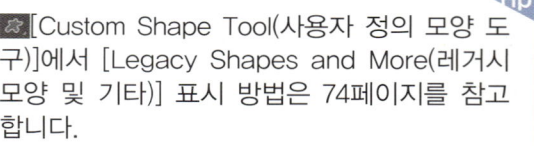

Tip
[Custom Shape Tool(사용자 정의 모양 도구)]에서 [Legacy Shapes and More(레거시 모양 및 기타)] 표시 방법은 74페이지를 참고합니다.

100 PhotoShop CC(2020) 기본 익히기

6 [Clipping Mask_02.jpg] 탭을 클릭한 후 이미지를 복사하기 위해 Ctrl+A를 눌러 이미지 전체를 선택 영역으로 지정한 다음 Ctrl+C를 눌러 이미지를 복사합니다.

7 복사한 이미지를 [Untitled-1] 탭에 Ctrl+V를 눌러 붙여넣기 합니다.

8 클리핑 마스크를 지정하기 위해 [Layer(레이어)]-[Create Clipping Mask(클리핑 마스크 만들기)]를 클릭합니다.

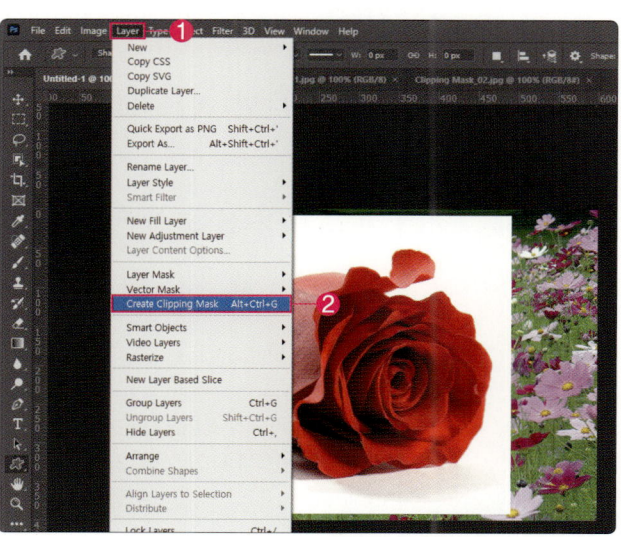

> **Tip**
> [Layers(레이어)] 패널에서 Alt를 누른 상태에서 두 레이어 사이의 경계선을 클릭해도 클리핑 마스크가 적용됩니다.

Chapter07 • 레이어(Layer) 활용하기 **101**

9 클리핑 마스크가 적용되면 하트 모양의 안쪽으로 장미꽃이 들어가게 됩니다.

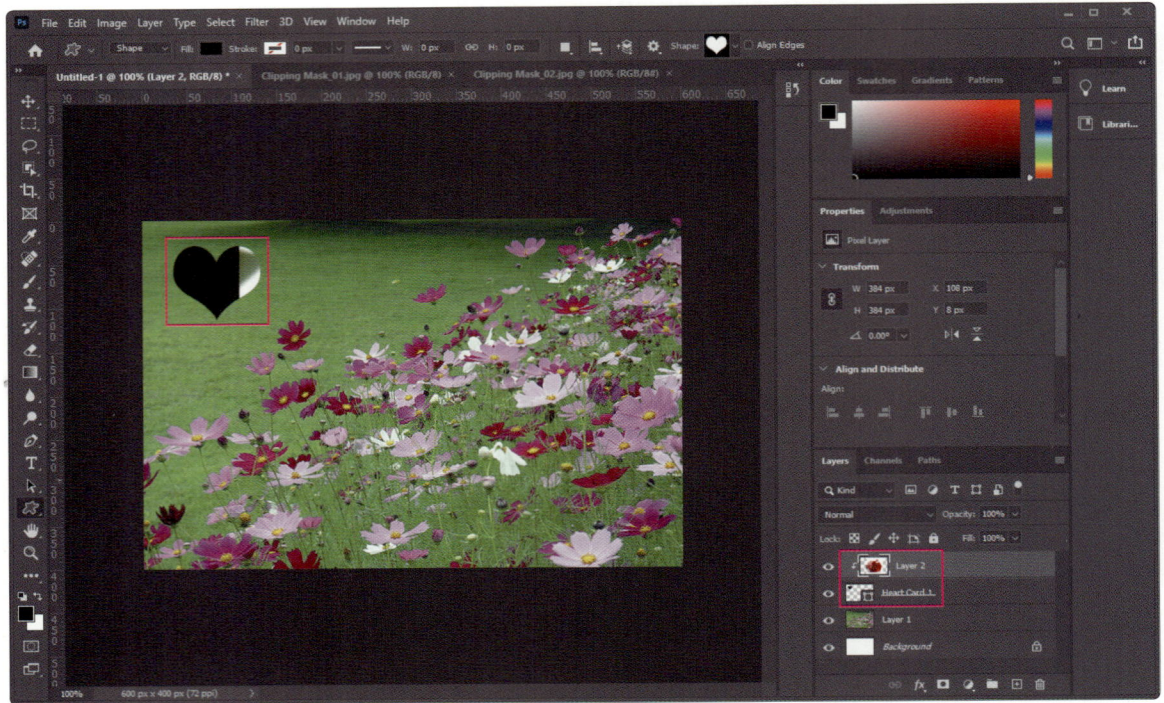

10 하트 모양에 맞게 장미꽃의 크기를 조절하기 위해 [Edit(편집)]-[Free Transform(자유 변형)]을 클릭합니다.

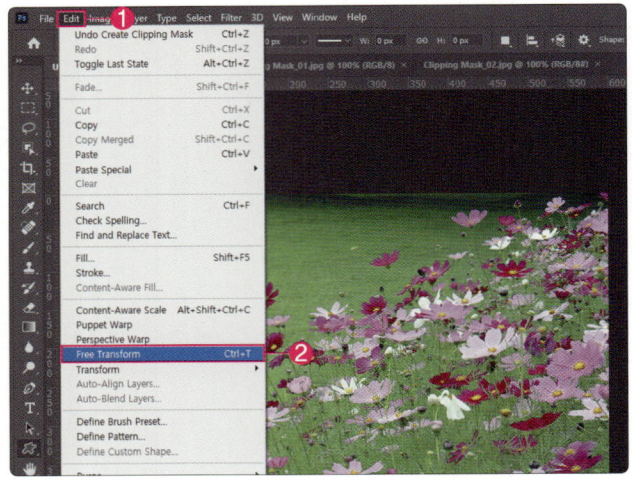

11 크기 조절점이 나타나면 하트 모양에 맞춰 이미지의 크기를 조절합니다.

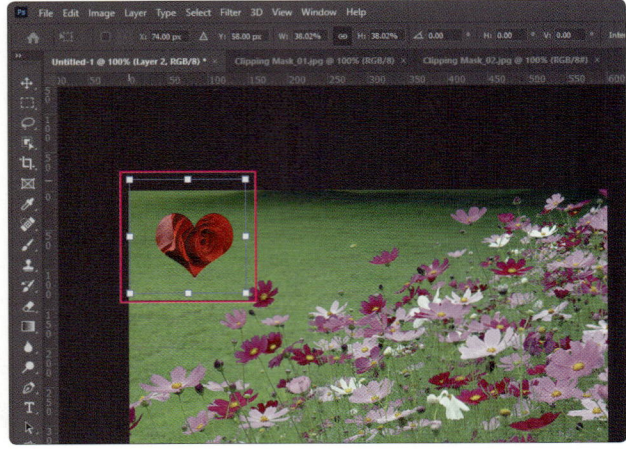

12 [Layers(레이어)] 패널에서 [Heart Card 1(하트 모양 카드 1)] 레이어를 클릭한 후 [Add a layer style(레이어 스타일 추가)]를 클릭한 다음 [Inner Shadow(내부 그림자)]를 클릭합니다.

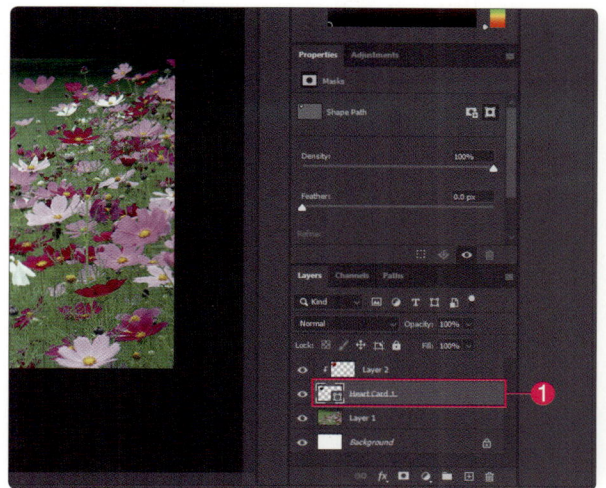
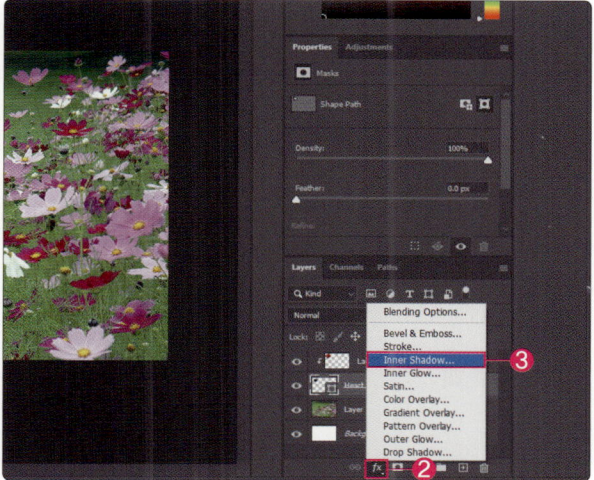

13 [Layer Style(레이어 스타일)] 대화상자의 [Inner Shadow(내부 그림자)] 스타일이 나타나면 속성을 지정한 후 [Outer Glow(외부 광선)] 스타일을 클릭한 다음 속성을 지정하고 [OK(확인)] 단추를 클릭합니다.

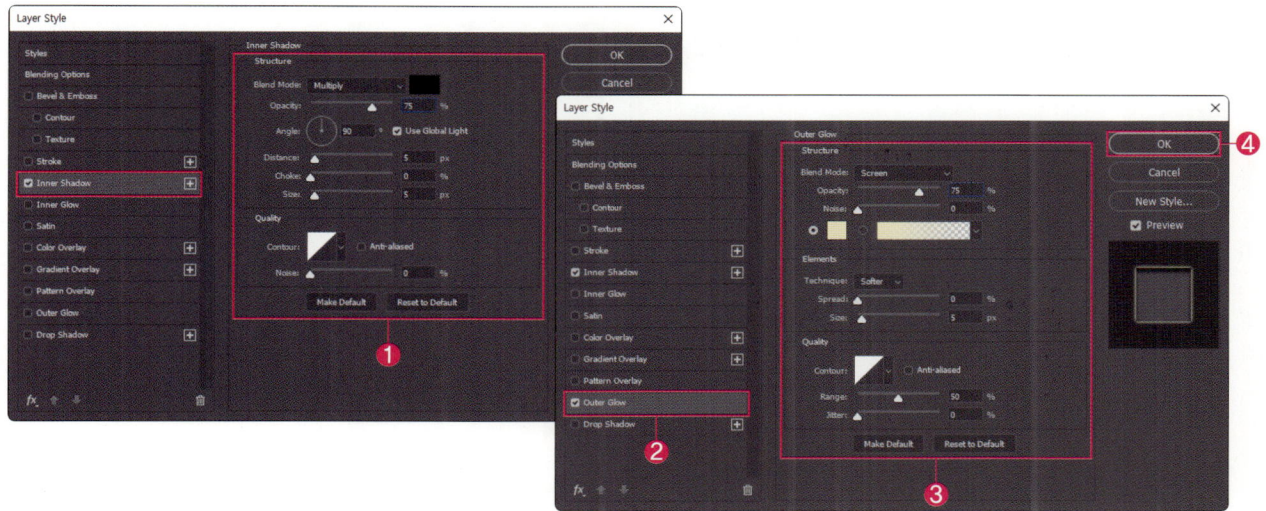

14 다음과 같이 클리핑 마스크와 레이어 스타일이 적용된 것을 확인할 수 있습니다.

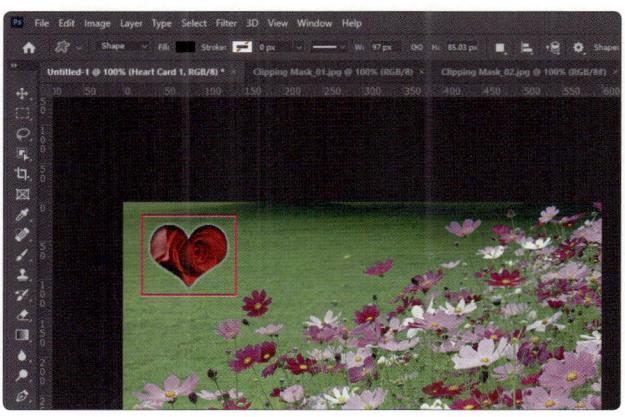

Chapter07 • 레이어(Layer) 활용하기 **103**

합격을 위한 실전문제 — 다음 지시사항대로 작업하시오.

1 다음의 《조건》에 따라 아래의 《출력형태》와 같이 작업하시오.

- 400 × 500 픽셀의 캔버스를 생성하시오.
- Ch_07_01_02.jpg : 레이어 마스크 – 세로 방향으로 흐릿하게
- Save Path(패스 저장) : 상단 장식
- Mask(마스크) : 상단 장식, Ch_07_01_03.jpg를 이용하여 작성
  레이어 스타일 – Stroke(선/획)(7px, 그라디언트(#660066, #ff6600)), Drop Shadow(그림자 효과)
- Ch_07_01_04.jpg : 레이어 스타일 – Drop Shadow(그림자 효과)
- Ch_07_01_05.jpg : 레이어 스타일 – Drop Shadow(그림자 효과)
- Ch_07_01_06.jpg : 레이어 스타일 – Stroke(선/획)(3px, #00ff00)
- 그외 《출력형태》와 같이 작성하시오.

- 문자 효과
  – 독서의 계절 (궁서, 40pt, #ffffff, 레이어 스타일 – Stroke(선/획)(3px, #336699))

《출력형태》

Shape Tool(모양 도구) 사용
#ffffff, Opacity(불투명도)(50%)

Shape Tool(모양 도구) 사용
#ff6600, 레이어 스타일 –
Inner Shadow(내부 그림자)

완성 : Ch_07_01_정답.psd

Chapter

패턴 및 필터 적용하기

STEP 01   패턴(Pattern)
STEP 02   필터 갤러리(Filter Gallery)
STEP 03   필터(Filter)

STEP 01 패턴 (Pattern)

패턴으로 레이어나 선택 영역을 칠하면 동일한 이미지가 타일 형태로 반복되는데 이러한 반복적으로 나타나는 이미지를 패턴이라고 합니다. 새 패턴을 만들어 라이브러리에 저장한 후 다른 도구 및 명령과 함께 사용할 수 있습니다.

1 새 캔버스를 만들기 위해 [Create new(새로 만들기)] 단추를 클릭합니다.

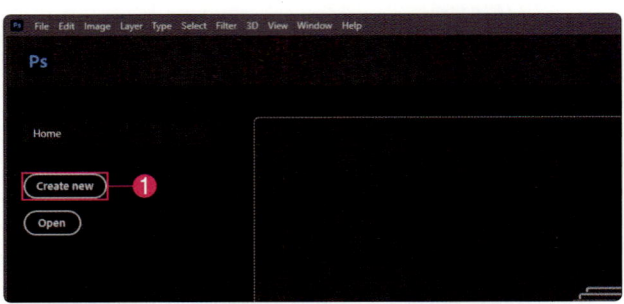

2 [New Document(새로 만들기 문서)] 대화상자가 나타나면 '14×14 pixels' 캔버스를 지정한 후 Background Contents(배경 내용)을 'Transparent(투명)'으로 선택한 다음 [Create(만들기)] 단추를 클릭합니다.

> **Tip**
> 패턴을 만들 캔버스의 크기는 문제에 제시되지 않으므로 《출력형태》에 제시된 패턴의 반복 형태를 보고 그 크기를 가늠해야 합니다.

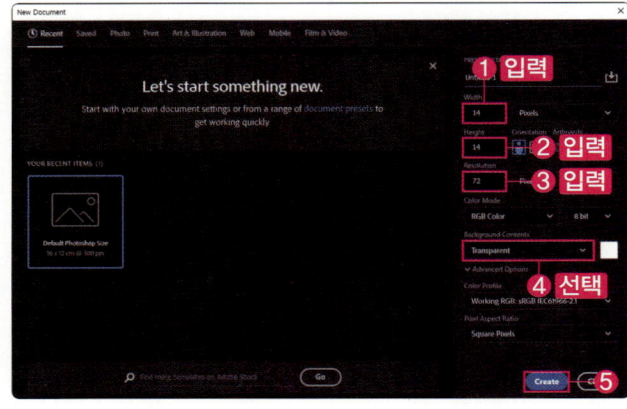

3 Width(폭)과 Height(높이)가 14 pixels이라 크기가 작습니다. Ctrl+0을 눌러 화면 배율을 화면 크기에 맞게 확대합니다.

> **Tip**
> - Ctrl+[+] : 100%씩 화면 배율을 확대
> - Ctrl+[-] : 100%씩 화면 배율을 축소
> - Ctrl+[0] : 현재 작업 창 크기에 맞게 화면 배율을 조정
> - Ctrl+Alt+[0] : 현재 화면 배율에 관계없이 화면 배율을 원본 이미지의 100%로 지정

4 Tool Box(도구 상자)에서 [Elliptical Marquee Tool(원형 선택 윤곽 도구)]를 선택한 후 드래그하여 선택 영역을 지정합니다.

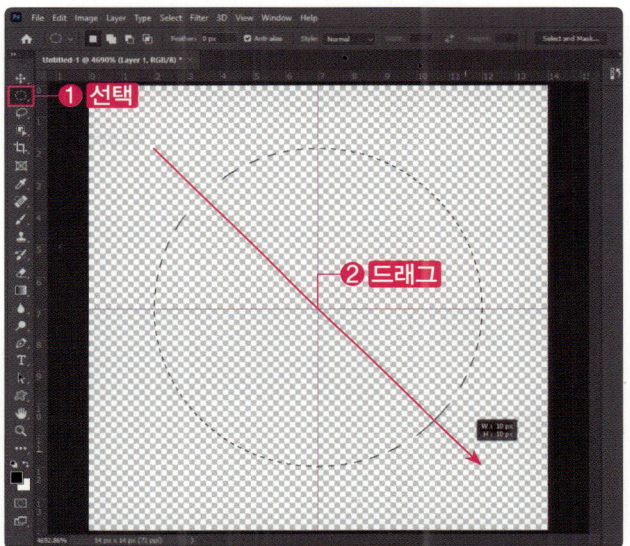

5 선택 영역이 지정되면 흰색을 채우기 위해 Ctrl+Delete를 눌러 배경색을 채웁니다.

> **Tip**
> • 전경색 채우기 : Alt+Delete
> • 배경색 채우기 : Ctrl+Delete

6 Ctrl+D를 눌러 선택 영역을 해제한 후 패턴을 저장 하기 위해 [Edit(편집)]-[Define Pattern(패턴 정의)]를 클릭합니다.

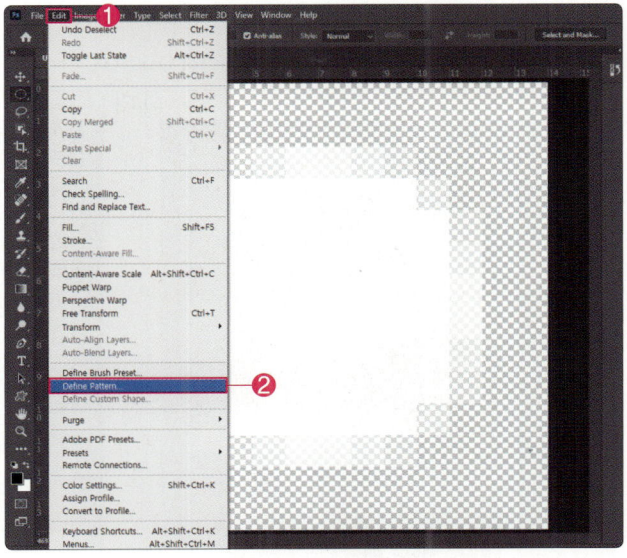

Chapter08 • 패턴 및 필터 적용하기 **107**

7 [Pattern Name(패턴 이름)] 대화상자가 나타나면 Name(이름)을 입력한 후 [OK(확인)] 단추를 클릭합니다.

8 [File(파일)]-[New(새로 만들기)] 메뉴를 클릭한 후 '600×400 pixels' 캔버스를 만듭니다.

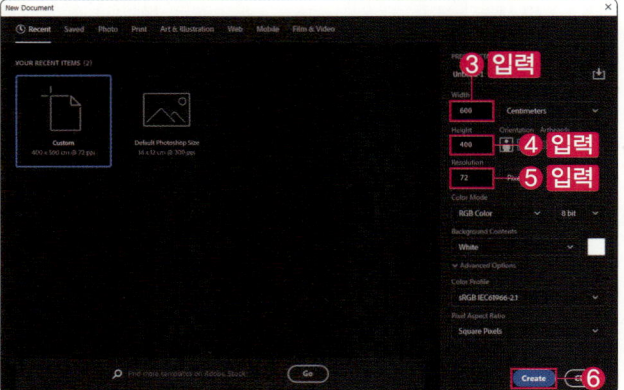

9 새 컨버스가 만들어지면 Tool Box(도구 상자)에서 ■[Gradient Tool(그라디언트 도구)]를 선택한 후 옵션 바에서 ▬[Click to edit the gradient(클릭하여 그라디언트 편집)]을 클릭합니다.

10 [Gradient Editor(그라디언트 편집기)] 대화상자가 나타나면 Presets([Basics(기본 사항)]-[Foreground to Background(전경색에서 배경색으로)])를 선택한 후 왼쪽 [Color

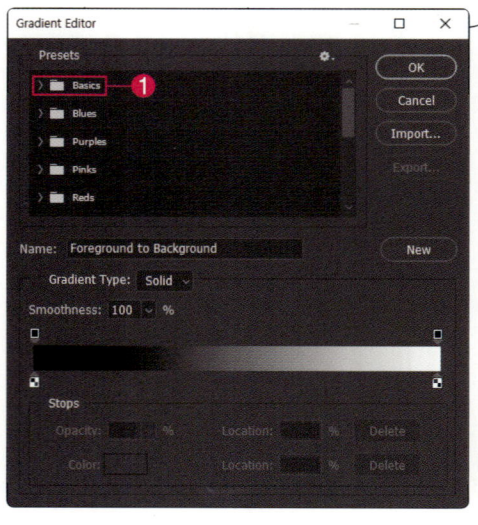
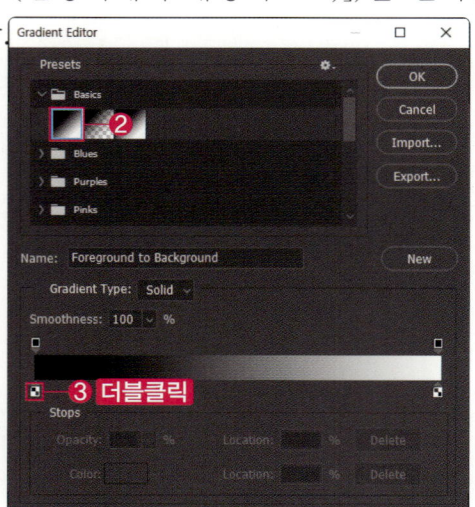

11 [Color Picker (Stop Color)(색상 피커(정지 색상))] 대화상자가 나타나면 색상 (00ffdd)을 입력한 후 [OK(확인)] 단추를 클릭합니다. 그런 다음 [Gradient Editor(그라디언트 편집기)] 대화상자가 다시 나타나면 [OK(확인)] 단추를 클릭합니다.

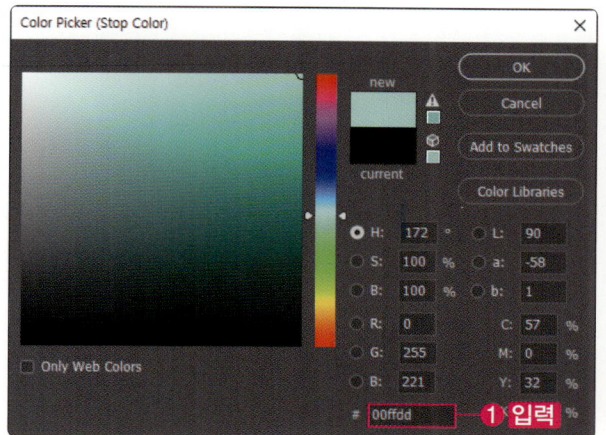
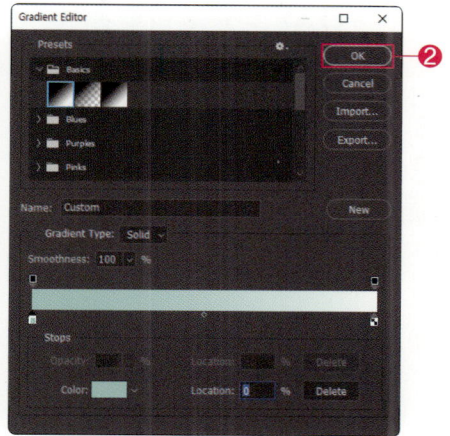

12 캔버스에 그라디언트를 채우기 위해 위에서 아래 방향으로 드래그합니다.

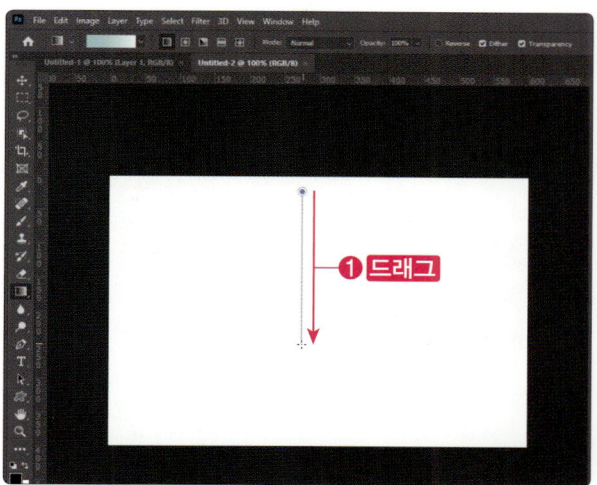

13 패턴을 지정하기 위해 [Layers(레이어)] 패널에서 [Create a new layer(새 레이어)]를 클릭하여 레이어를 추가합니다.

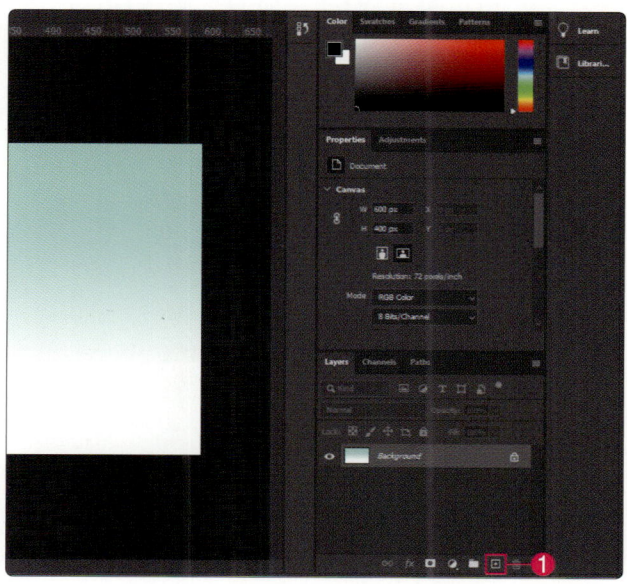

> **Tip**
> 패턴은 선택된 레이어에 적용됩니다. 답안 작성 요령에 레이어를 각 기능별로 분할하도록 지시하고 있기 때문에 패턴을 적용할 레이어를 추가한 후 적용합니다.

14 레이어가 추가되면 [Edit(편집)]-[Fill(칠)]를 클릭합니다. 그런 다음 [Fill(칠)] 대화상자가 나타나면 Contents(Pattern)을 선택합니다.

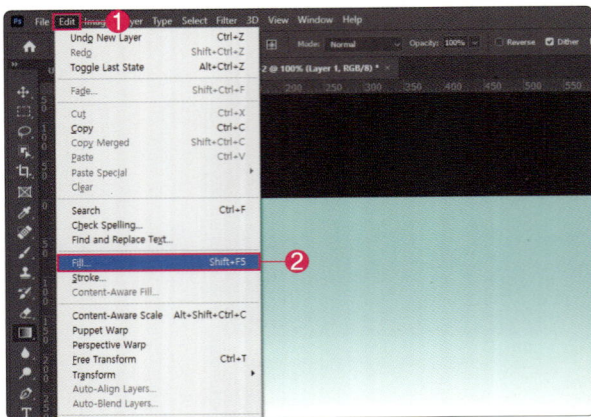 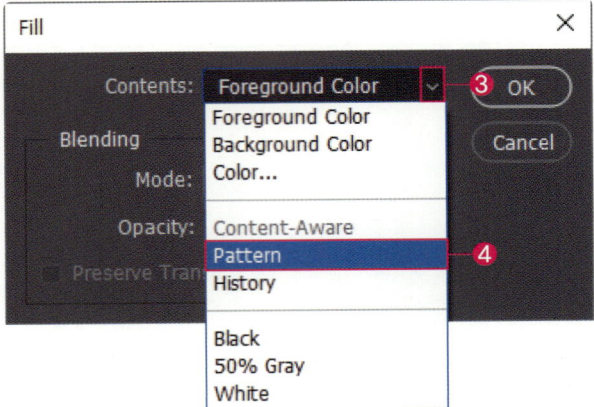

15 Custom Pattern(사용자 정의 패턴)의 ■[목록] 단추를 클릭한 후 정의한 패턴을 더블 클릭합니다.

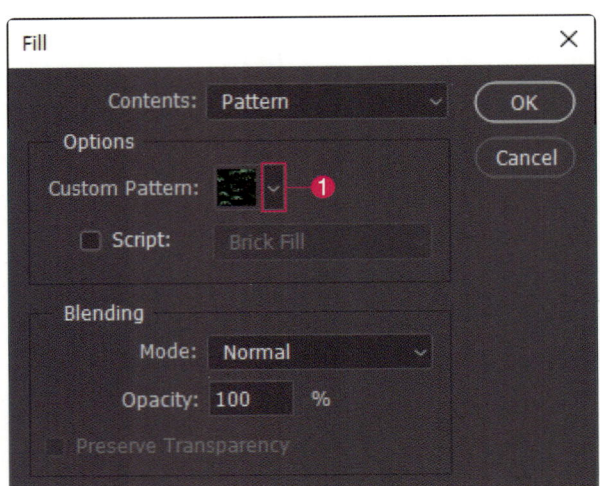 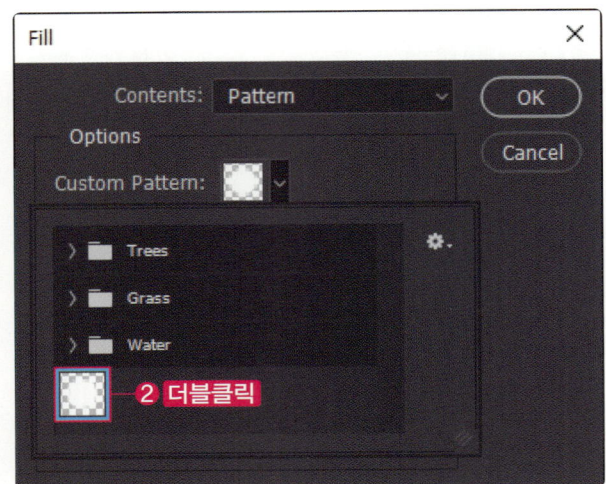

16 Opacity(불투명도)를 '60%'로 입력한 후 [OK(확인)] 단추를 클릭합니다. 다음과 같이 캔버스에 패턴이 삽입됩니다.

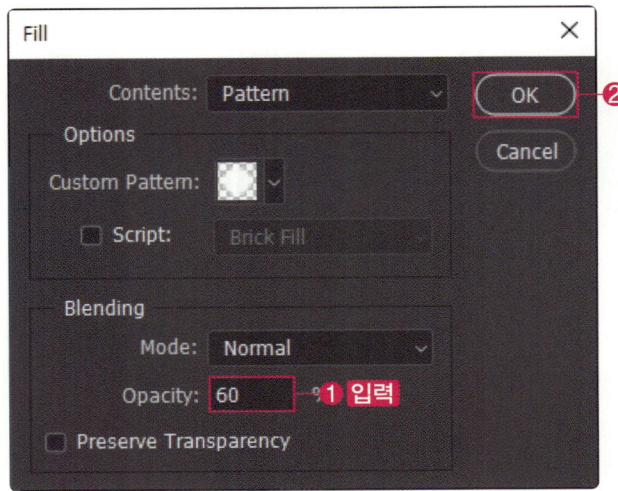 

STEP 02 필터 갤러리
(Filter Gallery)

포토샵에서 기본적으로 제공하는 필터를 이용하면 비교적 손쉽게 이미지나 사진을 왜곡시키고 여러 가지 효과를 부여하여 눈에 띄는 효과를 얻을 수 있습니다.

■ **Artistic(예술 효과)** : [Filter(필터)]-[Filter Gallery(필터 갤러리)]-[Artistic(예술 효과)]
예술적인 효과를 만들어주는 효과(그림 효과)입니다.

❶ **Dry Brush(드라이 브러시)** : 유화와 수채화 중간의 드라이 브러시 기법을 사용하여 이미지 가장자리를 페인팅합니다. 이 필터를 적용하면 색상 범위가 일반 색상 영역으로 줄어들기 때문에 이미지를 단순화할 수 있습니다.

ⓐ **Brush Size(브러시 크기)** : 브러시의 크기를 조절합니다.
ⓑ **Brush Detail(브러시 세부)** : 브러시의 정교함을 조절합니다.
ⓒ **Texture(텍스처)** : 표현 방법의 차이를 설정합니다.

❷ **Film Grain(필름 그레인)** : 이미지의 어두운 영역 색조와 중간 영역 색조에 고른 패턴을 적용하며, 이미지의 더 밝은 영역에는 더욱 고르고 더욱 채도가 높은 패턴이 추가됩니다. 이 필터는 혼합물에서 밴딩 현상을 없애고 다양한 소스의 요소들을 시각적으로 통합하는 데 유용합니다.

❸ **Fresco(프레스코)** : 짧고 둥글며 빠르게 두드리는 방법을 사용하여 이미지를 거칠게 칠합니다.

❹ **Neon Glow(네온 광)** : 이미지의 오브젝트에 다양한 종류의 광선을 추가합니다. 이 필터는 모양을 부드럽게 하면서 이미지에 색을 입히는 데 유용합니다.

❺ **Rough Pastels(거친 파스텔 효과)** : 텍스처가 입혀진 배경에 이미지에 파스텔 분필로 선을 그린 것처럼 보이게 합니다. 밝은 색상 영역에서는 텍스처가 거의 없어 분필이 두껍게 나타나지만, 어두운 영역에서는 텍스처를 나타내기 위해 분필을 벗겨낸 것처럼 보입니다.

  ㉠ **Stroke Length(선 길이)** : 사선의 길이를 조절합니다.
  ㉡ **Stroke Detail(선 세부)** : 사선의 강도를 조절합니다.
  ㉢ **Texture(텍스처)** : 파스텔 효과의 종류를 지정합니다.
  ㉣ **Scaling(비율)** : 텍스처의 크기를 조절합니다.
  ㉤ **Relief(부조)** : 사선의 속도감을 조절합니다.
  ㉥ **Light(조명)** : 빛의 방향을 조절하여 그림자 위치를 조절합니다.
  ㉦ **Invert(반전)** : 종이 질감을 역으로 표현합니다.

❻ **Sponge(스폰지)** : 대비 색의 텍스처가 짙게 스며든 영역으로 이미지를 만들어 스폰지로 페인팅한 것처럼 보이게 합니다.

❼ **Watercolor(수채화 효과)** : 디테일을 단순화하고 물과 색상으로 흠뻑 적신 중간 브러시를 사용하여 수채화 스타일로 이미지를 칠합니다. 이 필터를 사용하면 가장자리에서 뚜렷한 색조 변화가 일어나는 영역의 채도가 증가합니다.

■ **Brush Strokes(브러시 선)** : [Filter(필터)]-[Filter Gallery(필터 갤러리)]-[Brush Strokes(브러시 선)]
이미지에 붓자국과 같은 질감을 표현하여 이미지의 윤곽선을 강조하여 표현합니다.

❶ **Crosshatch(그물눈)** : 대각선의 교차되는 선들을 생성하여 회화적인 느낌을 표현합니다.

ㄱ **Stroke Length(선 길이)** : 선의 길이를 조절합니다.
ㄴ **Sharpness(선명도)** : 선의 세밀함 정도를 조절합니다.
ㄷ **Strength(강도)** : 선의 강도를 조절합니다.

❷ **Spatter(뿌리기)** : 에어브러시로 뿌리는 효과를 복제합니다. 옵션들의 값을 증가시킬수록 전체적으로 단순한 효과를 얻을 수 있습니다.

  ㉠ **Spray Radius(스프레이 반경)** : 값이 클수록 부서지는 정도가 커집니다.
  ㉡ **Smoothness(매끄러움)** : 값이 작을수록 매우 작은 조각으로 부서집니다.

■ **Distort(왜곡)** : [Filter(필터)]-[Filter Gallery(필터 갤러리)]-[Distort(왜곡)]
이미지를 왜곡시킬 때 사용합니다.

❶ **Glass(유리)** : 서로 다른 유형의 유리를 통해 보는 것처럼 이미지를 나타냅니다. 유리 효과를 선택하거나 유리 표면을 포토샵 파일로 만들어 적용할 수 있습니다. 비율, 왜곡 및 매끄러움 설정을 조정할 수 있습니다.

  ㉠ **Distortion(왜곡)** : 굴절(왜곡)되는 정도 결정합니다.
  ㉡ **Smoothness(매끄러움)** : 부드럽기를 결정합니다.
  ㉢ **Texture(텍스처)** : 유리 질감의 종류를 선택합니다.
  ㉣ **Scaling(비율)** : 유리 질감의 입자 크기를 지정합니다.

❷ **Ocean Ripple(바다 물결)** : 이미지 표면에 임의의 간격으로 잔물결을 추가하여 이미지가 수면 아래에 있는 것처럼 보이게 합니다.

  ㉠ **Ripple Size(잔물결 크기)** : 물결 모양의 크기를 조절합니다.
  ㉡ **Ripple Magnitude(잔물결 양)** : 물결의 파장 및 강도를 조절합니다.

▣ Sketch(스케치 효과) : [Filter(필터)]-[Filter Gallery(필터 갤러리)]-[Sketch(스케치 효과)]
여러 가지 스케치 방식을 적용할 수 있습니다.

❶ Water Paper(물 종이) : 번지는 듯한 느낌의 효과를 줍니다.

　㉠ Fiber Length(섬유 길이) : 번지는 정도를 조절합니다.
　㉡ Brightness(명도) : 밝기의 정도를 조절합니다.
　㉢ Contrast(대비) : 색상 대비 값을 조절합니다.

▣ Texture(텍스처) : [Filter(필터)]-[Filter Gallery(필터 갤러리)]-[Texture(텍스처)]
여러 가지 스케치 방식을 적용할 수 있습니다.

❶ Mosaic Tiles(모자이크 타일) : 작은 조각이나 타일로 구성된 것처럼 이미지를 렌더링하고 타일 사이에 그라우트를 추가합니다.

❷ Patchwork(이어붙이기) : 이미지의 해당 영역에서 주된 색상으로 칠해진 사각형으로 이미지를 분할합니다. 이 필터는 임의로 타일 깊이를 감소시키거나 증가시켜 밝은 영역과 어두운 영역을 복제합니다.

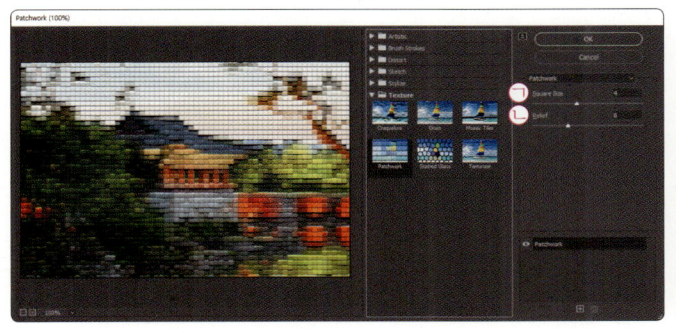 

　㉠ Square Size(정사각형 크기) : 사각형의 크기를 조절합니다.
　㉡ Relief(부조) : 사각형의 돌출 높이를 조절합니다.

❸ **Stained Glass(채색 유리)** : 전경색을 사용하여 윤곽선이 그려진 단색의 인접 셀들로 이미지를 다시 페인팅합니다.

- ㉠ Cell Size(셀 크기) : 셀(유리 조각) 크기를 조절합니다.
- ㉡ Border Thickness(테두리 두께) : 테두리 두께를 조절합니다.
- ㉢ Light Intensity(밝은 강도) : 반사되는 빛의 강도를 조절합니다.

❹ **Texturizer(텍스처화)** : 선택하거나 작성해 둔 텍스처를 이미지에 적용합니다.

- ㉠ Texture(텍스처) : 질감의 종류를 지정합니다.
- ㉡ Scaling(비율) : 질감의 크기를 조절합니다.
- ㉢ Relief(부조) : 질감의 골곡량을 조절합니다.
- ㉣ Light(조명) : 빛의 방향을 지정합니다.

STEP 03 필터 (Filter)

포토샵에서 기본적으로 제공하는 필터를 이용하면 비교적 손쉽게 이미지나 사진을 왜곡시키고 여러 가지 효과를 부여하여 눈에 띄는 효과를 얻을 수 있습니다.

■ Blur(흐림 효과) : [Filter(필터)]-[Blur(흐림 효과)]
이미지를 흐리게 만들어 주는 효과입니다.

❶ **Average(평균)** : 이미지 전체의 색상이 모두 섞여서 평균적인 색상과 밝기를 가진 이미지로 변경합니다.

 ▶

❷ **Blur(흐리게)** : 이미지를 흐리게 하는 필터로 미리보기 창 없이 적용합니다.

 ▶

Chapter08 • 패턴 및 필터 적용하기

❸ **Blur More(더 흐리게)** : Blur 필터를 여러 번 적용한 효과를 주는 필터로 흐림 효과를 강하게 적용할 때 사용합니다.

❹ **Box Blur(상자 흐림 효과)**
인접 픽셀의 평균 값으로 흐림 효과를 만드는 필터입니다.

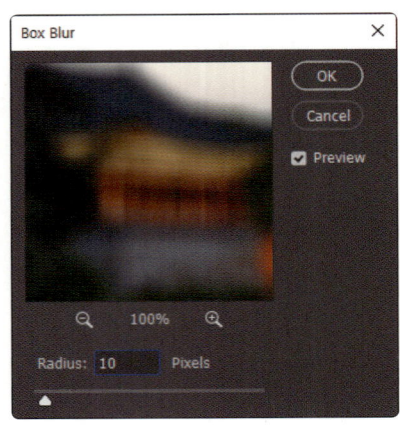 

❺ **Gaussian Blur(가우시안 흐림 효과)** : 조정할 수 있는 양만큼 재빨리 선택 영역을 흐립니다. 가우시안은 Photoshop이 픽셀에 가중 평균을 적용할 때 생성되는 종 모양의 곡선입니다. [가우시안 흐림 효과] 필터를 적용하면 낮은 빈도 수의 세부 묘사를 추가하여 흐릿한 효과를 낼 수 있습니다.

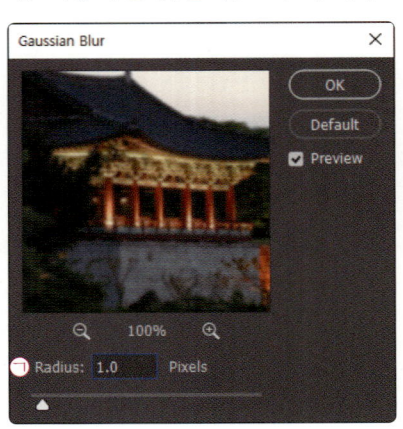 

㉠ **Radius(반경)** : 값이 클수록 흐림 효과가 적용되는 정도가 크게 나타납니다.

❻ **Lens Blur(렌즈 흐림 효과)** : 검정색(0)은 흐림 효과를 적용치 않게 하는 것이고, 흰색(255)은 효과를 적용, 중간회색(128)은 효과를 절반만 적용 하는 식 입니다. 거리별로 먼거리는 옅은 톤, 가까운 거리는 짙은 톤을 적용하여 사진과 같은 흐림 효과를 얻을 수 있습니다.

- ㉠ **Faster/More Accurate(더 빠르게/더 정확하게)** : Preview(미리 보기)에 Faster(더 빠르게)는 개략적인 효과를 보여주는 것이고, More Accurate(더 정확하게)는 최종물에 가까운 Preview를 보여 주지만 Faster 대비 많은 계산 시간이 요구 됩니다.

- ㉡ **Source(소스)** : Depth Map(깊이 맵)을 선택하는 곳으로 깊이 맵에 해당하는 알파 채널 이름을 선택합니다.(깊이 맵은 렌즈 흐림 효과 실행 전 미리 만들어야 합니다.)

- ㉢ **Blur Focal Distance(흐림 효과 초점 거리)** : 흐림 효과를 적용치 않을 톤을 슬라이더바를 통하여 선택하거나 이미지 상의 한 지점을 선택 하면 그 지점의 알파 채널 톤이 입력 되며, 그 톤값을 중심으로 멀어질수록 흐림 효과가 강하게 적용됩니다.

  기본값은 0으로 이 경우 깊이 맵의 검정색에는 흐림 효과가 적용되지 않고, 흰색(255)에는 100% 효과가 적용 되게 됩니다.

  이 값을 128로 선정 하면 깊이 맵상의 중간회색은 흐림 효과가 적용되지 않고, 중간회색에서 멀어질수록 흐림 효과가 강하게 적용됨을 의미 합니다 - 검정색(0)과 희색(255)에서 블러 효과가 가장 강하게 적용됩니다.(중간회색 셋팅은 깊이 맵을 그라디언트로 만들었을 경우 매우 효과적입니다.)

- ㉣ **Invert(반전)** : 선택시 깊이 맵을 반전해서 적용 하게 됩니다.

- ㉤ **Iris Shape(조리개 모양)** : 조리개의 형상을 선택 합니다. 조리개 Blade수에 따라서 보케(Bokah) 형상을 바꿀 수 있습니다. 실제 카메라 렌즈의 조리개 날 수에 따른 보케 형상을 시뮬레이트합니다.

- ㉥ **Blade Curvature(블레이드 곡률)** : 조리개 날끝을 둥글게 하여 원형 조리개에 가깝게 만들어 주는 것으로 보케 형상을 좌우합니다.

- ㉦ **Rotation(회전)** : 다각형인 조리개 형상을 회전시켜 역시 보케 형상을 좌우합니다.

- ㉧ **Brightness(명도)** : 반사광의 밝기를 조절합니다.

- ㉨ **Threshold(한계값)** : 반사광의 Cut-Off값을 규정합니다. 이 값이 255이면 반사광 처리가 되지 않는 것이고, 이 값이 128 이면 이미지의 중간 톤보다 밝은 영역은 모두 반사광으로 처리되게 됩니다.

- ㉩ **Amount(양)** : 실제 이미지와 유사한 보케를 만들기 위해서 흐림 처리된 부분에 적용할 노이즈의 양을 규정합니다.

  (노이즈는 Uniform(균일) 또는 Gaussian(가우시안) 방식으로 넣을 수 있습니다.)

- ㉪ **Monochromatic(단색)** : 노이즈를 이미지의 컬러에 영향을 주지 않고 넣고 싶을 경우 선택합니다.

❼ **Motion Blur(동작 흐림 효과)** : 지정된 방향(-360에서 +360까지)에서 지정된 강도(1에서 999까지)로 이미지를 흐리게 합니다. 이 필터를 지정하면 노출 시간을 일정하게 하여 이동하는 오브젝트의 사진을 찍는 것과 같은 운동감을 주는 효과를 낼 수 있습니다.

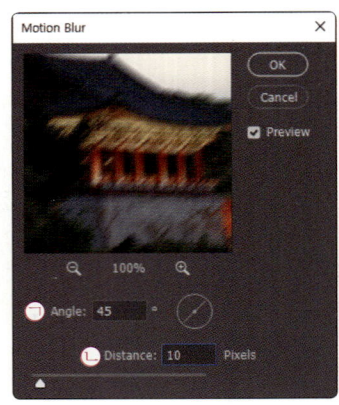 

㉠ **Angle(각도)** : 움직임의 방향을 조절합니다.
㉡ **Distance(거리)** : 움직임의 거리량을 조절합니다.

❽ **Radial Blur(방사형 흐림 효과)** : 카메라의 확대/축소 또는 회전 시 이미지가 흐려지는 효과를 시뮬레이션하여 부드러운 흐림 효과를 냅니다.

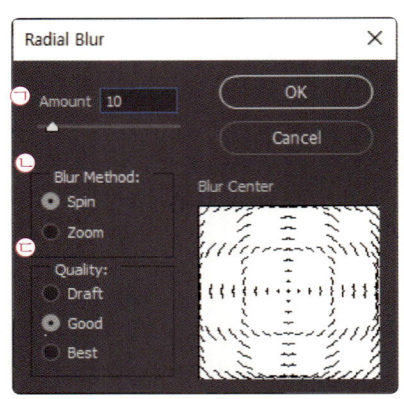 

㉠ **Amount(양)** : 흐림 효과의 처리되는 정도를 조절합니다.
㉡ **Blur Method(흐림 효과 방법)** : 흐림 효과의 처리되는 방법을 선택합니다.
㉢ **Quality(품질)** : 이미지 품질을 선택합니다.

❾ **Shape Blur(모양 흐림 효과)** : 포토샵에서 제공하는 Shape(모양)로 흐림 효과가 적용됩니다.

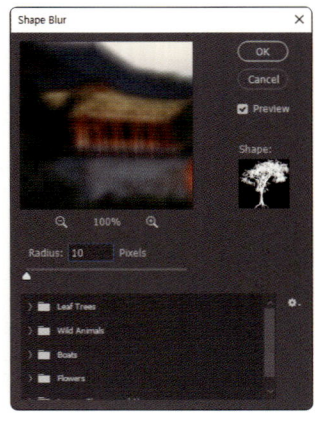 

■ Distort(왜곡) : [Filter(필터)]-[Filter Gallery(필터 갤러리)]-[Distort(왜곡)]
이미지를 왜곡시킬 때 사용합니다.

❶ Pinch(핀치) : 선택 영역 양쪽을 누릅니다. 100%까지의 양수 값은 선택 영역을 중심 방향으로 움직이고 100%까지의 음수 값은 선택 영역을 바깥쪽으로 움직입니다.

❷ Twirl(돌리기) : 가장자리보다 중심에서 좀더 급격하게 소용돌이 모양이 생기도록 선택 영역을 회전시킵니다. 각도를 지정하여 돌리기 패턴을 만듭니다.

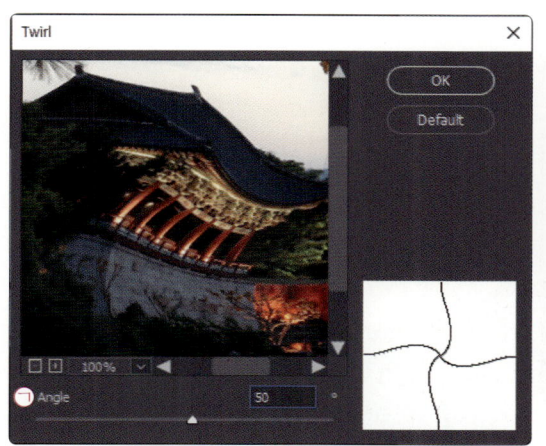 

㉠ Angle(각도) : 회전하는 횟수와 각도를 조절합니다.

❸ Wave(파형) : 다양한 물결 효과를 줄 때 사용합니다.

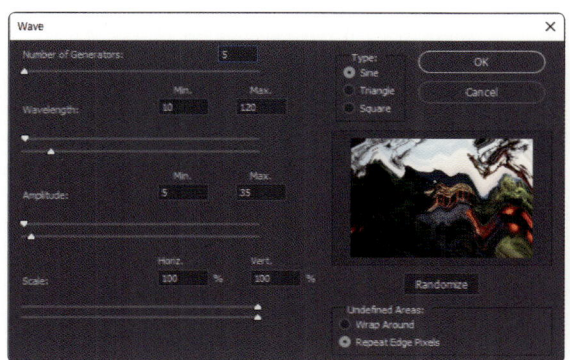 

Chapter08 • 패턴 및 필터 적용하기 **121**

❹ **ZigZag(지그재그)** : 물에 파장이 일어나는 형태로 변형합니다.

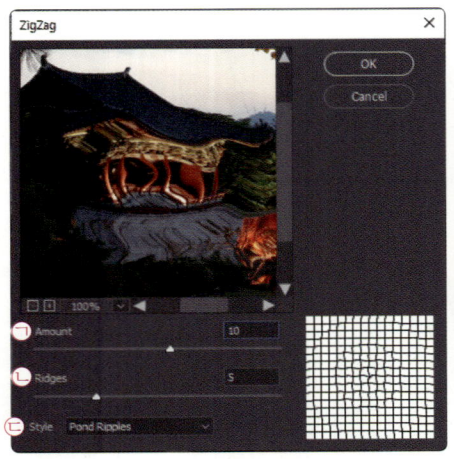 

- ㉠ **Amount(양)** : 파장 변형의 강약을 조절합니다.
- ㉡ **Ridges(산등성)** : 파장의 물결량을 조절합니다.
- ㉢ **Style(스타일)** : 파장의 종류를 지정합니다.

■ **Noise(노이즈)** : [Filter(필터)]-[Filter Gallery(필터 갤러리)]-[Noise(노이즈)]
잡티나 텍스처를 이용하여 잡티를 추가하거나 삭제할 때 사용합니다.

❶ **Add Noise(노이즈 추가)** : 잡티를 추가할 때 사용합니다.

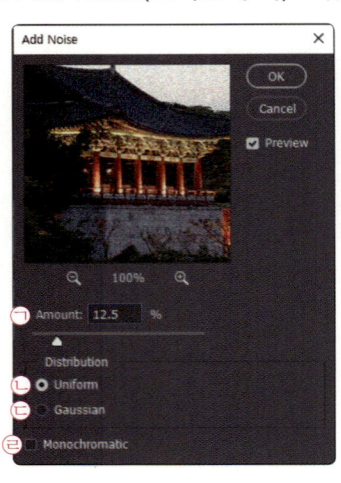 

- ㉠ **Amount(양)** : 노이즈 양을 조절합니다.
- ㉡ **Uniform(균일)** : 0과 지정된 값의 양수 또는 음수 사이에 있는 임의의 수를 사용하여 노이즈 색상 값을 분포시켜 좀더 미묘한 변화 효과를 만들 수 있습니다.
- ㉢ **Gaussian(가우시안)** : 종 모양의 곡선을 따라 노이즈 색상 값을 분포시켜 반점 효과를 만듭니다.
- ㉣ **Monochromatic(단색)** : 색상을 바꾸지 않으면서 이미지의 색조 요소에만 필터가 적용됩니다.

■ Pixelate(픽셀화) : [Filter(필터)]-[Filter Gallery(필터 갤러리)]-[Pixelate(픽셀화)]
셀에서 비슷한 색상 값의 픽셀들을 묶어 선택 영역을 선명하게 해줍니다.

❶ Facet(단면화) : 단색이나 유사한 색상의 픽셀을 유사한 색상의 픽셀 블럭으로 묶습니다. 이 필터를 사용하면 스캔 이미지를 손으로 그린 것처럼 만들거나 사실적인 이미지를 추상화처럼 만들 수 있습니다.

❷ Mezzotint(메조틴트) : 이미지를 흑백 영역 패턴 또는 색상 이미지에서는 완전한 채도를 가진 색상 패턴으로 변환합니다. 이 필터를 사용하려면 [메조틴트] 대화 상자의 [Type(유형)] 메뉴에서 점 패턴을 선택합니다.

❸ Mosaic(모자이크) : 픽셀을 사각형 블럭으로 묶습니다. 이 때 주어진 블럭의 픽셀 색상은 동일하며, 블럭 색상은 선택 영역의 색상을 나타냅니다.

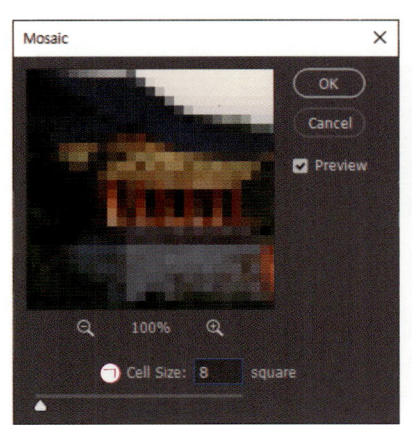 

㉠ Cell Size(셀 크기) : 셀의 크기를 조절합니다.

Chapter08 · 패턴 및 필터 적용하기 **123**

■ Render(렌더) : [Filter(필터)]-[Filter Gallery(필터 갤러리)]-[Render(렌더)]
다양한 특수 효과를 줄 때 사용합니다.

❶ Lens Flare(렌즈 플레어) : 카메라 렌즈로 밝은 빛을 비출 때 생기는 굴절 효과를 시뮬레이션합니다. 이미지의 축소판 내에서 클릭하거나 십자 표시를 드래그하여 광원 중심의 위치를 지정합니다.

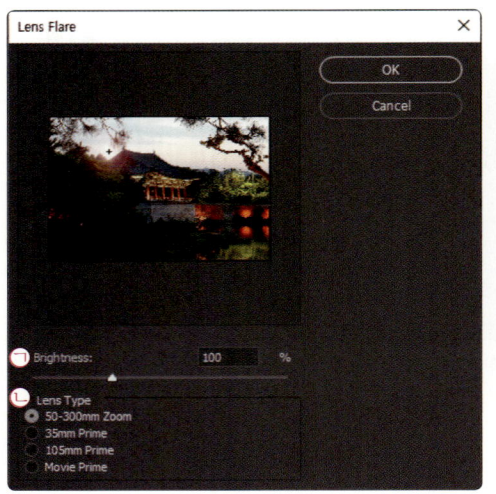

㉠ Brightness(명도) : 반사광 정도를 조절합니다.
㉡ Lens Type(렌즈 유형) : 반사광 종류를 지정합니다.

■ Stylize(스타일화) : [Filter(필터)]-[Filter Gallery(필터 갤러리)]-[Stylize(스타일화)]
픽셀의 모양이나 배열에 변형을 기하여 스타일을 변화시키고자 할 때 사용합니다.

❶ Tiles(타일) : 타일과 같이 쪼개어 놓은 듯한 효과를 줍니다.

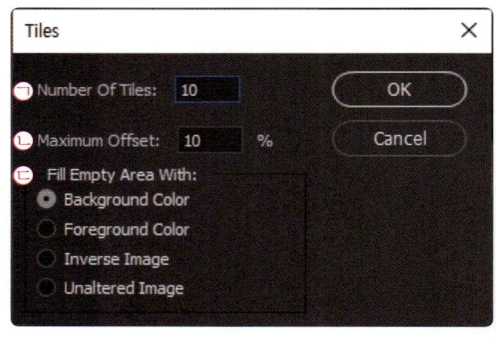

㉠ Number Of Tiles(타일 수) : 적용될 타일의 최소 개수를 지정합니다.
㉡ Maximum Offset(최대 옵셋) : 타일과 타일 사이의 간격을 지정합니다.
㉢ Fill Empty Area With(이동 후 빈 영역 채우기) : 빈 영역을 어떻게 처리할 것인지를 지정합니다.

합격을 위한 실전문제 — 다음 지시사항대로 작업하시오.

1 다음의 《조건》에 따라 아래의 《출력형태》와 같이 작업하시오.

- 600 × 400 픽셀의 캔버스를 생성하시오.
- 패턴(사각형 모양) : #ffffff, Opacity(불투명도)(50%)
- Ch_08_01_01.jpg : 필터 – Lens Flare(렌즈 플레어)
- Ch_08_01_02.jpg : 필터 – Dry Brush(드라이 브러시), 레이어 마스크 – 가로 방향으로 흐릿하게
- Ch_08_01_03.jpg : Blending Mode(혼합 모드) – Multiply(곱하기)
- Ch_08_01_04.jpg, Ch_08_01_05.jpg : 레이어 스타일 – Stroke(선/획)(3px, #00cc00), Inner Shadow(내부 그림자)
- Ch_08_01_06.jpg : Blending Mode(혼합 모드) – Hard Light(하드 라이트)
- 그외 《출력형태》와 같이 작성하시오.

- 문자 효과
   – 한국의 명절 (궁서, 24pt, #ffffff, 레이어 스타일 – Stroke(선/획)(2px, #ff6600))
   – 추석 (궁서, 60pt, #009900, 레이어 스타일 – Stroke(선/획)(2px, #ff6600))
   – 풍요로운 한가위가 되시길 진심으로 기원합니다. (궁서, 14pt, #000066, 레이어 스타일 – Outer Glow(외부 광선))

《출력형태》

완성 : Ch_08_01_정답.psd

구분	Filter Gallery	Filter
3D		Generate Bump (Height) Map(범프 (높이) 맵 생성), Generate Normal Map(표준 맵 생성)
Artistic (예술 효과)	Colored Pencil(색연필), Cutout(오려내기), Dry Brush(드라이 브러시), Film Grain(필름 그레인), Fresco(프레스코), Neon Glow(네온 광), Paint Daubs(페인트 바르기), Palette Knife(팔레트 나이프), Plastic Wrap(비닐랩), Poster Edges(포스터 가장자리), Rough Pastels(거친 파스텔 효과), Smudge stick(문지르기 효과), Sponge(스폰지), Underpainting(언더페인팅 효과), Watercolor(수채화 효과)	
Blur (흐림 효과)		Average(평균), Blur(흐리게), Blur More(더 흐리게), Box Blur(상자 흐림 효과), Gaussian Blur(가우시안 흐림 효과), Lens Blur(렌즈 흐림 효과), Motion Blur(동작 흐림 효과), Radial Blur(방사형 흐림 효과), Shape Blur(모양 흐림 효과), Smart Blur(고급 흐림 효과), Surface Blur(표면 흐림 효과)
Blur Gallery (흐림 효과 갤러리)		Field Blur(필드 흐림 효과), Iris Blur(조리개 흐림 효과), Tilt-Shift(기울기-이동), Path Blur(경로 흐림 효과), Spin Blur(회전 흐림 효과)
Brush Strokes (브러시 획)	Accented Edges(강조된 가장자리), Angled Strokes(각진 획), Crosshatch(그물눈), Dark Strokes(어두운 획), Ink Outlines(잉크 윤곽선), Spatter(뿌리기), Sprayed Strokes(스프레이 획), Sumi-e(수묵화)	
Distort (왜곡)	Diffuse Glow(광선 확산), Glass(유리), Ocean Ripple(바다 물결)	Displace(변위), Pinch(핀치), Polar Coordinates(극좌표), Ripple(잔물결), Shear(기울임), Spherize(구형화), Twirl(돌리기), Wave(파형), ZigZag(지그재그)
Noise (노이즈)		Add Noise(노이즈 추가), Despekle(반점 제거), Dust & Scratches(먼지와 스크래치), Median(중간값), Reduce Noise(노이즈 감소)

■ 알고 넘어갑시다 ■

구분	Filter Gallery	Filter
Pixelate (픽셀화)		Color Halftone(색상 하프톤), Crystallize(수정화), Facet(단면화), Fragment(분열), Mezzotint(메조틴트), Mosaic(모자이크), Pointillize(점묘화)
Render (렌더)		Flame(불꽃), Picture Frame(사진 프레임), Tree(나무), Clouds(구름 효과 1), Difference Clouds(구름 효과 2), Fibers(섬유), Lens Flare(렌즈 플레어), Lighting Effects(조명 효과)
Sharpen (선명 효과)		Shake Reduction(흔들기 감소), Sharpen(선명하게), Sharpen Edges(가장자리 선명하게), Sharpen More(더 선명하게), Smart Sharpen(고급 선명 효과), Unsharp Mask(언샵 마스크)
Sketch (스케치 효과)	Bas Relief(저부조), Chalk & Charcoal(분필과 목탄), Charcoal(목탄), Chrome(크롬), Conte Crayon(크레용), Graphic Pen(그래픽 펜), Halftone Pattern(하프톤 패턴), Note Paper(메모지), Photocopy(복사), Plaster(석고), Reticulation(망사 효과), Stamp(도장), Torn Edges(가장자리 찢기), Water Paper(물 종이)	
Stylize (스타일화)	Glowing Edges(가장자리 광선 효과)	Diffuse(확산), Emboss(엠보스), Extrude(돌출), Find Edges(가장자리 찾기), Oil Paint(유화), Solarize(과대 노출), Tiles(타일), Trace Contour(윤곽선 추적), Wind(바람)
Texture (텍스처)	Craquelure(균열), Grain(그레인), Mosaic Tiles(모자이크 타일), Patchwork(이어붙이기), Stained Glass(채색 유리), Texturizer(텍스처화)	
Video (비디오)		De-Interlace(인터레이스 제거), NTSC Colors(NTSC 색상)
Other (기타)		Custom(사용자 정의), High Pass(하이 패스), HSB/HSL, Maximum(최대값), Minimum(최소값), Offset(오프셋)

Chapter08 • 패턴 및 필터 적용하기

PART 02

Photoshop CC
한문제 따라하기

GTQ 포토샵 Graphic Technology Qualification

입실부터 퇴실까지
GTQ 시험 체험하기

Chapter 01 입실 및 수험관리 프로그램 실행하기
Chapter 02 문제지 수령 및 파일 확인하기
Chapter 03 [기능평가] 고급 Tool(도구) 활용
Chapter 04 [기능평가] 사진편집 응용
Chapter 05 [실무응용] 포스터 제작
Chapter 06 [실무응용] 웹 페이지 제작

한문제 따라하기 01 입실 및 수험관리 프로그램 실행하기

| STEP 01 | 시험장 입실하기 |

01 GTQ 시험은 1급과 2급은 90분, 3급은 60분 동안 진행하며, 보통 20~30분 전에 시험장에 도착하여야 합니다.

02 시험장에 도착하면 수험자 인적사항을 확인한 후 본인 자리에 앉습니다.

03 수험표와 자신을 증명할 수 있는 신분증을 책상위에 올려놓고 감독위원의 진행에 따라 대기합니다. (주민등록증, 학생증, 운전면허증 등이 없는 초등학생의 경우 여권, 건강보험카드, 주민등록등본을 지참해야 합니다.)

> **Tip**
> 입실 시간을 지키지 않을 경우 시험에 응시할 수 없으니 수험자는 반드시 입실 시간 전에 시험장에 도착하여 수험자 확인 및 자리를 확인합니다.

| STEP 02 | 수험관리 프로그램 실행하기 |

01 KOAS 수험자용 프로그램을 실행하기 위해 바탕화면에서 [KOAS 수험자용] 아이콘을 더블클릭합니다.

02 [수험자 등록] 대화상자가 나타나면 수험번호를 입력한 후 [확인] 단추를 클릭합니다.

> **Tip**
> • 수험번호를 잘못 입력하면 다음 화면으로 넘어가지 않으므로 수험번호를 정확히 입력합니다.
> • 수험번호는 문자 포함 13자리입니다.

03 [MessageBox] 대화상자가 나타나면 수험번호와 구분을 확인한 후 이상이 없으면 [예] 단추를 클릭합니다.

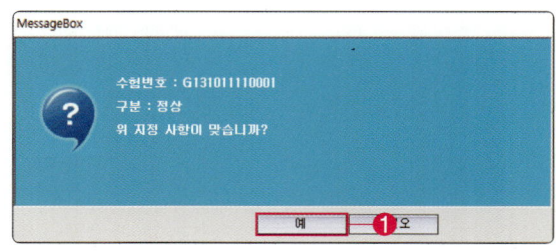

04 [수험자 버전 선택] 대화상자가 나타나면 [포토샵(PhotoShop)]을 선택한 후 [확인] 단추를 클릭합니다.

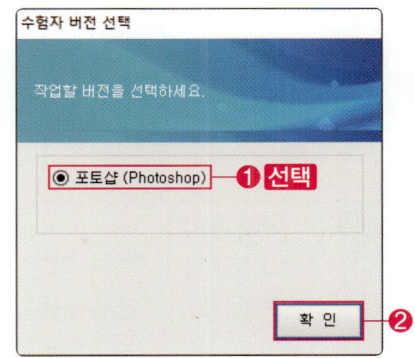

05 [수험자 버전 선택] 대화상자가 나타나면 수험번호, 성명, 수험과목, 좌석번호 등을 확인한 후 이상이 없으면 [확인]을 클릭합니다.

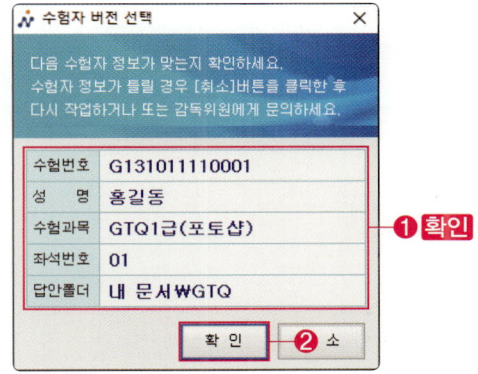

06 키보드 및 마우스를 사용할 수 없도록 잠금 상태가 되면 감독위원의 지시에 따라 잠금 기능이 해제될 때까지 대기합니다.

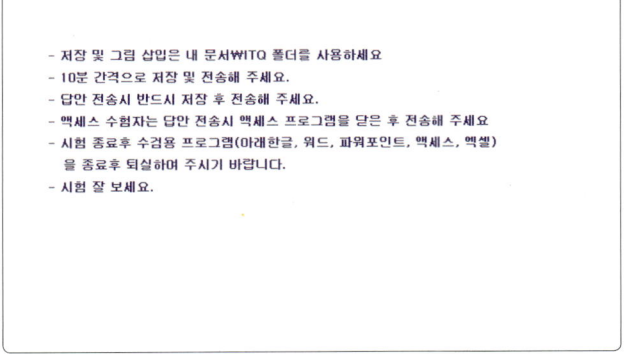

07 잠금이 해제되면 수험 프로그램을 확인합니다.

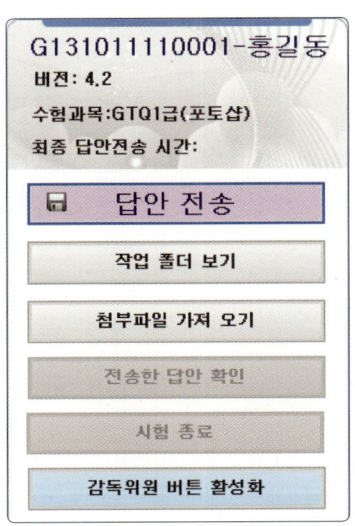

Chapter01 · 입실 및 수험관리 프로그램 실행하기

문제지 수령 및 파일 확인하기

STEP 01 문제지 수령하기

감독위원으로부터 문제지를 받으면 다음과 같은 내용을 먼저 확인하고 시험을 준비합니다.

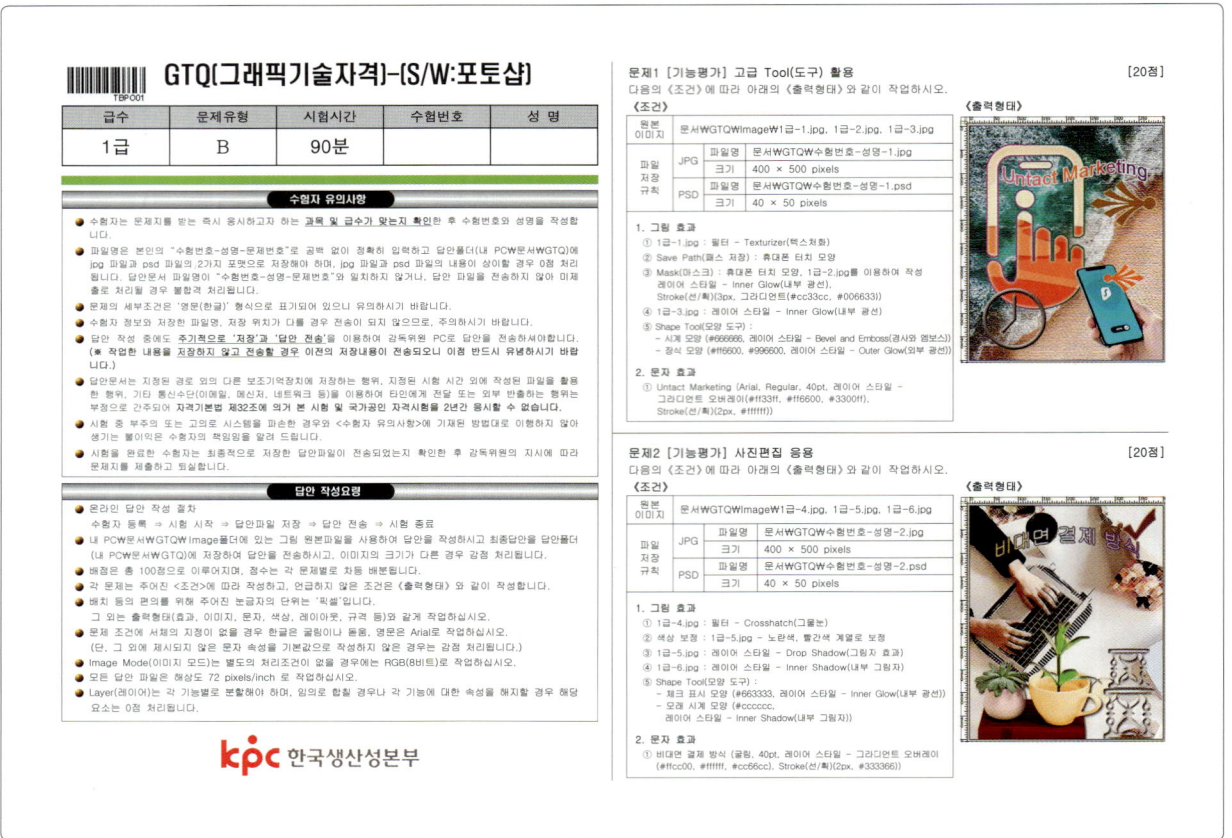

01 수험자 유의사항 및 답안 작성요령

문제지는 지시사항 1면, 완성할 문제 3면으로 총 4면으로 구성되어 있으며, 저장 및 크기 설정, 파일 개수 등을 확인합니다.

> **Tip**
> 작업에 필요한 이미지 파일은 [내 PC₩문서₩GTQ₩Image] 폴더 안에 있습니다.

02 [기능평가] 고급 Tool(도구) 활용 [20점]

Pen Tool(펜툴)을 이용한 패스 저장 및 여러 도구들을 이용하여 이미지를 제작합니다.

03 [기능평가] 사진 편집 응용 [20점]

이미지 색상/명도 조절 등 이미지 변형 및 효과를 지정합니다.

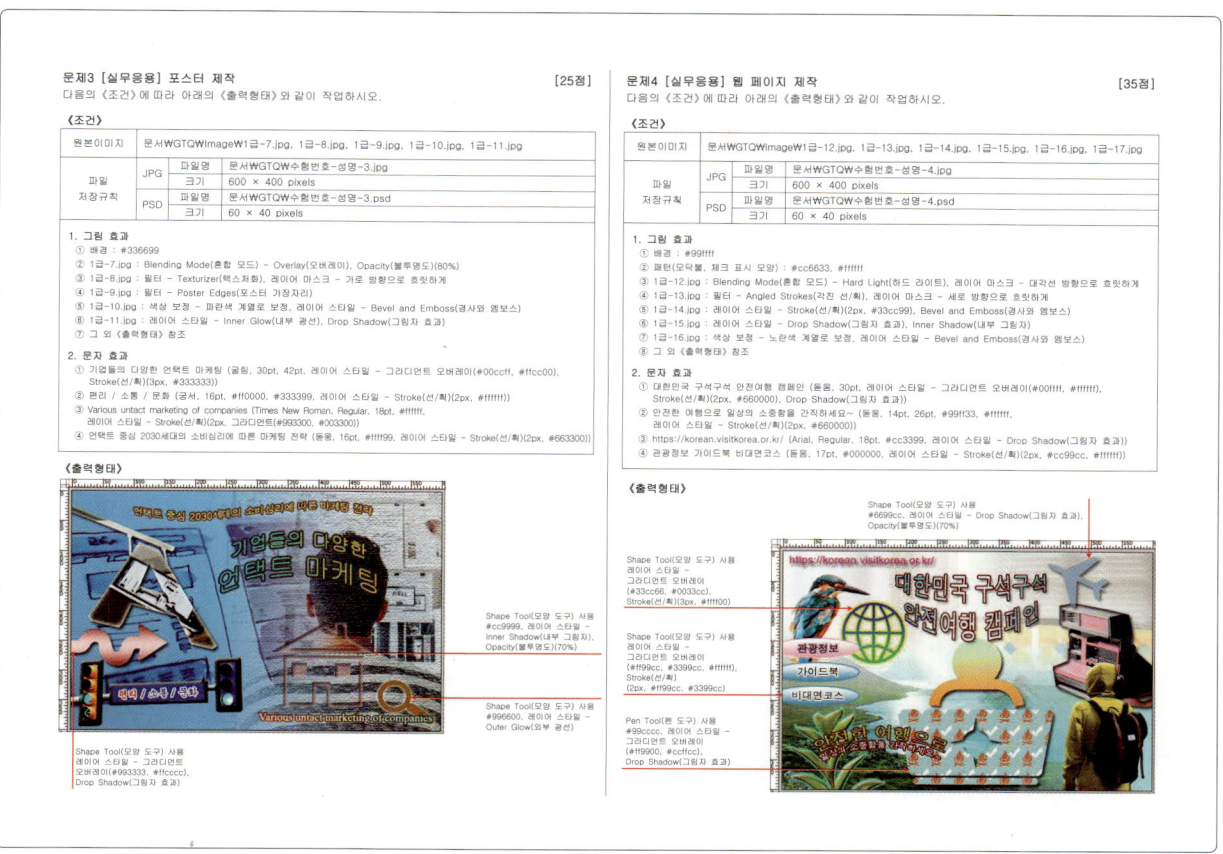

04 [실무응용] 포스터 제작 [25점]
레이어 편집 및 문자를 이용한 효과를 지정합니다.

05 [실무응용] 홈페이지 메뉴바 제작 [35점]
상기 문제의 요소들을 활용한 홈페이지 메뉴바를 제작합니다.

06 문제지를 수령하면 문제지의 눈금자를 이용하여 작업에 참조할 선을 그립니다.

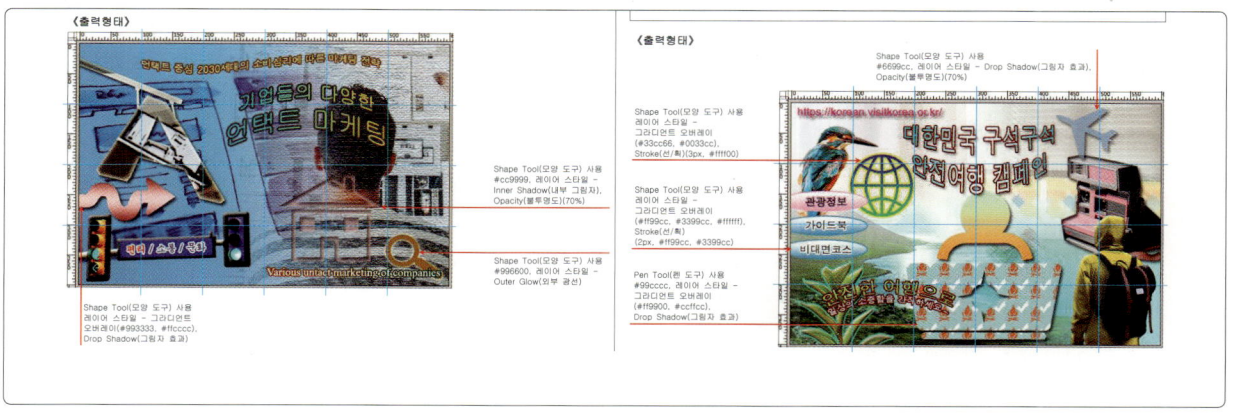

STEP 02 파일 확인하기

01 감독위원이 시험 시작을 알리면 바탕 화면 오른쪽 상단에 시험 관리 도구가 나타납니다.

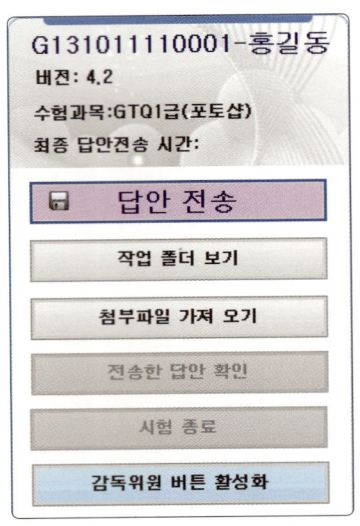

■ 알고 넘어갑시다 ■

수험관리 프로그램

❶ **답안 전송** : 답안을 감독위원 PC로 전송합니다.
(답안이 전송되지 않으면 점수는 0점 처리 되므로 반드시 시험 시간 안에 완성된 답안을 전송해야 합니다.)

❷ **작업 폴더 보기** : [내 PC\문서\GTQ\Image] 폴더가 나타납니다. [내 PC\문서\GTQ\Image] 폴더에는 답안을 작성할 때 사용할 그림 파일이 있습니다.

❸ **첨부파일 가져오기** : 답안을 작성할 때 사용할 그림 파일을 감독위원 PC에서 가져옵니다. (답안 작성 과정에서 원본 파일이 지워졌거나 잘못 저장하여 변경 되었을 경우 감독위원 PC에서 가져오면 됩니다.)

❹ **전송한 답안 확인** : 전송한 답안 확인 단추는 시험 시간에는 비 활성화되며, 시험이 종료되면 활성화됩니다.
시험 시간이 종료되면 감독위원의 지시에 따라 제출한 답안을 확인합니다.

❺ **시험 종료** : 전송한 답안 확인까지 이루어진 수험자는 시험 종료를 클릭한 후 소지품을 챙겨 퇴실합니다.

❻ **감독위원 버튼 활성화** : 감독위원만 사용하는 버튼으로 수험자는 클릭하지 않습니다.

08 [내 PC\문서\GTQ\Image] 폴더가 나타나면 답안을 작성할 때 사용할 그림이 맞는지 확인합니다.

> **Tip**
> 시험에 사용되는 이미지는 KOAS 수험자용 프로그램을 실행해야 생성됩니다.

134 입실부터 퇴실까지 GTQ 시험 체험하기

[기능평가] 고급 Tool(도구) 활용

다음의 ≪조건≫에 따라 아래의 ≪출력형태≫와 같이 작업하시오.

≪조건≫

원본 이미지	문서\GTQ\Image\1급-1.jpg, 1급-2.jpg, 1급-3.jpg		
파일 저장 규칙	JPG	파일명	문서\GTQ\수험번호-성명-1.jpg
		크기	400 × 500 pixels
	PSD	파일명	문서\GTQ\수험번호-성명-1.psd
		크기	40 × 50 pixels

1. 그림 효과
   ① 1급-1.jpg : 필터 – Texturizer(텍스처화)
   ② Save Path(패스 저장) : 휴대폰 터치 모양
   ③ Mask(마스크) : 휴대폰 터치 모양, 1급-2.jpg를 이용하여 작성
      레이어 스타일 – Inner Glow(내부 광선),
      Stroke(선/획)(3px, 그라디언트(#cc33cc, #006633))
   ④ 1급-3.jpg : 레이어 스타일 – Inner Glow(내부 광선)
   ⑤ Shape Tool(모양 도구) :
      – 시계 모양 (#666666, 레이어 스타일 – Bevel and Emboss(경사와 엠보스))
      – 장식 모양 (#ff6600, #996600, 레이어 스타일 – Outer Glow(외부 광선))

2. 문자 효과
   ① Untact Marketing (Arial, Regular, 40pt, 레이어 스타일 –
      그라디언트 오버레이(#ff33ff, #ff6600, #3300ff),
      Stroke(선/획)(2px, #ffffff))

≪출력형태≫

STEP 01 캔버스 생성 및 이미지 복사하기

01 Adobe Photoshop CC 2020을 실행하기 위해 ⊞[시작]을 클릭한 후 앱 뷰에서 [Adobe Photoshop 2020]을 클릭합니다. 그런 다음 포토샵이 실행되면 새 캔버스를 만들기 위해 [Create new(새로 만들기)] 단추를 클릭합니다.

02 [New Document(새로 만들기 문서)] 대화상자가 나타나면 단위(Pixels(픽셀))을 선택한 후 Width(너비)를 '400', Height(높이)를 '500', Resolution(해상도)를 '72'를 입력합니다. 그런 다음 [Create(만들기)] 단추를 클릭합니다.

> **Tip**
> **단위 설정**
> 포토샵을 처음 설치하였을 경우 단위가 cm(센티미터)로 되어 있습니다. 목록 단추를 클릭하여 단위를 pixels(픽셀)로 변경합니다.

03 새 캔버스가 만들어지면 눈금자가 표시 되는지 확인한 후 눈금자가 나타나지 않을 경우 [View(보기)]를 클릭한 다음 [Rulers(눈금자)]를 클릭합니다.

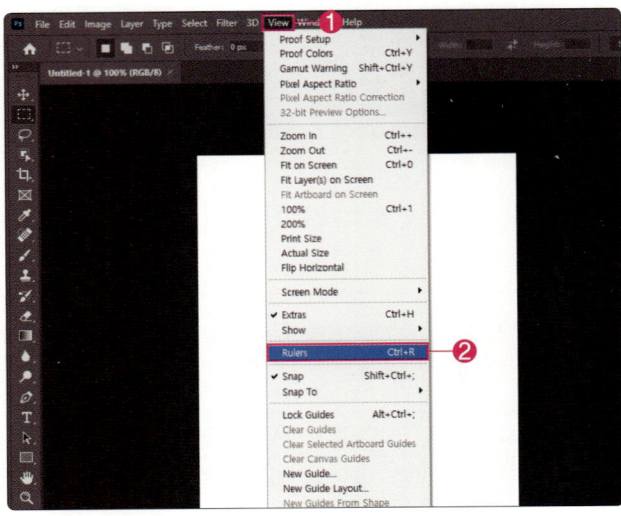

> **Tip**
> [View(보기)]를 클릭한 후 [Rulers(눈금자)] 메뉴 앞에 체크 표시가 되어 있으면 화면에 표시된 상태를 의미하며, 한 번 더 클릭하면 체크 표시가 해제되며 화면에서 숨겨집니다.

04 눈금자를 드래그하여 Guides(안내선)을 100 pixels(픽셀) 만큼 작성합니다.

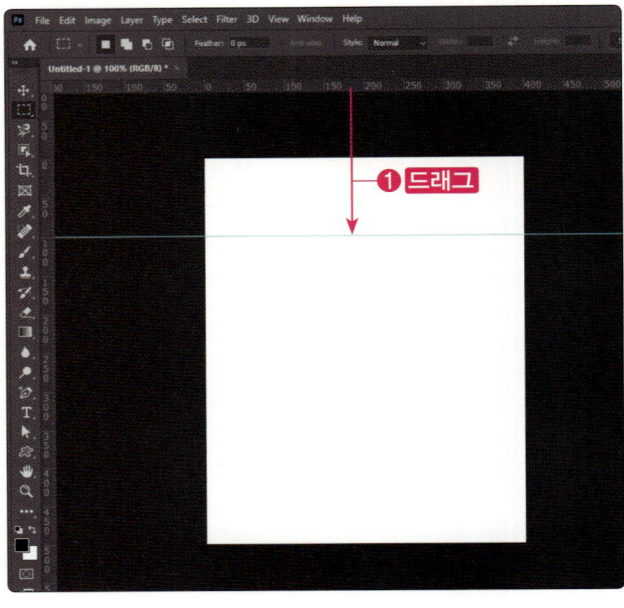

05 같은 방법으로 100 pixels(픽셀) 만큼 Guides(안내선)을 작성합니다.

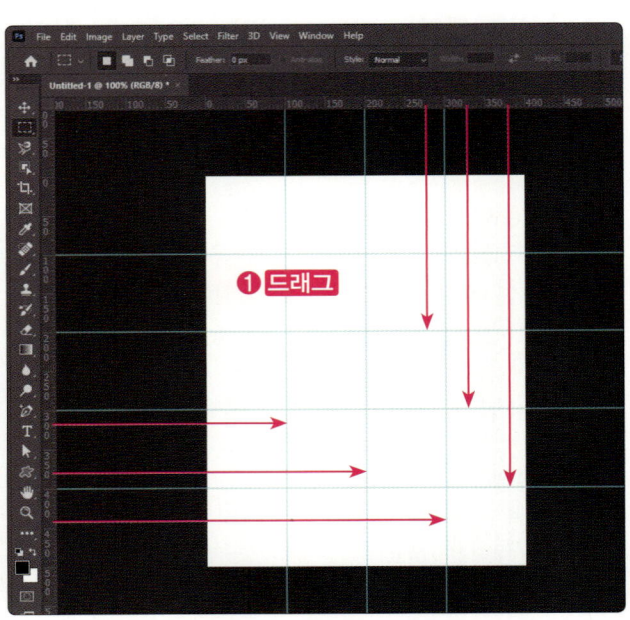

> **Tip**
> Guides(안내선)은 작업의 편의를 위한 일종의 기준선 또는 가이드를 말합니다. 만들어진 안내선은 Ctrl+;를 눌러 나타내거나 숨길 수 있습니다.
> 생성된 안내선을 마우스로 드래그하여 위치를 이동하거나 안내선을 삭제할 수 있습니다.

06 [File(파일)]을 클릭한 후 [Open(열기)]를 클릭합니다.

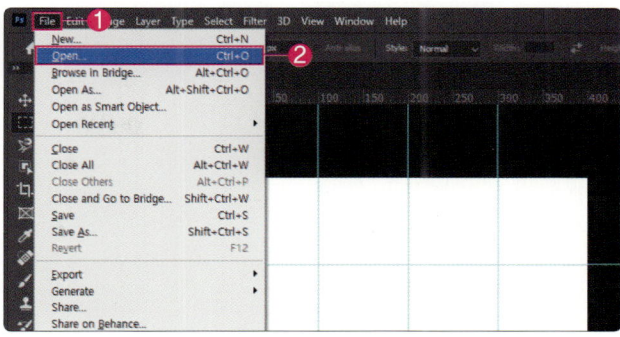

07 [열기] 대화상자가 나타나면 찾는 위치(내 PC₩문서₩GTQ₩Image)를 지정한 후 파일(1급-1 ~ 1급-3)을 선택한 다음 [열기] 단추를 클릭합니다.

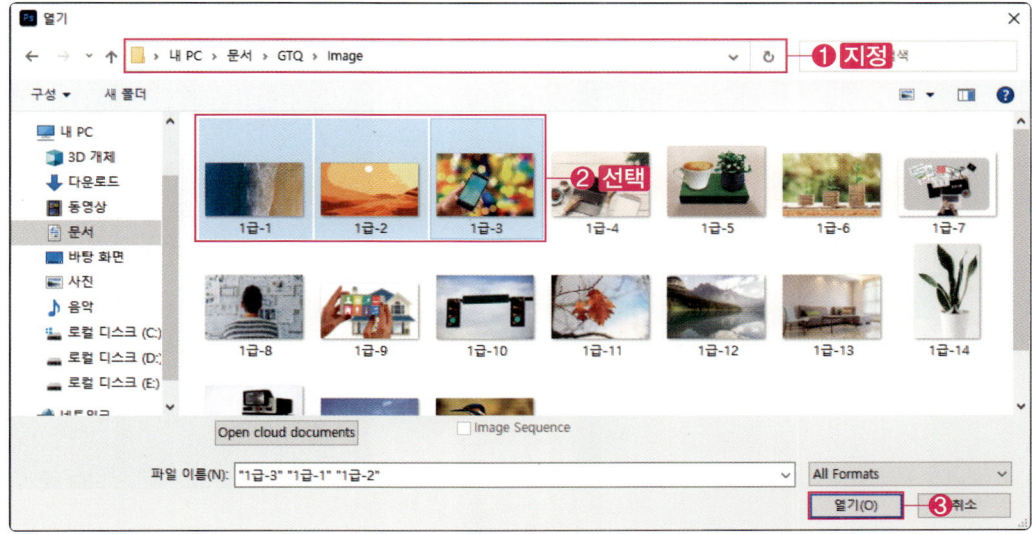

> **Tip**
> - **연속적인 파일 선택** : 첫 번째 파일을 선택한 후 Shift 를 누른 상태에서 마지막 파일을 선택하면 그 사이에 있는 파일이 모두 선택됩니다.
> - **비 연속적인 파일 선택** : 첫 번째 파일을 선택한 후 Ctrl 을 누른 상태에서 파일을 클릭하면 클릭할 때마다 해당 파일이 선택됩니다.

08 이미지가 불러와지면 [1급-1.jpg] 탭을 클릭한 후 Ctrl + A 를 눌러 이미지 전체를 선택영역으로 지정한 다음 Ctrl + C 를 눌러 이미지를 복사합니다.

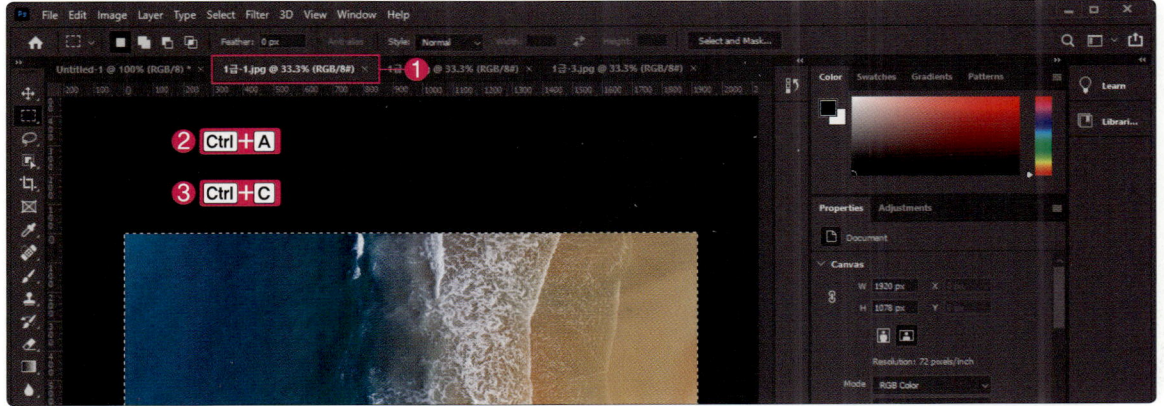

Chapter03 · [기능평가] 고급 Tool(도구) 활용 **137**

09 복사된 이미지를 작업 캔버스에 붙여 넣기 위해 [Untitled-1] 탭을 클릭한 후 Ctrl+V를 눌러 붙여넣기 합니다.

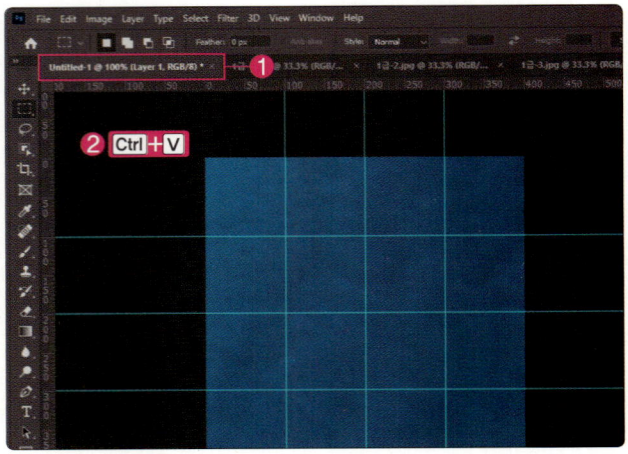

10 [Edit(편집)]을 클릭한 후 [Free Transform(자유 변형)]을 클릭합니다.

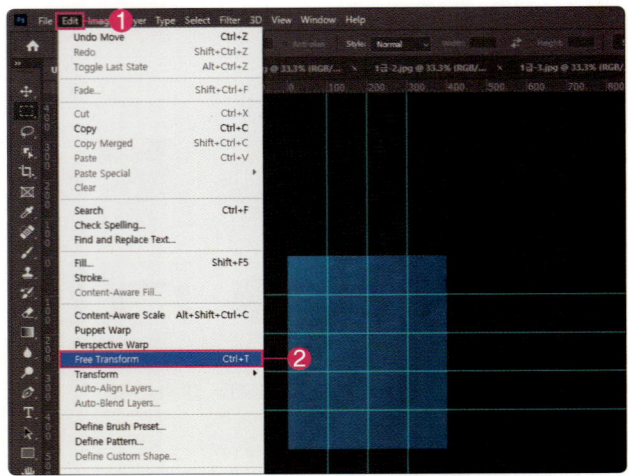

11 크기 조절점을 드래그하여 크기를 조절합니다. 그런 다음 크기 조절점의 모서리 부분에 마우스 포인트를 가져가 ↻ 모양으로 변경되면 드래그하여 회전한 다음 Enter를 누릅니다.

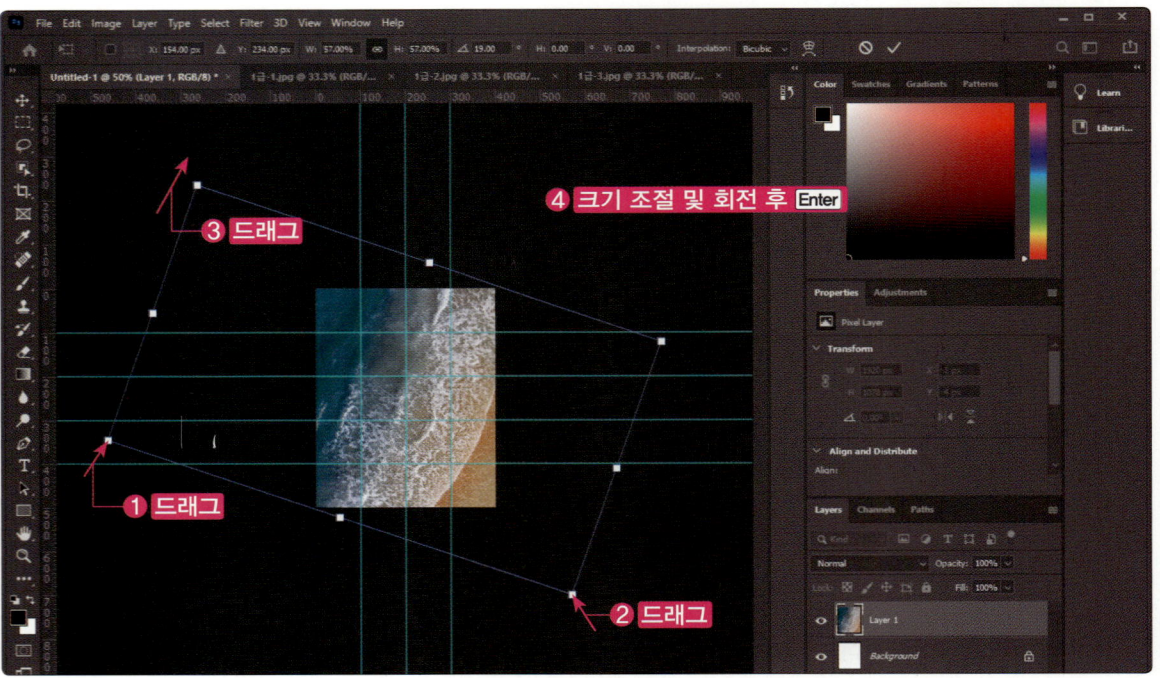

STEP 02 Filter(필터) 적용하기

01 [Filter(필터)]를 클릭한 후 [Filter Gallery(필터 갤러리)]를 클릭합니다.

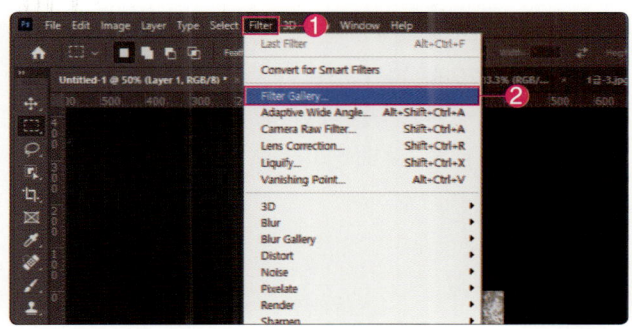

02 [Filter Gallery(필터 갤러리)] 대화상자가 나타나면 [Texture(텍스처)]를 클릭한 후 Texture(텍스처) 목록이 나타나면 [Texturizer(텍스처화)]를 클릭한 다음 속성을 지정하고 [OK(확인)] 단추를 클릭합니다.

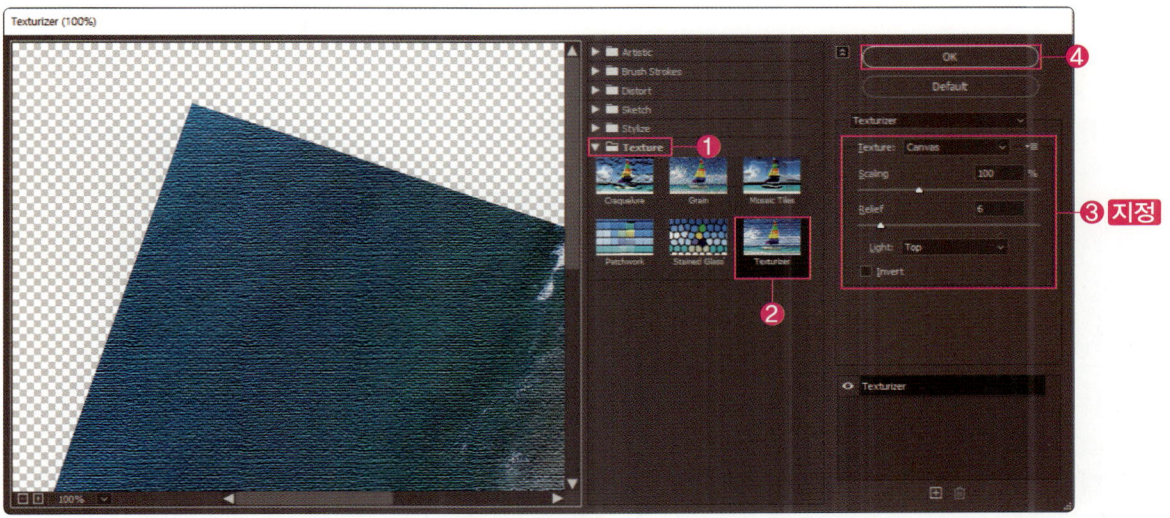

> **Tip**
> Filter(필터)를 적용할 때 세부 설정 값은 《출력형태》를 보고 수험자가 직접 판단해야 합니다. 《출력형태》와 비교하면서 세부 설정 값을 조절합니다.

03 다음과 같이 Texture(텍스처화) 효과가 적용됩니다.

Chapter03 · [기능평가] 고급 Tool(도구) 활용 **139**

| STEP 03 | Path(패스) 모양 그리기 |

01 휴대폰 터치 모양을 그리기 위해 Tool Box(도구 상자)에서 [Pen Tool(펜 도구)]를 선택한 후 옵션 바에서 [Path(패스)]를 선택합니다.

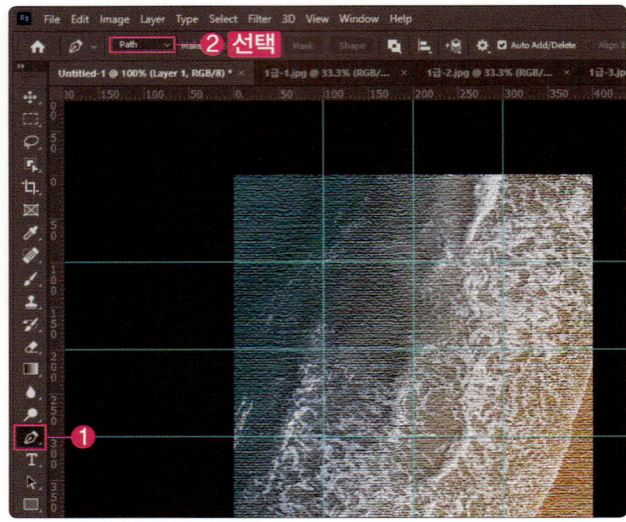

02 시작 위치를 클릭한 후 두 번째 위치를 클릭합니다.

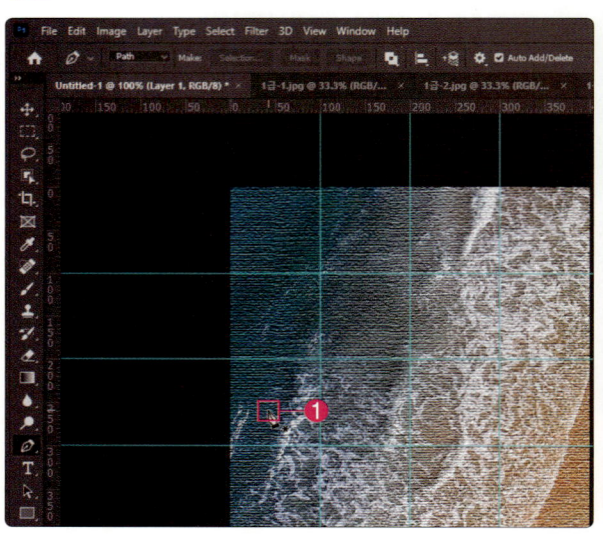 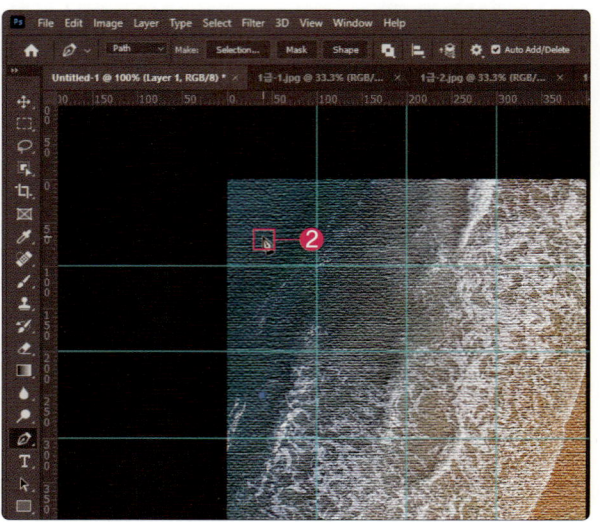

03 세 번째 위치를 클릭한 후 드래그하여 곡선을 만듭니다.

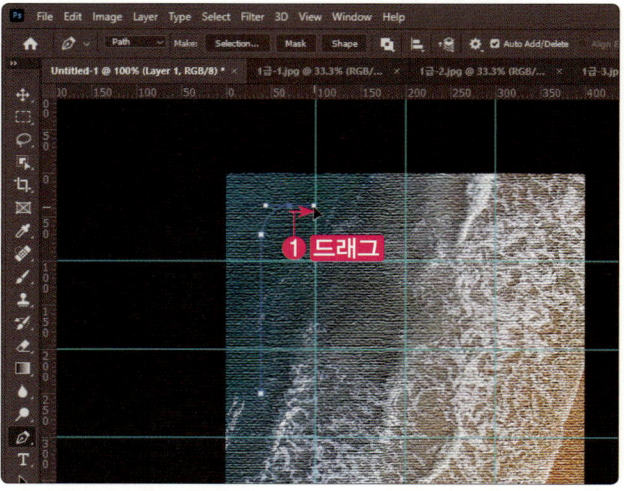

> **Tip**
> Delete 를 한 번 누르면 이전 패스 하나가 지워지고, 두 번 누르면 작업하던 패스가 모두 지워집니다.

04 같은 방법으로 다음과 같이 핸드폰 모양의 패스를 작성합니다.

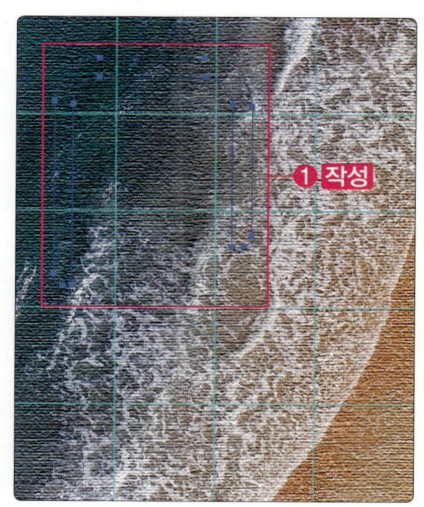

> **Tip**
> Alt 를 눌러 방향선 제거 : 이전 패스의 기준점에 방향선이 있으면 다음 패스가 곡선으로 그려지는데, 곡선 중 둥글게 휘어진 부분이 그 방향선에 인접하게만 그려지므로 원하는 모양을 그릴 수 없는 경우가 있습니다. 이럴 경우 방향선을 제거하며 패스를 작성합니다.

05 같은 방법으로 나머지 핸드폰 및 손 모양 패스를 작성합니다.

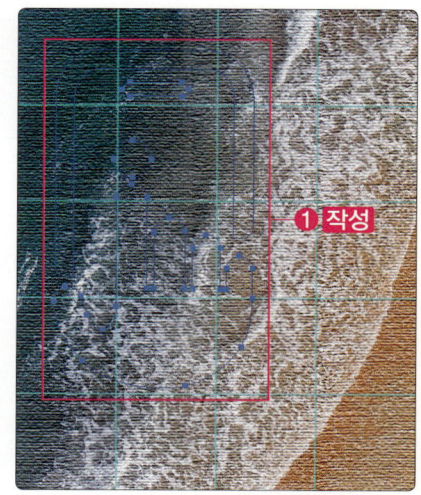

06 패스를 저장하기 위해 [Layers(레이어)] 패널에서 [Paths(패스)] 패널을 클릭한 후 [Work Path(작업 패스)]를 더블클릭합니다.

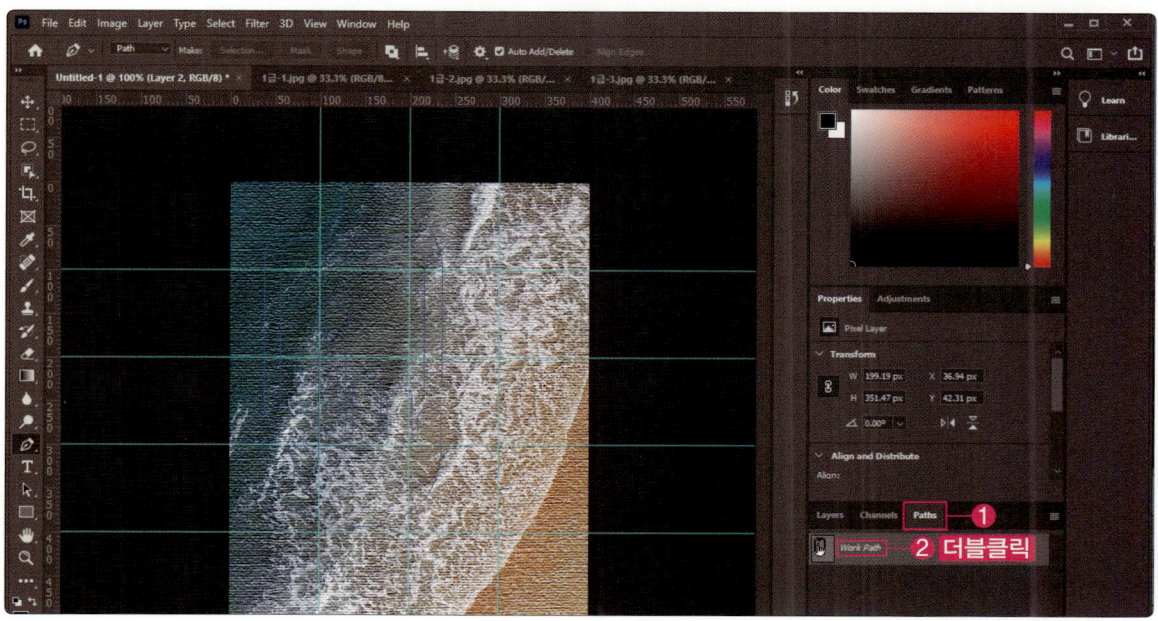

Chapter03 • [기능평가] 고급 Tool(도구) 활용 **141**

07 [Save Path(패스 저장)] 대화상자가 나타나면 이름(휴대폰 터치 모양)을 입력한 후 [OK(확인)] 단추를 클릭합니다.

08 [Pahs(패스)] 패널에서 Ctrl을 누른 상태에서 [Path thumbnail(패스 축소판)]를 클릭하여 패스 모양을 선택 영역으로 지정합니다.

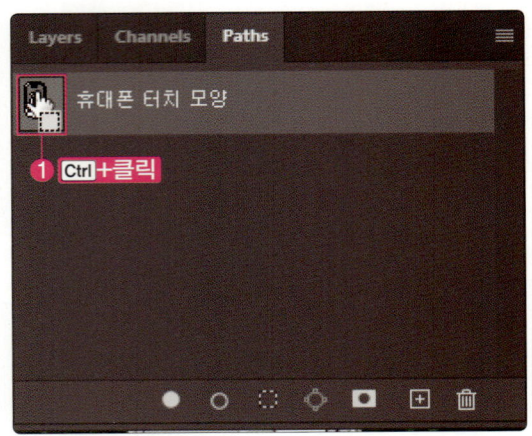

09 [Layers(레이어)] 패널을 클릭한 후 □[Create a new layer(새 레이어 만들기)]를 클릭합니다. 그런 다음 레이어가 추가되면 Alt+Delete를 눌러 전경색을 칠합니다.

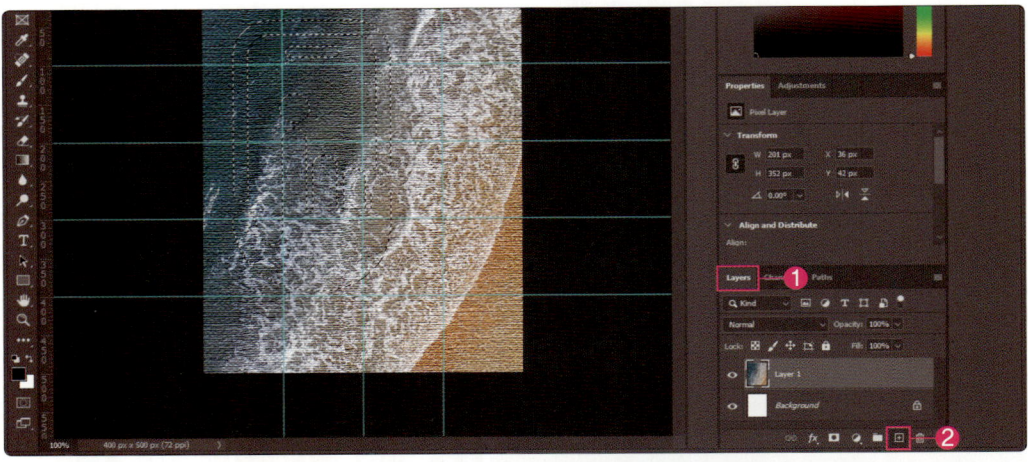

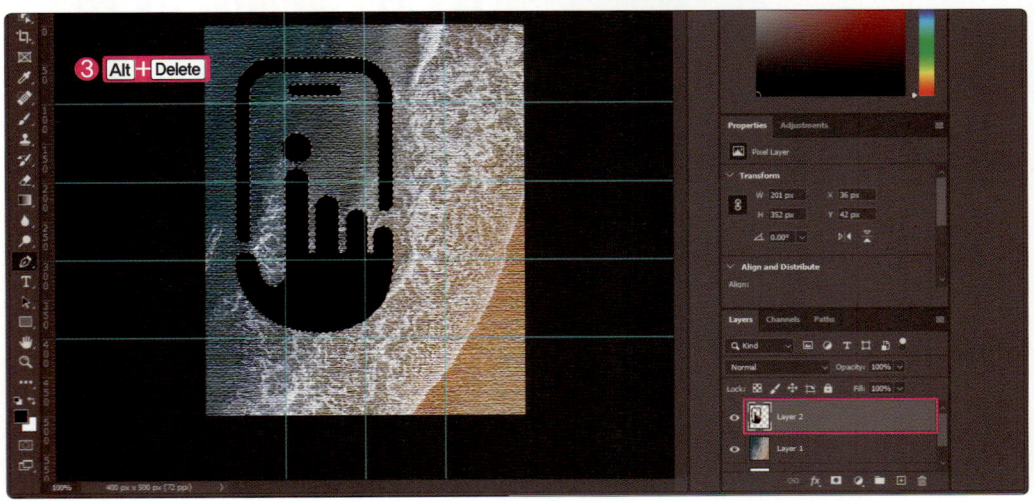

STEP 04   클리핑 마스크 설정 및 레이어 스타일 지정하기

01 [1급-2.jpg] 탭을 클릭한 후 Ctrl+A를 눌러 이미지 전체를 선택 영역으로 지정한 다음 Ctrl+C를 눌러 이미지를 복사합니다.

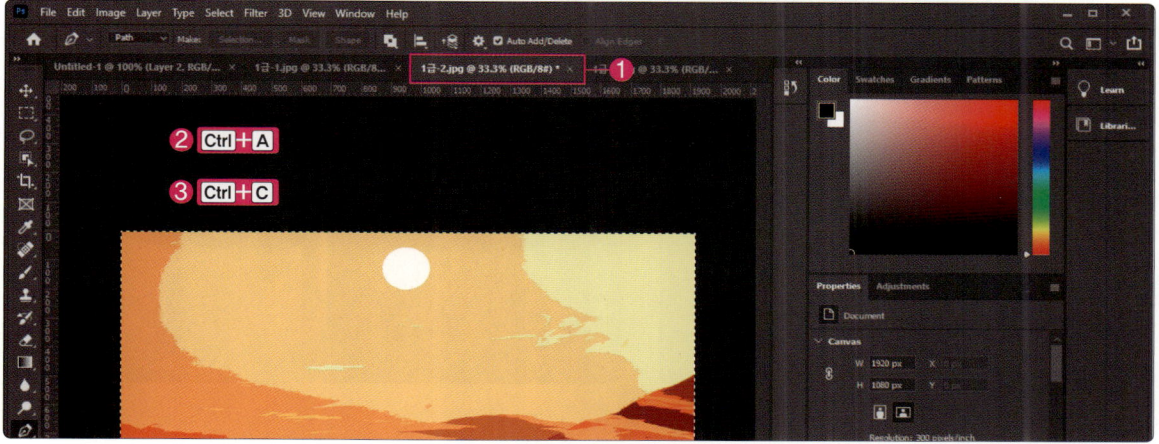

02 복사된 이미지를 작업 캔버스에 붙여 넣기 위해 [Untitled-1] 탭을 클릭한 후 Ctrl+V를 눌러 붙여넣기 합니다.

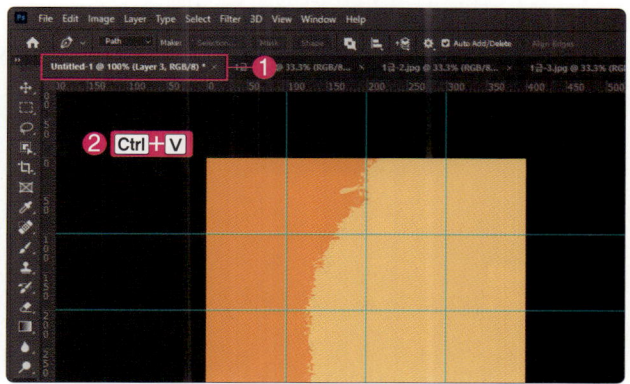

03 [Layer(레이어)]를 클릭한 후 [Create Clipping Mask(클리핑 마스크 만들기)]를 클릭합니다.

> **Tip**
> [Layers(레이어)] 패널에서 [레이어 2]와 [레이어 3] 경계에 마우스 포인터를 위치시킨 후 Alt를 눌러 마우스 포인터 모양이 ⬇□ 모양으로 변경되면 클릭해도 됩니다.

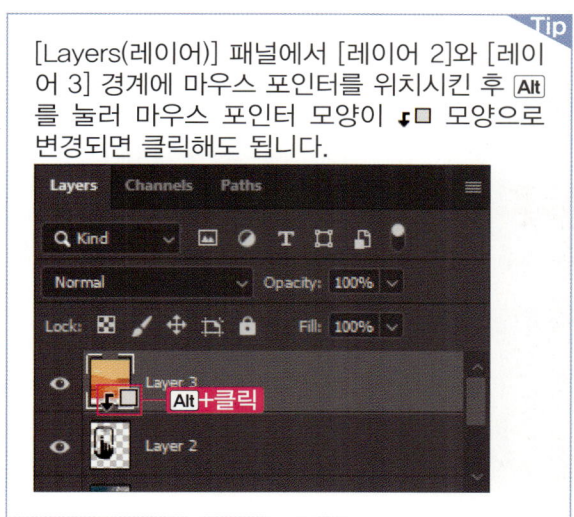

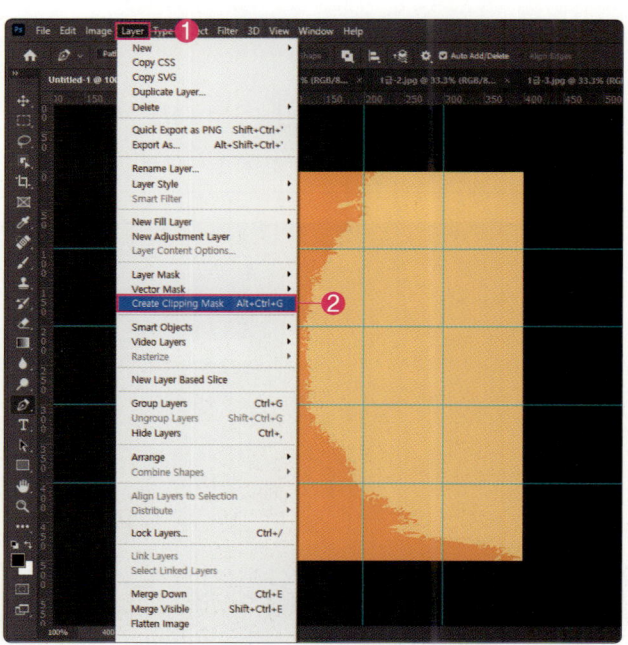

Chapter03 · [기능평가] 고급 Tool(도구) 활용 **143**

04 [Edit(편집)]을 클릭한 후 [Free Transform(자유 변형)]을 클릭합니다. 그런 다음 크기 조절점이 나타나면 크기 조절점을 드래그하여 휴대폰 터치 모양에 배경 이미지가 들어가도록 위치 및 크기를 조절한 후 Enter 를 누릅니다.

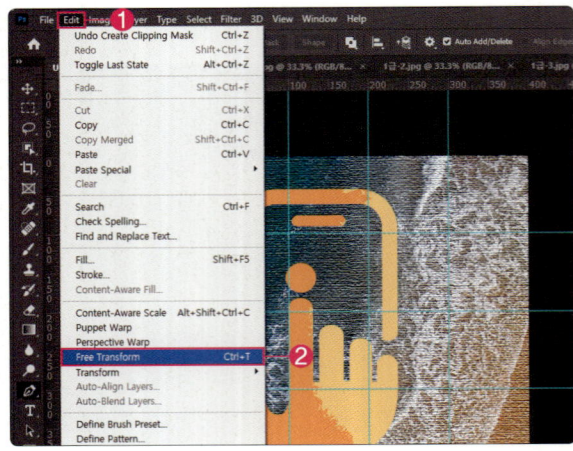 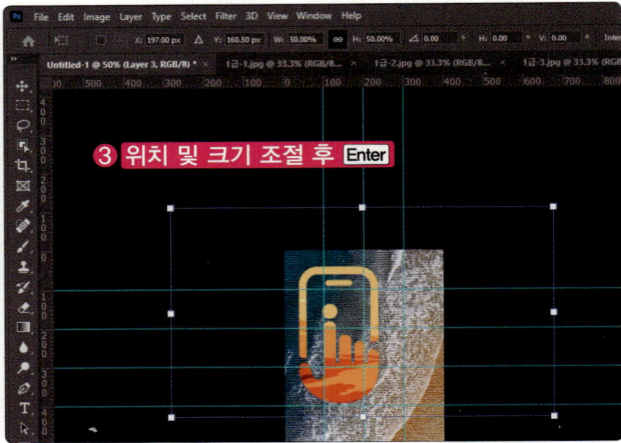

05 [Layers(레이어)] 패널에서 [레이어 2]를 선택한 후 fx[Add a layer style(레이어 스타일 추가)]를 클릭한 다음 [Inner Glow(내부 광선)]을 클릭합니다.

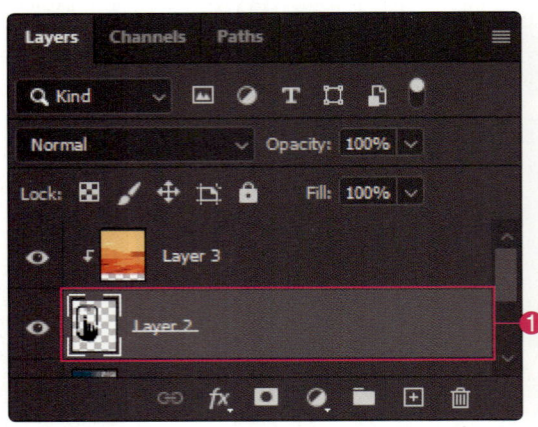 

06 [Layer Style(레이어 스타일)] 대화상자의 [Inner Glow(내부 광선)] 스타일이 나타나면 속성을 지정한 후 [Stroke(선)]을 클릭합니다.

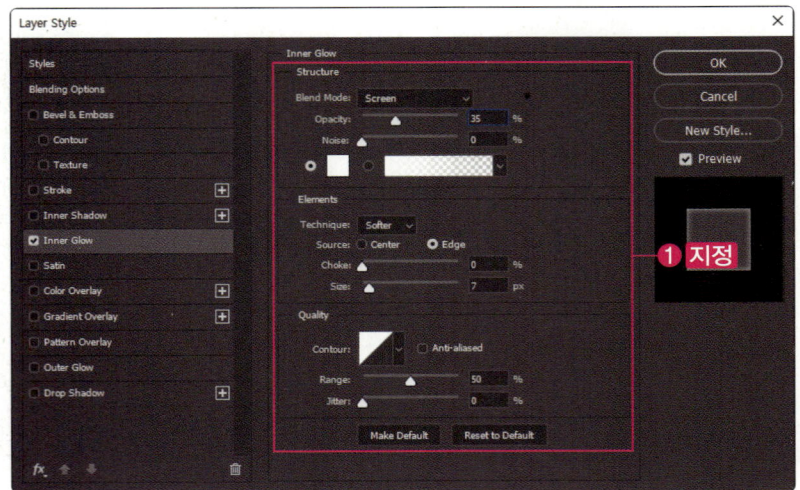

07 [Stroke(선)] 스타일을 클릭한 후 [선(Stroke)] 스타일이 나타나면 크기(3)를 입력한 다음 Fill Type(칠 유형)의 ▼[목록] 단추를 클릭한 다음 [Gradient(그라디언트)]를 클릭합니다.

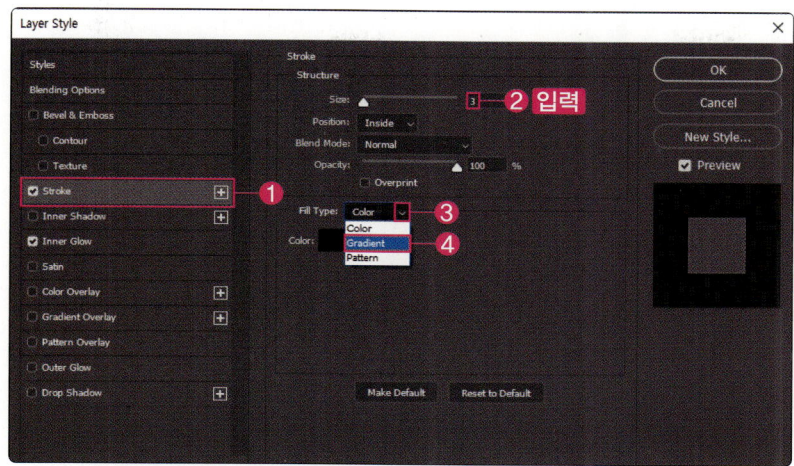

08 Fill Type(칠 유형)이 변경되면 [Gradient(그라디언트)]를 클릭합니다.

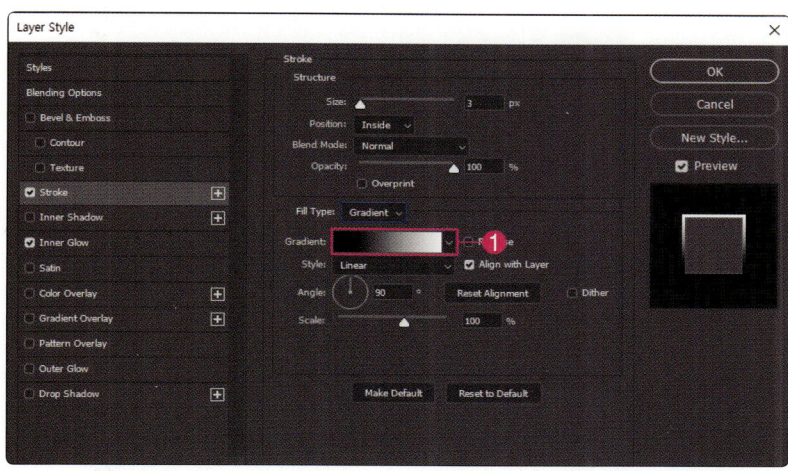

09 [Gradient Editor(그라디언트 편집기)] 대화상자가 나타나면 왼쪽 Color Stop(색상 정지점)을 더블클릭합니다.

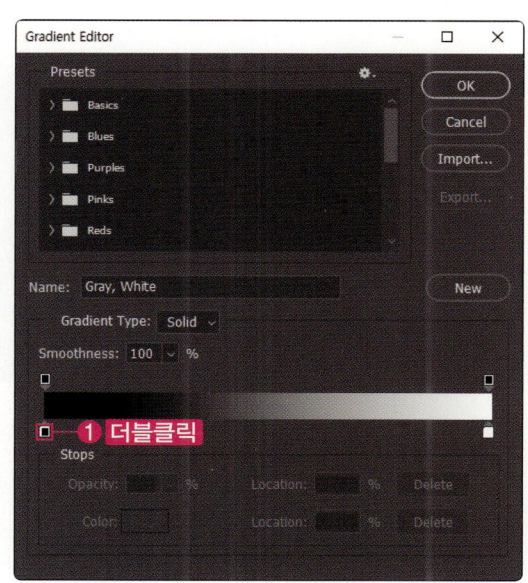

10 [Color Picker(Stop Color)(색상 피커(정지 색상))] 대화상자가 나타나면 색상(cc33cc)을 입력한 후 [OK(확인)] 단추를 클릭합니다.

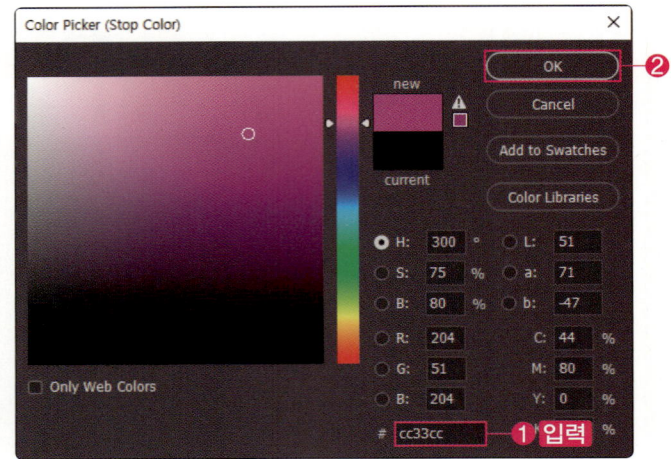

11 [Gradient Editor(그라디언트 편집기)] 대화상자가 다시 나타나면 오른쪽 Color Stop(색상 정지점)을 더블클릭합니다.

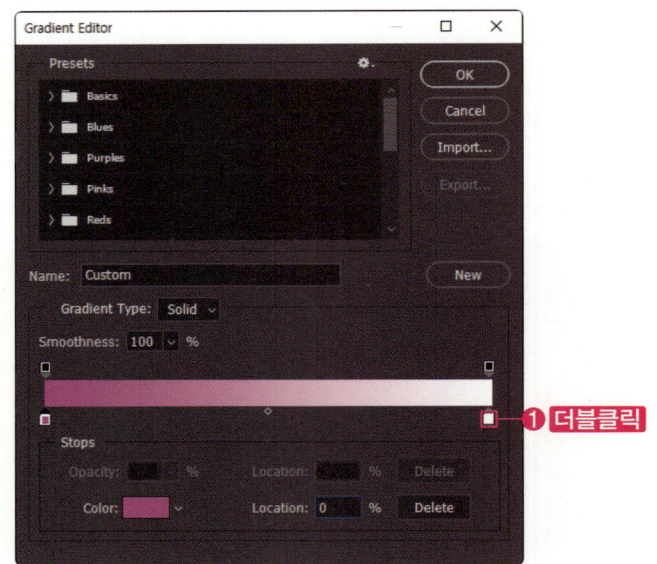

12 [Color Picker(Stop Color)(색상 피커(정지 색상))] 대화상자가 나타나면 색상(006633)을 입력한 후 [OK(확인)] 단추를 클릭합니다.

13 [Gradient Editor(그라디언트 편집기)] 대화상자가 다시 나타나면 [OK(확인)] 단추를 클릭합니다.

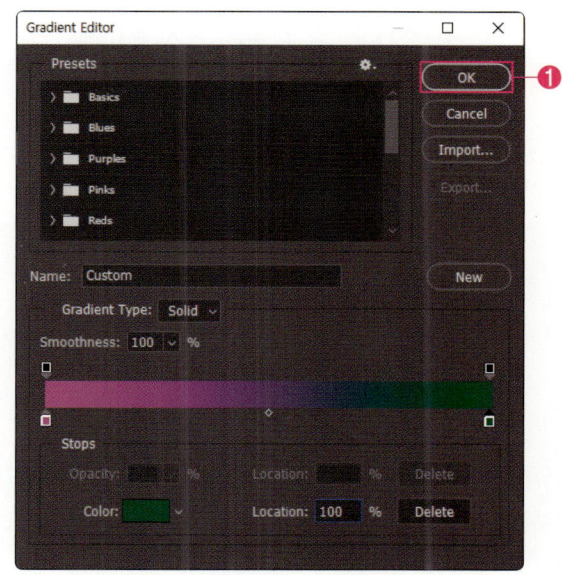

14 [Layer Style(레이어 스타일)] 대화상자가 다시 나타나면 Angle(각도)에 '0'을 입력한 후 [OK(확인)] 단추를 클릭합니다.

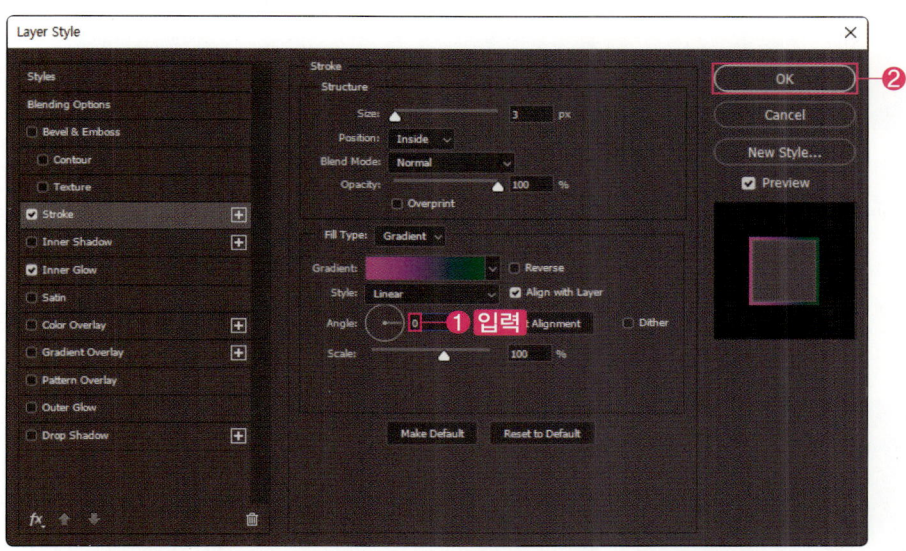

15 다음과 같이 휴대폰 터치 모양에 레이어 스타일이 적용됩니다.

> **Tip**
> 레이어 스타일이 적용되면 [Layers(레이어)] 패널의 [Layer 2] 레이어 아래에 적용된 레이어 스타일 목록이 표시됩니다.

STEP 05 선택 영역을 복사한 후 레이어 스타일 지정하기

01 [1급-3.jpg] 탭을 클릭한 후 Tool Box(도구 상자)에서 [Magnetic Lasso Tool(자석 올가미 도구)]를 선택한 후 옵션바에서 Frequency(빈도 수)에 '100'을 입력합니다.

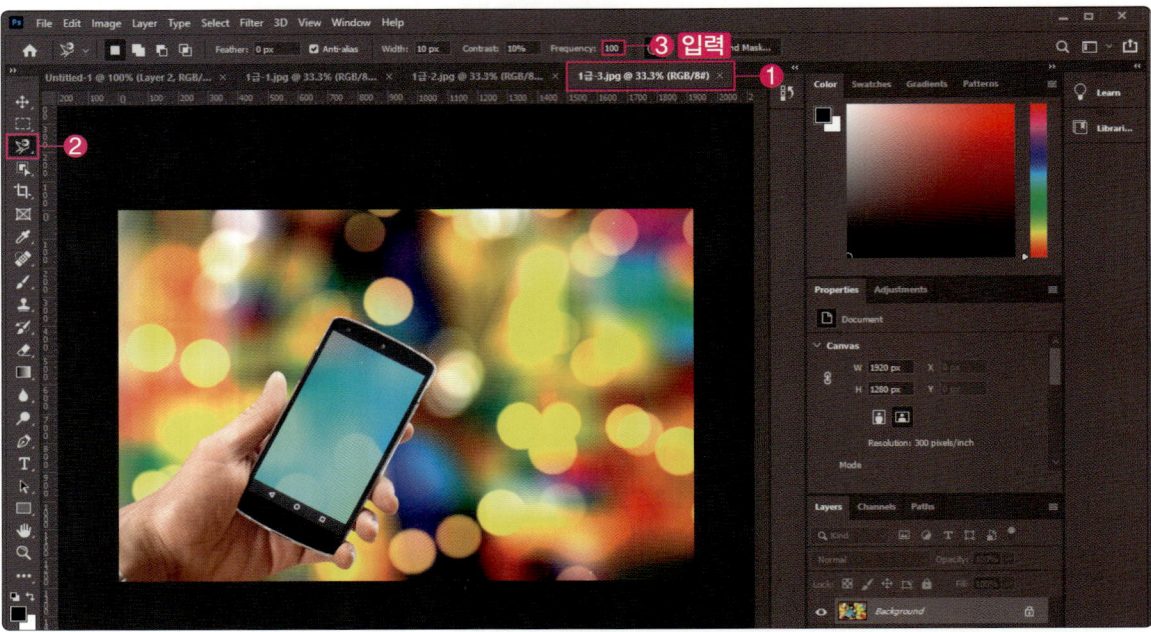

> **Tip**
> 이전에 Frequency(빈도 수) 값에 '100'이 입력되어 있을 경우 입력하지 않아도 됩니다.

02 마우스 포인터 모양( )이 변경되면 손 및 휴대폰을 따라 드래그하여 선택 영역으로 지정한 후 Ctrl+C를 눌러 선택 영역을 복사합니다.

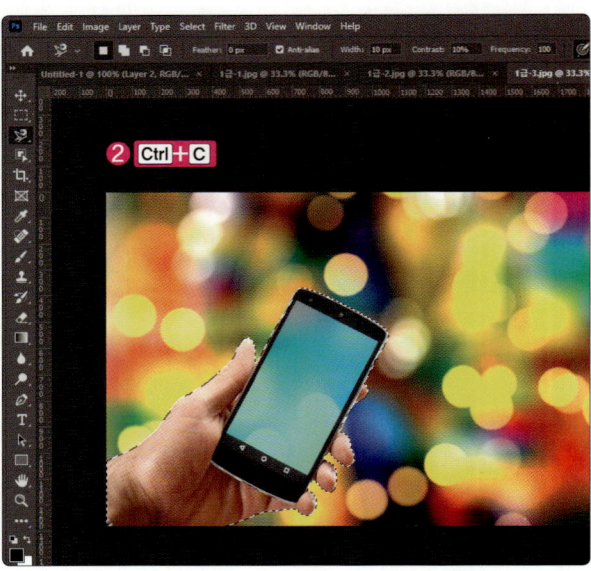

03 복사된 이미지를 작업 캔버스에 붙여넣기 위해 [Untitled-1] 탭을 클릭한 후 Ctrl+V를 눌러 붙여넣기 합니다.

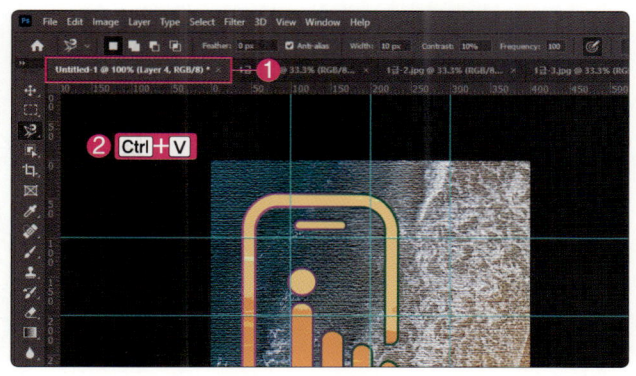

04 도형의 모양을 좌우 대칭하기 위해 [Edit(편집)]을 클릭한 후 [Transform Path(변형)]-[Flip Horizontal(가로로 뒤집기)]를 클릭합니다.

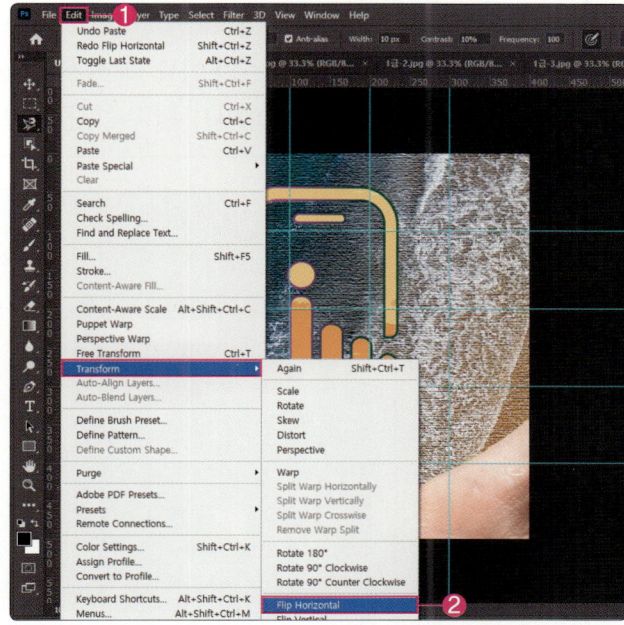

05 [Edit(편집)]을 클릭한 후 [Free Transform(자유 변형)]을 클릭합니다. 그런 다음 크기 조절점이 나타나면 크기 조절점을 드래그하여 휴대폰 터치 모양에 배경 이미지가 들어가도록 위치 및 크기를 조절한 후 Enter를 누릅니다.

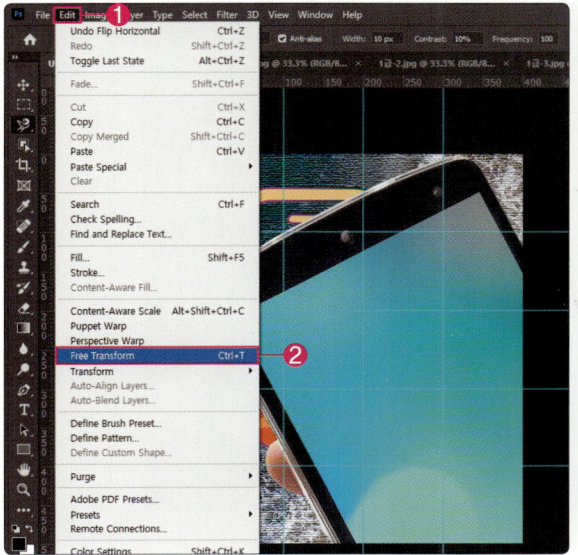
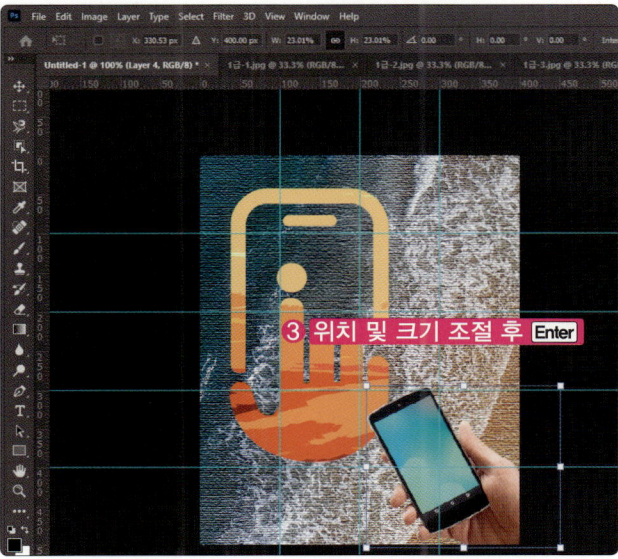

06 [Layers(레이어)] 패널에서 [Layer 4(레이어 4)]를 선택한 후 fx.[Add a layer style(레이어 스타일 추가)]를 클릭한 다음 [Inner Glow(내부 광선)]을 클릭합니다.

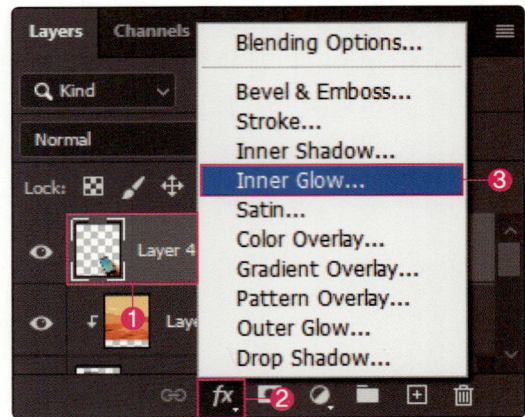

07 [Layer Style(레이어 스타일)] 대화상자의 [Inner Glow(내부 광선)] 스타일이 나타나면 속성을 지정한 후 [OK(확인)] 단추를 클릭합니다.

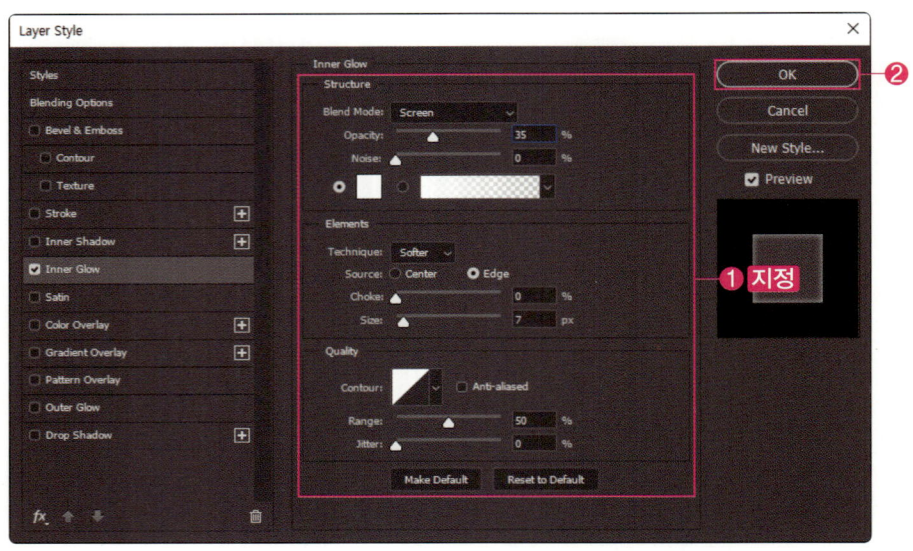

08 다음과 같이 휴대폰 및 손에 레이어 스타일이 적용됩니다.

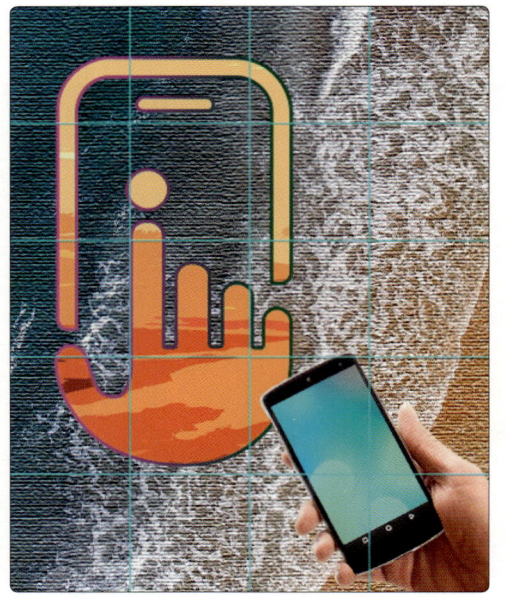

STEP 06   도형 작성하기

01 Tool Box(도구상자)에서 [Custom Shape Tool(사용자 정의 모양 도구)]를 선택한 후 옵션 바에서 [Click to open Custom shape picker(사용자 정의 모양 피커)]의 [목록] 단추를 클릭합니다.

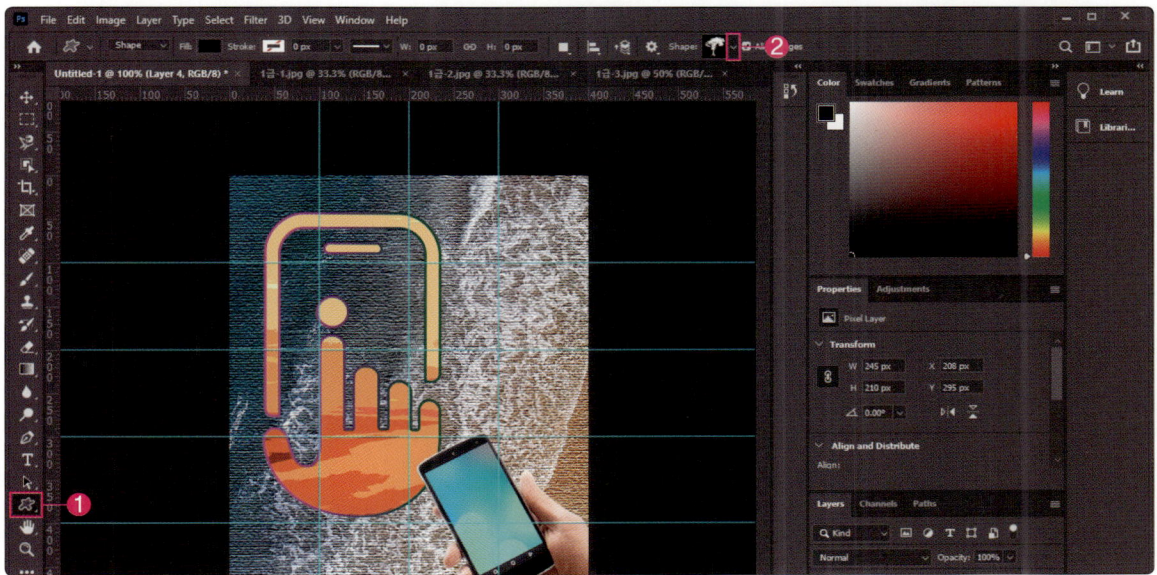

02 목록이 나타나면 [Legacy Shapes and More(레거시 모양 및 기타)]의 [목록] 단추를 클릭한 후 [All Legacy Default Shapes(모든 레거시 기본 모양)]의 [목록] 단추를 클릭한 다음 [Web(웹)]의 [목록] 단추를 클릭하고 [Time(시간)]을 클릭합니다.

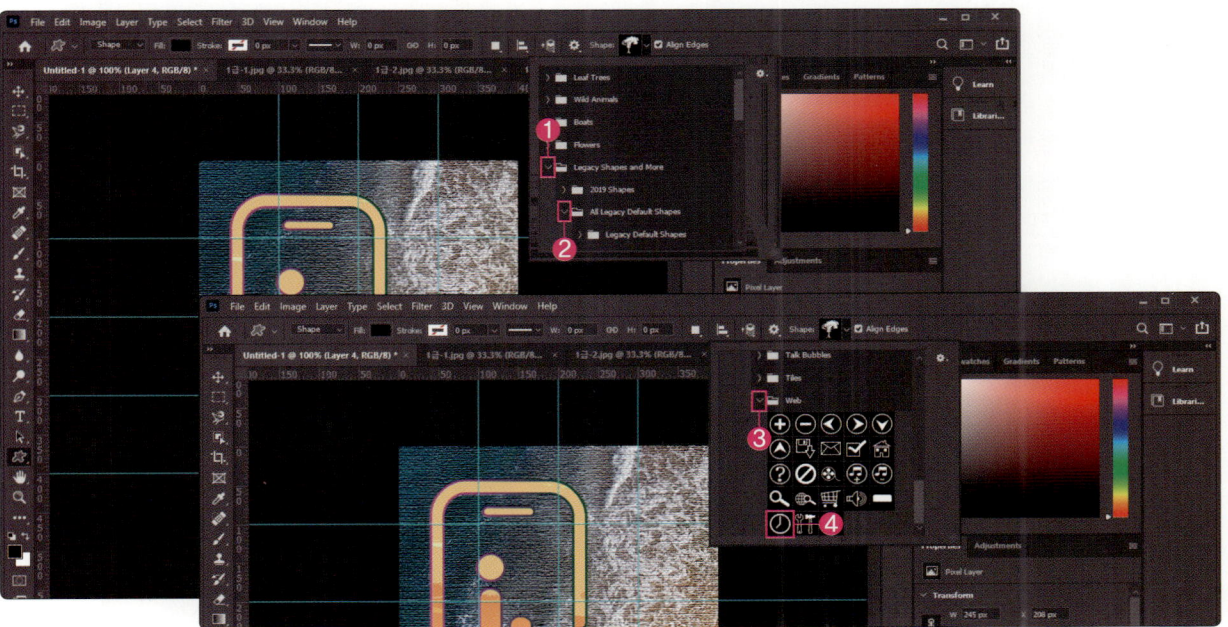

> **Tip**
> • [Legacy Shapes and More(레거시 모양 및 기타)] 목록이 없을 경우 교재 70페이지를 참고하여 설정합니다.
> • 시험장에서 레거시 모양이 나타나지 않을 경우 수험자가 등록한 후 시험에 응시해야 합니다.

Chapter03 • [기능평가] 고급 Tool(도구) 활용 **151**

03 시간 모양을 삽입하고자 하는 위치에 드래그합니다.

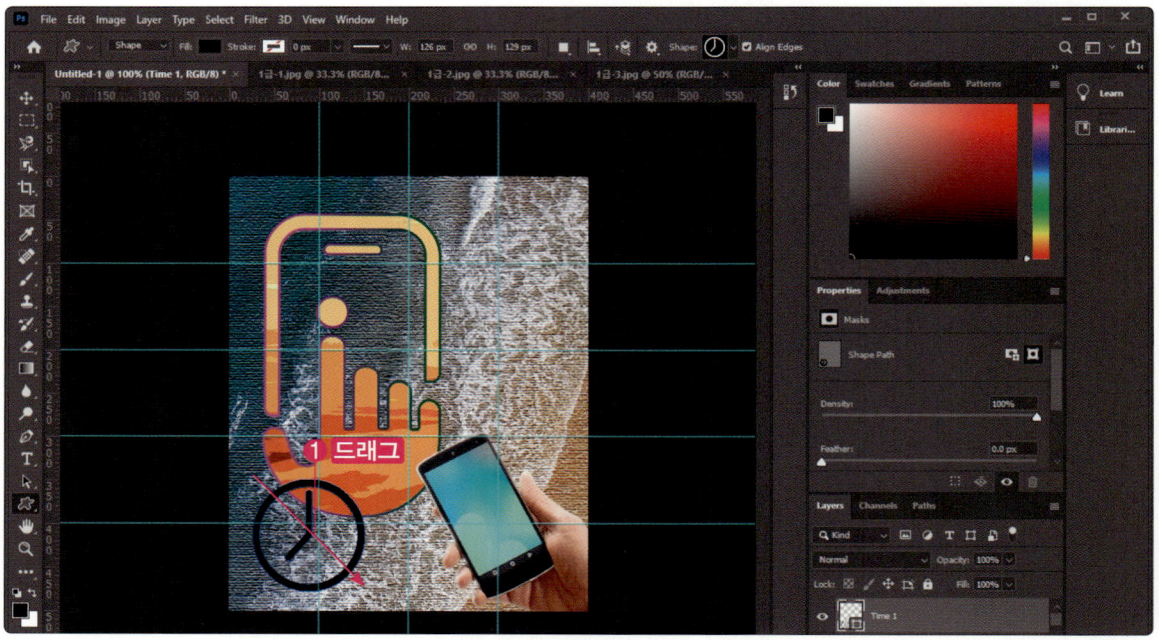

04 시간 모양에 색상을 지정하기 위해 [Layers(레이어)] 패널에서 [Time 1(시계 1)] 레이어의 [Layer thumbnail(레이어 축소판)]을 더블클릭합니다. 그런 다음 [Color Picker(Solid Color)(색상 피커(단색))] 대화상자가 나타나면 색상(666666)을 입력한 후 [OK(확인)] 단추를 클릭합니다.

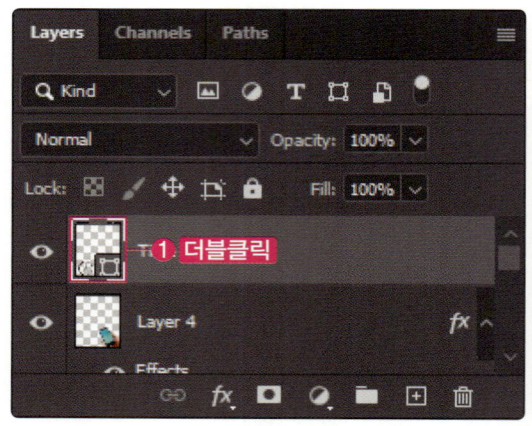 

05 [Layers(레이어)] 패널에서 [Add a layer style(레이어 스타일 추가)]를 클릭한 후 [Bevel & Emboss(경사와 엠보스)]를 클릭합니다.

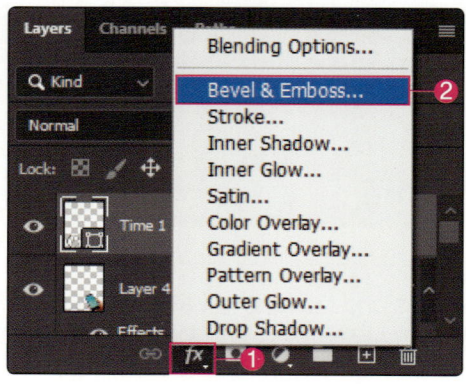

06 [Layer Style(레이어 스타일)] 대화상자의 [Bevel & Emboss(경사와 엠보스)] 스타일이 나타나면 속성을 지정한 후 [OK(확인)] 단추를 클릭합니다.

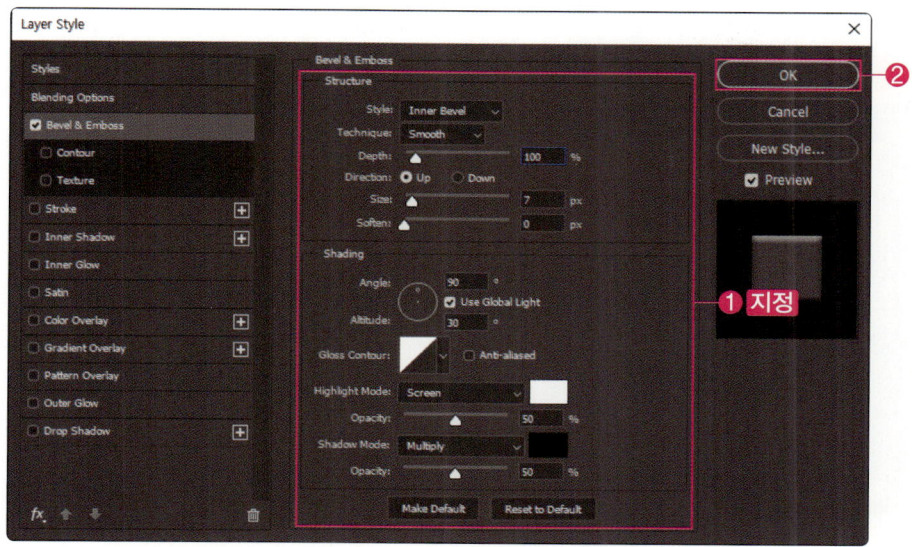

07 옵션 바에서 [Click to open Custom shape picker(사용자 정의 모양 피커)]의 ▸[목록] 단추를 클릭한 후 [Legacy Shapes and More(레거시 모양 및 기타)]-[All Legacy Default Shapes(모든 레거시 기본 모양)]-[Ornaments(장식)]의 ▸[목록] 단추를 클릭한 다음 ❖[Ornaments 7(장식 7)]을 클릭합니다.

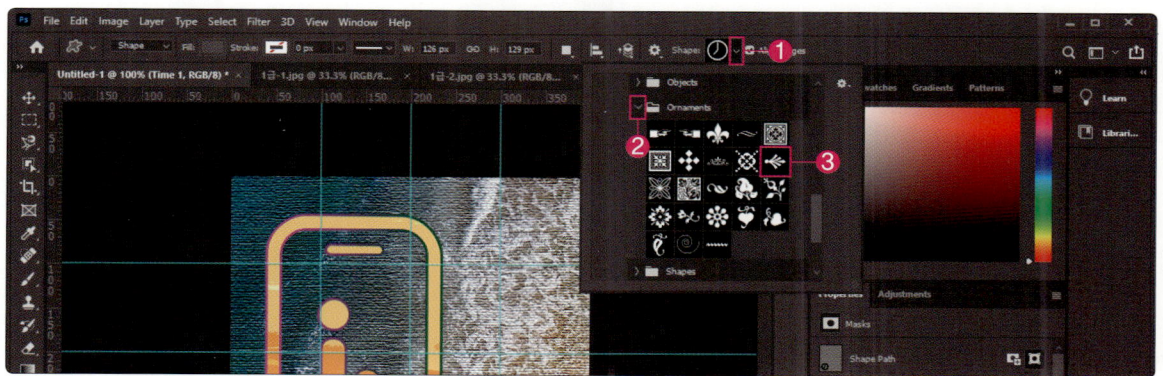

08 장식 모양을 삽입하고자 하는 위치에 드래그합니다.

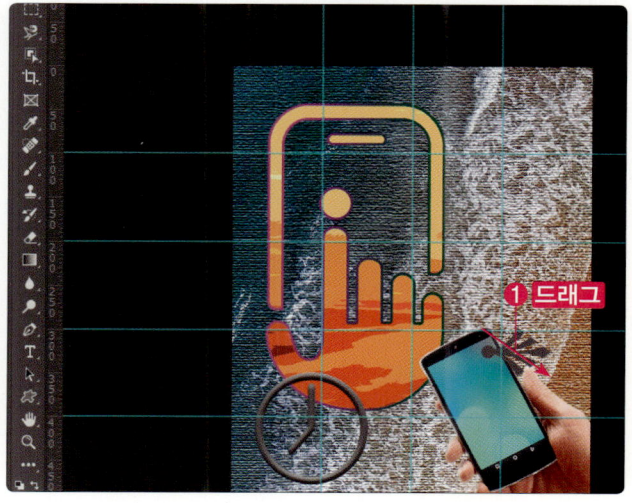

Chapter03 • [기능평가] 고급 Tool(도구) 활용 **153**

09 장식 모양에 색상을 지정하기 위해 [Layers(레이어)] 패널에서 [Ornament 7 1(장식 7 1)] 레이어의 [Layer thumbnail(레이어 축소판)]을 더블클릭합니다. 그런 다음 [Color Picker(Solid Color)(색상 피커(단색))] 대화상자가 나타나면 색상(ff6600)을 입력한 후 [OK(확인)] 단추를 클릭합니다.

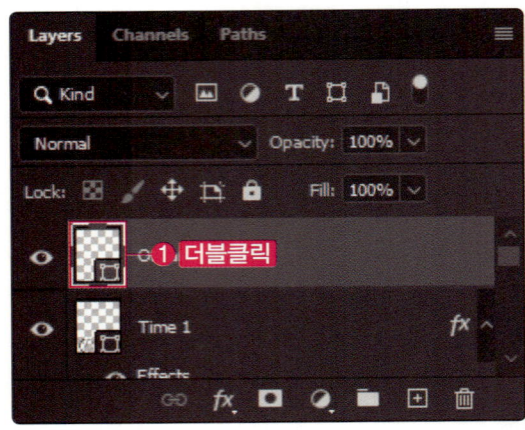
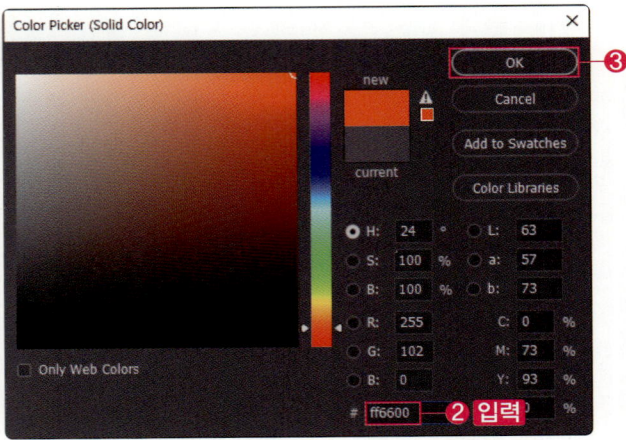

10 [Layers(레이어)] 패널에서 [Add a layer style(레이어 스타일 추가)]를 클릭한 후 [Outer Glow(외부 광선)]을 클릭합니다.

11 [Layer Style(레이어 스타일)] 대화상자의 [Outer Glow(외부 광선)] 스타일이 나타나면 속성을 지정한 후 [OK(확인)] 단추를 클릭합니다.

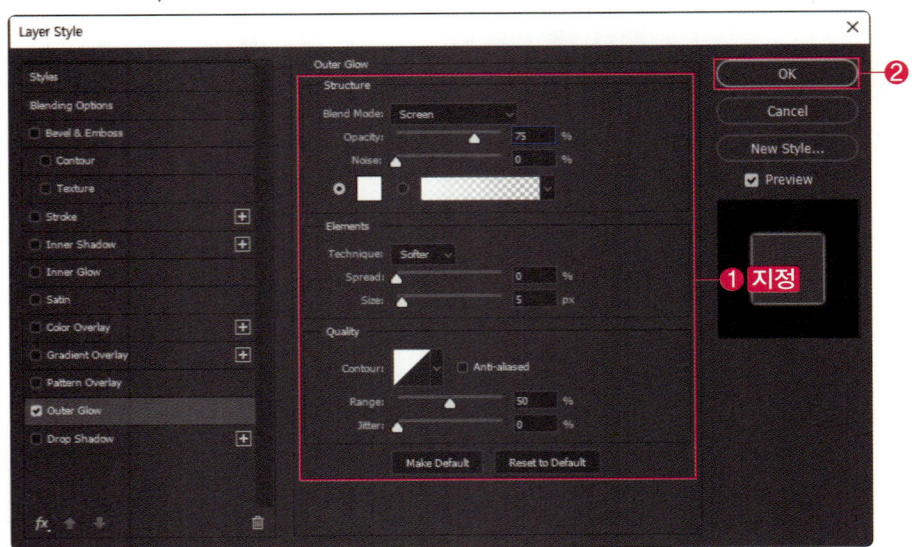

154 입실부터 퇴실까지 GTQ 시험 체험하기

12 [Layers(레이어)] 패널에서 [Ornament 7 1] 레이어를 [Create a new layer(새 레이어 만들기)]로 드래그하여 복사합니다.

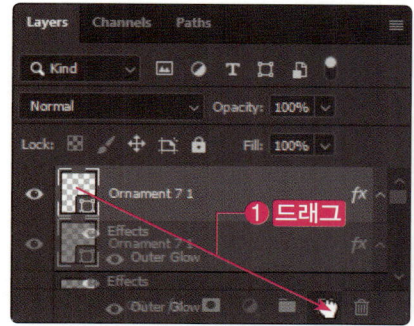 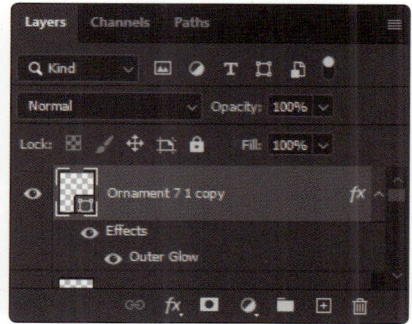

> **Tip**
> 복사된 레이어 이름 뒤에는 자동으로 'copy(사본)'이 붙습니다.

13 레이어가 복사되면 Tool Box(도구 상자)에서 [Move Tool(이동 도구)]를 선택한 후 드래그하여 [Ornament 7 1 copy] 레이어의 이미지를 이동합니다.

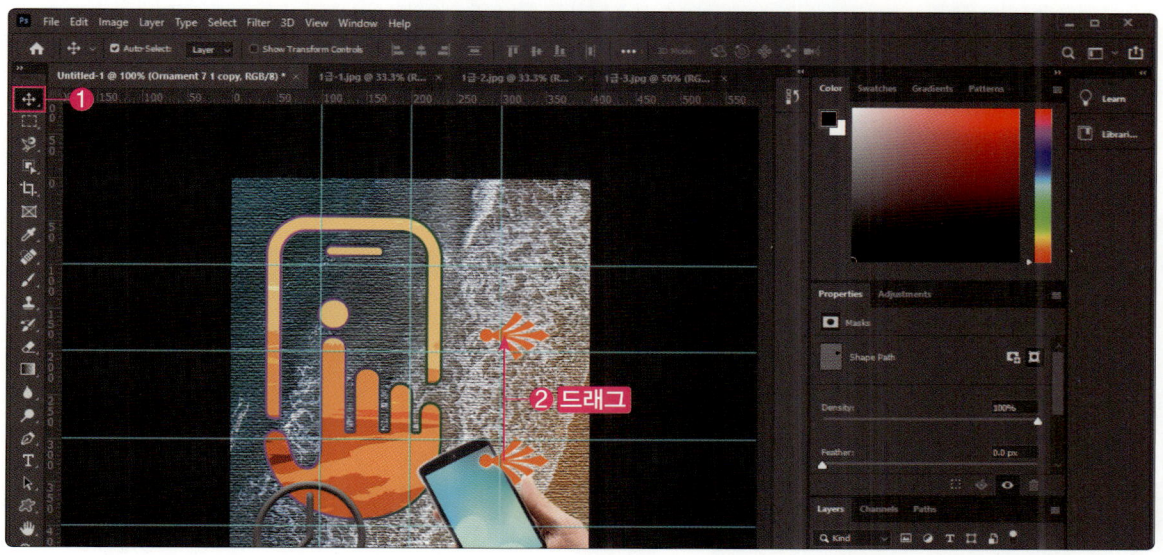

14 도형의 모양을 좌우 대칭하기 위해 [Edit(편집)]을 클릭한 후 [Transform Path(변형)]-[Flip Horizontal(가로로 뒤집기)]를 클릭합니다.

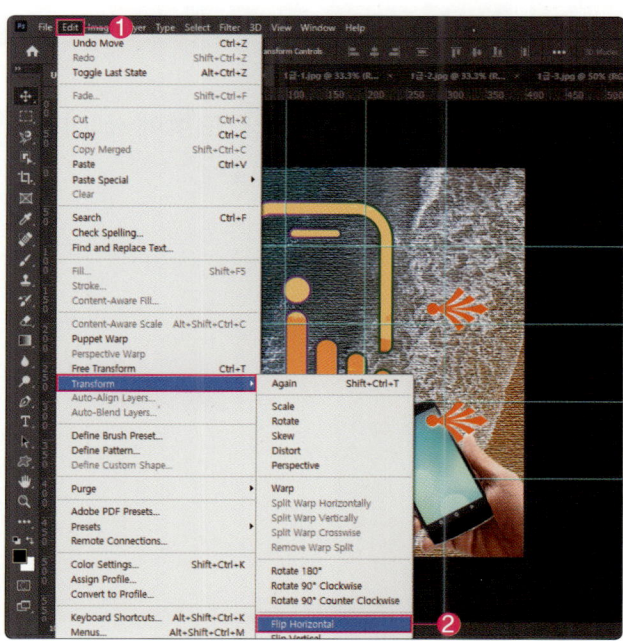

Chapter03 • [기능평가] 고급 Tool(도구) 활용 **155**

15 [Edit(편집)]을 클릭한 후 [Free Transform(자유 변형)]을 클릭합니다. 그런 다음 크기 조절점이 나타나면 크기 조절점을 드래그하여 장식 모양의 크기를 조절한 후 Enter를 누릅니다.

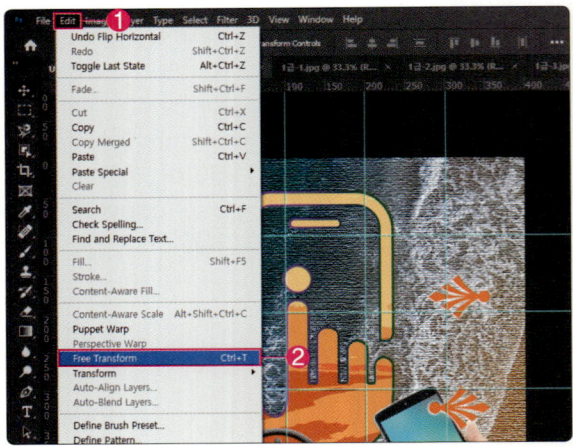 

16 [Layers(레이어)] 패널에서 [Ornament 7 1 copy(장식 7 1 사본)] 레이어의 [Layer thumbnail(레이어 축소판)]을 더블클릭합니다. 그런 다음 [Color Picker(Solid Color)(색상 피커(단색))] 대화상자가 나타나면 색상(996600)을 입력한 후 [OK(확인)] 단추를 클릭합니다.

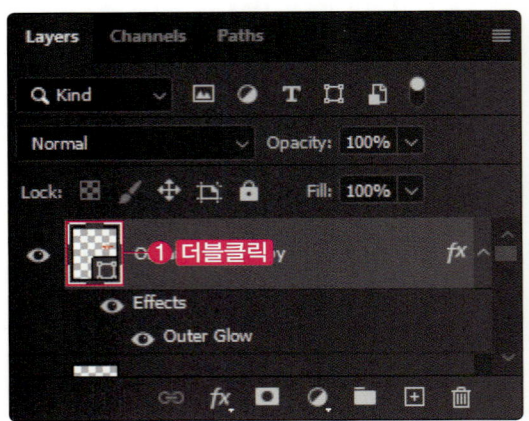 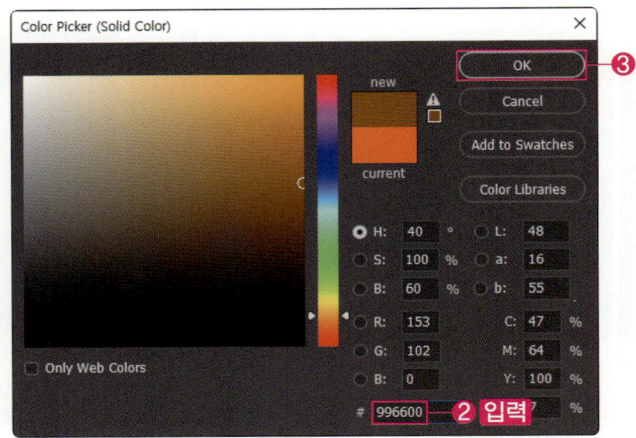

17 다음과 같이 장식 모양 도형에 색상 및 레이어 스타일이 적용됩니다.

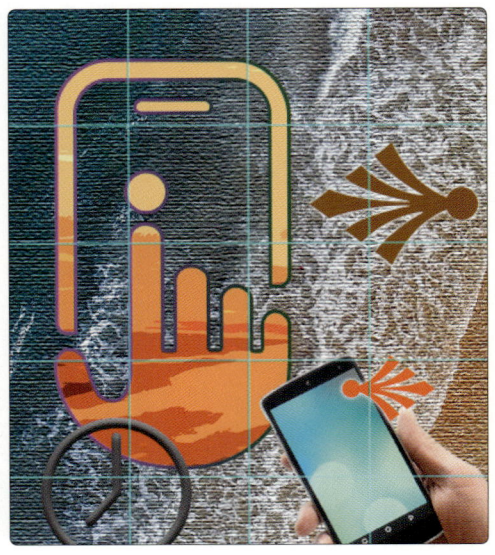

| STEP 07 | ①번 텍스트 작성하기 |

01 Tool Box(도구 상자)에서 [Horizontal Type Tool(수평 문자 도구)]를 선택한 후 옵션 바에서 글꼴(Arial) 및 글꼴 스타일(Regular)을 선택한 다음 글꼴 크기(40)를 입력합니다.

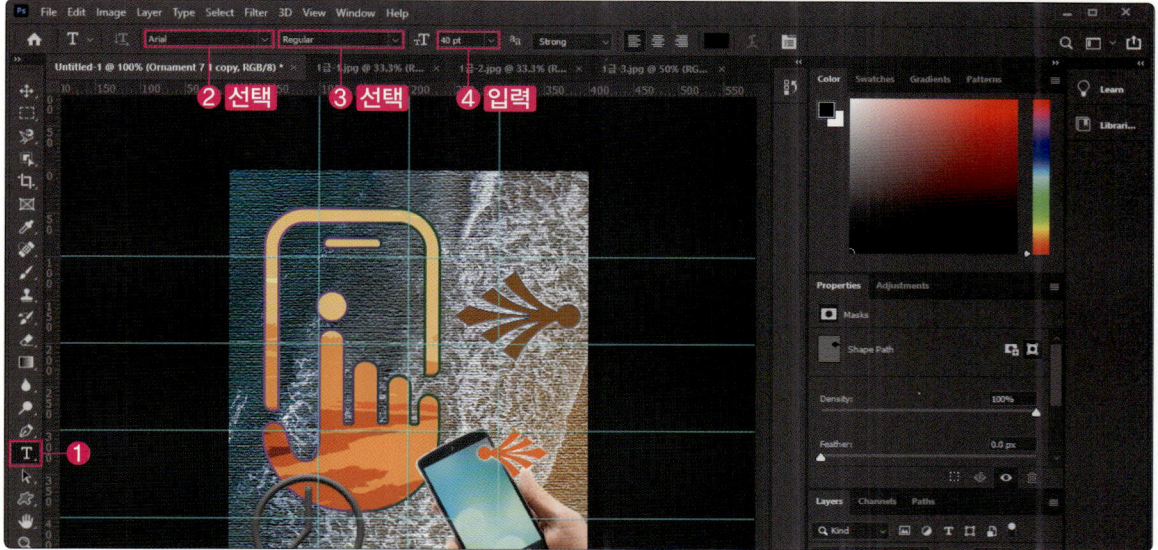

02 텍스트를 삽입할 위치를 클릭한 후 'Untact Marketing'을 입력한 다음 Ctrl+Enter를 누릅니다.

03 [Layers(레이어)] 패널에서 [Add a layer style(레이어 스타일 추가)]를 클릭한 후 [Gradient Overlay(그라디언트 오버레이)]를 클릭합니다.

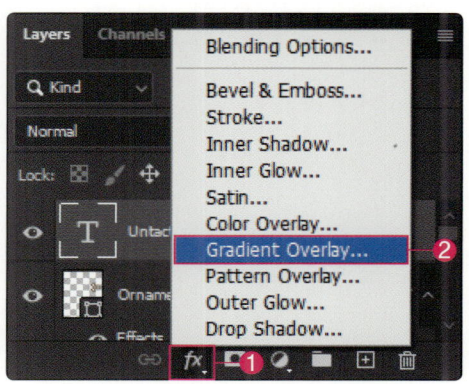

Chapter03 · [기능평가] 고급 Tool(도구) 활용 **157**

04 [Layer Style(레이어 스타일)] 대화상자의 [Gradient Overlay(그라디언트 오버레이)] 스타일이 나타나면 [Gradient(그라디언트)]를 클릭합니다.

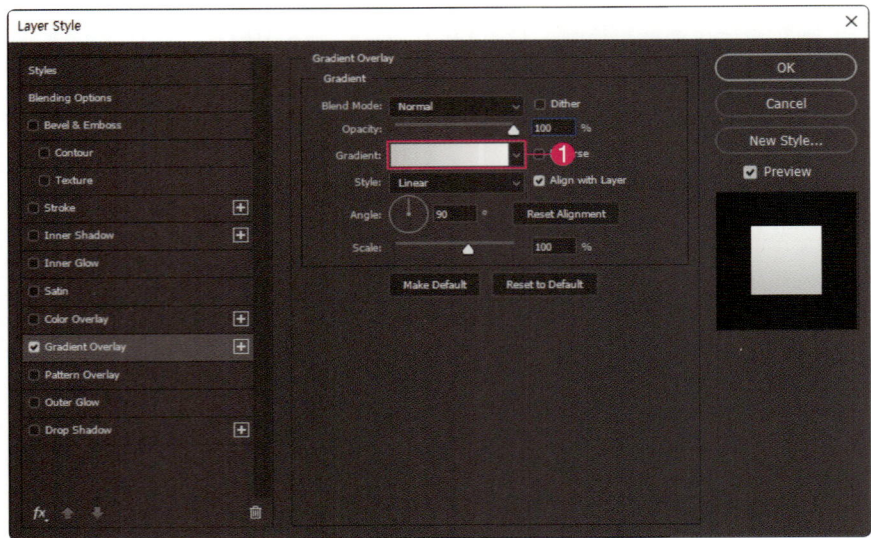

05 [Gradient Editor(그라디언트 편집기)] 대화상자가 나타나면 왼쪽 Color Stop(색상 정지점)을 더블클릭합니다.

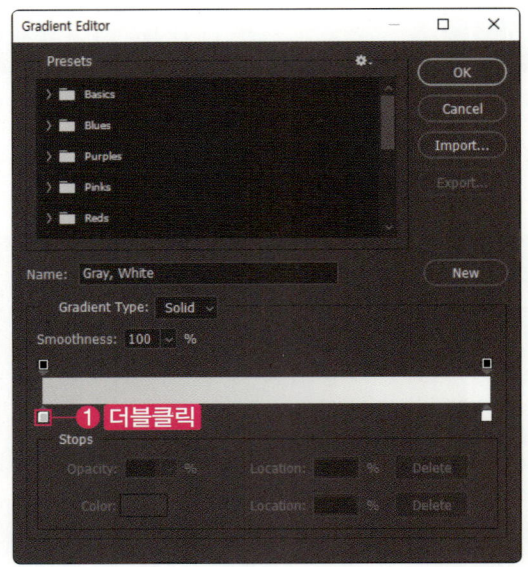

06 [Color Picker(Stop Color)(색상 피커(정지 색상))] 대화상자가 나타나면 색상(ff33ff)을 입력한 후 [OK(확인)] 단추를 클릭합니다.

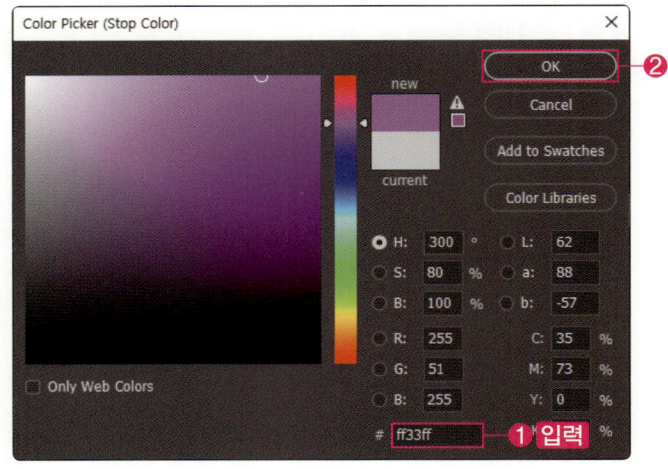

07 [Gradient Editor(그라디언트 편집기)] 대화상자가 다시 나타나면 가운데 부분을 클릭하여 Color Stop(색상 정지점)을 추가합니다. 그런 다음 가운데 Color Stop(색상 정지점)을 더블클릭합니다.

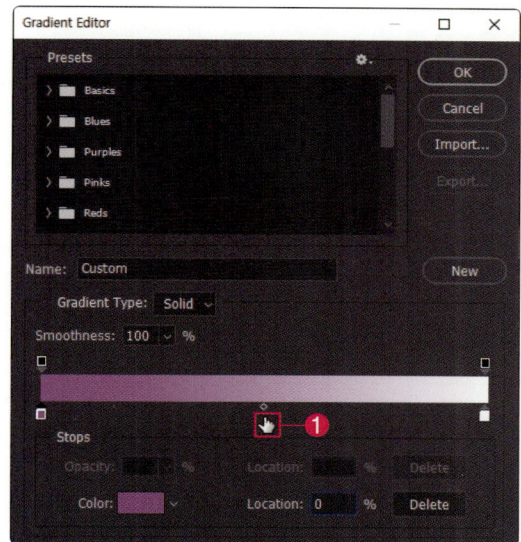 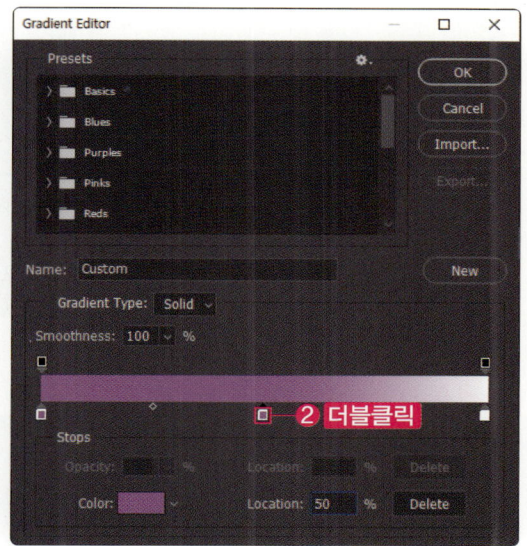

08 [Color Picker(Stop Color)(색상 피커(정지 색상))] 대화상자가 나타나면 색상(ff6600)을 입력한 후 [OK(확인)] 단추를 클릭합니다.

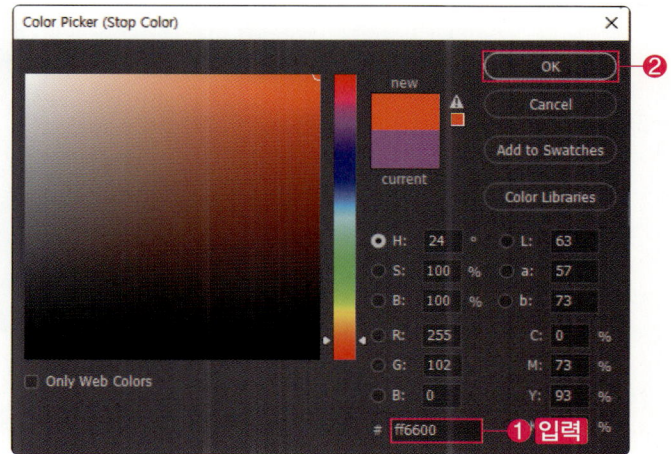

09 [Gradient Editor(그라디언트 편집기)] 대화상자가 다시 나타나면 오른쪽 Color Stop(색상 정지점)을 더블클릭합니다.

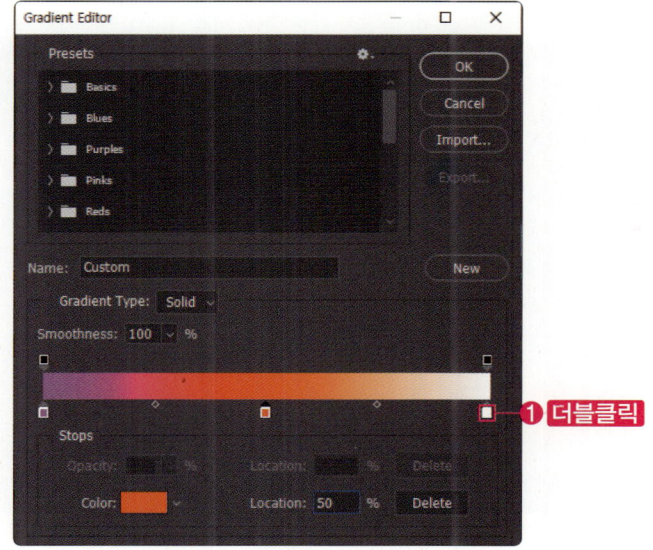

10 [Color Picker(Stop Color)(색상 피커(정지 색상))] 대화상자가 나타나면 색상(3300ff)을 입력한 후 [OK(확인)] 단추를 클릭합니다.

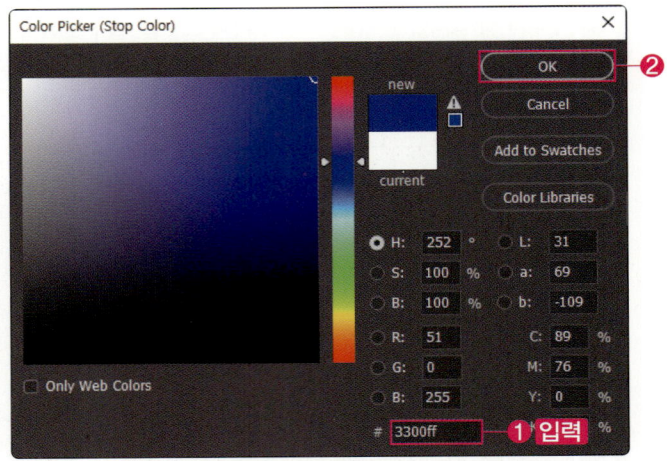

11 [Gradient Editor(그라디언트 편집기)] 대화상자가 다시 나타나면 [OK(확인)] 단추를 클릭합니다.

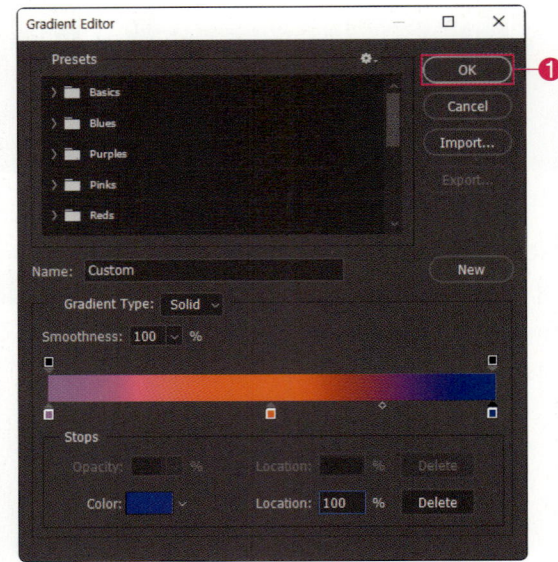

12 [Layer Style(레이어 스타일)] 대화상자가 다시 나타나면 Angle(각도)에 '0'을 입력합니다.

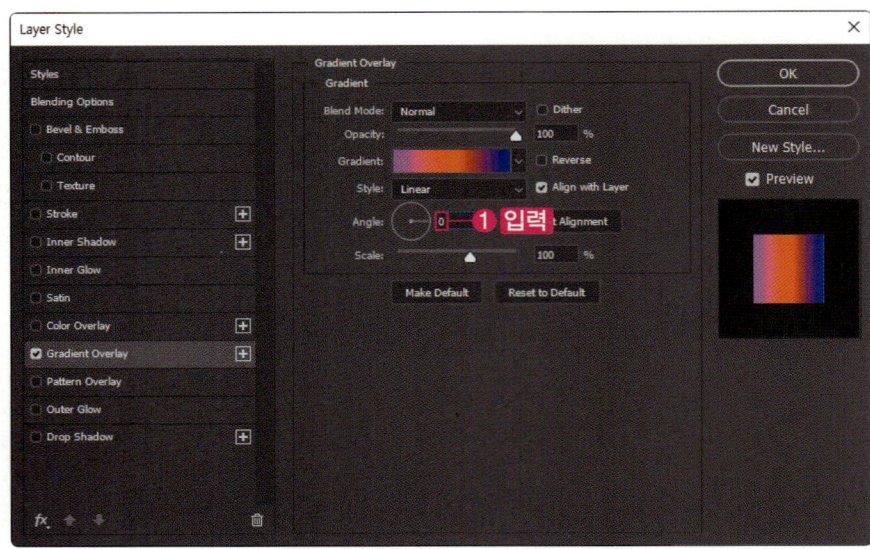

13 [Stroke(선)] 스타일을 클릭한 후 크기(2)를 입력한 다음 Position(위치)을 [Outside(바깥쪽)]을 선택하고 Fill Type(칠 유형)을 [Color(색상)]을 선택합니다.

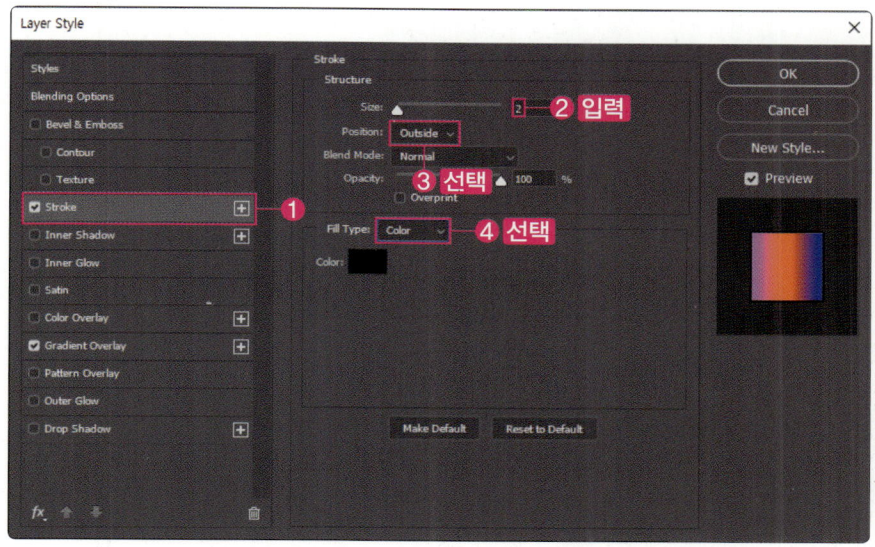

14 색상을 지정하기 위해 Color(색상)을 클릭합니다.

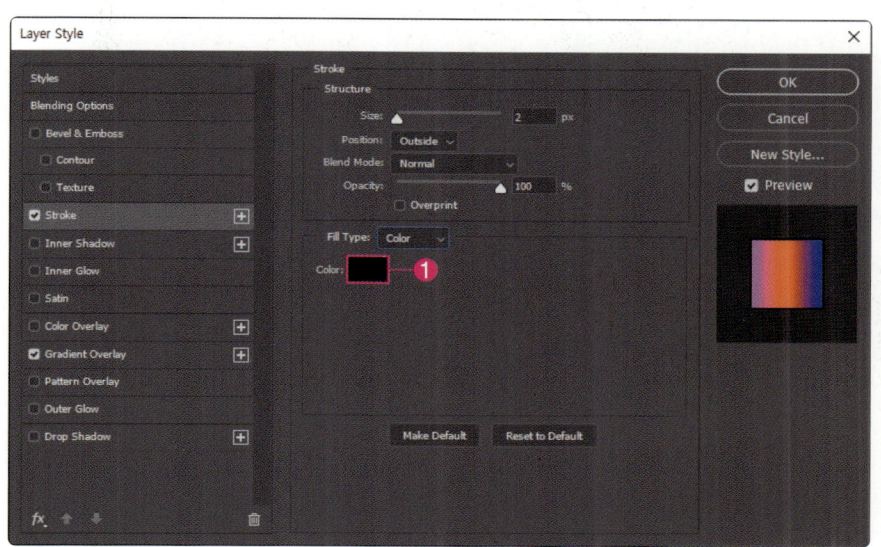

15 [Color Picker(Stroke Color)(색상 피커(선 색상))] 대화상자가 나타나면 색상(ffffff)을 입력한 후 [OK(확인)] 단추를 클릭합니다.

16 [Layer Style(레이어 스타일)] 대화상자가 다시 나타나면 [OK(확인)] 단추를 클릭합니다.

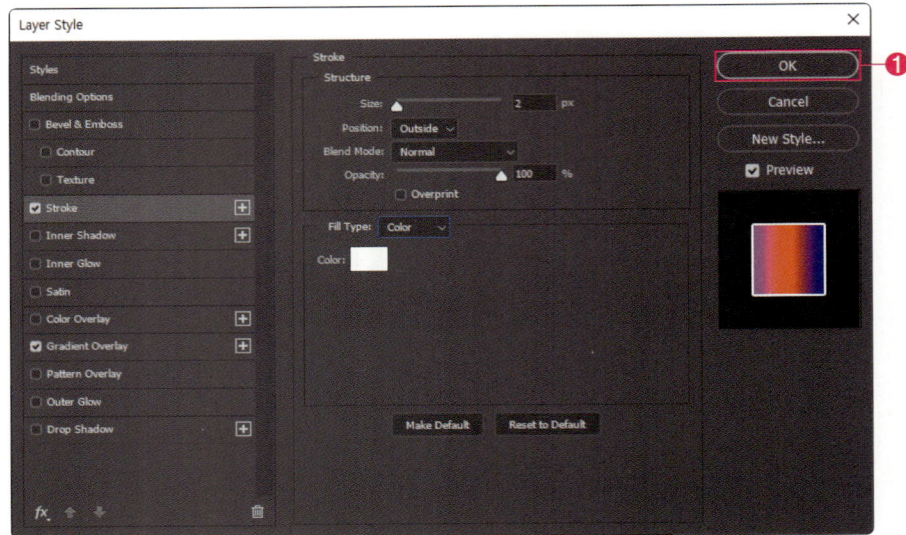

17 레이어 스타일이 적용되면 옵션 바에서 [Warp Text(텍스트 변형)]을 클릭합니다.

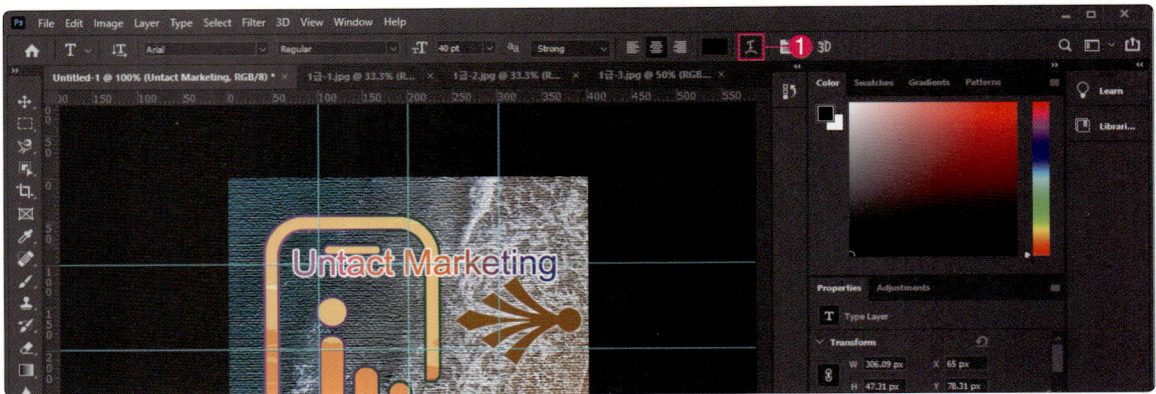

18 [Warp Text(텍스트 변형)] 대화상자가 나타나면 Style(Flag(깃발))을 선택한 후 Bend(구부리기)를 드래그하여 조절한 다음 [OK(확인)] 단추를 클릭합니다.

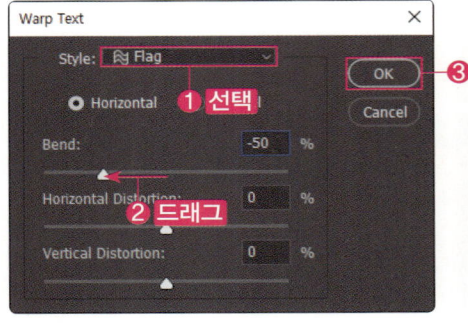

| STEP 08 | 답안 저장 및 전송하기 |

01 작성한 답안을 저장하기 위해 [File(파일)]을 클릭한 후 [Save(저장)]을 클릭합니다.

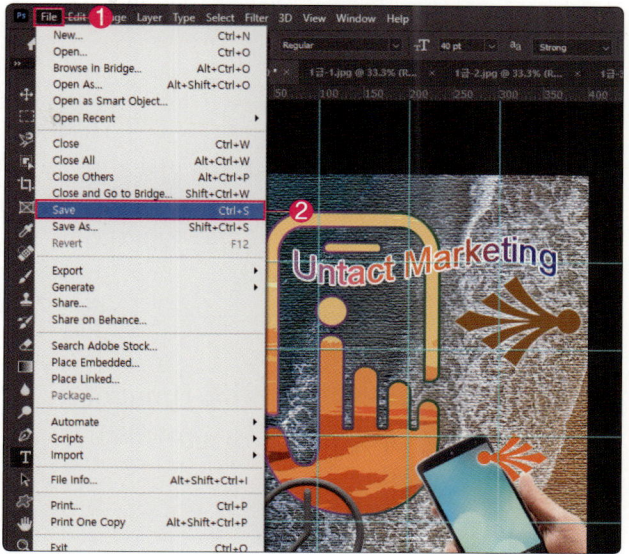

02 [Save on your computer or to cloud documents(컴퓨터 또는 클라우드 문서에 저장)] 대화상자가 나타나면 [Save on your computer(내 컴퓨터에 저장)] 단추를 클릭합니다.

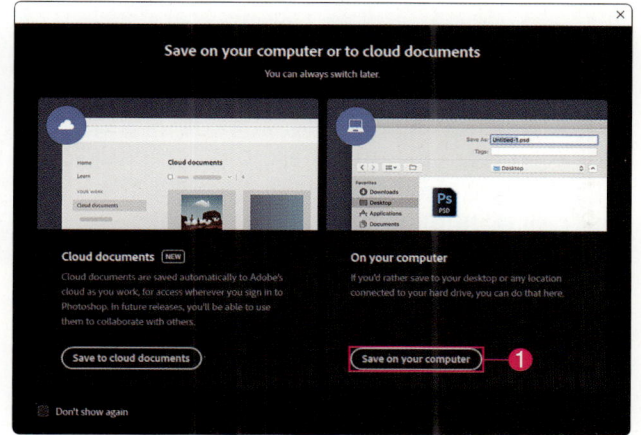

03 [다른 이름으로 저장] 대화상자가 나타나면 저장 위치(내 PC₩문서₩GTQ)를 지정한 후 파일 이름(수험번호-성명-문제번호)을 입력한 다음 형식(JPEG (*.JPG;*.JPEG;*.JPE))을 선택하고 [저장] 단추를 클릭합니다.

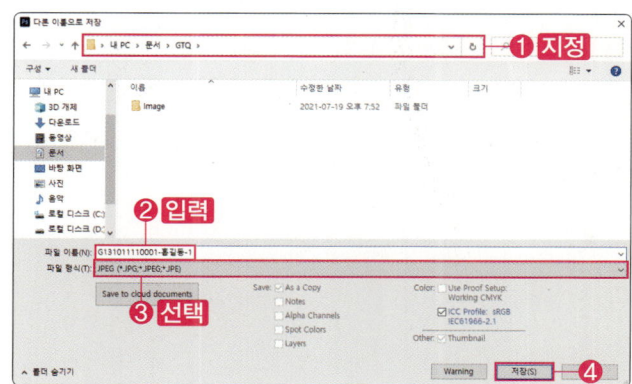

> **Tip**
> • GTQ 시험에서는 '내 PC₩문서₩GTQ' 폴더에 '수험번호-성명-문제번호'로 저장합니다.
> • 저장 위치 및 파일 이름이 틀릴 경우 답안이 전송되지 않습니다.

Chapter03 • [기능평가] 고급 Tool(도구) 활용

04 [JPEG Options(JPEG 옵션)] 대화상자가 나타나면 Quality(품질)을 지정한 후 [OK(확인)] 단추를 클릭합니다.

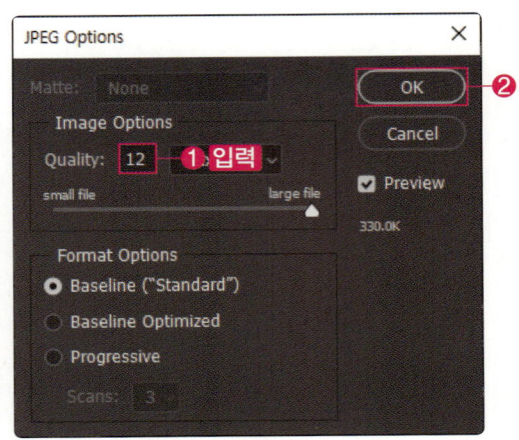

> **Tip**
> **Quality(품질)**
> JPEG 형식으로 저장하면 이미지의 압축률을 조절할 수 있습니다. Quality의 숫자가 낮을수록 압축률이 아주 높아 파일 용량은 작아지지만 이미지 질은 많이 손상됩니다.

05 PSD 파일로 저장하기 위해 [Image(이미지)]를 클릭한 후 [Image Size(이미지 크기)]를 클릭합니다.

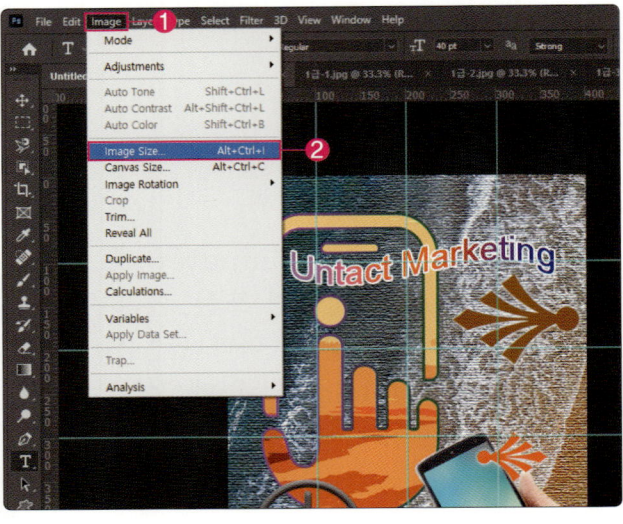

> **Tip**
> PSD 파일은 조건에서 제시한 크기로 축소하여 저장해야 하며, 레이어는 기능별로 분할되어 있어야 합니다. 임의로 레이어를 합치거나 각 기능에 대한 속성을 해제할 경우 해당 요소는 0점 처리됩니다.

06 [Image Size(이미지 크기)] 대화상자가 나타나면 단위(Pixels)를 선택한 후 Width(폭)에 '40'을 입력한 다음 [OK(확인)] 단추를 클릭합니다.

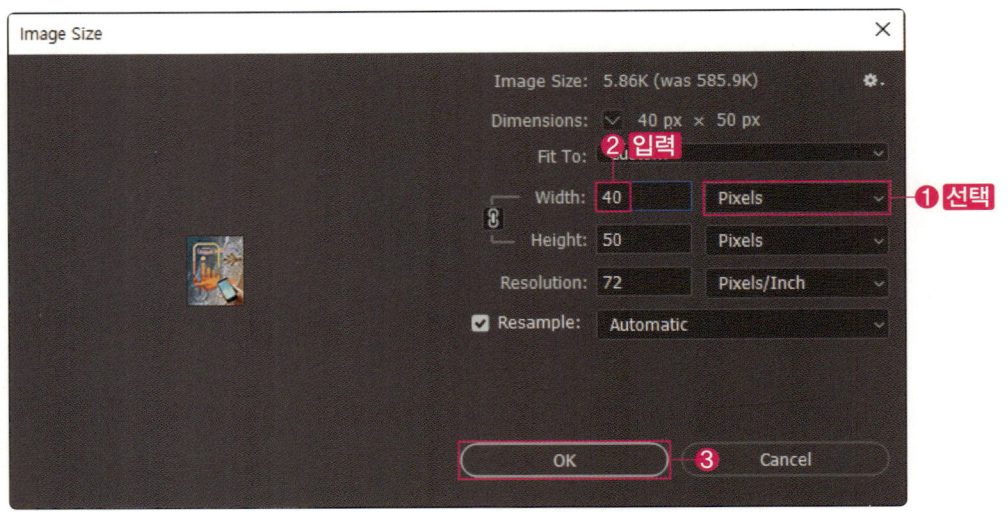

> **Tip**
> [Constrain aspect ratio(종횡비를 제한)]이 선택되어 있는 경우 Width(폭)을 입력하면 Height(높이)는 비율에 맞게 자동으로 변경됩니다.

07 작성한 답안을 저장하기 위해 [File(파일)]을 클릭한 후 [Save(저장)]을 클릭합니다.

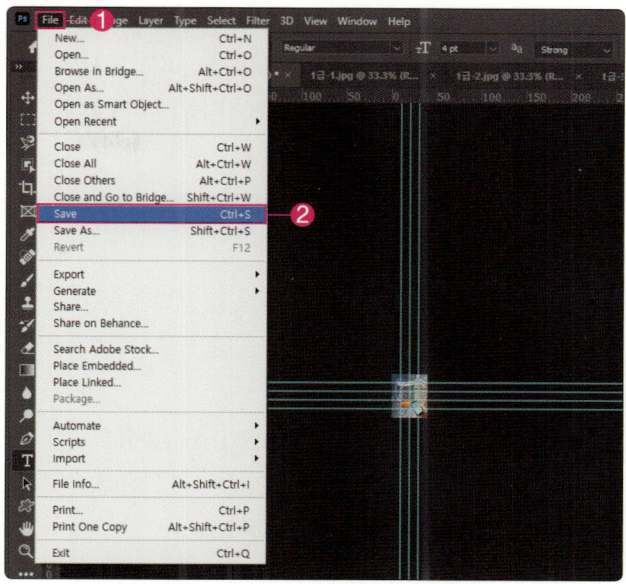

08 [Save on your computer or to cloud documents(컴퓨터 또는 클라우드 문서에 저장)] 대화상자가 나타나면 [Save on your computer(내 컴퓨터에 저장)] 단추를 클릭합니다.

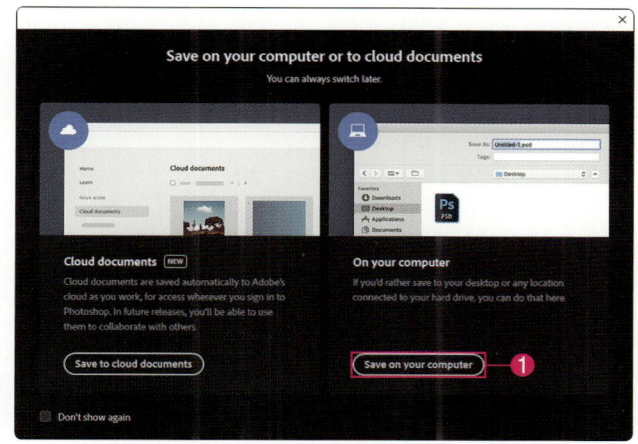

09 [다른 이름으로 저장(Save As)] 대화상자가 나타나면 저장 위치(내 PC\문서\GTQ)를 지정한 후 파일 이름(수험번호-성명-문제번호)을 입력한 다음 형식(Photoshop (*.PSD;*.PDD;*.PSDT))을 선택하고 [저장] 단추를 클릭합니다.

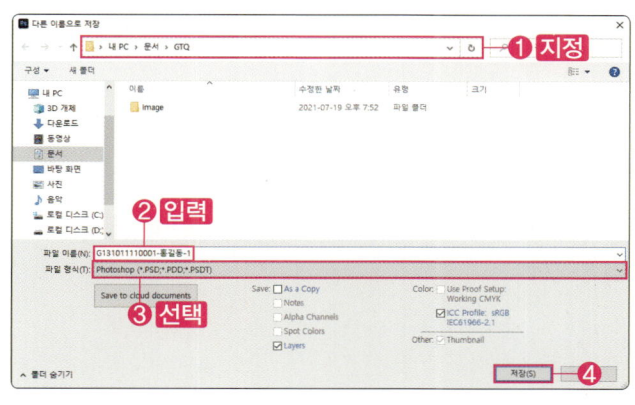

10 [Photoshop Format Options(Photoshop 형식 옵션)] 대화상자가 나타나면 [OK(확인)] 단추를 클릭합니다.

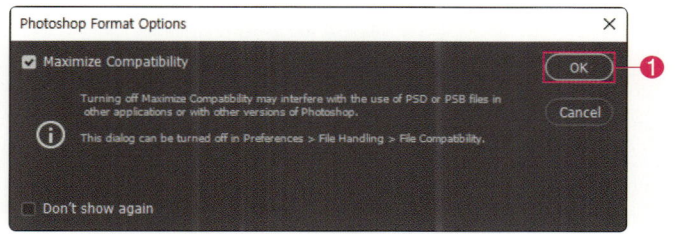

11 KOAS 수험자용 프로그램을 선택한 후 [답안 전송] 단추를 클릭합니다. 그런 다음 [MessageBox] 대화상자가 나타나면 [예] 단추를 클릭합니다.

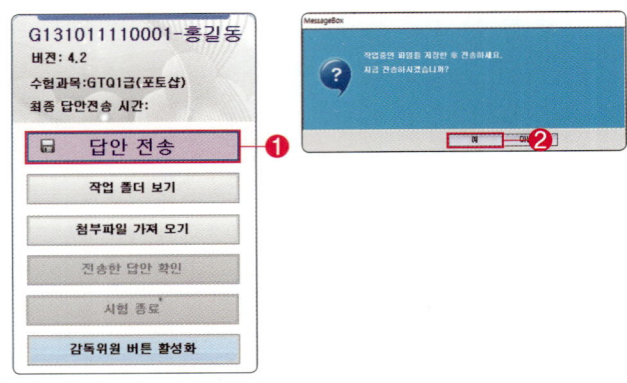

12 [고사실 PC로 답안 파일 보내기] 대화상자가 나타나면 전송할 파일을 선택한 후 [답안전송] 단추를 클릭합니다.

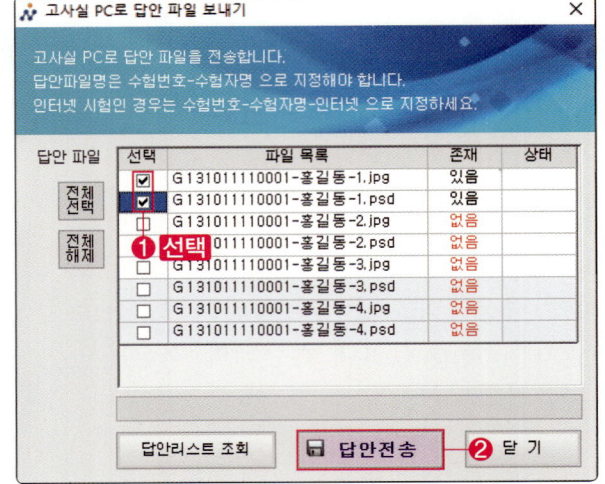

> **Tip**
> 전송하고자 하는 파일의 존재 여부가 '없음'으로 표시되면 파일명 및 저장 위치를 확인합니다.

13 [MessageBox] 대화상자가 나타나면 [확인] 단추를 클릭합니다.

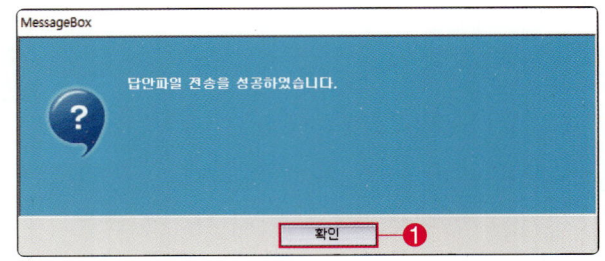

14 [고사실 PC로 답안 파일 보내기] 대화상자가 다시 나타나면 [닫기] 단추를 클릭합니다.

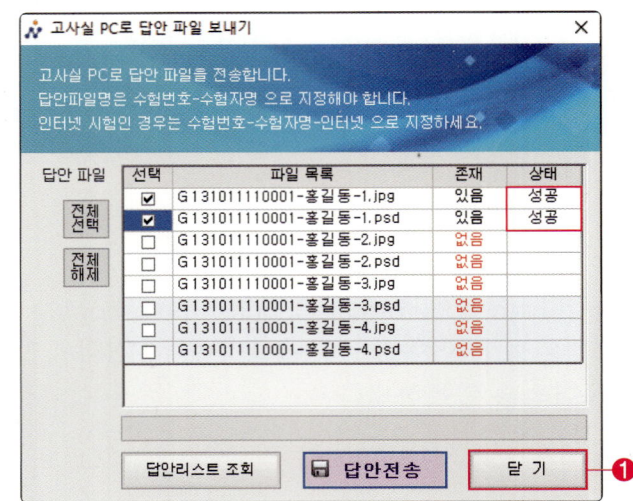

> **Tip**
> 전송한 파일의 상태 여부가 '성공'으로 표시되는지 확인합니다.

문제유형 01   [기능평가] 고급 Tool(도구) 활용   [20점]

다음의 ≪조건≫에 따라 아래의 ≪출력형태≫와 같이 작업하시오.

《조건》

교재 이미지는 [내 PC\문서\GTQ\Part 02\Chapter 03\문제유형 01\Image] 폴더에 있는 그림을 사용하여 작성합니다.

《출력형태》

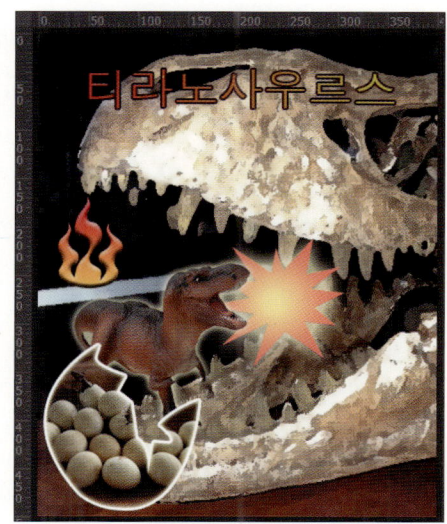

원본 이미지	문서\GTQ\Image\1급-1.jpg, 1급-2.jpg, 1급-3.jpg		
파일 저장 규칙	JPG	파일명	문서\GTQ\수험번호-성명-1.jpg
		크기	400 × 500 pixels
	PSD	파일명	문서\GTQ\수험번호-성명-1.psd
		크기	40 × 50 pixels

1. 그림 효과
   ① 1급-1.jpg : 필터 - Dry Brush(드라이 브러시)
   ② Save Path(패스 저장) : 공룡알 모양
   ③ Mask(마스크) : 공룡알 모양, 1급-2.jpg를 이용하여 작성
       레이어 스타일 - Stroke(선/획)(3px, #ffffff), Inner Glow(내부 광선)
   ④ 1급-3.jpg : 레이어 스타일 - Outer Glow(외부 광선)
   ⑤ Shape Tool(모양 도구) :
       - 불 모양 (레이어 스타일 - 그라디언트 오버레이
         (#ffcc33, #cc0033), Bevel and Emboss(경사와 엠보스))
       - 폭발 모양 (레이어 스타일 - 그라디언트 오버레이
         (#ffff99, #ff6666), Outer Glow(외부 광선))

2. 문자 효과
   ① 티라노사우르스 (돋움, 45pt, 레이어 스타일 - 그라디언트 오버레이
      (#cc3333, #cccc00), Stroke(선/획)(2px, #330000))

문제유형 02   [기능평가] 고급 Tool(도구) 활용   [20점]

다음의 ≪조건≫에 따라 아래의 ≪출력형태≫와 같이 작업하시오.

《조건》

교재 이미지는 [내 PC\문서\GTQ\Part 02\Chapter 03\문제유형 02\Image] 폴더에 있는 그림을 사용하여 작성합니다.

《출력형태》

원본 이미지	문서\GTQ\Image\1급-1.jpg, 1급-2.jpg, 1급-3.jpg		
파일 저장 규칙	JPG	파일명	문서\GTQ\수험번호-성명-1.jpg
		크기	400 × 500 pixels
	PSD	파일명	문서\GTQ\수험번호-성명-1.psd
		크기	40 × 50 pixels

1. 그림 효과
   ① 1급-1.jpg : 필터 - Angled Strokes(각진 선/각진 획)
   ② Save Path(패스 저장) : 새 모양
   ③ Mask(마스크) : 새 모양, 1급-2.jpg를 이용하여 작성
       레이어 스타일 - Stroke(선/획)(3px, #ffcc00),
       Inner Shadow(내부 그림자)
   ④ 1급-3.jpg : 레이어 스타일 - Drop Shadow(그림자 효과)
   ⑤ Shape Tool(모양 도구) :
       - 파도 모양 (#cc66ff, 레이어 스타일 - Drop Shadow(그림자 효과))
       - 헤데라 모양 (#ff3300, 레이어 스타일 - Inner Glow(내부 광선))

2. 문자 효과
   ① Korean Wedding (궁서, 24pt, 레이어 스타일 - 그라디언트
      오버레이(#cc0000, #3333cc), Stroke(선/획)(2px, #ffffff))

| 문제유형 | 03 | [기능평가] 고급 Tool(도구) 활용 | [20점] |

다음의 《조건》에 따라 아래의 《출력형태》와 같이 작업하시오.

《조건》

《출력형태》

원본 이미지	문서₩GTQ₩Image₩1급-1.jpg, 1급-2.jpg, 1급-3.jpg		
파일 저장 규칙	JPG	파일명	문서₩GTQ₩수험번호-성명-1.jpg
		크기	400 × 500 pixels
	PSD	파일명	문서₩GTQ₩수험번호-성명-1.psd
		크기	40 × 50 pixels

1. 그림 효과
   ① 1급-1.jpg : 필터 - Paint Daubs(페인트 덥스/페인트 바르기)
   ② Save Path(패스 저장) : 신선로 모양
   ③ Mask(마스크) : 신선로 모양, 1급-2.jpg를 이용하여 작성
      레이어 스타일 - Stroke(선/획)(3px, 그라디언트(#009933, #ff0000)),
      Inner Glow(내부 광선)
   ④ 1급-3.jpg : 레이어 스타일 - Drop Shadow(그림자 효과)
   ⑤ Shape Tool(모양 도구) :
      - 나뭇잎 모양 (#ffff00, 레이어 스타일 - Drop Shadow(그림자 효과))
      - 프레임 모양 (레이어 스타일 - Inner Shadow(내부 그림자),
        그라디언트 오버레이(#330000, #ff0000, #ffffff))

2. 문자 효과
   ① 북경군만두 (궁서, 60pt, #ff0000, #ffff00, 레이어 스타일 -
      Stroke(선/획)(2px, #000000))

| 문제유형 | 04 | [기능평가] 고급 Tool(도구) 활용 | [20점] |

다음의 《조건》에 따라 아래의 《출력형태》와 같이 작업하시오.

《조건》

《출력형태》

원본 이미지	문서₩GTQ₩Image₩1급-1.jpg, 1급-2.jpg, 1급-3.jpg		
파일 저장 규칙	JPG	파일명	문서₩GTQ₩수험번호-성명-1.jpg
		크기	400 × 500 pixels
	PSD	파일명	문서₩GTQ₩수험번호-성명-1.psd
		크기	40 × 50 pixels

1. 그림 효과
   ① 1급-1.jpg : 필터 - Rough Pastels(거친 파스텔 효과)
   ② Save Path(패스 저장) : 당근 모양
   ③ Mask(마스크) : 당근 모양, 1급-2.jpg를 이용하여 작성
      레이어 스타일 - Stroke(선/획)(3px, #993300),
      Inner Shadow(내부 그림자)
   ④ 1급-3.jpg : 레이어 스타일 - Bevel and Emboss(경사와 엠보스)
   ⑤ Shape Tool(모양 도구) :
      - 꽃 모양 (#ff9900, 레이어 스타일 - Stroke(선/획)(1px, #000000))
      - 개 모양 (#66ccff, 레이어 스타일 - Drop Shadow(그림자 효과))

2. 문자 효과
   ① 예쁜 전원주택 (돋움, 50pt, 레이어 스타일 - 그라디언트 오버레이
      (#009900, #ffcc33), Stroke(선/획)(2px, #330000))

문제유형 05　[기능평가] 고급 Tool(도구) 활용　[20점]

다음의 ≪조건≫에 따라 아래의 ≪출력형태≫와 같이 작업하시오.

《조건》

원본 이미지	문서₩GTQ₩Image₩1급-1.jpg, 1급-2.jpg, 1급-3.jpg		
파일 저장 규칙	JPG	파일명	문서₩GTQ₩수험번호-성명-1.jpg
		크기	400 × 500 pixels
	PSD	파일명	문서₩GTQ₩수험번호-성명-1.psd
		크기	40 × 50 pixels

1. 그림 효과
   ① 1급-1.jpg : 필터 - Texturizer(텍스처화)
   ② Save Path(패스 저장) : 비행기 모양
   ③ Mask(마스크) : 비행기 모양, 1급-2.jpg를 이용하여 작성
   　레이어 스타일 - Drop Shadow(그림자 효과)
   ④ 1급-3.jpg : 레이어 스타일 - Outer Glow(외부 광선)
   ⑤ Shape Tool(모양 도구) :
   　- 토끼풀 모양 (#ffffff, 레이어 스타일 - Stroke(선/획)(2px, #000099))
   　- 보행자 모양 (#333333, 레이어 스타일 - Stroke(선/획)(2px, #ffffff),
   　Drop Shadow(그림자 효과))

2. 문자 효과
   ① City & Travel (궁서, 36pt, #000099, 레이어 스타일 -
   　Stroke(선/획)(2px, #ffffff), Drop Shadow(그림자 효과))

《출력형태》

문제유형 06　[기능평가] 고급 Tool(도구) 활용　[20점]

다음의 ≪조건≫에 따라 아래의 ≪출력형태≫와 같이 작업하시오.

《조건》

원본 이미지	문서₩GTQ₩Image₩1급-1.jpg, 1급-2.jpg, 1급-3.jpg		
파일 저장 규칙	JPG	파일명	문서₩GTQ₩수험번호-성명-1.jpg
		크기	400 × 500 pixels
	PSD	파일명	문서₩GTQ₩수험번호-성명-1.psd
		크기	40 × 50 pixels

1. 그림 효과
   ① 1급-1.jpg : 필터 - Crosshatch(그물눈)
   ② Save Path(패스 저장) : 절구통 모양
   ③ Mask(마스크) : 절구통 모양, 1급-2.jpg를 이용하여 작성
   　레이어 스타일 - Stroke(선/획)(3px, #ff00ff),
   　Inner Shadow(내부 그림자)
   ④ 1급-3.jpg : 레이어 스타일 - Outer Glow(외부 광선)
   ⑤ Shape Tool(모양 도구) :
   　- 나뭇잎 모양 (#669933, 레이어 스타일 - Outer Glow(외부 광선))
   　- 단풍 모양 (#ffcc99, #ff9933,
   　　레이어 스타일 - Drop Shadow(그림자 효과))

2. 문자 효과
   ① RICE CAKE & TEA (Arial, Bold, 36pt, #ffffff,
   　레이어 스타일 - Stroke(선/획)(3px, #000000))

《출력형태》

[기능평가] 사진편집 응용

다음의 ≪조건≫에 따라 아래의 ≪출력형태≫와 같이 작업하시오.

《조건》

원본 이미지	문서₩GTQ₩Image₩1급-4.jpg, 1급-5.jpg, 1급-6.jpg	
파일 저장 규칙	JPG	파일명	문서₩GTQ₩수험번호-성명-2.jpg
		크기	400 × 500 pixels
	PSD	파일명	문서₩GTQ₩수험번호-성명-2.psd
		크기	40 × 50 pixels

1. 그림 효과
   ① 1급-4.jpg : 필터 – Crosshatch(그물눈)
   ② 색상 보정 : 1급-5.jpg – 노란색, 빨간색 계열로 보정
   ③ 1급-5.jpg : 레이어 스타일 – Drop Shadow(그림자 효과)
   ④ 1급-6.jpg : 레이어 스타일 – Inner Shadow(내부 그림자)
   ⑤ Shape Tool(모양 도구) :
     – 체크 표시 모양 (#663333, 레이어 스타일 – Inner Glow(내부 광선))
     – 모래 시계 모양 (#cccccc,
       레이어 스타일 – Inner Shadow(내부 그림자))

2. 문자 효과
   ① 비대면 결제 방식 (굴림, 40pt, 레이어 스타일 – 그라디언트 오버레이
      (#ffcc00, #ffffff, #cc66cc), Stroke(선/획)(2px, #333366))

《출력형태》

STEP 01 캔버스 생성 및 이미지 복사하기

01 [문제1]에서 작성한 파일을 모두 닫은 후 [Home] 화면에서 [Create new(새로 만들기)] 단추를 클릭합니다.

02 [New Document(새로 만들기 문서)] 대화상자가 나타나면 Width(너비)를 '400', Height(높이)를 '500', Resolution(해상도)를 '72'를 입력합니다. 그런 다음 [Create(만들기)] 단추를 클릭합니다.

> **Tip**
> YOUR RECENT ITEMS(내 최근 항목)에서 이전에 사용한 크기를 선택해도 됩니다.

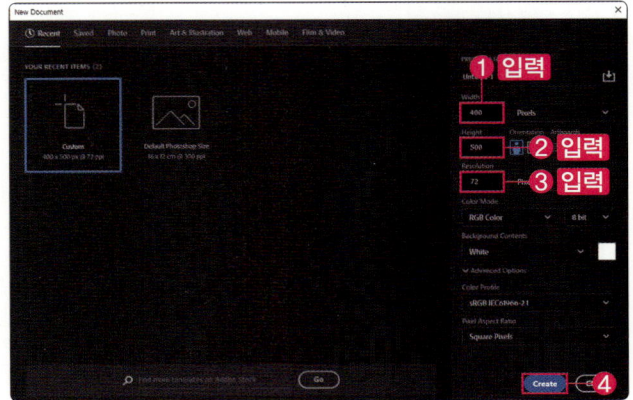

03 눈금자를 드래그하여 다음과 같이 Guides(안내선)을 작성합니다.

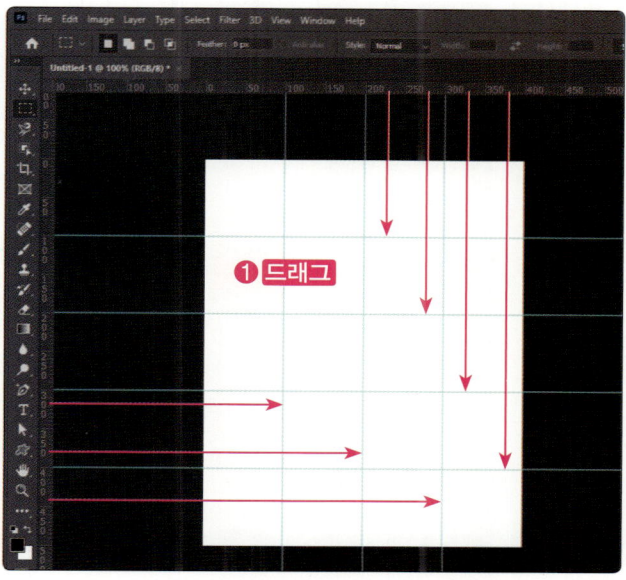

04 [문제 2]에서 사용할 이미지를 불러오기 위해 [File(파일)]을 클릭한 후 [Open(열기)]를 클릭합니다. 그런 다음 [열기] 대화상자가 나타나면 찾는 위치(내 PC₩문서₩GTQ₩Image)를 지정한 후 파일(1급-4 ~ 1급-6)을 선택한 다음 [열기] 단추를 클릭합니다.

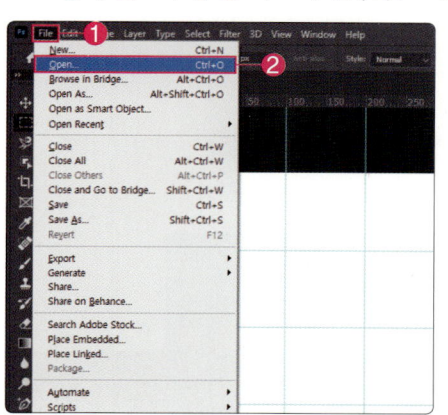

05 이미지가 불러와지면 [1급-4.jpg] 탭을 클릭한 후 Ctrl+A를 눌러 이미지 전체를 선택 영역으로 지정한 다음 Ctrl+C를 눌러 이미지를 복사합니다. 그런 다음 [Untitled-1] 탭을 클릭한 후 Ctrl+V를 눌러 붙여넣기 합니다.

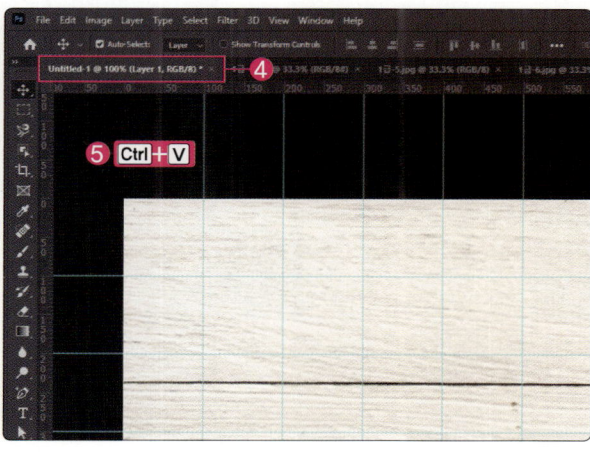

Chapter04 · [기능평가] 사진편집 응용 **171**

06 이미지를 회전하기 위해 [Edit(편집)]을 클릭한 후 [Transform(변형)]-[Rotate 90° Clockwise(시계 방향으로 90° 회전)]을 클릭합니다.

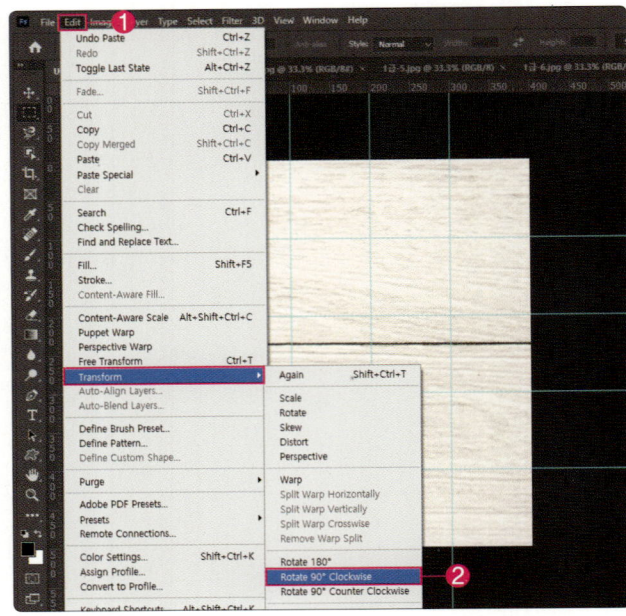

> **Tip**
> - [Edit(편집)]을 클릭한 후 [Transform(변형)]-[Rotate 90° Clockwise(시계 방향으로 90° 회전)] : 레이어의 이미지를 시계 방향으로 90° 회전합니다.
> - [Image(이미지)]를 클릭한 후 [Image Rotation(이미지 회전)]-[90° Clockwise(90° 시계 방향)] : 캔버스를 시계 방향으로 90° 회전합니다.

07 [Edit(편집)]을 클릭한 후 [Free Transform(자유 변형)]을 클릭합니다. 그런 다음 크기 조절점이 나타나면 조절점을 드래그하여 크기를 조절한 후 Enter를 누릅니다.

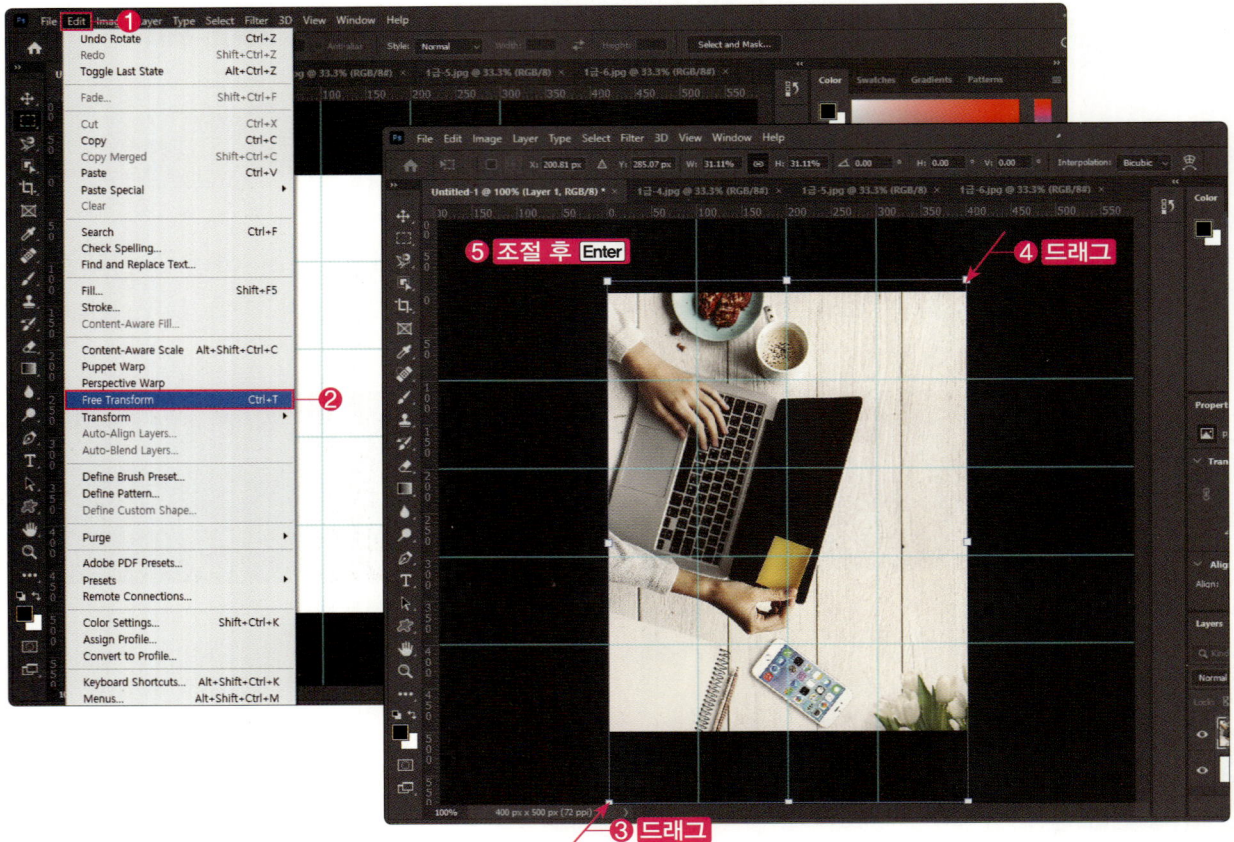

172 입실부터 퇴실까지 GTQ 시험 체험하기

STEP 02 Filter(필터) 적용하기

01 [Filter(필터)]를 클릭한 후 [Filter Gallery(필터 갤러리)]를 클릭합니다.

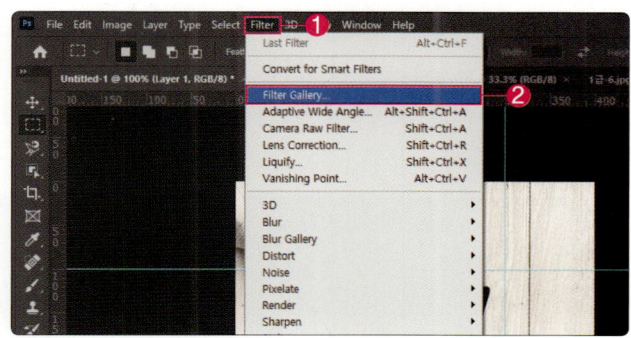

02 [Filter Gallery(필터 갤러리)] 대화상자가 나타나면 [Brush Strokes(브러시 선)]을 클릭한 후 Brush Strokes(브러시 선) 목록이 나타나면 [Crosshatch(그물눈)]을 클릭한 다음 속성을 지정하고 [OK(확인)] 단추를 클릭합니다.

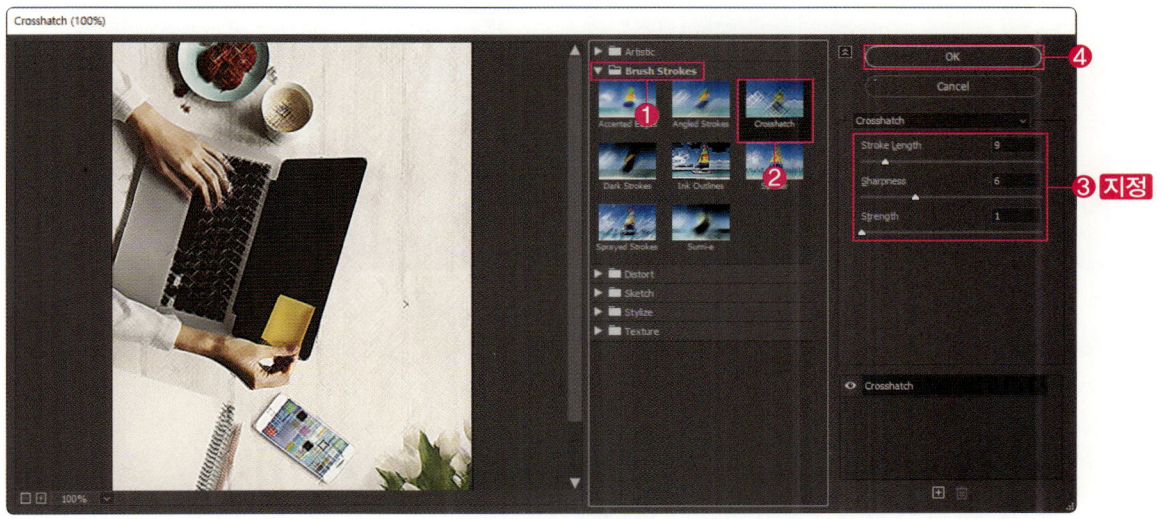

> **Tip**
> Filter(필터)를 적용할 때 세부 설정 값은 ≪출력형태≫를 보고 수험자가 직접 판단해야 합니다. ≪출력형태≫와 비교하면서 세부 설정 값을 조절합니다.

03 다음과 같이 [Crosshatch(그물눈)] 효과가 적용됩니다.

STEP 03 이미지 복사 및 색상 보정하기

01 [1급-5.jpg] 탭을 클릭한 후 Tool Box(도구 상자)에서 [Magnetic Lasso Tool(자석 올가미 도구)]를 선택한 후 옵션바에서 Frequency(빈도 수)에 '100'을 입력합니다. 그런 다음 마우스 포인터 모양( )이 변경되면 컵과 화분, 책을 따라 드래그하여 선택 영역으로 지정합니다.

> Tip
> 이전에 Frequency(빈도 수) 값에 '100'이 입력되어 있을 경우 입력하지 않아도 됩니다.

02 옵션 바에서 [Subtract from selection(선택 영역에서 빼기)]를 선택한 후 컵의 손잡이 안쪽 부분을 지정하여 선택 영역에서 빼줍니다.

174 입실부터 퇴실까지 GTQ 시험 체험하기

03 선택 영역으로 지정이 완료되면 Ctrl+C를 눌러 복사한 후 [Untitled-1] 탭을 클릭한 다음 Ctrl+V를 눌러 붙여넣기 합니다.

04 도형의 모양을 좌우 대칭하기 위해 [Edit(편집)]을 클릭한 후 [Transform Path(변형)]-[Flip Horizontal(가로로 뒤집기)]를 클릭합니다.

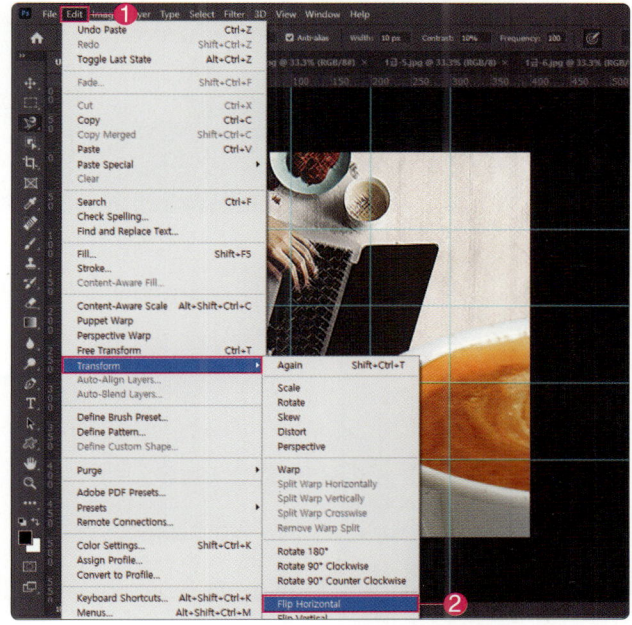

05 [Edit(편집)]을 클릭한 후 [Free Transform(자유 변형)]을 클릭합니다. 그런 다음 크기 조절점이 나타나면 크기 조절점을 드래그하여 위치 및 크기를 조절한 후 Enter를 누릅니다.

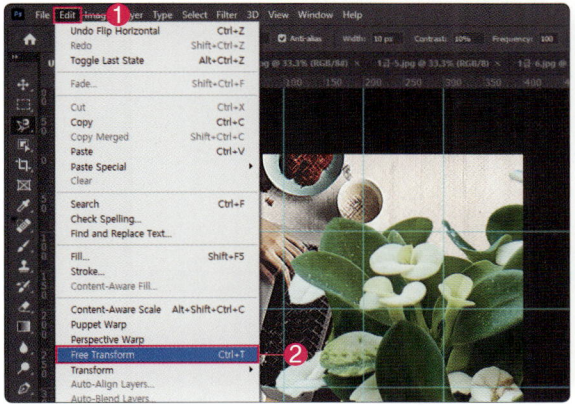 

Chapter04 • [기능평가] 사진편집 응용 **175**

06 옵션 바에서 ■[New Selection(새 선택 영역)]을 선택한 후 컵 부분만 선택 영역으로 지정합니다. 그런 다음 옵션 바에서 ■[Subtract from selection(선택 영역에서 빼기)]를 선택한 후 컵의 손잡이 안쪽 부분과 커피 부분을 지정하여 선택 영역에서 빼줍니다.

07 색상을 보정하기 위해 [Layers(레이어)] 패널에서 ◐[Create new fill or adjustment layer(새 칠 또는 조정 레이어)]를 클릭한 후 [Hue/Saturation(색조/채도)]를 클릭합니다.

08 [Hue/Saturation 1(색조/채도 1)] 레이어가 추가되면 [Properties(속성)] 패널에서 [Colorize(색상화)]를 선택한 후 Hue(색조)와 Saturation(채도), Lightness(명도)를 조절하여 노란색 계열로 보정합니다.

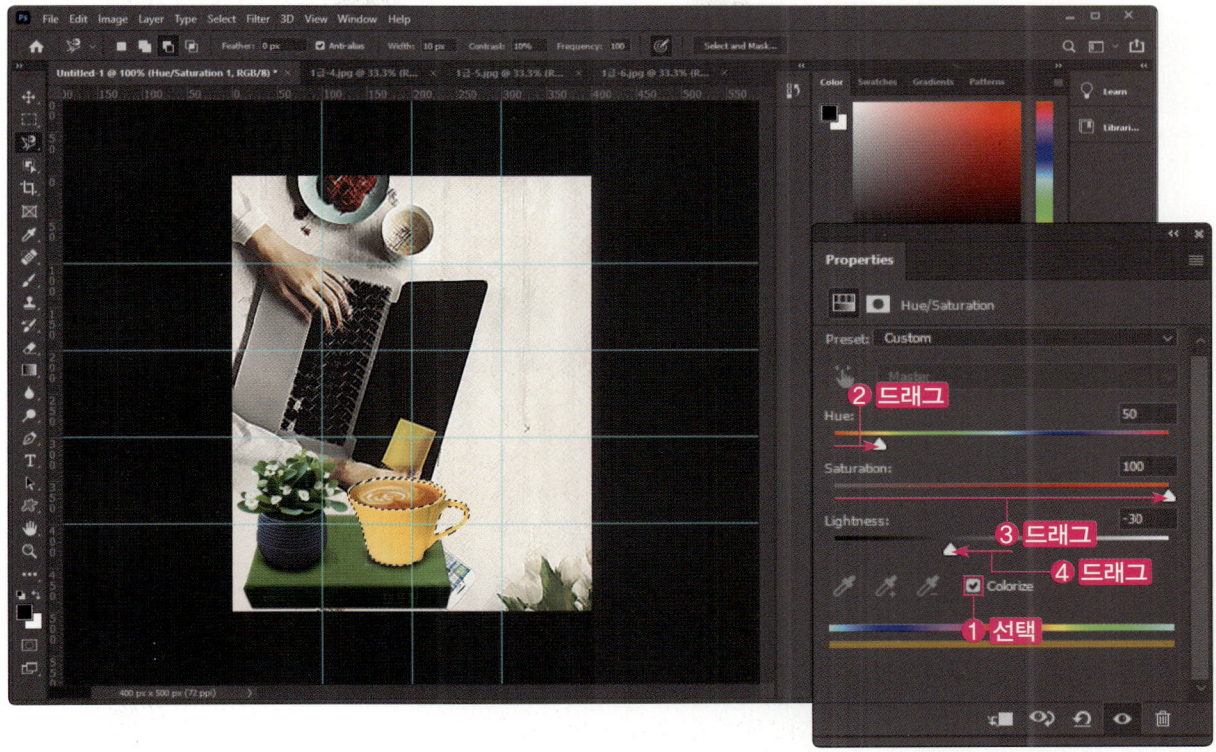

09 같은 방법으로 책 부분을 선택 영역으로 지정한 후 [Colorize(색상화)]를 선택한 다음 Hue(색조)와 Saturation(채도), Lightness(명도)를 조절하여 빨간색 계열로 보정합니다.

10 [Layers(레이어)] 패널에서 [Layer 2(레이어 2)] 레이어를 선택합니다. 그런 다음 fx [Add a layer style(레이어 스타일 추가)]를 클릭한 후 [Drop Shadow(그림자 효과)]를 클릭합니다.

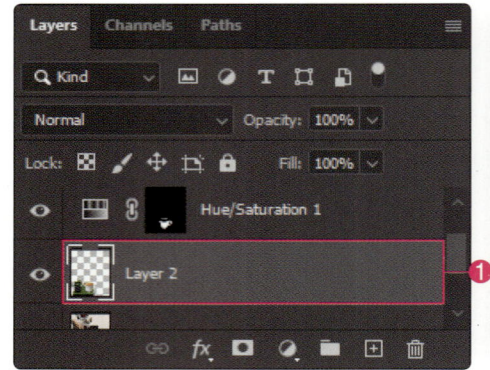 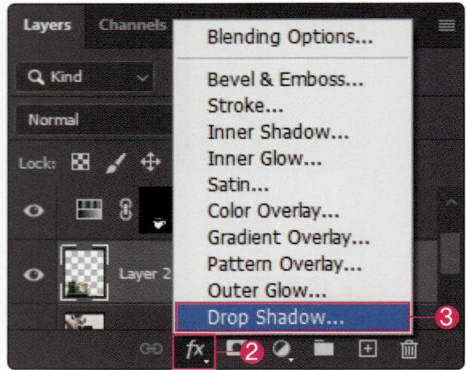

11 [Layer Style(레이어 스타일)] 대화상자의 [Drop Shadow(그림자 효과)] 스타일이 나타나면 속성을 지정한 후 [OK(확인)] 단추를 클릭합니다.

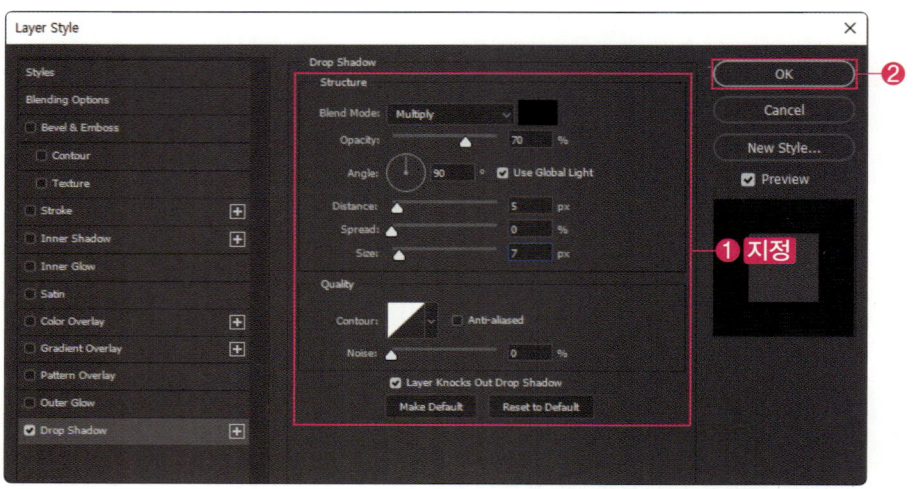

12 다음과 같이 색상 보정 및 레이어 스타일이 적용됩니다.

STEP 04 이미지 복사 및 색상 보정하기

01 [1급-6.jpg] 탭을 클릭한 후 Tool Box(도구 상자)에서 [Magnetic Lasso Tool(자석 올가미 도구)]를 선택한 다음 식물을 선택 영역으로 지정합니다. 그런 다음 Ctrl+C를 눌러 복사합니다.

02 [Untitled-1] 탭을 클릭한 후 [Layers(레이어)] 패널에서 [Hue/Saturation 2]를 선택합니다. 그런 다음 Ctrl+V를 눌러 붙여넣기 합니다.

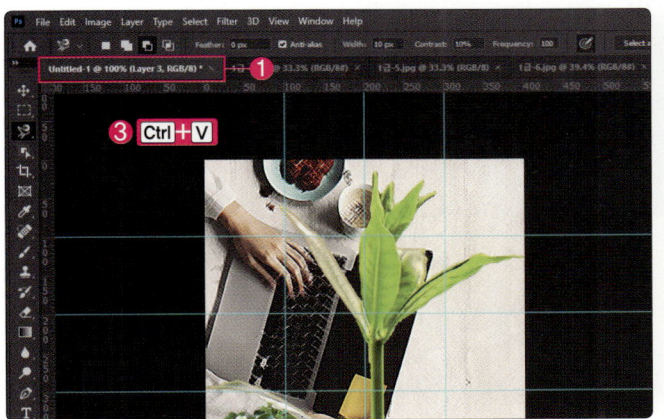
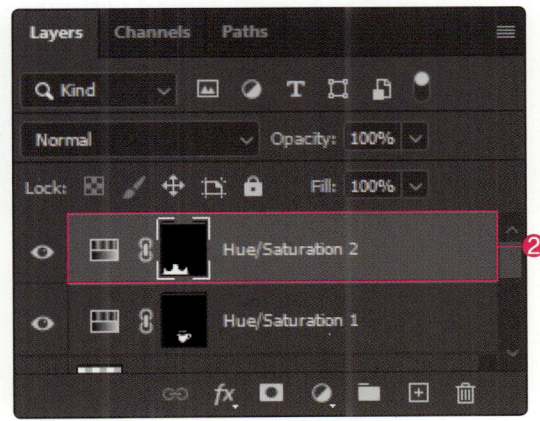

03 [Edit(편집)]을 클릭한 후 [Free Transform(자유 변형)]을 클릭합니다. 그런 다음 크기 조절점이 나타나면 크기 조절점을 드래그하여 위치 및 크기를 조절한 후 Enter를 누릅니다.

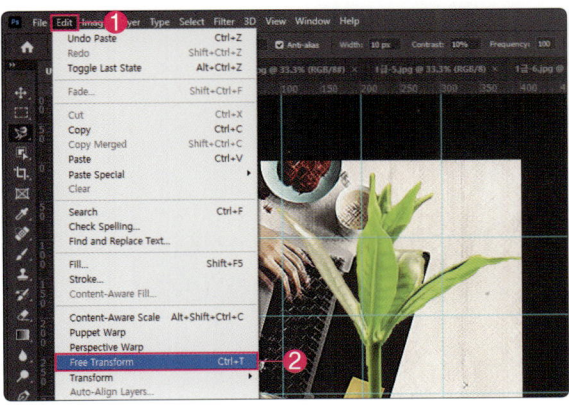

Chapter04 • [기능평가] 사진편집 응용   **179**

04 [Layers(레이어)] 패널에서 fx[Add a layer style(레이어 스타일 추가)]를 클릭한 후 [Inner Shadow(내부 그림자)]를 클릭합니다.

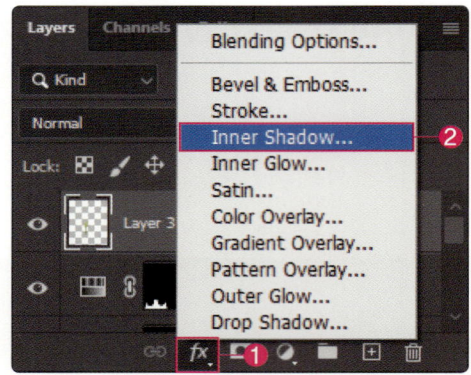

05 [Layer Style(레이어 스타일)] 대화상자의 [Drop Shadow(그림자 효과)] 스타일이 나타나면 속성을 지정한 후 [OK(확인)] 단추를 클릭합니다.

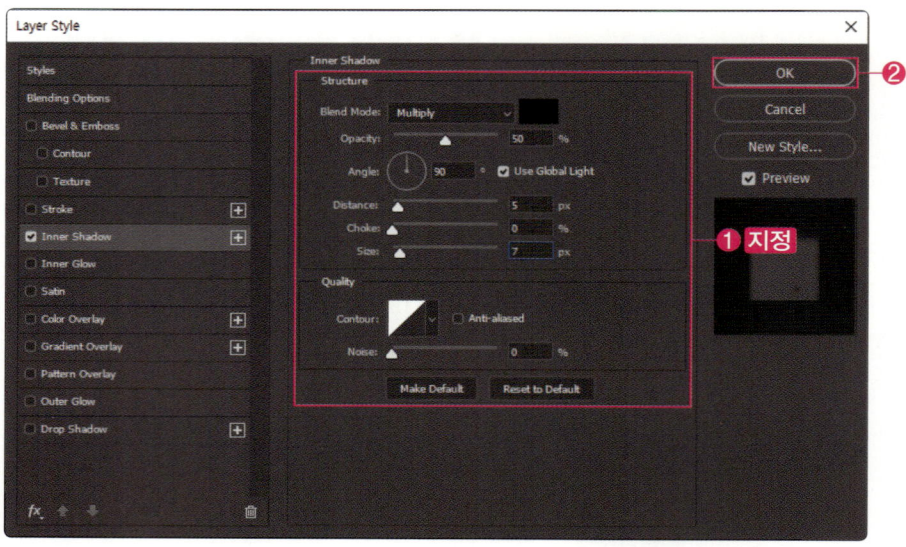

06 다음과 같이 색상 보정 및 레이어 스타일이 적용됩니다.

| STEP 05 | 도형 작성하기 |

01 Tool Box(도구상자)에서 [Custom Shape Tool(사용자 정의 모양 도구)]를 선택한 후 옵션 바에서 [Click to open Custom shape picker(사용자 정의 모양 피커)]의 [목록] 단추를 클릭합니다.

02 목록이 나타나면 [Legacy Shapes and More(레거시 모양 및 기타)]의 [목록] 단추를 클릭한 후 [All Legacy Default Shapes(모든 레거시 기본 모양)]의 [목록] 단추를 클릭한 다음 [Legacy Default Shapes(레거시 기본 모양)]의 [목록] 단추를 클릭하고 [Checkmark(체크 표시)]를 클릭합니다.

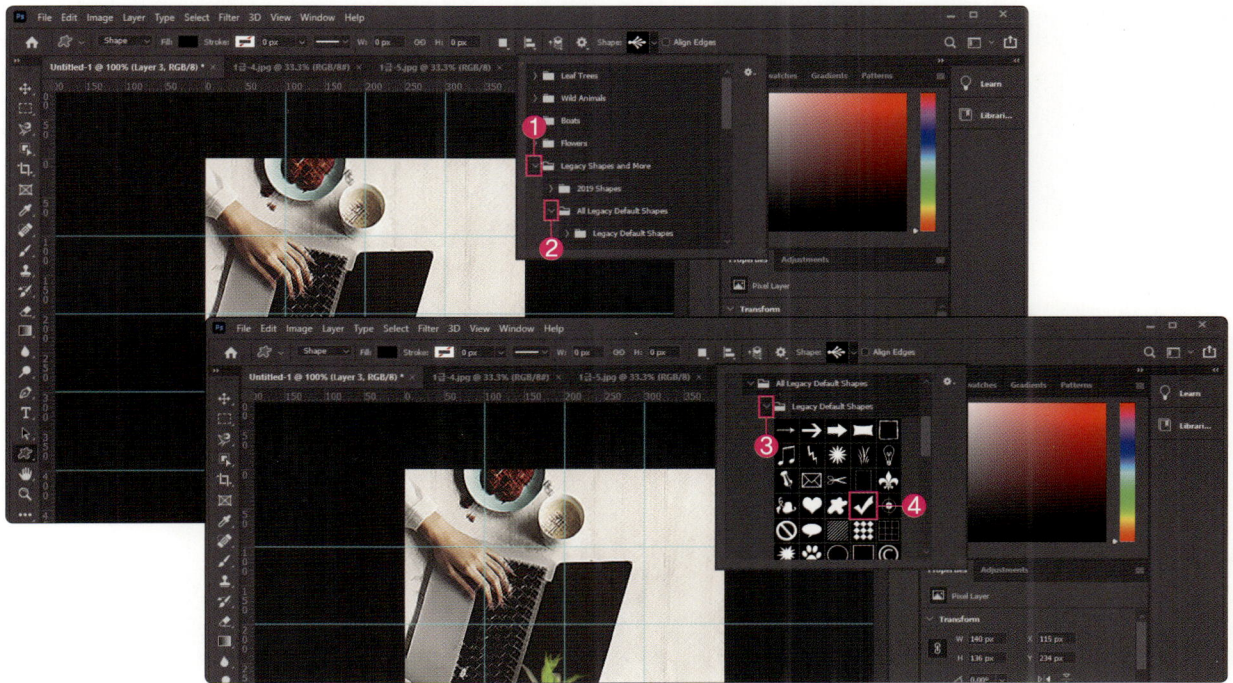

03 체크 표시 모양을 삽입하고자 하는 위치에 드래그합니다.

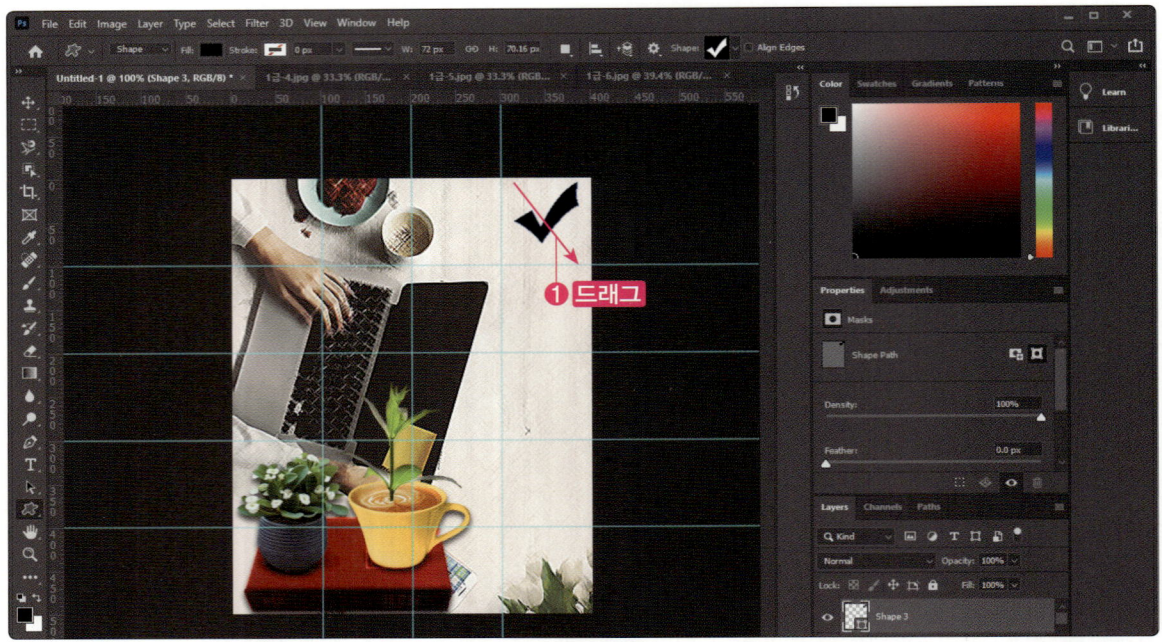

04 체크 표시 모양에 색상을 지정하기 위해 [Layers(레이어)] 패널에서 [Checkmark 1(체크 표시 1)] 레이어의 [Layer thumbnail(레이어 축소판)]을 더블클릭합니다. 그런 다음 [Color Picker(Solid Color)(색상 피커(단색))] 대화상자가 나타나면 색상(663333)을 입력한 후 [OK(확인)] 단추를 클릭합니다.

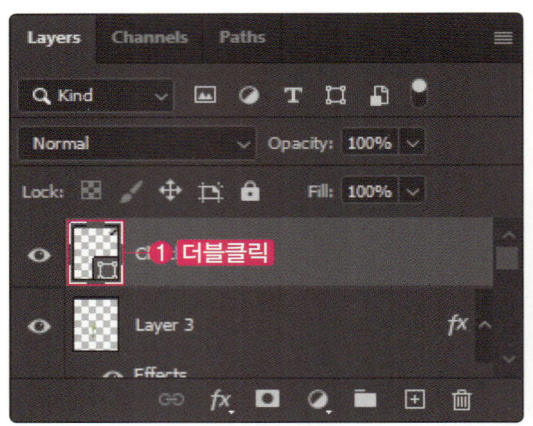 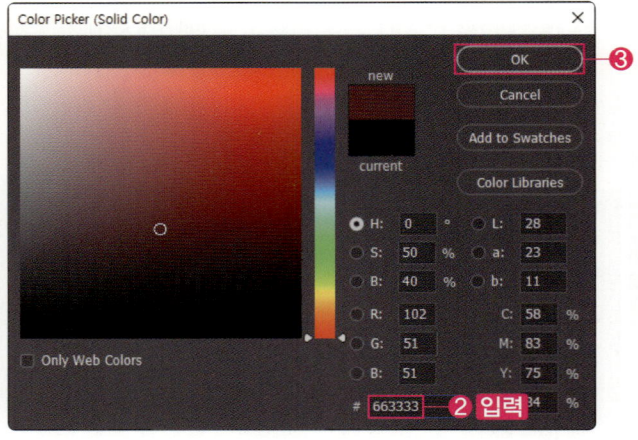

05 [Layers(레이어)] 패널에서 fx[Add a layer style(레이어 스타일 추가)]를 클릭한 후 [Inner Glow(내부 광선)]을 클릭합니다.

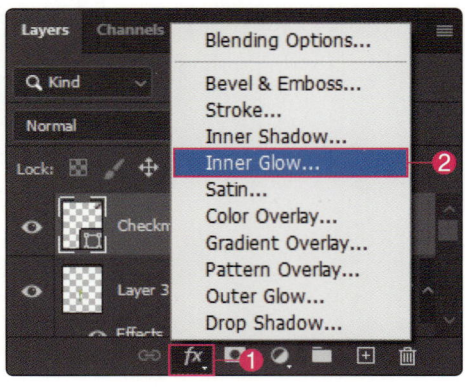

182 입실부터 퇴실까지 GTQ 시험 체험하기

06 [Layer Style(레이어 스타일)] 대화상자의 [Inner Glow(내부 광선)] 스타일이 나타나면 속성을 지정한 후 [OK(확인)] 단추를 클릭합니다.

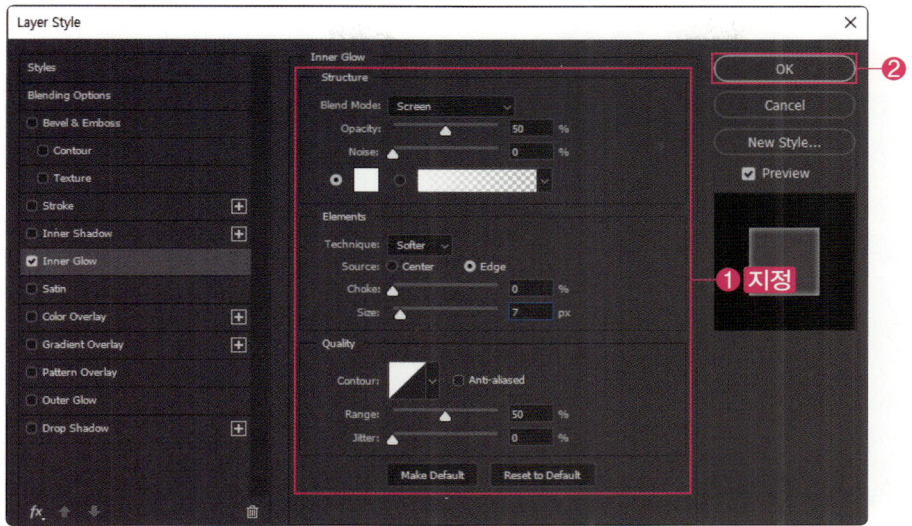

07 옵션 바에서 [Click to open Custom shape picker(사용자 정의 모양 피커)]의 ▼[목록] 단추를 클릭한 후 [Legacy Shapes and More(레거시 모양 및 기타)]-[All Legacy Default Shapes(모든 레거시 기본 모양)]-[Objects(물건)]의 ▶[목록] 단추를 클릭한 다음 ⌛[Hourglass(모래 시계)]를 클릭합니다.

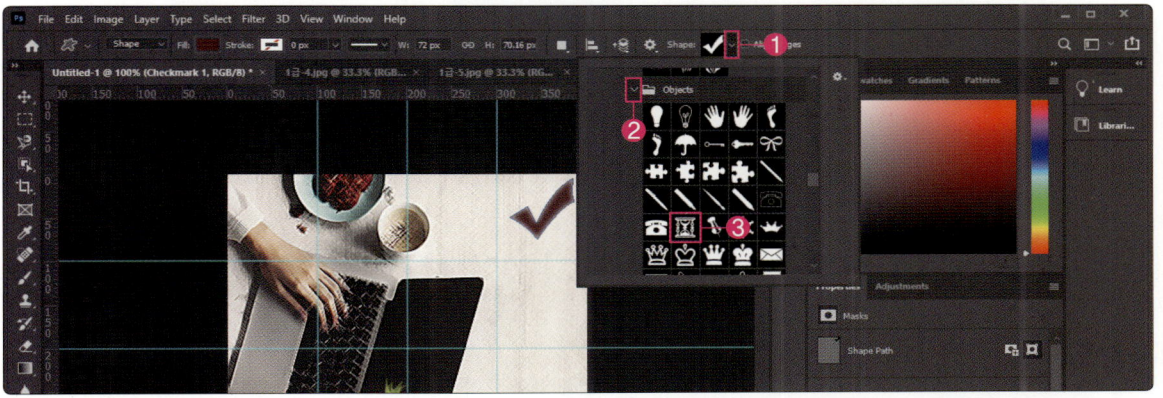

08 모래 시계 모양을 삽입하고자 하는 위치에 드래그합니다.

Chapter04 • [기능평가] 사진편집 응용 **183**

09 모래 시계 모양에 색상을 지정하기 위해 [Layers(레이어)] 패널에서 [Hourglass 1(모래 시계 1)] 레이어의 [Layer thumbnail(레이어 축소판)]을 더블클릭합니다. 그런 다음 [Color Picker(Solid Color)(색상 피커(단색))] 대화상자가 나타나면 색상(cccccc)을 입력한 후 [OK(확인)] 단추를 클릭합니다.

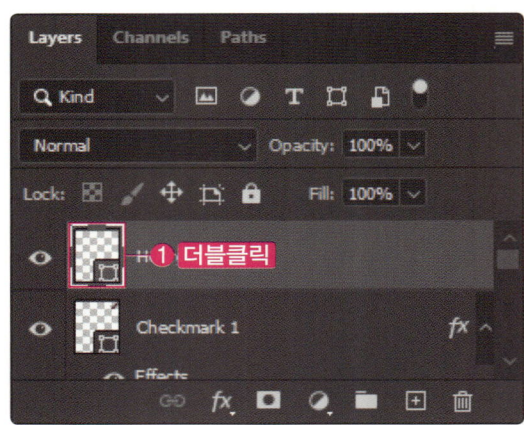

10 [Layers(레이어)] 패널에서 [Add a layer style(레이어 스타일 추가)]를 클릭한 후 [Inner Shadow(내부 그림자)]를 클릭합니다.

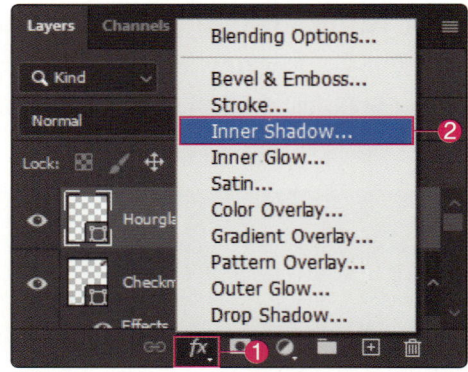

11 [Layer Style(레이어 스타일)] 대화상자의 [Inner Shadow(내부 그림자)] 스타일이 나타나면 속성을 지정한 후 [OK(확인)] 단추를 클릭합니다.

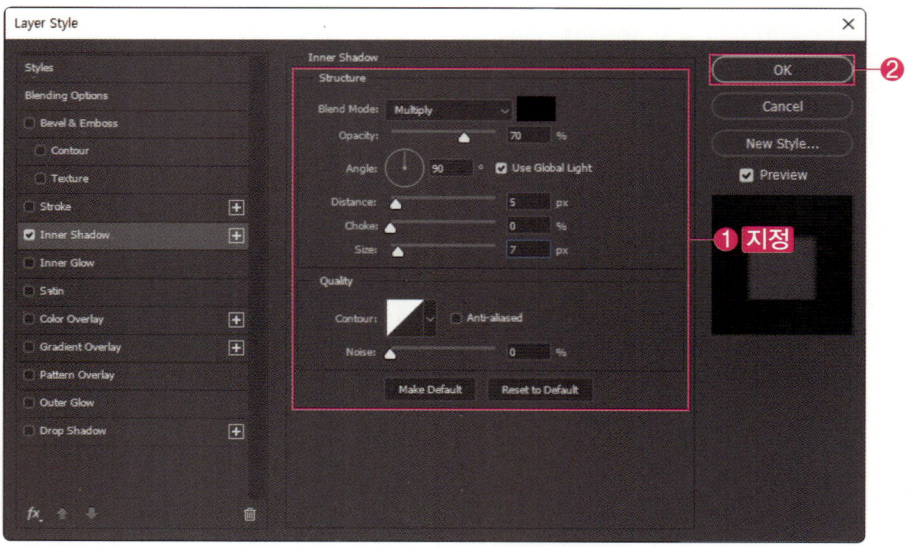

12 [Layers(레이어)] 패널에서 [Hourglass 1(모래 시계 1)] 레이어를 ➕[Create a new layer(새 레이어 만들기)]로 드래그합니다.

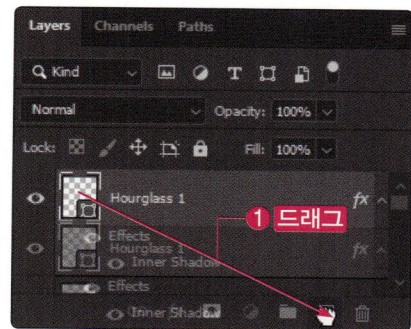 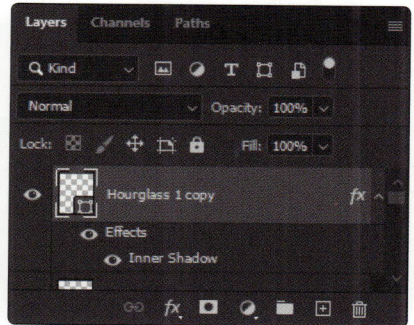

13 레이어가 복사되면 Tool Box(도구 상자)에서 ✥[Move Tool(이동 도구)]를 선택한 후 드래그하여 [Hourglass 1(모래 시계 1)] 레이어의 이미지를 이동합니다.

14 [Edit(편집)]을 클릭한 후 [Free Transform(자유 변형)]을 클릭합니다. 그런 다음 크기 조절점이 나타나면 크기 조절점을 드래그하여 장식 모양의 크기를 조절한 후 Enter 를 누릅니다.

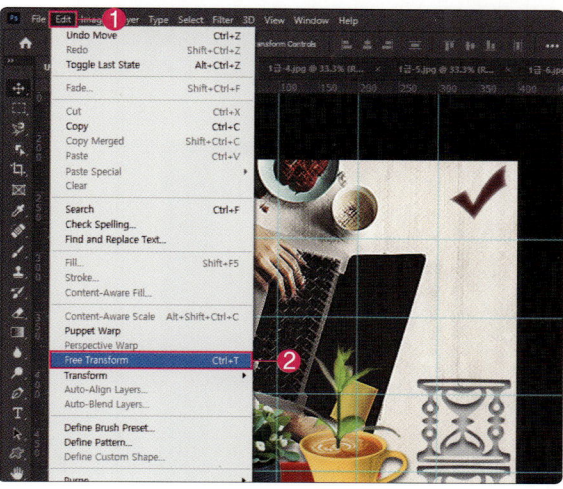 

Chapter04 • [기능평가] 사진편집 응용 **185**

STEP 06 ①번 텍스트 작성하기

01 Tool Box(도구 상자)에서 [Horizontal Type Tool(수평 문자 도구)]를 선택한 후 옵션 바에서 글꼴(굴림)을 선택한 다음 글꼴 크기(40)를 입력합니다.

02 텍스트를 삽입할 위치를 클릭한 후 '비대면 결제 방식'을 입력한 다음 Ctrl+Enter를 누릅니다.

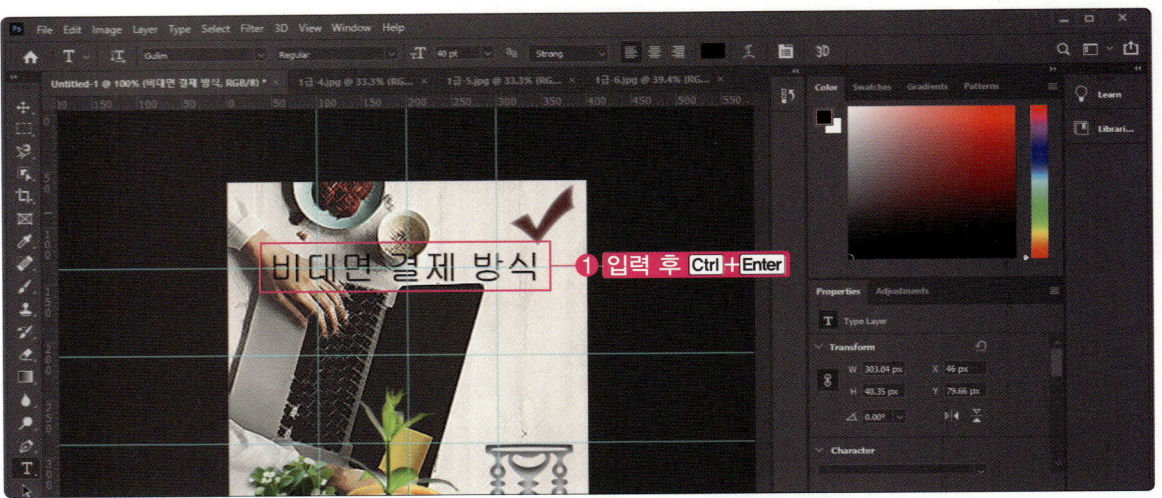

03 [Layers(레이어)] 패널에서 [Add a layer style(레이어 스타일 추가)]를 클릭한 후 [Gradient Overlay(그라디언트 오버레이)]를 클릭합니다.

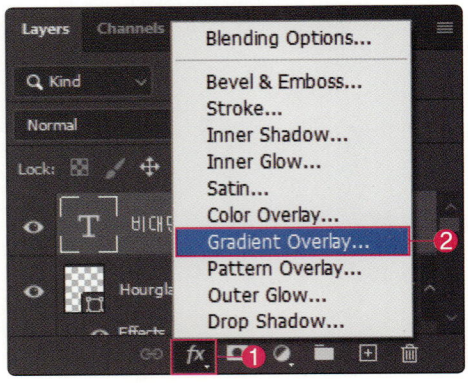

186 입실부터 퇴실까지 GTQ 시험 체험하기

04 [Layer Style(레이어 스타일)] 대화상자의 [Gradient Overlay(그라디언트 오버레이)] 스타일이 나타나면 [Gradient(그라디언트)]를 클릭합니다.

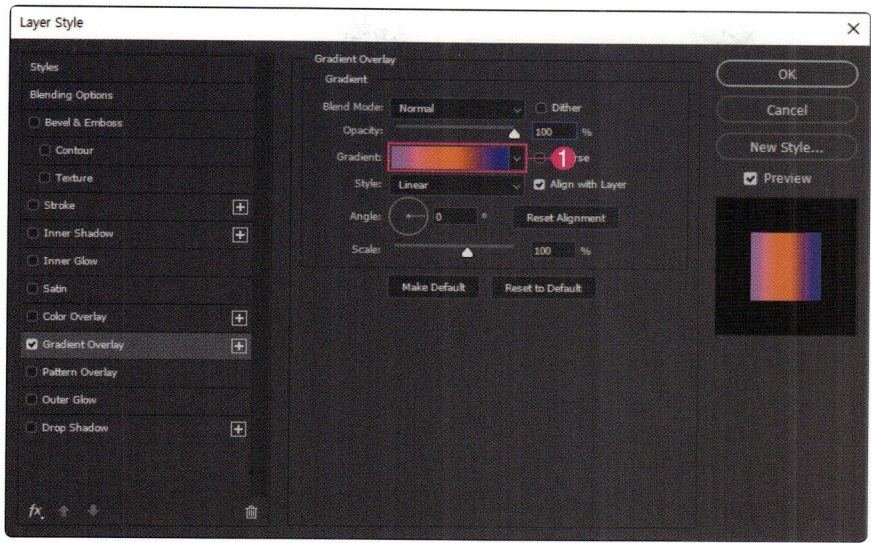

05 [Gradient Editor(그라디언트 편집기)] 대화상자가 나타나면 왼쪽 Color Stop(색상 정지점)을 더블클릭합니다.

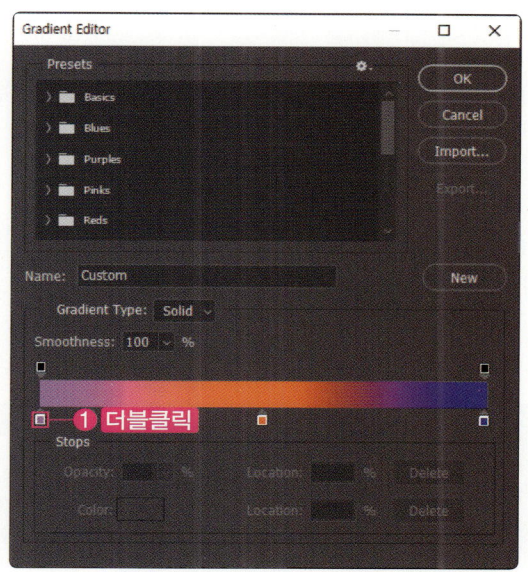

06 [Color Picker(Stop Color)(색상 피커(정지 색상))] 대화상자가 나타나면 색상(ffcc00)을 입력한 후 [OK(확인)] 단추를 클릭합니다.

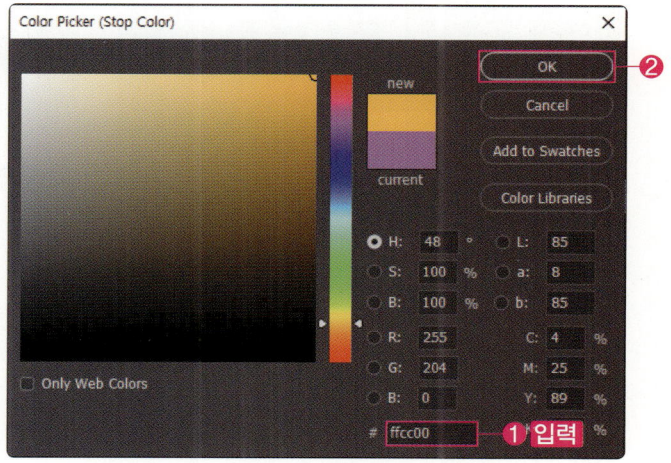

Chapter04 • [기능평가] 사진편집 응용 **187**

07 [Gradient Editor(그라디언트 편집기)] 대화상자가 다시 나타나면 가운데 Color Stop(색상 정지점)을 더블클릭합니다. 그런 다음 [Color Picker(Stop Color)(색상 피커(정지 색상))] 대화상자가 나타나면 색상(ffffff)을 입력한 후 [OK(확인)] 단추를 클릭합니다.

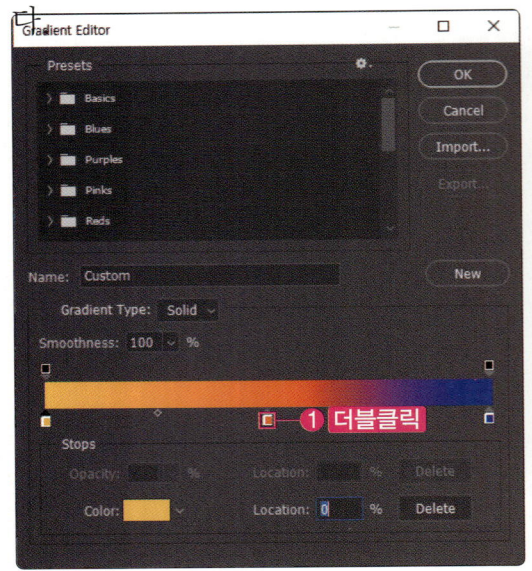
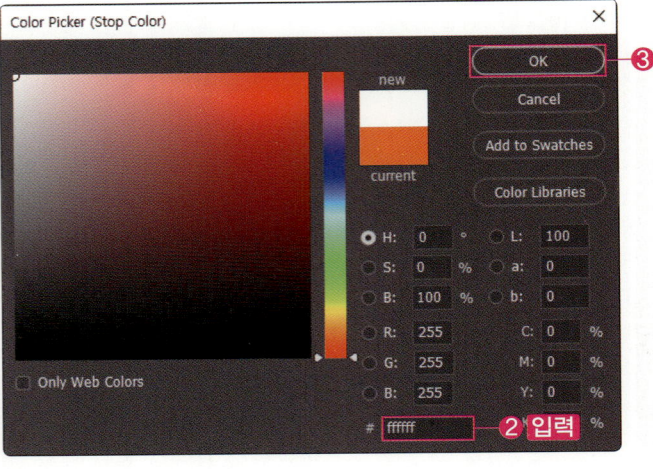

> **Tip**
> 이전 작업에 의해 가운데 부분에 색상 정지점(Color Stop)이 추가되어 있습니다. 가운데 Color Stop(색상 정지점)이 없을 경우 가운데 부분을 클릭하여 색상 정지점(Color Stop)을 추가합니다.

08 [Gradient Editor(그라디언트 편집기)] 대화상자가 다시 나타나면 오른쪽 Color Stop(색상 정지점)을 더블클릭합니다. 그런 다음 [Color Picker(Stop Color)(색상 피커(정지 색상))] 대화상자가 나타나면 색상(cc66cc)을 입력한 후 [OK(확인)] 단추를 클릭합니다.

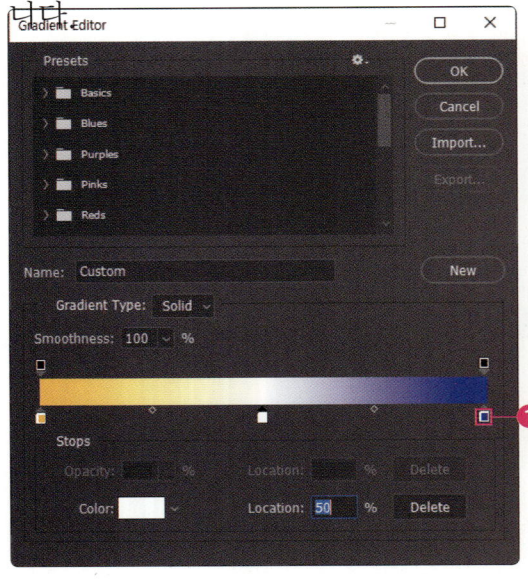
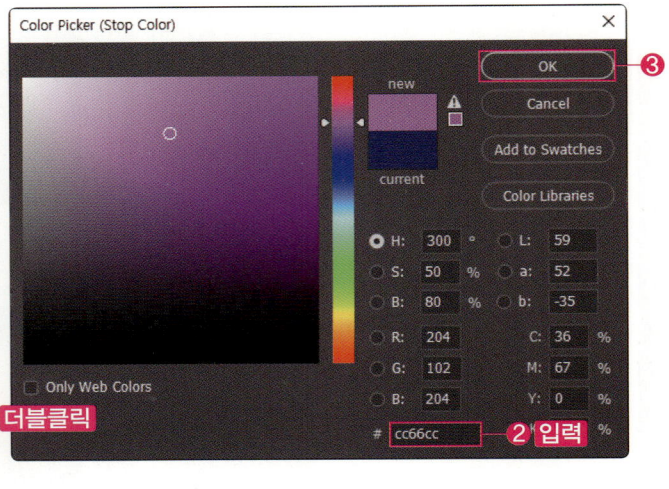

09 [Gradient Editor(그라디언트 편집기)] 대화상자가 다시 나타나면 [OK(확인)] 단추를 클릭합니다.

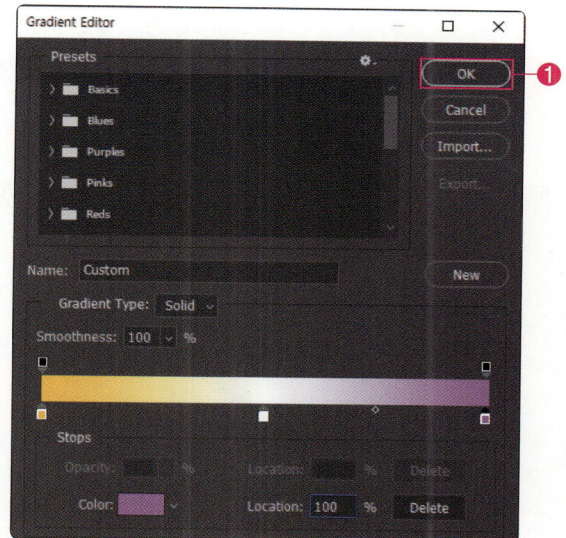

10 [Layer Style(레이어 스타일)] 대화상자가 다시 나타나면 Angle(각도)에 '0'을 입력합니다.

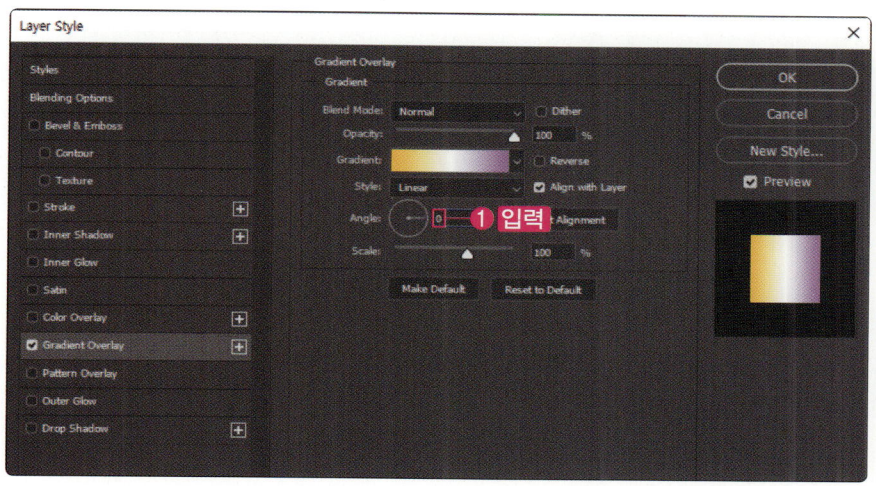

11 [Stroke(선)] 스타일을 클릭한 후 크기(2)를 입력한 다음 위치(Outside(바깥쪽))을 선택하고 칠 유형(Color(색상))을 선택합니다.

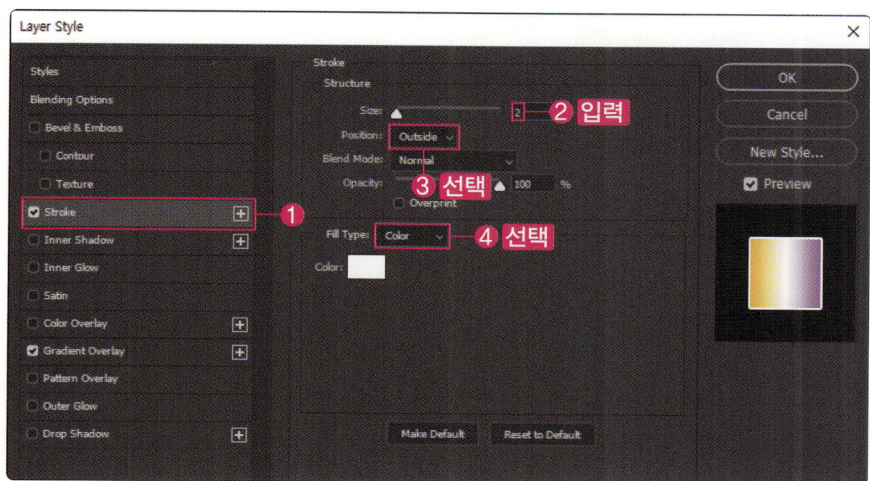

Chapter04 • [기능평가] 사진편집 응용 **189**

12 색상을 지정하기 위해 Color(색상)을 클릭합니다. 그런 다음 [Color Picker(Stroke Color)(색상 피커(선 색상))] 대화상자가 나타나면 색상(333366)을 입력한 후 [OK(확인)] 단추를 클릭합니다.

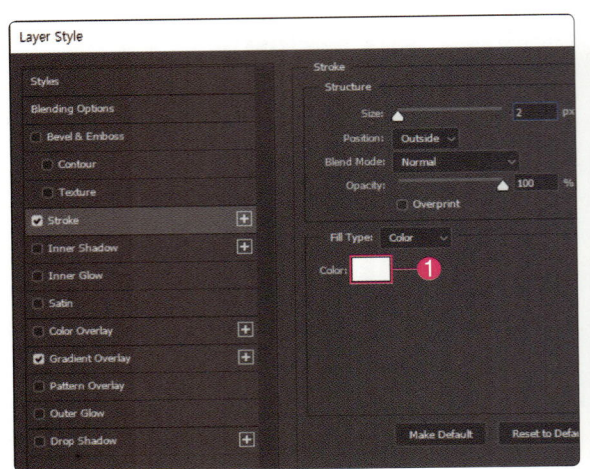 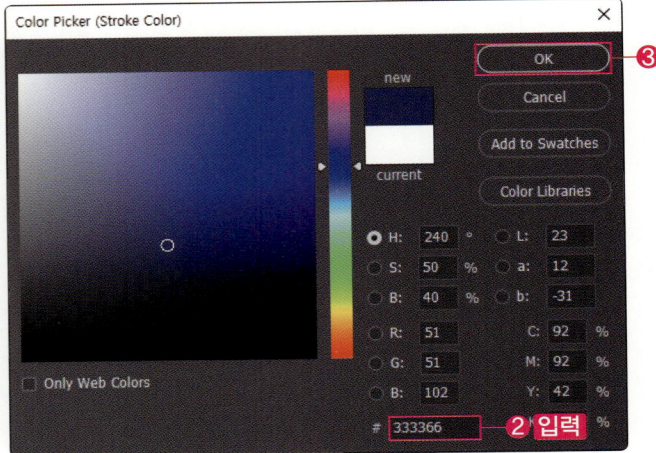

13 레이어 스타일이 적용되면 옵션 바에서 [Warp Text(텍스트 변형)]을 클릭합니다.

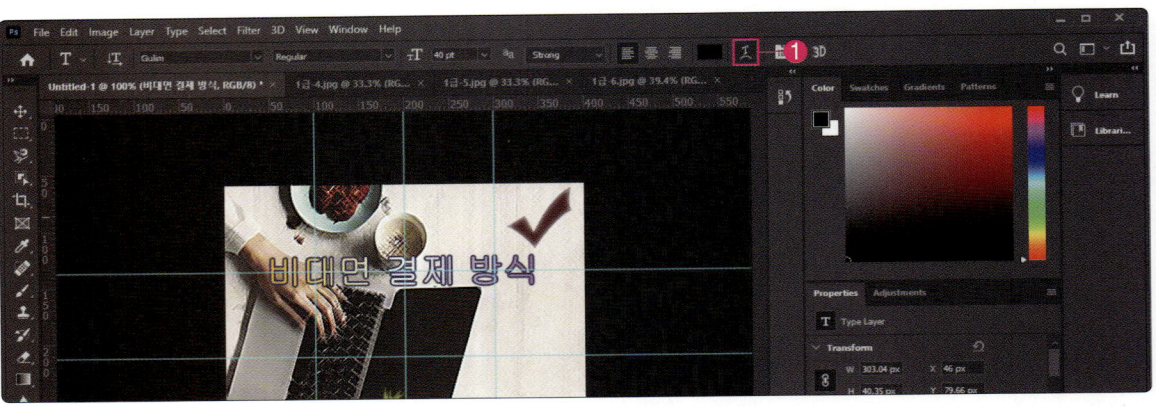

14 [Warp Text(텍스트 변형)] 대화상자가 나타나면 Style(Arc(부채꼴))을 선택한 후 Bend(구부리기)를 드래그하여 조절한 다음 [OK(확인)] 단추를 클릭합니다.

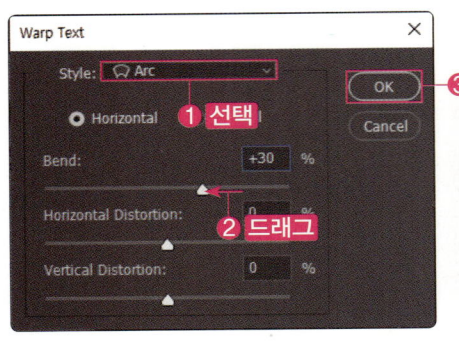 

STEP 07 답안 저장 및 전송하기

01 작성한 답안을 저장하기 위해 [File(파일)]을 클릭한 후 [Save(저장)]을 클릭합니다.

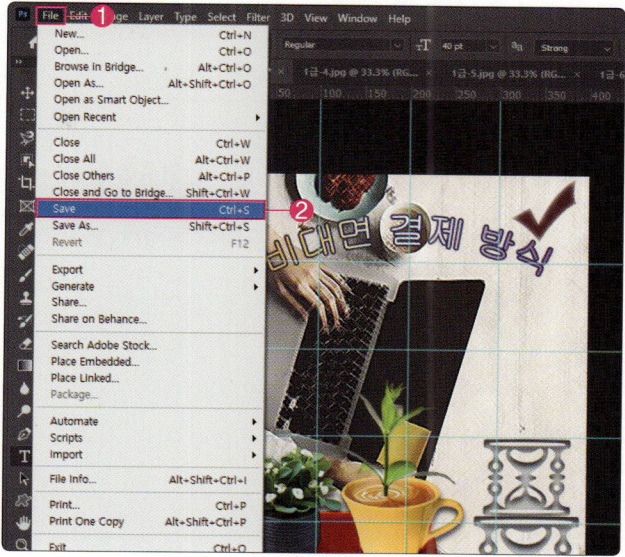

02 [Save on your computer or to cloud documents(컴퓨터 또는 클라우드 문서에 저장)] 대화상자가 나타나면 [Save on your computer(내 컴퓨터에 저장)] 단추를 클릭합니다.

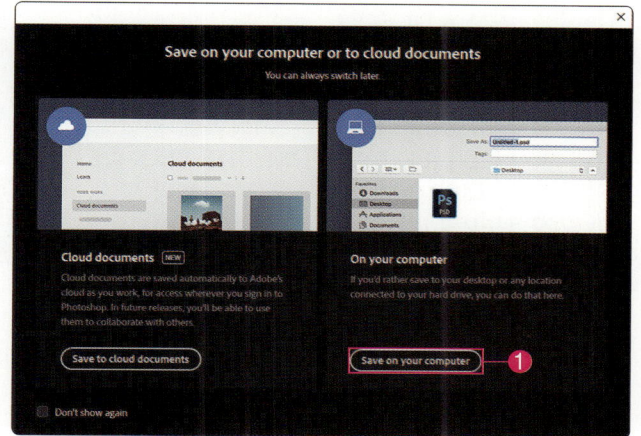

03 [다른 이름으로 저장] 대화상자가 나타나면 저장 위치(내 PC₩문서₩GTQ)를 지정한 후 파일 이름(수험번호-성명-문제번호)을 입력한 다음 형식(JPEG (*.JPG;*.JPEG;*.JPE))을 선택하고 [저장] 단추를 클릭합니다.

> **Tip**
> · GTQ 시험에서는 '내 PC₩문서₩GTQ' 폴더에 '수험번호-성명-문제번호'로 저장합니다.
> · 저장 위치 및 파일 이름이 틀릴 경우 답안이 전송되지 않습니다.

04 [JPEG Options(JPEG 옵션)] 대화상자가 나타나면 Quality(품질)을 지정한 후 [OK(확인)] 단추를 클릭합니다.

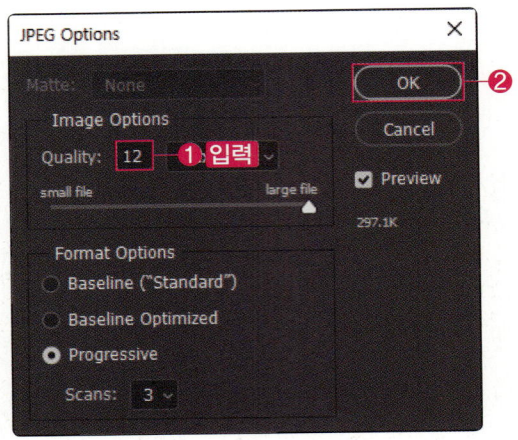

> **Tip**
> **Quality(품질)**
> JPEG 형식으로 저장하면 이미지의 압축률을 조절할 수 있습니다. Quality의 숫자가 낮을수록 압축률이 아주 높아 파일 용량은 작아지지만 이미지 질은 많이 손상됩니다.

05 PSD 파일로 저장하기 위해 [Image(이미지)]를 클릭한 후 [Image Size(이미지 크기)]를 클릭합니다.

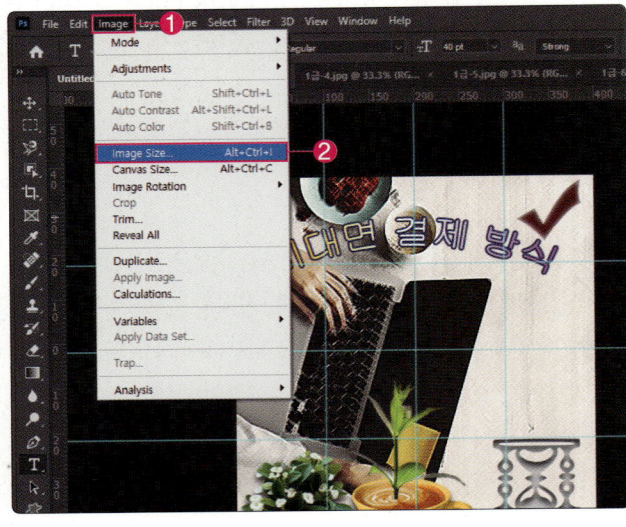

> **Tip**
> PSD 파일은 조건에서 제시한 크기로 축소하여 저장해야 하며, 레이어는 기능별로 분할되어 있어야 합니다. 임의로 레이어를 합치거나 각 기능에 대한 속성을 해제할 경우 해당 요소는 0점 처리됩니다.

06 [Image Size(이미지 크기)] 대화상자가 나타나면 Width(폭)에 '40'을 입력한 후 [OK(확인)] 단추를 클릭합니다.

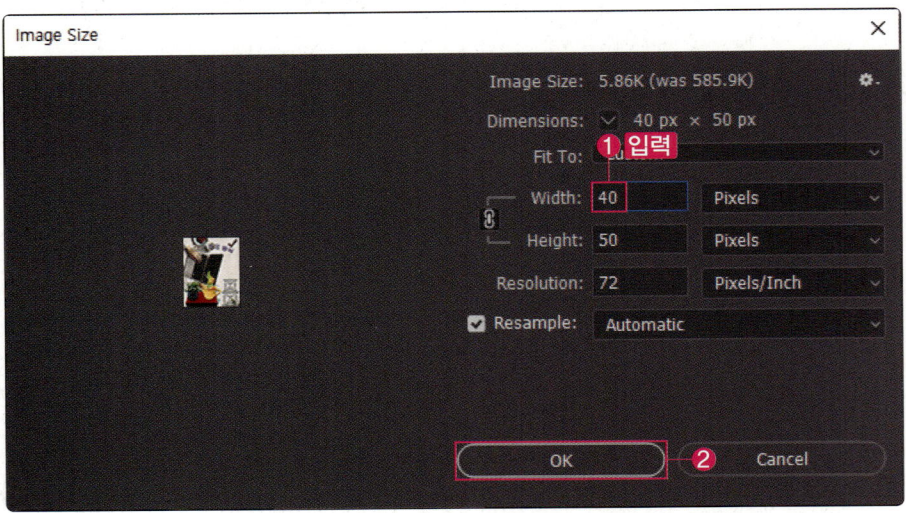

> **Tip**
> [문제 1]에서 단위(Pixels)를 선택하면 이후 단위는 'Pixels'로 선택됩니다. 단위(Pixels)를 확인한 후 다를 경우 단위 'Pixels'을 선택합니다.

07 작성한 답안을 저장하기 위해 [File(파일)]을 클릭한 후 [Save(저장)]을 클릭합니다.

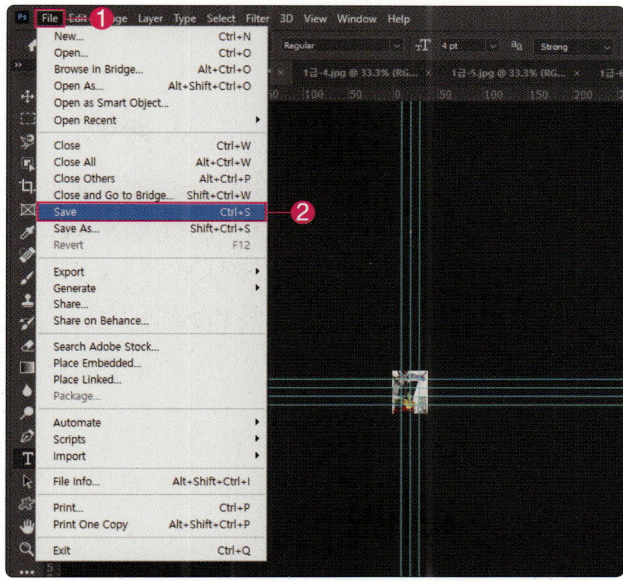

08 [Save on your computer or to cloud documents(컴퓨터 또는 클라우드 문서에 저장)] 대화상자가 나타나면 [Save on your computer(내 컴퓨터에 저장)] 단추를 클릭합니다.

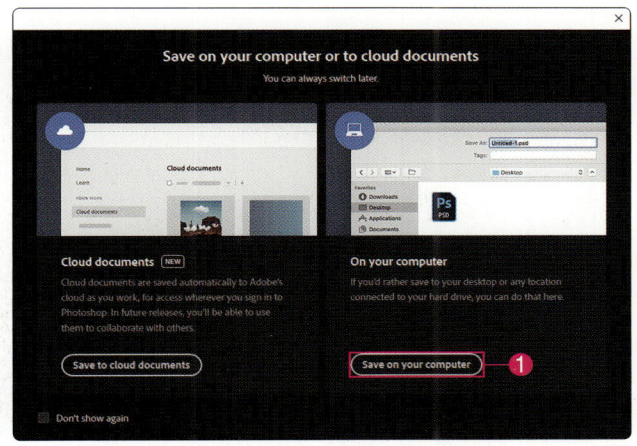

09 [다른 이름으로 저장(Save As)] 대화상자가 나타나면 저장 위치(내 PC\문서\GTQ)를 지정한 후 파일 이름(수험번호-성명-문제번호)을 입력한 다음 형식(Photoshop (*.PSD;*.PDD;*.PSDT))을 선택하고 [저장] 단추를 클릭합니다.

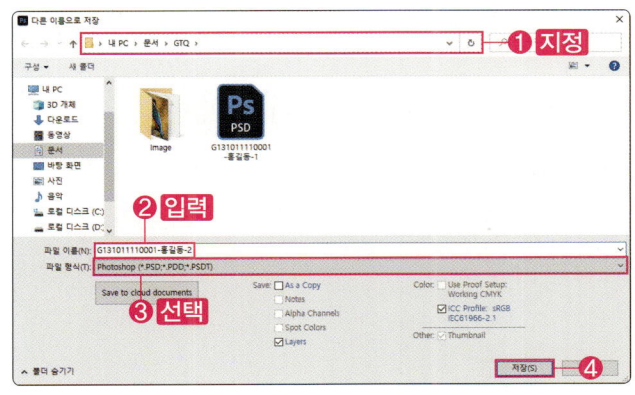

10 [Photoshop Format Options(Photoshop 형식 옵션)] 대화상자가 나타나면 [OK(확인)] 단추를 클릭합니다.

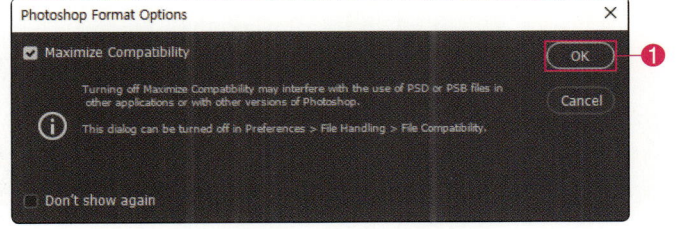

Chapter04 · [기능평가] 사진편집 응용

11 KOAS 수험자용 프로그램을 선택한 후 [답안 전송] 단추를 클릭합니다. 그런 다음 [MessageBox] 대화상자가 나타나면 [예] 단추를 클릭합니다.

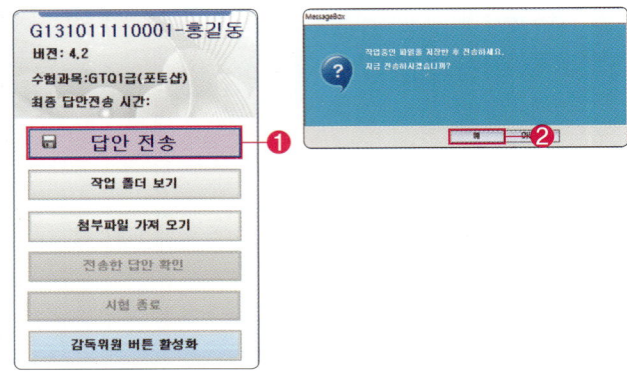

12 [고사실 PC로 답안 파일 보내기] 대화상자가 나타나면 전송할 파일을 선택한 후 [답안전송] 단추를 클릭합니다.

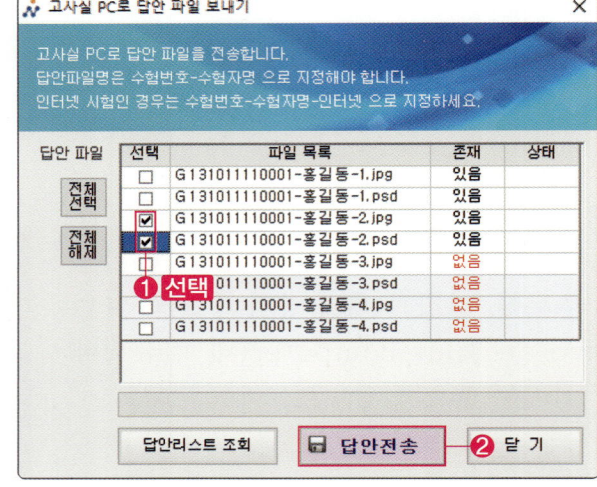

> **Tip**
> 전송하고자 하는 파일의 존재 여부가 '없음'으로 표시되면 파일명 및 저장 위치를 확인합니다.

13 [MessageBox] 대화상자가 나타나면 [확인] 단추를 클릭합니다.

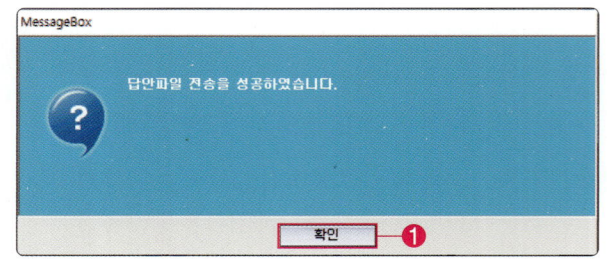

14 [고사실 PC로 답안 파일 보내기] 대화상자가 다시 나타나면 [닫기] 단추를 클릭합니다.

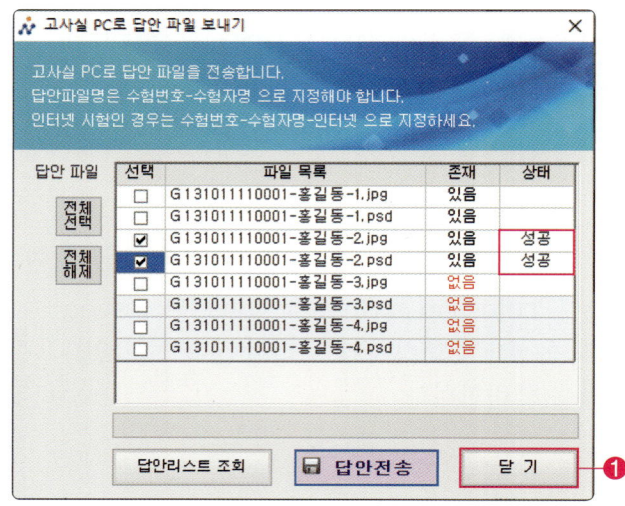

> **Tip**
> 전송한 파일의 상태 여부가 '성공'으로 표시되는지 확인합니다.

문제유형 01　[기능평가] 사진편집 응용　　[20점]

다음의 ≪조건≫에 따라 아래의 ≪출력형태≫와 같이 작업하시오.

≪조건≫

교재 이미지는 [내 PC\문서\GTQ\Part 02\Chapter 04\문제유형 01\Image] 폴더에 있는 그림을 사용하여 작성합니다.

원본 이미지	문서\GTQ\Image\1급-4.jpg, 1급-5.jpg, 1급-6.jpg		
파일 저장 규칙	JPG	파일명	문서\GTQ\수험번호-성명-2.jpg
		크기	400 × 500 pixels
	PSD	파일명	문서\GTQ\수험번호-성명-2.psd
		크기	40 × 50 pixels

1. 그림 효과
　① 1급-4.jpg : 필터 - Gaussian Blur(가우시안 흐림 효과)
　② 색상 보정 : 1급-5.jpg - 파란색 계열로 보정
　③ 1급-5.jpg : 레이어 스타일 - Drop Shadow(그림자 효과)
　④ 1급-6.jpg : 레이어 스타일 - Inner Shadow(내부 그림자)
　⑤ Shape Tool(모양 도구) :
　　- 새 모양 (#33cc33, 레이어 스타일 - Stroke(선/획)(2px, #ffffff))
　　- 감탕나무 모양 (레이어 스타일 - 그라디언트 오버레이
　　 (#ff0000, #99ff33), Stroke(선/획)(1px, #000000))

2. 문자 효과
　① 파라사우롤로푸스 (바탕, 35pt, #990099, 레이어 스타일 -
　　Stroke(선/획)(2px, #ffffff))

≪출력형태≫

문제유형 02　[기능평가] 사진편집 응용　　[20점]

다음의 ≪조건≫에 따라 아래의 ≪출력형태≫와 같이 작업하시오.

≪조건≫

교재 이미지는 [내 PC\문서\GTQ\Part 02\Chapter 04\문제유형 02\Image] 폴더에 있는 그림을 사용하여 작성합니다.

원본 이미지	문서\GTQ\Image\1급-4.jpg, 1급-5.jpg, 1급-6.jpg		
파일 저장 규칙	JPG	파일명	문서\GTQ\수험번호-성명-2.jpg
		크기	400 × 500 pixels
	PSD	파일명	문서\GTQ\수험번호-성명-2.psd
		크기	40 × 50 pixels

1. 그림 효과
　① 1급-4.jpg : 필터 - Spatter(뿌리기)
　② 1급-5.jpg : 색상 보정 - 연두색 계열로 보정, 레이어 스타일
　　- Drop Shadow(그림자 효과)
　③ 1급-6.jpg : 레이어 스타일 - Bevel and Emboss(경사와 엠보스)
　④ Shape Tool(모양 도구) :
　　- 나선형 모양 (레이어 스타일 - Drop Shadow(그림자 효과),
　　 그라디언트 오버레이(#cc3300, #ffffff))
　　- 폭발 모양 (#666666, 레이어 스타일 - Inner Glow(내부 광선))

2. 문자 효과
　① 흥겨운 풍물놀이 (궁서, 30pt, #990000, #0033ff,
　　레이어 스타일 - Outer Glow(외부 광선))

≪출력형태≫

| 문제유형 | 03 | [기능평가] 사진편집 응용 | [20점] |

다음의 ≪조건≫에 따라 아래의 ≪출력형태≫와 같이 작업하시오.

《조건》

원본 이미지	문서₩GTQ₩Image₩1급-4.jpg, 1급-5.jpg, 1급-6.jpg		
파일 저장 규칙	JPG	파일명	문서₩GTQ₩수험번호-성명-2.jpg
		크기	400 × 500 pixels
	PSD	파일명	문서₩GTQ₩수험번호-성명-2.psd
		크기	40 × 50 pixels

1. 그림 효과
   ① 1급-4.jpg : 필터 – Watercolor(수채화 효과)
   ② 색상 보정 : 1급-5.jpg – 주황색 계열로 보정
   ③ 1급-5.jpg : 레이어 스타일 – Outer Glow(외부 광선)
   ④ 1급-6.jpg : 레이어 스타일 – Drop Shadow(그림자 효과)
   ⑤ Shape Tool(모양 도구) :
      – 음양 모양 (#ff0000, 레이어 스타일 – Outer Glow(외부 광선),
        Stroke(선/획)(2px, #ffffcc))

2. 문자 효과
   ① 대중음식 – 중식 (궁서, 60pt, #000000, 레이어 스타일 –
     Drop Shadow(그림자 효과), Stroke(선/획)(2px, #ffffff))

《출력형태》

| 문제유형 | 04 | [기능평가] 사진편집 응용 | [20점] |

다음의 ≪조건≫에 따라 아래의 ≪출력형태≫와 같이 작업하시오.

《조건》

원본 이미지	문서₩GTQ₩Image₩1급-4.jpg, 1급-5.jpg, 1급-6.jpg		
파일 저장 규칙	JPG	파일명	문서₩GTQ₩수험번호-성명-2.jpg
		크기	400 × 500 pixels
	PSD	파일명	문서₩GTQ₩수험번호-성명-2.psd
		크기	40 × 50 pixels

1. 그림 효과
   ① 1급-4.jpg : 필터 – Gaussian Blur(가우시안 흐림 효과)
   ② 색상 보정 : 1급-5.jpg – 보라색 계열로 보정
   ③ 1급-5.jpg : 레이어 스타일 – Outer Glow(내부 광선)
   ④ 1급-6.jpg : 레이어 스타일 – Drop Shadow(그림자 효과)
   ⑤ Shape Tool(모양 도구) :
      – 네모 액자 모양 (#ffcc66,
        레이어 스타일 – Drop Shadow(그림자 효과))
      – 둥근 액자 모양 (#ff6633,
        레이어 스타일 – Bevel and Emboss(경사와 엠보스))

2. 문자 효과
   ① 실내 인테리어 (바탕, 50pt, #ccff66, 레이어 스타일 –
     Stroke(선/획)(2px, #333333), Drop Shadow(그림자 효과))

《출력형태》

문제유형 05 [기능평가] 사진편집 응용 [20점]

다음의 ≪조건≫에 따라 아래의 ≪출력형태≫와 같이 작업하시오.

《조건》

원본 이미지	문서₩GTQ₩Image₩1급-4.jpg, 1급-5.jpg, 1급-6.jpg		
파일 저장 규칙	JPG	파일명	문서₩GTQ₩수험번호-성명-2.jpg
		크기	400 × 500 pixels
	PSD	파일명	문서₩GTQ₩수험번호-성명-2.psd
		크기	40 × 50 pixels

1. 그림 효과
  ① 1급-4.jpg : 필터 - Crosshatch(그물눈)
  ② 색상 보정 : 1급-5.jpg - 녹색 계열로 보정
  ③ 1급-5.jpg, 1급-6.jpg : 레이어 스타일 -
     Stroke(선/획)(3px, #ffffff), Inner Shadow(내부 그림자)
  ④ Shape Tool(모양 도구) :
     - 새 모양 (레이어 스타일 - 그라디언트 오버레이
       (#ff6600, #ffff00, #ff6600))
     - 나비 모양 (#ffff00, Opacity(불투명도)(70%))

2. 문자 효과
  ① 헤이리마을 (궁서, 40pt, #ff6600, 레이어 스타일 -
     Stroke(선/획)(2px, #ffffff))

《출력형태》

문제유형 06 [기능평가] 사진편집 응용 [20점]

다음의 ≪조건≫에 따라 아래의 ≪출력형태≫와 같이 작업하시오.

《조건》

원본 이미지	문서₩GTQ₩Image₩1급-4.jpg, 1급-5.jpg, 1급-6.jpg		
파일 저장 규칙	JPG	파일명	문서₩GTQ₩수험번호-성명-2.jpg
		크기	400 × 500 pixels
	PSD	파일명	문서₩GTQ₩수험번호-성명-2.psd
		크기	40 × 50 pixels

1. 그림 효과
  ① 1급-4.jpg : 필터 - Film Grain(필름 그레인)
  ② 색상 보정 : 1급-5.jpg - 빨간색 계열로 보정
  ③ 1급-5.jpg : 레이어 스타일 - Bevel and Emboss(경사와 엠보스)
  ④ 1급-6.jpg : 레이어 스타일 - Outer Glow(외부 광선)
  ⑤ Shape Tool(모양 도구) :
     - 음표 모양 (#000000, 레이어 스타일 - Outer Glow(외부 광선))
     - 꽃 모양 (#00ff00, 레이어 스타일 - Drop Shadow(그림자 효과))

2. 문자 효과
  ① 여유로운 오후시간 (바탕, 42pt, #000000, 레이어 스타일 -
     Stroke(선/획)(2px, 그라디언트(#ff6600, #ffffff)))

《출력형태》

[실무응용] 포스터 제작

다음의 ≪조건≫에 따라 아래의 ≪출력형태≫와 같이 작업하시오.

≪조건≫

원본 이미지	문서\GTQ\Image\1급-7.jpg, 1급-8.jpg, 1급-9.jpg, 1급-10.jpg, 1급-11.jpg		
파일 저장 규칙	JPG	파일명	문서\GTQ\수험번호-성명-3.jpg
		크기	600 × 400 pixels
	PSD	파일명	문서\GTQ\수험번호-성명-3.psd
		크기	60 × 40 pixels

1. 그림 효과
    ① 배경 : #336699
    ② 1급-7.jpg : Blending Mode(혼합 모드) - Overlay(오버레이), Opacity(불투명도)(80%)
    ③ 1급-8.jpg : 필터 - Texturizer(텍스처화), 레이어 마스크 - 가로 방향으로 흐릿하게
    ④ 1급-9.jpg : 필터 - Poster Edges(포스터 가장자리)
    ⑤ 1급-10.jpg : 색상 보정 - 파란색 계열로 보정, 레이어 스타일 - Bevel and Emboss(경사와 엠보스)
    ⑥ 1급-11.jpg : 레이어 스타일 - Inner Glow(내부 광선), Drop Shadow(그림자 효과)
    ⑦ 그 외《출력형태》참조

2. 문자 효과
    ① 기업들의 다양한 언택트 마케팅 (굴림, 30pt, 42pt, 레이어 스타일 - 그라디언트 오버레이(#00ccff, #ffcc00), Stroke(선/획)(3px, #333333))
    ② 편리 / 소통 / 문화 (궁서, 16pt, #ff0000, #333399, 레이어 스타일 - Stroke(선/획)(2px, #ffffff))
    ③ Various untact marketing of companies (Times New Roman, Regular, 18pt, #ffffff, 레이어 스타일 - Stroke(선/획)(2px, 그라디언트(#993300, #003300))
    ④ 언택트 중심 2030세대의 소비심리에 따른 마케팅 전략 (돋움, 16pt, #ffff99, 레이어 스타일 - Stroke(선/획)(2px, #663300))

≪출력형태≫

Shape Tool(모양 도구) 사용 #cc9999, 레이어 스타일 - Inner Shadow(내부 그림자), Opacity(불투명도)(70%)

Shape Tool(모양 도구) 사용 #996600, 레이어 스타일 - Outer Glow(외부 광선)

Shape Tool(모양 도구) 사용 레이어 스타일 - 그라디언트 오버레이(#993333, #ffcccc), Drop Shadow(그림자 효과)

STEP 01   캔버스 생성 및 이미지 복사하기

01 [문제2]에서 작성한 파일을 모두 닫은 후 [Home] 화면에서 [Create new(새로 만들기)] 단추를 클릭합니다.

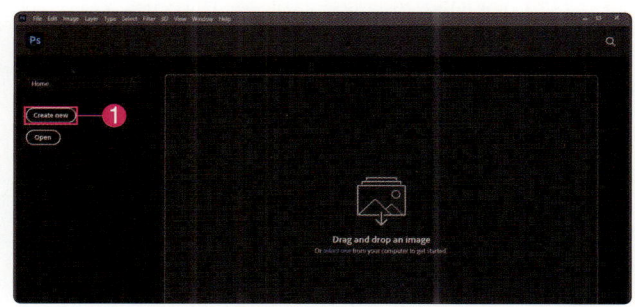

02 [New Document(새로 만들기 문서)] 대화상자가 나타나면 Width(너비)를 '600', Height(높이)를 '400', Resolution(해상도)를 '72'를 입력합니다. 그런 다음 [Create(만들기)] 단추를 클릭합니다.

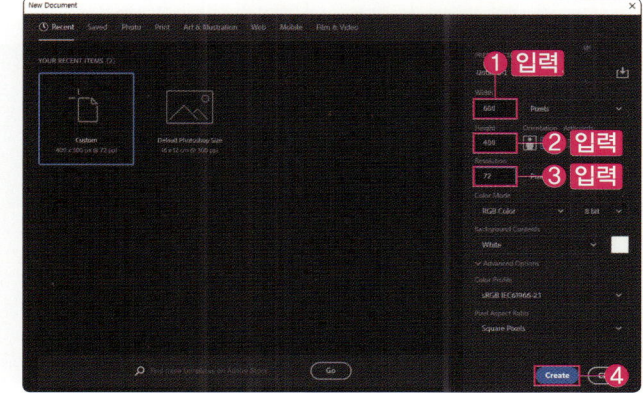

03 Tool Box(도구 상자)에서 [Move Tool(이동 도구)]를 선택한 후 눈금자를 드래그하여 다음과 같이 Guides(안내선)을 작성합니다. 그런 다음 [Set foreground color(전경색 설정)]을 클릭합니다.

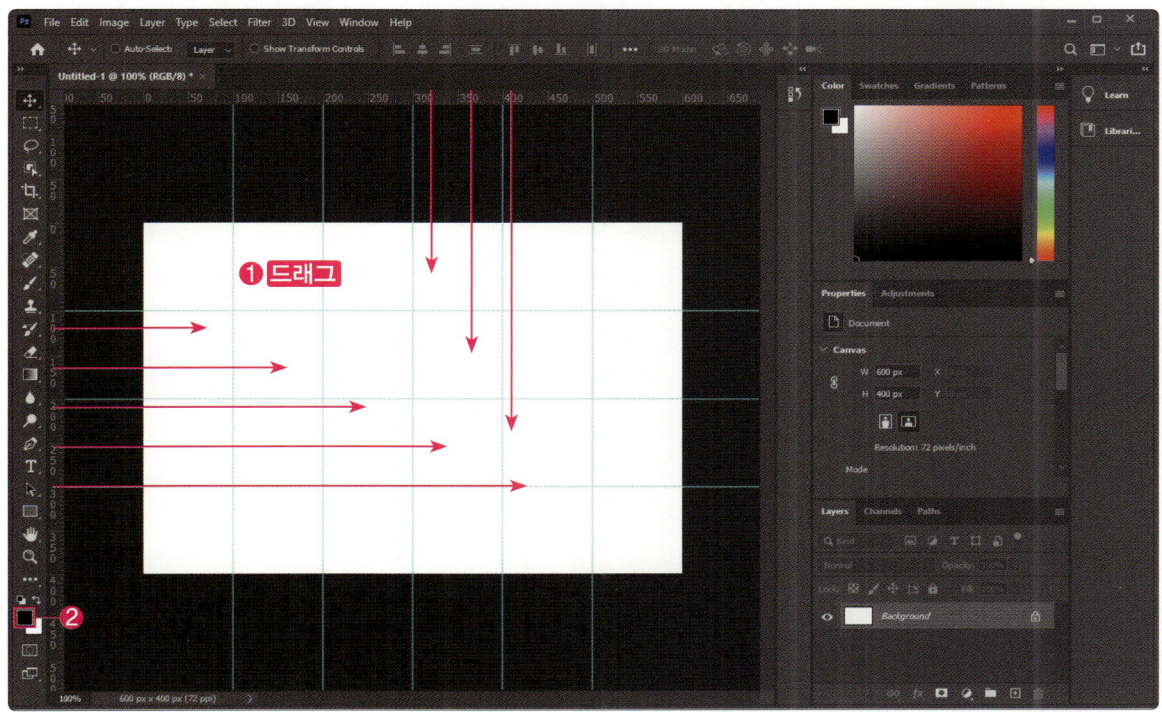

04 [Color Picker(Foreground Color)(색상 피커(전경색))] 대화상자가 나타나면 색상(336699)을 입력한 후 [OK(확인)] 단추를 클릭합니다.

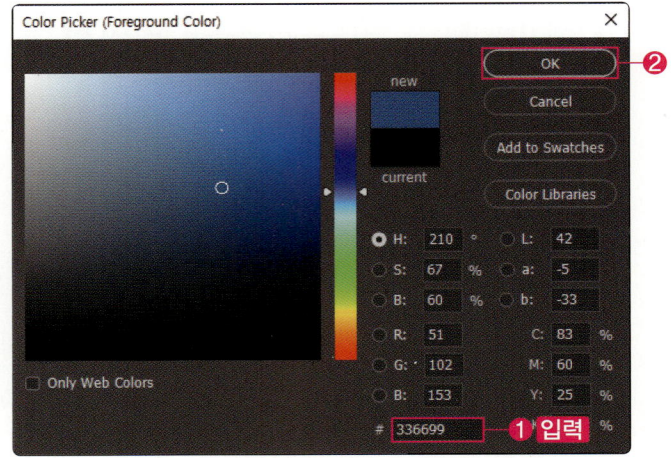

05 전경색이 변경되면 Alt+Delete를 눌러 전경색을 칠합니다.

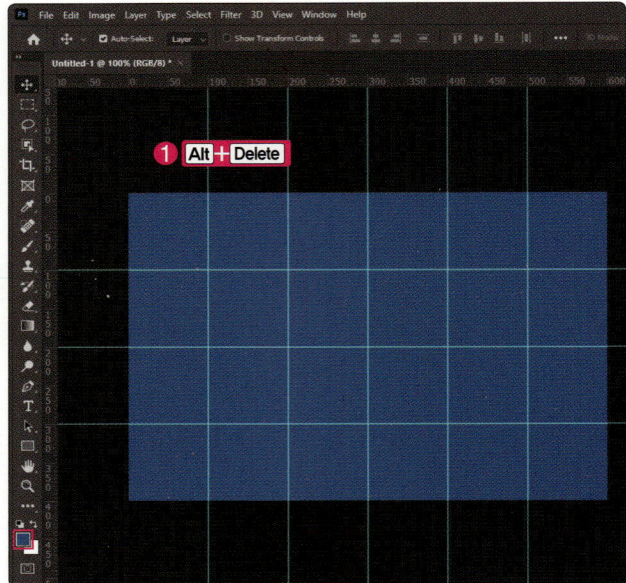

Tip
• 전경색 칠하기 : Alt + Delete
• 배경색 칠하기 : Ctrl + Delete

06 [문제 3]에서 사용할 이미지를 불러오기 위해 [File(파일)]을 클릭한 후 [Open(열기)]를 클릭합니다. 그런 다음 [열기] 대화상자가 나타나면 찾는 위치(내 PC₩문서₩GTQ₩Image)를 지정한 후 파일(1급-7 ~ 1급-11)을 선택한 다음 [열기] 단추를 클릭합니다.

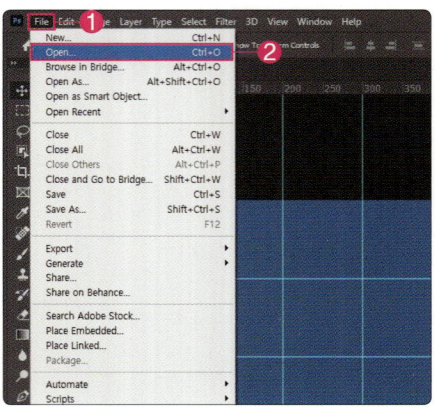

200 입실부터 퇴실까지 GTQ 시험 체험하기

07 이미지가 불러와지면 [1급-7.jpg] 탭을 클릭한 후 Ctrl+A를 눌러 이미지 전체를 선택 영역으로 지정한 다음 Ctrl+C를 눌러 이미지를 복사합니다.

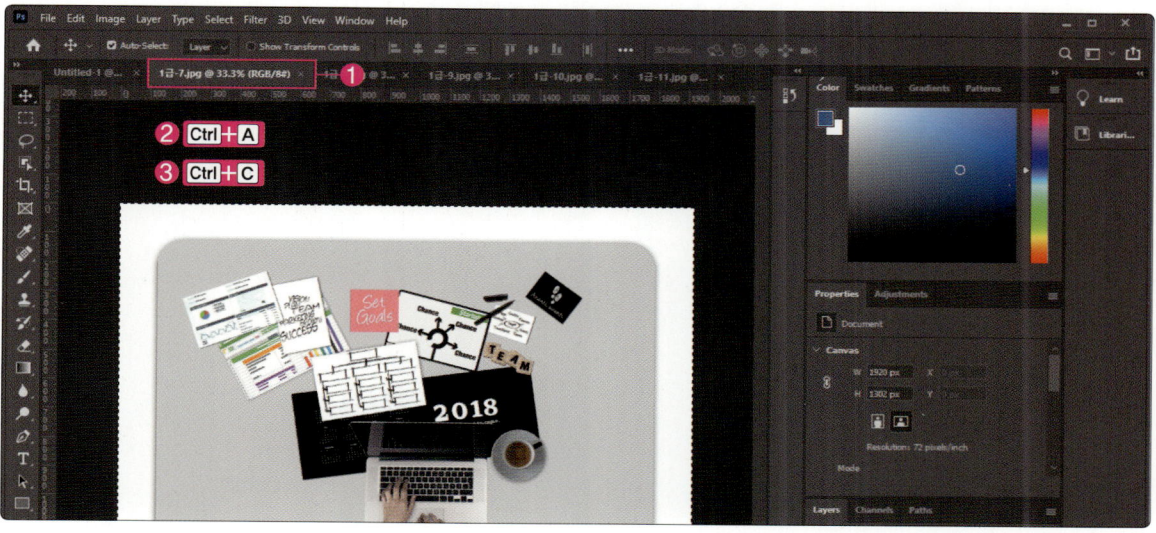

08 [Untitled-1] 탭을 클릭한 후 Ctrl+V를 눌러 붙여넣기 합니다. 그런 다음 이미지를 드래그하여 위치를 조절합니다.

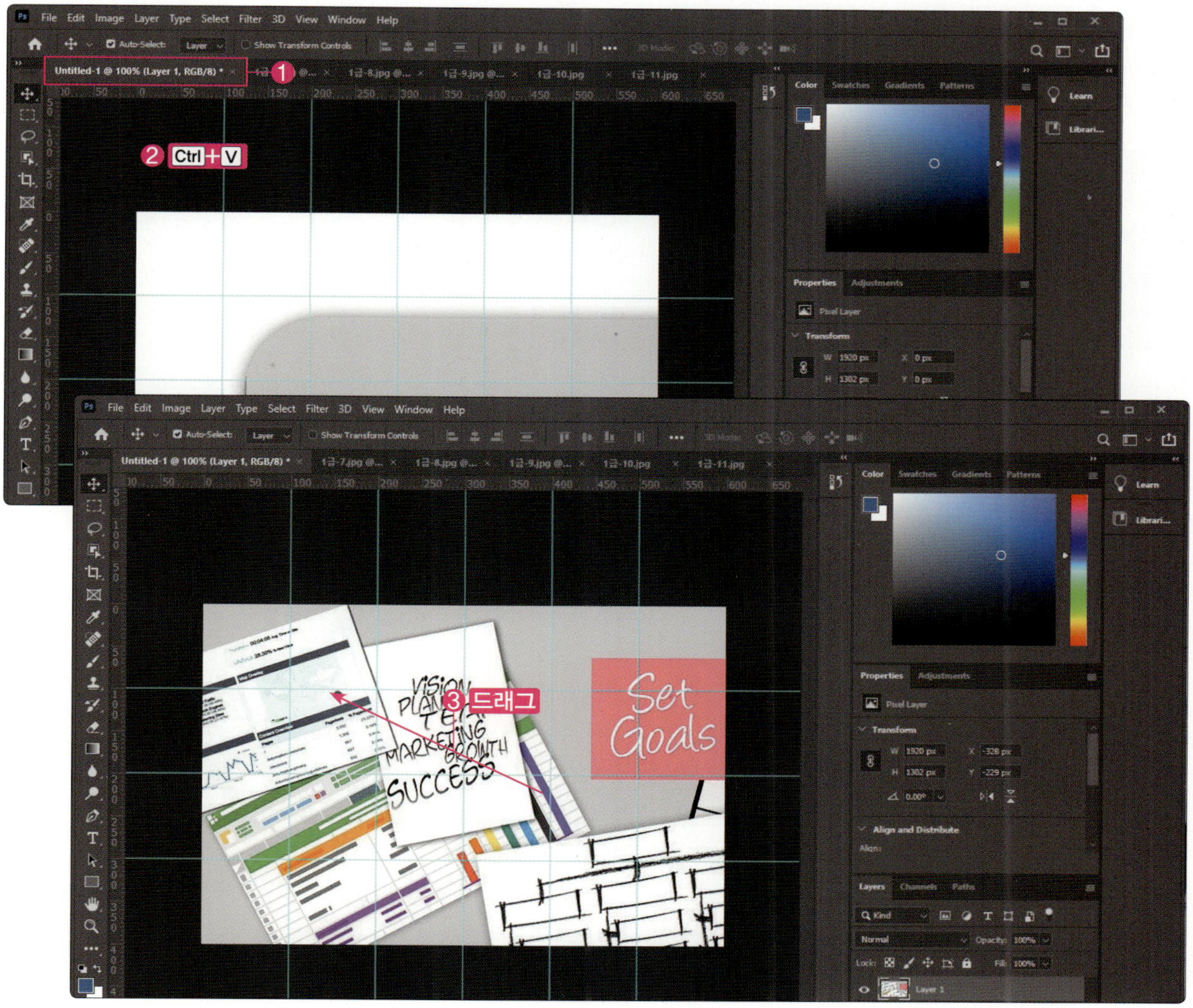

Chapter05 • [실무응용] 포스터 제작 **201**

09 [Layers(레이어)] 패널에서 Blending Mode(혼합 모드)의 ▼[목록] 단추를 클릭한 후 [Overlay(오버레이)]를 선택합니다.

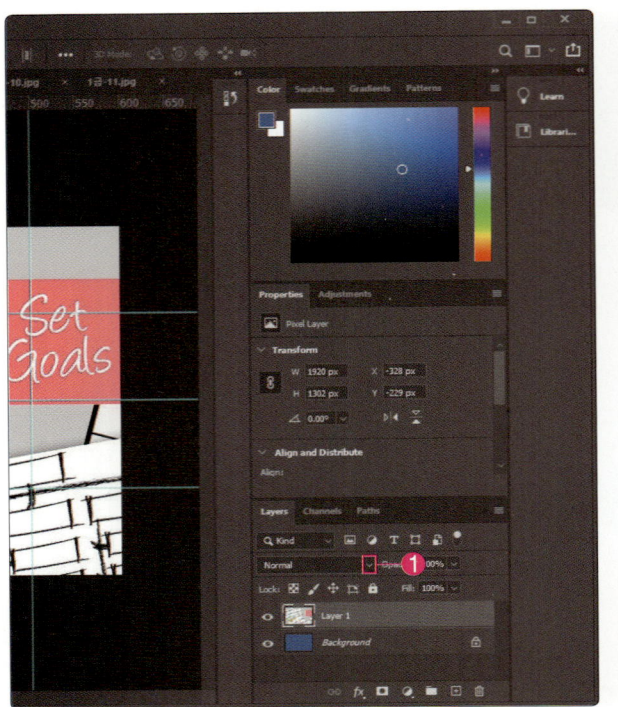
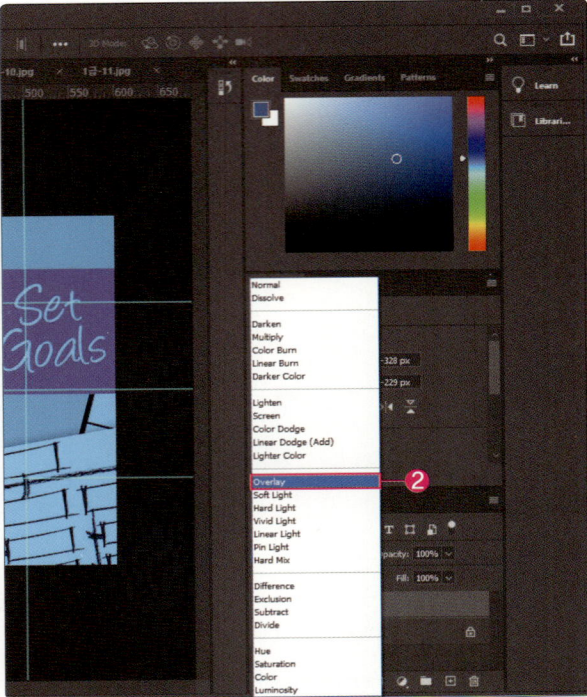

10 [Layers(레이어)] 패널에서 Opacity(불투명도)를 '80'을 입력합니다.

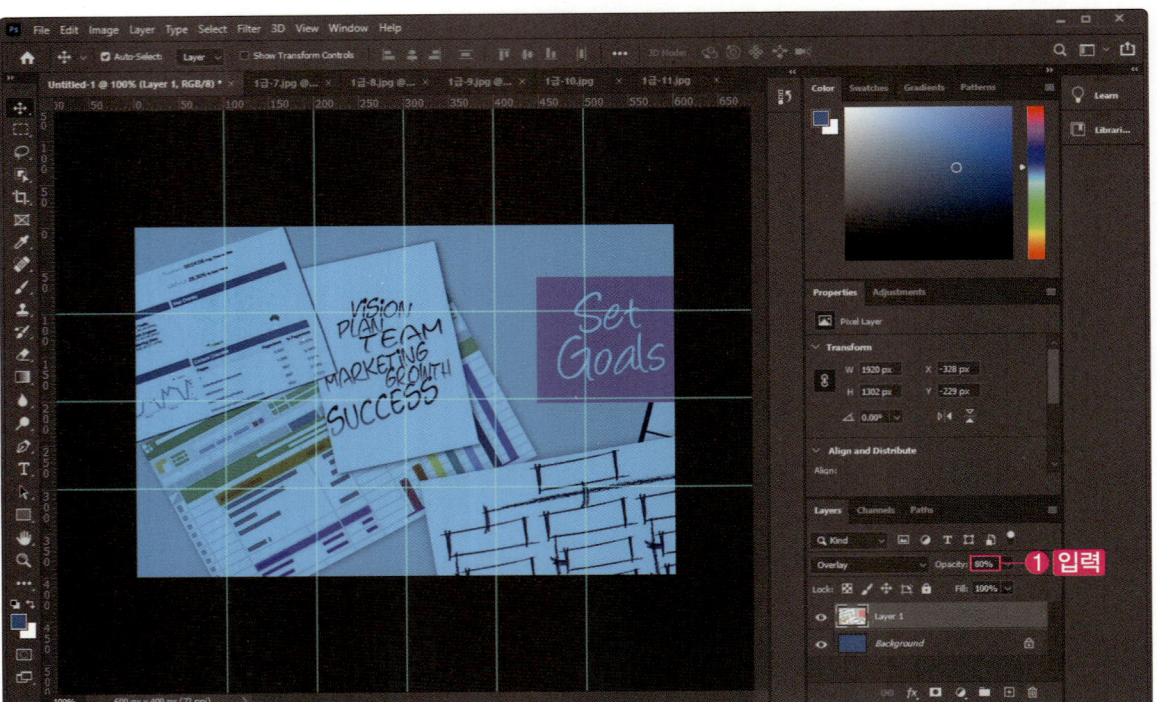

STEP 02   이미지 복사 및 필터, 레이어 마스크 지정하기

01 [1급-8.jpg] 탭을 클릭한 후 Ctrl+A를 눌러 이미지 전체를 선택 영역으로 지정한 다음 Ctrl+C를 눌러 이미지를 복사합니다.

02 [Untitled-1] 탭을 클릭한 후 Ctrl+V를 눌러 붙여넣기 합니다.

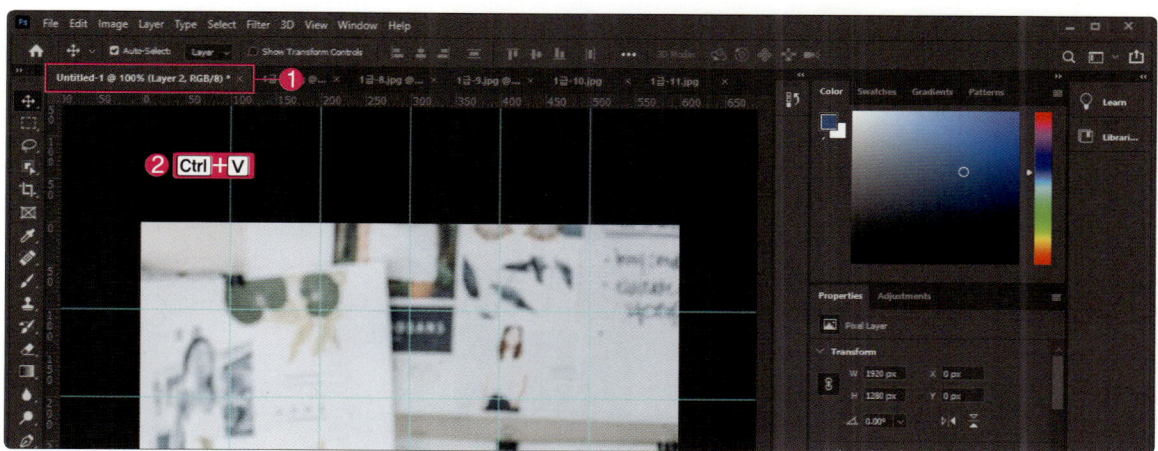

03 [Edit(편집)]을 클릭한 후 [Free Transform(자유 변형)]을 클릭합니다. 그런 다음 크기 조절점이 나타나면 크기 조절점을 드래그하여 크기를 조절한 후 Enter를 누릅니다.

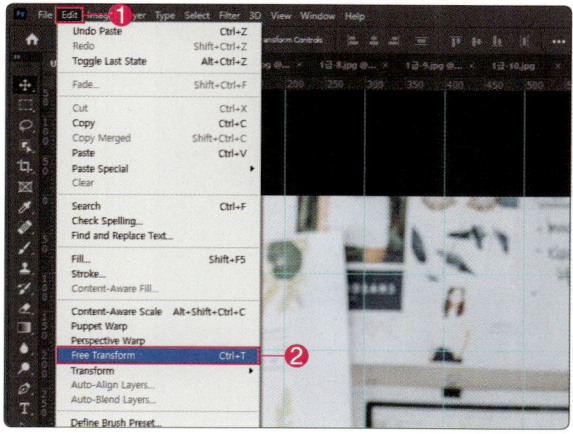 

04 [Filter(필터)]를 클릭한 후 [Filter Gallery(필터 갤러리)]를 클릭합니다.

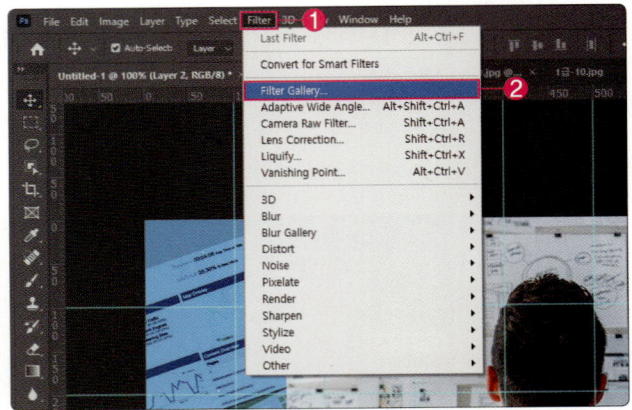

05 [Filter Gallery(필터 갤러리)] 대화상자가 나타나면 [Texture(텍스처)]를 클릭한 후 Texture(텍스처) 목록이 나타나면 [Texturizer(텍스처화)]를 클릭한 다음 속성을 지정하고 [OK(확인)] 단추를 클릭합니다.

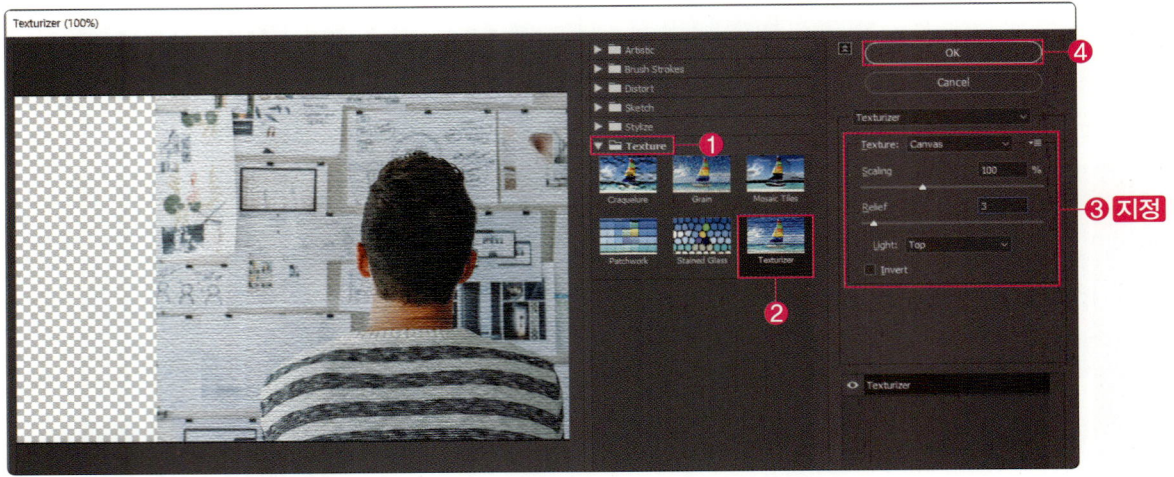

> Tip
> Filter(필터)를 적용할 때 세부 설정 값은 《출력형태》를 보고 수험자가 직접 판단해야 합니다. 《출력형태》와 비교하면서 세부 설정 값을 조절합니다.

06 레이어 마스크를 지정하기 위해 [Layers(레이어)] 패널에서 [Add layer mask(레이어 마스크 추가)]를 클릭합니다.

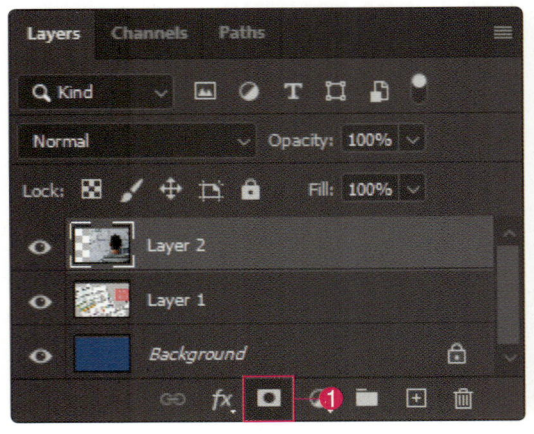 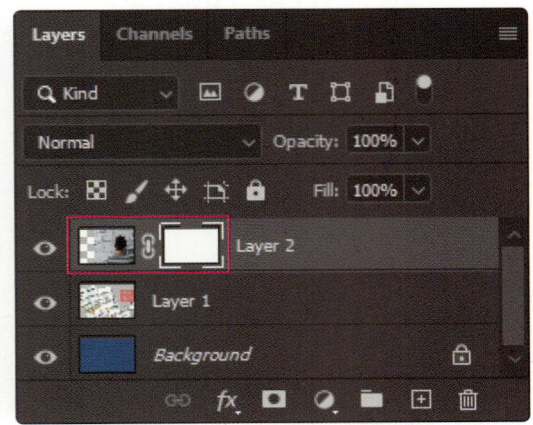

204 입실부터 퇴실까지 GTQ 시험 체험하기

07 Tool Box(도구 상자)에서 ■[Gradient Tool(그라디언트 도구)]를 선택한 후 옵션 바에서 ▬[Click to edit the gradient(클릭하여 그레이디언트 편집)]의 ■[목록] 단추를 클릭한 다음 [Basics(기본 사항)]의 ▶[목록] 단추를 클릭하고 [Foreground to Background(전경색에서 배경으로)]를 클릭합니다. 그런 다음 오른쪽에서 왼쪽으로 드래그하여 마스크를 적용합니다.

> **Tip**
> 가로 방향으로 얼마나 드래그해야 하는지는 조건으로 제시되어 있지 않으므로 《출력형태》를 보고 수험자가 판단해야 합니다.
> 실행 취소(Ctrl+Z)를 이용하여 반복 작업을 통해 비슷하게 작성합니다.

08 다음과 같이 레이어 마스크가 가로 방향으로 흐릿하게 적용됩니다.

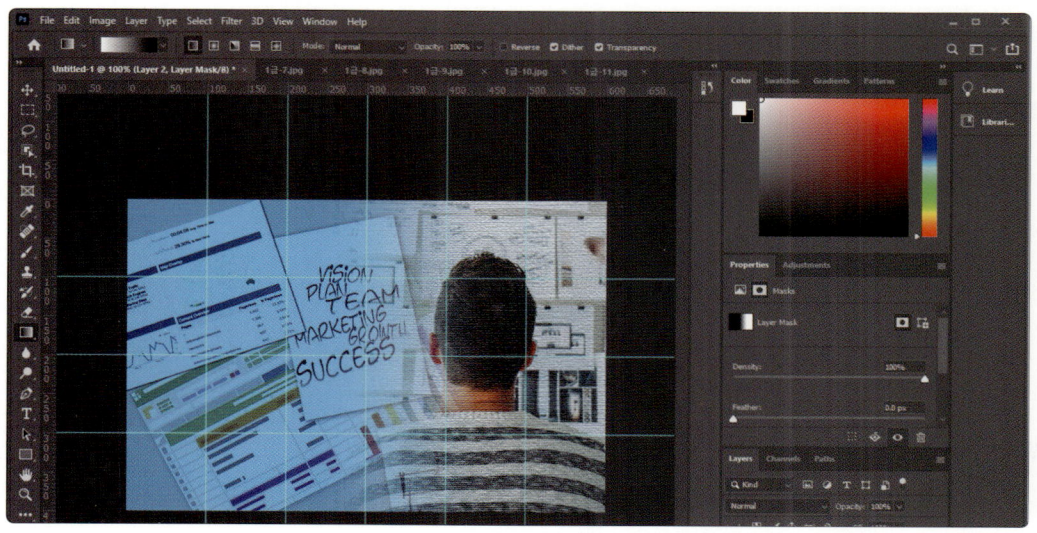

STEP 03 이미지 복사 및 Filter(필터) 적용하기

01 [1급-9.jpg] 탭을 클릭한 후 Ctrl+A를 눌러 이미지 전체를 선택 영역으로 지정한 다음 Ctrl+C를 눌러 이미지를 복사합니다.

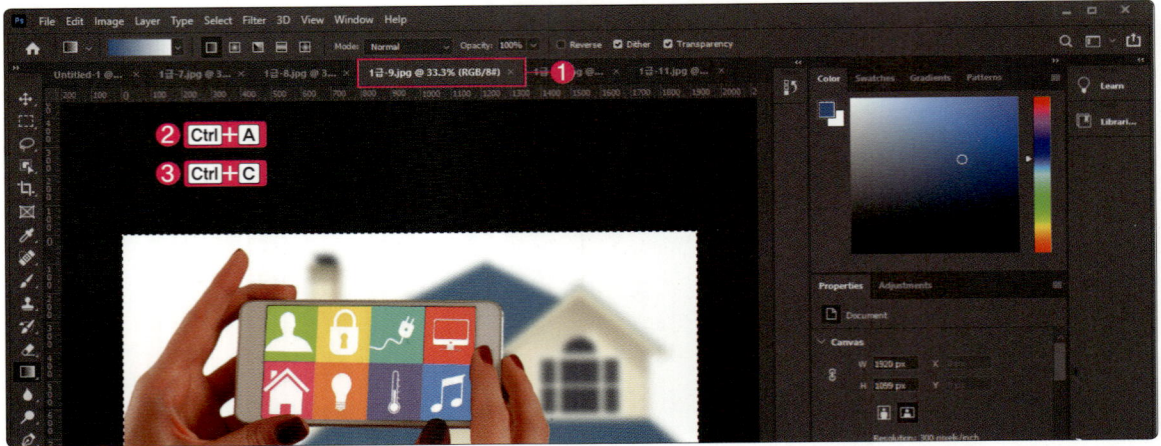

02 [Untitled-1] 탭을 클릭한 후 Ctrl+V를 눌러 붙여넣기 합니다.

03 [Edit(편집)]을 클릭한 후 [Free Transform(자유 변형)]을 클릭합니다. 그런 다음 크기 조절점이 나타나면 크기 조절점을 드래그하여 위치 및 크기를 조절한 후 Enter를 누릅니다.

04 [Filter(필터)]를 클릭한 후 [Filter Gallery(필터 갤러리)]를 클릭합니다.

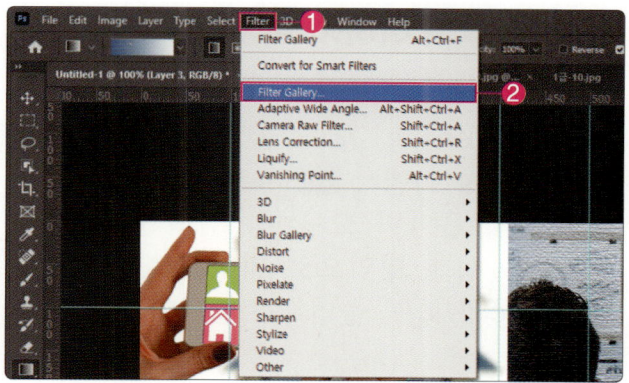

05 [Filter Gallery(필터 갤러리)] 대화상자가 나타나면 [Artistic(예술효과)]를 클릭한 후 Artistic(예술효과) 목록이 나타나면 [Poster Edges(포스터 가장자리)]를 클릭한 다음 속성을 지정하고 [OK(확인)] 단추를 클릭합니다.

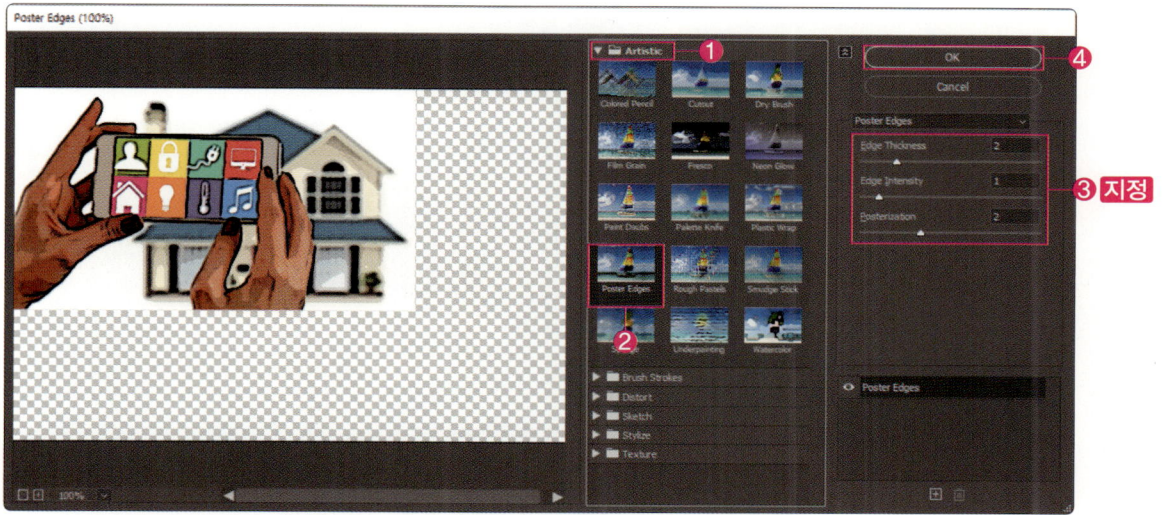

06 다음과 같이 이미지에 필터가 적용됩니다.

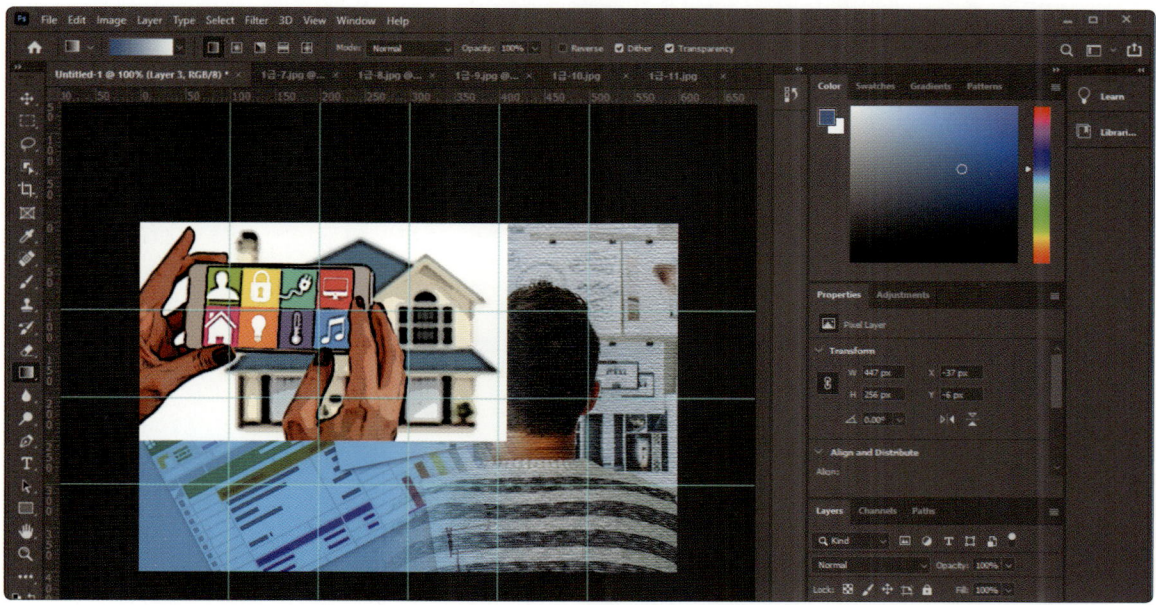

Chapter05 · [실무응용] 포스터 제작

STEP 04 이미지 복사 및 색상 보정, 레이어 스타일 지정하기

01 [1급-10.jpg] 탭을 클릭한 후 Tool Box(도구 상자)에서 [Magnetic Lasso Tool(자석 올가미 도구)]를 선택한 다음 신호등을 선택 영역으로 지정합니다. 그런 다음 Ctrl+C를 눌러 복사합니다.

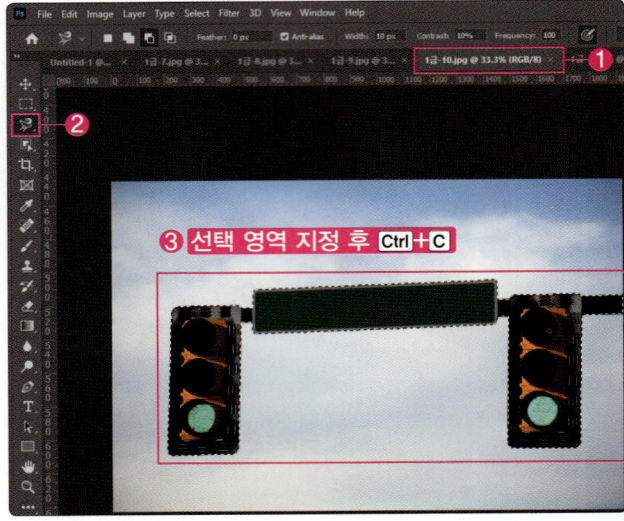

02 [Untitled-1] 탭을 클릭한 후 Ctrl+V를 눌러 붙여넣기 합니다.

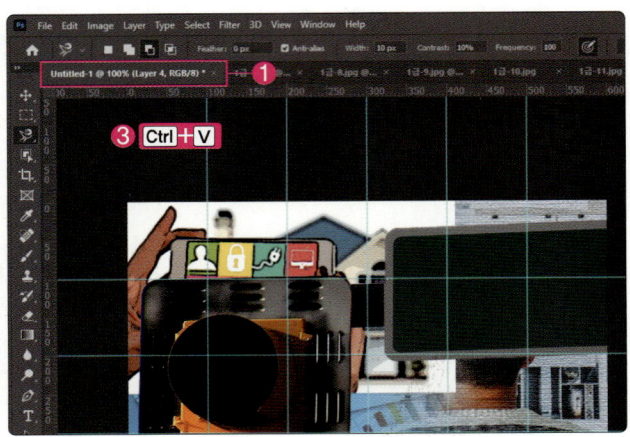

03 도형의 모양을 좌우 대칭하기 위해 [Edit(편집)]을 클릭한 후 [Transform Path(변형)]-[Flip Horizontal(가로로 뒤집기)]를 클릭합니다.

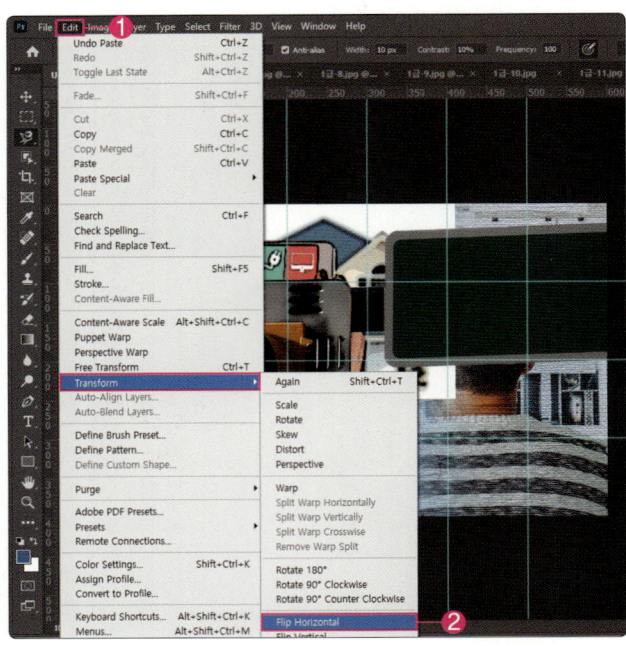

04 [Edit(편집)]을 클릭한 후 [Free Transform(자유 변형)]을 클릭합니다. 그런 다음 크기 조절점이 나타나면 크기 조절점을 드래그하여 위치 및 크기를 조절한 후 Enter를 누릅니다.

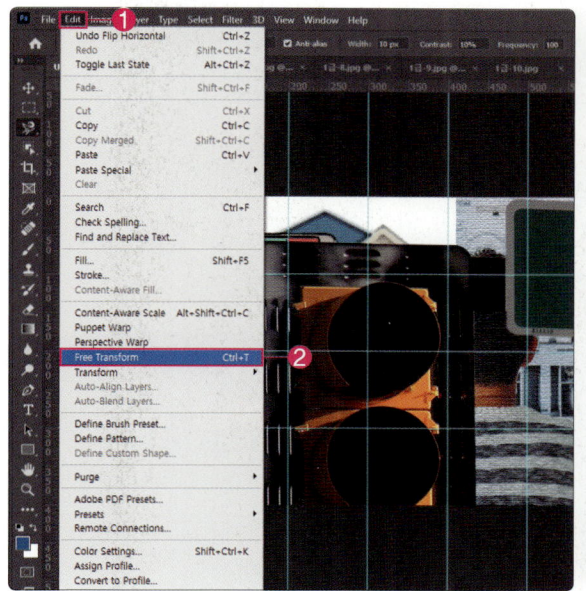 

05 크기가 조절되면 오른쪽 신호등 부분을 선택 영역으로 지정합니다. 그런 다음 색상을 보정하기 위해 [Layers(레이어)] 패널에서 [Create new fill or adjustment layer(새 칠 또는 조정 레이어)]를 클릭한 후 [Hue/Saturation(색조/채도)]를 클릭합니다.

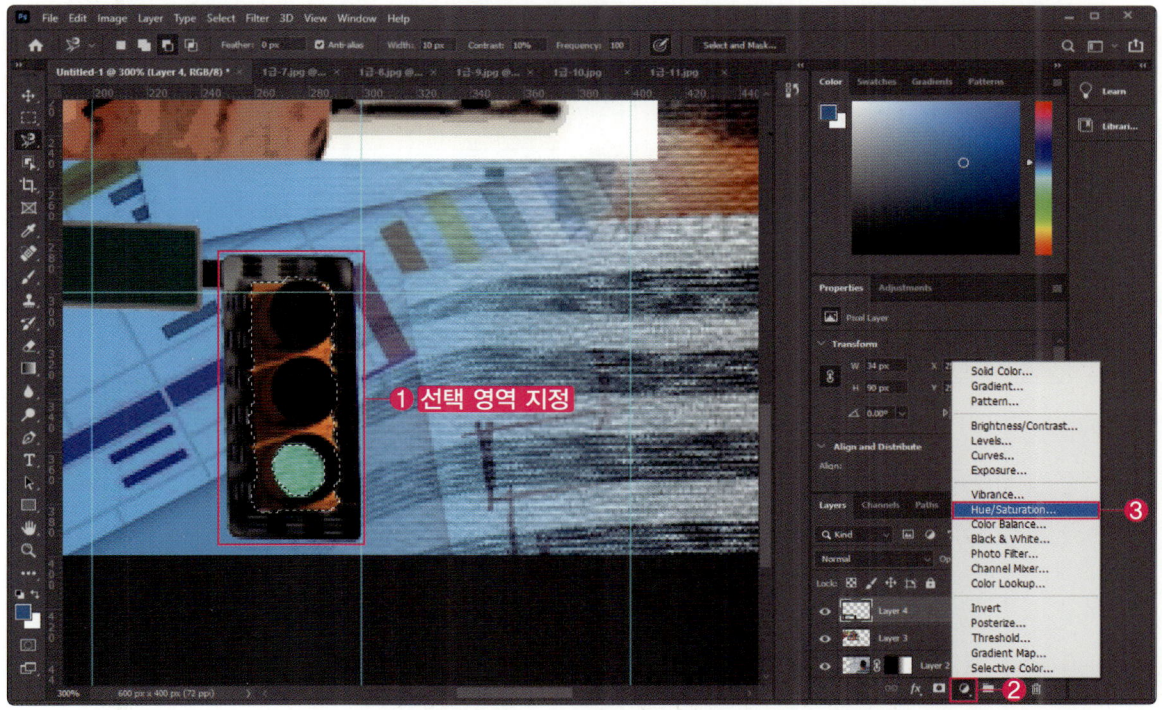

> Tip
> Tool Box(도구 상자)에서 [Magnetic Lasso Tool(자석 올가미 도구)]를 선택 ▶ 오른쪽 신호등 선택 영역 지정 ▶ 옵션 바에서 [Subtract from selection]을 선택한 후 맨 아래 신호등의 선택 영역을 빼줍니다.

Chapter05 · [실무응용] 포스터 제작

06 [Hue/Saturation 1(색조/채도 1)] 레이어가 추가되면 [Properties(속성)] 패널에서 Hue(색조)와 Saturation(채도), Lightness(명도)를 조절하여 파란색 계열로 보정합니다.

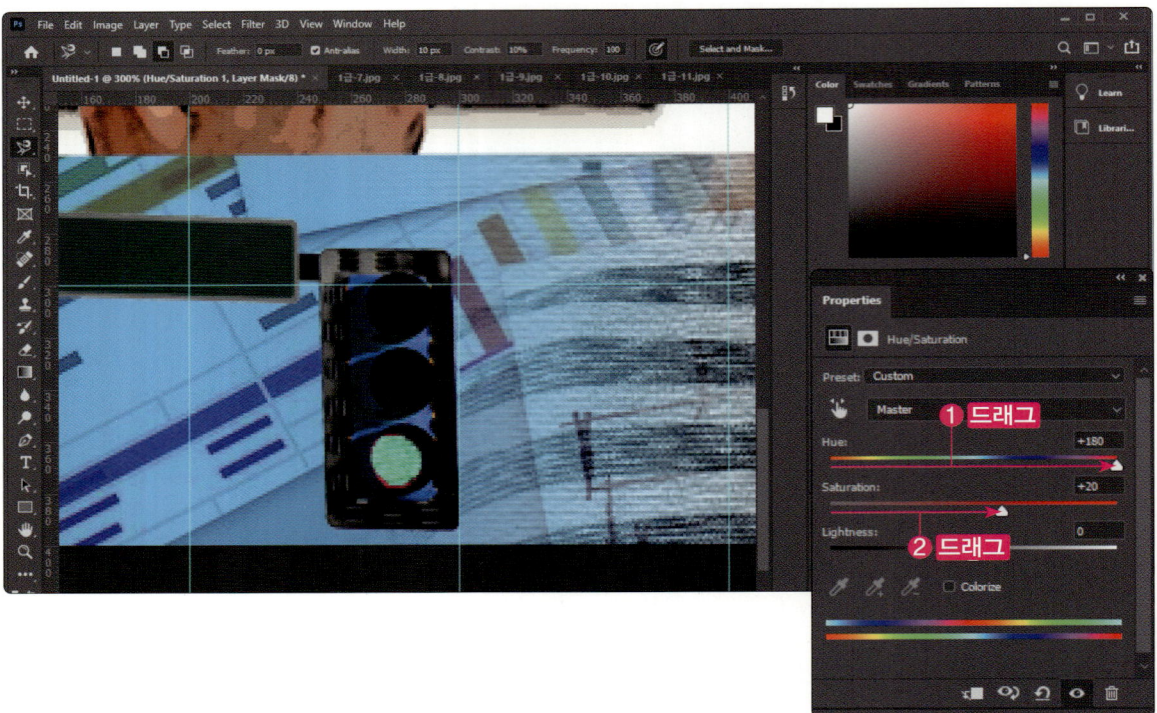

07 [Layers(레이어)] 패널에서 [Layer 4(레이어 4)]를 선택합니다. 그런 다음 fx [Add a layer style(레이어 스타일 추가)]를 클릭한 후 [Bevel & Emboss(경사와 엠보스)]를 클릭합니다.

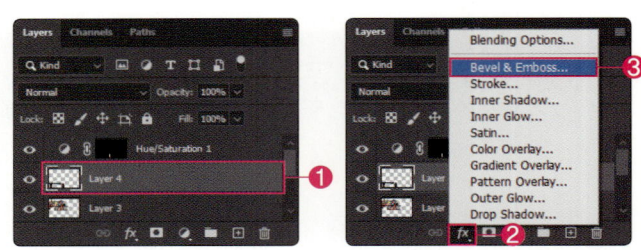

08 [Layer Style(레이어 스타일)] 대화상자의 [Bevel & Emboss(경사와 엠보스)] 스타일이 나타나면 속성을 지정한 후 [OK(확인)] 단추를 클릭합니다.

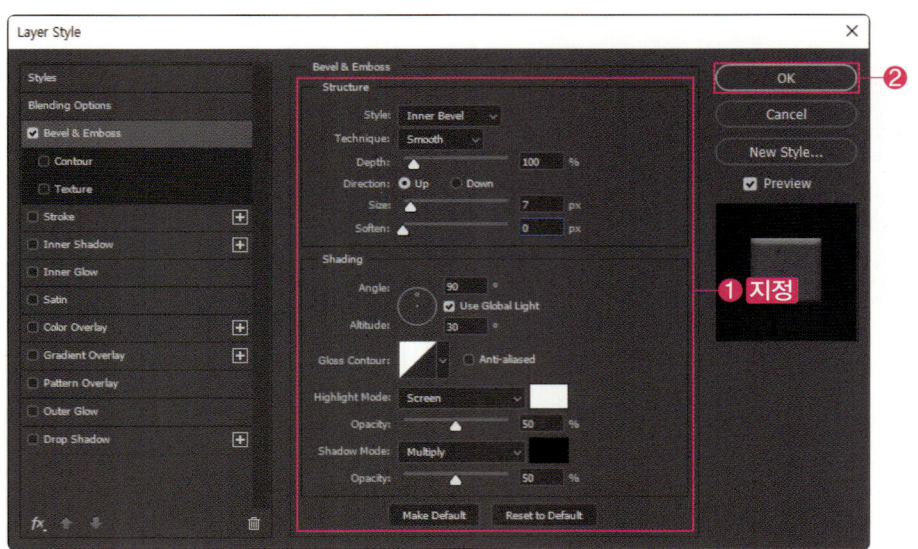

STEP 05 이미지 복사 및 레이어 스타일, 클리핑 마스크 지정하기

01 [1급-10.jpg] 탭을 클릭한 후 Tool Box(도구 상자)에서 [Magnetic Lasso Tool(자석 올가미 도구)]를 선택한 다음 나뭇가지 및 나뭇잎을 선택 영역으로 지정합니다. 그런 다음 Ctrl+C를 눌러 복사합니다.

> **Tip**
> Tool Box(도구 상자)에서 [Magnetic Lasso Tool(자석 올가미 도구)]를 선택 ▶ 나뭇가지 및 나뭇잎 선택 영역 지정 ▶ 옵션 바에서 [Subtract from selection]을 선택한 후 안쪽의 빈 공간을 지정하여 선택 영역을 빼줍니다.

02 [Untitled-1] 탭을 클릭한 후 [Layers(레이어)] 패널에서 [Layer 2(레이어 2)] 레이어를 선택한 다음 Ctrl+V를 눌러 붙여넣기 합니다.

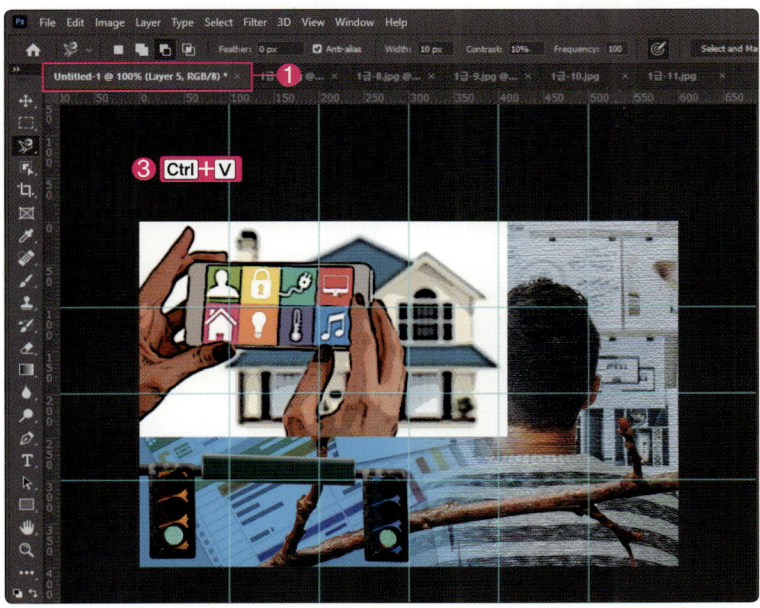
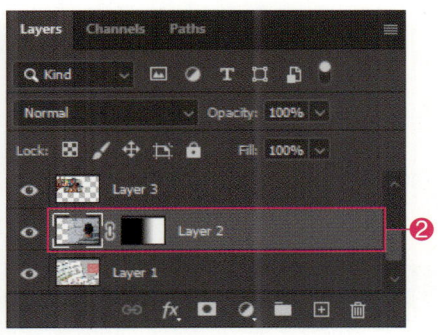

Chapter05 · [실무응용] 포스터 제작 **211**

03 [Edit(편집)]을 클릭한 후 [Free Transform(자유 변형)]을 클릭합니다. 그런 다음 크기 조절점이 나타나면 크기 조절점을 드래그하여 위치 및 크기를 조절한 후 Enter를 누릅니다.

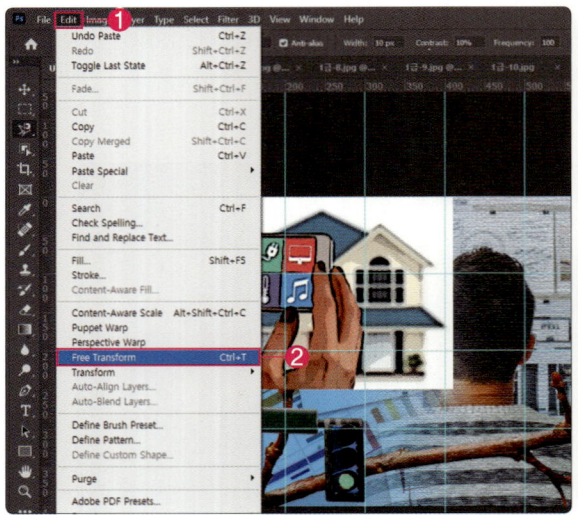 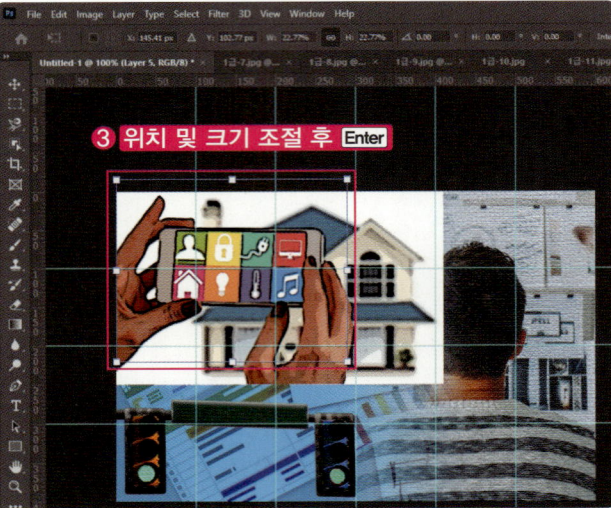

04 [Layers(레이어)] 패널에서 [Layer 3(레이어 3)] 레이어를 선택한 후 [Layer(레이어)]를 클릭한 다음 [Create Clipping Mask(클리핑 마스크 만들기)]를 클릭합니다.

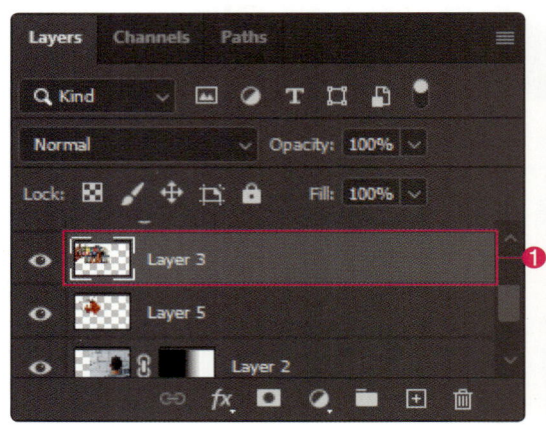 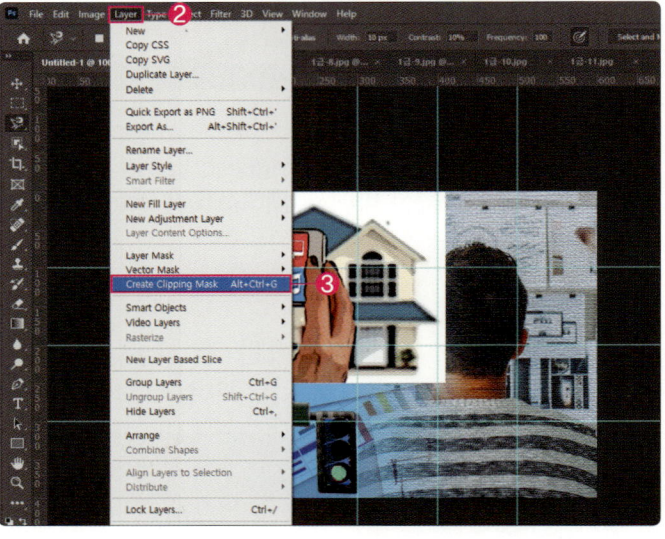

05 [Layers(레이어)] 패널에서 [Layer 4(레이어 4)] 레이어를 선택합니다. 그런 다음 fx.[Add a layer style(레이어 스타일 추가)]를 클릭한 후 [Inner Glow(내부 광선)]를 클릭합니다.

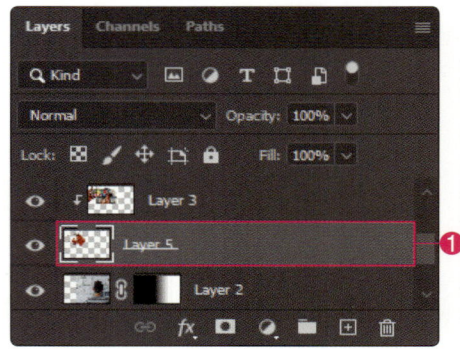 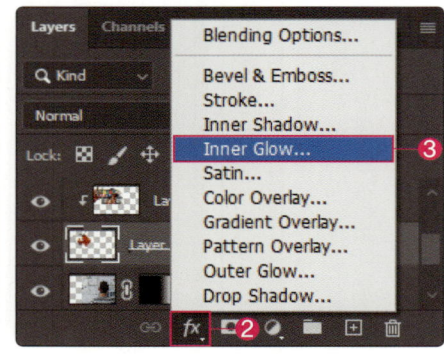

06 [Layer Style(레이어 스타일)] 대화상자의 [Inner Glow(내부 광선)] 스타일이 나타나면 속성을 지정한 후 [OK(확인)] 단추를 클릭합니다.

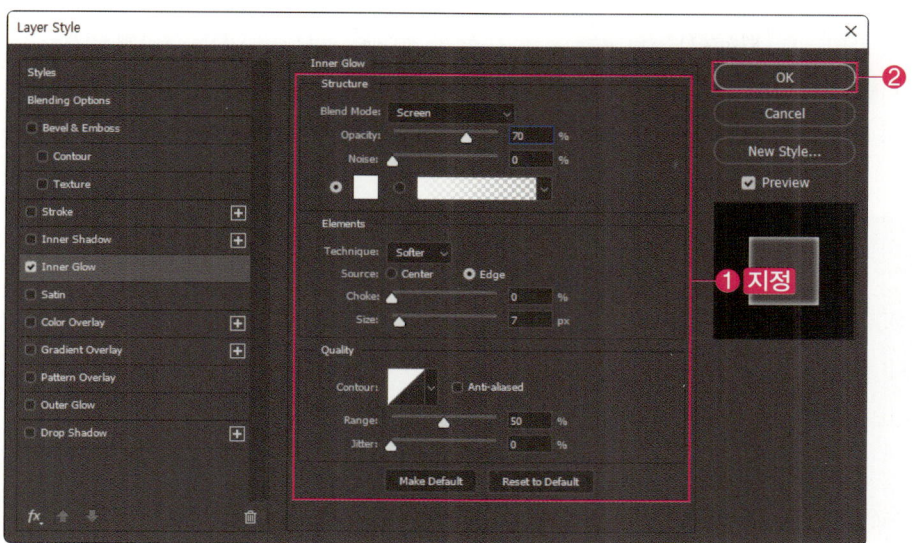

07 [Drop Shadow(그림자 효과)] 스타일을 클릭한 후 속성을 지정한 다음 [OK(확인)] 단추를 클릭합니다.

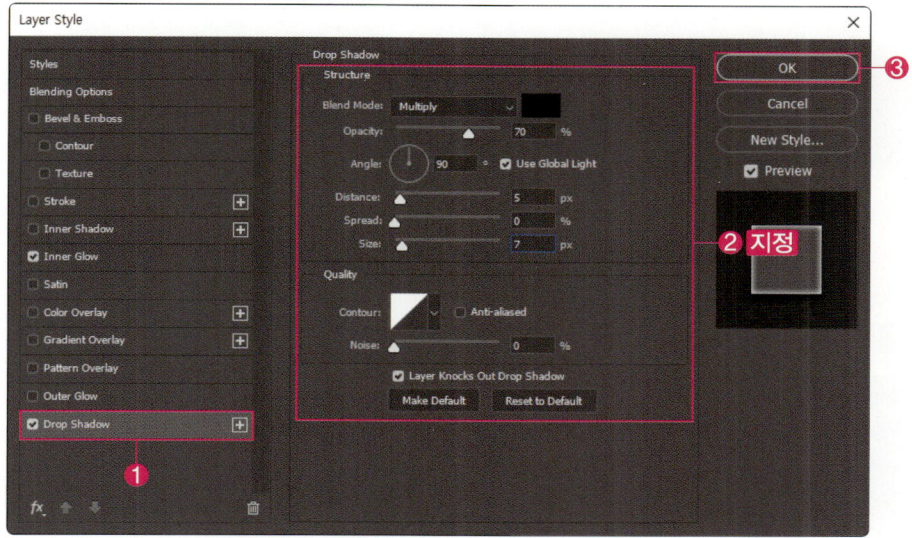

08 다음과 같이 클리핑 마스크 및 레이어 스타일이 적용됩니다.

| STEP 06 | 화살표 모양 도형 작성하기 |

01 [Layers(레이어)] 패널에서 [Hue/Saturation 1(색조/채도 1)] 레이어를 선택한 후 Tool Box(도구상자)에서 ▨[Custom Shape Tool(사용자 정의 모양 도구)]를 선택한 다음 옵션 바에서 [Click to open Custom shape picker(사용자 정의 모양 피커)]의 ▪[목록] 단추를 클릭합니다.

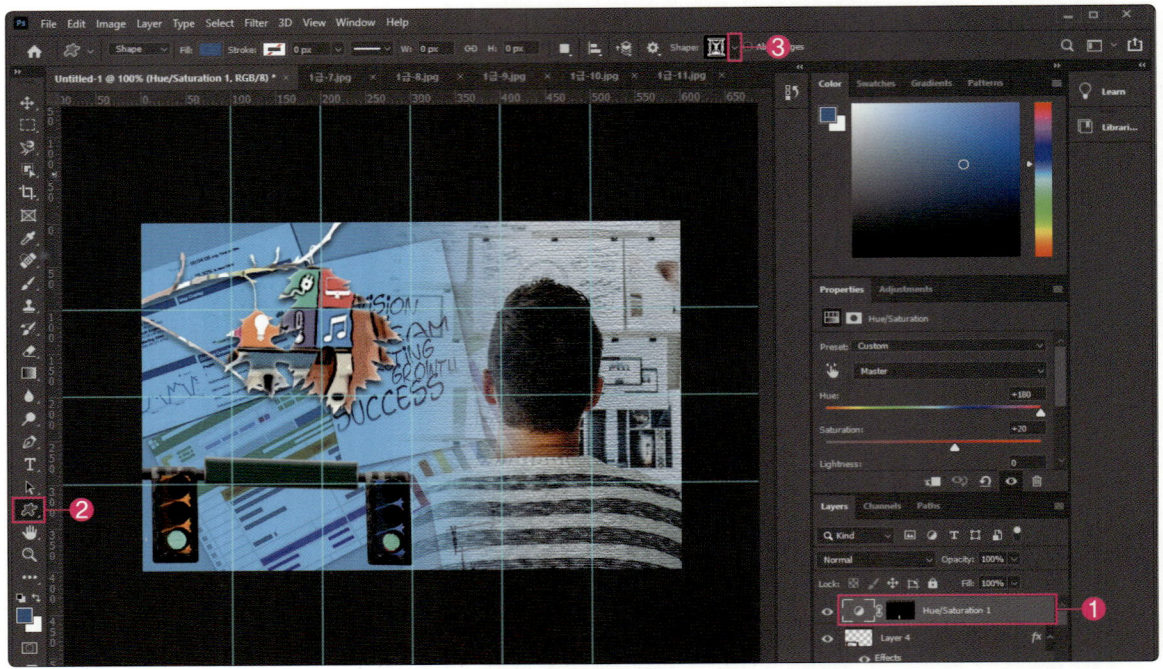

02 목록이 나타나면 [Legacy Shapes and More(레거시 모양 및 기타)]의 ▸[목록] 단추를 클릭한 후 [All Legacy Default Shapes(모든 레거시 기본 모양)]의 ▸[목록] 단추를 클릭한 다음 [Arrow(화살표)]의 ▸[목록] 단추를 클릭하고 ↝[Arrow 17(화살표 17)]을 클릭합니다.

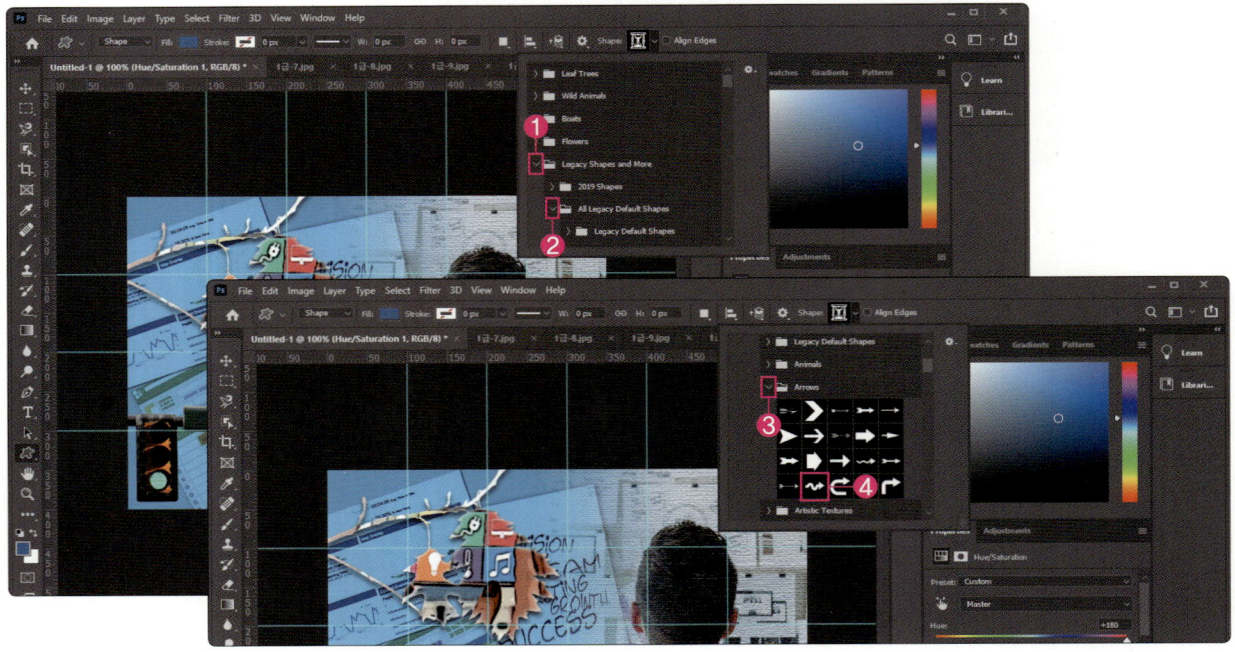

214 입실부터 퇴실까지 GTQ 시험 체험하기

03 화살표 모양 도형을 삽입하고자 하는 위치에 드래그합니다.

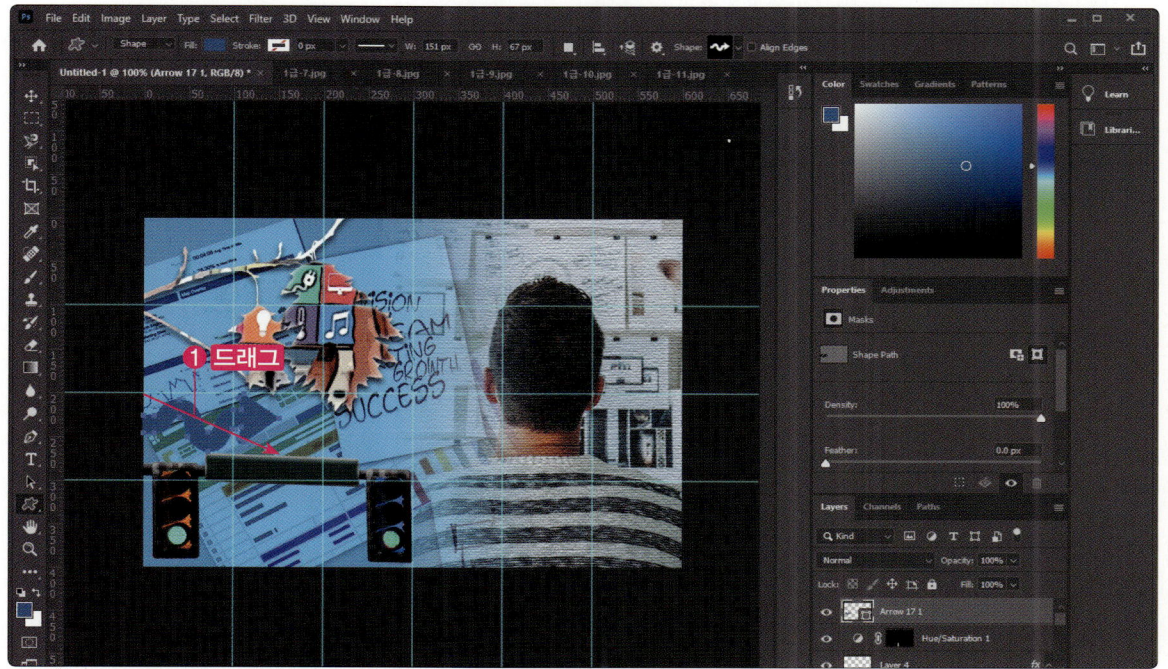

04 [Layers(레이어)] 패널에서 [Add a layer style(레이어 스타일 추가)]를 클릭한 후 [Gradient Overlay(그라디언트 오버레이)]를 클릭합니다.

05 [Layer Style(레이어 스타일)] 대화상자의 [Gradient Overlay(그라디언트 오버레이)] 스타일이 나타나면 [Gradient(그라디언트)]를 클릭합니다.

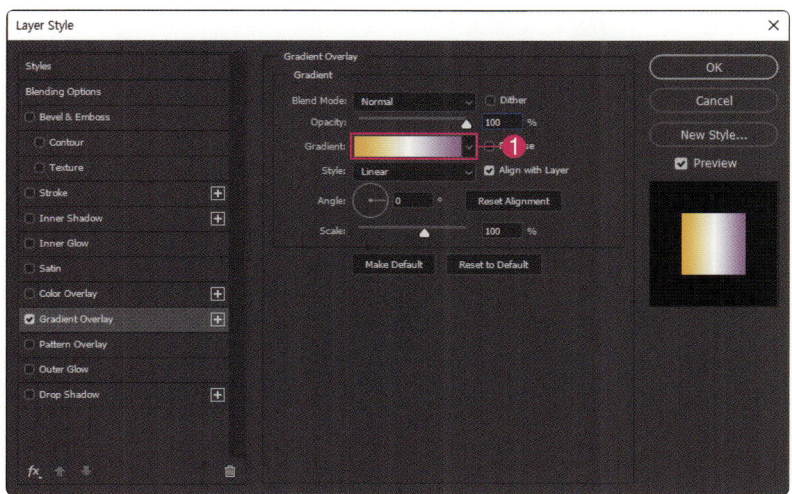

Chapter05 • [실무응용] 포스터 제작 **215**

06 [Gradient Editor(그라디언트 편집기)] 대화상자가 나타나면 왼쪽 Color Stop(색상 정지점)을 더블클릭합니다.

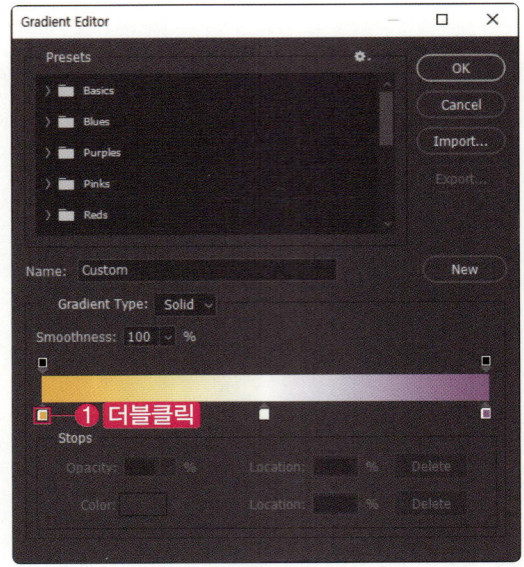

07 [Color Picker(Stop Color)(색상 피커(정지 색상))] 대화상자가 나타나면 색상(993333)을 입력한 후 [OK(확인)] 단추를 클릭합니다.

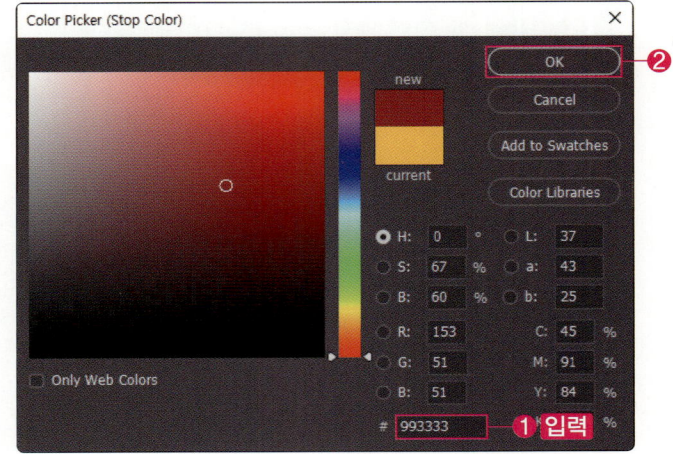

08 [Gradient Editor(그라디언트 편집기)] 대화상자가 다시 나타나면 가운데 Color Stop(색상 정지점)을 선택한 후 Delete 를 눌러 삭제합니다.

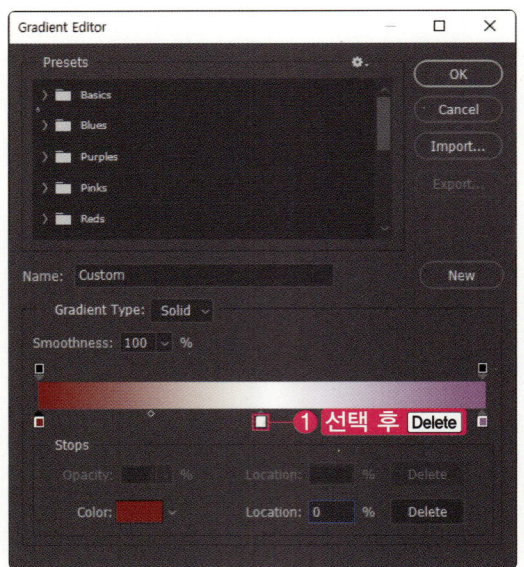

09 가운데 색상 정지점이 삭제되면 오른쪽 Color Stop(색상 정지점)을 더블클릭합니다. 그런 다음 [Color Picker(Stop Color)(색상 피커(정지 색상))] 대화상자가 나타나면 색상 (ffcccc)을 입력한 후 [OK(확인)] 단추를 클릭합니다.

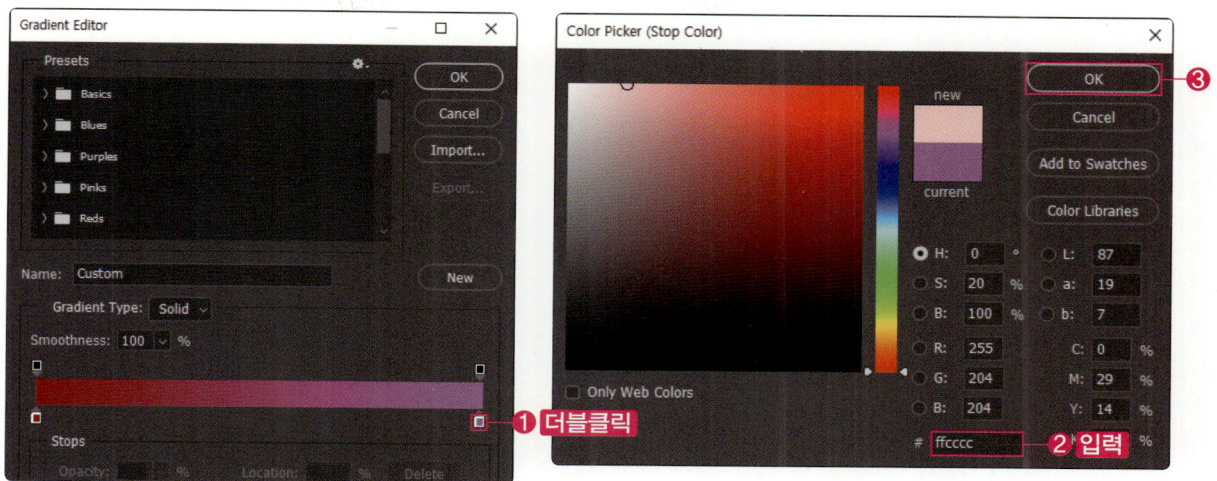

10 [Gradient Editor(그라디언트 편집기)] 대화상자가 다시 나타나면 [OK(확인)] 단추를 클릭합니다.

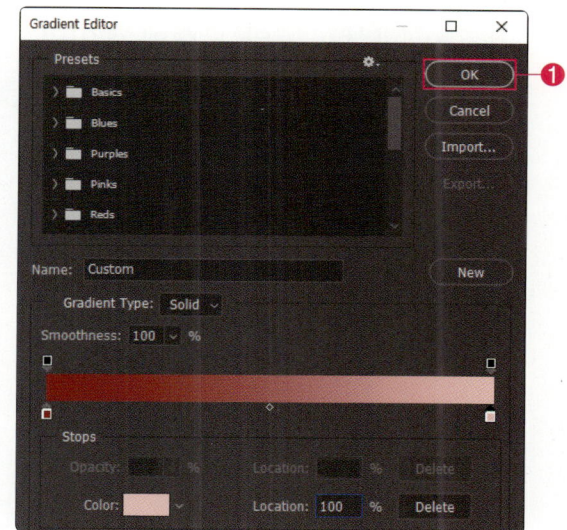

11 [Layer Style(레이어 스타일)] 대화상자가 다시 나타나면 Reverse(반전)을 선택한 후 Style(Reflected(반사))을 선택한 다음 Angle(각도)에 '90'을 입력합니다.

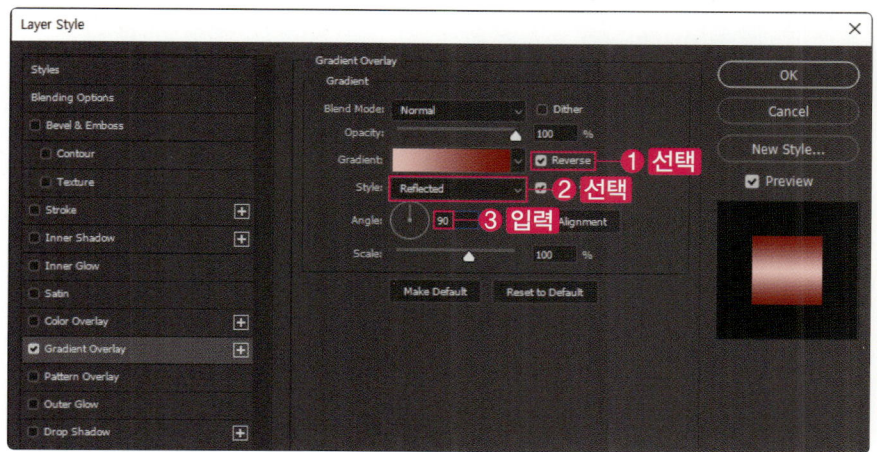

12 [Drop Shadow(그림자 효과)] 스타일을 클릭한 후 속성을 지정한 다음 [OK(확인)] 단추를 클릭합니다.

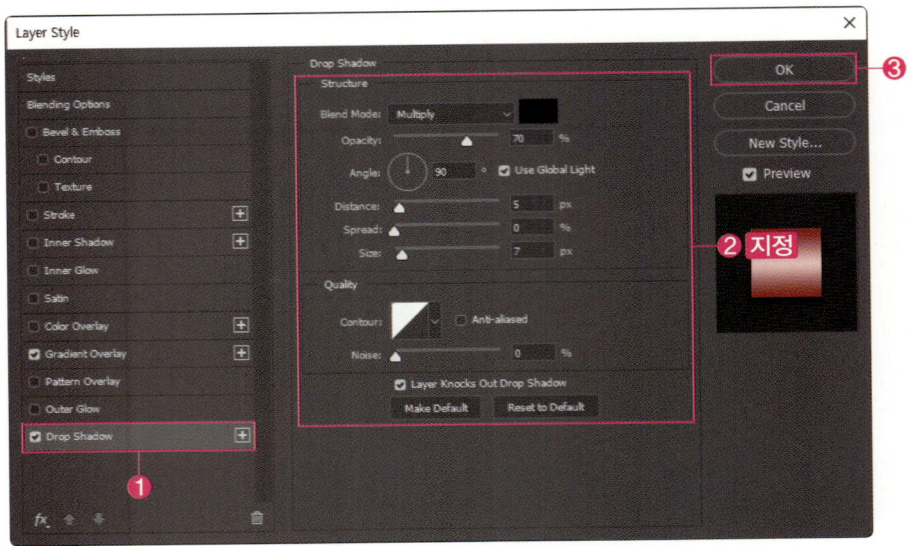

13 다음과 같이 화살표 모양 도형에 레이어 스타일이 적용됩니다.

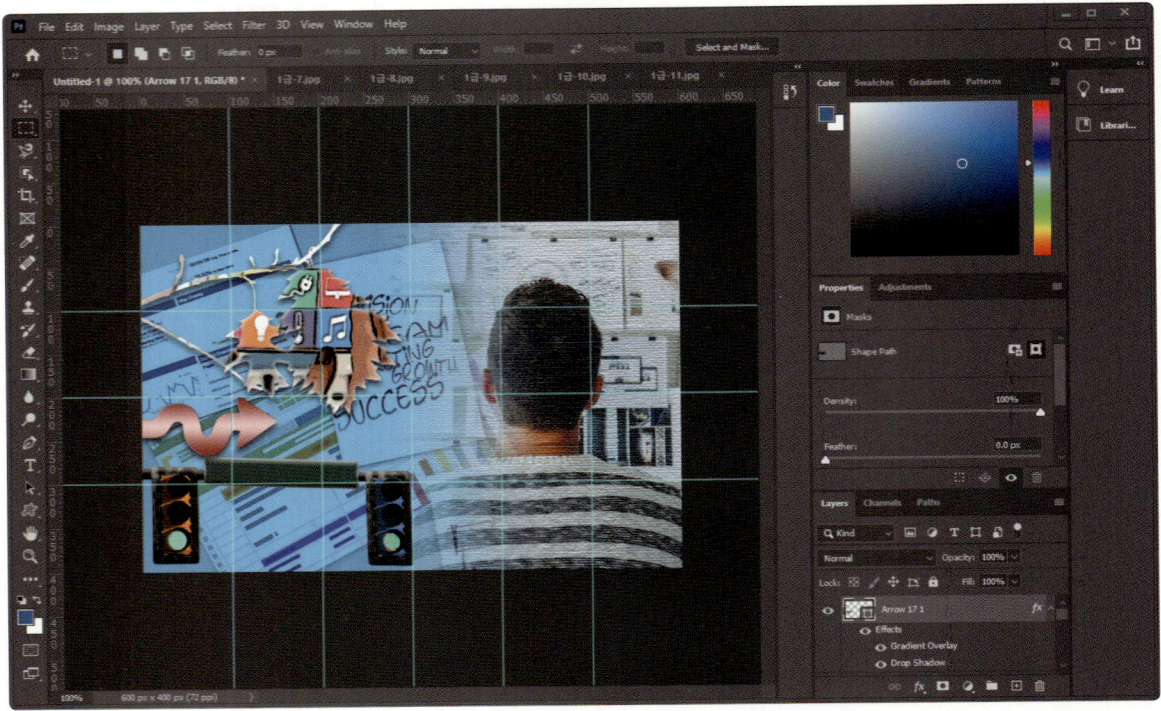

| STEP 07 | 홈 모양 도형 작성하기 |

01 옵션 바에서 [Click to open Custom shape picker(사용자 정의 모양 피커)]의 [목록] 단추를 클릭한 후 [Legacy Shapes and More(레거시 모양 및 기타)]를 클릭한 다음 [All Legacy Default Shapes(모든 레거시 기본 모양)]한 다음 [Web(웹)]을 클릭하고 [Home(홈)]을 클릭합니다.

02 홈 모양 도형을 삽입하고자 하는 위치에 드래그합니다.

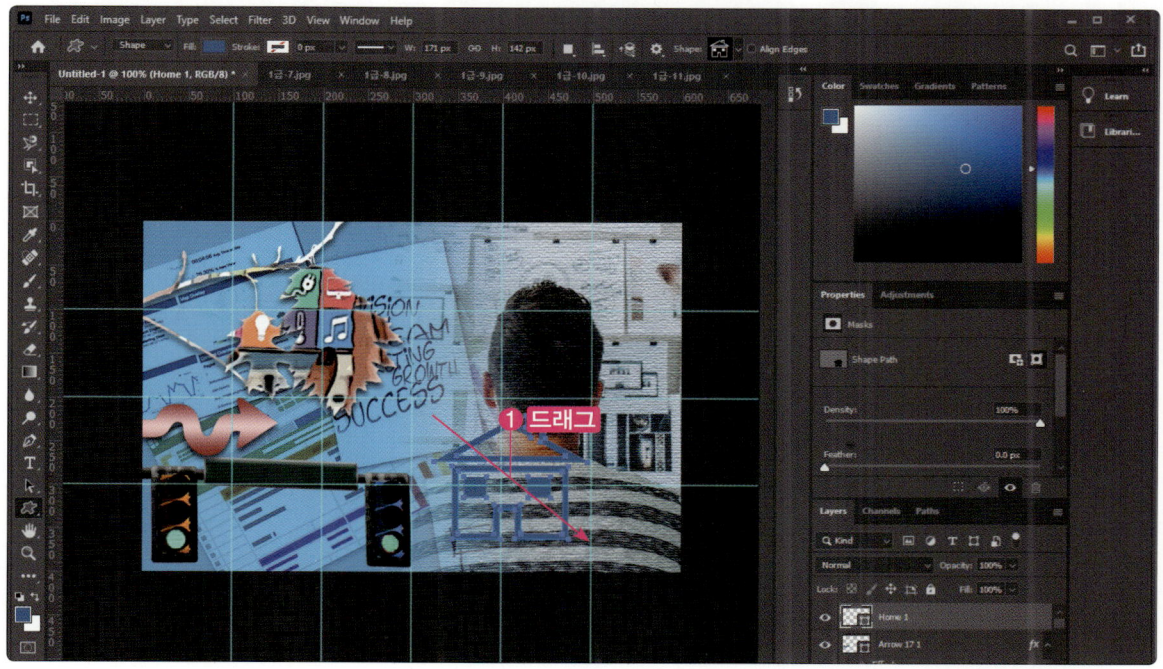

Chapter05 • [실무응용] 포스터 제작 **219**

03 홈 모양 도형에 색상을 지정하기 위해 [Layers(레이어)] 패널에서 [Home 1(홈 1)] 레이어의 [Layer thumbnail(레이어 축소판)]을 더블클릭합니다. 그런 다음 [Color Picker(Solid Color)(색상 피커(단색))] 대화상자가 나타나면 색상(cc9999)을 입력한 후 [OK(확인)] 단추를 클릭합니다.

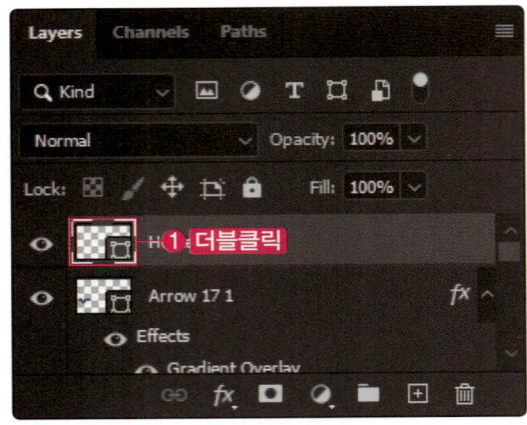
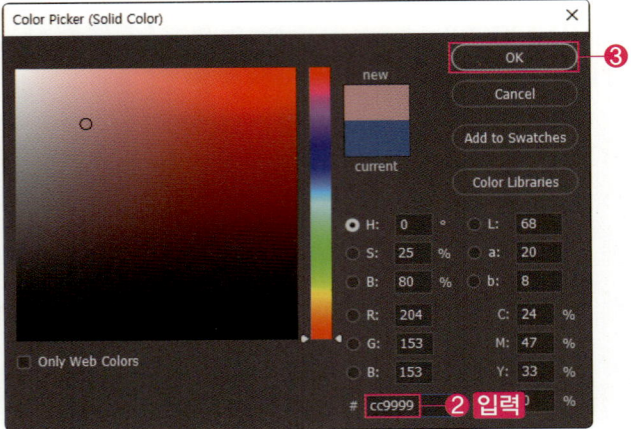

04 [Layers(레이어)] 패널에서 fx[Add a layer style(레이어 스타일 추가)]를 클릭한 후 [Inner Shadow(내부 그림자)]를 클릭합니다. 그런 다음 [Layer Style(레이어 스타일)] 대화상자의 [Inner Shadow(내부 그림자)] 스타일이 나타나면 속성을 지정한 후 [OK(확인)] 단추를 클릭합니다.

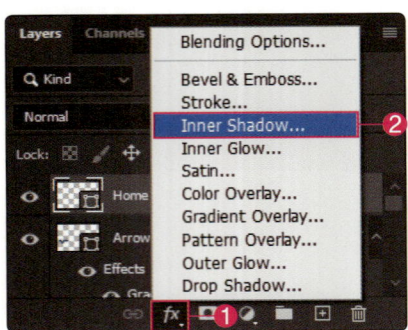
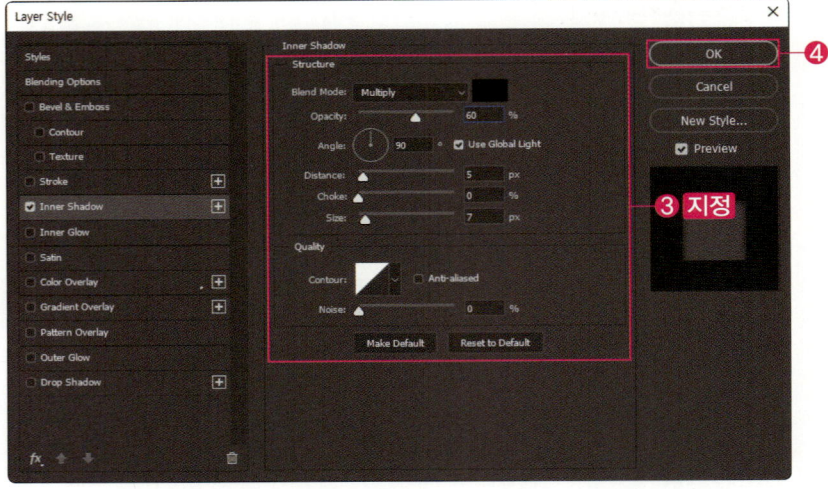

05 [Layers(레이어)] 패널에서 Opacity(불투명도)를 '70'을 입력합니다.

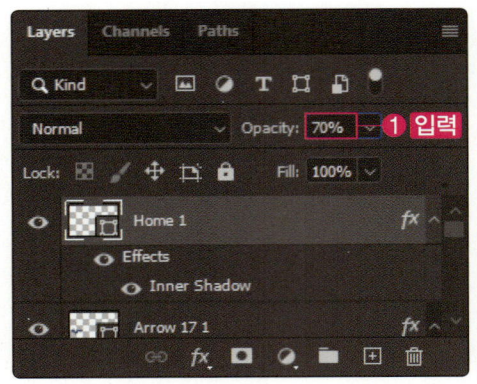

STEP 08 검색 모양 도형 작성하기

01 옵션 바에서 [Click to open Custom shape picker(사용자 정의 모양 피커)]의 [목록] 단추를 클릭한 후 [Legacy Shapes and More(레거시 모양 및 기타)]-[All Legacy Default Shapes(모든 레거시 기본 모양)]-[Web(웹)]의 [목록] 단추를 클릭하고 [Search(검색)]을 클릭합니다.

02 검색 모양 도형을 삽입하고자 하는 위치에 드래그합니다.

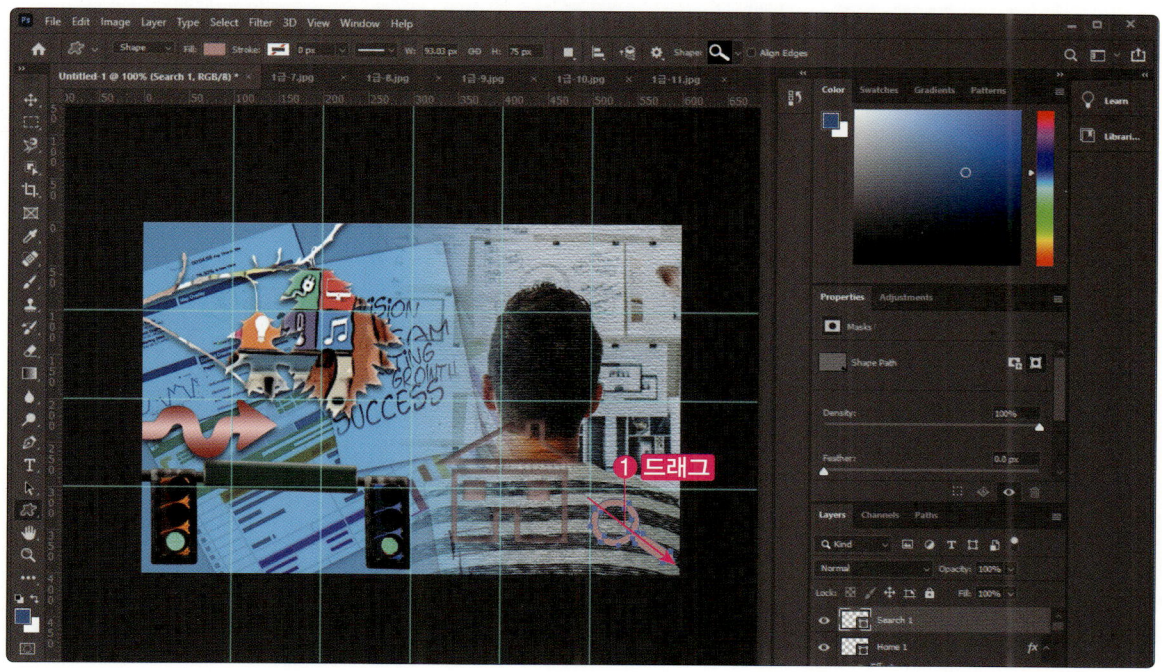

03 검색 모양에 색상을 지정하기 위해 레이어 패널의 [Layer thumbnail(레이어 축소판)]을 더블클릭합니다. 그런 다음 [Color Picker(Solid Color)(색상 피커(단색))] 대화상자가 나타나면 색상(996600)을 입력한 후 [OK(확인)] 단추를 클릭합니다.

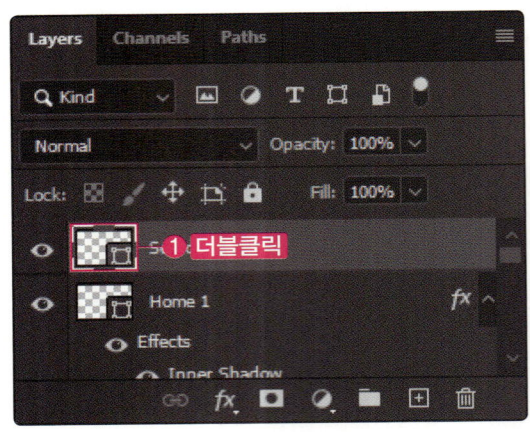
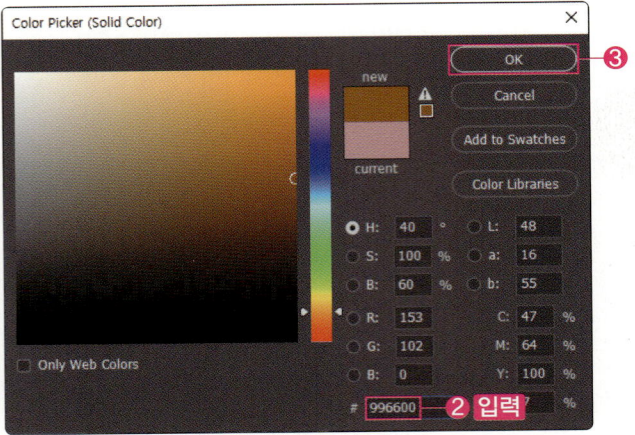

04 [Layers(레이어)] 패널에서 fx [Add a layer style(레이어 스타일 추가)]를 클릭한 후 [Outer Glow(외부 광선)]을 클릭합니다. 그런 다음 [Layer Style(레이어 스타일)] 대화상자의 [Outer Glow(외부 광선)] 스타일이 나타나면 속성을 지정한 후 [OK(확인)] 단추를 클릭합니다.

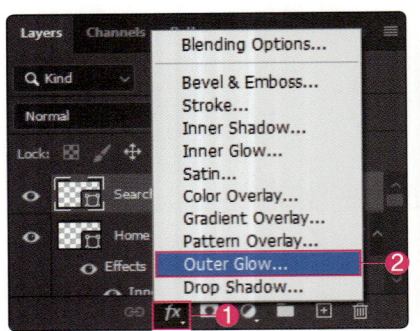
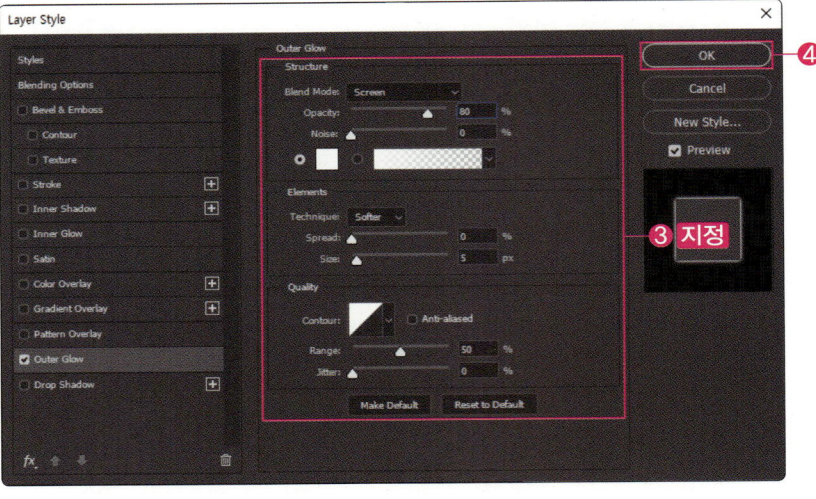

05 다음과 같이 검색 모양 도형에 레이어 스타일이 적용됩니다.

| STEP 09 | ①번 텍스트 작성하기 |

01 Tool Box(도구 상자)에서 [Horizontal Type Tool(수평 문자 도구)]를 선택한 후 옵션 바에서 글꼴(굴림)을 선택한 다음 글꼴 크기(42)를 입력합니다.

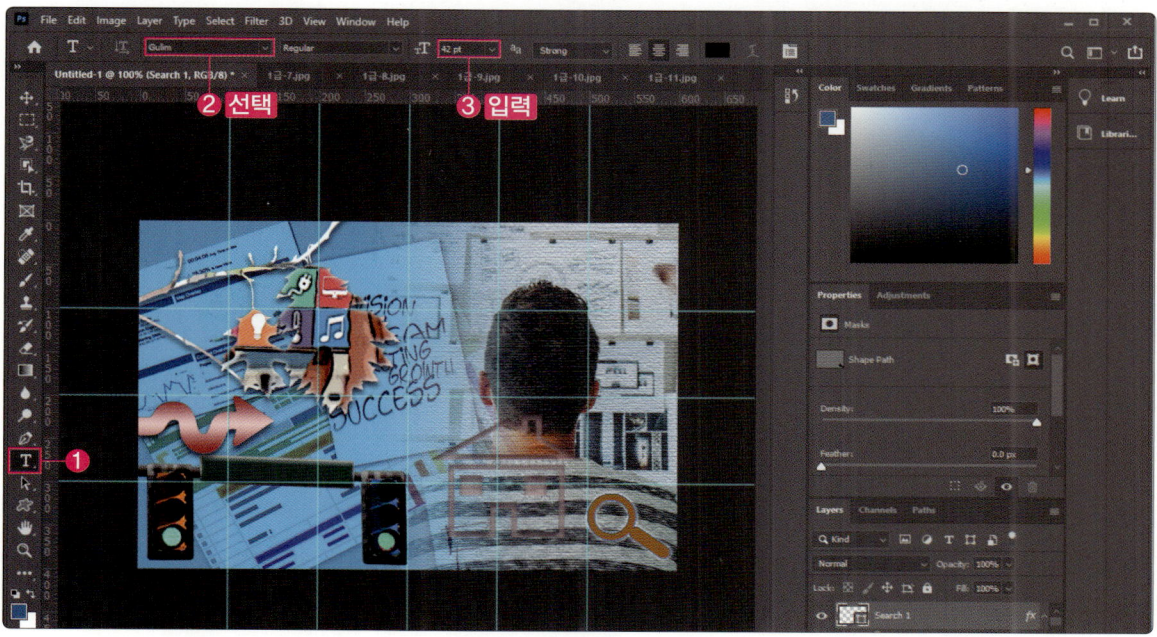

02 텍스트를 삽입할 위치를 클릭한 후 '기업들의 다양한'을 입력한 다음 Enter를 눌러 강제 개행합니다. 그런 다음 '언택트 마케팅'을 입력한 후 Ctrl+Enter를 누릅니다.

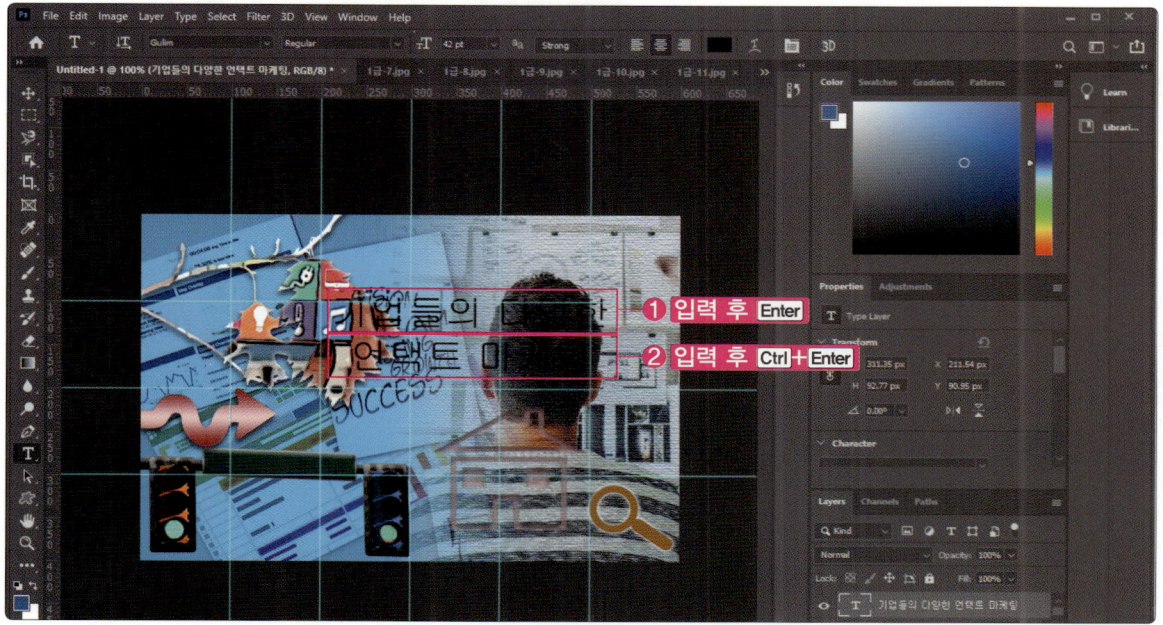

Tip
텍스트는 한개의 레이어에 작성합니다. 두개의 레이어로 작성하지 않도록 합니다.

Chapter05 • [실무응용] 포스터 제작 **223**

03 '기업들의 다양한'을 드래그하여 블록으로 설정한 후 옵션 바에 글꼴 크기(30)를 입력합니다.

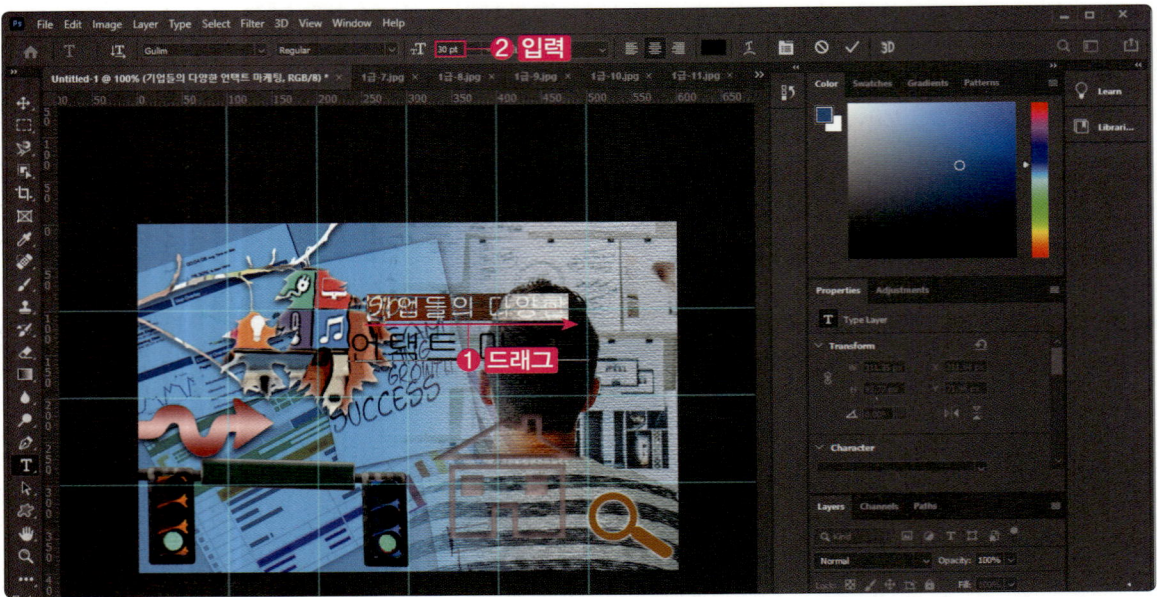

04 [Layers(레이어)] 패널에서 fx[Add a layer style(레이어 스타일 추가)]를 클릭한 후 [Gradient Overlay(그라디언트 오버레이)]를 클릭합니다.

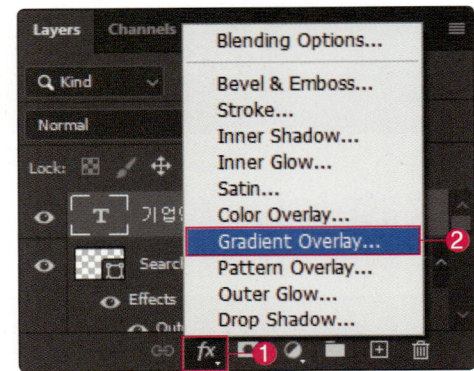

05 [Layer Style(레이어 스타일)] 대화상자의 [Gradient Overlay(그라디언트 오버레이)] 스타일이 나타나면 [Gradient(그라디언트)]를 클릭합니다.

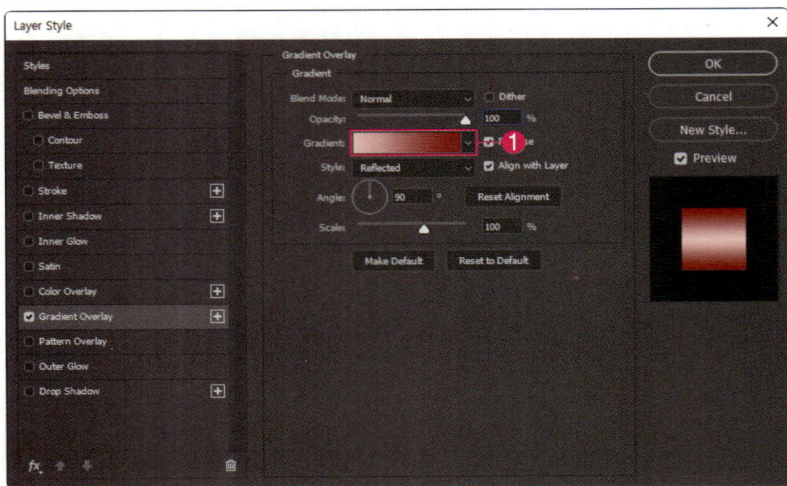

224 입실부터 퇴실까지 GTQ 시험 체험하기

06 [Gradient Editor(그라디언트 편집기)] 대화상자가 나타나면 왼쪽 Color Stop(색상 정지점)을 더블클릭합니다. 그런 다음 [Color Picker(Stop Color)(색상 피커(정지 색상))] 대화상자가 나타나면 색상(00ccff)을 입력한 후 [OK(확인)] 단추를 클릭합니다.

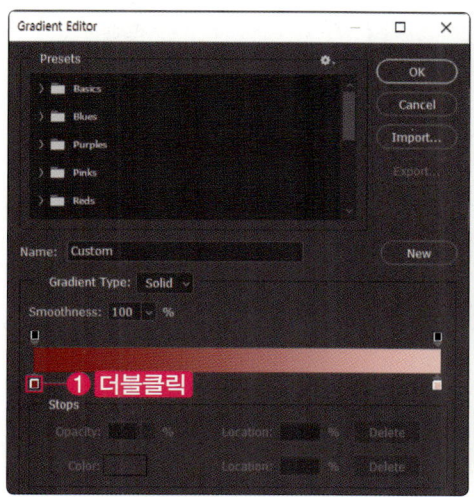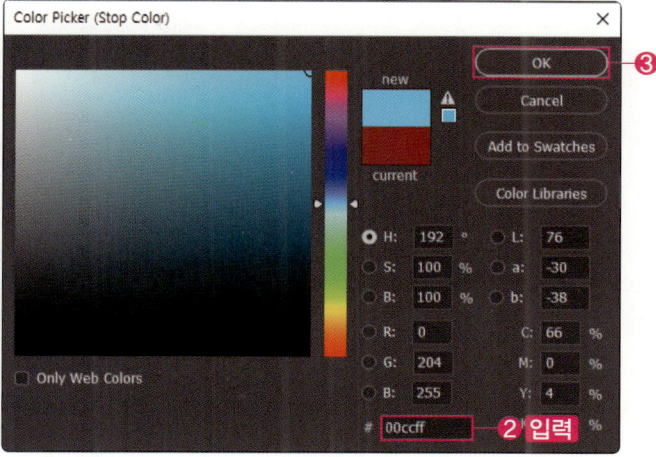

07 [Gradient Editor(그라디언트 편집기)] 대화상자가 다시 나타나면 오른쪽 Color Stop(색상 정지점)을 더블클릭합니다. 그런 다음 [Color Picker(Stop Color)(색상 피커(정지 색상))] 대화상자가 나타나면 색상(ffcc00)을 입력한 후 [OK(확인)] 단추를 클릭합니다.

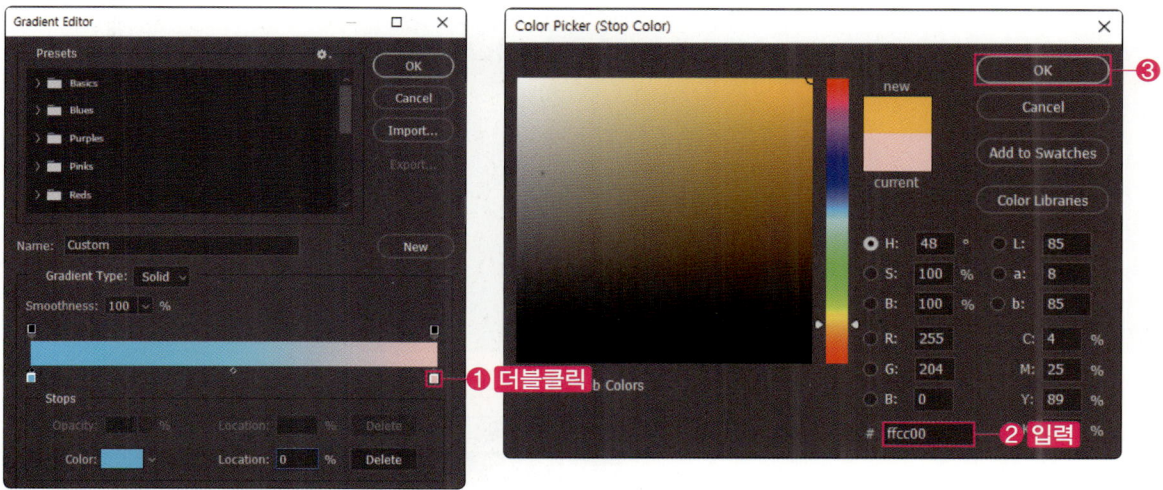

08 [Gradient Editor(그라디언트 편집기)] 대화상자가 다시 나타나면 [OK(확인)] 단추를 클릭합니다.

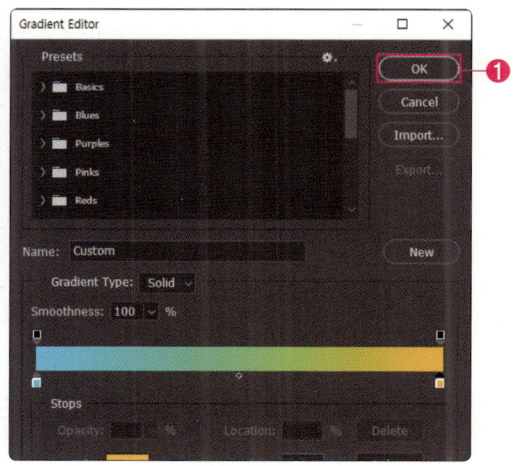

Chapter05 · [실무응용] 포스터 제작 **225**

09 [Layer Style(레이어 스타일)] 대화상자가 다시 나타나면 Angle(각도)에 '0'을 입력합니다.

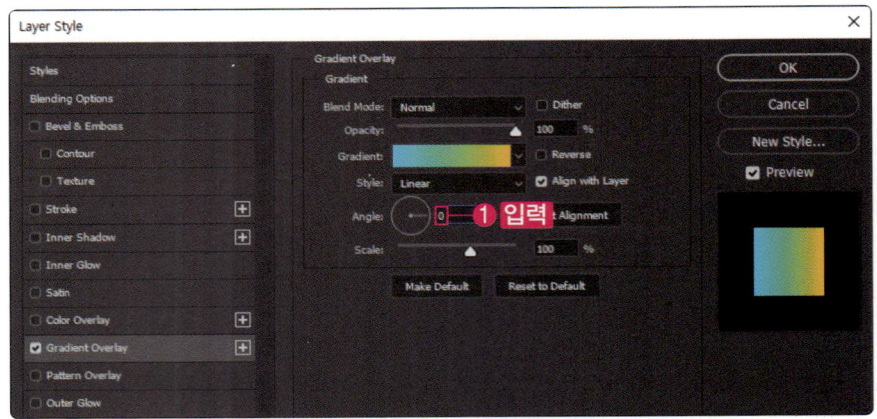

> **Tip**
> 이전에 Reverse(반전)과 Style(Reflected(반사))가 선택되어 있으면 Reverse(반전)은 선택 해제, Style(Linear(선형))을 선택합니다.

10 [Stroke(선)] 스타일을 클릭한 후 크기(2)를 입력한 다음 Color(색상)을 클릭합니다.

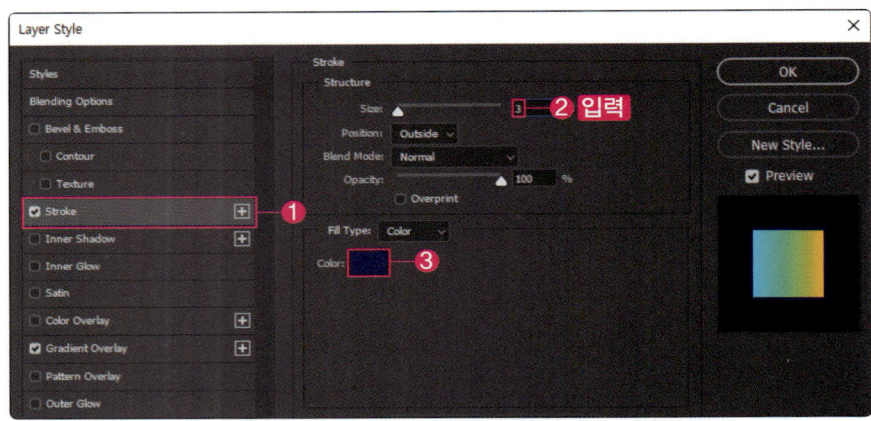

11 [Color Picker(Stroke Color)(색상 피커(선 색상))] 대화상자가 나타나면 색상(333333)을 입력한 후 [OK(확인)] 단추를 클릭합니다.

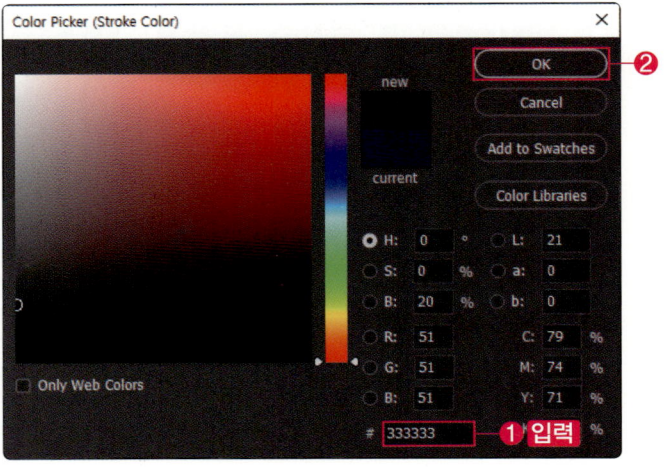

12 [Layer Style(레이어 스타일)] 대화상자의 [Stroke(선)] 스타일이 다시 나타나면 [OK(확인)] 단추를 클릭합니다.

226 입실부터 퇴실까지 GTQ 시험 체험하기

13 레이어 스타일이 적용되면 옵션 바에서 [Warp Text(텍스트 변형)]을 클릭합니다.

14 [Warp Text(텍스트 변형)] 대화상자가 나타나면 Style(Arch(아치))를 선택한 후 Bend(구부리기)를 드래그하여 조절한 다음 [OK(확인)] 단추를 클릭합니다.

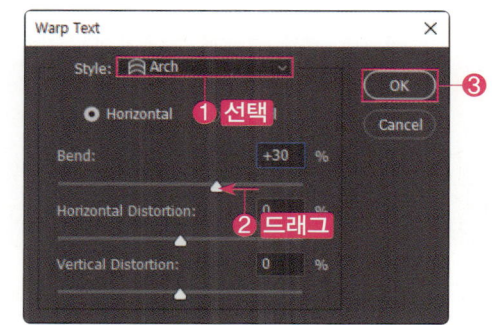

15 다음과 같이 텍스트 변형이 되면 Tool Box(도구 상자)에서 [이동 도구(Move Tool)]를 선택한 후 드래그하여 텍스트 위치를 조절합니다.

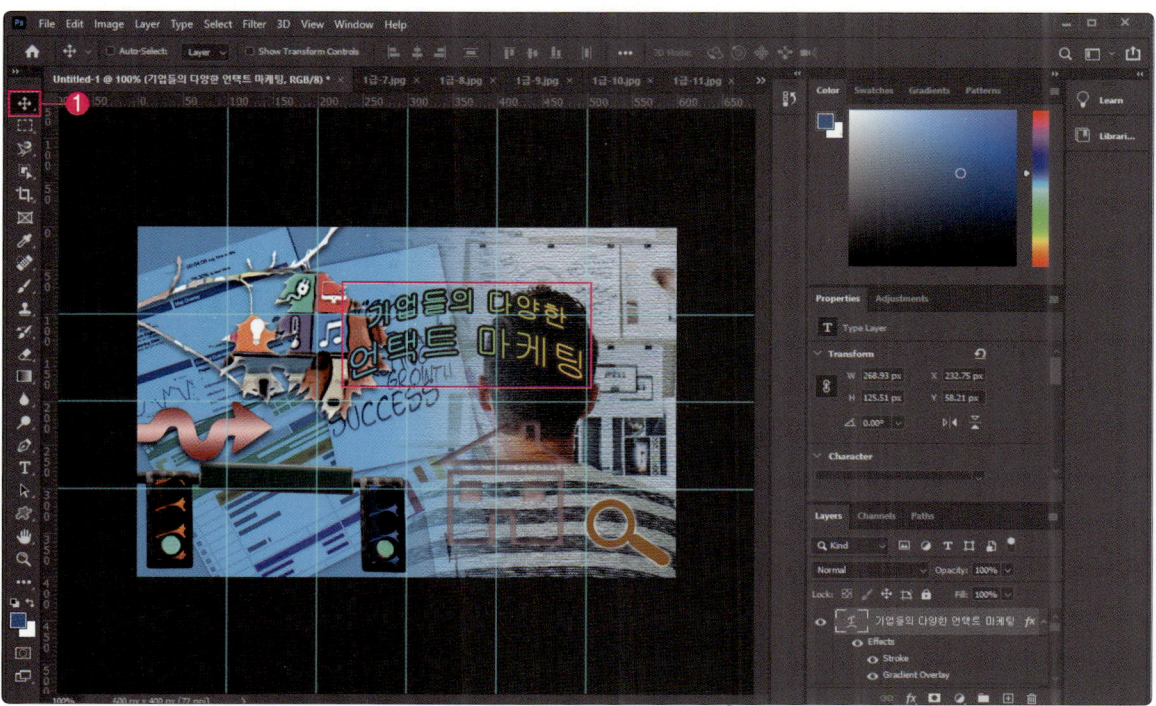

Chapter05 · [실무응용] 포스터 제작 **227**

STEP 10 ②번 텍스트 작성하기

01 Tool Box(도구 상자)에서 [Horizontal Type Tool(수평 문자 도구)]를 선택한 후 텍스트를 삽입할 위치를 클릭한 다음 '편리 / 소통 / 문화'를 입력하고 Ctrl+Enter를 누릅니다.

> **Tip**
> 글꼴, 글꼴 크기, 색상 등을 먼저 지정하면 이전에 작업한 텍스트에 적용되므로 텍스트를 먼저 입력한 후 속성을 지정합니다.

02 텍스트가 입력되면 옵션 바에서 글꼴(궁서)을 선택한 다음 글꼴 크기(16)를 입력합니다.

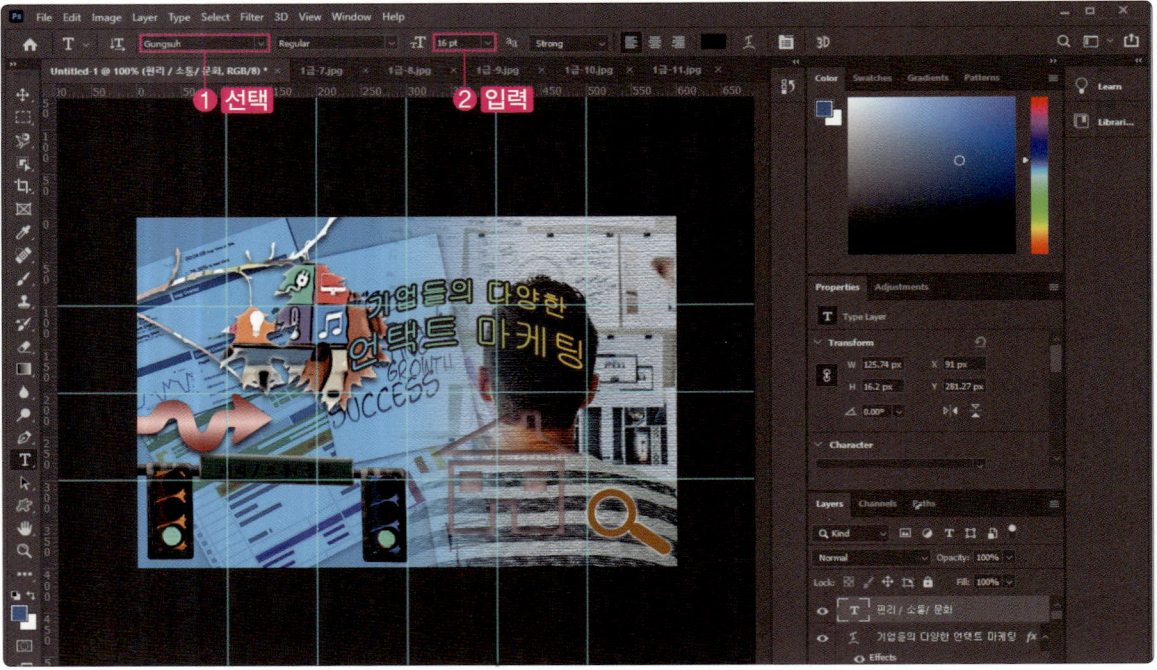

228 입실부터 퇴실까지 GTQ 시험 체험하기

03 '편리'를 드래그하여 블록으로 설정한 후 옵션 바에서 Color(색상)을 클릭합니다.

04 [Color Picker(Text Color)(색상 피커(텍스트 색상))] 대화상자가 나타나면 색상(ff0000)을 입력한 후 [OK(확인)] 단추를 클릭합니다.

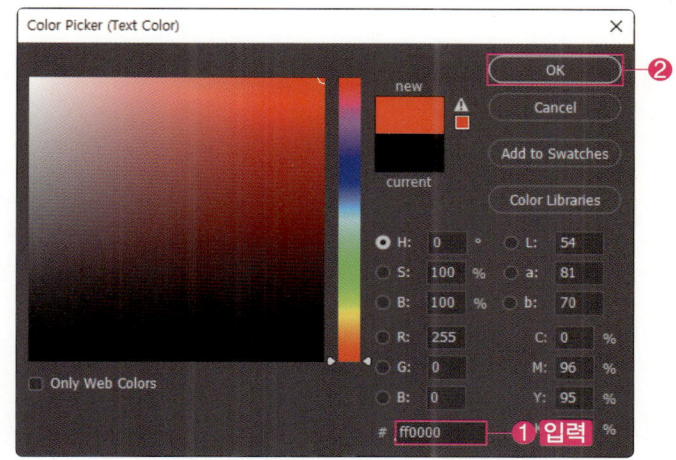

05 ' / 소통 / 문화'를 드래그하여 블록으로 설정한 후 옵션 바에서 Color(색상)을 클릭합니다.

Chapter05 · [실무응용] 포스터 제작

06 [Color Picker(Text Color)(색상 피커(텍스트 색상))] 대화상자가 나타나면 색상(333399)을 입력한 후 [OK(확인)] 단추를 클릭합니다.

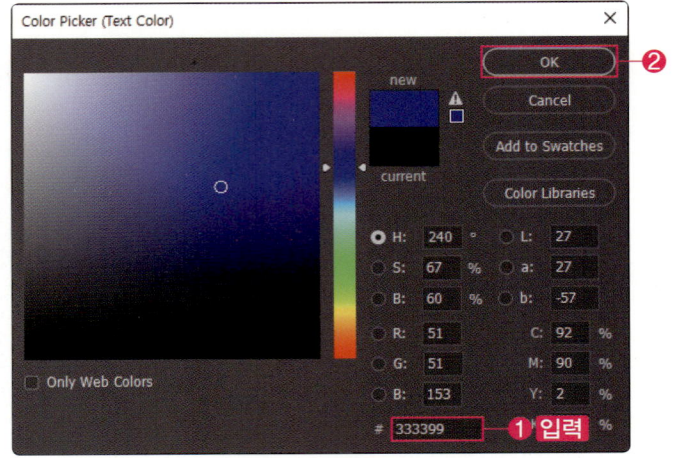

07 텍스트 색상이 변경되면 Ctrl+Enter를 누른 후 [Layers(레이어)] 패널에서 fx[Add a layer style(레이어 스타일 추가)]를 클릭한 다음 [Stroke(선)]을 클릭합니다.

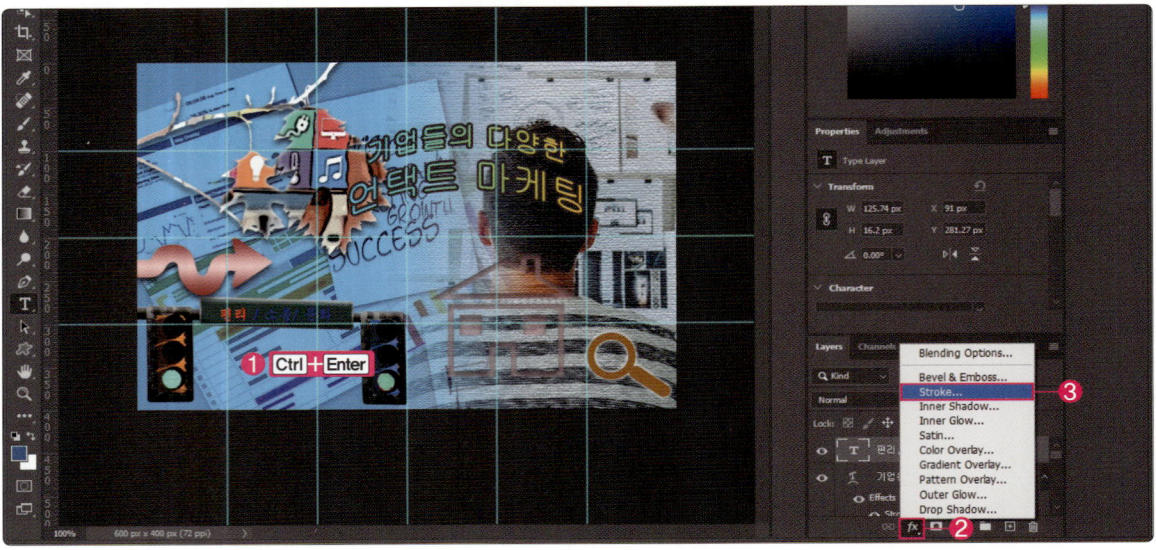

08 [Layer Style(레이어 스타일)] 대화상자의 [Stroke(선)] 스타일이 나타나면 크기(2)를 입력 한 후 Color(색상)을 클릭합니다.

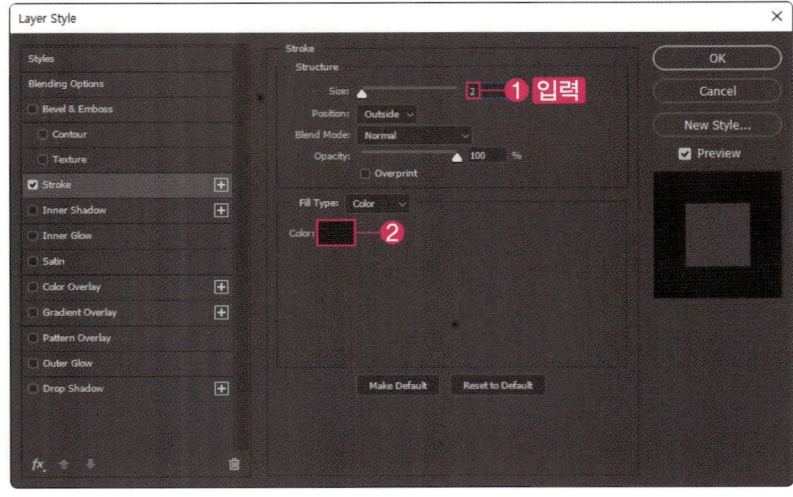

09 [Color Picker(Stroke Color)(색상 피커(선 색상))] 대화상자가 나타나면 색상(ffffff)을 입력한 후 [OK(확인)] 단추를 클릭합니다.

10 [Layer Style(레이어 스타일)] 대화상자의 [Stroke(선)] 스타일이 다시 나타나면 [OK(확인)] 단추를 클릭합니다.

11 [Edit(편집)]을 클릭한 후 [Free Transform(자유 변형)]을 클릭합니다.

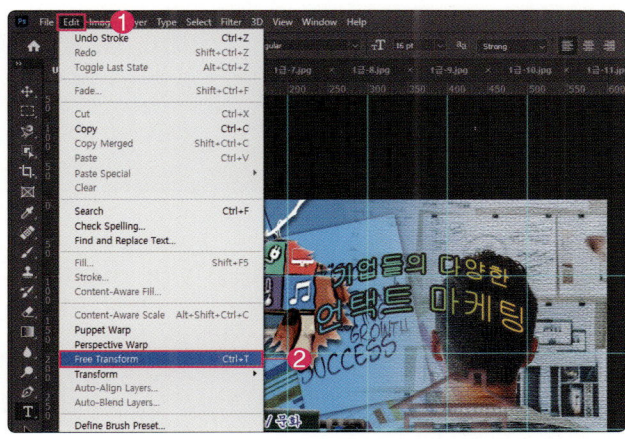

12 크기 조절점의 모서리 부분에 마우스 포인트를 가져가 ↻ 모양으로 변경되면 드래그하여 텍스트를 회전한 후 Enter 를 누릅니다.

Chapter05 • [실무응용] 포스터 제작 **231**

STEP 11 ③번 텍스트 작성하기

01 Tool Box(도구 상자)에서 [Horizontal Type Tool(수평 문자 도구)]를 선택한 후 텍스트를 삽입할 위치를 클릭한 다음 'Various untact marketing of companies'를 입력하고 Ctrl+Enter를 누릅니다.

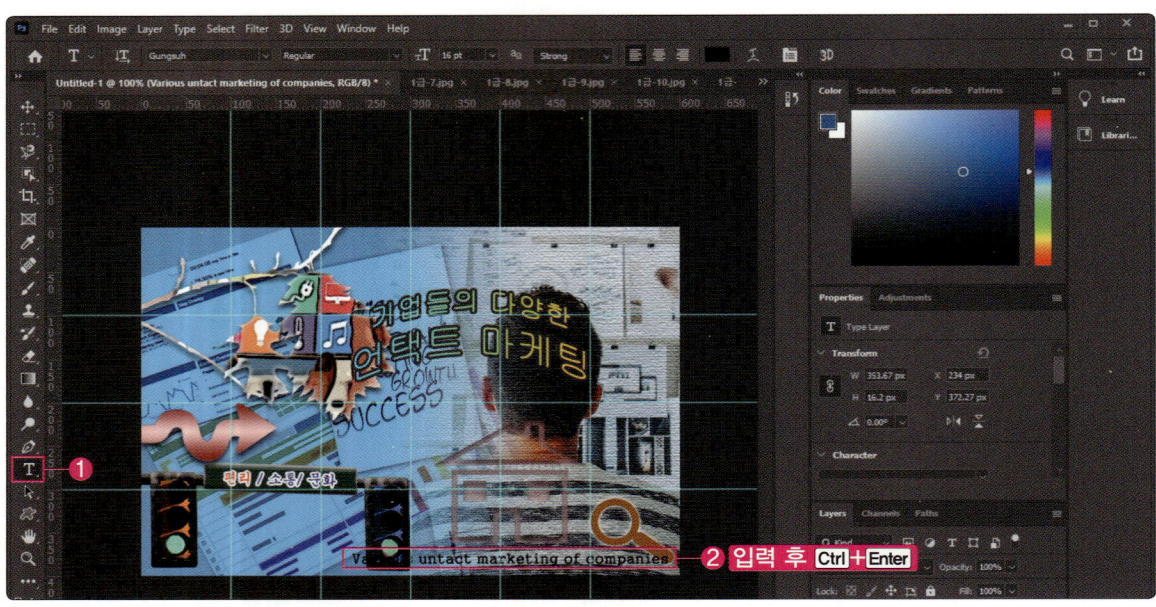

02 옵션 바에서 글꼴(Times New Roman)을 선택한 후 글꼴 크기(18)를 입력한 다음 Color(색상)을 클릭합니다.

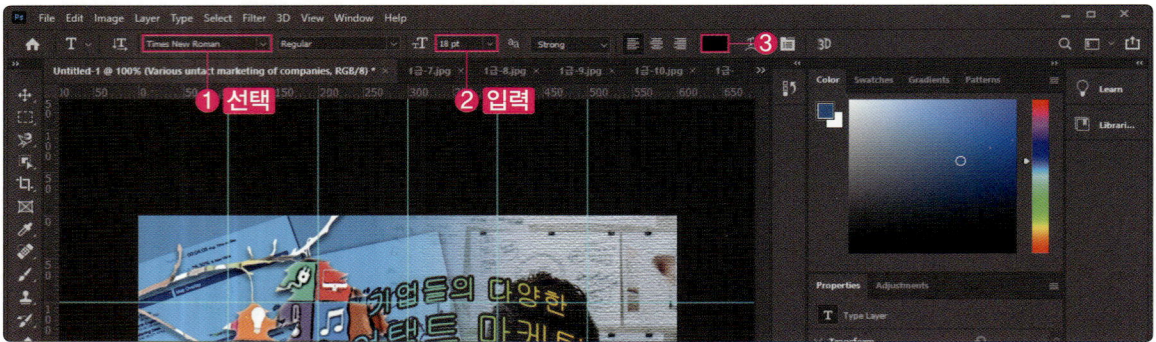

03 [Color Picker(Text Color)(색상 피커(텍스트 색상))] 대화상자가 나타나면 색상(ffffff)을 입력한 후 [OK(확인)] 단추를 클릭합니다.

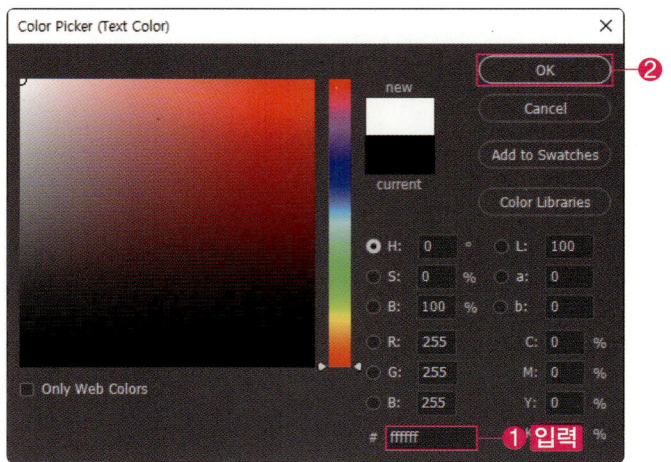

04 [Layers(레이어)] 패널에서 fx[Add a layer style(레이어 스타일 추가)]를 클릭한 후 [Stroke(선)]를 클릭합니다.

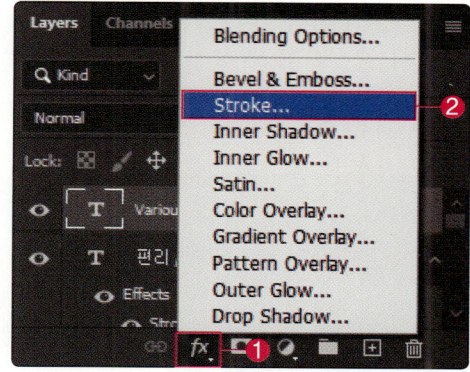

05 [Layer Style(레이어 스타일)] 대화상자의 [Stroke(선)] 스타일이 나타나면 크기(2)를 입력한 후 [Fill Type(Gradient)]를 선택한 다음 [Gradient(그라디언트)]를 클릭합니다.

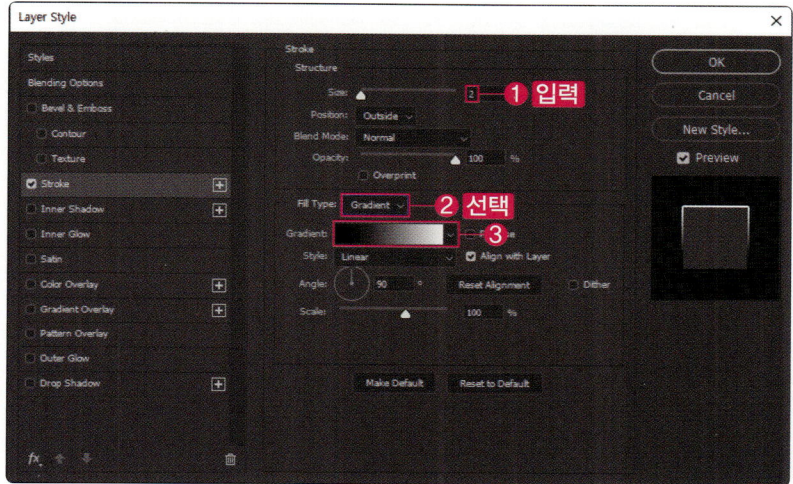

06 [Gradient Editor(그라디언트 편집기)] 대화상자가 나타나면 왼쪽 Color Stop(색상 정지점)을 더블클릭합니다. 그런 다음 [Color Picker(Stop Color)(색상 피커(정지 색상))] 대화상자가 나타나면 색상(993300)을 입력한 후 [OK(확인)] 단추를 클릭합니다.

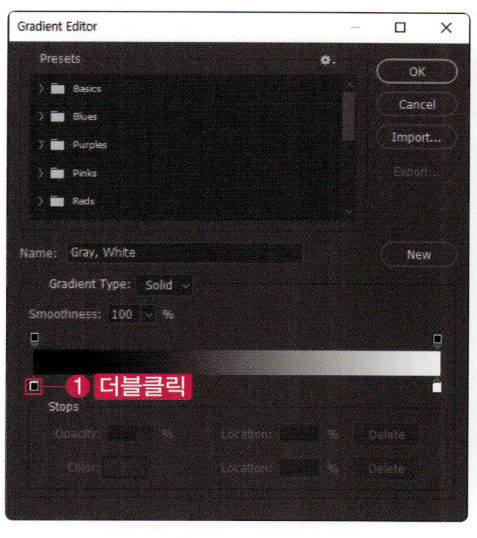 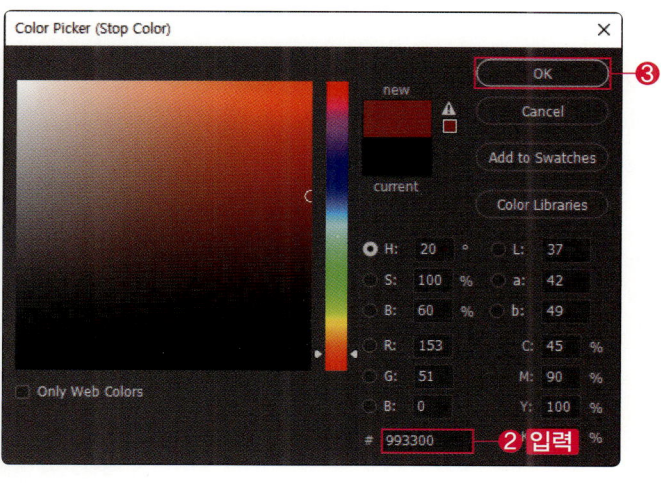

Chapter05 · [실무응용] 포스터 제작 **233**

07 [Gradient Editor(그라디언트 편집기)] 대화상자가 다시 나타나면 오른쪽 Color Stop(색상 정지점)을 더블클릭합니다. 그런 다음 [Color Picker(Stop Color)(색상 피커 (정지 색상))] 대화상자가 나타나면 색상(003300)을 입력한 후 [OK(확인)] 단추를 클릭합니다.

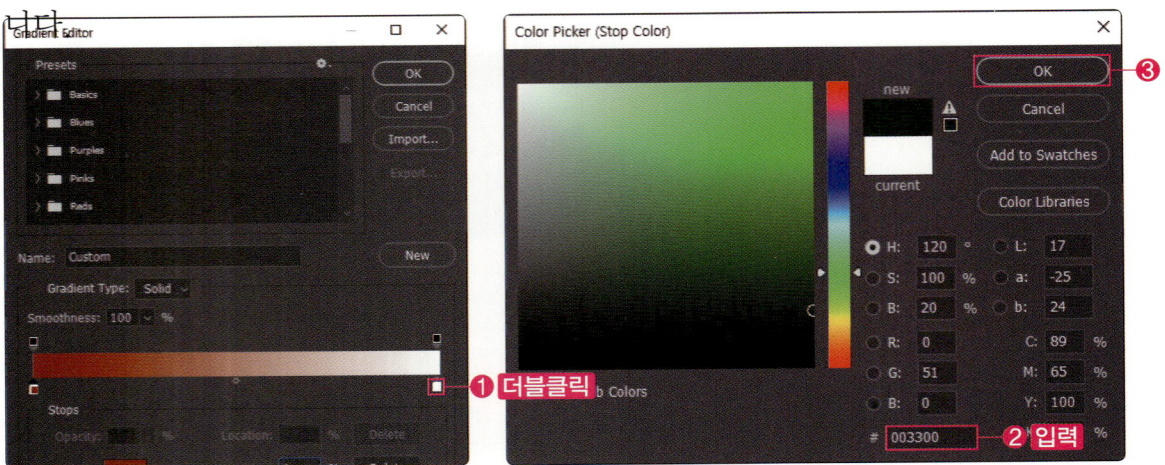

08 [Gradient Editor(그라디언트 편집기)] 대화상자가 다시 나타나면 [OK(확인)] 단추를 클릭합니다. 그런 다음 [Layer Style(레이어 스타일)] 대화상자가 다시 나타나면 Angle(각도)에 '0'을 입력한 후 [OK(확인)] 단추를 클릭합니다.

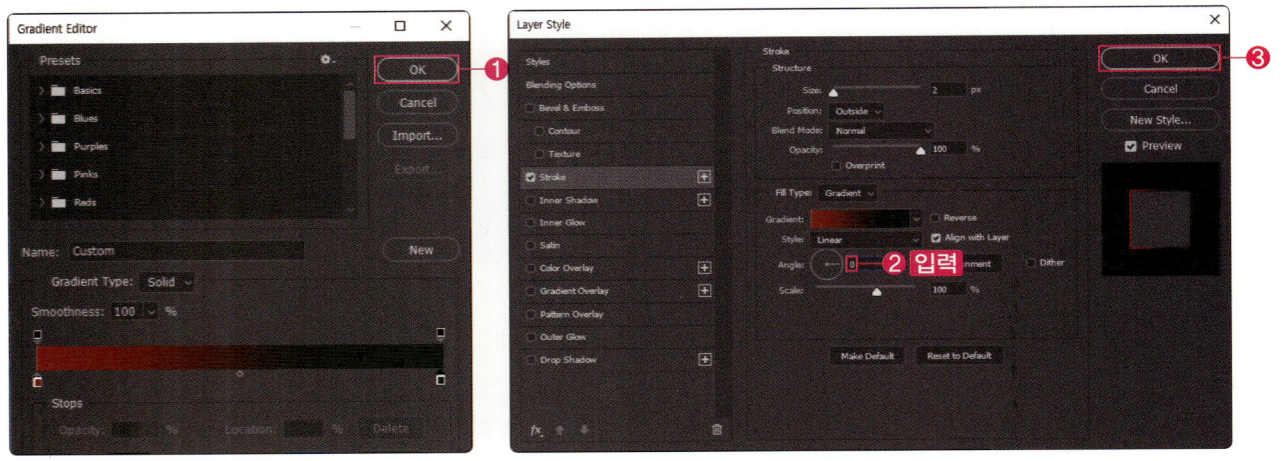

09 Tool Box(도구 상자)에서 [이동 도구(Move Tool)]를 선택한 후 드래그하여 텍스트 위치를 조절합니다.

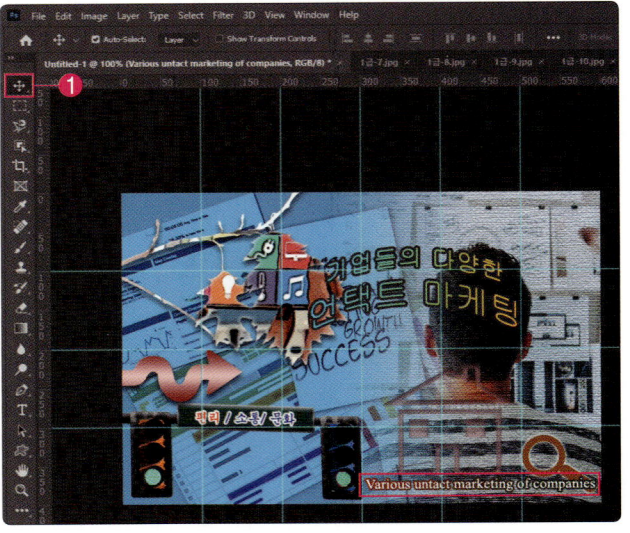

STEP 12 ④번 텍스트 작성하기

01 Tool Box(도구 상자)에서 [T][Horizontal Type Tool(수평 문자 도구)]를 선택한 후 텍스트를 삽입할 위치를 클릭한 다음 '언택트 중심 2030세대의 소비심리에 따른 마케팅 전략'을 입력하고 Ctrl+Enter를 누릅니다.

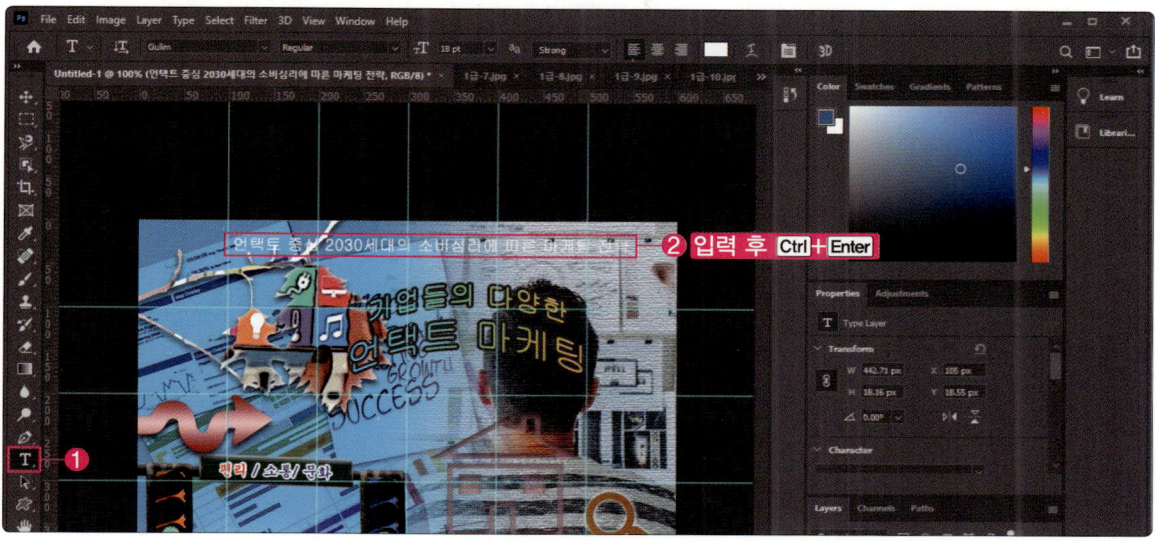

02 옵션 바에서 글꼴(Times New Roman)을 선택한 후 글꼴 크기(18)를 입력한 다음 Color(색상)을 클릭합니다.

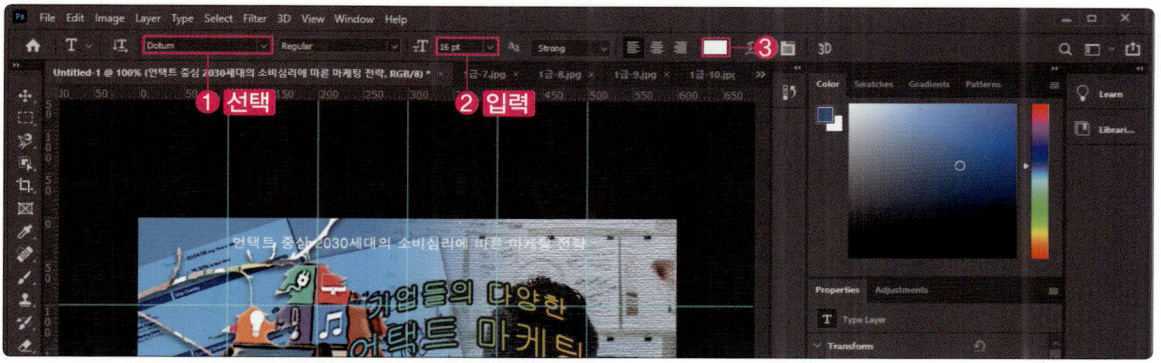

03 [Color Picker(Text Color)(색상 피커(텍스트 색상))] 대화상자가 나타나면 색상(ffff99)을 입력한 후 [OK(확인)] 단추를 클릭합니다.

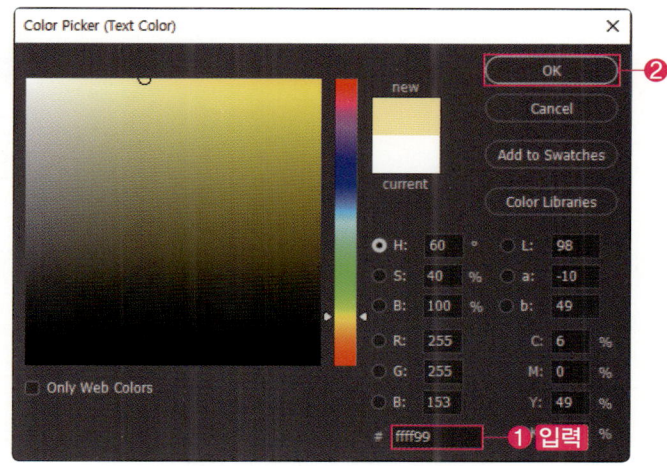

Chapter05 • [실무응용] 포스터 제작 **235**

04 [Layers(레이어)] 패널에서 fx[Add a layer style(레이어 스타일 추가)]를 클릭한 후 [Stroke(선)]를 클릭합니다.

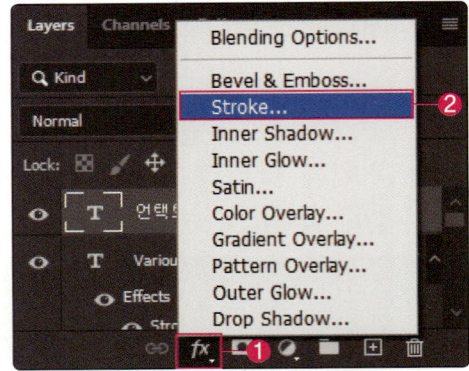

05 [Layer Style(레이어 스타일)] 대화상자의 [Stroke(선)] 스타일이 나타나면 크기(2)를 입력한 후 Fill Type(Color)를 선택한 다음 Color(색상)을 클릭합니다.

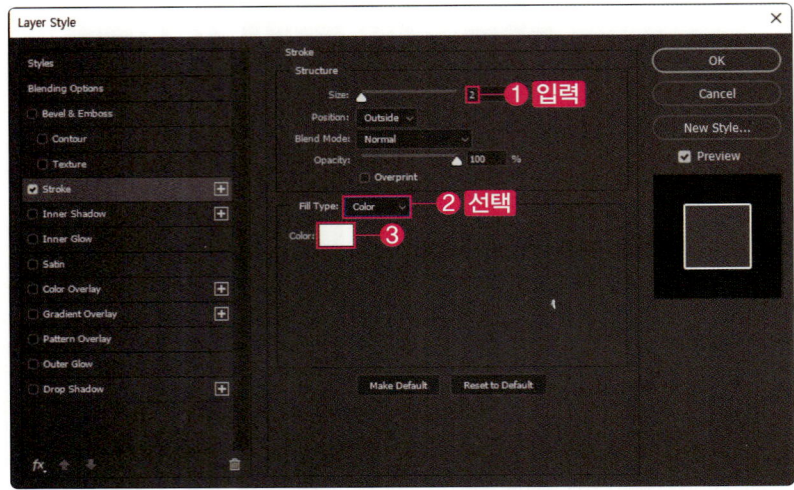

06 [Color Picker(Stroke Color)(색상 피커(선 색상))] 대화상자가 나타나면 색상(663300)을 입력한 후 [OK(확인)] 단추를 클릭합니다.

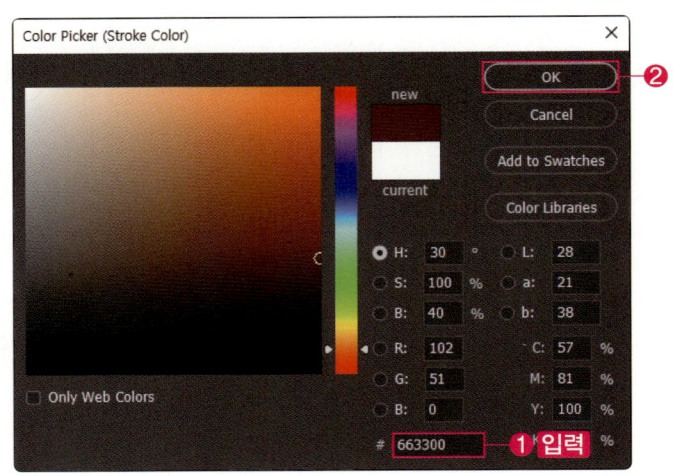

07 [Layer Style(레이어 스타일)] 대화상자의 [Stroke(선)] 스타일이 다시 나타나면 [OK(확인)] 단추를 클릭합니다.

08 레이어 스타일이 적용되면 옵션 바에서 [Warp Text(텍스트 변형)]을 클릭합니다.

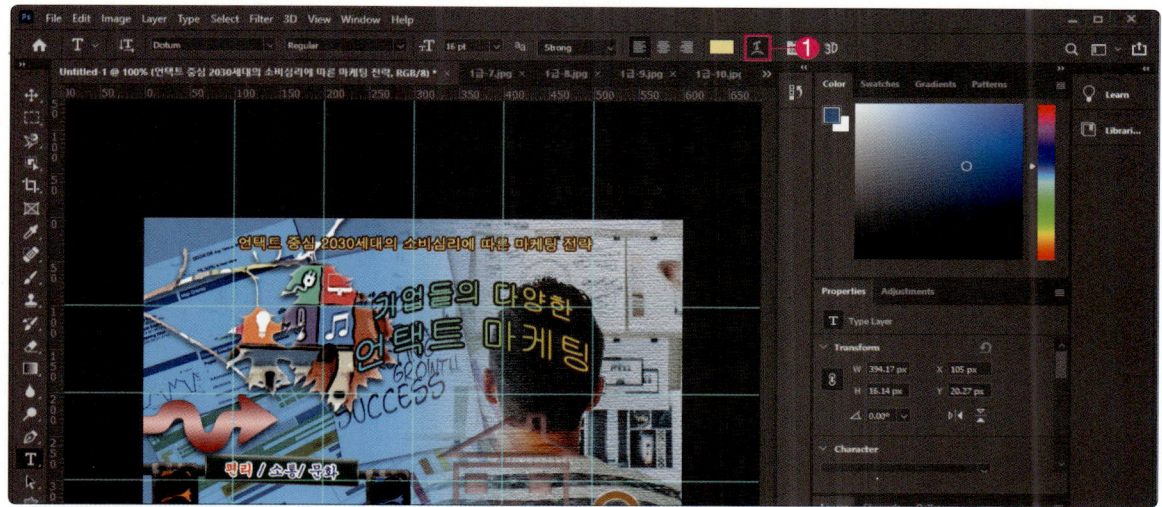

09 [Warp Text(텍스트 변형)] 대화상자가 나타나면 Style(Flag(깃발))을 선택한 후 Bend(구부리기)를 드래그하여 조절한 다음 [OK(확인)] 단추를 클릭합니다.

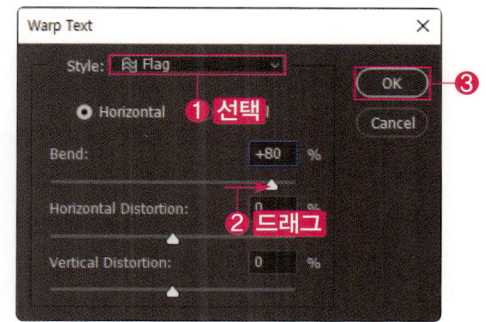

10 다음과 같이 텍스트 변형이 되면 Tool Box(도구 상자)에서 [Move Tool(이동 도구)]를 선택한 후 드래그하여 텍스트 위치를 조절합니다.

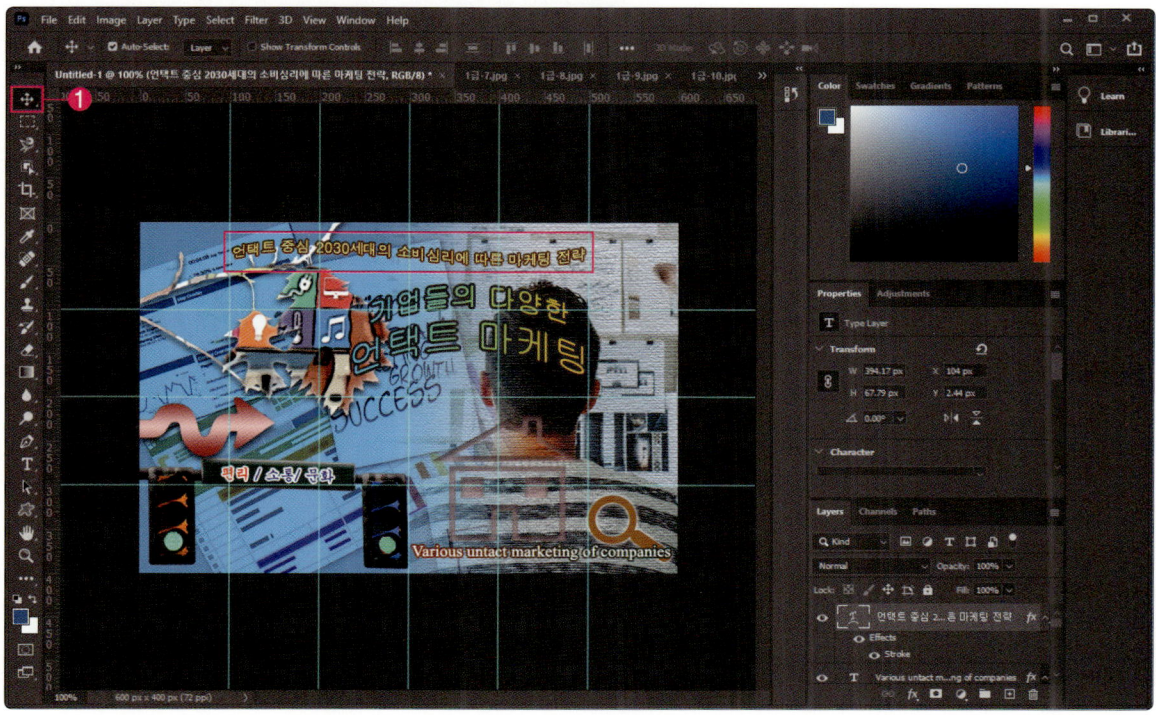

Chapter05 • [실무응용] 포스터 제작 **237**

STEP 13 | 답안 저장 및 전송하기

01 작성한 답안을 저장하기 위해 [File(파일)]을 클릭한 후 [Save(저장)]을 클릭합니다.

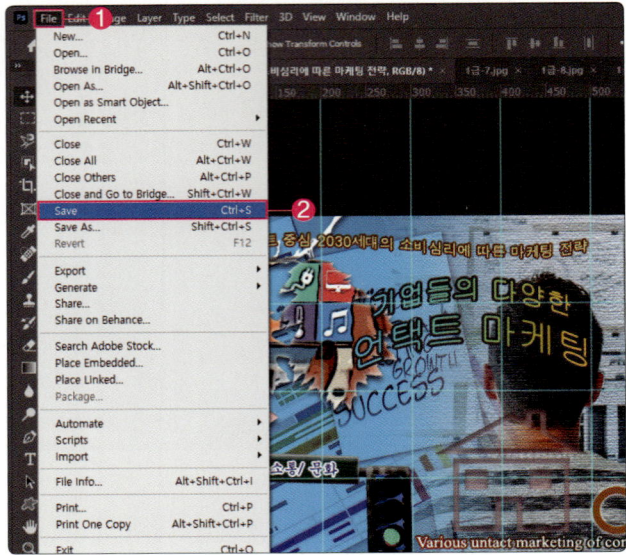

02 [Save on your computer or to cloud documents(컴퓨터 또는 클라우드 문서에 저장)] 대화상자가 나타나면 [Save on your computer(내 컴퓨터에 저장)] 단추를 클릭합니다.

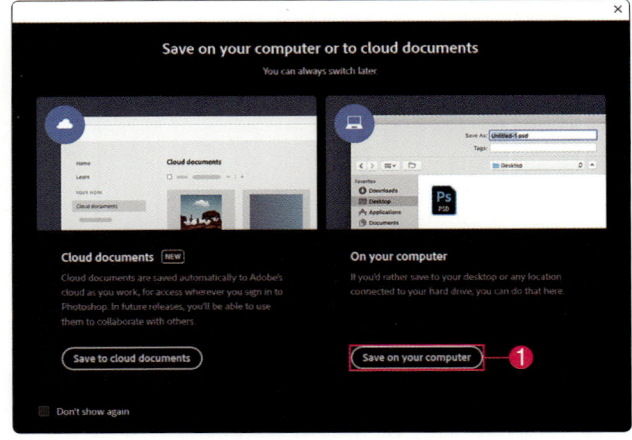

03 [다른 이름으로 저장] 대화상자가 나타나면 저장 위치(내 PC\문서\GTQ)를 지정한 후 파일 이름(수험번호-성명-문제번호)을 입력한 다음 형식(JPEG (*.JPG;*.JPEG;*.JPE))을 선택하고 [저장] 단추를 클릭합니다.

> Tip
> • GTQ 시험에서는 '내 PC\문서\GTQ' 폴더에 '수험번호-성명-문제번호'로 저장합니다.
> • 저장 위치 및 파일 이름이 틀릴 경우 답안이 전송되지 않습니다.

04 [JPEG Options(JPEG 옵션)] 대화상자가 나타나면 Quality(품질)을 지정한 후 [OK(확인)] 단추를 클릭합니다.

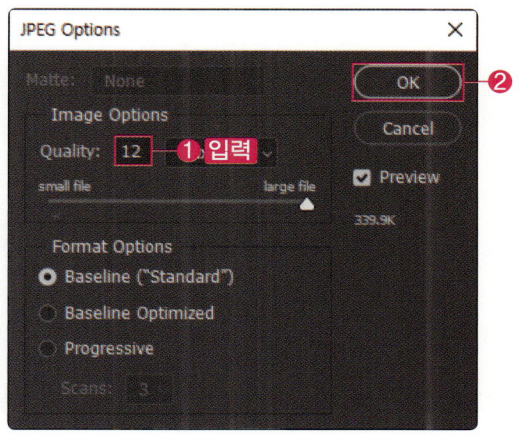

> **Tip**
> **Quality(품질)**
> JPEG 형식으로 저장하면 이미지의 압축률을 조절할 수 있습니다. Quality의 숫자가 낮을수록 압축률이 아주 높아 파일 용량은 작아지지만 이미지 질은 많이 손상됩니다.

05 PSD 파일로 저장하기 위해 [Image(이미지)]를 클릭한 후 [Image Size(이미지 크기)]를 클릭합니다.

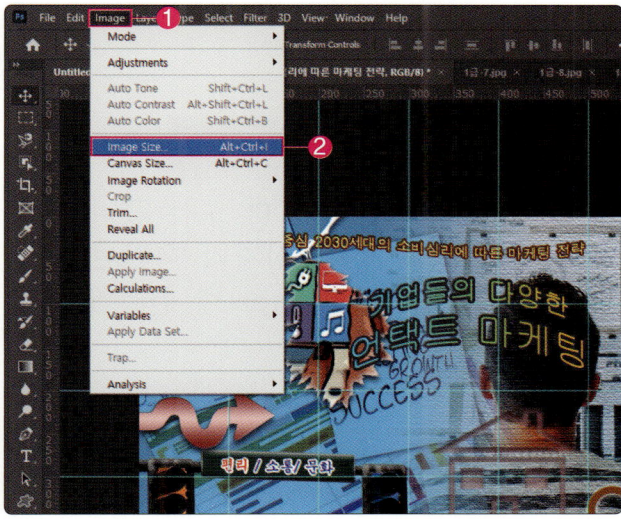

> **Tip**
> PSD 파일은 조건에서 제시한 크기로 축소하여 저장해야 하며, 레이어는 기능별로 분할되어 있어야 합니다. 임의로 레이어를 합치거나 각 기능에 대한 속성을 해제할 경우 해당 요소는 0점 처리됩니다.

06 [Image Size(이미지 크기)] 대화상자가 나타나면 단위(Pixels)를 선택한 후 Width(폭)에 '60'을 입력한 후 [OK(확인)] 단추를 클릭합니다.

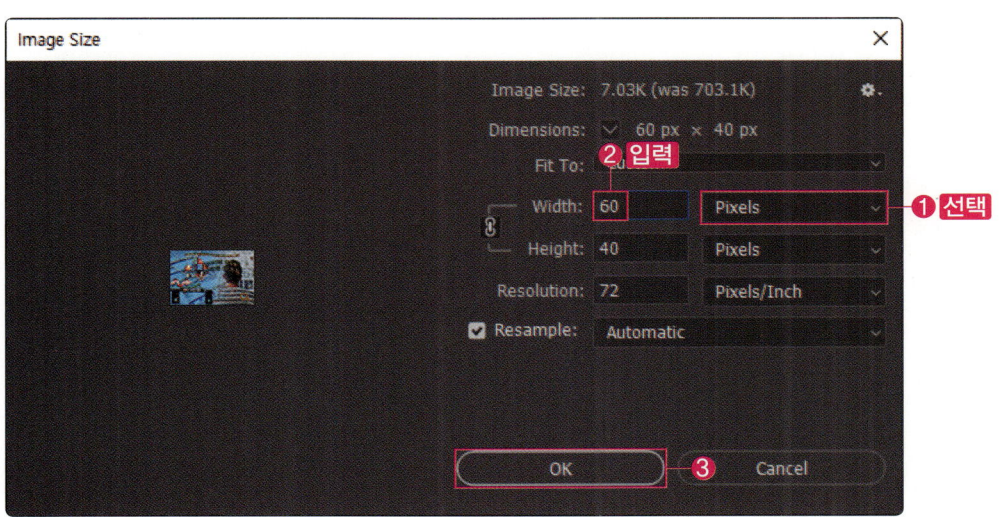

> **Tip**
> [Constrain aspect ratio(종횡비를 제한)]이 선택되어 있는 경우 Width(폭)을 입력하면 Height(높이)는 비율에 맞게 자동으로 변경됩니다.

Chapter05 • [실무응용] 포스터 제작 **239**

07 작성한 답안을 저장하기 위해 [File(파일)]을 클릭한 후 [Save(저장)]을 클릭합니다.

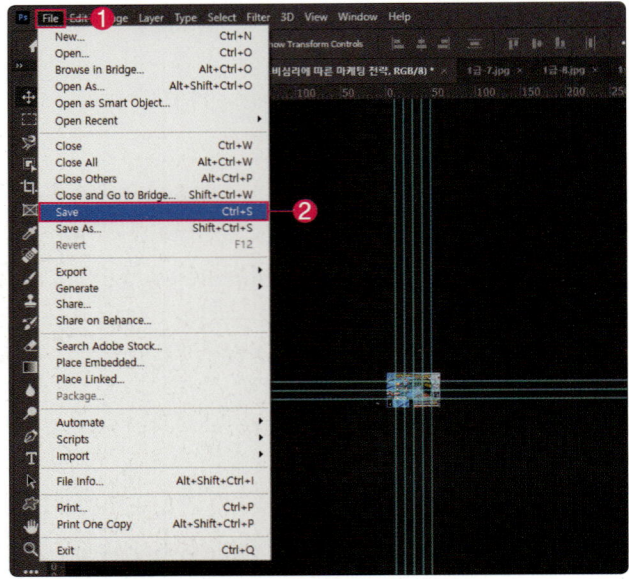

08 [Save on your computer or to cloud documents(컴퓨터 또는 클라우드 문서에 저장)] 대화상자가 나타나면 [Save on your computer(내 컴퓨터에 저장)] 단추를 클릭합니다.

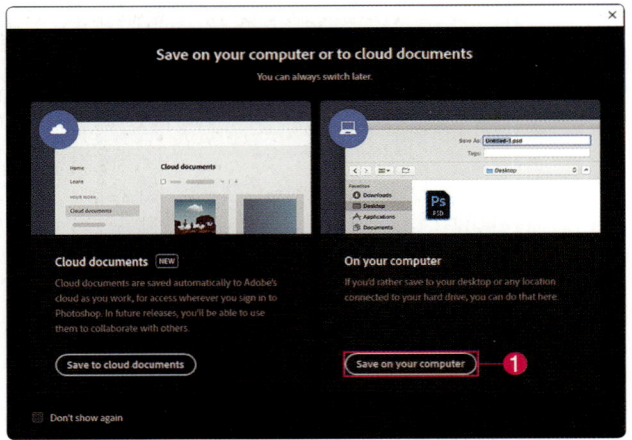

09 [다른 이름으로 저장(Save As)] 대화상자가 나타나면 저장 위치(내 PC₩문서₩GTQ)를 지정한 후 파일 이름(수험번호-성명-문제번호)을 입력한 다음 형식 (Photoshop (*.PSD;*.PDD;*.PSDT))을 선택하고 [저장] 단추를 클릭합니다.

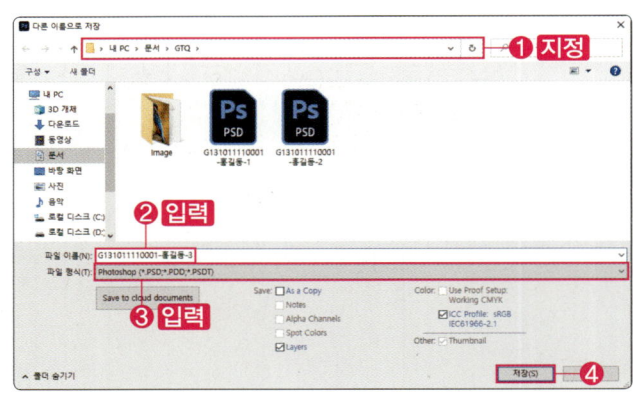

10 [Photoshop Format Options(Photoshop 형식 옵션)] 대화상자가 나타나면 [OK(확인)] 단추를 클릭합니다.

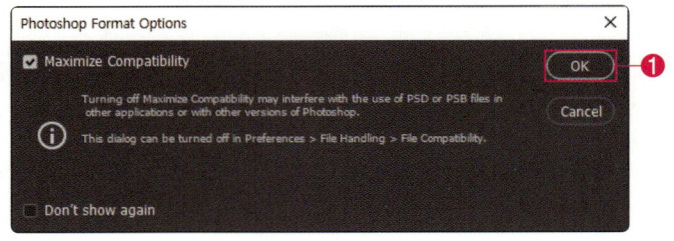

11 KOAS 수험자용 프로그램을 선택한 후 [답안 전송] 단추를 클릭합니다. 그런 다음 [MessageBox] 대화상자가 나타나면 [예] 단추를 클릭합니다.

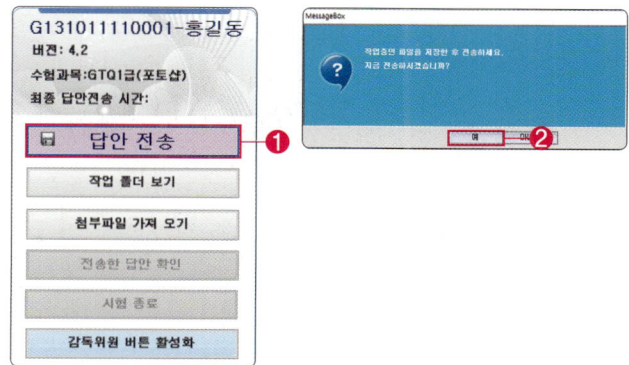

12 [고사실 PC로 답안 파일 보내기] 대화상자가 나타나면 전송할 파일을 선택한 후 [답안전송] 단추를 클릭합니다.

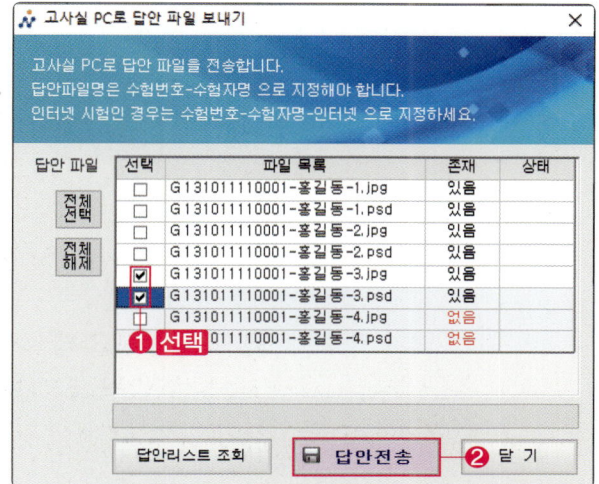

> **Tip**
> 전송하고자 하는 파일의 존재 여부가 '없음'으로 표시되면 파일명 및 저장 위치를 확인합니다.

13 [MessageBox] 대화상자가 나타나면 [확인] 단추를 클릭합니다.

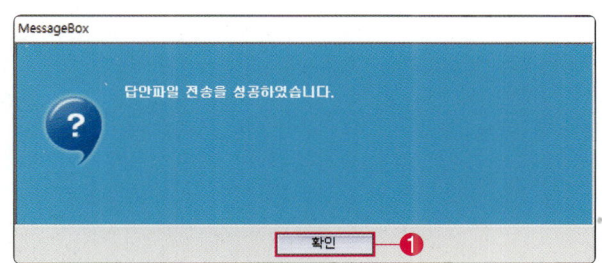

14 [고사실 PC로 답안 파일 보내기] 대화상자가 다시 나타나면 [닫기] 단추를 클릭합니다.

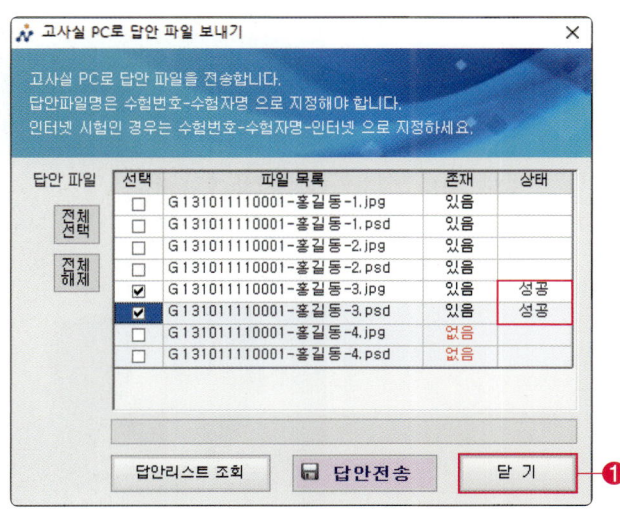

> **Tip**
> 전송한 파일의 상태 여부가 '성공'으로 표시되는지 확인합니다.

문제유형 01　[실무응용] 포스터 제작　　[25점]

다음의 ≪조건≫에 따라 아래의 ≪출력형태≫와 같이 작업하시오.

《조건》

원본 이미지	문서₩GTQ₩Image₩1급-7.jpg, 1급-8.jpg, 1급-9.jpg, 1급-10.jpg, 1급-11.jpg		
파일 저장 규칙	JPG	파일명	문서₩GTQ₩수험번호-성명-3.jpg
		크기	600 × 400 pixels
	PSD	파일명	문서₩GTQ₩수험번호-성명-3.psd
		크기	60 × 40 pixels

1. 그림 효과
   ① 배경 : 그라디언트(#ccff66, #ffffff)
   ② 1급-7.jpg : 레이어 스타일 - Drop Shadow(그림자 효과)
   ③ 1급-8.jpg : 필터 - Motion Blur(동작 흐림 효과), 레이어 마스크 - 가로 방향으로 흐릿하게
   ④ 1급-9.jpg : 필터 - Texturizer(텍스처화), 레이어 마스크 - 세로 방향으로 흐릿하게
   ⑤ 1급-10.jpg : 레이어 스타일 - Bevel and Emboss(경사와 엠보스), Stroke(선/획)(3px, #ffcc00)
   ⑥ 1급-11.jpg : 색상 보정 - 녹색 계열로 보정, 레이어 스타일 - Drop Shadow(그림자 효과)
   ⑦ 그 외 ≪출력형태≫ 참조

2. 문자 효과
   ① 공룡 체험전 (돋움, 45pt, 레이어 스타일 - 그라디언트 오버레이(#33cccc, #ffff99, #ff9900), Stroke(선/획)(3px, #003333))
   ② 2023. 9. 2 ~ 9. 30 (돋움, 16pt, #ffffff, 레이어 스타일 - Stroke(선/획)(2px, #000000))
   ③ 황금 공룡알을 찾아라 (돋움, 20pt, 레이어 스타일 - 그라디언트 오버레이(#ff0066, #ffff66), Stroke(선/획)(2px, #330000))
   ④ 공룡 비누 화석 만들기 (굴림, 14pt, 레이어 스타일 - 그라디언트 오버레이(#006633, #ff0066))

《출력형태》

Shape Tool(모양 도구) 사용
#ff9933, 레이어 스타일 -
Bevel and Emboss(경사와 엠보스)

Shape Tool(모양 도구) 사용
#ccff66, 레이어 스타일 -
Bevel and Emboss(경사와 엠보스),
Opacity(불투명도)(80%)

Shape Tool(모양 도구) 사용
레이어 스타일 -
그라디언트 오버레이
(#ffff99, #ff0066),
Drop Shadow(그림자 효과)

문제유형 02 [실무응용] 포스터 제작 [25점]

다음의 《조건》에 따라 아래의 《출력형태》와 같이 작업하시오.

《조건》

원본 이미지	문서₩GTQ₩Image₩1급-7.jpg, 1급-8.jpg, 1급-9.jpg, 1급-10.jpg, 1급-11.jpg		
파일 저장 규칙	JPG	파일명	문서₩GTQ₩수험번호-성명-3.jpg
		크기	600 × 400 pixels
	PSD	파일명	문서₩GTQ₩수험번호-성명-3.psd
		크기	60 × 40 pixels

1. 그림 효과
   ① 배경 : #cccc00
   ② 1급-7.jpg : 레이어 마스크 - 세로 방향으로 흐릿하게
   ③ 1급-8.jpg : 필터 - Crosshatch(그물눈), 레이어 스타일 - Bevel and Emboss(경사와 엠보스)
   ④ 1급-9.jpg : 필터 - Texturizer(텍스처화), 레이어 스타일 - Drop Shadow(그림자 효과)
   ⑤ 1급-10.jpg : 색상 보정 - 빨간색 계열로 보정, 레이어 스타일 - Drop Shadow(그림자 효과)
   ⑥ 1급-11.jpg : Blending Mode(혼합 모드) - Linear Burn(선형 번), Opacity(불투명도)(70%)
   ⑦ 그 외 《출력형태》 참조

2. 문자 효과
   ① 자연과 함께하는 (굴림, 18pt, #ffff00, 레이어 스타일 - Drop Shadow(그림자 효과))
   ② 전통차 시음회 (굴림, 24pt, #ffffff, 레이어 스타일 - Drop Shadow(그림자 효과))
   ③ 꽃향기와 차한잔의 여유 (바탕, 30pt, #ffffff, 레이어 스타일 - Stroke(선/획)(2px, 그라디언트(#66300, #006633))
   ④ 차 한 잔으로 여유로운 마음을... (궁서, 14pt, #663300, 레이어 스타일 - Outer Glow(외부 광선))

《출력형태》

Shape Tool(모양 도구) 사용
#999933, 레이어 스타일 - Outer Glow(외부 광선),
Opacity(불투명도)(70%)

Shape Tool(모양 도구) 사용
#996600, 레이어 스타일 -
Inner Glow(내부 광선)

Shape Tool(모양 도구) 사용
#99cc00, 레이어 스타일 -
Inner Shadow(내부 그림자)

문제유형 03 [실무응용] 포스터 제작 [25점]

다음의 ≪조건≫에 따라 아래의 ≪출력형태≫와 같이 작업하시오.

《조건》

원본 이미지	문서₩GTQ₩Image₩1급-7.jpg, 1급-8.jpg, 1급-9.jpg, 1급-10.jpg, 1급-11.jpg		
파일 저장 규칙	JPG	파일명	문서₩GTQ₩수험번호-성명-3.jpg
		크기	600 × 400 pixels
	PSD	파일명	문서₩GTQ₩수험번호-성명-3.psd
		크기	60 × 40 pixels

1. 그림 효과
   ① 배경 : #000000
   ② 1급-7.jpg : 색상 보정 - 회색 계열로 보정, 레이어 마스크 - 둥근 방향으로 흐릿하게
   ③ 1급-8.jpg : Blending Mode(혼합 모드) - Darken(어둡게 하기)
   ④ 1급-9.jpg : 필터 - Dry Brush(드라이 브러시), Opacity(불투명도)(80%)
   ⑤ 1급-10.jpg : 레이어 스타일 - Outer Glow(외부 광선), Stroke(선/획)(2px, #ff 0000)
   ⑥ 1급-11.jpg : Opacity(불투명도)(50%)
   ⑦ 그 외 ≪출력형태≫ 참조

2. 문자 효과
   ① 한국인이 사랑하는 (돋움, 36pt, #000000, 레이어 스타일 - Stroke(선/획)(2px, #fff fff))
   ② Chinese (Arial, Bold, 80pt, 레이어 스타일 - 그라디언트 오버레이(#ff0000, #ff ffff), Drop Shadow(그림자 효과))
   ③ Food Festival (Arial, Bold, 45pt, 레이어 스타일 - 그라디언트 오버레이(#ffff0 0, #ffffff), Stroke(선/획)(2px, #336600))
   ④ 최고 인기 음식 - 짜장면 (바탕, 14pt, #ffffff, 레이어 스타일 - Stroke(선/획)(2px, #000000))

《출력형태》

Shape Tool(모양 도구) 사용
레이어 스타일 - 그라디언트
오버레이(#ff9900, #ffffff)

Shape Tool(모양 도구) 사용
#ffffff, 레이어 스타일 -
Bevel and Emboss
(경사와 엠보스)

Shape Tool(모양 도구) 사용
#00ff33, #ffff00, #ff6600,
레이어 스타일 - Drop Shadow(그림자 효과)

| 문제유형 04 | [실무응용] 포스터 제작 | [25점] |

다음의 ≪조건≫에 따라 아래의 ≪출력형태≫와 같이 작업하시오.

《조건》

원본 이미지	문서₩GTQ₩Image₩1급-7.jpg, 1급-8.jpg, 1급-9.jpg, 1급-10.jpg, 1급-11.jpg		
파일 저장 규칙	JPG	파일명	문서₩GTQ₩수험번호-성명-3.jpg
		크기	600 × 400 pixels
	PSD	파일명	문서₩GTQ₩수험번호-성명-3.psd
		크기	60 × 40 pixels

1. 그림 효과
   ① 배경 : #ccffcc
   ② 1급-7.jpg : Blending Mode(혼합 모드) - Hard Light(하드 라이트)
   ③ 1급-8.jpg : 필터 - Texturizer(텍스처화), 레이어 마스크 - 세로 방향으로 흐릿하게
   ④ 1급-9.jpg : 레이어 마스크 - 세로 방향으로 흐릿하게, Opacity(불투명도)(70%)
   ⑤ 1급-10.jpg : 필터 - Film Grain(필름 그레인), 레이어 스타일 - Bevel and Emboss(경사와 엠보스)
   ⑥ 1급-11.jpg : 색상 보정 - 파랑색 계열로 보정, 레이어 스타일 - Drop Shadow(그림자 효과)
   ⑦ 그 외 ≪출력형태≫ 참조

2. 문자 효과
   ① 건축 디자인 캠프 (돋움, 45pt, 레이어 스타일 - 그라디언트 오버레이(#00ff33, #ccccff), Stroke(선/획)(2px, #330033))
   ② Architecture Design Camp (Arial, Regular, 28pt, 레이어 스타일 - Stroke(선/획)(3px, #ccffcc))
   ③ 미래의 건축가를 응원합니다 (굴림, 17pt, #ff0033, 레이어 스타일 - Stroke(선/획)(2px, #ffffcc))
   ④ 우승자에게는 해외 탐방의 기회를! (궁서, 16pt, #330000, 레이어 스타일 - Stroke(선/획)(2px, #ffffff))

《출력형태》

Shape Tool(모양 도구) 사용
#99ff99, 레이어 스타일 -
Stroke(선/획)(5px, #336633)

Shape Tool(모양 도구) 사용
#ffcc00, 레이어 스타일 -
Outer Glow(외부 광선)

Shape Tool(모양 도구) 사용
#ff0000, 레이어 스타일 - Bevel and Emboss(경사와 엠보스)

[실무응용] 웹 페이지 제작

다음의 ≪조건≫에 따라 아래의 ≪출력형태≫와 같이 작업하시오.

《조건》

원본 이미지	문서₩GTQ₩Image₩1급-12.jpg, 1급-13.jpg, 1급-14.jpg, 1급-15.jpg, 1급-16.jpg, 1급-17.jpg		
파일 저장 규칙	JPG	파일명	문서₩GTQ₩수험번호-성명-4.jpg
		크기	600 × 400 pixels
	PSD	파일명	문서₩GTQ₩수험번호-성명-4.psd
		크기	60 × 40 pixels

1. 그림 효과
   ① 배경 : #99ffff
   ② 패턴(모닥불, 체크 표시 모양) : #cc6633, #ffffff
   ③ 1급-12.jpg : Blending Mode(혼합 모드) – Hard Light(하드 라이트), 레이어 마스크 – 대각선 방향으로 흐릿하게
   ④ 1급-13.jpg : 필터 – Angled Strokes(각진 선/획), 레이어 마스크 – 가로 방향으로 흐릿하게
   ⑤ 1급-14.jpg : 레이어 스타일 – Stroke(선/획)(2px, #33cc99), Bevel and Emboss(경사와 엠보스)
   ⑥ 1급-15.jpg : 레이어 스타일 – Drop Shadow(그림자 효과), Inner Shadow(내부 그림자)
   ⑦ 1급-16.jpg : 색상 보정 – 노란색 계열로 보정, 레이어 스타일 – Bevel and Emboss(경사와 엠보스)
   ⑧ 그 외《출력형태》참조

2. 문자 효과
   ① 대한민국 구석구석 안전여행 캠페인 (돋움, 30pt, 레이어 스타일 – 그라디언트 오버레이(#00ffff, #ffffff), Stroke(선/획)(2px, #660000), Drop Shadow(그림자 효과))
   ② 안전한 여행으로 일상의 소중함을 간직하세요~ (돋움, 14pt, 26pt, #99ff33, #ffffff, 레이어 스타일 – Stroke(선/획)(2px, #660000))
   ③ https://korean.visitkorea.or.kr/ (Arial, Regular, 18pt, #cc3399, 레이어 스타일 – Drop Shadow(그림자 효과))
   ④ 관광정보 가이드북 비대면코스 (돋움, 17pt, #000000, 레이어 스타일 – Stroke(선/획)(2px, #cc99cc, #ffffff))

《출력형태》

Shape Tool(모양 도구) 사용
#6699cc, 레이어 스타일 – Drop Shadow(그림자 효과),
Opacity(불투명도)(70%)

Shape Tool(모양 도구) 사용
레이어 스타일 –
그라디언트 오버레이
(#33cc66, #0033cc),
Stroke(선/획)(3px, #ffff00)

Shape Tool(모양 도구) 사용
레이어 스타일 –
그라디언트 오버레이
(#ff99cc, #3399cc, #ffffff),
Stroke(선/획)
(2px, #ff99cc, #3399cc)

Pen Tool(펜 도구) 사용
#99cccc, 레이어 스타일 –
그라디언트 오버레이
(#ff9900, #ccffcc),
Drop Shadow(그림자 효과)

STEP 01   캔버스 생성 및 이미지 복사하기

01 [문제3]에서 작성한 파일을 모두 닫은 후 [Home] 화면에서 [Create new(새로 만들기)] 단추를 클릭합니다.

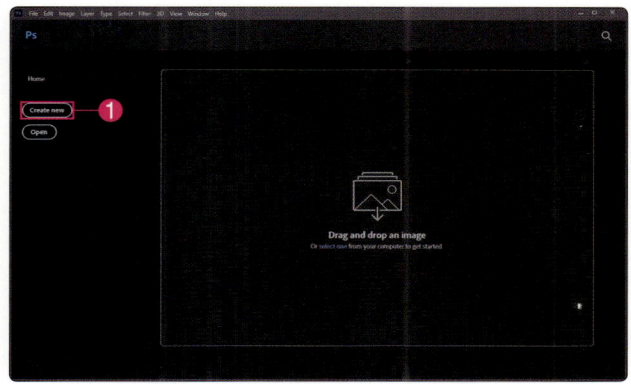

02 [New Document(새로 만들기 문서)] 대화상자가 나타나면 '600 × 400 pixels' 문서를 만듭니다.

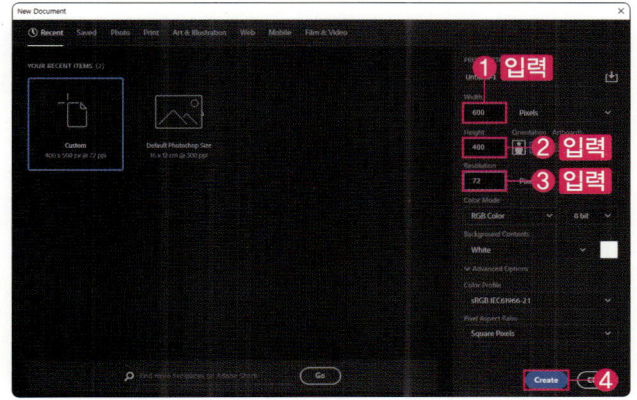

03 눈금자를 드래그하여 다음과 같이 Guides(안내선)을 작성합니다.

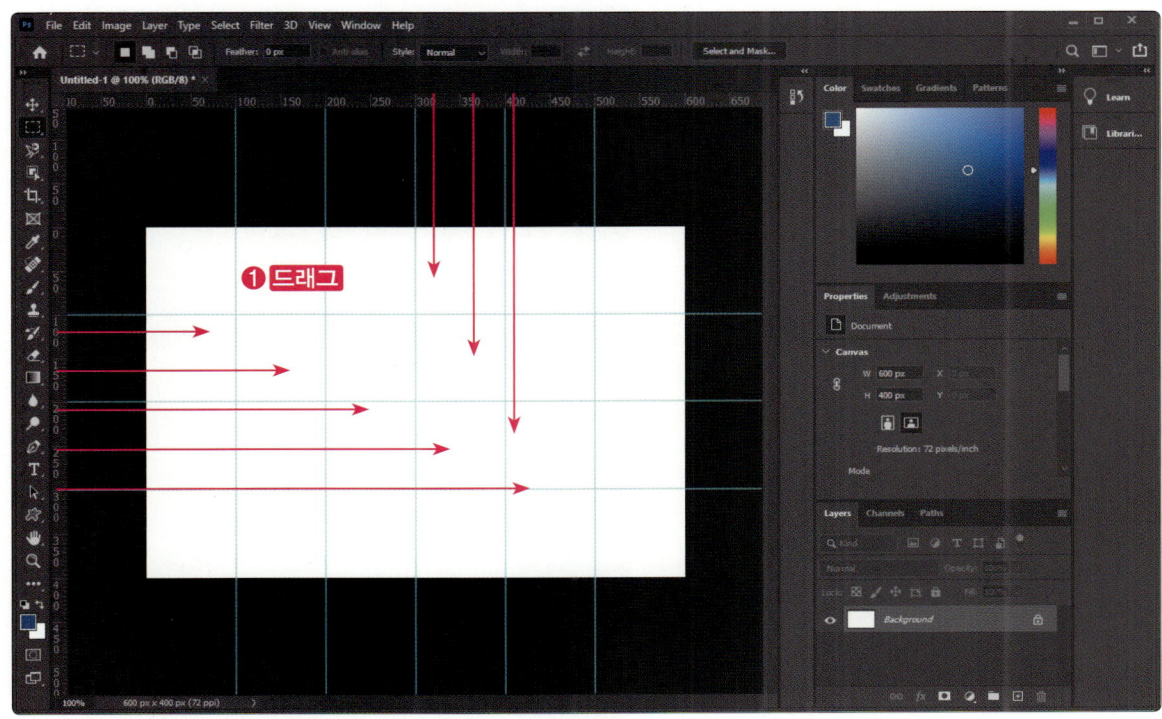

04 배경색을 지정하기 위해 [Set foreground color(전경색 설정)]을 클릭합니다.

05 [Color Picker(Foreground Color)(색상 피커(전경색))] 대화상자가 나타나면 색상(99ffff)을 입력한 후 [OK(확인)] 단추를 클릭합니다.

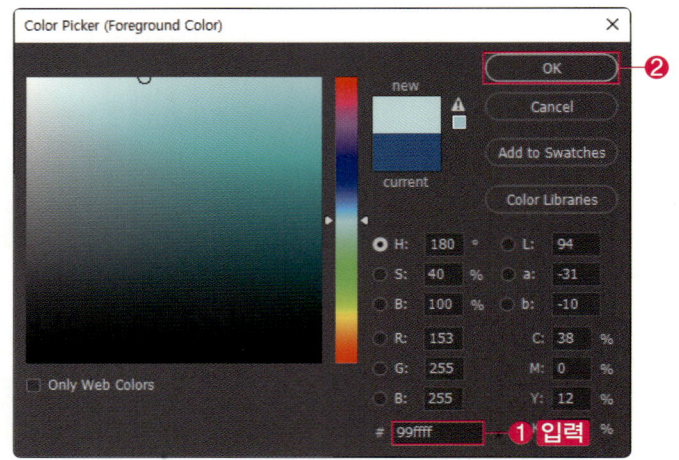

06 전경색이 변경되면 Alt+Delete를 눌러 전경색을 칠합니다.

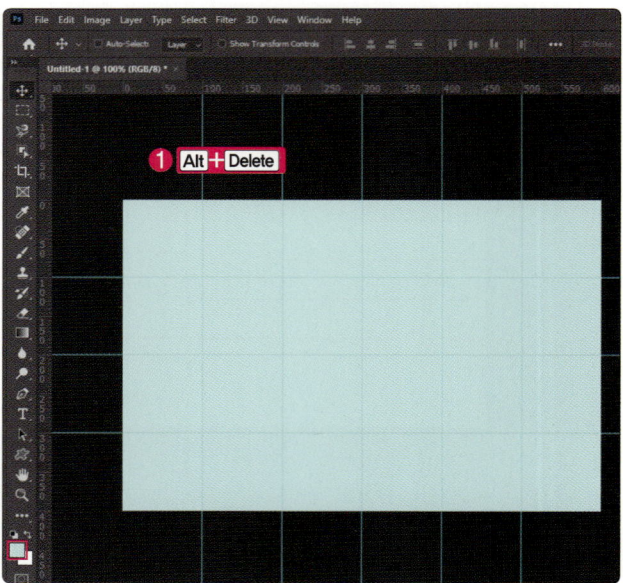

> **Tip**
> • 전경색 칠하기 : Alt + Delete
> • 배경색 칠하기 : Ctrl + Delete

248 입실부터 퇴실까지 GTQ 시험 체험하기

STEP 02 이미지 복사 및 혼합 모드, 레이어 마스크 지정하기

01 [문제 4]에서 사용할 이미지를 불러오기 위해 [File(파일)]을 클릭한 후 [Open(열기)]를 클릭합니다. 그런 다음 [열기] 대화상자가 나타나면 찾는 위치(내 PC\문서\GTQ\Image)를 지정한 후 파일(1급-12 ~ 1급-17)을 선택한 다음 [열기] 단추를 클릭합니다.

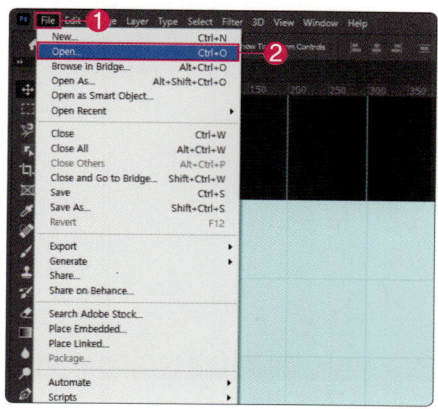 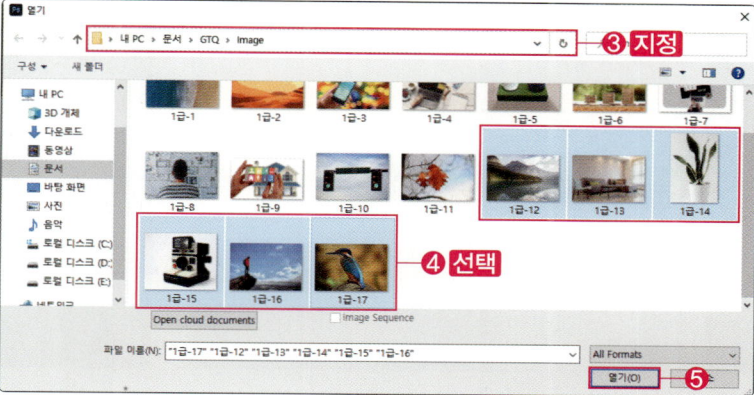

02 이미지가 불러와지면 [1급-12.jpg] 탭을 클릭한 후 Ctrl+A를 눌러 이미지 전체를 선택 영역으로 지정한 다음 Ctrl+C를 눌러 이미지를 복사합니다.

03 [Untitled-1] 탭을 클릭한 후 Ctrl+V를 눌러 붙여넣기 합니다.

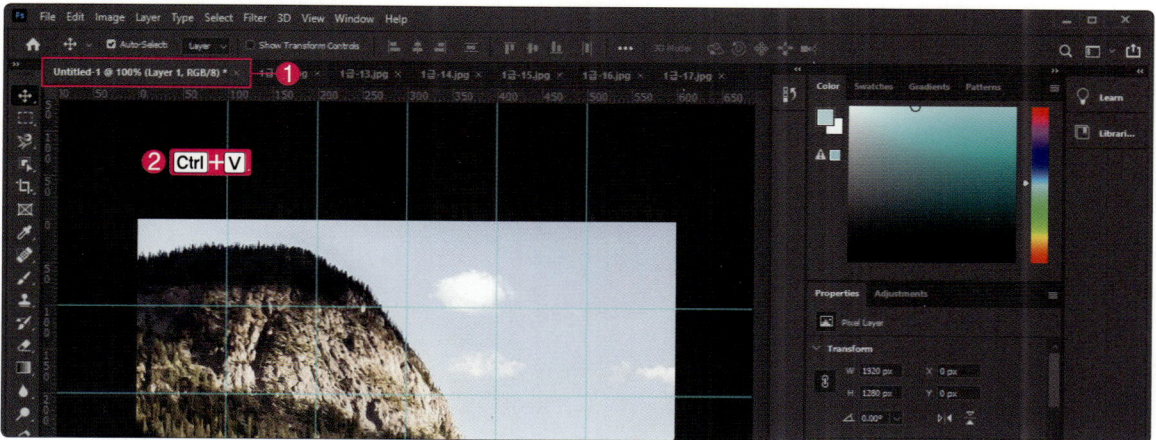

Chapter06 · [실무응용] 웹 페이지 제작

04 [Edit(편집)]을 클릭한 후 [Free Transform(자유 변형)]을 클릭합니다. 그런 다음 크기 조절점이 나타나면 크기 조절점을 드래그하여 위치 및 크기를 조절한 후 Enter 를 누릅니다.

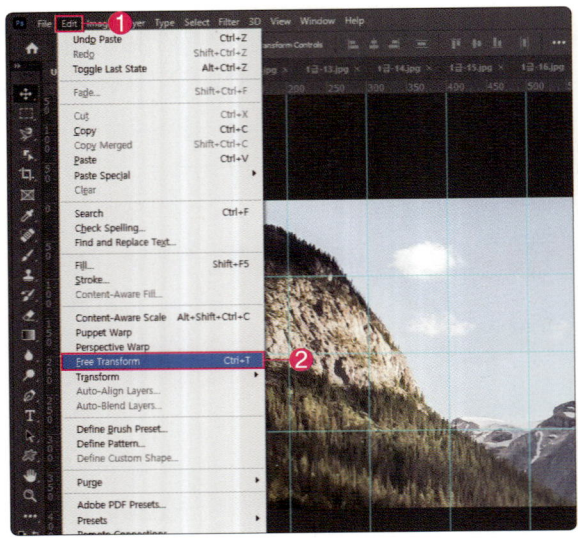

05 [Layers(레이어)] 패널에서 Blending Mode(혼합 모드)의 ■[목록] 단추를 클릭한 후 [Hard Light(하드 라이트)]를 선택합니다.

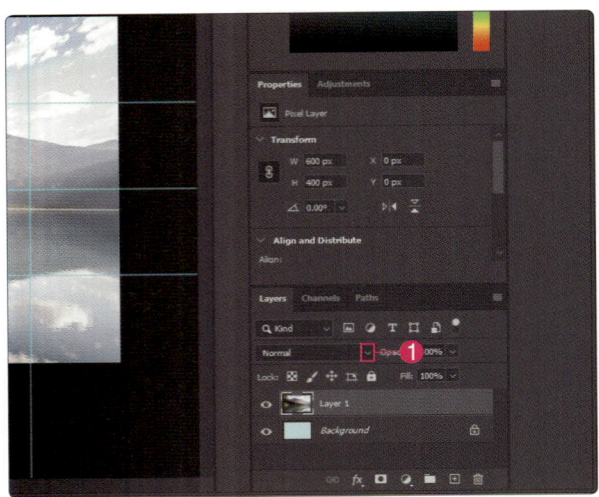
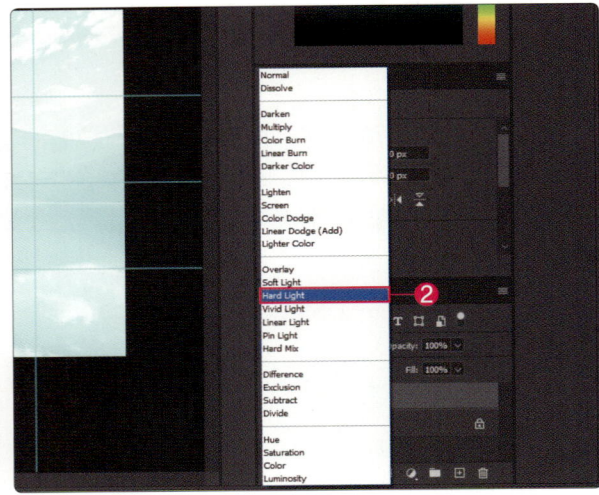

06 레이어 마스크를 지정하기 위해 [Layers(레이어)] 패널에서 ■[Add layer mask(레이어 마스크 추가)]를 클릭합니다.

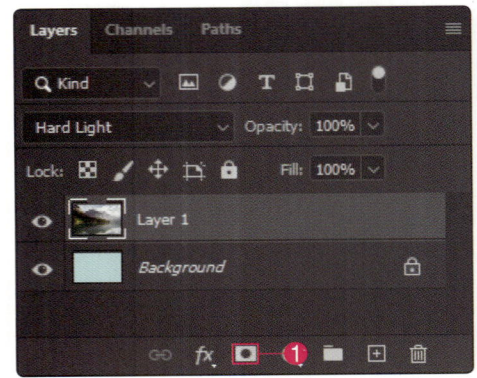

07 Tool Box(도구 상자)에서 ■[Gradient Tool(그라디언트 도구)]를 선택한 후 선택합니다.

08 마우스 포인터 모양이 변경되면 대각선 방향으로 드래그합니다.

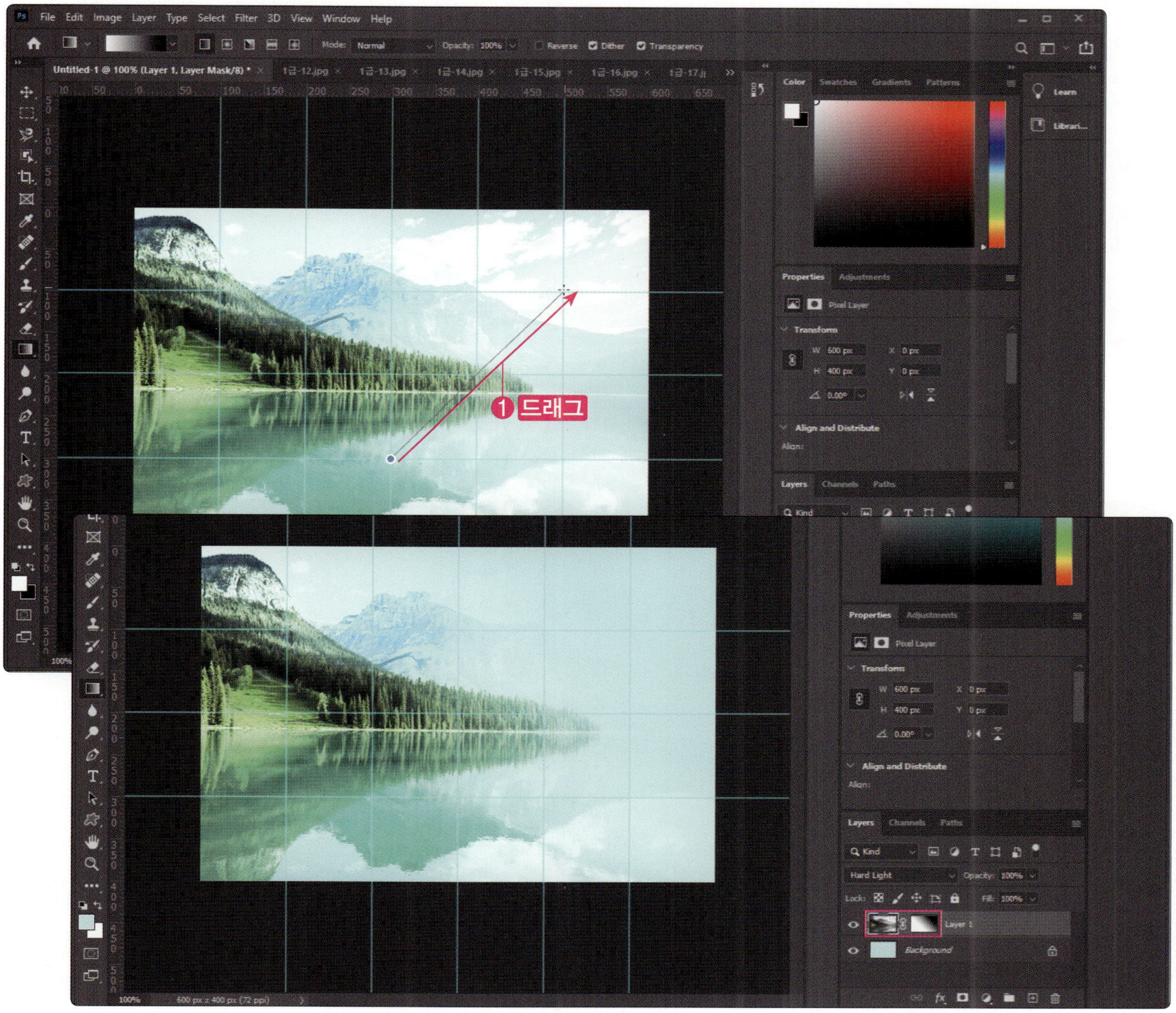

Chapter06 • [실무응용] 웹 페이지 제작 **251**

STEP 03 이미지 복사 및 필터, 레이어 마스크 지정하기

01 [1급-13.jpg] 탭을 클릭한 후 Ctrl+A를 눌러 이미지 전체를 선택 영역으로 지정한 다음 Ctrl+C를 눌러 이미지를 복사합니다.

02 [Untitled-1] 탭을 클릭한 후 Ctrl+V를 눌러 붙여넣기 합니다.

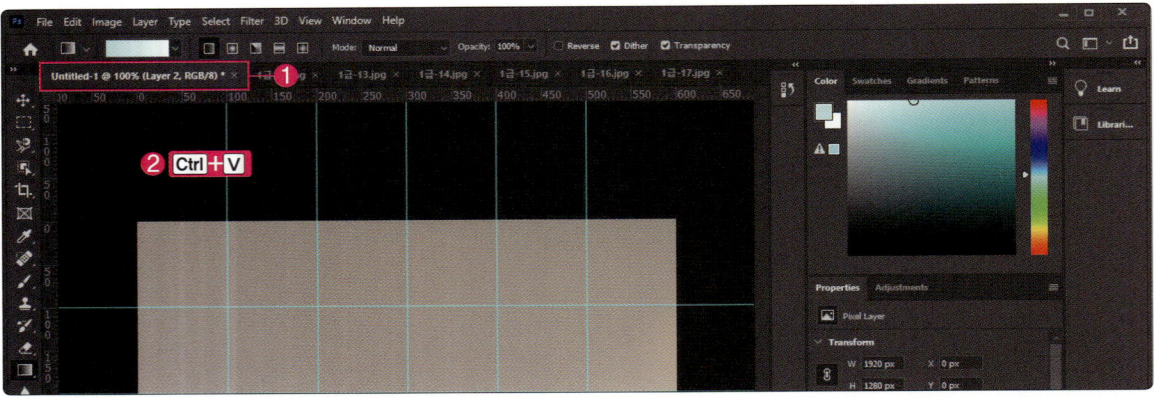

03 [Edit(편집)]을 클릭한 후 [Free Transform(자유 변형)]을 클릭합니다. 그런 다음 크기 조절점이 나타나면 크기 조절점을 드래그하여 위치 및 크기를 조절한 후 Enter를 누릅니다.

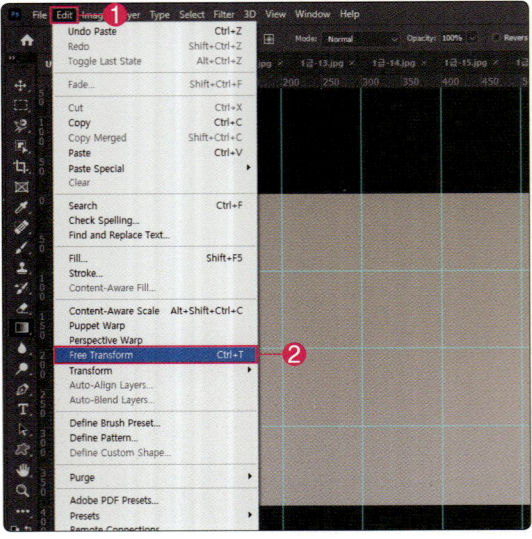

04 [Filter(필터)]를 클릭한 후 [Filter Gallery(필터 갤러리)]를 클릭합니다.

05 [Filter Gallery(필터 갤러리)] 대화상자가 나타나면 [Texture(텍스처)]를 클릭한 후 Texture(텍스처) 목록이 나타나면 [Texturizer(텍스처화)]를 클릭한 다음 속성을 지정하고 [OK(확인)] 단추를 클릭합니다.

06 레이어 마스크를 지정하기 위해 [Layers(레이어)] 패널에서 ◉[Add layer mask(레이어 마스크 추가)]를 클릭합니다.

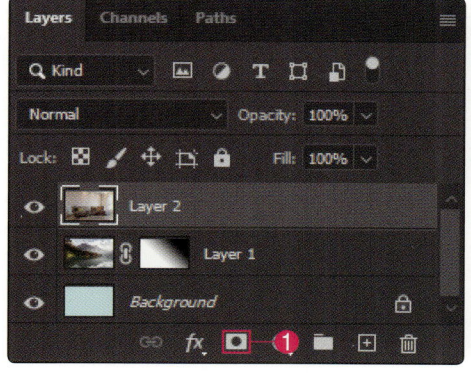 

Chapter06 • [실무응용] 웹 페이지 제작 **253**

07 Tool Box(도구 상자)에서 ▬[Gradient Tool(그라디언트 도구)]를 선택한 후 오른쪽에서 왼쪽으로 드래그하여 가로 방향으로 흐릿하게 적용합니다.

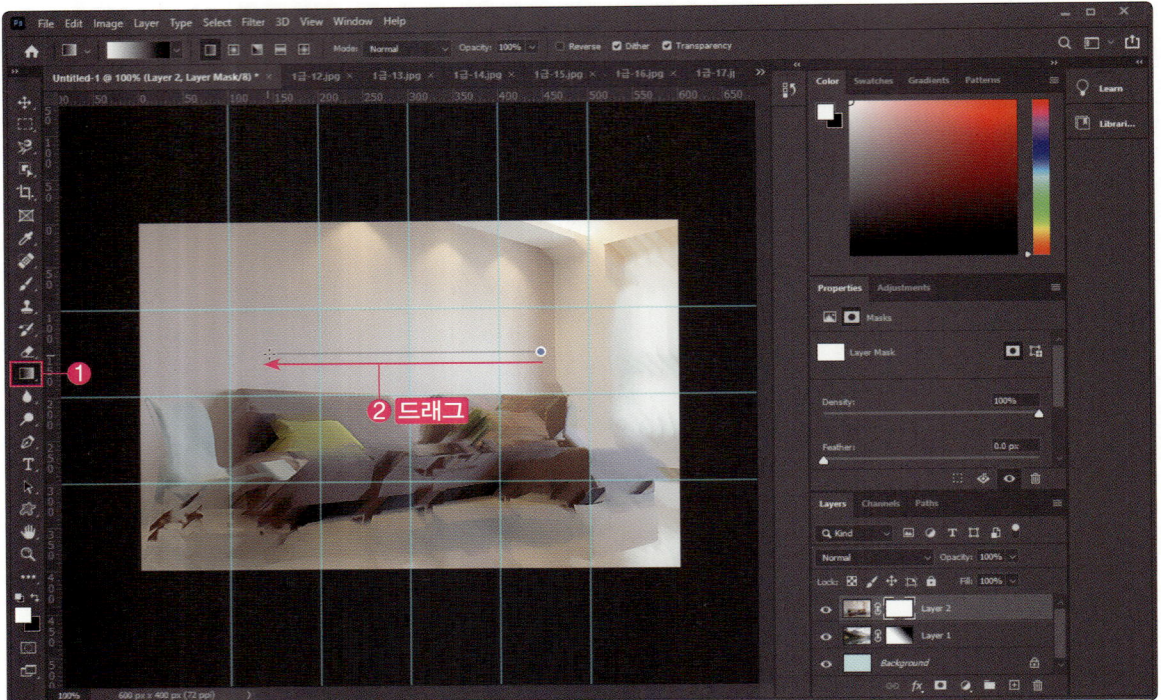

08 다음과 같이 필터 및 레이어 마스크가 적용됩니다.

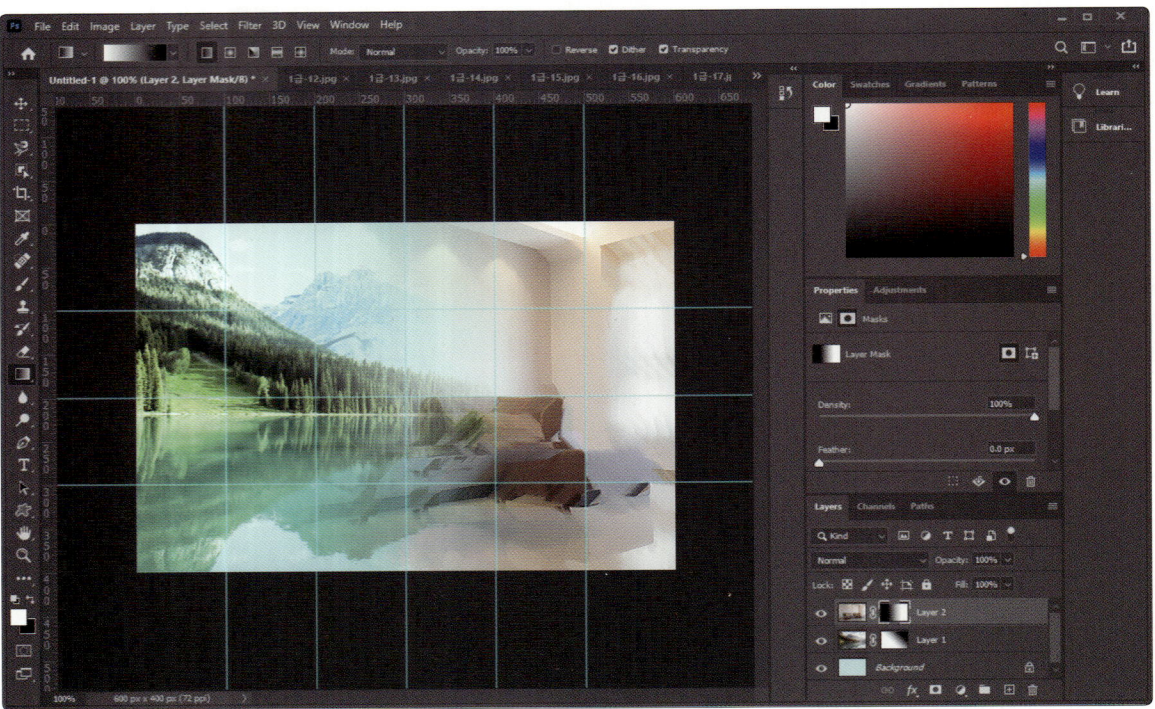

STEP 04　이미지 복사 및 레이어 스타일 지정하기

01 [1급-14.jpg] 탭을 클릭한 후 Tool Box(도구 상자)에서 [Magnetic Lasso Tool(자석 올가미 도구)]를 선택한 다음 선인장을 따라 드래그하여 선택 영역으로 지정합니다.

> **Tip**
> 이전에 Frequency(빈도 수) 값에 '100'이 입력되어 있을 경우 입력하지 않아도 됩니다.

02 선택 영역이 지정되면 Ctrl+C를 눌러 선택 영역을 복사합니다.

03 [Untitled-1] 탭을 클릭한 후 Ctrl+V를 눌러 붙여넣기 합니다.

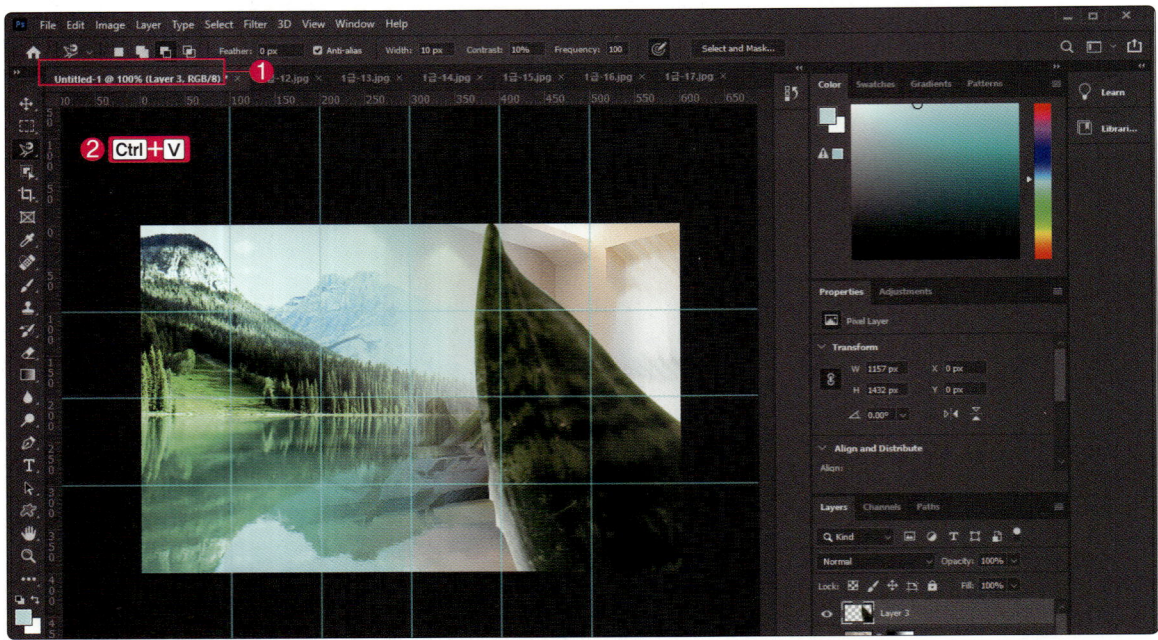

04 [Edit(편집)]을 클릭한 후 [Free Transform(자유 변형)]을 클릭합니다. 그런 다음 크기 조절점이 나타나면 크기 조절점을 드래그하여 위치 및 크기를 조절한 후 Enter를 누릅니다.

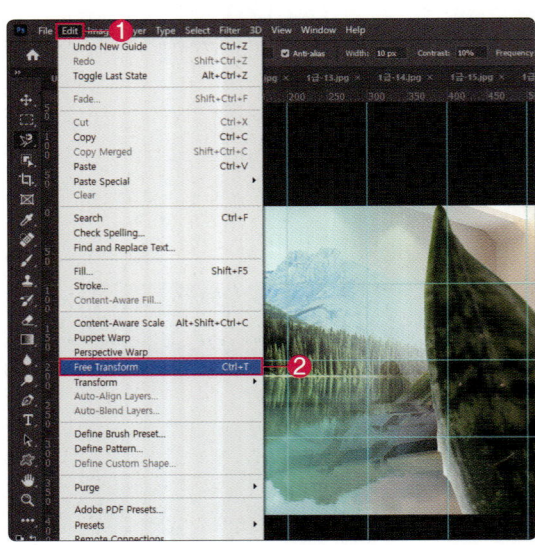 

05 [Layers(레이어)] 패널에서 fx [Add a layer style(레이어 스타일 추가)]를 클릭한 후 [Stroke(선)]을 클릭합니다.

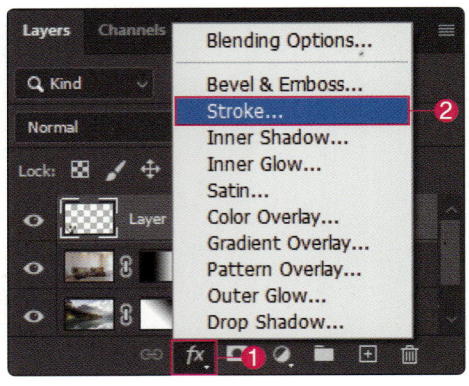

06 [Layer Style(레이어 스타일)] 대화상자의 [Stroke(선)] 스타일이 나타나면 크기(2)를 입력한 후 Color(색상)을 클릭합니다.

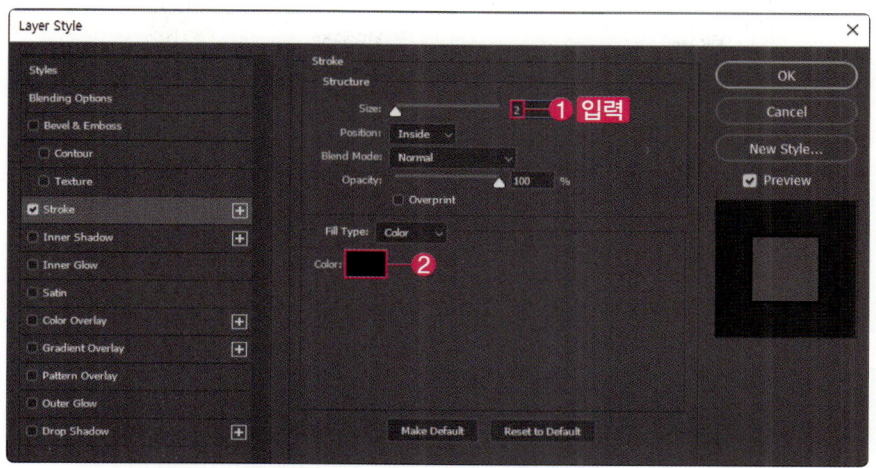

07 [Color Picker(Stroke Color)(색상 피커(선 색상))] 대화상자가 나타나면 색상(33cc99)을 입력한 후 [OK(확인)] 단추를 클릭합니다.

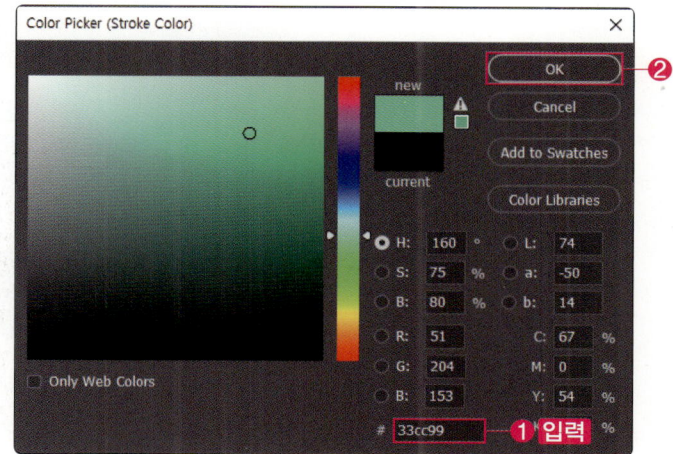

08 [Layer Style(레이어 스타일)] 대화상자의 [Stroke(선)] 스타일이 다시 나타나면 [Bevel & Emboss(경사와 엠보스)]를 선택한 후 속성을 지정한 다음 [OK(확인)] 단추를 클릭합니다.

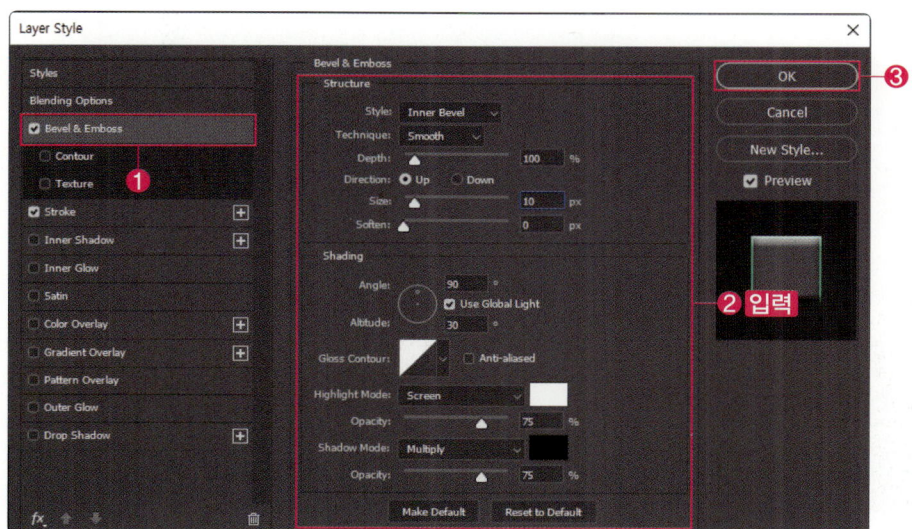

STEP 05 이미지 복사 및 레이어 스타일 지정하기

01 [1급-15.jpg] 탭을 클릭한 후 Tool Box(도구 상자)에서 [Magnetic Lasso Tool(자석 올가미 도구)]를 선택한 다음 폴라로이드 카메라를 따라 드래그하여 선택 영역으로 지정합니다. 그런 다음 Ctrl+C를 눌러 선택 영역을 복사합니다.

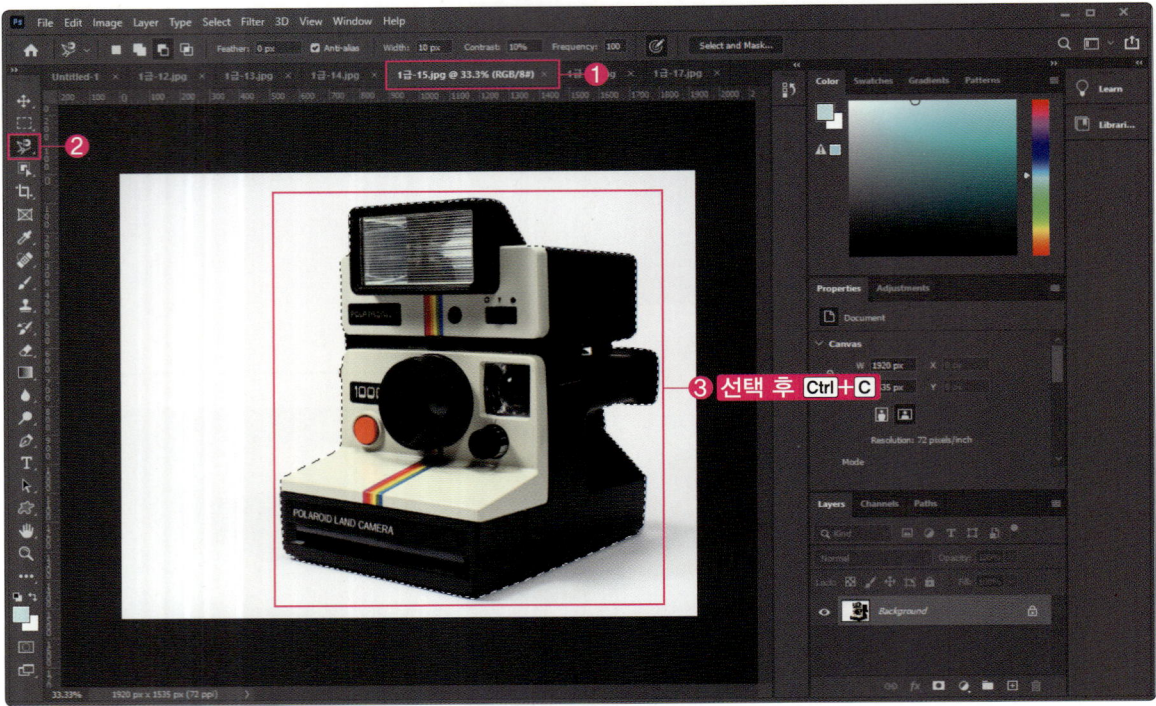

02 [Untitled-1] 탭을 클릭한 후 Ctrl+V를 눌러 붙여넣기 합니다.

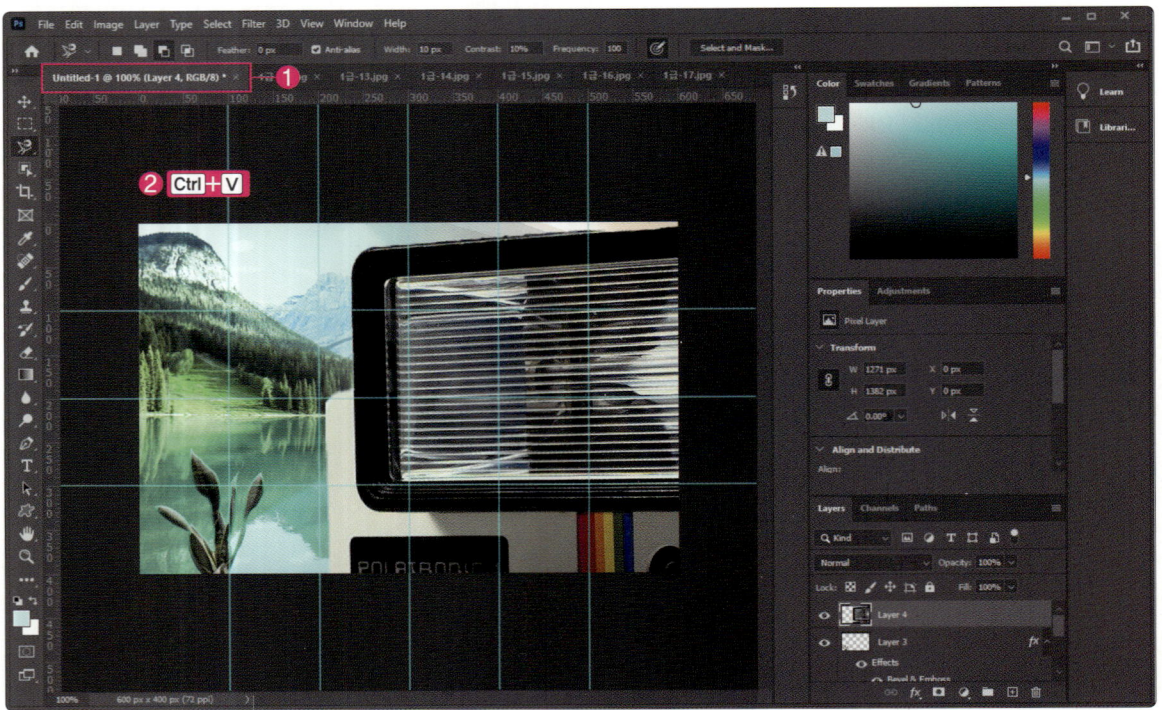

03 [Edit(편집)]을 클릭한 후 [Free Transform(자유 변형)]을 클릭합니다. 그런 다음 크기 조절점이 나타나면 크기 조절점을 드래그하여 위치 및 크기를 조절한 후 Enter를 누릅니다.

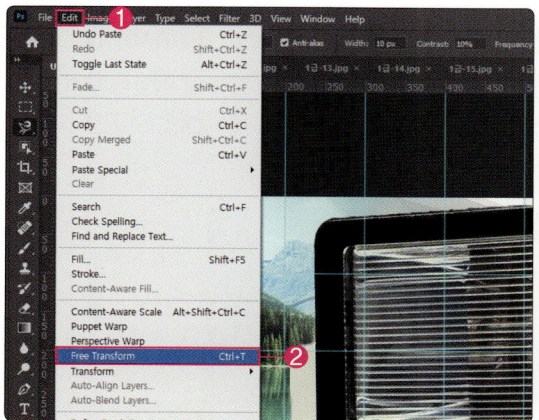

04 [Layers(레이어)] 패널에서 fx[Add a layer style(레이어 스타일 추가)]를 클릭한 후 [Drop Shadow(그림자 효과)]를 클릭합니다. 그런 다음 [Layer Style(레이어 스타일)] 대화상자의 [Drop Shadow(그림자 효과)] 스타일이 나타나면 속성을 지정합니다.

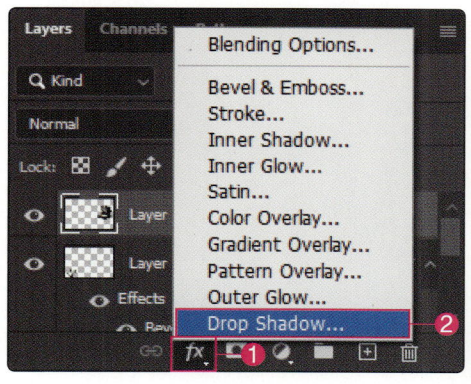
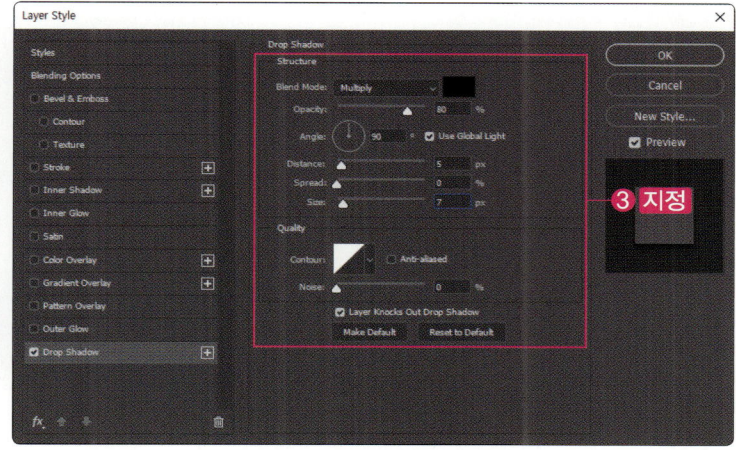

05 [Bevel & Emboss(경사와 엠보스)]를 선택한 후 속성을 지정한 다음 [OK(확인)] 단추를 클릭합니다.

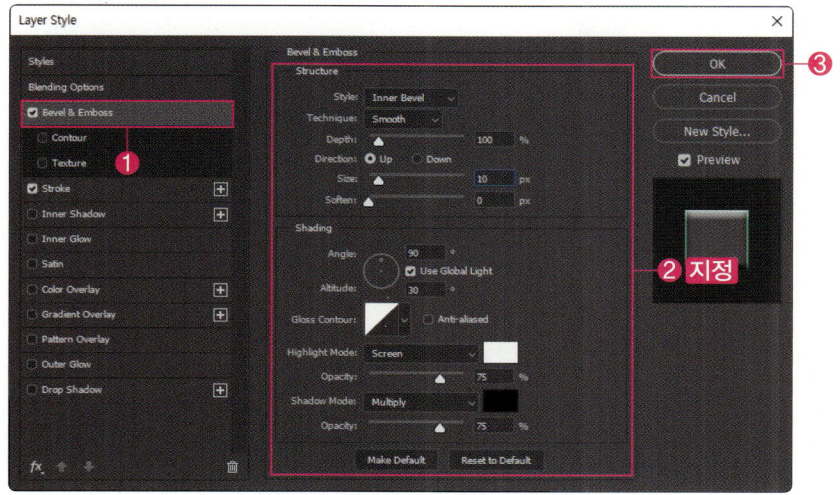

Chapter06 • [실무응용] 웹 페이지 제작 259

STEP 06 이미지 복사 및 색상 보정, 레이어 스타일 지정하기

01 [1급-16.jpg] 탭을 클릭한 후 Tool Box(도구 상자)에서 [Magnetic Lasso Tool(자석 올가미 도구)]를 선택한 다음 사람을 따라 드래그하여 선택 영역으로 지정하고 Ctrl+C를 눌러 선택 영역을 복사합니다. 그런 다음 [Untitled-1] 탭을 클릭한 후 Ctrl+V를 눌러 붙여넣기 합니다.

02 이미지를 좌우 대칭하기 위해 [Edit(편집)]을 클릭한 후 [Transform Path(변형)]-[Flip Horizontal(가로로 뒤집기)]를 클릭합니다.

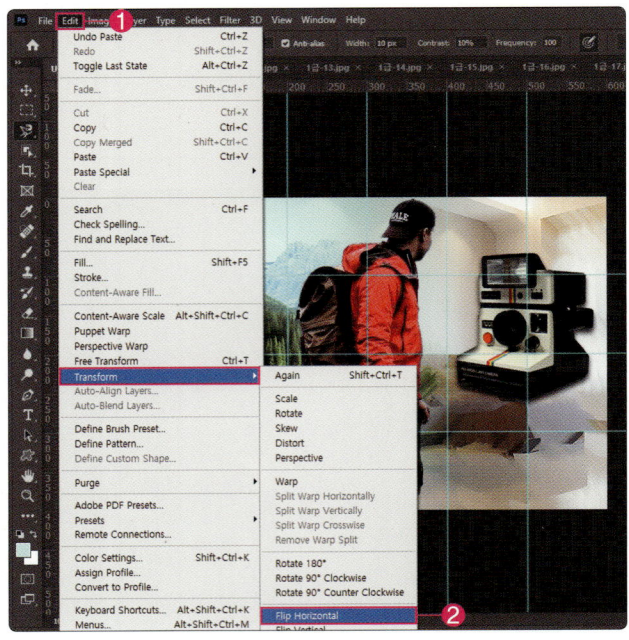

260 입실부터 퇴실까지 GTQ 시험 체험하기

03 [Edit(편집)]을 클릭한 후 [Free Transform(자유 변형)]을 클릭합니다. 그런 다음 크기 조절점이 나타나면 크기 조절점을 드래그하여 사람의 위치 및 크기를 조절한 후 Enter를 누릅니다.

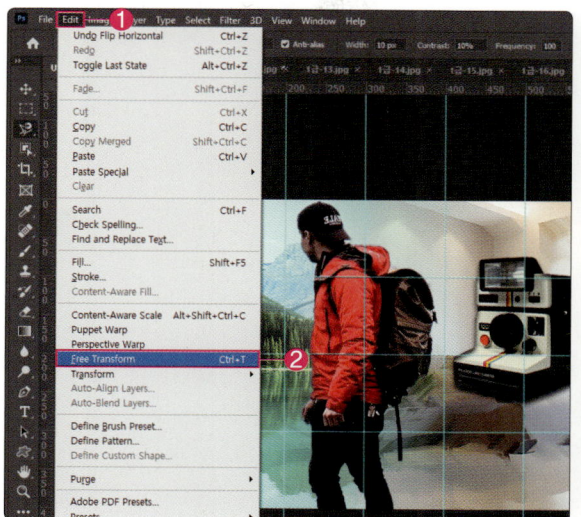

04 Tool Box(도구 상자)에서 [Magnetic Lasso Tool(자석 올가미 도구)]를 선택한 후 점퍼를 따라 드래그하여 선택 영역으로 지정합니다.

05 [Layers(레이어)] 패널에서 [Create new fill or adjustment layer(새 칠 또는 조정 레이어)]를 클릭한 후 [Hue/Saturation(색조/채도)]를 클릭합니다.

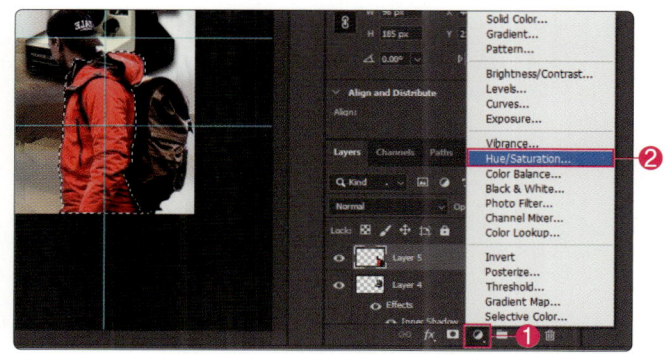

Chapter06 · [실무응용] 웹 페이지 제작 **261**

06 [Hue/Saturation 1(색조/채도 1)] 레이어가 추가되면 [Properties(속성)] 패널에서 [Colorize(색상화)]를 선택한 후 Hue(색조)와 Saturation(채도), Lightness(명도)를 조절하여 노란색 계열로 보정합니다.

07 [Layers(레이어)] 패널에서 [Layer 5(레이어 5)] 레이어를 선택한 후 [Add a layer style(레이어 스타일 추가)]를 클릭한 다음 [Bevel & Emboss(경사와 엠보스)]를 클릭합니다.

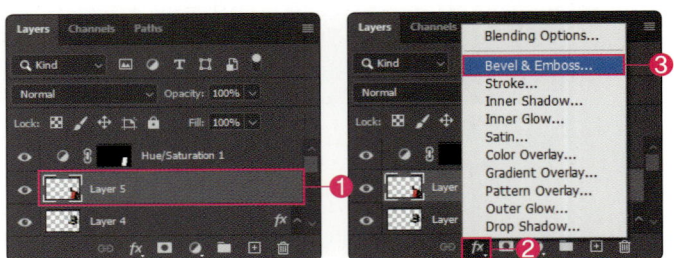

08 [Bevel & Emboss(경사와 엠보스)]를 선택한 후 속성을 지정한 다음 [OK(확인)] 단추를 클릭합니다.

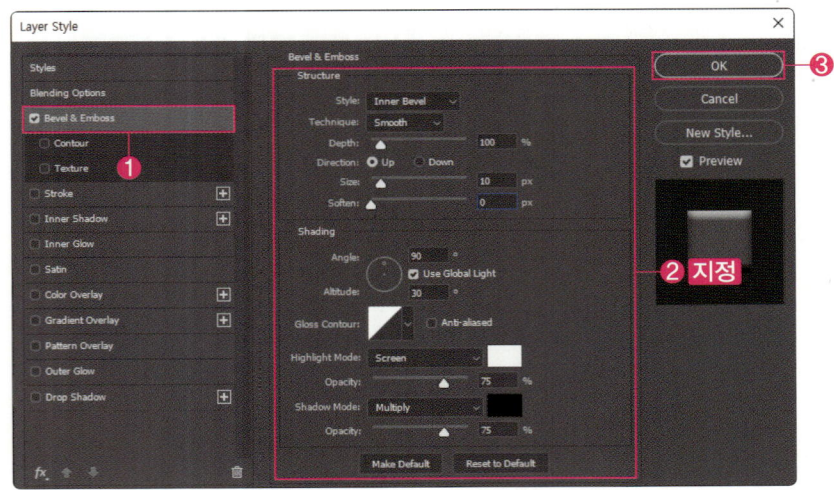

STEP 07 비행기 모양 도형 작성하기

01 [Layers(레이어)] 패널에서 [Hue/Saturation 1(색조/채도 1)] 레이어를 선택한 후 Tool Box(도구상자)에서 [Custom Shape Tool(사용자 정의 모양 도구)]를 선택한 후 옵션 바에서 [Click to open Custom shape picker(사용자 정의 모양 피커)]의 [목록] 단추를 클릭합니다.

02 목록이 나타나면 [Legacy Shapes and More(레거시 모양 및 기타)]의 [목록] 단추를 클릭한 후 [All Legacy Default Shapes(모든 레거시 기본 모양)]의 [목록] 단추를 클릭한 다음 [Symbols(기호)]의 [목록] 단추를 클릭하고 [Airplane(비행기)]를 클릭합니다.

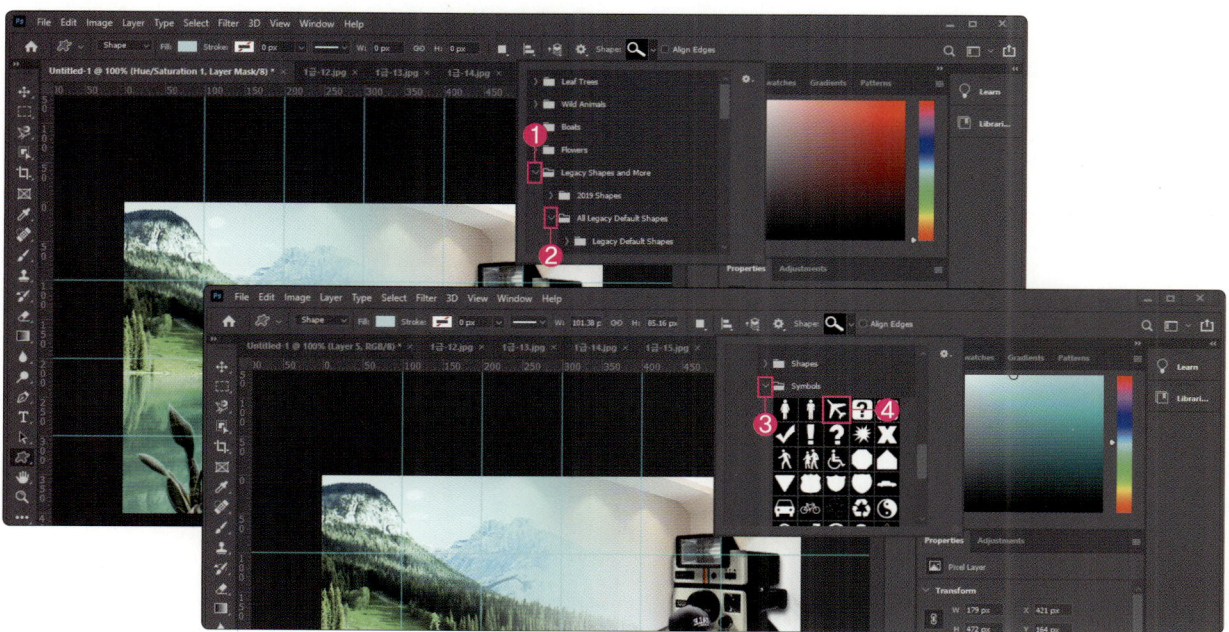

Chapter06 • [실무응용] 웹 페이지 제작

03 비행기 모양 도형을 삽입하고자 하는 위치에 드래그합니다.

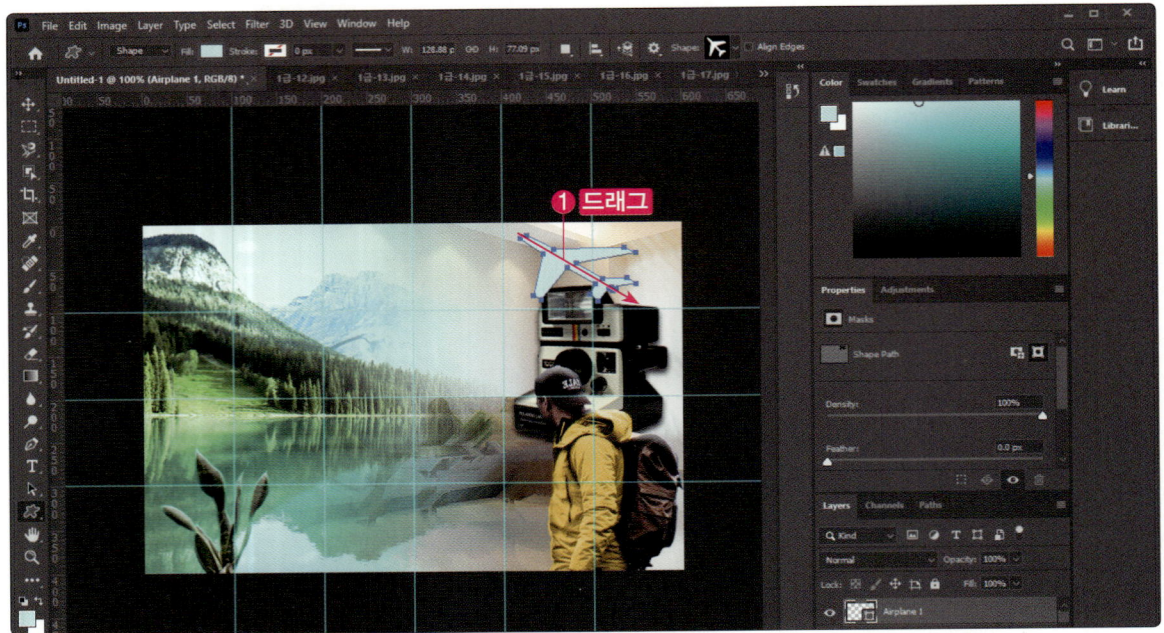

04 [Edit(편집)]을 클릭한 후 [Free Transform(자유 변형)]을 클릭합니다. 그런 다음 크기 조절점을 드래그하여 크기를 조절한 후 크기 조절점의 모서리 부분에 마우스 포인트를 가져가 ↻ 모양으로 변경되면 드래그하여 회전한 다음 Enter 를 누릅니다.

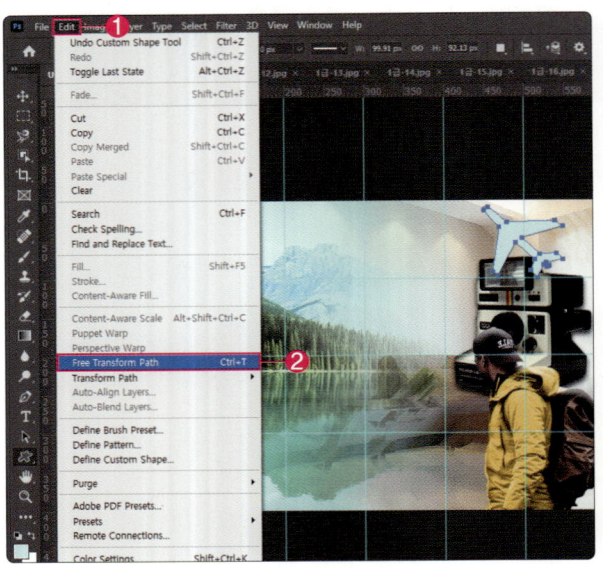

05 [Layers(레이어)] 패널에서 [Airplane 1(비행기 1)] 레이어의 [Layer thumbnail(레이어 축소판)]을 더블클릭합니다.

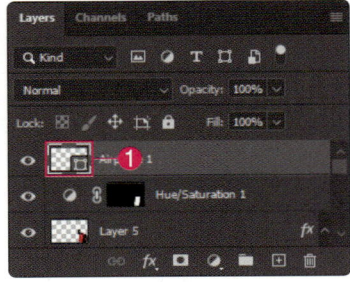

264 입실부터 퇴실까지 GTQ 시험 체험하기

06 [Color Picker(Solid Color)(색상 피커(단색))] 대화상자가 나타나면 색상 (6699cc)을 입력한 후 [OK(확인)] 단추를 클릭합니다.

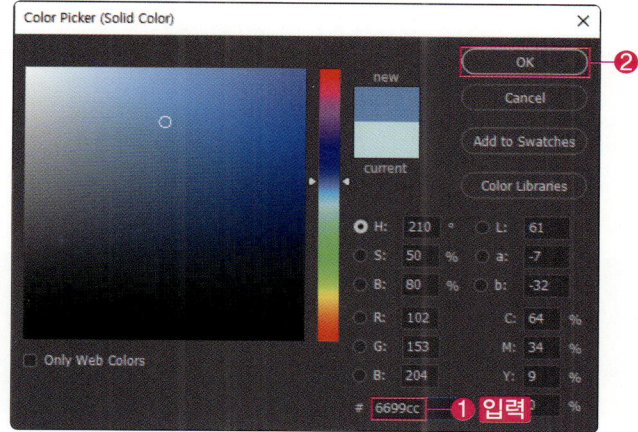

07 [Layers(레이어)] 패널에서 fx[Add a layer style(레이어 스타일 추가)]를 클릭한 후 [Drop Shadow(그림자 효과)]를 클릭합니다. 그런 다음 [Layer Style(레이어 스타일)] 대화상자의 [Drop Shadow(그림자 효과)] 스타일이 나타나면 속성을 지정한 후 [OK(확인)] 단추를 클릭합니다.

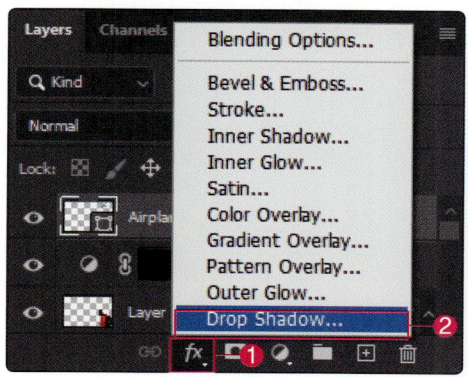 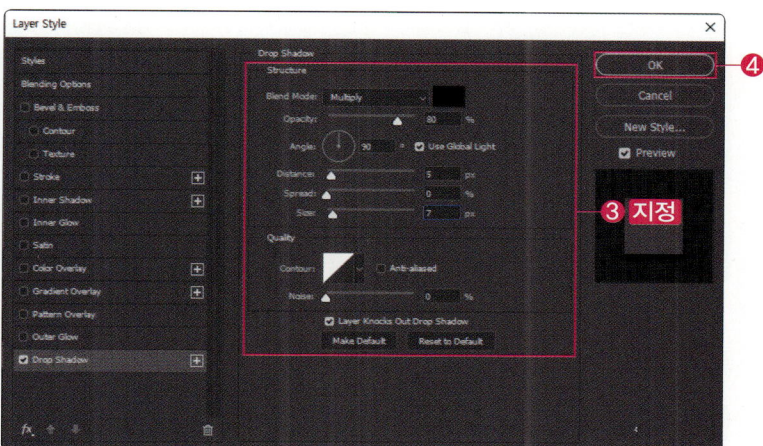

08 [Layers(레이어)] 패널에서 Opacity(불투명도)를 '70'을 입력합니다.

| STEP 08 | 이미지 복사하기 |

01 [1급-17.jpg] 탭을 클릭한 후 Tool Box(도구 상자)에서 [Magnetic Lasso Tool(자석 올가미 도구)]를 선택한 다음 새를 따라 드래그하여 선택 영역으로 지정합니다. 그런 다음 Ctrl+C를 눌러 선택 영역을 복사합니다.

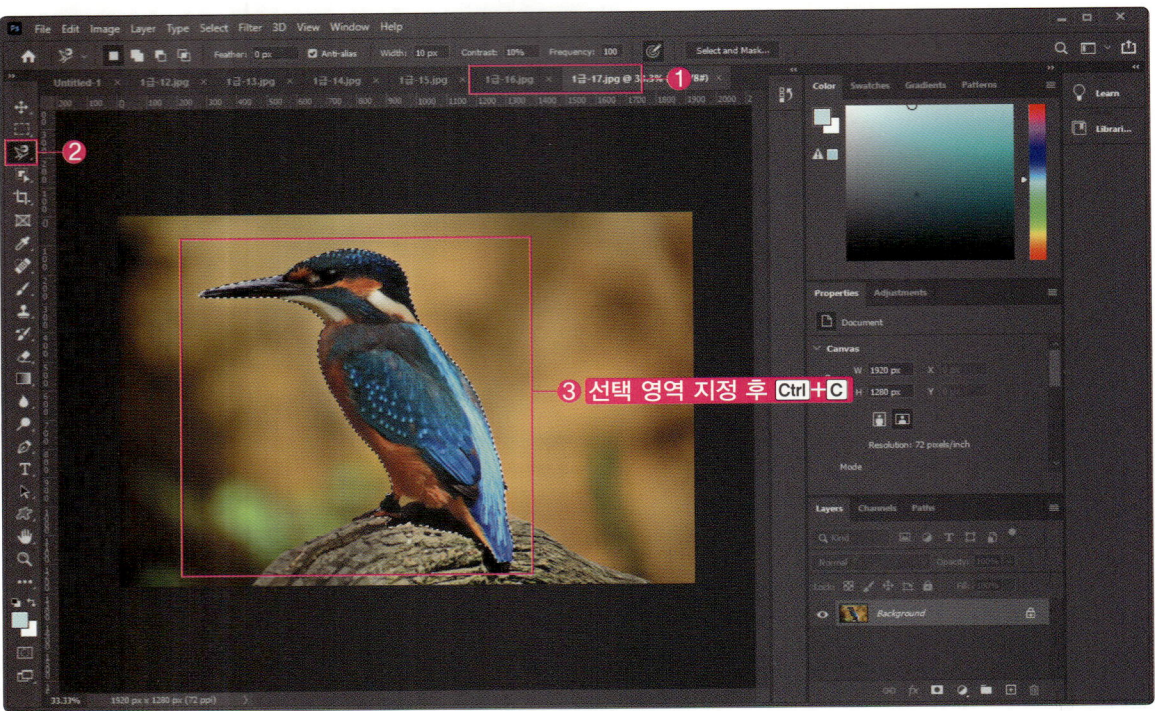

02 [Untitled-1] 탭을 클릭한 후 Ctrl+V를 눌러 붙여넣기 합니다.

03 이미지를 좌우 대칭하기 위해 [Edit(편집)]을 클릭한 후 [Transform Path(변형)]-[Flip Horizontal(가로로 뒤집기)]를 클릭합니다.

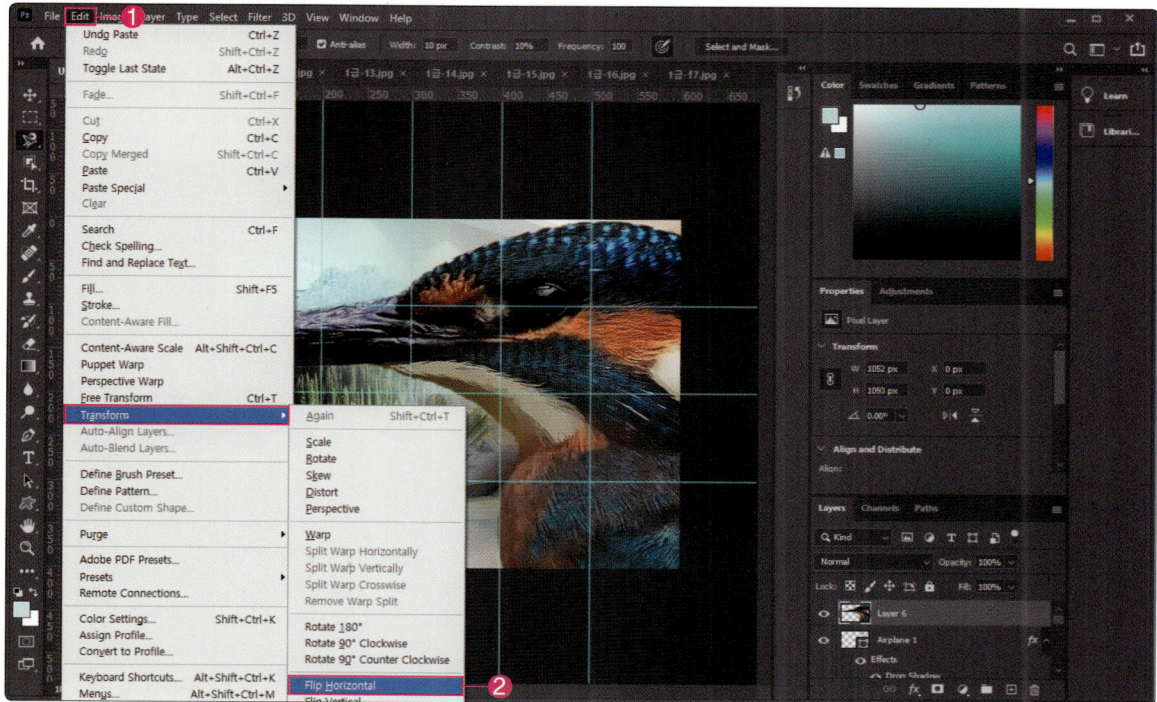

04 [Edit(편집)]을 클릭한 후 [Free Transform(자유 변형)]을 클릭합니다. 그런 다음 크기 조절점이 나타나면 크기 조절점을 드래그하여 새의 위치 및 크기를 조절한 후 Enter를 누릅니다.

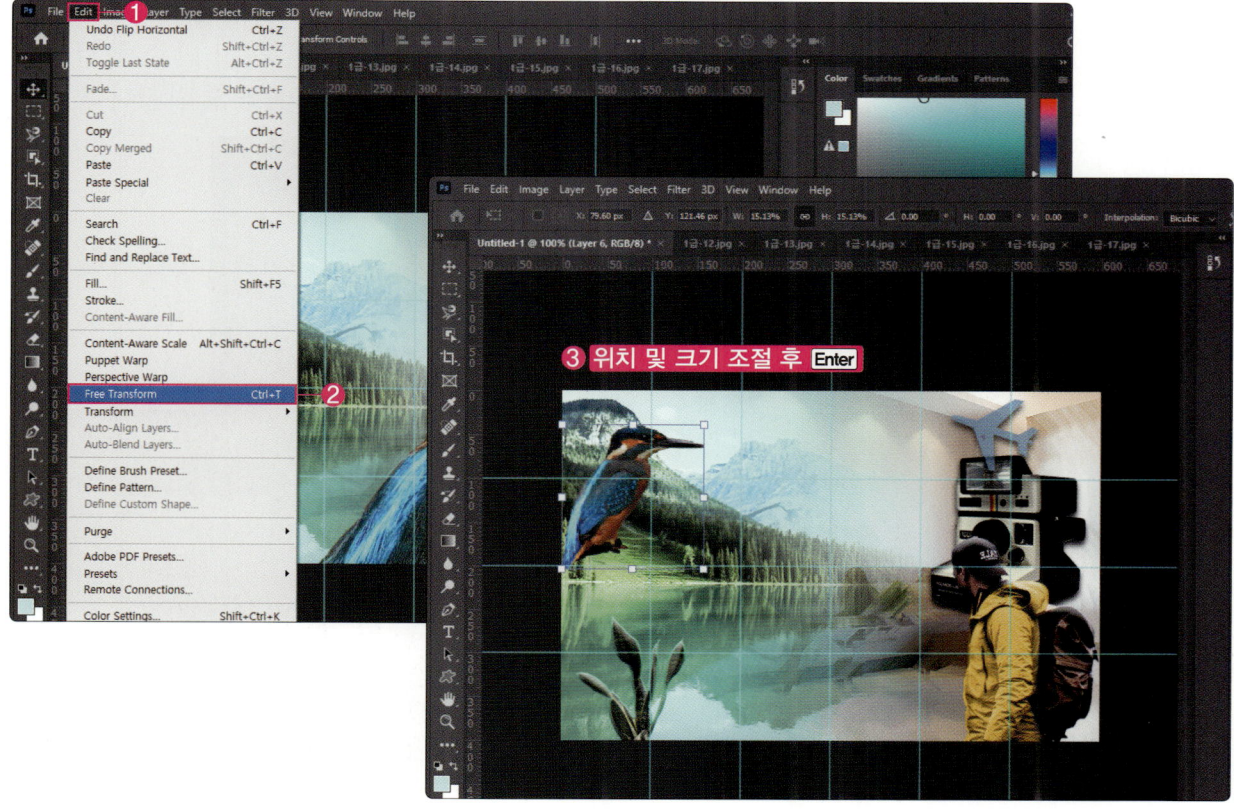

Chapter06 • [실무응용] 웹 페이지 제작

STEP 09 WWW 모양 도형 작성하기

01 Tool Box(도구상자)에서 [Custom Shape Tool(사용자 정의 모양 도구)]를 선택한 후 옵션 바에서 [Click to open Custom shape picker(사용자 정의 모양 피커)]의 [목록] 단추를 클릭합니다.

02 목록이 나타나면 [Legacy Shapes and More(레거시 모양 및 기타)]의 [목록] 단추를 클릭한 후 [All Legacy Default Shapes(모든 레거시 기본 모양)]의 [목록] 단추를 클릭한 다음 [Web(웹)]의 [목록] 단추를 클릭하고 [World wide web(www)]를 클릭합니다.

03 www 모양 도형을 삽입하고자 하는 위치에 드래그합니다.

04 [Layers(레이어)] 패널에서 [Add a layer style(레이어 스타일 추가)]를 클릭한 후 [Gradient Overlay(그라디언트 오버레이)]를 클릭합니다.

05 [Layer Style(레이어 스타일)] 대화상자의 [Gradient Overlay(그라디언트 오버레이)] 스타일이 나타나면 [Gradient(그라디언트)]를 클릭합니다.

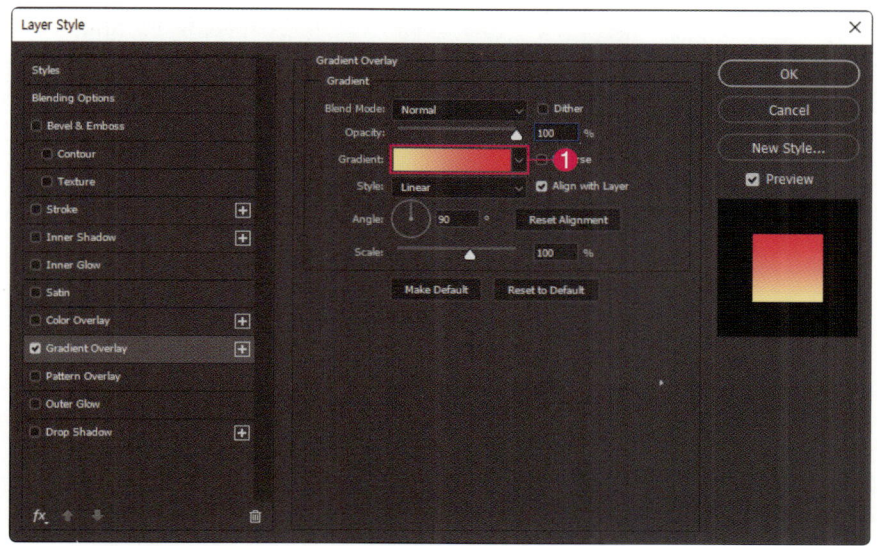

Chapter06 · [실무응용] 웹 페이지 제작 **269**

06 [Gradient Editor(그라디언트 편집기)] 대화상자가 나타나면 왼쪽 Color Stop(색상 정지점)을 더블클릭합니다.

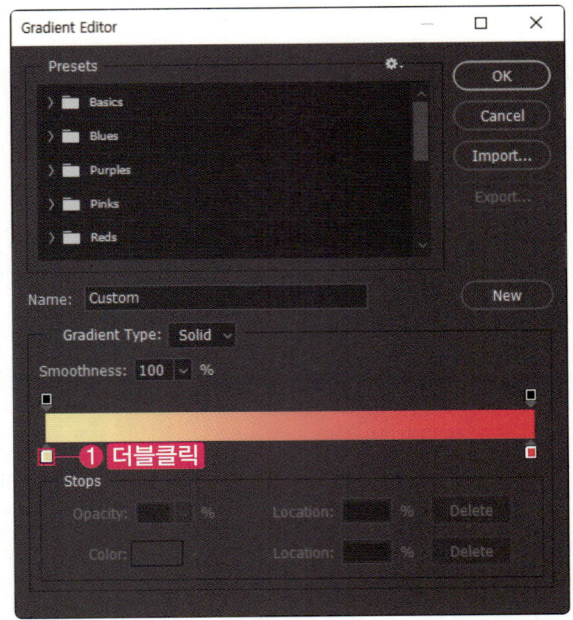

07 [Color Picker(Stop Color)(색상 피커(정지 색상))] 대화상자가 나타나면 색상(33cc66)을 입력한 후 [OK(확인)] 단추를 클릭합니다.

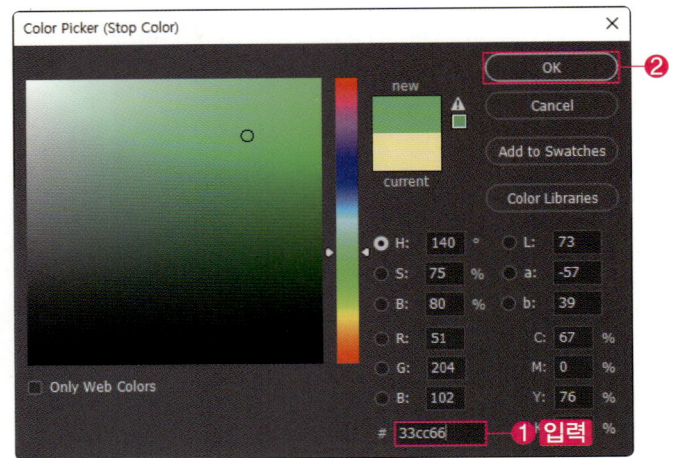

08 [Gradient Editor(그라디언트 편집기)] 대화상자가 다시 나타나면 오른쪽 Color Stop(색상 정지점)을 더블클릭합니다.

09 [Color Picker(Stop Color)(색상 피커(정지 색상))] 대화상자가 나타나면 색상(0033cc)을 입력한 후 [OK(확인)] 단추를 클릭합니다.

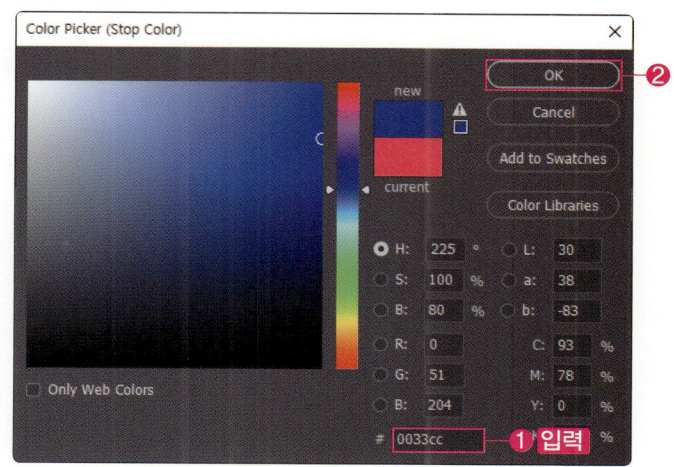

10 [Gradient Editor(그라디언트 편집기)] 대화상자가 다시 나타나면 [OK(확인)] 단추를 클릭합니다.

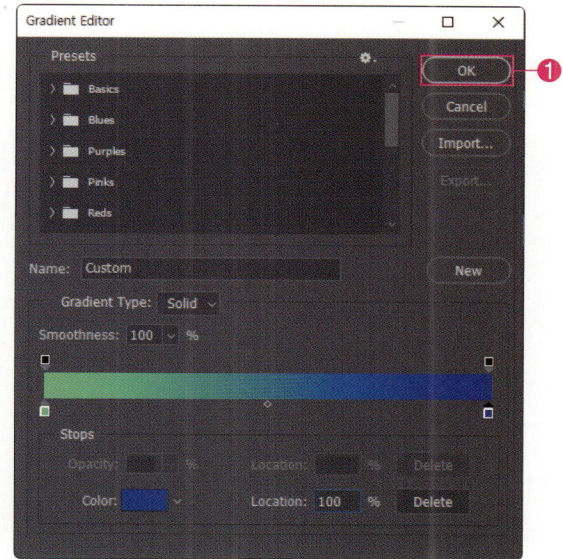

11 [Layer Style(레이어 스타일)] 대화상자의 [Gradient Overlay(그라디언트 오버레이)] 스타일이 다시 나타나면 [Stroke(선)] 스타일을 클릭한 후 크기(2)를 입력한 다음 Color(색상)을 클릭합니다.

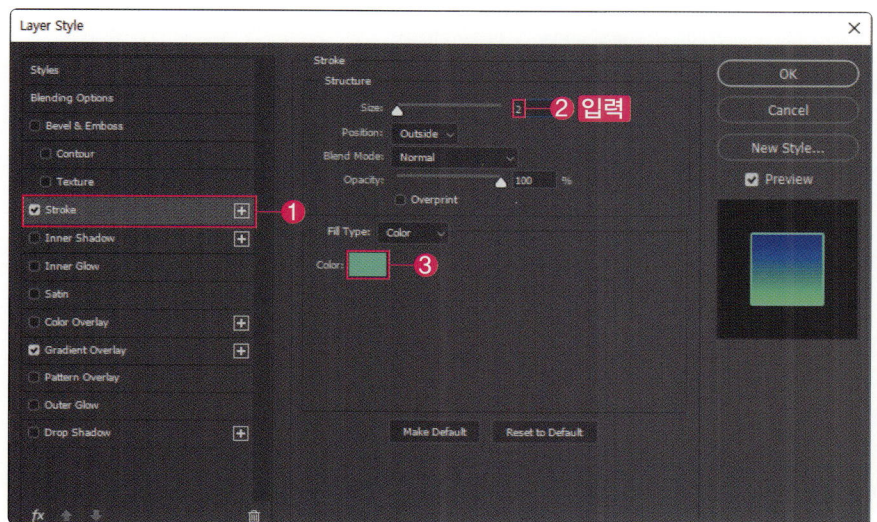

Chapter06 • [실무응용] 웹 페이지 제작

12 [Color Picker(Stroke Color)(색상 피커(선 색상))] 대화상자가 나타나면 색상(ffff00)을 입력한 후 [OK(확인)] 단추를 클릭합니다.

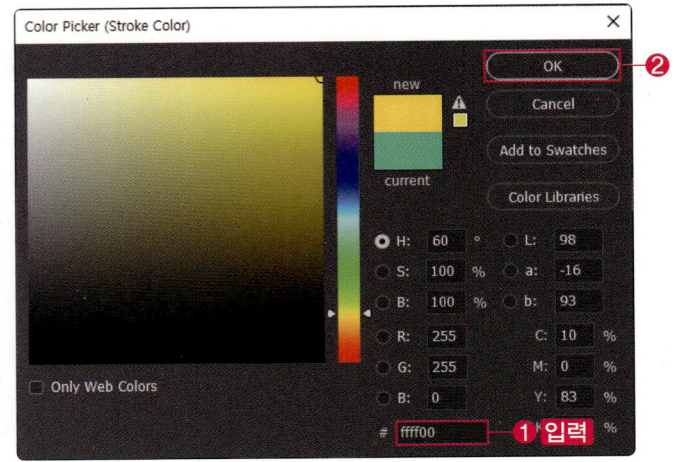

13 [Layer Style(레이어 스타일)] 대화상자의 [Stroke(선)] 스타일이 다시 나타나면 [OK(확인)] 단추를 클릭합니다.

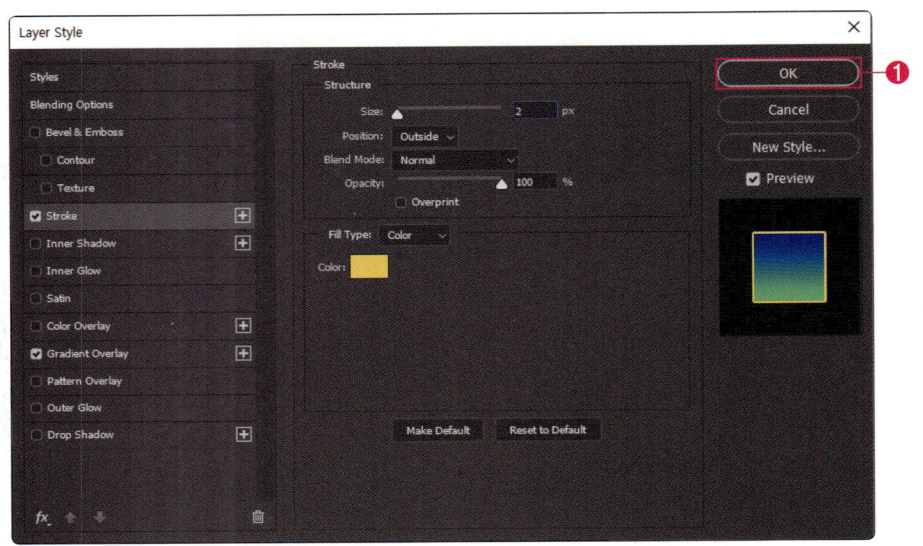

14 다음과 같이 www 모양 도형에 레이어 스타일이 적용됩니다.

| STEP 10 | 타원 모양 도형 작성하기 |

01 Tool Box(도구상자)에서 ◯[Ellipse Tool(타원 도구)]를 선택한 후 도형을 삽입하고자 하는 위치에 드래그합니다.

02 [Layers(레이어)] 패널에서 fx[Add a layer style(레이어 스타일 추가)]를 클릭한 후 [Gradient Overlay(그라디언트 오버레이)]를 클릭합니다.

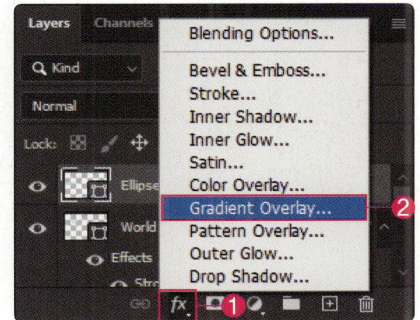

03 [Layer Style(레이어 스타일)] 대화상자의 [Gradient Overlay(그라디언트 오버레이)] 스타일이 나타나면 ▭[Gradient(그라디언트)]를 클릭합니다.

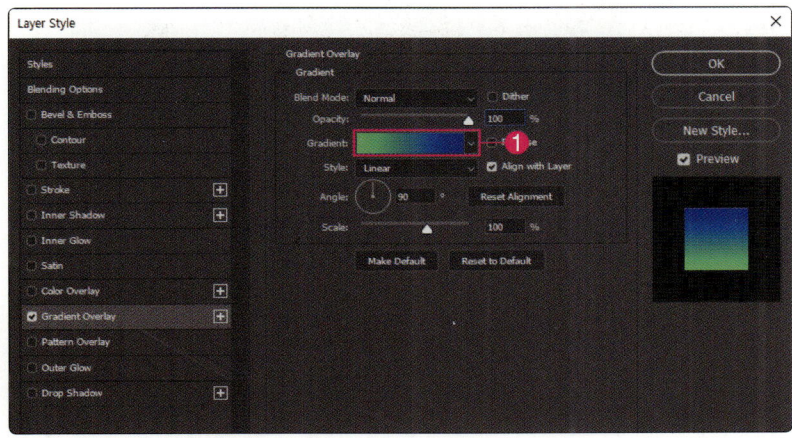

Chapter06 • [실무응용] 웹 페이지 제작

04 [Gradient Editor(그라디언트 편집기)] 대화상자가 나타나면 왼쪽 Color Stop(색상 정지점)을 더블클릭합니다.

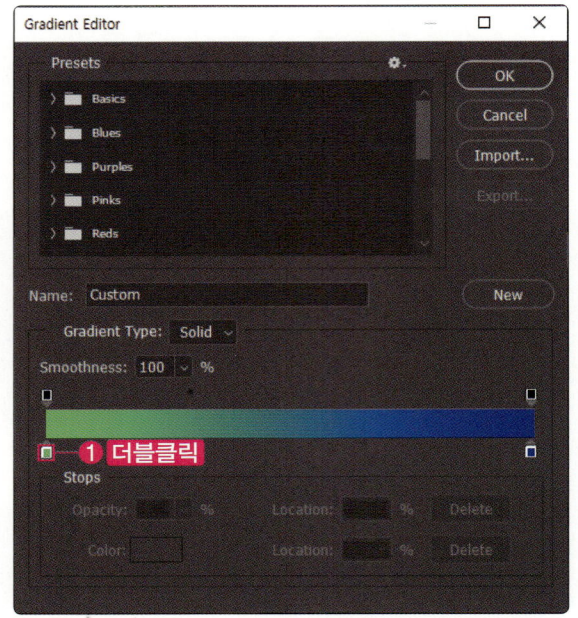

05 [Color Picker(Stop Color)(색상 피커(정지 색상))] 대화상자가 나타나면 색상(ff99cc)을 입력한 후 [OK(확인)] 단추를 클릭합니다.

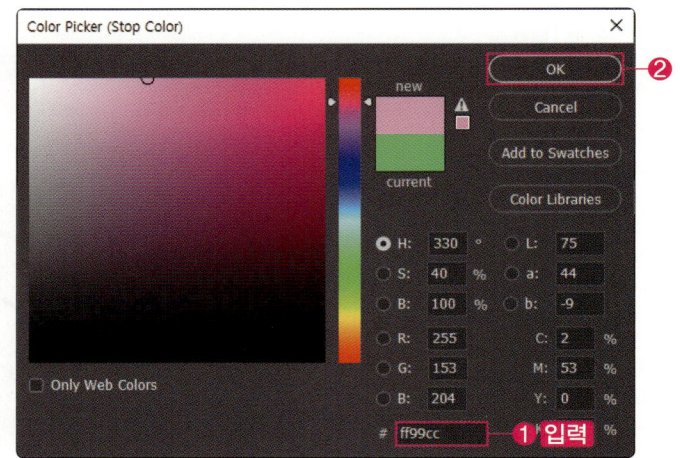

06 [Gradient Editor(그라디언트 편집기)] 대화상자가 다시 나타나면 오른쪽 Color Stop(색상 정지점)을 더블클릭합니다.

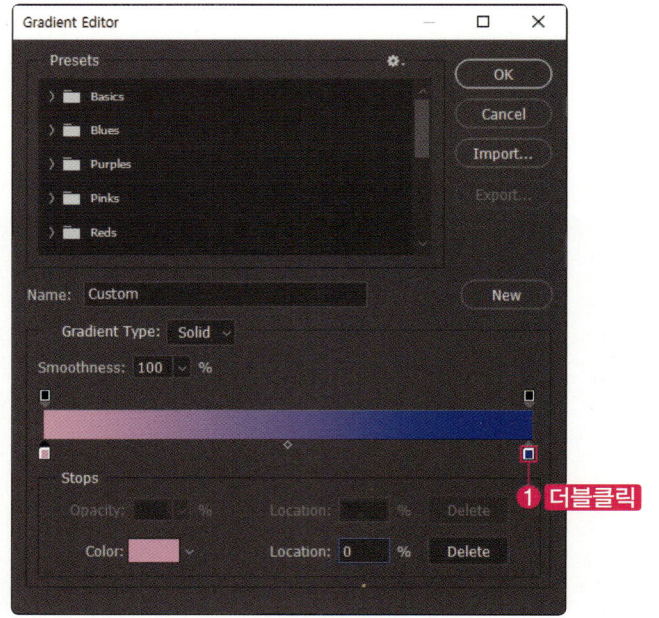

07 [Color Picker(Stop Color)(색상 피커(정지 색상))] 대화상자가 나타나면 색상(ffffff)을 입력한 후 [OK(확인)] 단추를 클릭합니다.

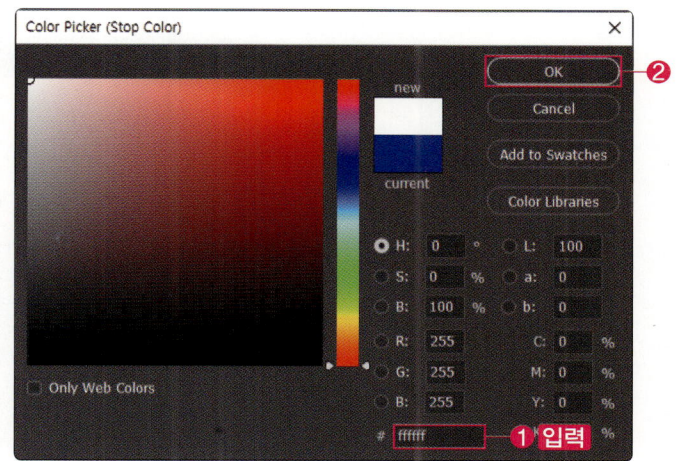

08 [Gradient Editor(그라디언트 편집기)] 대화상자가 다시 나타나면 [OK(확인)] 단추를 클릭합니다.

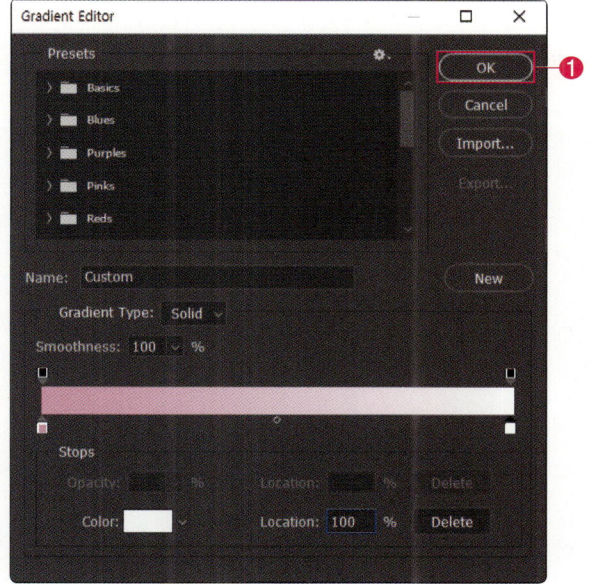

09 [Layer Style(레이어 스타일)] 대화상자의 [Gradient Overlay(그라디언트 오버레이)] 스타일이 다시 나타나면 [Stroke(선)] 스타일을 클릭한 후 크기(2)를 입력한 다음 Color(색상)을 클릭합니다.

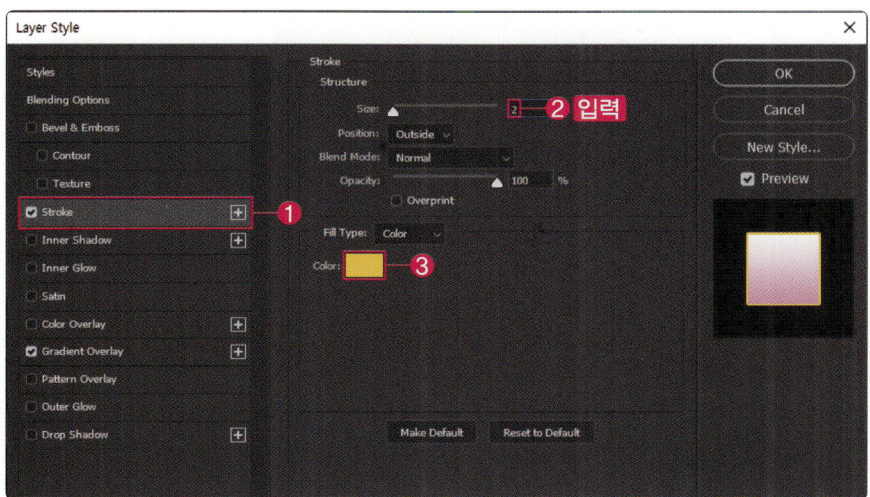

Chapter06 · [실무응용] 웹 페이지 제작 **275**

10 [Color Picker(Stroke Color)(색상 피커(선 색상))] 대화상자가 나타나면 색상(ff99cc)을 입력한 후 [OK(확인)] 단추를 클릭합니다.

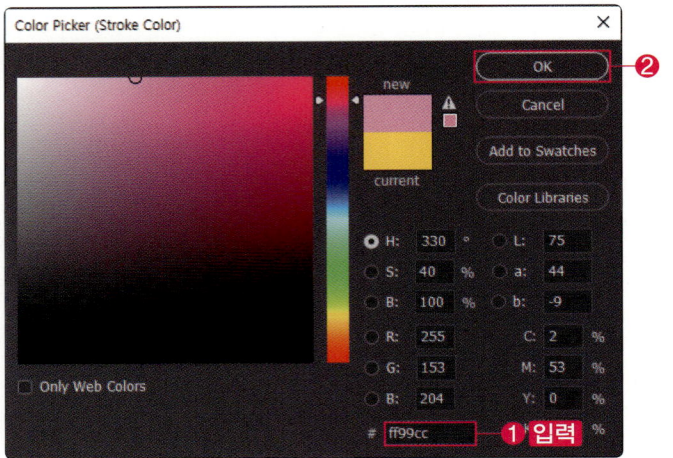

11 [Layer Style(레이어 스타일)] 대화상자의 [Stroke(선)] 스타일이 다시 나타나면 [OK(확인)] 단추를 클릭합니다.

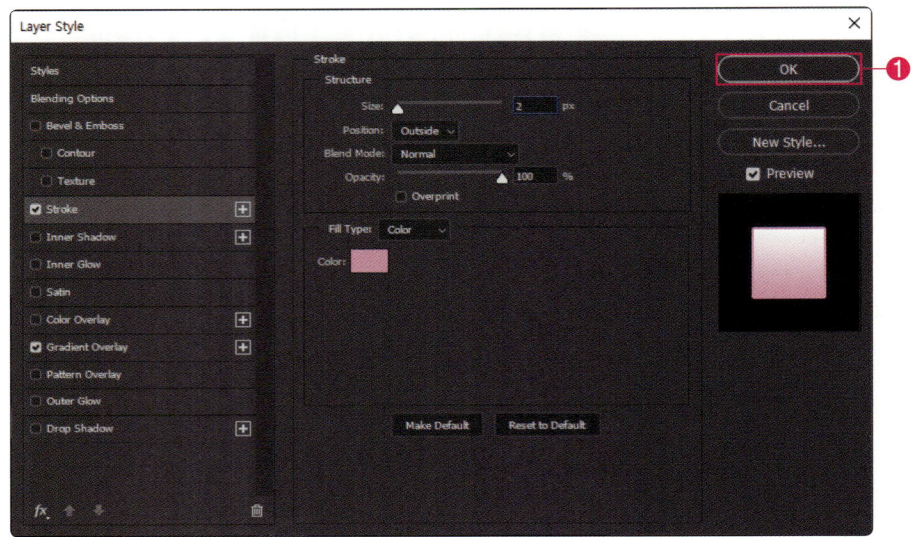

12 레이어를 복사하기 위해 [Layers(레이어)] 패널에서 [Ellipse 1(타원 1)] 레이어를 ➕[Create a new layer(새 레이어 만들기)]로 드래그합니다.

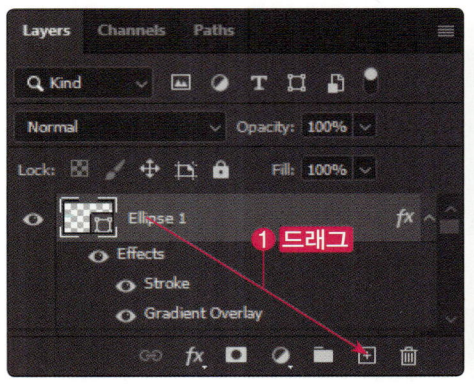 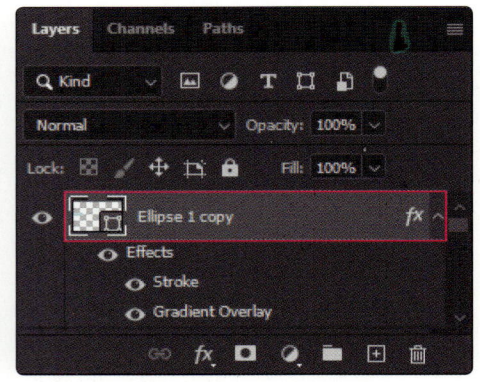

> Tip
> 복사된 레이어 이름 뒤에는 자동으로 'copy(사본)'이 붙습니다.

13 레이어가 복사되면 Tool Box(도구 상자)에서 [Move Tool(이동 도구)]를 선택한 후 드래그하여 [Ellipse 1(타원 1)] 레이어의 도형을 이동합니다.

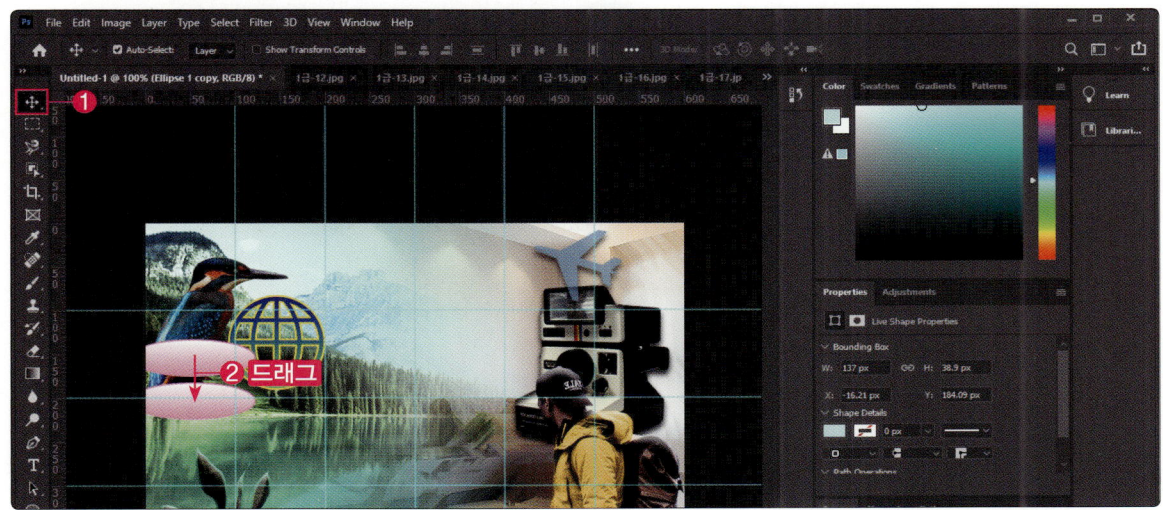

14 [Layers(레이어)] 패널에서 [Ellipse 1 copy(타원 1 사본)] 레이어의 [Effects(효과)]-[Gradient Overlay(그라디언트 오버레이)]를 더블클릭합니다.

15 [Layer Style(레이어 스타일)] 대화상자의 [Gradient Overlay(그라디언트 오버레이)] 스타일이 나타나면 [Gradient(그라디언트)]를 클릭합니다.

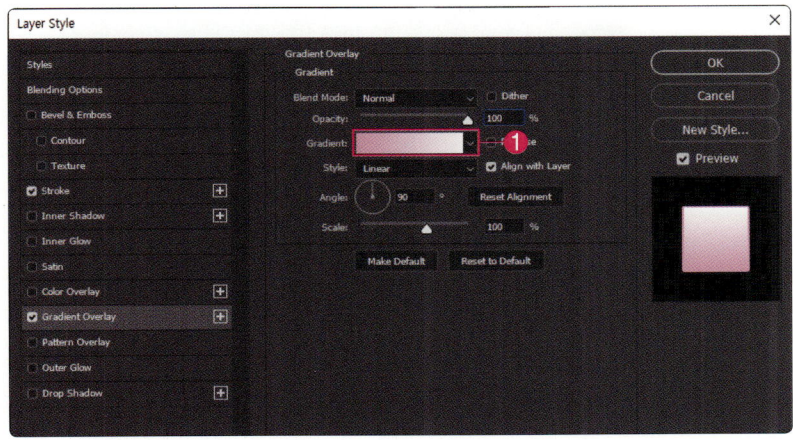

Chapter06 · [실무응용] 웹 페이지 제작 **277**

16 [Gradient Editor(그라디언트 편집기)] 대화상자가 나타나면 왼쪽 Color Stop(색상 정지점)을 더블클릭합니다.

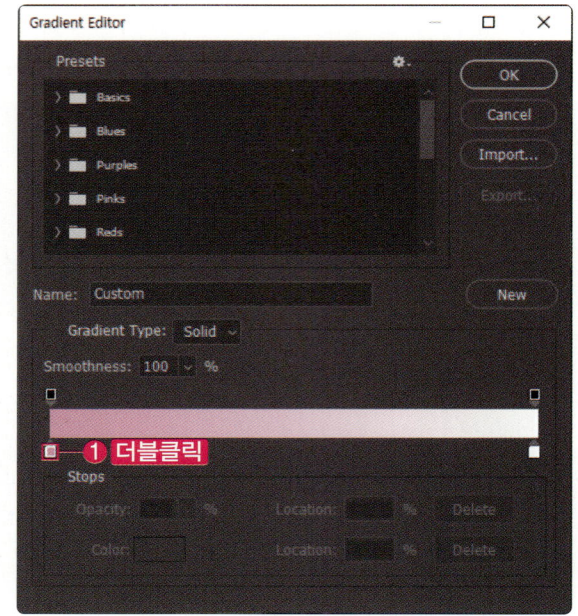

17 [Color Picker(Stop Color)(색상 피커(정지 색상))] 대화상자가 나타나면 색상(3399cc)을 입력한 후 [OK(확인)] 단추를 클릭합니다.

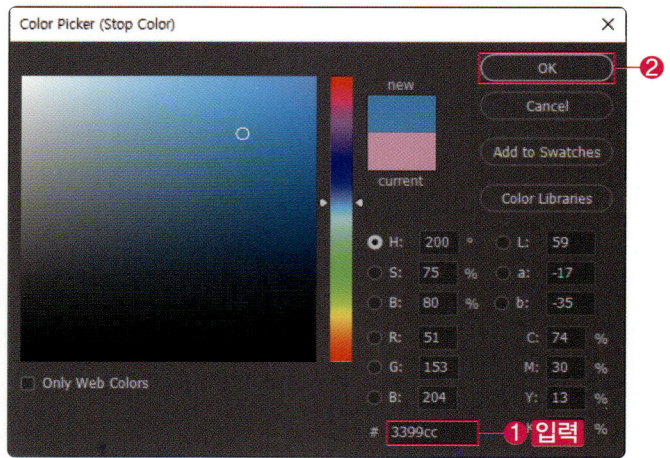

18 [Gradient Editor(그라디언트 편집기)] 대화상자가 다시 나타나면 [OK(확인)] 단추를 클릭합니다.

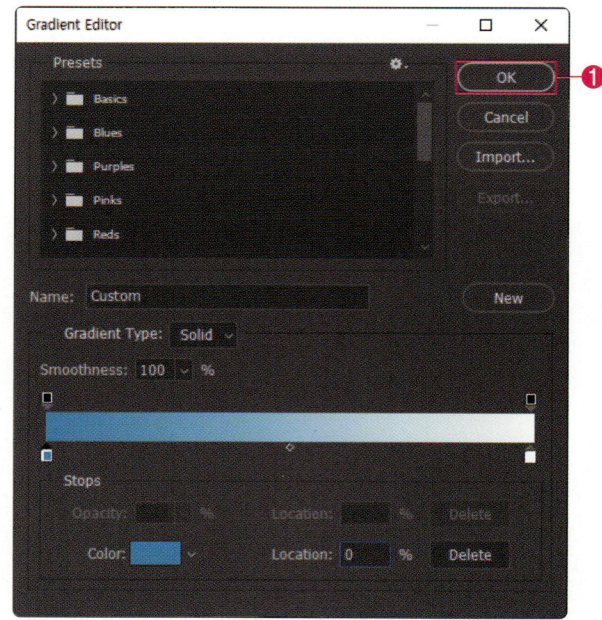

19 [Layer Style(레이어 스타일)] 대화상자의 [Gradient Overlay(그라디언트 오버레이)] 스타일이 다시 나타나면 [Stroke(선)] 스타일을 클릭한 후 크기(2)를 입력한 다음 Color(색상)을 클릭합니다.

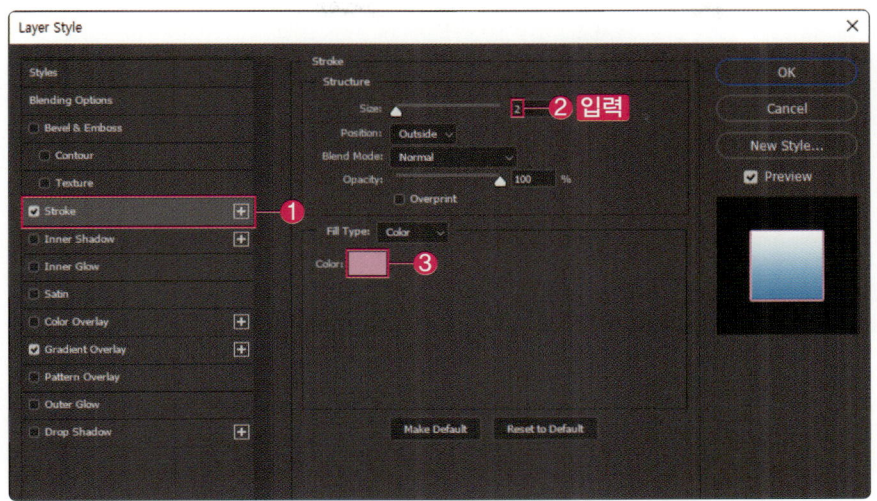

20 [Color Picker(Stroke Color)(색상 피커(선 색상))] 대화상자가 나타나면 색상(3399cc)을 입력한 후 [OK(확인)] 단추를 클릭합니다.

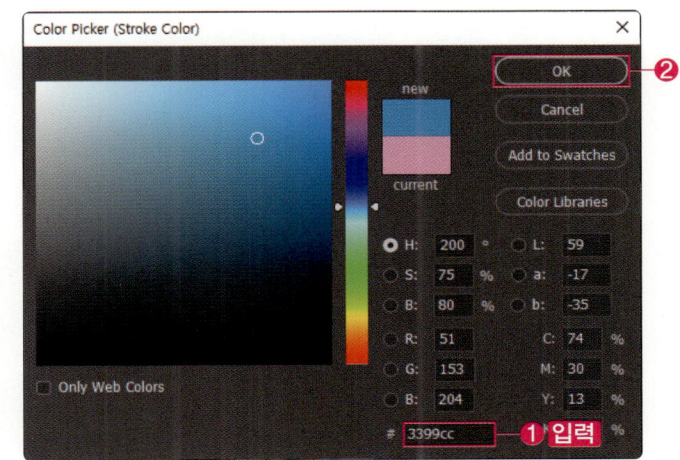

21 [Layer Style(레이어 스타일)] 대화상자의 [Stroke(선)] 스타일이 다시 나타나면 [OK(확인)] 단추를 클릭합니다.

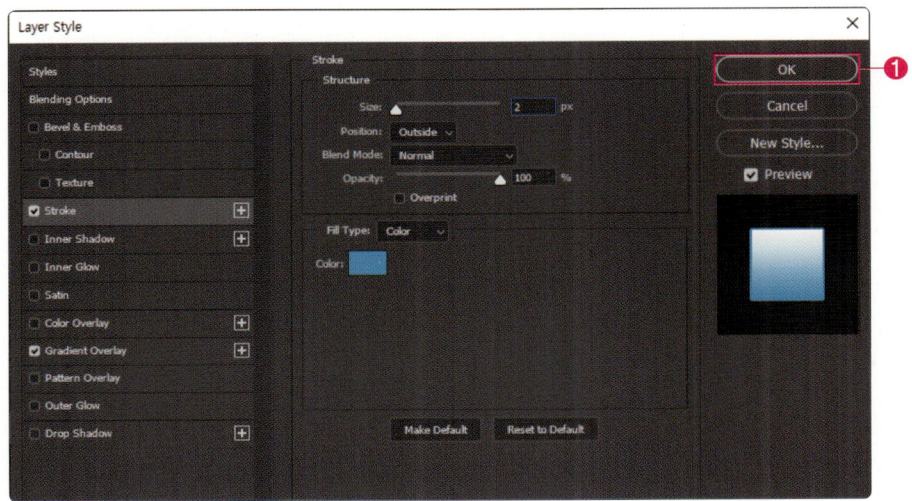

22 레이어를 복사하기 위해 [Layers(레이어)] 패널에서 [Ellipse 1 copy(타원 1 사본)] 레이어를 [Create a new layer(새 레이어 만들기)]로 드래그합니다.

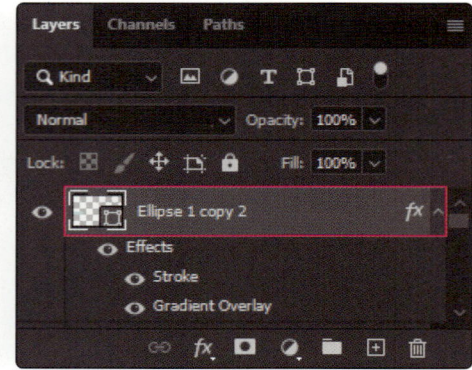

23 레이어가 복사되면 Tool Box(도구 상자)에서 [Move Tool(이동 도구)]를 선택한 후 드래그하여 [Ellipse 1 copy 2(타원 1 사본 2)] 레이어의 이미지를 이동합니다.

STEP 11 패스 그리기 및 레이어 스타일 적용하기

01 레이어를 추가하기 위해 [Layers(레이어)] 패널에서 [Create a new layer(새 레이어 만들기)]를 클릭합니다.

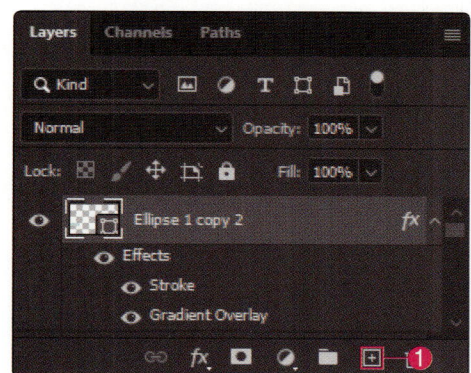
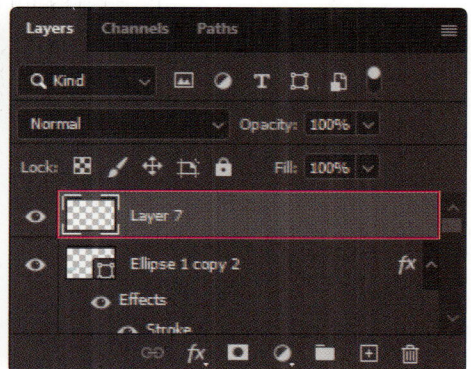

02 Tool Box(도구상자)에서 [Pen Tool(펜 도구)]를 선택한 후 옵션 바에서 [Path(패스)]를 선택한 다음 패스를 삽입하고자 하는 위치를 클릭합니다.

03 두 번째 위치를 클릭합니다.

Chapter06 · [실무응용] 웹 페이지 제작

04 세 번째 위치를 클릭합니다.

05 같은 방법으로 다음과 같이 클릭하여 패스를 작성합니다.

06 Tool Box(도구상자)에서 [Convert Point Tool(기준점 변환 도구)]를 선택한 후 기준점을 드래그하여 곡선을 만듭니다.

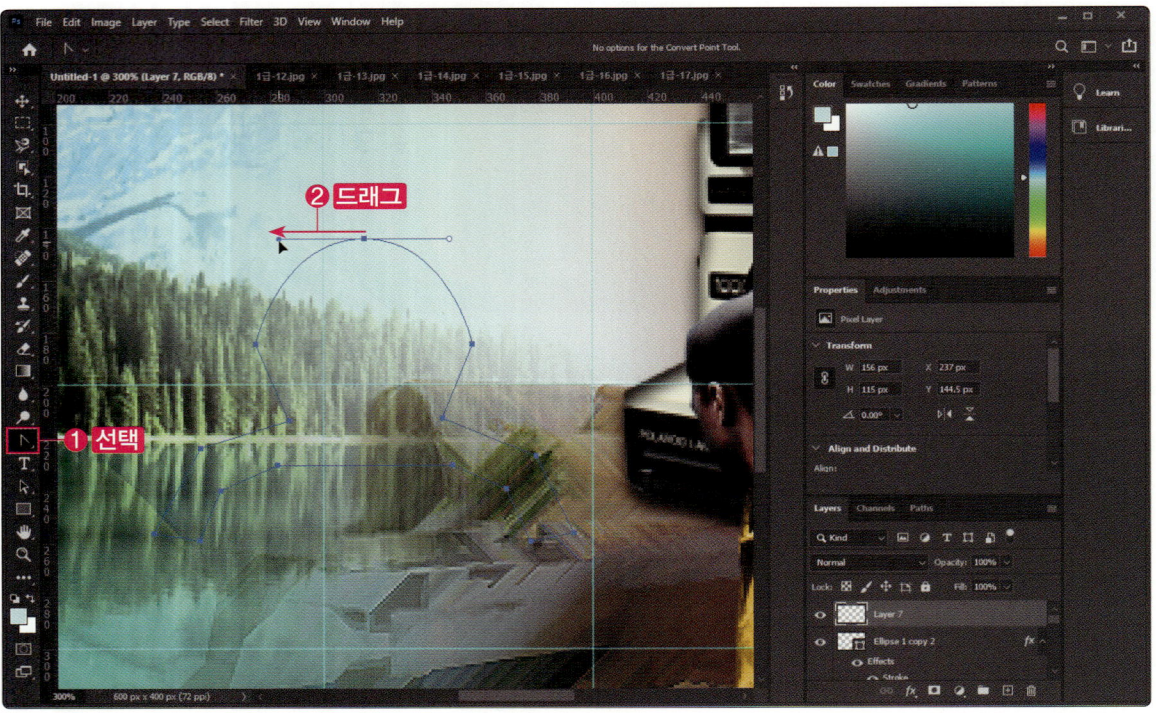

07 같은 방법으로 기준점을 드래그하여 다음과 같이 패스를 작성합니다.

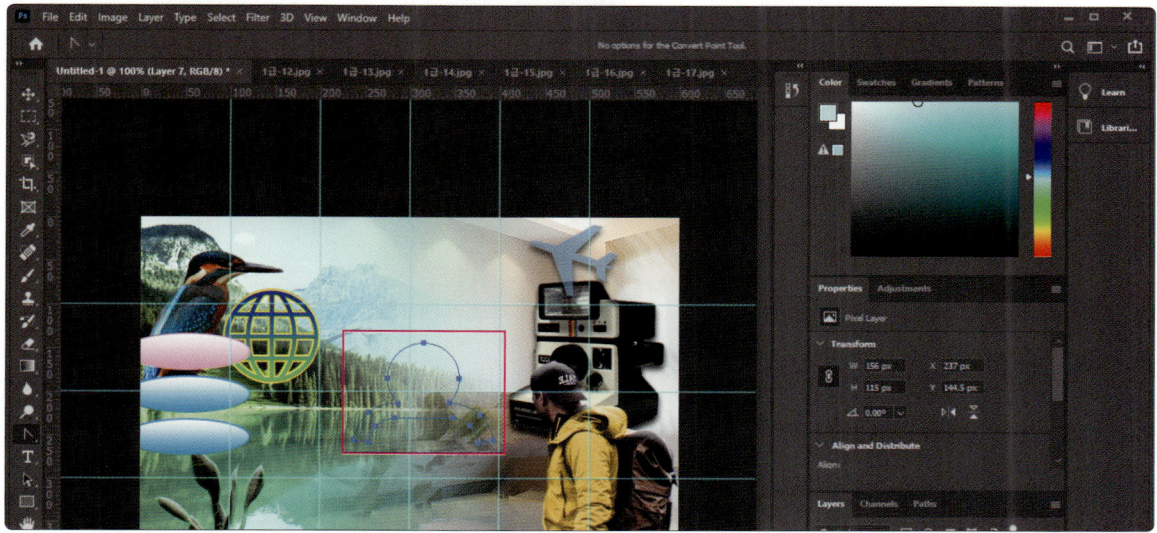

08 [Paths(패스)] 패널에서 Ctrl 를 누른 상태에서 [Path thumbnail(패스 축소판)]을 클릭합니다.

09 패스가 선택 영역으로 지정되면 [Layers(레이어)] 패널을 클릭한 후 Alt + Delete 를 눌러 전경색을 칠합니다.

Chapter06 • [실무응용] 웹 페이지 제작 **283**

10 [Layers(레이어)] 패널에서 fx[Add a layer style(레이어 스타일 추가)]를 클릭한 후 [Gradient Overlay(그라디언트 오버레이)]를 클릭합니다.

11 [Layer Style(레이어 스타일)] 대화상자의 [Gradient Overlay(그라디언트 오버레이)] 스타일이 나타나면 [Gradient(그라디언트)]를 클릭합니다.

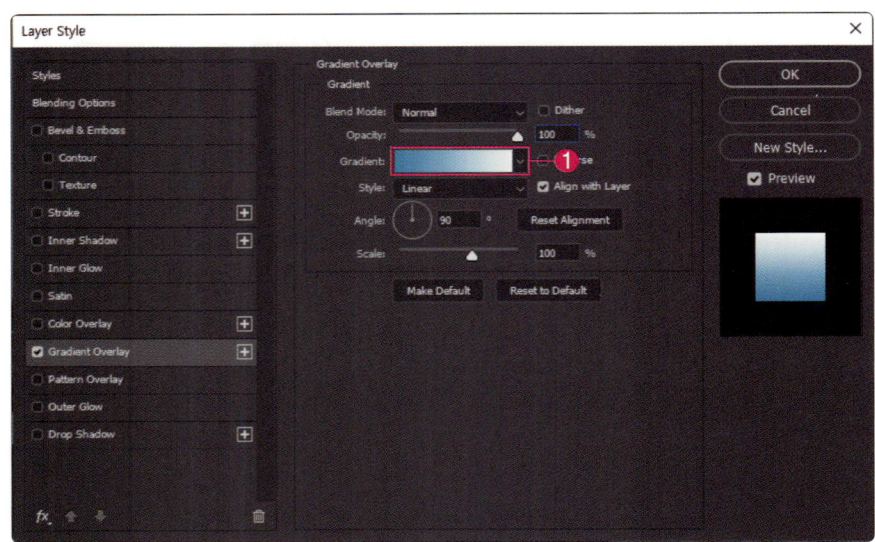

12 [Gradient Editor(그라디언트 편집기)] 대화상자가 나타나면 왼쪽 Color Stop(색상 정지점)을 더블클릭합니다.

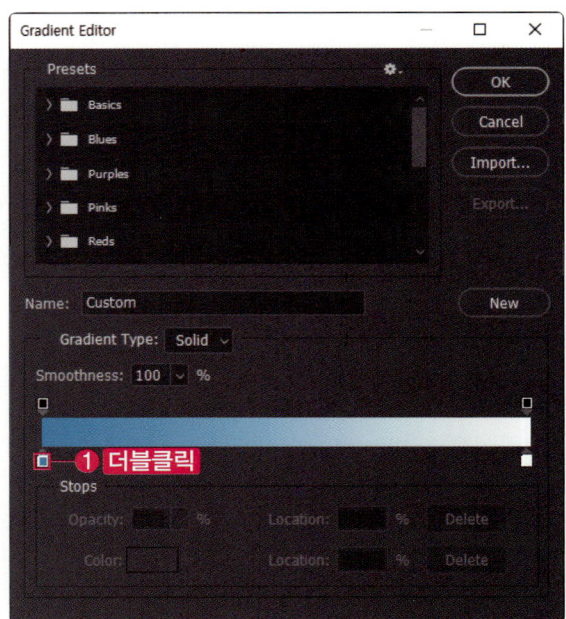

284 입실부터 퇴실까지 GTQ 시험 체험하기

13 [Color Picker(Stop Color)(색상 피커(정지 색상))] 대화상자가 나타나면 색상(ff9900)을 입력한 후 [OK(확인)] 단추를 클릭합니다.

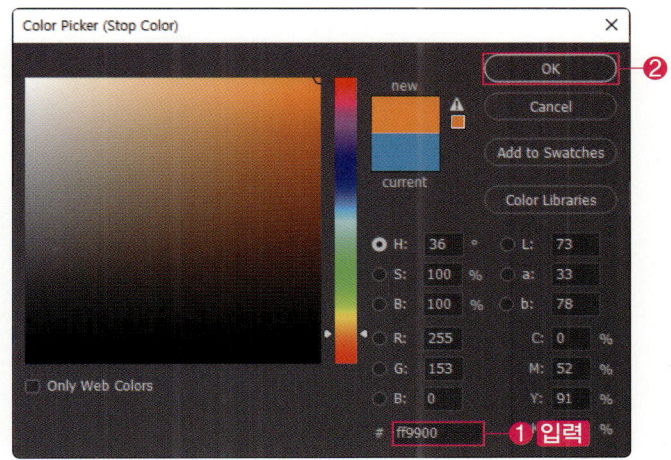

14 [Gradient Editor(그라디언트 편집기)] 대화상자가 다시 나타나면 오른쪽 Color Stop(색상 정지점)을 더블클릭합니다.

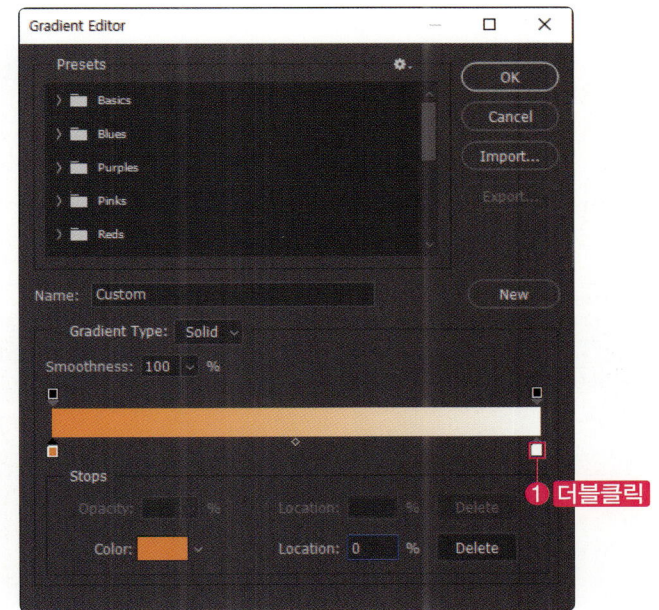

15 [Color Picker(Stop Color)(색상 피커(정지 색상))] 대화상자가 나타나면 색상(ccffcc)을 입력한 후 [OK(확인)] 단추를 클릭합니다.

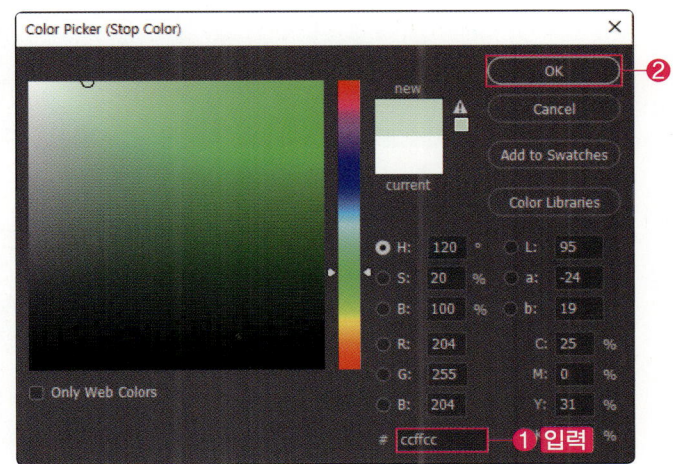

16 [Gradient Editor(그라디언트 편집기)] 대화상자가 다시 나타나면 [OK(확인)] 단추를 클릭합니다.

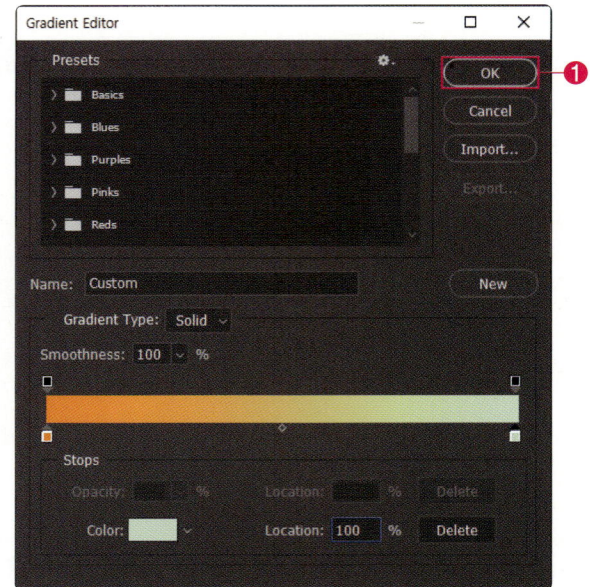

17 [Layer Style(레이어 스타일)] 대화상자의 [Gradient Overlay(그라디언트 오버레이)] 스타일이 다시 나타나면 [Drop Shadow(그림자 효과)] 스타일을 클릭한 후 속성을 지정한 다음 [OK(확인)] 단추를 클릭합니다.

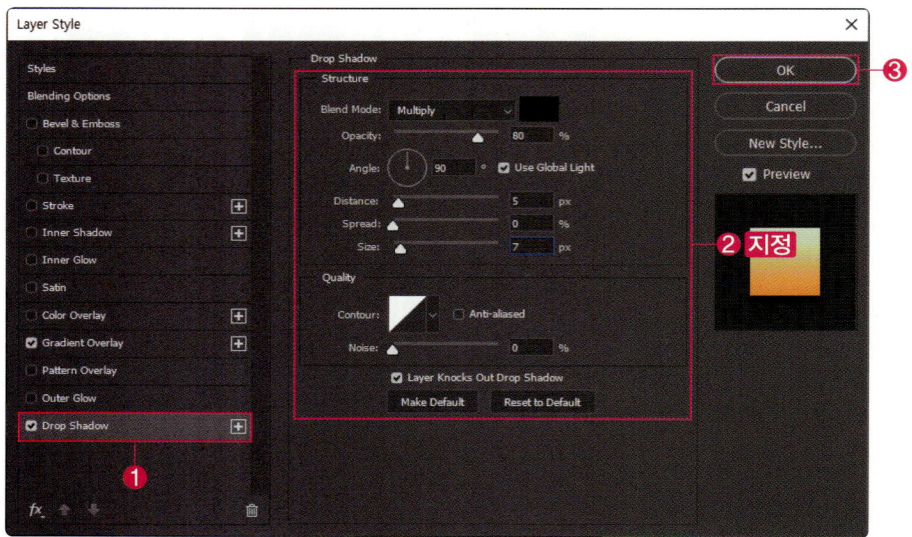

18 다음과 같이 패스 도형에 레이어 스타일이 적용됩니다.

STEP 12   패스 그리기 및 레이어 스타일, 패턴 적용하기

01 레이어를 추가하기 위해 [Layers(레이어)] 패널에서 [Create a new layer(새 레이어 만들기)]를 클릭합니다.

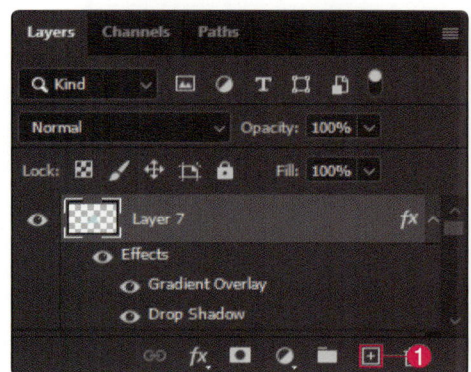 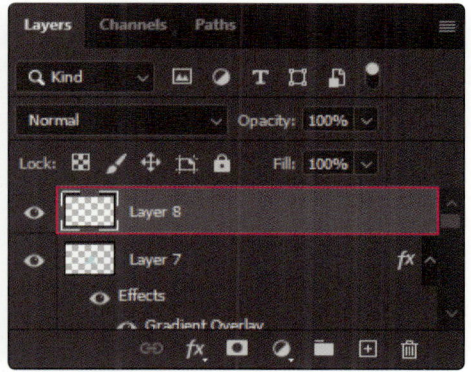

02 Tool Box(도구상자)에서 [Rounded Rectangle Tool(모서리가 둥근 직사각형 도구)]를 선택한 후 옵션 바에서 [Combine Shapes(모양 결합)]을 선택한 다음 모서리가 둥근 직사각형을 삽입하고자 하는 위치를 드래그합니다.

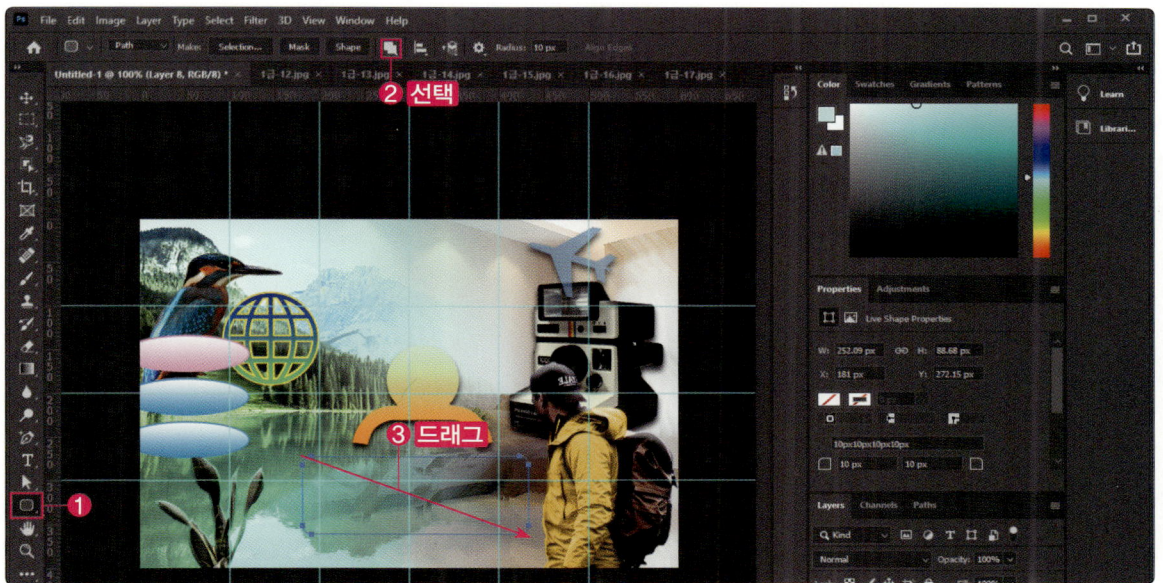

03 같은 방법으로 모서리가 둥근 직사각형을 드래그하여 추가합니다.

Chapter06 • [실무응용] 웹 페이지 제작 **287**

04 Tool Box(도구상자)에서 ◯[Ellipse Tool(타원 도구)]를 선택한 후 옵션 바에서 ▣[Exclude Overlapping Shapes(모양 오버랩 제외)]를 선택한 다음 타원을 삽입하고자 하는 위치를 드래그합니다.

05 Tool Box(도구상자)에서 ▶[Direct Selection Tool(직접 선택 도구)]를 선택한 후 모서리가 둥근 직사각형 도형의 왼쪽 아래쪽을 드래그하여 선택한 후 드래그하여 모양을 수정합니다.

06 같은 방법으로 모서리가 둥근 직사각형의 오른쪽 아래를 드래그하여 모양을 수정합니다.

07 Tool Box(도구상자)에서 [Zoom Tool(돋보기 도구)]를 선택한 후 타원 부분을 드래그하여 확대합니다.

08 Tool Box(도구상자)에서 [Add Anchor Point Tool(기준점 추가 도구)]를 선택한 후 타원 도형 양쪽에 기준점을 추가합니다.

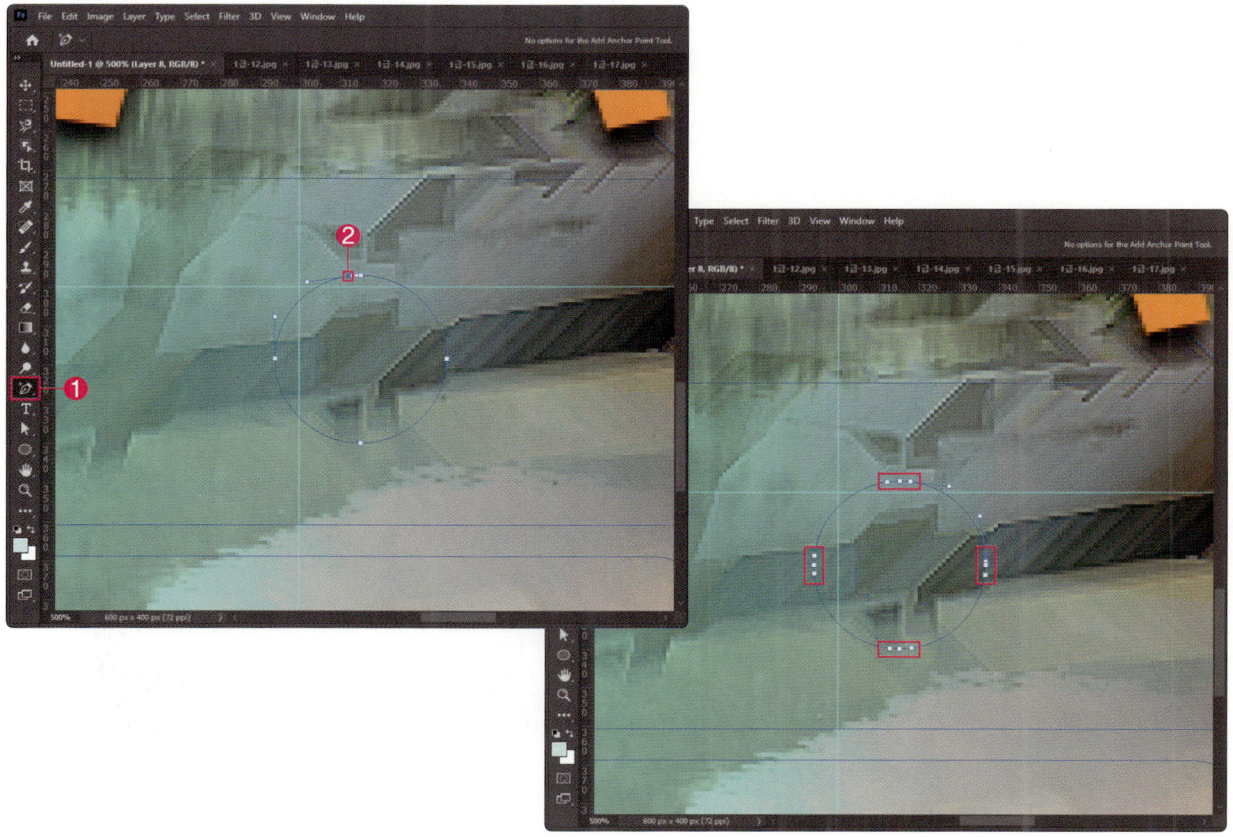

Chapter06 · [실무응용] 웹 페이지 제작 **289**

09 Tool Box(도구상자)에서 [Direct Selection Tool(직접 선택 도구)]를 선택한 후 기준점을 드래그하여 모양을 수정합니다.

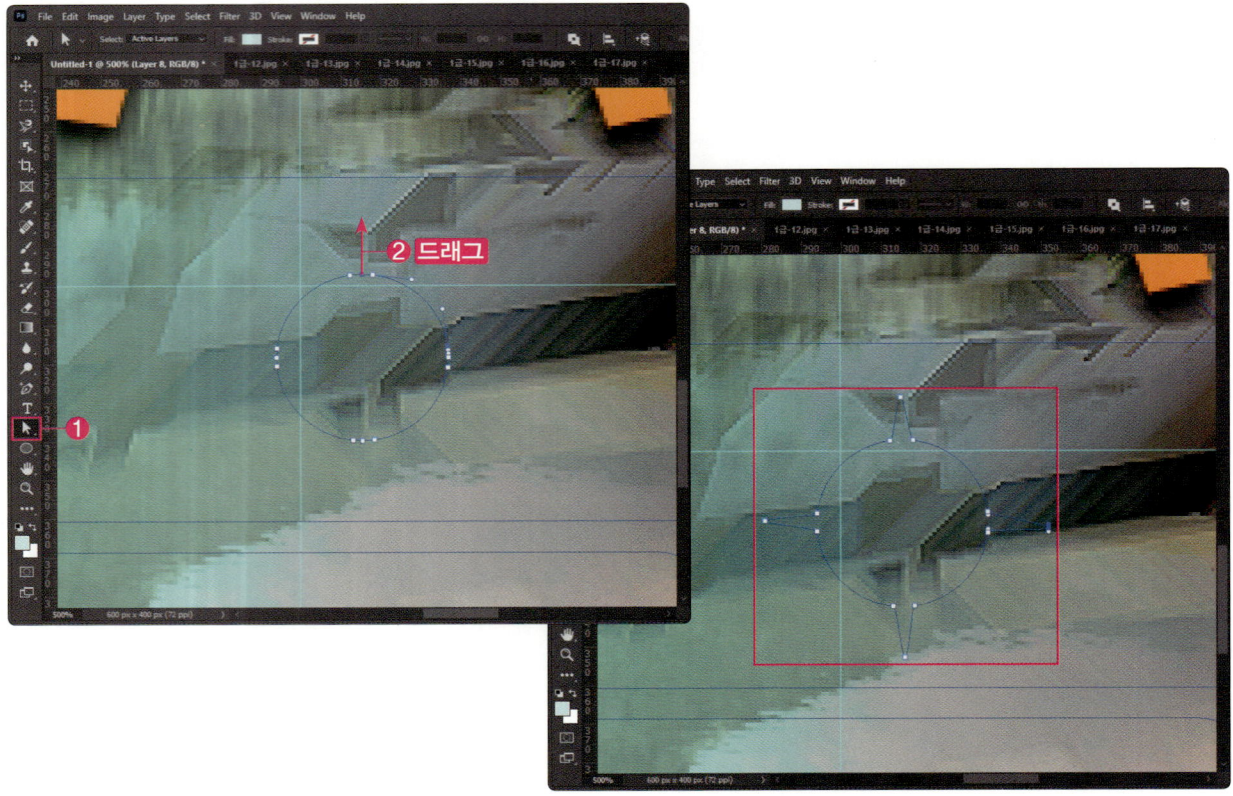

10 Tool Box(도구 상자)에서 [Set foreground color(전경색 설정)]을 클릭합니다.

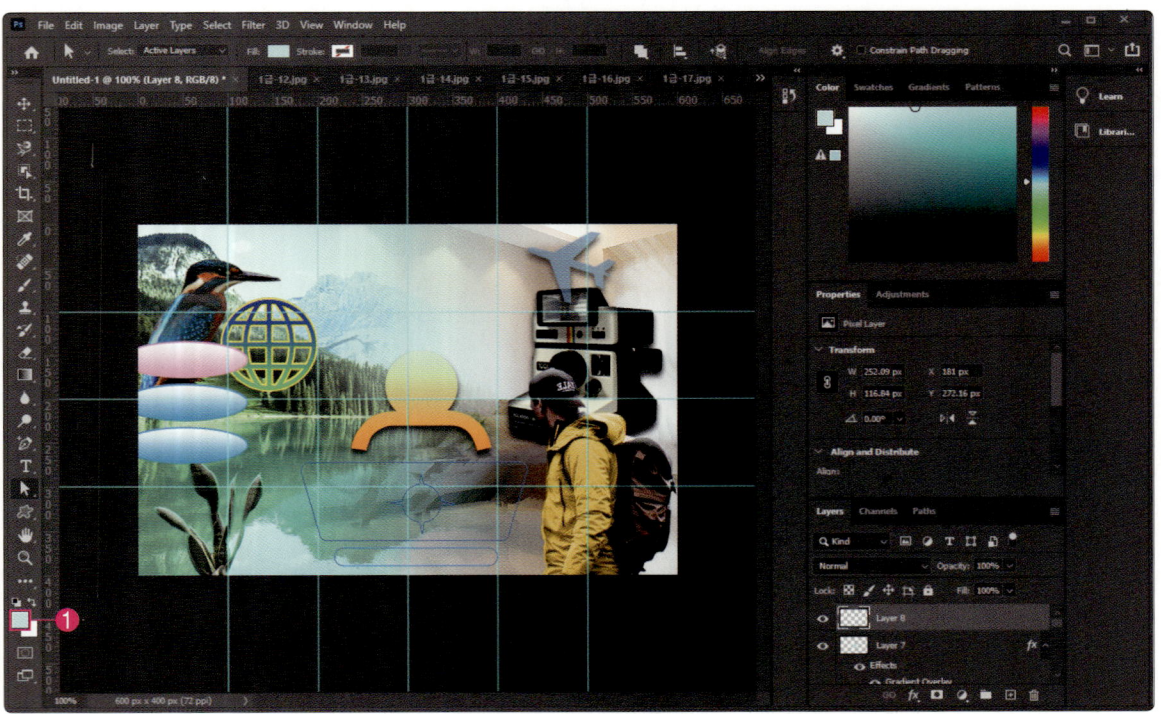

11 [Color Picker(Foreground Color) (색상 피커(전경색))] 대화상자가 나타나면 색상(99cccc)을 입력한 후 [OK(확인)] 단추를 클릭합니다.

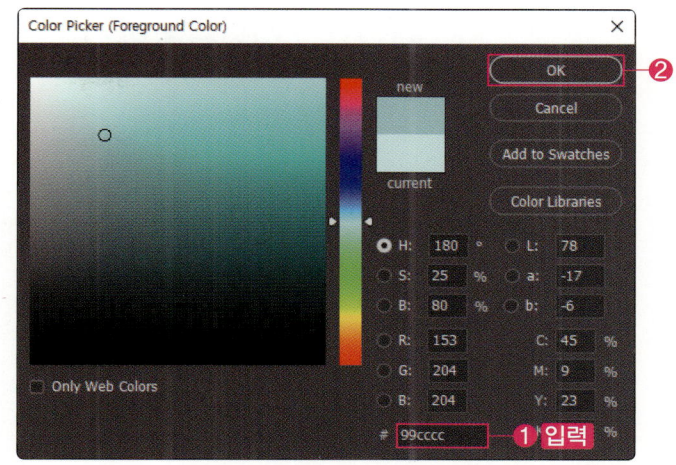

12 [Pahs(패스)] 패널에서 Ctrl을 누른 상태에서 [Path thumbnail(패스 축소판)]를 클릭하여 패스 모양을 선택 영역으로 지정합니다.

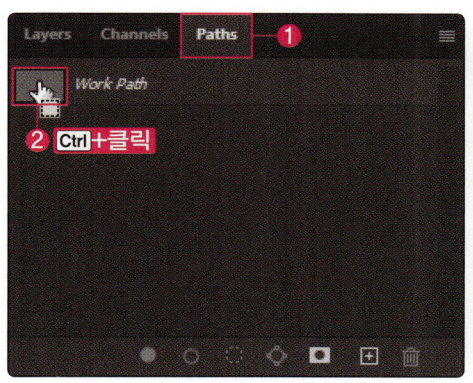

13 선택 영역이 지정되면 Alt + Delete 를 눌러 전경색을 칠합니다. 그런 다음 Ctrl + D 를 눌러 선택 영역을 해제합니다.

STEP 13　패턴 만들고 적용하기

01 레이어를 추가하기 위해 [Layers(레이어)] 패널에서 [Create a new layer(새 레이어 만들기)]를 클릭합니다.

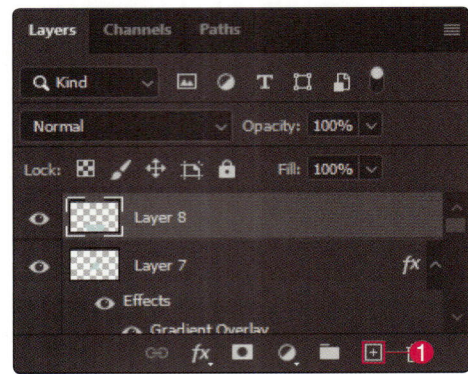 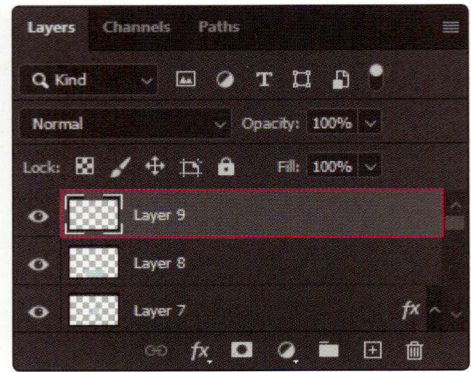

02 [File(파일)]을 클릭한 후 [New(새로 만들기)]를 클릭합니다.

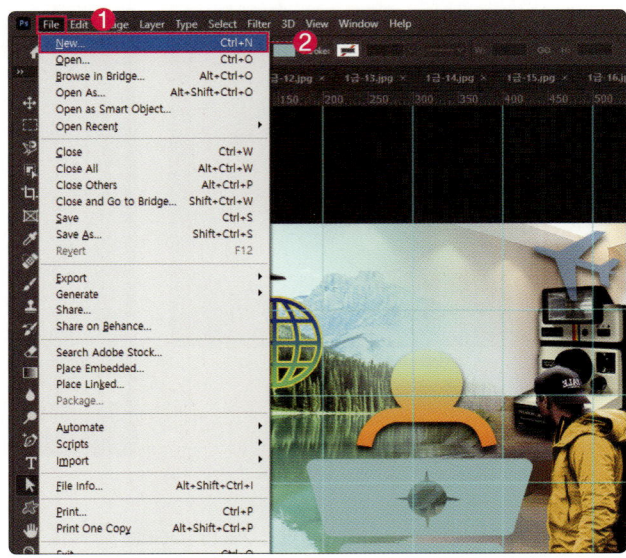

03 [New Document(새로 만들기 문서)] 대화상자가 나타나면 Width(너비)를 '40', Height(높이)를 '40', Resolution(해상도)를 '72'를 입력한 후 Background Contents(배경 내용)을 Transparent(투명)을 선택합니다. 그런 다음 [Create(만들기)] 단추를 클릭합니다.

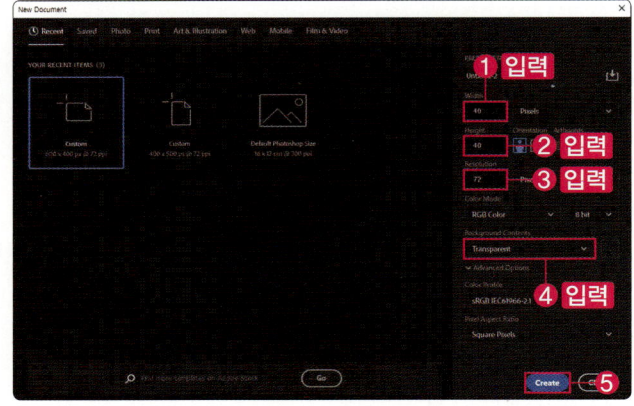

> **Tip**
> 패턴을 작성할 캔버스의 크기는 문제에 제시되어 있지 않으므로 ≪출력형태≫에 제시된 패턴의 반복 형태를 보고 그 크기를 가늠해야 합니다.

04 Width(폭)과 Height(높이)가 40pixels 이라 크기가 작습니다. Ctrl+0을 눌러 화면 배율을 화면 크기에 맞게 확대합니다.

05 Tool Box(도구상자)에서 [Custom Shape Tool(사용자 정의 모양 도구)]를 선택한 후 옵션 바에서 [Click to open Custom shape picker(사용자 정의 모양 피커)]의 [목록] 단추를 클릭합니다.

Chapter06 · [실무응용] 웹 페이지 제작 **293**

06 목록이 나타나면 [Legacy Shapes and More(레거시 모양 및 기타)]의 ▶[목록] 단추를 클릭한 후 [All Legacy Default Shapes(모든 레거시 기본 모양)]의 ▶[목록] 단추를 클릭한 다음 [Symbols(기호)]의 ▶[목록] 단추를 클릭하고 ♨[Campfire(캠프 파이어)]를 클릭합니다.

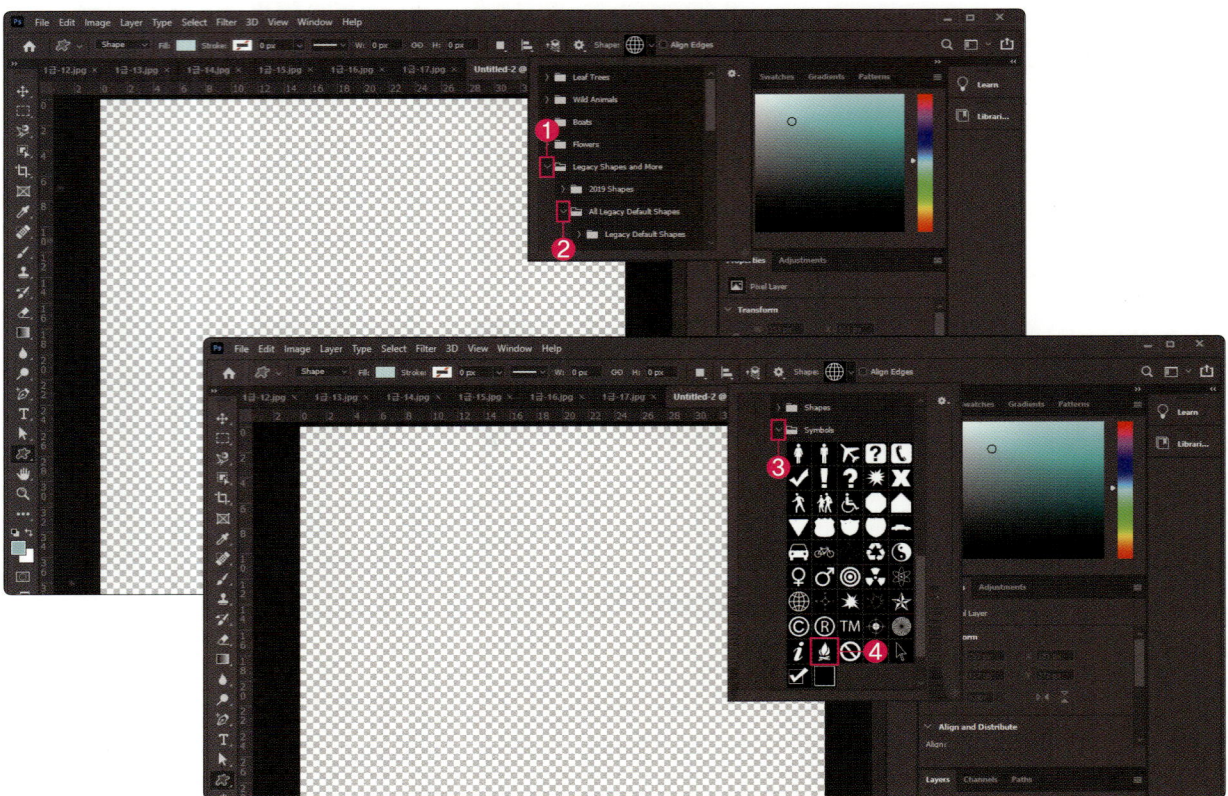

07 캠프 파이어 모양을 삽입하고자 하는 위치에 드래그하여 삽입합니다.

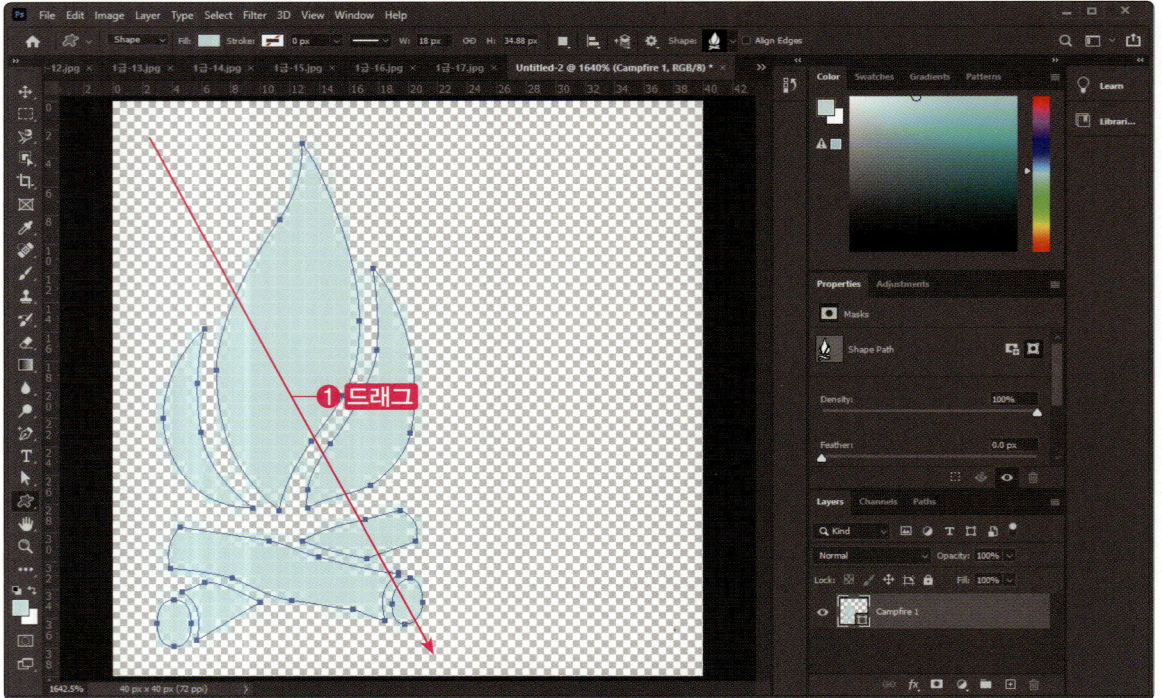

294 입실부터 퇴실까지 GTQ 시험 체험하기

08 [Layers(레이어)] 패널에서 [Layer thumbnail(레이어 축소판)]을 더블클릭합니다.

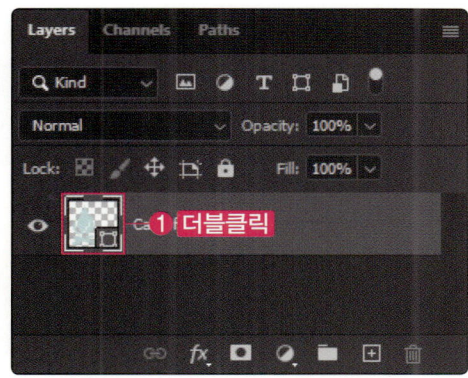

09 [Color Picker(Solid Colr)(색상 피커(단색))] 대화상자가 나타나면 색상(cc6633)을 입력한 후 [OK(확인)] 단추를 클릭합니다.

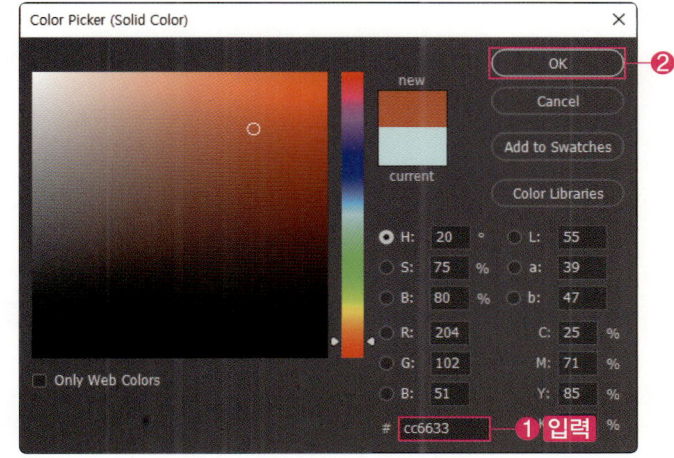

10 옵션 바에서 [Click to open Custom shape picker(사용자 정의 모양 피커)]의 [목록] 단추를 클릭합니다. 그런 다음 [Legacy Shapes and More(레거시 모양 및 기타)]-[All Legacy Default Shapes(모든 레거시 기본 모양)]-[Symbols(기호)]-[Checkmark(체크 표시)]를 클릭합니다.

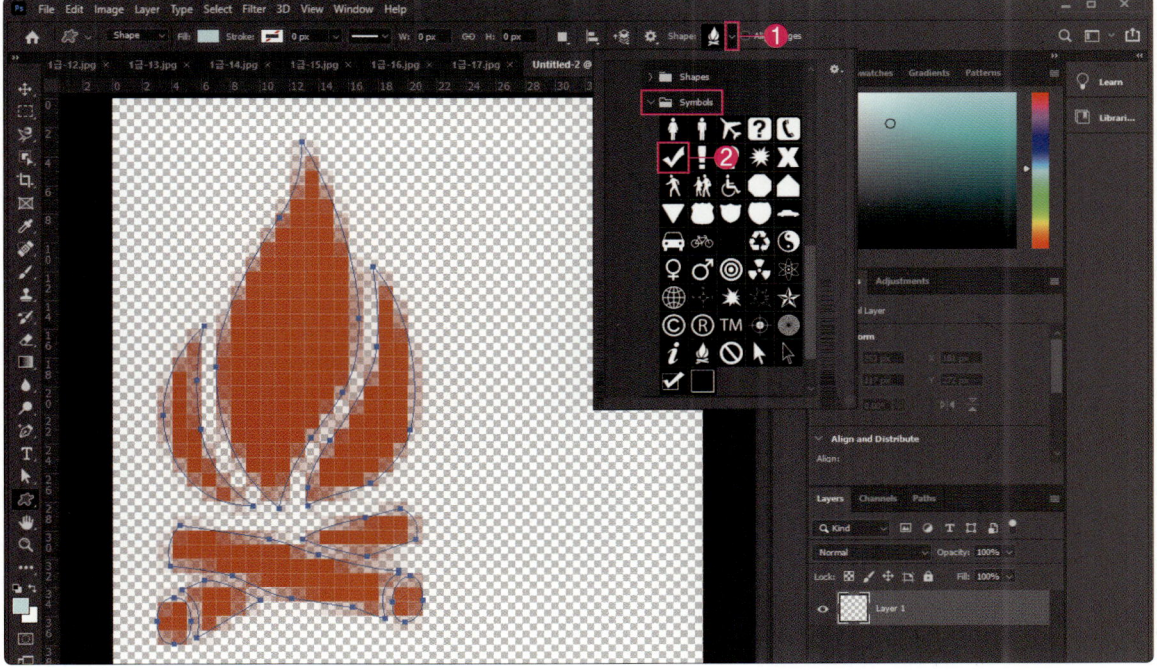

Chapter06 · [실무응용] 웹 페이지 제작 **295**

11 체크 표시 모양을 삽입하고자 하는 위치에 드래그하여 삽입합니다.

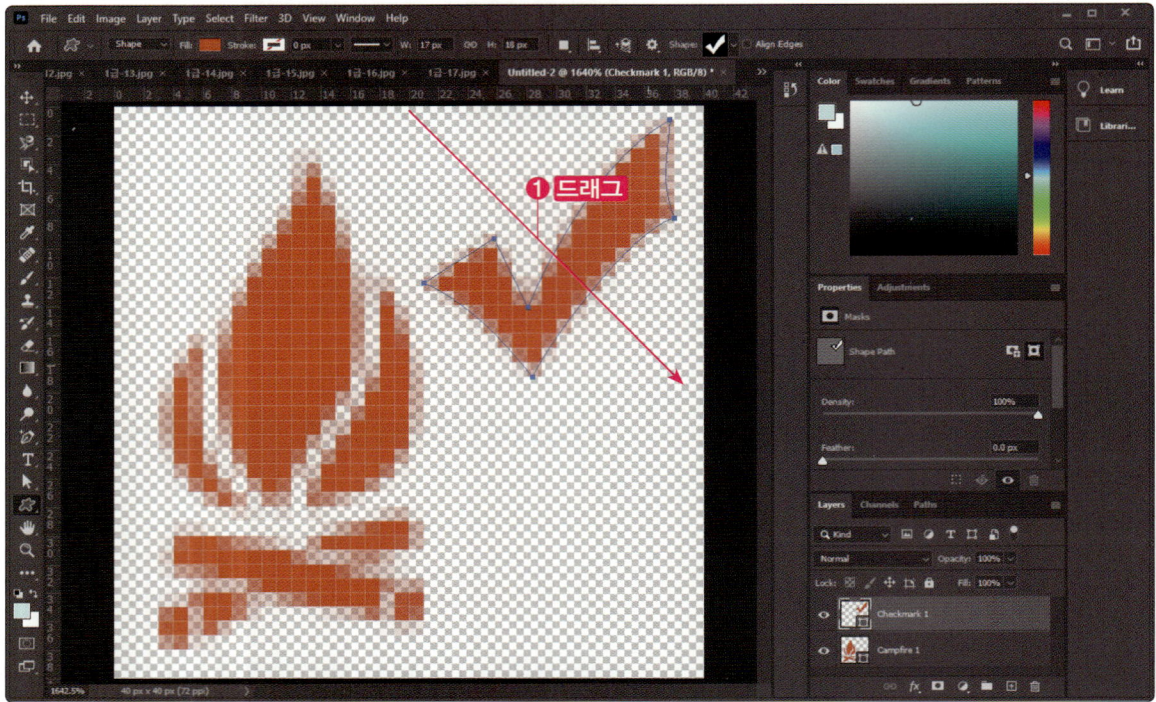

12 [Layers(레이어)] 패널에서 [Layer thumbnail(레이어 축소판)]을 더블클릭합니다.

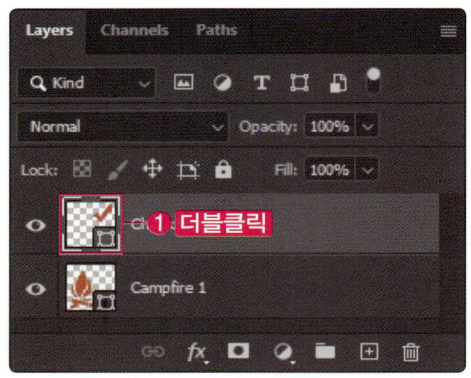

13 [Color Picker(Solid Colr)(색상 피커(단색))] 대화상자가 나타나면 색상(ffffff)을 입력한 후 [OK(확인)] 단추를 클릭합니다.

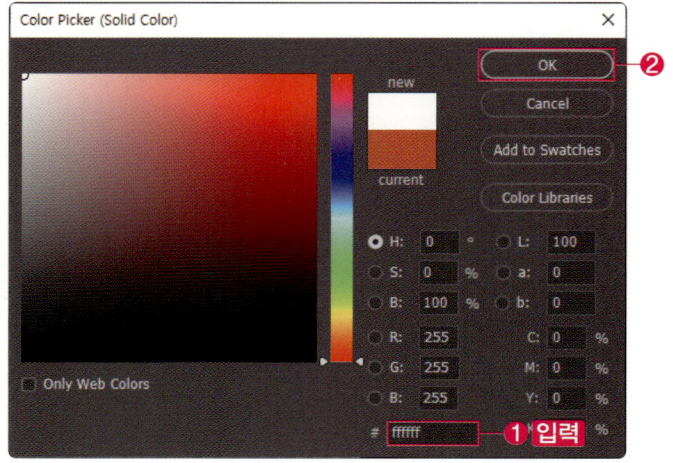

14 [Edit(편집)]을 클릭한 후 [Define Pattern(패턴 정의)]를 클릭합니다.

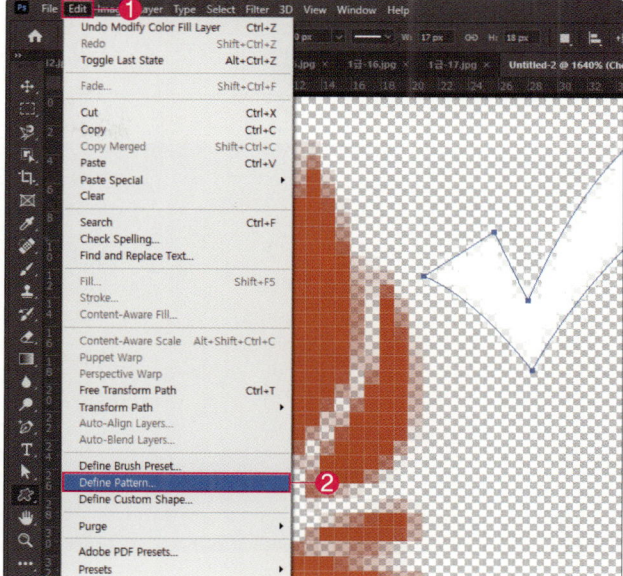

Tip
모양 레이어가 선택된 상태에서는 패턴 정의 메뉴가 비활성화됩니다.

15 [Pattern Name(패턴 이름)] 대화상자가 나타나면 Name(모닥불)을 입력한 후 [OK(확인)] 단추를 클릭합니다.

16 [Edit(편집)]을 클릭한 후 [Fill(칠)]을 클릭합니다.

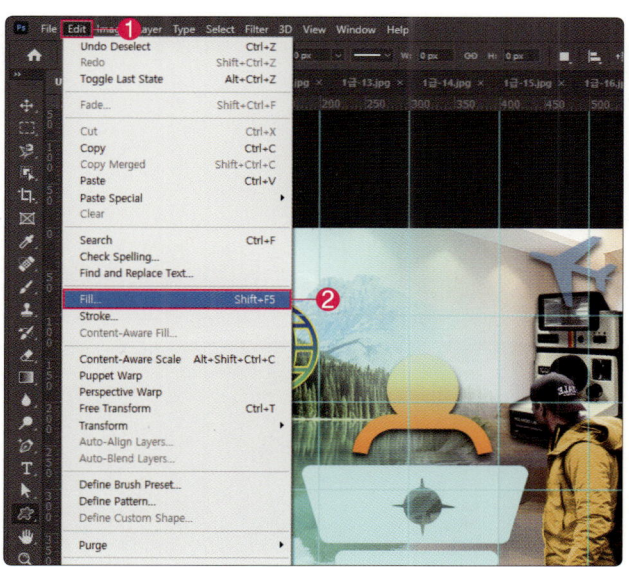

17 [Fill(칠)] 대화상자가 나타나면 Contents(내용)의 ■[목록] 단추를 클릭한 후 Pattern(패턴)을 선택합니다.

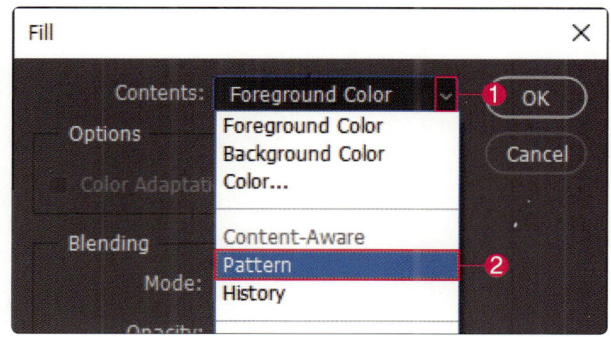

Chapter06 • [실무응용] 웹 페이지 제작 **297**

18 [Custom Pattern(사용자 정의 패턴)]의 ■[목록] 단추를 클릭한 후 정의한 패턴을 더블클릭한 다음 [OK(확인)] 단추를 클릭합니다.

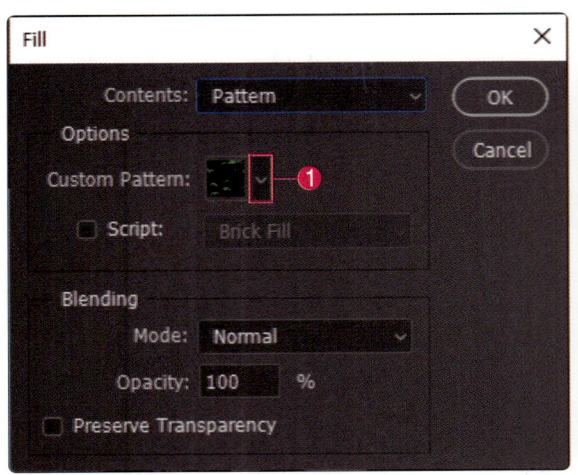
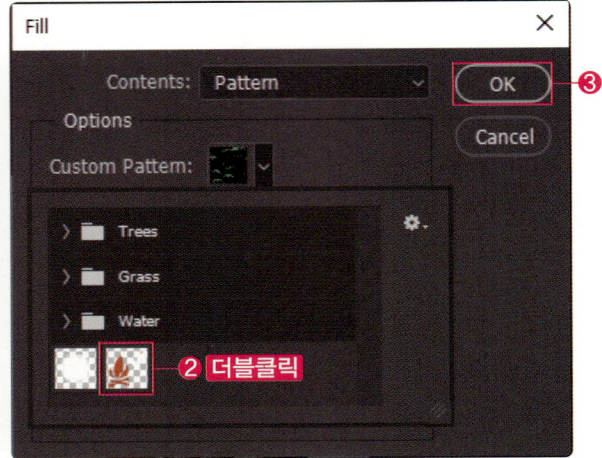

19 다음과 같이 패턴이 레이어 전체에 칠해집니다.

20 [Layer(레이어)]를 클릭한 후 [Create Clipping Mask(클리핑 마스크 만들기)]를 클릭합니다.

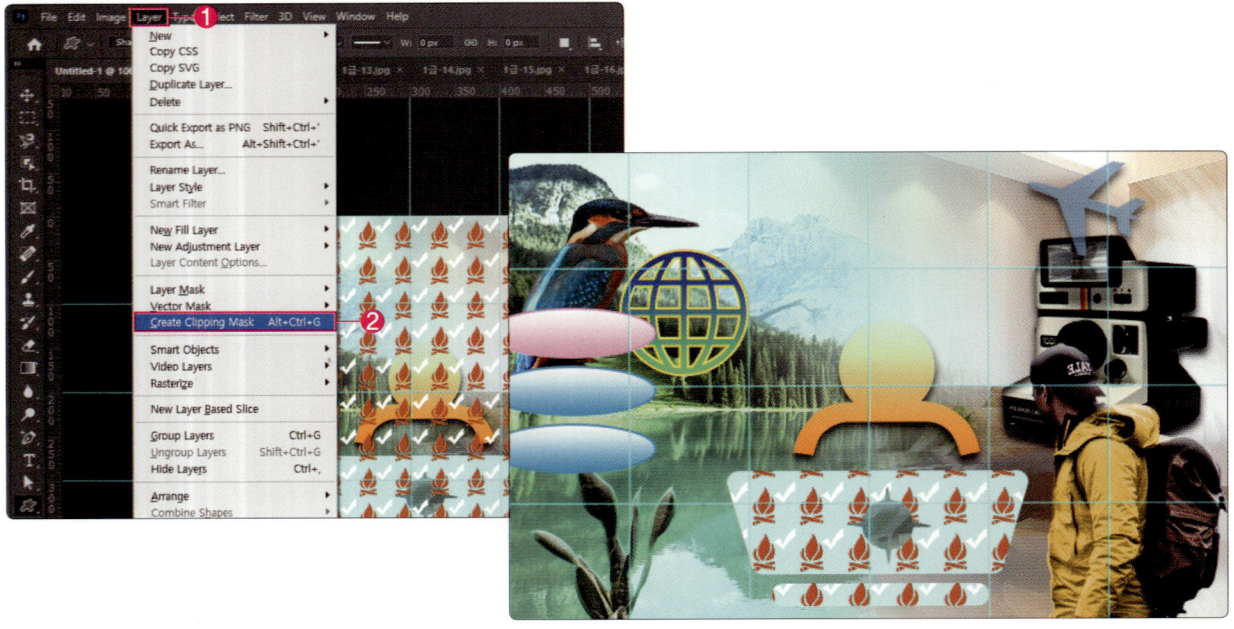

298 입실부터 퇴실까지 GTQ 시험 체험하기

STEP 14 ①번 텍스트 작성하기

01 Tool Box(도구 상자)에서 [Horizontal Type Tool(수평 문자 도구)]를 선택한 후 옵션 바에서 글꼴(돋움)을 선택한 다음 글꼴 크기(30)를 입력하고 [텍스트 중앙 정렬]을 선택합니다.

02 텍스트를 삽입할 위치를 클릭한 후 '대한민국 구석구석'을 입력한 다음 Enter를 누릅니다. 그런 다음 '안전여행 캠페인'을 입력한 후 Ctrl+Enter를 누릅니다.

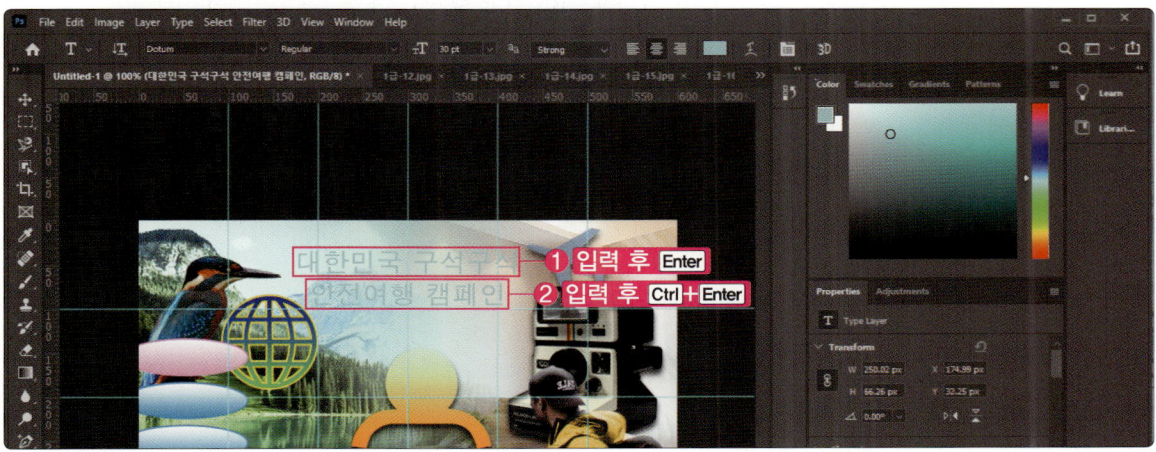

03 [Layers(레이어)] 패널에서 [Add a layer style(레이어 스타일 추가)]를 클릭한 후 [Gradient Overlay(그라디언트 오버레이)]를 클릭합니다.

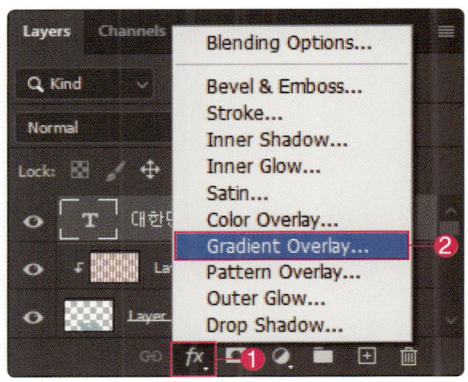

Chapter06 • [실무응용] 웹 페이지 제작 **299**

04 [Layer Style(레이어 스타일)] 대화상자의 [Gradient Overlay(그라디언트 오버레이)] 스타일이 나타나면 [Gradient(그라디언트)]를 클릭합니다.

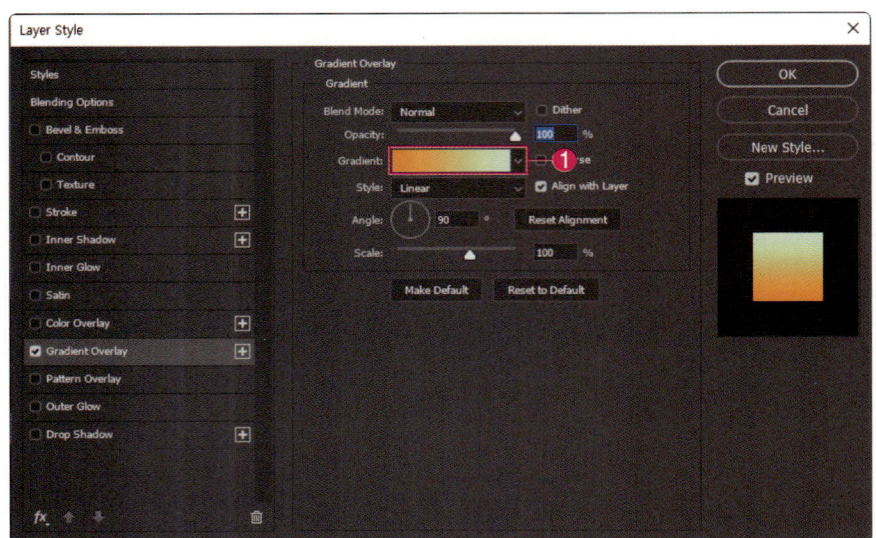

05 [Gradient Editor(그라디언트 편집기)] 대화상자가 나타나면 왼쪽 Color Stop(색상 정지점)을 더블클릭합니다.

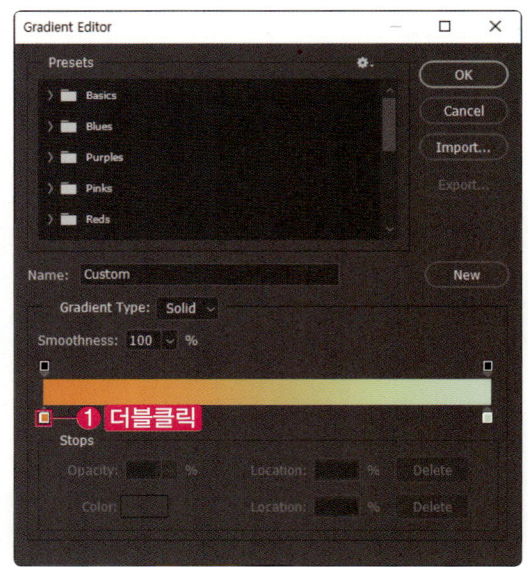

06 [Color Picker(Stop Color)(색상 피커(정지 색상))] 대화상자가 나타나면 색상(00ffff)을 입력한 후 [OK(확인)] 단추를 클릭합니다.

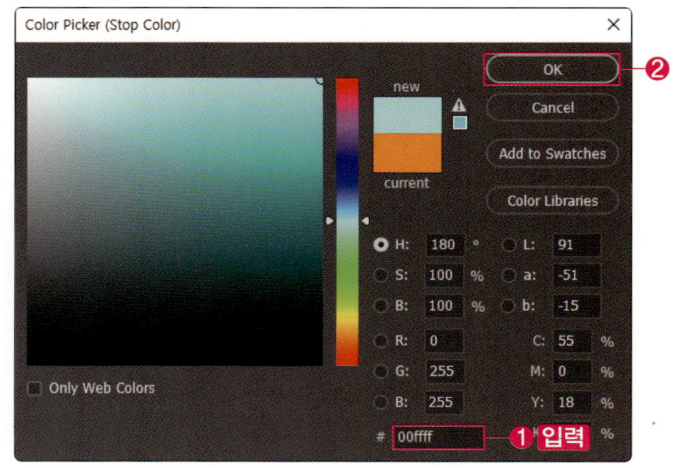

07 [Gradient Editor(그라디언트 편집기)] 대화상자가 다시 나타나면 오른쪽 Color Stop(색상 정지점)을 더블클릭합니다.

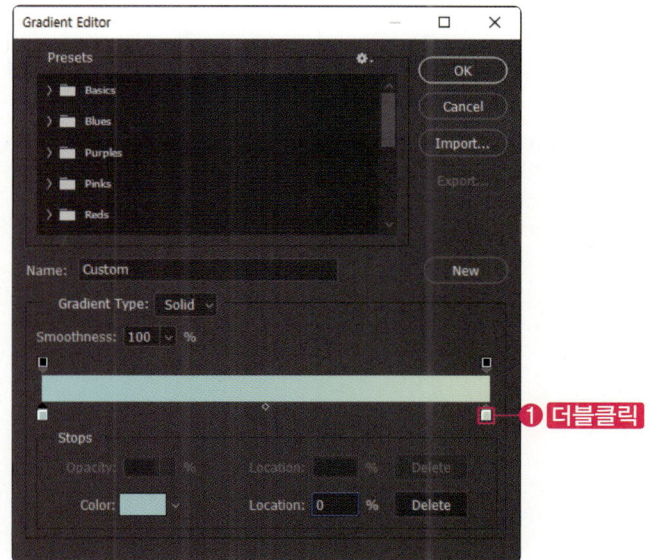

08 [Color Picker(Stop Color)(색상 피커(정지 색상))] 대화상자가 나타나면 색상(ffffff)을 입력한 후 [OK(확인)] 단추를 클릭합니다.

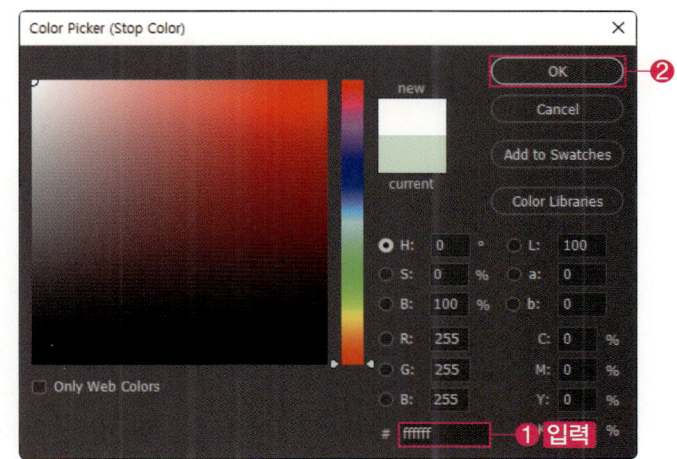

09 [Gradient Editor(그라디언트 편집기)] 대화상자가 다시 나타나면 [OK(확인)] 단추를 클릭합니다.

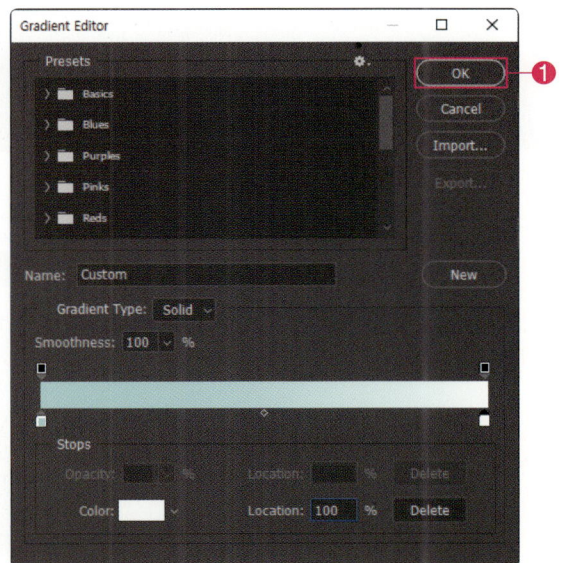

10 [Layer Style(레이어 스타일)] 대화상자가 다시 나타나면 Reverse(반전)을 선택한 후 Style(Reflected(반사))을 선택한 다음 Angle(각도)에 '0'을 입력합니다.

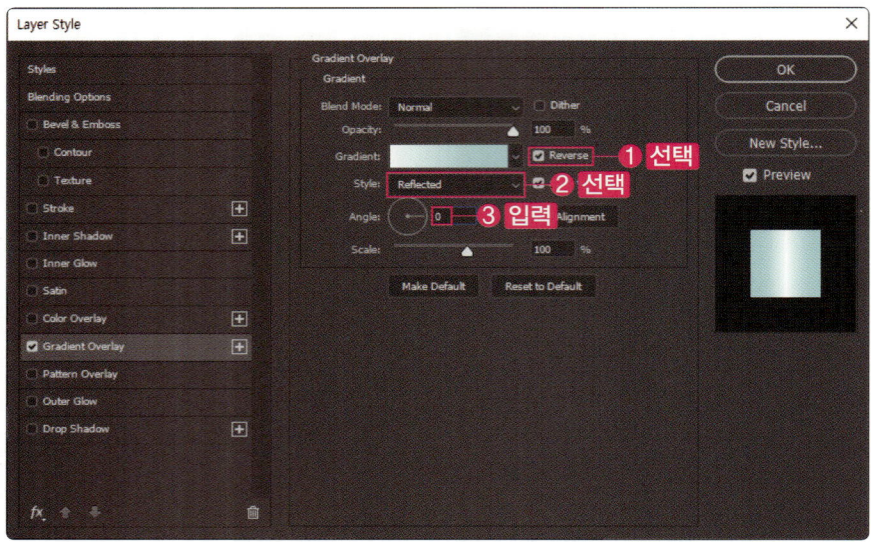

11 [Stroke(선)] 스타일을 클릭한 후 크기(2)를 입력한 다음 Color(색상)을 선택합니다.

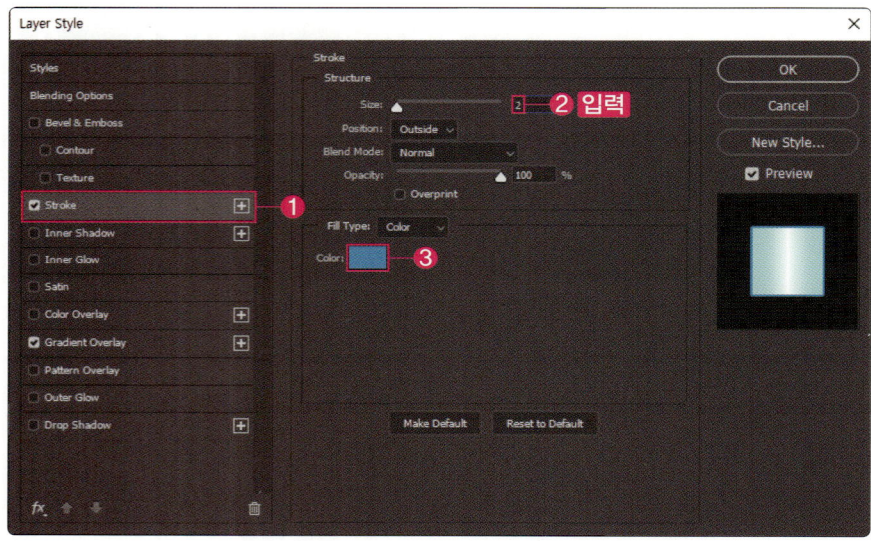

12 [Color Picker(Stroke Color)(색상 피커(선 색상))] 대화상자가 나타나면 색상(660000)을 입력한 후 [OK(확인)] 단추를 클릭합니다.

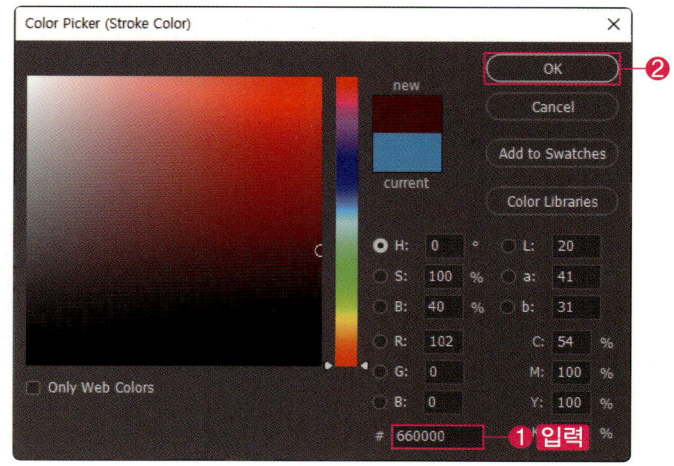

13 [Layer Style(레이어 스타일)] 대화상자가 다시 나타나면 [Drop Shadow(그림자 효과)]를 클릭한 후 속성을 지정한 다음 [OK(확인)] 단추를 클릭합니다.

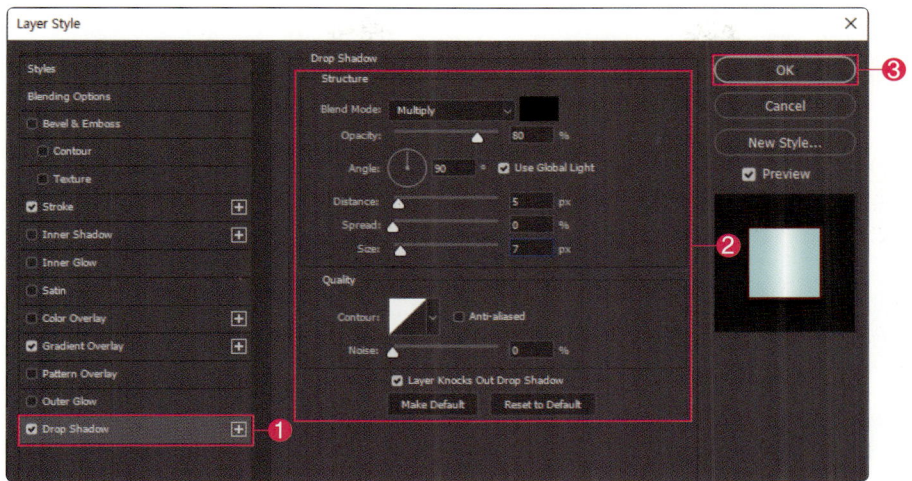

14 레이어 스타일이 적용되면 옵션 바에서 [Warp Text(텍스트 변형)]을 클릭합니다.

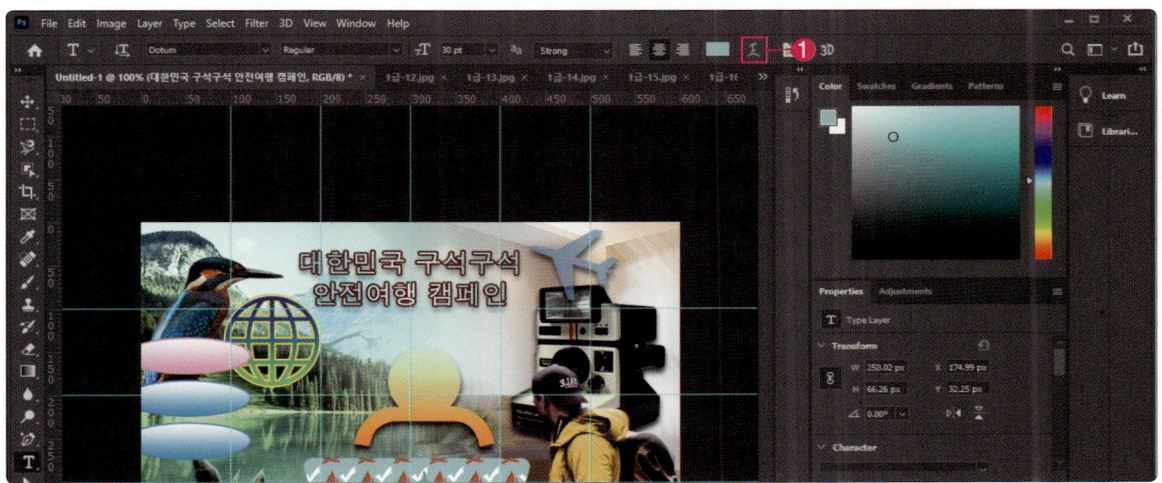

15 [Warp Text(텍스트 변형)] 대화상자가 나타나면 Style(Arc Lower(아래 부채꼴))을 선택한 후 Bend(구부리기)를 드래그하여 조절한 다음 [OK(확인)] 단추를 클릭합니다.

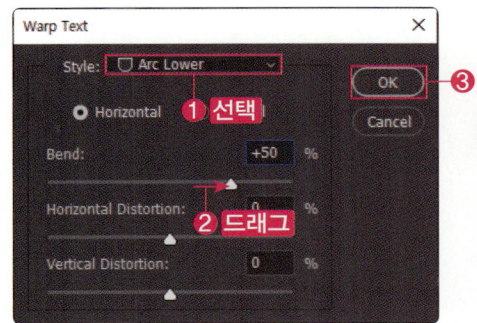

STEP 15 ②번 텍스트 작성하기

01 Tool Box(도구 상자)에서 [Horizontal Type Tool(수평 문자 도구)]를 선택한 후 텍스트를 삽입할 위치를 클릭한 다음 '안전한 여행으로'를 입력하고 Enter를 누릅니다. 그런 다음 '일상의 소중함을 간직하세요~'를 입력한 후 Ctrl+Enter를 누릅니다.

02 '안전한 여행으로'를 드래그하여 블록으로 지정한 후 옵션 바에서 글꼴(돋움)을 선택한 다음 글꼴 크기(26)를 입력하고 Color(색상)을 클릭합니다.

03 [Color Picker(Text Color)(색상 피커(텍스트 색상))] 대화상자가 나타나면 색상(99ff33)을 입력한 후 [OK(확인)] 단추를 클릭합니다.

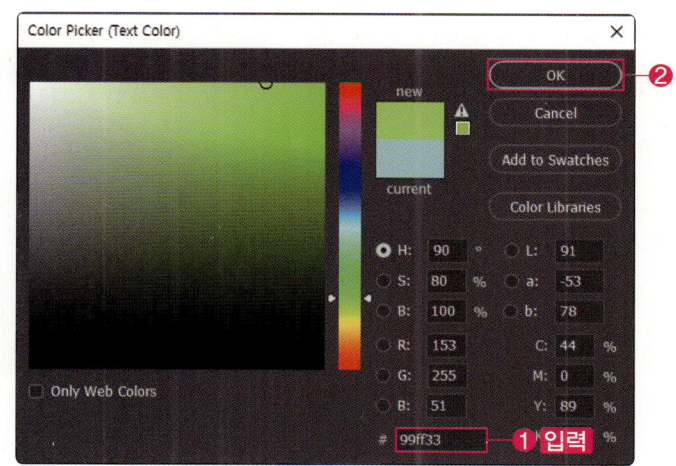

04 '일상의 소중함을 간직하세요~'를 드래그하여 블록으로 지정한 후 옵션 바에서 글꼴(돋움)을 선택한 다음 글꼴 크기(14)를 입력하고 Color(색상)을 클릭합니다.

05 [Color Picker(Text Color)(색상 피커(텍스트 색상))] 대화상자가 나타나면 색상(ffffff)을 입력한 후 [OK(확인)] 단추를 클릭합니다.

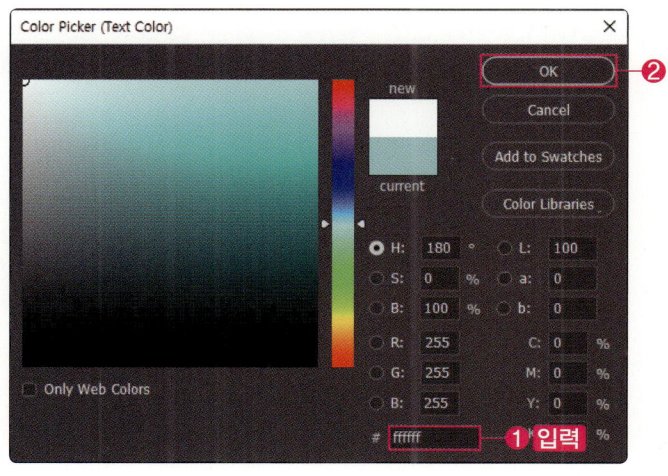

Chapter06 • [실무응용] 웹 페이지 제작 **305**

06 [Layers(레이어)] 패널에서 fx[Add a layer style(레이어 스타일 추가)]를 클릭한 후 [Stroke(선)]를 클릭합니다.

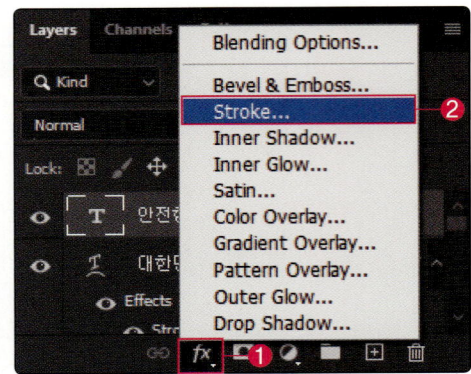

07 [Layer Style(레이어 스타일)] 대화상자의 [Stroke(선)] 스타일이 나타나면 크기(2)를 입력한 후 Color(색상)을 클릭합니다.

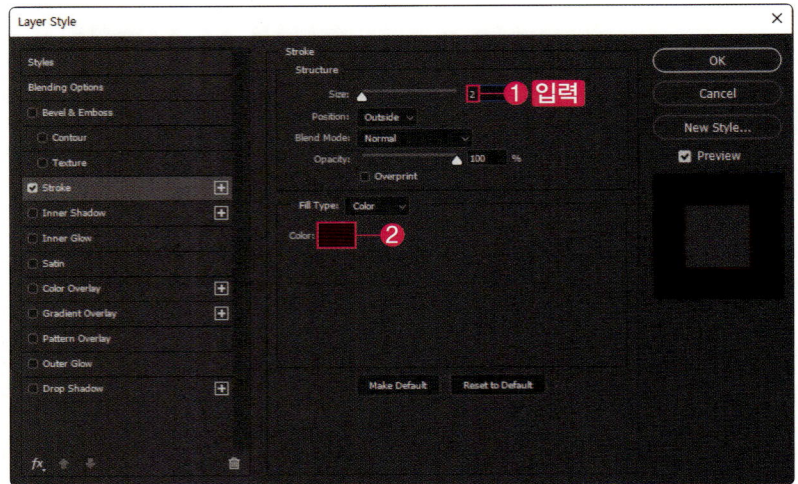

08 [Color Picker(Stroke Color)(색상 피커(선 색상))] 대화상자가 나타나면 색상 (660000)을 입력한 후 [OK(확인)] 단추를 클릭합니다.

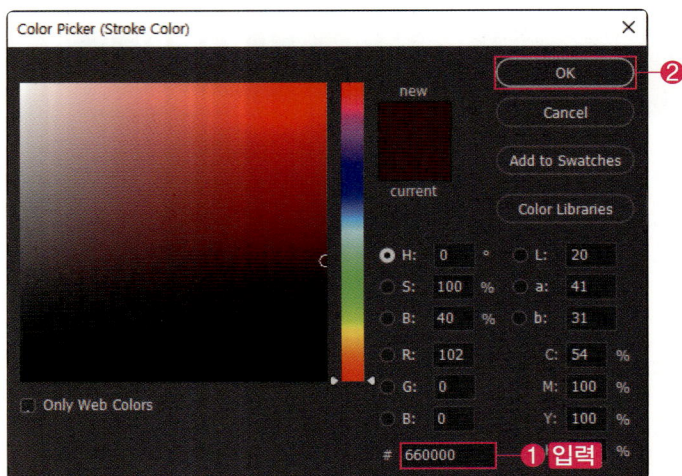

09 [Layer Style(레이어 스타일)] 대화상자자가 다시 나타나면 [OK(확인)] 단추를 클릭합니다.

10 레이어 스타일이 적용되면 옵션 바에서 [Warp Text(텍스트 변형)]을 클릭합니다.

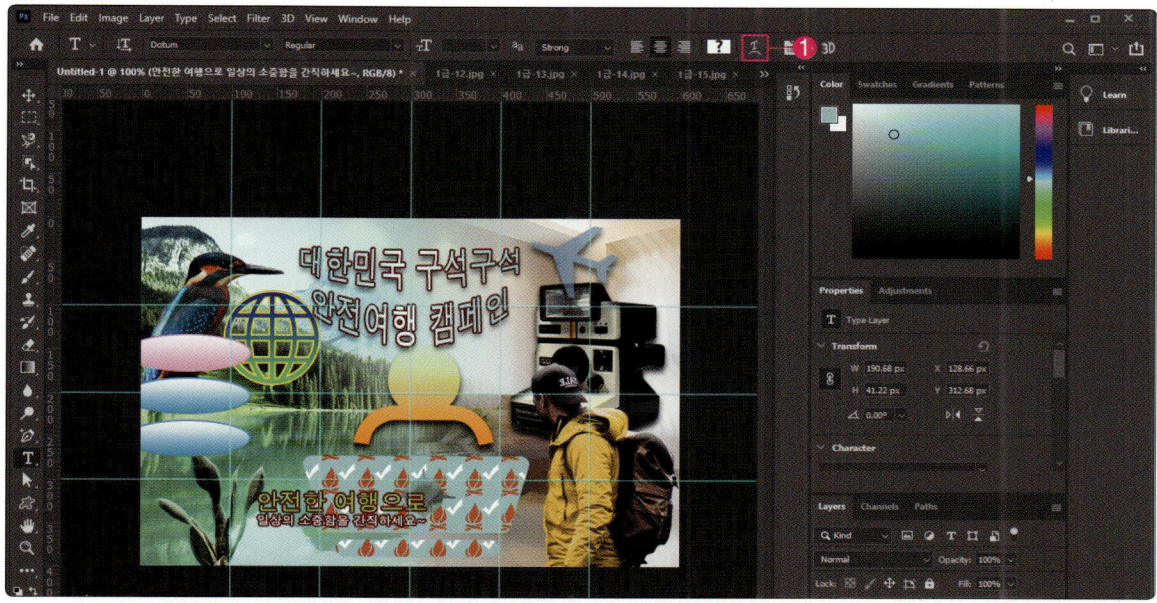

11 [Warp Text(텍스트 변형)] 대화상자가 나타나면 Style(Arc(부채꼴))을 선택한 후 Bend(구부리기)를 드래그하여 조절한 다음 [OK(확인)] 단추를 클릭합니다.

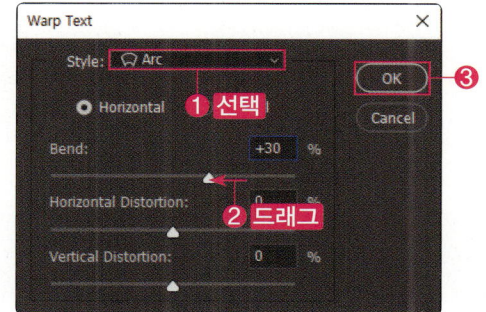

12 Tool Box(도구 상자)에서 [Move Tool(이동 도구)]를 선택한 후 드래그하여 위치를 조절합니다.

Chapter06 · [실무응용] 웹 페이지 제작 **307**

STEP 16   ③번 텍스트 작성하기

01 Tool Box(도구 상자)에서 [Horizontal Type Tool(수평 문자 도구)]를 선택한 후 텍스트를 삽입할 위치를 클릭한 다음 'https://korean.visitkorea.or.kr/'를 입력하고 Ctrl+Enter를 누릅니다.

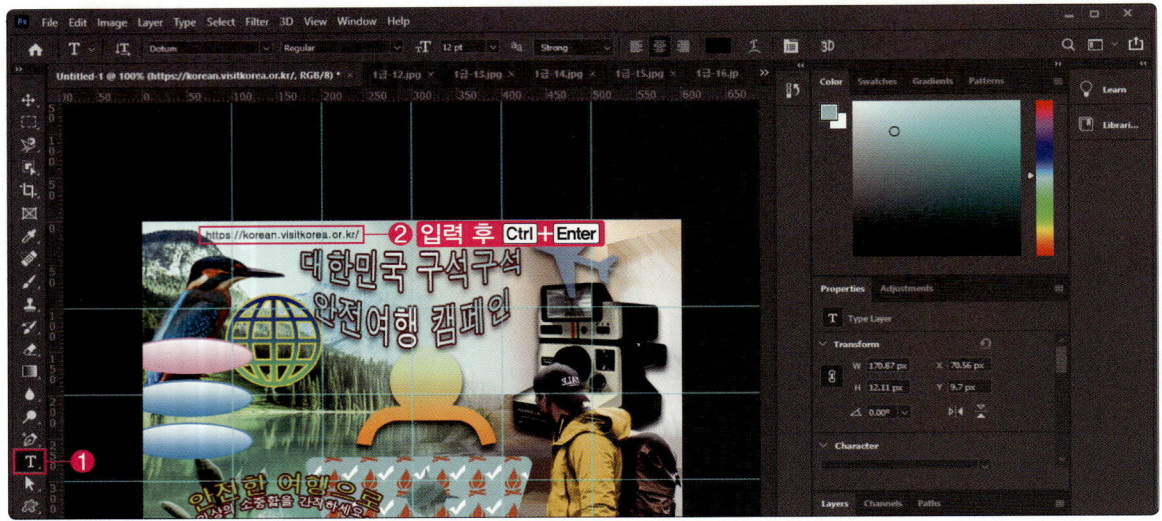

02 옵션 바에서 글꼴(Arial) 및 글꼴 스타일(Regular) 선택한 후 글꼴 크기(18)를 입력한 다음 Color(색상)을 클릭합니다.

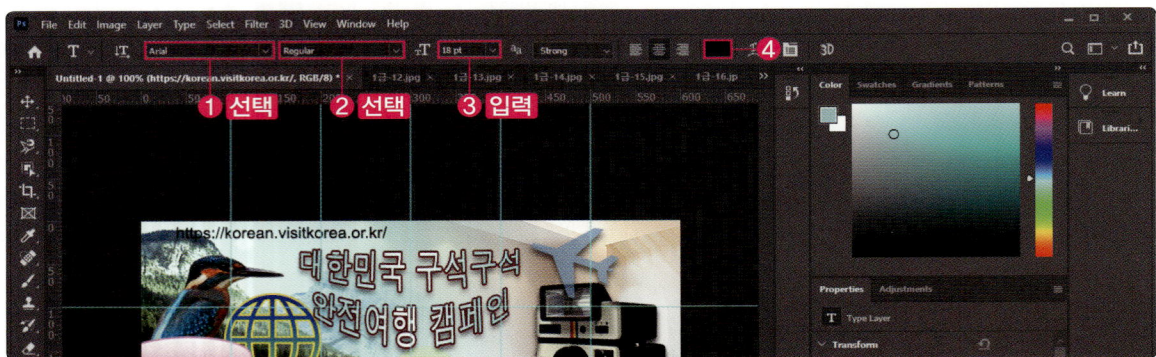

03 [Color Picker(Text Color)(색상 피커(텍스트 색상))] 대화상자가 나타나면 색상(cc3399)을 입력한 후 [OK(확인)] 단추를 클릭합니다.

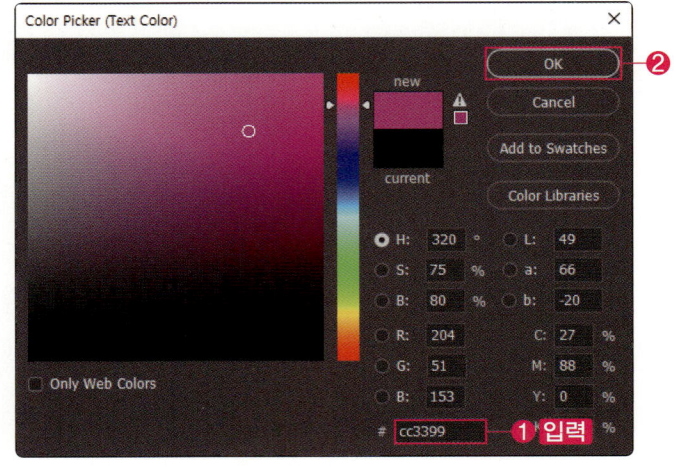

04 [Layers(레이어)] 패널에서 [Add a layer style(레이어 스타일 추가)]를 클릭한 후 [Drop Shadow(그림자 효과)]를 클릭합니다.

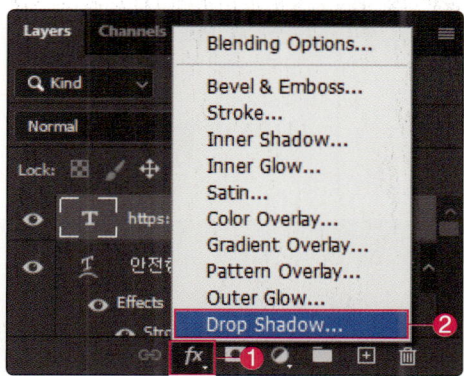

05 [Layer Style(레이어 스타일)] 대화상자의 [Drop Shadow(그림자 효과)] 스타일이 나타나면 속성을 지정한 후 [OK(확인)] 단추를 클릭합니다.

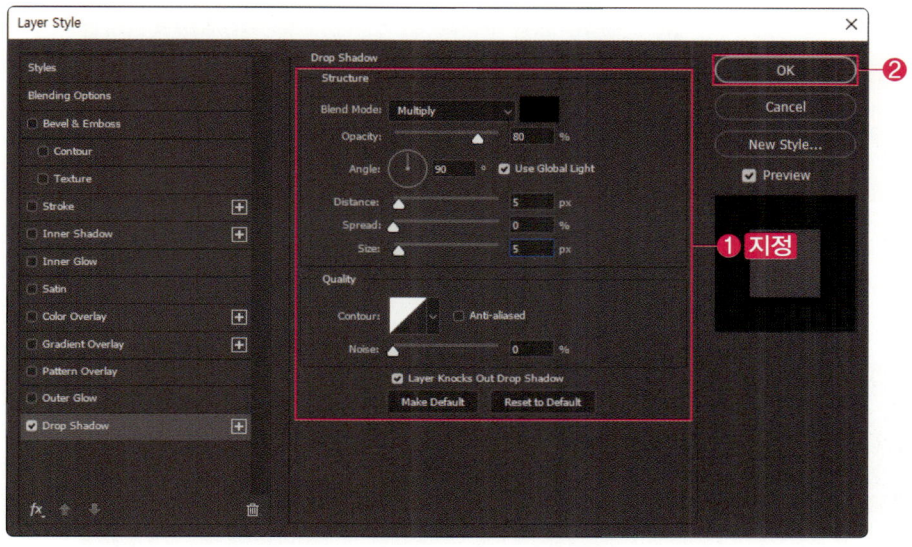

06 Tool Box(도구 상자)에서 [Move Tool(이동 도구)]를 선택한 후 드래그하여 위치를 조절합니다.

Chapter06 · [실무응용] 웹 페이지 제작

STEP 17   ④번 텍스트 작성하기

01 Tool Box(도구 상자)에서 [Horizontal Type Tool(수평 문자 도구)]를 선택한 후 텍스트를 삽입할 위치를 클릭한 다음 '관광정보'를 입력하고 Ctrl+Enter를 누릅니다.

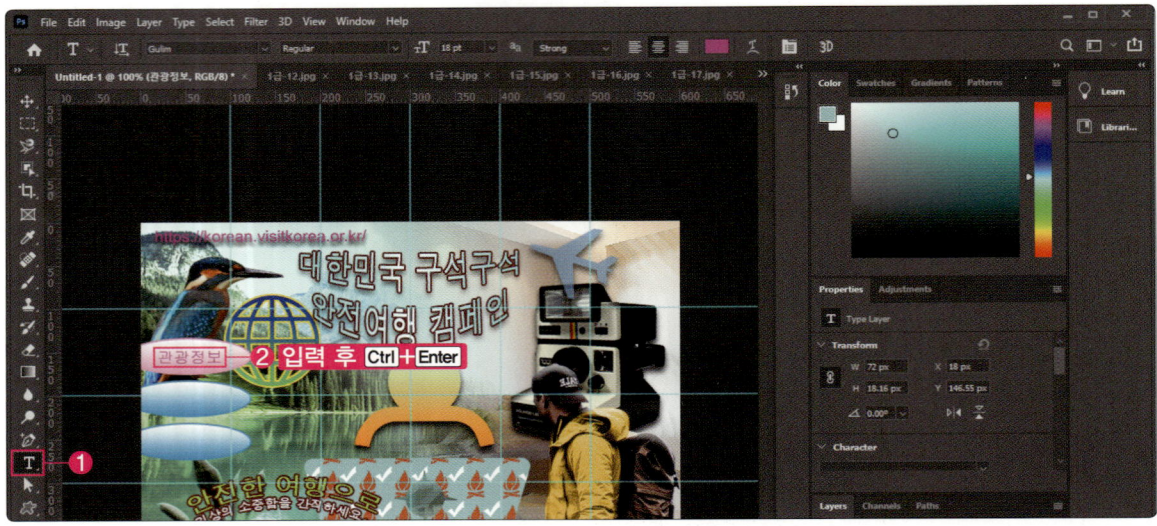

02 옵션 바에서 글꼴(돋움)을 선택한 후 글꼴 크기(17)를 입력한 다음 Color(색상)을 클릭합니다.

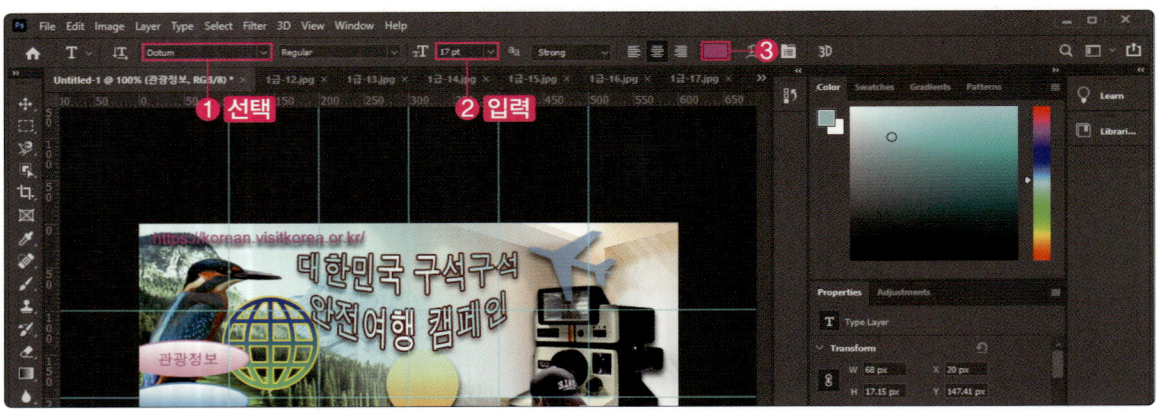

03 [Color Picker(Text Color)(색상 피커(텍스트 색상))] 대화상자가 나타나면 색상(000000)을 입력한 후 [OK(확인)] 단추를 클릭합니다.

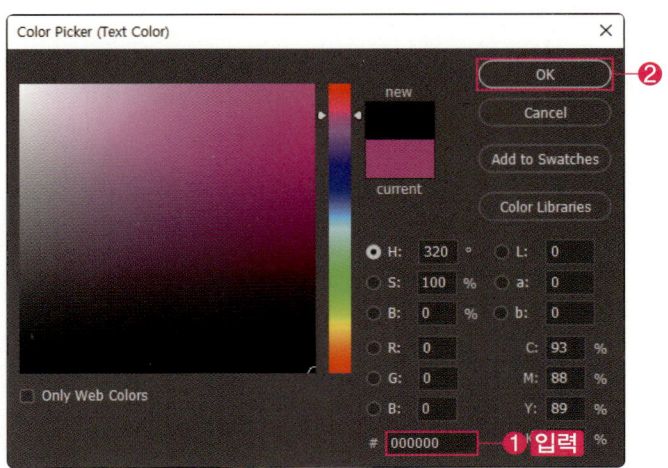

310 입실부터 퇴실까지 GTQ 시험 체험하기

04 [Layers(레이어)] 패널에서 fx[Add a layer style(레이어 스타일 추가)]를 클릭한 후 [Stroke(선)]를 클릭합니다.

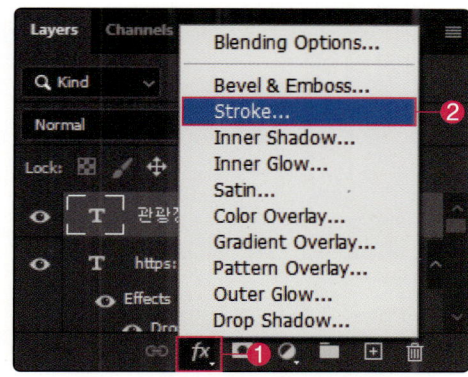

05 [Stroke(선)] 스타일을 클릭한 후 크기(2)를 입력한 다음 Color(색상)을 클릭합니다.

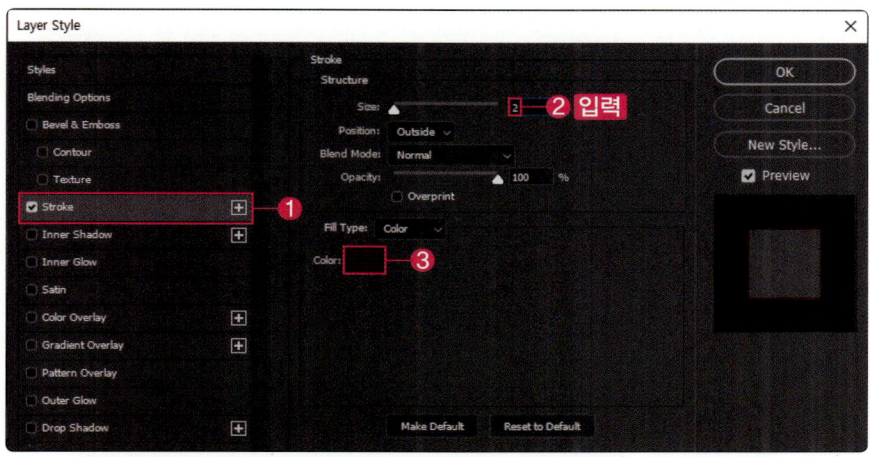

06 [Color Picker(Stroke Color)(색상 피커(선 색상))] 대화상자가 나타나면 색상(cc99cc)을 입력한 후 [OK(확인)] 단추를 클릭합니다.

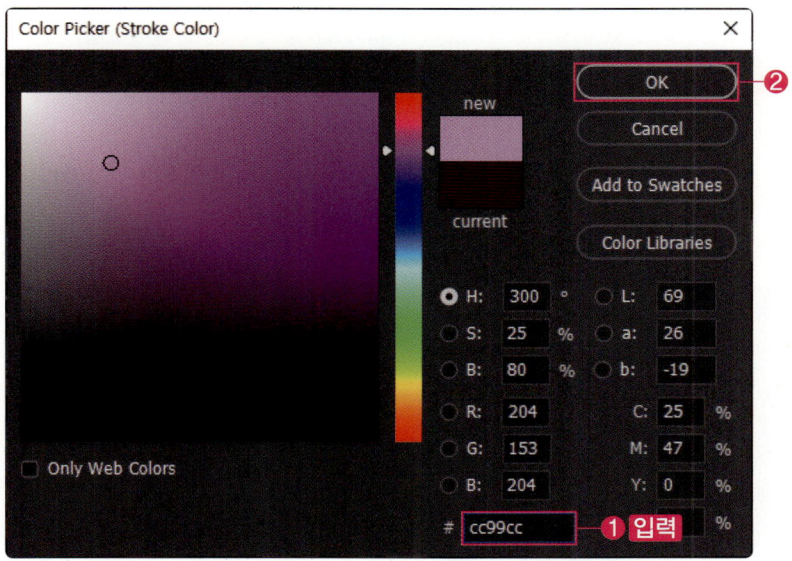

07 [Layer Style(레이어 스타일)] 대화상자자가 다시 나타나면 [OK(확인)] 단추를 클릭합니다.

08 '관광정보' 텍스트 지정이 완료되면 Ctrl+Alt+Shift를 누른 상태에서 아래로 드래그하여 텍스트를 복사합니다.

09 텍스트(가이드북)를 수정한 후 [Layers(레이어)] 패널에서 [가이드북] 레이어의 [Effects(효과)]-[Stroke(선)]을 더블클릭합니다.

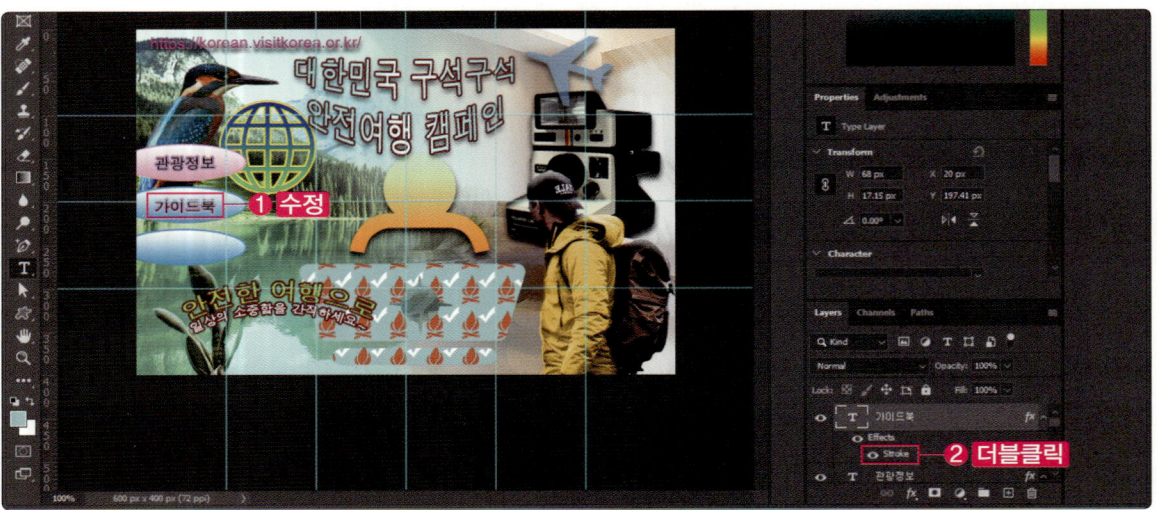

10 [Layer Style(레이어 스타일)] 대화상자의 [Stroke(선)] 스타일이 나타나면 Color(색상)을 클릭합니다.

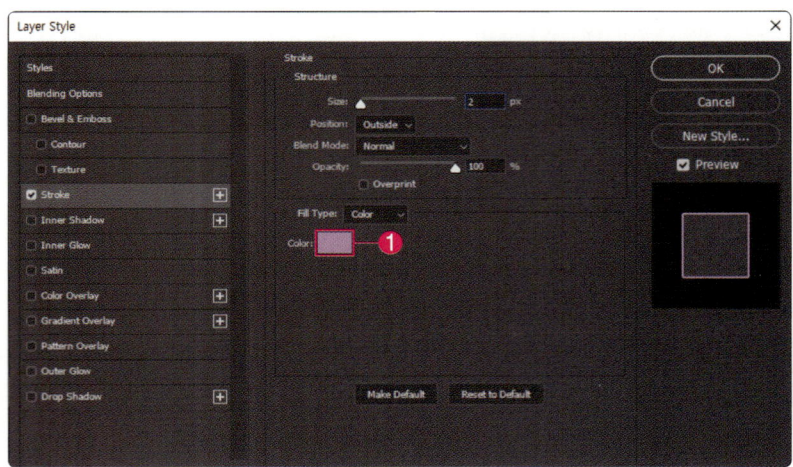

11 [Color Picker(Stroke Color)(색상 피커(선 색상))] 대화상자가 나타나면 색상(ffffff)을 입력한 후 [OK(확인)] 단추를 클릭합니다.

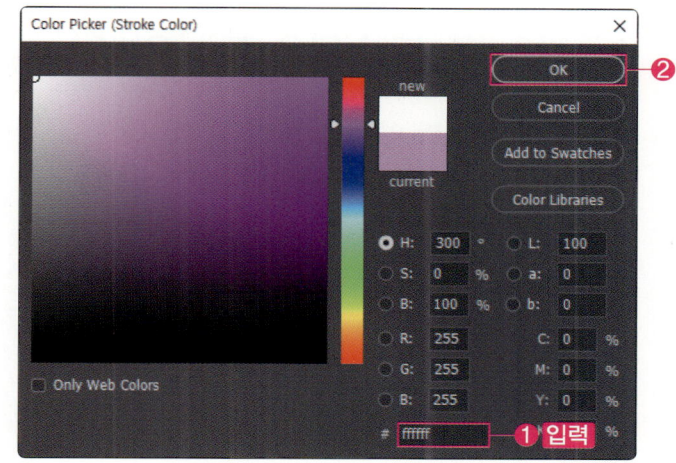

12 [Layer Style(레이어 스타일)] 대화상자의 [Stroke(선)] 스타일이 다시 나타나면 [OK(확인)] 단추를 클릭합니다.

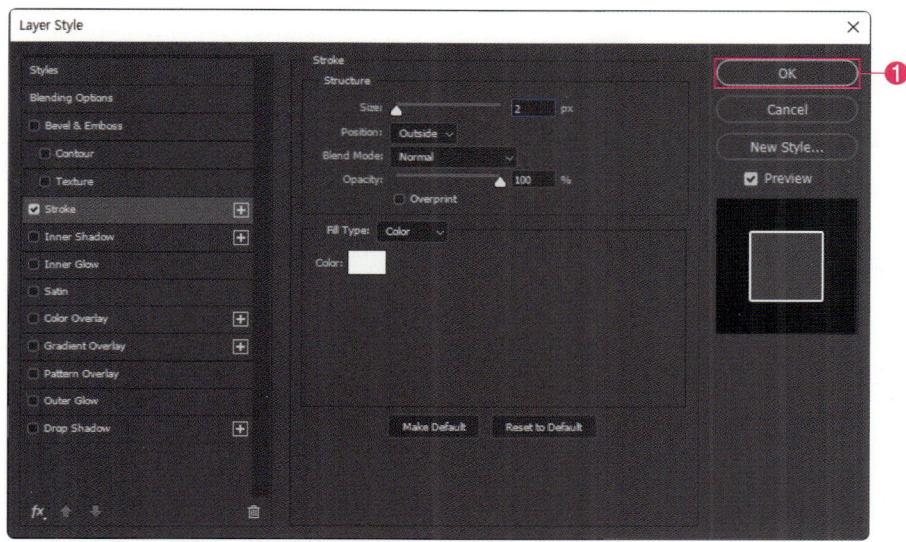

13 '가이드북' 텍스트 지정이 완료되면 Ctrl+Alt+Shift를 누른 상태에서 아래로 드래그하여 텍스트를 복사합니다. 그런 다음 텍스트를 수정합니다.

| STEP 18 | 답안 저장 및 전송하기 |

01 작성한 답안을 저장하기 위해 [File(파일)]을 클릭한 후 [Save(저장)]을 클릭합니다.

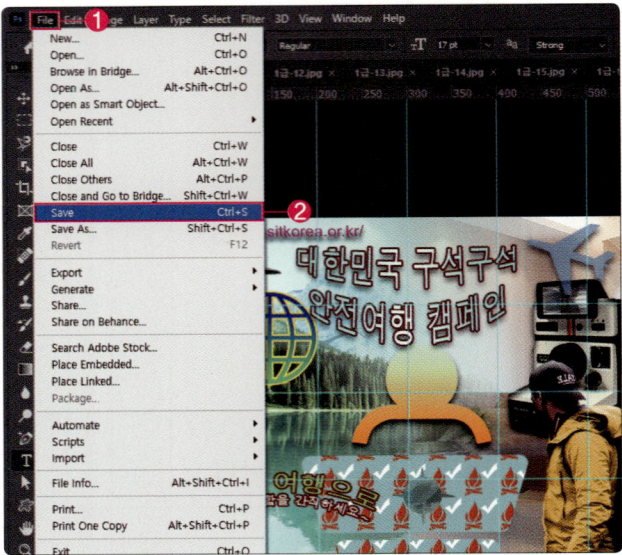

02 [Save on your computer or to cloud documents(컴퓨터 또는 클라우드 문서에 저장)] 대화상자가 나타나면 [Save on your computer(내 컴퓨터에 저장)] 단추를 클릭합니다.

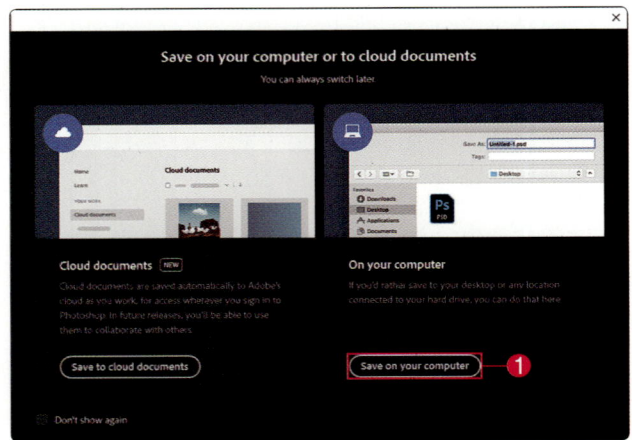

03 [다른 이름으로 저장] 대화상자가 나타나면 저장 위치(내 PC₩문서₩GTQ)를 지정한 후 파일 이름(수험번호-성명-문제번호)을 입력한 다음 형식(JPEG (*.JPG;*.JPEG;*.JPE))을 선택하고 [저장] 단추를 클릭합니다.

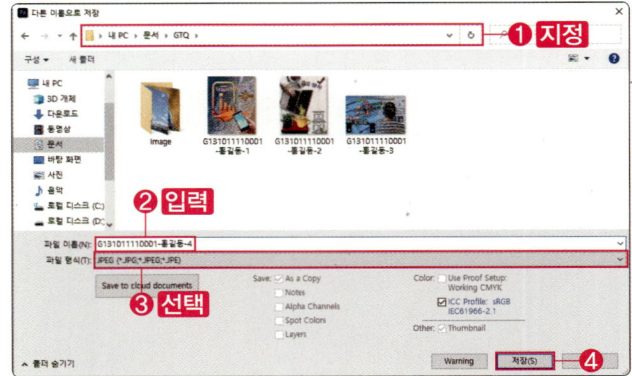

> Tip
> • GTQ 시험에서는 '내 PC₩문서₩GTQ' 폴더에 '수험번호-성명-문제번호'로 저장합니다.
> • 저장 위치 및 파일 이름이 틀릴 경우 답안이 전송되지 않습니다.

04 [JPEG Options(JPEG 옵션)] 대화상자가 나타나면 Quality(품질)을 지정한 후 [OK(확인)] 단추를 클릭합니다.

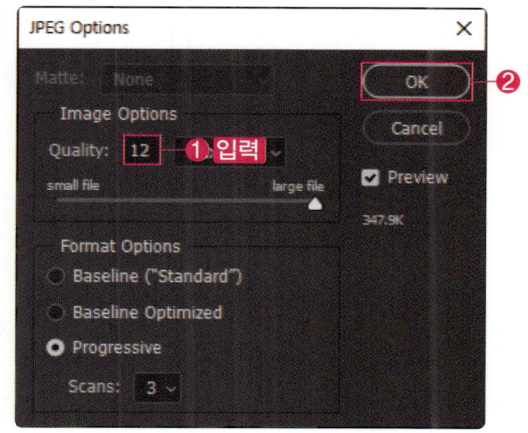

> **Tip**
> Quality(품질)
> JPEG 형식으로 저장하면 이미지의 압축률을 조절할 수 있습니다. Quality의 숫자가 낮을수록 압축률이 아주 높아 파일 용량은 작아지지만 이미지 질은 많이 손상됩니다.

05 PSD 파일로 저장하기 위해 [Image(이미지)]를 클릭한 후 [Image Size(이미지 크기)]를 클릭합니다.

> **Tip**
> PSD 파일은 조건에서 제시한 크기로 축소하여 저장해야 하며, 레이어는 기능별로 분할되어 있어야 합니다. 임의로 레이어를 합치거나 각 기능에 대한 속성을 해제할 경우 해당 요소는 0점 처리됩니다.

06 [Image Size(이미지 크기)] 대화상자가 나타나면 단위(Pixels)를 선택한 후 Width(폭)에 '60'을 입력한 후 [OK(확인)] 단추를 클릭합니다.

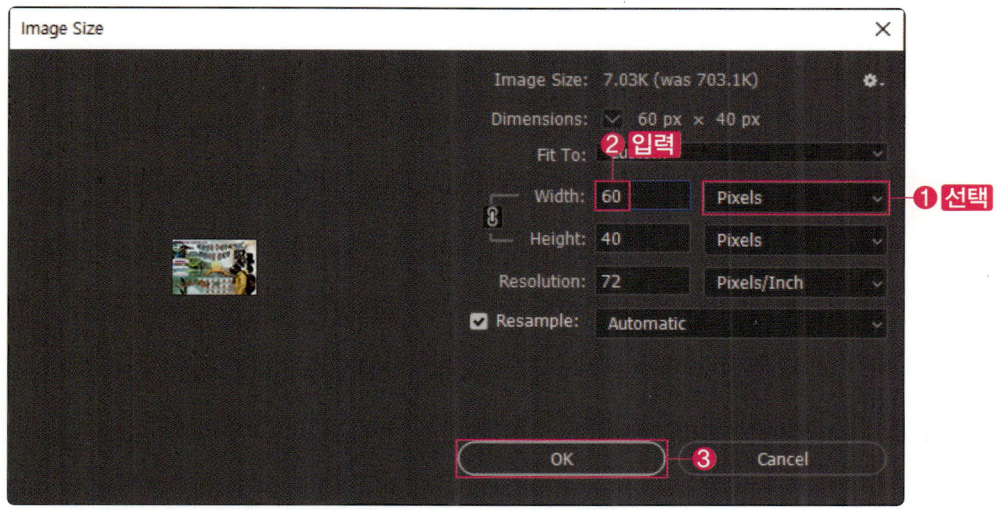

> **Tip**
> [문제 1]에서 단위(Pixels)를 선택하면 이후 단위는 'Pixels'로 선택됩니다. 단위(Pixels)를 확인한 후 다를 경우 단위 'Pixels'을 선택합니다.

07 작성한 답안을 저장하기 위해 [File(파일)]을 클릭한 후 [Save(저장)]을 클릭합니다.

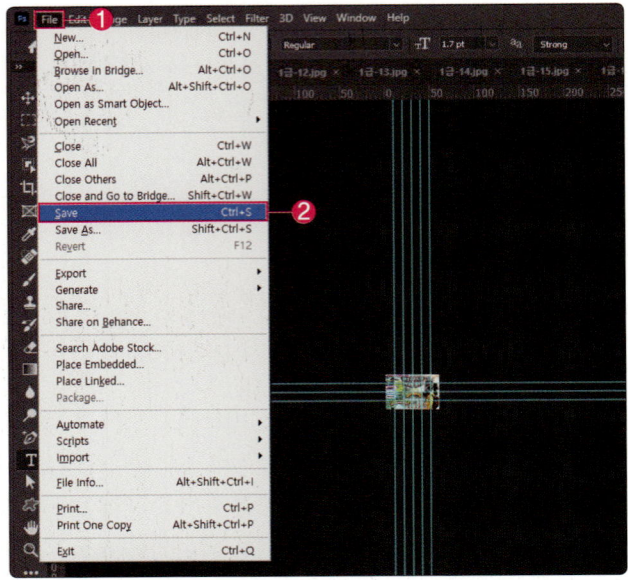

08 [Save on your computer or to cloud documents(컴퓨터 또는 클라우드 문서에 저장)] 대화상자가 나타나면 [Save on your computer(내 컴퓨터에 저장)] 단추를 클릭합니다.

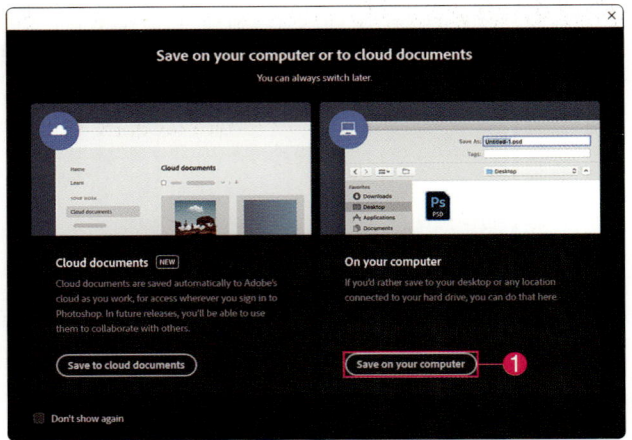

09 [다른 이름으로 저장(Save As)] 대화상자가 나타나면 저장 위치(내 PC₩문서₩GTQ)를 지정한 후 파일 이름(수험번호-성명-문제번호)을 입력한 다음 형식(Photoshop (*.PSD;*.PDD;*.PSDT))을 선택하고 [저장] 단추를 클릭합니다.

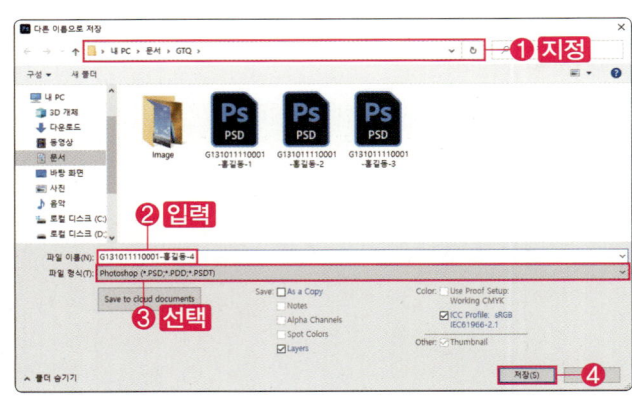

10 [Photoshop Format Options(Photoshop 형식 옵션)] 대화상자가 나타나면 [OK(확인)] 단추를 클릭합니다.

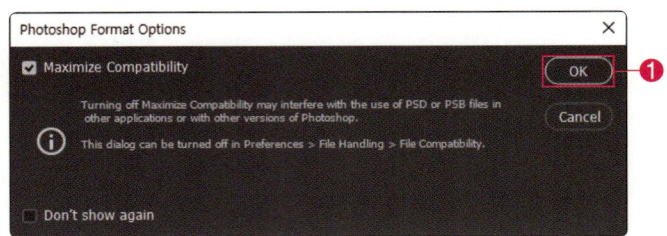

11 KOAS 수험자용 프로그램을 선택한 후 [답안 전송] 단추를 클릭합니다. 그런 다음 [MessageBox] 대화상자가 나타나면 [예] 단추를 클릭합니다.

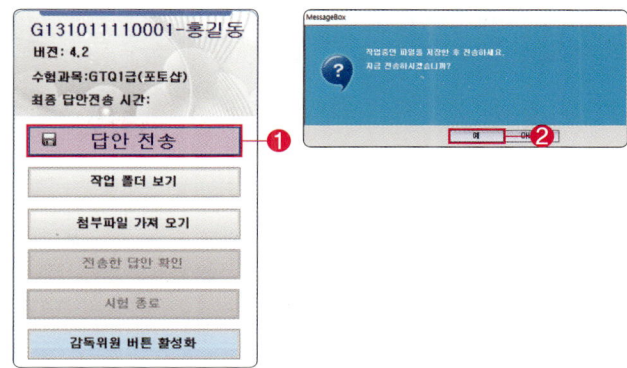

12 [고사실 PC로 답안 파일 보내기] 대화상자가 나타나면 전송할 파일을 선택한 후 [답안전송] 단추를 클릭합니다.

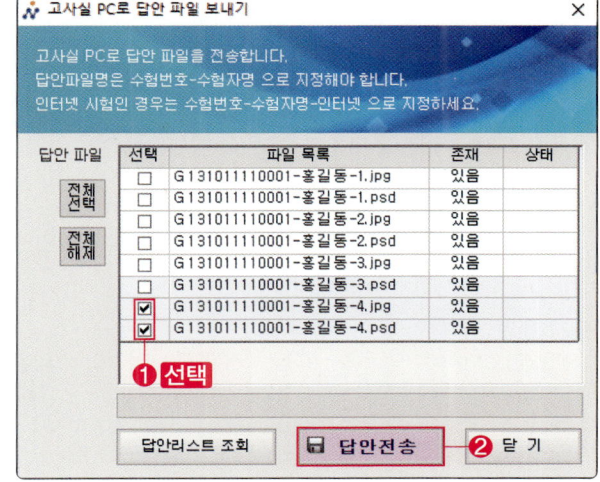

> **Tip**
> 전송하고자 하는 파일의 존재 여부가 '없음'으로 표시되면 파일명 및 저장 위치를 확인합니다.

13 [MessageBox] 대화상자가 나타나면 [확인] 단추를 클릭합니다.

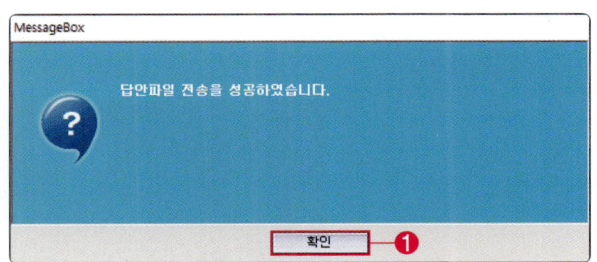

14 [고사실 PC로 답안 파일 보내기] 대화상자가 다시 나타나면 [닫기] 단추를 클릭합니다.

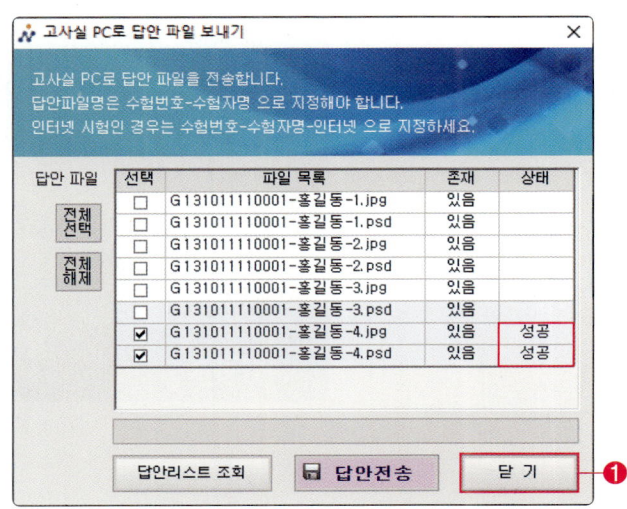

> **Tip**
> 전송한 파일의 상태 여부가 '성공'으로 표시되는지 확인합니다.

Chapter06 · [실무응용] 웹 페이지 제작 **317**

문제유형 01　[실무응용] 웹 페이지 제작　　[35점]

다음의 ≪조건≫에 따라 아래의 ≪출력형태≫와 같이 작업하시오.

≪조건≫

원본 이미지			문서₩GTQ₩Image₩1급-12.jpg, 1급-13.jpg, 1급-14.jpg, 1급-15.jpg, 1급-16 .jpg, 1급-17.jpg
파일 저장 규칙	JPG	파일명	문서₩GTQ₩수험번호-성명-4.jpg
		크기	600 × 400 pixels
	PSD	파일명	문서₩GTQ₩수험번호-성명-4.psd
		크기	60 × 40 pixels

1. 그림 효과
  ① 배경 : 그라디언트(#000000, #ffffcc)
  ② 패턴(새 모양) : #cc6666, Opacity(불투명도)(80%), 레이어 마스크 - 가로 방향으로 흐릿하게
  ③ 1급-12.jpg : 필터 - Film Grain(필름 그레인), 레이어 마스크 - 세로 방향으로 흐릿하게
  ④ 1급-13.jpg : 레이어 마스크 - 둥근 방향으로 흐릿하게
  ⑤ 1급-14.jpg : 레이어 스타일 - Outer Glow(외부 광선), Opacity(불투명도)(70%)
  ⑥ 1급-15.jpg : Blending Mode(혼합 모드) - Luminosity(광도)
  ⑦ 1급-16.jpg : 색상 보정 - 보라색 계열로 보정, 레이어 스타일 - Outer Glow(외부 광선)
  ⑧ 그 외 ≪출력형태≫ 참조

2. 문자 효과
  ① Dinosaur (Arial, Regular, 48pt, #000066, 레이어 스타일 - Inner Glow (내부 광선), Stroke(선/획)(3px, #ffffff))
  ② 초식공룡 / 육식공룡 (궁서, 18pt, 레이어 스타일 - 그라디언트 오버레이(#ccff00, #ff6633))
  ③ 트라이아스기 / 쥐라기 / 백악기 (돋움, 14pt, #000033, 레이어 스타일 - Stroke(선/획)(2px, #ffffff))
  ④ 공룡은 살아있다... (바탕, 20pt, #ffffff, 레이어 스타일 - Drop Shadow(그림자 효과))

≪출력형태≫

Shape Tool(모양 도구) 사용
레이어 스타일 - 그라디언트
오버레이(#99ff99, #003300)

Pen Tool(펜 도구) 사용
레이어 스타일 - 그라디언트
오버레이(#ffcccc, #9933cc),
Drop Shadow(그림자 효과)

Shape Tool(모양 도구) 사용
#ffffff, 레이어 스타일 -
Bevel and Emboss
(경사와 엠보스),
Opacity(불투명도)(80%)

Shape Tool(모양 도구) 사용
레이어 스타일 - Drop Shadow(그림자 효과),
그라디언트 오버레이(#330066, #99ccff)

문제유형 02 [실무응용] 웹 페이지 제작 [35점]

다음의 ≪조건≫에 따라 아래의 ≪출력형태≫와 같이 작업하시오.

《조건》

원본 이미지			문서₩GTQ₩Image₩1급-12.jpg, 1급-13.jpg, 1급-14.jpg, 1급-15.jpg, 1급-16 .jpg, 1급-17.jpg
파일 저장 규칙	JPG	파일명	문서₩GTQ₩수험번호-성명-4.jpg
		크기	600 × 400 pixels
	PSD	파일명	문서₩GTQ₩수험번호-성명-4.psd
		크기	60 × 40 pixels

1. 그림 효과
   ① 배경 : 그라디언트(#99cc00, #ffffff)
   ② 1급-12.jpg : 필터 - Rough Pastels(거친 파스텔 효과), Blending Mode(혼합 모 드) - Luminosity(광도)
   ③ 1급-13.jpg : 필터 - Crosshatch(그물눈), 레이어 마스크 - 가로 방향으로 흐릿하게
   ④ 패턴(체크 무늬 모양) : #ff3333, #3333ff, 레이어 마스크 - 가로 방향으로 흐릿하게, Opac ity(불투명도)(70%)
   ⑤ 1급-14.jpg : 레이어 스타일 - Drop Shadow(그림자 효과)
   ⑥ 1급-15.jpg : 색상 보정 - 파란색 계열로 보정, 레이어 스타일 - Drop Shadow(그림자 효과)
   ⑦ 1급-16.jpg, 1급-17.jpg : Blending Mode(혼합 모드) - Multiply(곱하기)
   ⑧ 그 외 ≪출력형태≫ 참조

2. 문자 효과
   ① 전통건축 문화원 (바탕, 36pt, 레이어 스타일 - Stroke(선/획)(5px, 그라디언트(#330000, #0000ff)), Drop Shadow(그림자 효과))
   ② Korean Style House (Arial, Bold, 16pt, #ff0000, 레이어 스타일 - Dro p Shadow(그림자 효과))
   ③ 한옥체험 프로그램 개설 (궁서, 16pt, #ff0000, 레이어 스타일 - Stroke(선/획)(2px, # 333399))
   ④ 문화원 소개 / 프로그램 / 자료실 / 게시판 (궁서, 16pt, #ffff99, 레이어 스타일 - Drop Shadow(그림자 효과))

《출력형태》

Shape Tool(모양 도구) 사용
#ffff00 레이어 스타일 -
Bevel and Emboss(경사와 엠보스)

Pen Tool(펜 도구) 사용
레이어 스타일 - Inner Shadow
(내부 그림자), 그라디언트 오버레이
(#339900, #ff6600)

Shape Tool(모양 도구) 사용
레이어 스타일 - 그라디언트
오버레이(#ff6600, #ffff00),
Drop Shadow(그림자 효과)

Pen Tool(펜 도구) 사용
레이어 스타일 - Inner Shadow
(내부 그림자), 그라디언트 오버레이
(#339900, #ff6600)

PART 03

Photoshop CC
실전모의고사

GTQ 포토샵 Graphic Technology Qualification

실전모의고사

제01회 실전모의고사
제02회 실전모의고사
제03회 실전모의고사
제04회 실전모의고사
제05회 실전모의고사
제06회 실전모의고사
제07회 실전모의고사
제08회 실전모의고사
제09회 실전모의고사
제10회 실전모의고사

제 01 회 GTQ 실전모의고사

Graphic Technology Qualification

급수	문제유형	시험시간	수험번호	성명
1급	A	90분		

수험자 유의사항

- 수험자는 문제지를 받는 즉시 응시하고자 하는 **과목 및 급수가 맞는지 확인**한 후 수험번호와 성명을 작성합니다.
- 파일명은 본인의 "수험번호-성명-문제번호"로 공백 없이 정확히 입력하고 답안폴더(내 PC\문서\GTQ)에 jpg파일과 psd 파일의 2가지 포맷으로 저장해야 하며, jpg 파일과 psd 파일의 내용이 상이할 경우 0점 처리됩니다. 답안문서 파일명이 "수험번호-성명-문제번호"와 일치하지 않거나, 답안 파일을 전송하지 않아 미제출로 처리될 경우 불합격 처리됩니다.
- 문제의 세부조건은 '영문(한글)' 형식으로 표기되어 있으니 유의하시기 바랍니다.
- 수험자 정보와 저장한 파일명, 저장 위치가 다를 경우 전송이 되지 않으므로, 주의하시기 바랍니다.
- 답안 작성 중에도 **주기적으로 '저장'과 '답안 전송'**을 이용하여 감독위원 PC로 답안을 전송하셔야합니다.
  (※ 작업한 내용을 <u>저장하지 않고 전송할 경우</u> 이전의 저장내용이 전송되오니 이점 반드시 유념하시기 바랍니다.)
- 답안문서는 지정된 경로 외의 다른 보조기억장치에 저장하는 행위, 지정된 시험 시간 외에 작성된 파일을 활용한 행위, 기타 통신수단(이메일, 메신저, 네트워크 등)을 이용하여 타인에게 전달 또는 외부 반출하는 행위는 부정으로 간주되어 **자격기본법 제32조에 의거 본 시험 및 국가공인 자격시험을 2년간 응시할 수 없습니다.**
- 시험 중 부주의 또는 고의로 시스템을 파손한 경우와 〈수험자 유의사항〉에 기재된 방법대로 이행하지 않아 생기는 불이익은 수험자의 책임임을 알려 드립니다.
- 시험을 완료한 수험자는 최종적으로 저장한 답안파일이 전송되었는지 확인한 후 감독위원의 지시에 따라 문제지를 제출하고 퇴실합니다.

답안 작성요령

- 온라인 답안 작성 절차
  수험자 등록 ⇒ 시험 시작 ⇒ 답안파일 저장 ⇒ 답안 전송 ⇒ 시험 종료
- 내 PC\문서\GTQ\Image폴더에 있는 그림 원본파일을 사용하여 답안을 작성하시고 최종답안을 답안폴더(내 PC\문서\GTQ)에 저장하여 답안을 전송하시고, 이미지의 크기가 다른 경우 감점 처리됩니다.
- 배점은 총 100점으로 이루어지며, 점수는 각 문제별로 차등 배분됩니다.
- 각 문제는 주어진 〈조건〉에 따라 작성하고, 언급하지 않은 조건은 《출력형태》와 같이 작성합니다.
- 배치 등의 편의를 위해 주어진 눈금자의 단위는 '픽셀'입니다.
  그 외는 출력형태(효과, 이미지, 문자, 색상, 레이아웃, 규격 등)와 같게 작업하십시오.
- 문제 조건에 서체의 지정이 없을 경우 한글은 굴림이나 돋움, 영문은 Arial로 작업하십시오.
  (단, 그 외에 제시되지 않은 문자 속성을 기본값으로 작성하지 않은 경우는 감점 처리됩니다.)
- Image Mode(이미지 모드)는 별도의 처리조건이 없을 경우에는 RGB(8비트)로 작업하십시오.
- 모든 답안 파일은 해상도 72 pixels/inch로 작업하십시오.
- Layer(레이어)는 각 기능별로 분할해야 하며, 임의로 합칠 경우나 각 기능에 대한 속성을 해지할 경우 해당 요소는 0점 처리됩니다.

문제 1 [기능평가] 고급 Tool(도구) 활용 [20점]

다음의 ≪조건≫에 따라 아래의 ≪출력형태≫와 같이 작업하시오.

《조건》

원본 이미지	내문서\GTQ\Image\1급-1.jpg, 1급-2.jpg, 1급-3.jpg		
파일 저장 규칙	JPG	파일명	내문서\GTQ\수험번호-성명-1.jpg
		크기	400 × 500 pixels
	PSD	파일명	내문서\GTQ\수험번호-성명-1.psd
		크기	40 × 50 pixels

1. 그림 효과
   ① 1급-1.jpg : 필터 - Dry Brush(드라이 브러시)
   ② Save Path(패스 저장) : 상어 모양
   ③ Mask(마스크) : 상어 모양, 1급-2.jpg를 이용하여 작성
     레이어 스타일 - Stroke(선/획)(3px, #ffcccc),
     Inner Glow(내부 광선)
   ④ 1급-3.jpg : 레이어 스타일 - Drop Shadow(그림자 효과)
   ⑤ Shape Tool(모양 도구) :
     - 물결 모양 (#0066ff, 레이어 스타일 -
       Bevel and Emboss(경사와 엠보스))
     - 금지 모양 (#ff0000, 레이어 스타일 - Outer Glow(외부 광선))

2. 문자 효과
   ① 수영은 안전한 곳에서 (바탕, 40pt, 레이어 스타일 -
      그라디언트 오버레이(#0000ff, #66ffcc), Stroke(선/획)(2px, #ffffff))

《출력형태》

문제 2 [기능평가] 사진편집 응용 [20점]

다음의 ≪조건≫에 따라 아래의 ≪출력형태≫와 같이 작업하시오.

《조건》

원본 이미지	내문서\GTQ\Image\1급-4.jpg, 1급-5.jpg, 1급-6.jpg		
파일 저장 규칙	JPG	파일명	내문서\GTQ\수험번호-성명-2.jpg
		크기	400 × 500 pixels
	PSD	파일명	내문서\GTQ\수험번호-성명-2.psd
		크기	40 × 50 pixels

1. 그림 효과
   ① 1급-4.jpg : 필터 - Texturizer(텍스처화)
   ② 색상 보정 : 1급-5.jpg - 노란색 계열로 보정
   ③ 1급-5.jpg : 레이어 스타일 - Inner Glow(내부 광선)
   ④ 1급-6.jpg : 레이어 스타일 - Outer Glow(외부 광선)
   ⑤ Shape Tool(모양 도구) :
     - 사람 모양 (#ff0000, #0066ff, 레이어 스타일 -
       Bevel and Emboss(경사와 엠보스))
     - 지그재그 모양 (#0000ff, 레이어 스타일 -
       Stroke(선/획)(2px, #ffffff))

2. 문자 효과
   ① 수상 안전의 필수품 (돋움, 30pt, #ffffff, 레이어 스타일 -
      Stroke(선/획)(3px, #3300ff), Drop Shadow(그림자 효과))

《출력형태》

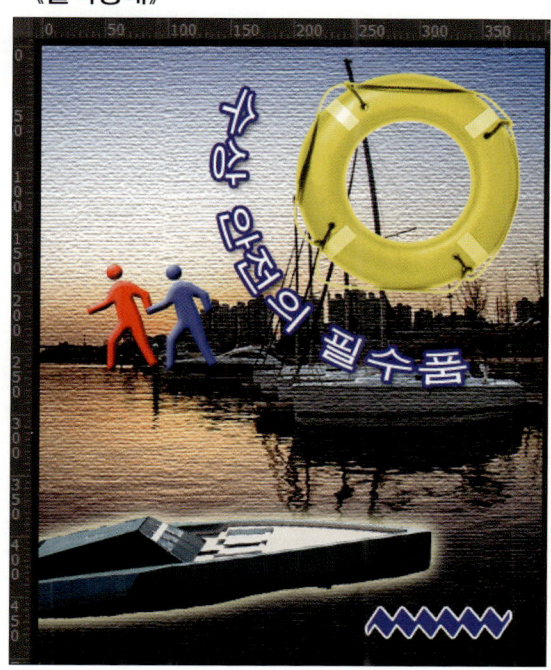

| 문제 3 | [실무응용] 포스터 제작 | [25점] |

다음의 ≪조건≫에 따라 아래의 ≪출력형태≫와 같이 작업하시오.

≪조건≫

원본이미지	내문서\GTQ\Image\1급-7.jpg, 1급-8.jpg, 1급-9.jpg, 1급-10.jpg, 1급-11.jpg		
파일저장규칙	JPG	파일명	내문서\GTQ\수험번호-성명-3.jpg
		크기	600 × 400 pixels
	PSD	파일명	내문서\GTQ\수험번호-성명-3.psd
		크기	60 × 40 pixels

1. 그림 효과
   ① 배경 : #ffffff
   ② 1급-7.jpg : 필터 - Facet(단면화)
   ③ 1급-8.jpg : Blending Mode(혼합 모드) - Hard Light(하드 라이트), 레이어 마스크 - 가로 방향으로 흐릿하게
   ④ 1급-9.jpg : 레이어 마스크 - 세로 방향으로 흐릿하게
   ⑤ 1급-10.jpg : Blending Mode(혼합 모드) - Luminosity(광도), Opacity(불투명도)(80%), 레이어 스타일 - Outer Glow(외부 광선)
   ⑥ 1급-11.jpg : 색상 보정 - 보라색 계열로 보정, 레이어 스타일 - Drop Shadow(그림자 효과)
   ⑦ 그 외 ≪출력형태≫ 참조

2. 문자 효과
   ① 10일간의 짜릿한 휴가 (굴림, 15pt, 레이어 스타일 - 그라디언트 오버레이(#ff0000, #000000), Stroke(선/획)(2px, #ffffff), Drop Shadow(그림자 효과))
   ② WATER SPORTS (Arial, Italic, 20pt, #ff0000, 레이어 스타일 - Stroke(선/획)(2px, #ffffff))
   ③ 장소 : 가평군 대성리 (돋움, 15pt, #ffffff, 레이어 스타일 - Stroke(선/획)(2px, #0000ff))
   ④ 대중교통이용 (돋움, 15pt, #ffffff)

≪출력형태≫

문제 4 [실무응용] 웹 페이지 제작   [35점]

다음의 ≪조건≫에 따라 아래의 ≪출력형태≫와 같이 작업하시오.

≪조건≫

원본이미지		내문서\GTQ\Image\1급-12.jpg, 1급-13.jpg, 1급-14.jpg, 1급-15.jpg, 1급-16.jpg, 1급-17.jpg
파일저장규칙	JPG 파일명	내문서\GTQ\수험번호-성명-4.jpg
	크기	600 × 400 pixels
	PSD 파일명	내문서\GTQ\수험번호-성명-4.psd
	크기	60 × 40 pixels

1. 그림 효과
   ① 배경 : #99cccc
   ② 패턴(발자국 모양) : #000000, 레이어 마스크 – 둥근 방향으로 흐릿하게
   ③ 1급-12.jpg : 필터 – Crosshatch(그물눈), 레이어 마스크 – 가로 방향으로 흐릿하게
   ④ 1급-13.jpg : 레이어 마스크 – 대각선 방향으로 흐릿하게
   ⑤ 1급-14.jpg : Blending Mode(혼합 모드) – Multiply(곱하기), Opacity(불투명도)(80%)
   ⑥ 1급-16.jpg : 레이어 스타일 – Drop Shadow(그림자 효과)
   ⑦ 1급-17.jpg : 색상 보정 – 연두색 계열로 보정, 레이어 스타일 – Stroke(선/획)(2px, #ffffff)
   ⑧ 그 외 ≪출력형태≫ 참조

2. 문자 효과
   ① 파격적인 패키지 30% 할인 (바탕, 14pt, #000000, 레이어 스타일 – Drop Shadow(그림자 효과), Stroke(선/획)(2px, #ffffff))
   ② www.watersports.com (Arial, Regular, 18pt, #9933ff, 레이어 스타일 – Stroke(선/획)(2px, #ffffff))
   ③ 회사안내 수상레저 숙박펜션 커뮤니티 (돋움, 15pt, #ffffff, 레이어 스타일 – Stroke(선/획)(2px, #003366))
   ④ 수상안전요원 자격증 소지자 채용 업체 (굴림, 15pt, #000000, 레이어 스타일 – Stroke(선/획)(2px, #66cccc))

≪출력형태≫

Pen Tool(펜 도구) 사용
레이어 스타일 – 그라디언트 오버레이
(#0066cc, #ffffff, #003366),
Drop Shadow(그림자 효과)

Shape Tool(모양 도구) 사용
#ffffff, 레이어 스타일 –
Drop Shadow(그림자 효과)

Shape Tool(모양 도구) 사용
#66ccff, 레이어 스타일 –
Inner Shadow(내부 그림자)

Shape Tool(모양 도구) 사용
#ccccff, 레이어 스타일 –
Drop Shadow(그림자 효과)
Stroke(선/획)(2px, #000000)

제 02 회 GTQ 실전모의고사

급수	문제유형	시험시간	수험번호	성명
1급	B	90분		

수험자 유의사항

- 수험자는 문제지를 받는 즉시 응시하고자 하는 **과목 및 급수가 맞는지 확인**한 후 수험번호와 성명을 작성합니다.
- 파일명은 본인의 "수험번호-성명-문제번호"로 공백 없이 정확히 입력하고 답안폴더(내 PC\문서\GTQ)에 jpg파일과 psd 파일의 2가지 포맷으로 저장해야 하며, jpg 파일과 psd 파일의 내용이 상이할 경우 0점 처리됩니다. 답안문서 파일명이 "수험번호-성명-문제번호"와 일치하지 않거나, 답안 파일을 전송하지 않아 미제출로 처리될 경우 불합격 처리됩니다.
- 문제의 세부조건은 '영문(한글)' 형식으로 표기되어 있으니 유의하시기 바랍니다.
- 수험자 정보와 저장한 파일명, 저장 위치가 다를 경우 전송이 되지 않으므로, 주의하시기 바랍니다.
- 답안 작성 중에도 **주기적으로 '저장'과 '답안 전송'**을 이용하여 감독위원 PC로 답안을 전송하셔야합니다.
  (※ 작업한 내용을 <u>저장하지 않고 전송할 경우</u> 이전의 저장내용이 전송되오니 이점 반드시 유념하시기 바랍니다.)
- 답안문서는 지정된 경로 외의 다른 보조기억장치에 저장하는 행위, 지정된 시험 시간 외에 작성된 파일을 활용한 행위, 기타 통신수단(이메일, 메신저, 네트워크 등)을 이용하여 타인에게 전달 또는 외부 반출하는 행위는 부정으로 간주되어 **자격기본법 제32조에 의거 본 시험 및 국가공인 자격시험을 2년간 응시할 수 없습니다.**
- 시험 중 부주의 또는 고의로 시스템을 파손한 경우와 〈수험자 유의사항〉에 기재된 방법대로 이행하지 않아 생기는 불이익은 수험자의 책임임을 알려 드립니다.
- 시험을 완료한 수험자는 최종적으로 저장한 답안파일이 전송되었는지 확인한 후 감독위원의 지시에 따라 문제지를 제출하고 퇴실합니다.

답안 작성요령

- 온라인 답안 작성 절차
  수험자 등록 ⇒ 시험 시작 ⇒ 답안파일 저장 ⇒ 답안 전송 ⇒ 시험 종료
- 내 PC\문서\GTQ\Image폴더에 있는 그림 원본파일을 사용하여 답안을 작성하시고 최종답안을 답안폴더(내 PC\문서\GTQ)에 저장하여 답안을 전송하시고, 이미지의 크기가 다른 경우 감점 처리됩니다.
- 배점은 총 100점으로 이루어지며, 점수는 각 문제별로 차등 배분됩니다.
- 각 문제는 주어진 〈조건〉에 따라 작성하고, 언급하지 않은 조건은 《출력형태》와 같이 작성합니다.
- 배치 등의 편의를 위해 주어진 눈금자의 단위는 '픽셀'입니다.
  그 외는 출력형태(효과, 이미지, 문자, 색상, 레이아웃, 규격 등)와 같이 작업하십시오.
- 문제 조건에 서체의 지정이 없을 경우 한글은 굴림이나 돋움, 영문은 Arial로 작업하십시오.
  (단, 그 외에 제시되지 않은 문자 속성을 기본값으로 작성하지 않은 경우는 감점 처리됩니다.)
- Image Mode(이미지 모드)는 별도의 처리조건이 없을 경우에는 RGB(8비트)로 작업하십시오.
- 모든 답안 파일은 해상도 72 pixels/inch로 작업하십시오.
- Layer(레이어)는 각 기능별로 분할해야 하며, 임의로 합칠 경우나 각 기능에 대한 속성을 해지할 경우 해당 요소는 0점 처리됩니다.

문제 1 [기능평가] 고급 Tool(도구) 활용 [20점]

다음의 ≪조건≫에 따라 아래의 ≪출력형태≫와 같이 작업하시오.

《조건》

원본 이미지	내문서₩GTQ₩Image₩1급-1.jpg, 1급-2.jpg, 1급-3.jpg		
파일 저장 규칙	JPG	파일명	내문서₩GTQ₩수험번호-성명-1.jpg
		크기	400 × 500 pixels
	PSD	파일명	내문서₩GTQ₩수험번호-성명-1.psd
		크기	40 × 50 pixels

1. 그림 효과
  ① 1급-1.jpg : 필터 - Gaussian Blur(가우시안 흐림 효과)
  ② Save Path(패스 저장) : 연꽃 모양
  ③ Mask(마스크) : 연꽃 모양, 1급-2.jpg를 이용하여 작성
     레이어 스타일 - Stroke(선/획)(3px, #ff6600),
     Inner Shadow(내부 그림자)
  ④ 1급-3.jpg : 레이어 스타일 - Outer Glow(외부 광선)
  ⑤ Shape Tool(모양 도구) :
     - 문양 모양 (#ccffcc, 레이어 스타일 - Drop Shadow(그림자 효과))
     - 별 모양 (#00ffcc, #66cccc,레이어 스타일 - Inner Glow(내부 광선))

2. 문자 효과
  ① 우리의 전통 문양 (궁서, 50pt, 레이어 스타일 - 그라디언트 오버레이
     (#ff0000, #ff9966, #00cc00), Stroke(선/획)(2px, #000000))

《출력형태》

문제 2 [기능평가] 사진편집 응용 [20점]

다음의 ≪조건≫에 따라 아래의 ≪출력형태≫와 같이 작업하시오.

《조건》

원본 이미지	내문서₩GTQ₩Image₩1급-4.jpg, 1급-5.jpg, 1급-6.jpg		
파일 저장 규칙	JPG	파일명	내문서₩GTQ₩수험번호-성명-2.jpg
		크기	400 × 500 pixels
	PSD	파일명	내문서₩GTQ₩수험번호-성명-2.psd
		크기	40 × 50 pixels

1. 그림 효과
  ① 1급-4.jpg : 필터 - Lens Flare(렌즈 플레어)
  ② 1급-5.jpg : 색상 보정 - 녹색 계열로 보정,
     레이어 스타일 - Inner Shadow(내부 그림자)
  ③ 1급-6.jpg : 레이어 스타일 - Drop Shadow(그림자 효과)
  ④ Shape Tool(모양 도구) :
     - 음표 모양 (#cc66cc, #339933,
     레이어 스타일 - Stroke(선/획)(2px, #ffffff))

2. 문자 효과
  ① 문화재 지킴이 (궁서, 40pt, #ffff99, 레이어 스타일 -
     Stroke(선/획)(2px, #660000), Drop Shadow(그림자 효과))

《출력형태》

문제 3 [실무응용] 포스터 제작 [25점]

다음의 ≪조건≫에 따라 아래의 ≪출력형태≫와 같이 작업하시오.

≪조건≫

원본이미지	내문서₩GTQ₩Image₩1급-7.jpg, 1급-8.jpg, 1급-9.jpg, 1급-10.jpg, 1급-11.jpg	
파일저장규칙	JPG	파일명 : 내문서₩GTQ₩수험번호-성명-3.jpg
		크기 : 600 × 400 pixels
	PSD	파일명 : 내문서₩GTQ₩수험번호-성명-3.psd
		크기 : 60 × 40 pixels

1. 그림 효과
   ① 배경 : #cccc66
   ② 1급-7.jpg : Blending Mode(혼합 모드) - Hard Light(하드 라이트)
   ③ 1급-8.jpg : 레이어 마스크 - 세로 방향으로 흐릿하게, Opacity(불투명도)(80%)
   ④ 1급-9.jpg : 필터 - Facet(단면화), 레이어 스타일 - Stroke(선/획)(2px, #ffcc33)
   ⑤ 1급-10.jpg : 레이어 스타일 - Drop Shadow(그림자 효과)
   ⑥ 1급-11.jpg : 색상 보정 - 보라색 계열로 보정, 레이어 스타일 - Inner Glow(내부 광선)
   ⑦ 그 외 ≪출력형태≫ 참조

2. 문자 효과
   ① 한옥 건축 박람회 (돋움, 50pt, 레이어 스타일 - 그라디언트 오버레이(#999966, #ff6666),Stroke(선/획)(4px, #330000))
   ② HANOK HOUSING EXPO (Arial, Bold, 26pt, #993333, 레이어 스타일 - Stroke(선/획)(3px, #ffff66))
   ③ 한국의 멋과 정서가 살아있는 (굴림, 17pt, #660000, 레이어 스타일 - Stroke(선/획)(2px, #ccff66))
   ④ 한옥 건축의 재발견 (궁서, 18pt, #ffffff)

≪출력형태≫

Shape Tool(모양 도구) 사용
#ffffff, 레이어 스타일 -
Drop Shadow(그림자 효과)

Shape Tool(모양 도구) 사용
#ffff66, 레이어 스타일 -
Stroke(선/획)(2px, #000000)

Shape Tool(모양 도구) 사용
#ff0099, 레이어 스타일 - Bevel and Emboss(경사와 엠보스)

문제 4   [실무응용] 웹 페이지 제작   [35점]

다음의 ≪조건≫에 따라 아래의 ≪출력형태≫와 같이 작업하시오.

≪조건≫

원본이미지	내문서₩GTQ₩Image₩1급-12.jpg, 1급-13.jpg, 1급-14.jpg, 1급-15.jpg, 1급-16.jpg, 1급-17.jpg	
파일저장규칙	JPG	파일명 : 내문서₩GTQ₩수험번호-성명-4.jpg
		크기 : 600 × 400 pixels
	PSD	파일명 : 내문서₩GTQ₩수험번호-성명-4.psd
		크기 : 60 × 40 pixels

1. 그림 효과
   ① 배경 : #ffcccc
   ② 패턴(모래시계 모양) : #ffffff, Opacity(불투명도)(70%)
   ③ 1급-12.jpg : Blending Mode(혼합 모드) - Multiply(곱하기)
   ④ 1급-13.jpg : 레이어 마스크 - 세로 방향으로 흐릿하게
   ⑤ 1급-14.jpg : 레이어 스타일 - Bevel and Emboss(경사와 엠보스)
   ⑥ 1급-16.jpg : 색상 보정 - 녹색 계열로 보정, 레이어 스타일 - Inner Shadow(내부 그림자)
   ⑦ 1급-17.jpg : 필터 - Crosshatch(그물눈), 레이어 스타일 - Outer Glow(외부 광선)
   ⑧ 그 외 ≪출력형태≫ 참조

2. 문자 효과
   ① Cultural Heritage of Korea (Arial, Bold, 35pt, #ccccff, 레이어 스타일 - Drop Shadow(그림자 효과), Stroke(선/획)(2px, #000033))
   ② 한옥 체험 사전 신청~ (궁서, 15pt, #ccffcc, 레이어 스타일 - Stroke(선/획)(2px, #000000))
   ③ 문화재 검색 지도 서비스 무형 문화재 행사 안내 (궁서, 16pt, #333333, 레이어 스타일 - Stroke(선/획)(2px, #ffffff))
   ④ 현장 스케치 보기 (바탕, 17pt, #000099, 레이어 스타일 - Stroke(선/획)(2px, #ffffff))

≪출력형태≫

Shape Tool(모양 도구) 사용
#ccccff, 레이어 스타일 -
Stroke(선/획)(1px, #3333cc)

Pen Tool(펜 도구) 사용
(#ffff99, #cc9966),
레이어 스타일 -
Drop Shadow(그림자 효과)

Shape Tool(모양 도구) 사용
#ffffff, 레이어 스타일 -
Drop Shadow(그림자 효과)

Shape Tool(모양 도구) 사용
#66ccff, 레이어 스타일 -
Drop Shadow(그림자 효과)

제03회 GTQ 실전모의고사

Graphic Technology Qualification

급수	문제유형	시험시간	수험번호	성명
1급	C	90분		

수험자 유의사항

- 수험자는 문제지를 받는 즉시 응시하고자 하는 **과목 및 급수가 맞는지 확인**한 후 수험번호와 성명을 작성합니다.
- 파일명은 본인의 "수험번호-성명-문제번호"로 공백 없이 정확히 입력하고 답안폴더(내 PC₩문서₩GTQ)에 jpg파일과 psd 파일의 2가지 포맷으로 저장해야 하며, jpg 파일과 psd 파일의 내용이 상이할 경우 0점 처리됩니다. 답안문서 파일명이 "수험번호-성명-문제번호"와 일치하지 않거나, 답안 파일을 전송하지 않아 미제출로 처리될 경우 불합격 처리됩니다.
- 문제의 세부조건은 '영문(한글)' 형식으로 표기되어 있으니 유의하시기 바랍니다.
- 수험자 정보와 저장한 파일명, 저장 위치가 다를 경우 전송이 되지 않으므로, 주의하시기 바랍니다.
- 답안 작성 중에도 **주기적으로 '저장'과 '답안 전송'**을 이용하여 감독위원 PC로 답안을 전송하셔야합니다.
  (※ 작업한 내용을 저장하지 않고 전송할 경우 이전의 저장내용이 전송되오니 이점 반드시 유념하시기 바랍니다.)
- 답안문서는 지정된 경로 외의 다른 보조기억장치에 저장하는 행위, 지정된 시험 시간 외에 작성된 파일을 활용한 행위, 기타 통신수단(이메일, 메신저, 네트워크 등)을 이용하여 타인에게 전달 또는 외부 반출하는 행위는 부정으로 간주되어 **자격기본법 제32조에 의거 본 시험 및 국가공인 자격시험을 2년간 응시할 수 없습니다.**
- 시험 중 부주의 또는 고의로 시스템을 파손한 경우와 〈수험자 유의사항〉에 기재된 방법대로 이행하지 않아 생기는 불이익은 수험자의 책임임을 알려 드립니다.
- 시험을 완료한 수험자는 최종적으로 저장한 답안파일이 전송되었는지 확인한 후 감독위원의 지시에 따라 문제지를 제출하고 퇴실합니다.

답안 작성요령

- 온라인 답안 작성 절차
  수험자 등록 ⇒ 시험 시작 ⇒ 답안파일 저장 ⇒ 답안 전송 ⇒ 시험 종료
- 내 PC₩문서₩GTQ₩Image폴더에 있는 그림 원본파일을 사용하여 답안을 작성하시고 최종답안을 답안폴더(내 PC₩문서₩GTQ)에 저장하여 답안을 전송하시고, 이미지의 크기가 다른 경우 감점 처리됩니다.
- 배점은 총 100점으로 이루어지며, 점수는 각 문제별로 차등 배분됩니다.
- 각 문제는 주어진 〈조건〉에 따라 작성하고, 언급하지 않은 조건은 《출력형태》와 같이 작성합니다.
- 배치 등의 편의를 위해 주어진 눈금자의 단위는 '픽셀'입니다.
  그 외는 출력형태(효과, 이미지, 문자, 색상, 레이아웃, 규격 등)와 같게 작업하십시오.
- 문제 조건에 서체의 지정이 없을 경우 한글은 굴림이나 돋움, 영문은 Arial로 작업하십시오.
  (단, 그 외에 제시되지 않은 문자 속성을 기본값으로 작성하지 않은 경우는 감점 처리됩니다.)
- Image Mode(이미지 모드)는 별도의 처리조건이 없을 경우에는 RGB(8비트)로 작업하십시오.
- 모든 답안 파일은 해상도 72 pixels/inch로 작업하십시오.
- Layer(레이어)는 각 기능별로 분할해야 하며, 임의로 합칠 경우나 각 기능에 대한 속성을 해지할 경우 해당 요소는 0점 처리됩니다.

문제 1 　[기능평가] 고급 Tool(도구) 활용　[20점]

다음의 ≪조건≫에 따라 아래의 ≪출력형태≫와 같이 작업하시오.

≪조건≫

원본 이미지	내문서\GTQ\Image\1급-1.jpg, 1급-2.jpg, 1급-3.jpg		
파일 저장 규칙	JPG	파일명	내문서\GTQ\수험번호-성명-1.jpg
		크기	400 × 500 pixels
	PSD	파일명	내문서\GTQ\수험번호-성명-1.psd
		크기	40 × 50 pixels

1. 그림 효과
 ① 1급-1.jpg : 필터 – Film Grain(필름 그레인)
 ② Save Path(패스 저장) : 시계 모양
 ③ Mask(마스크) : 시계 모양, 1급-2.jpg를 이용하여 작성
   레이어 스타일 – Stroke(선/획)(3px, 그라디언트(#ff0000, #3399ff)),
   Outer Glow(외부 광선)
 ④ 1급-3.jpg : 레이어 스타일 – Drop Shadow(그림자 효과)
 ⑤ Shape Tool(모양 도구) :
   – 배너 모양 (레이어 스타일 – Drop Shadow(그림자 효과), 그라디언트 오버레이(#ff0000, #000000, #ff0000))
   – 나뭇잎 모양 (#009933, 레이어 스타일 – Inner Shadow(내부 그림자))

2. 문자 효과
 ① 프리미엄 피자 (궁서, 30pt, #000000, #ff0000, 레이어 스타일 – Stroke(선/획)(2px, #ffffff))

≪출력형태≫

문제 2 　[기능평가] 사진편집 응용　[20점]

다음의 ≪조건≫에 따라 아래의 ≪출력형태≫와 같이 작업하시오.

≪조건≫

원본 이미지	내문서\GTQ\Image\1급-4.jpg, 1급-5.jpg, 1급-6.jpg		
파일 저장 규칙	JPG	파일명	내문서\GTQ\수험번호-성명-2.jpg
		크기	400 × 500 pixels
	PSD	파일명	내문서\GTQ\수험번호-성명-2.psd
		크기	40 × 50 pixels

1. 그림 효과
 ① 1급-4.jpg : 필터 – Watercolor(수채화 효과)
 ② 색상 보정 : 1급-5.jpg – 빨간색 계열로 보정
 ③ 1급-5.jpg : 레이어 스타일 – Stroke(선/획)(3px, #006600)
 ④ 1급-6.jpg : 레이어 스타일 – Drop Shadow(그림자 효과)
 ⑤ Shape Tool(모양 도구) :
   – 전구 모양 (#ff6600, 레이어 스타일 – Outer Glow(외부 광선), Stroke(선/획)(2px, #ffff00))

2. 문자 효과
 ① 탄생 웰빙피자 (궁서, 50pt, #000000, 레이어 스타일 – Drop Shadow(그림자 효과), Stroke(선/획)(2px, #ffffff))

≪출력형태≫

문제 3   [실무응용] 포스터 제작   [25점]

다음의 《조건》에 따라 아래의 《출력형태》와 같이 작업하시오.

《조건》

원본이미지			내문서\GTQ\Image\1급-7.jpg, 1급-8.jpg, 1급-9.jpg, 1급-10.jpg, 1급-11.jpg
파일저장규칙	JPG	파일명	내문서\GTQ\수험번호-성명-3.jpg
		크기	600 × 400 pixels
	PSD	파일명	내문서\GTQ\수험번호-성명-3.psd
		크기	60 × 40 pixels

1. 그림 효과
   ① 배경 : #000000
   ② 1급-7.jpg : 색상 보정 - 회색 계열로 보정, 레이어 마스크 - 둥근 방향으로 흐릿하게
   ③ 1급-8.jpg : Blending Mode(혼합 모드) - Multiply(곱하기)
   ④ 1급-9.jpg : 필터 - Facet(단면화), Opacity(불투명도)(80%)
   ⑤ 1급-10.jpg : 레이어 스타일 - Outer Glow(외부 광선)
   ⑥ 1급-11.jpg : 필터 - Crosshatch(그물눈), 레이어 스타일 - Outer Glow(외부 광선)
   ⑦ 그 외 《출력형태》 참조

2. 문자 효과
   ① 온 국민의 대표간식 (돋움, 30pt, #000000, 레이어 스타일 - Stroke(선/획)(2px, #ffffff))
   ② PIZZA (Arial, Bold, 100pt, 레이어 스타일 - 그라디언트 오버레이(#0099ff, #ffffff), Drop Shadow(그림자 효과))
   ③ Food Festival (Arial, Bold, 40pt, 레이어 스타일 - 그라디언트 오버레이(#ff9900, #ffffff), Stroke(선/획)(2px, #660000))
   ④ 마지막까지 맛있게 ~ (바탕, 14pt, #ffffff, 레이어 스타일 - Stroke(선/획)(2px, #000000))

《출력형태》

Shape Tool(모양 도구) 사용
레이어 스타일 - 그라디언트
오버레이(#ffff00, #ff0000)

Shape Tool(모양 도구) 사용
#66cc00, 레이어 스타일 -
Inner Shadow(내부 그림자)

Shape Tool(모양 도구) 사용
#0033ff, 레이어 스타일 -
Outer Glow(외부 광선)

문제 4 [실무응용] 웹 페이지 제작 [35점]

다음의 《조건》에 따라 아래의 《출력형태》와 같이 작업하시오.

《조건》

원본이미지		내문서\GTQ\Image\1급-12.jpg, 1급-13.jpg, 1급-14.jpg, 1급-15.jpg, 1급-16.jpg, 1급-17.jpg
파일저장규칙	JPG 파일명	내문서\GTQ\수험번호-성명-4.jpg
	크기	600 × 400 pixels
	PSD 파일명	내문서\GTQ\수험번호-성명-4.psd
	크기	60 × 40 pixels

1. 그림 효과
   ① 배경 : 그라디언트(#ffffff, #ffcc00)
   ② 패턴(하트 모양) : #000000, Opacity(불투명도)(20%), 레이어 마스크 - 대각선 방향으로 흐릿하게
   ③ 1급-12.jpg : 레이어 마스크 - 대각선 방향으로 흐릿하게, Blending Mode(혼합 모드) - Multiply(곱하기)
   ④ 1급-13.jpg : 필터 - Dry Brush(드라이 브러쉬)
   ⑤ 1급-14.jpg, 1급-15.jpg : 레이어 마스크 - 둥근 방향으로 흐릿하게
   ⑥ 1급-16.jpg : 색상 보정 - 하늘색 계열로 보정, 레이어 스타일 - Drop Shadow(그림자 효과)
   ⑦ 1급-17.jpg : 레이어 스타일 - Outer Glow(외부 광선), Opacity(불투명도)(70%)
   ⑧ 그 외 《출력형태》 참조

2. 문자 효과
   ① 피자나무 (궁서, 25pt, #ffffff, 레이어 스타일 - Stroke(선/획)(2px, #ff0000))
   ② 피자 파스타 샐러드바 (돋움, 14pt, #ffffff)
   ③ 지금 주문하시면 무료 업그레이드! (바탕, 14pt, #ff0000, 레이어 스타일 - Stroke(선/획)(2px, #ffffff))
   ④ 1577-1577 (Arial, Regular, 12pt, #666666, 레이어 스타일 - Stroke(선/획)(2px, #ffffff), Drop Shadow(그림자 효과))

《출력형태》

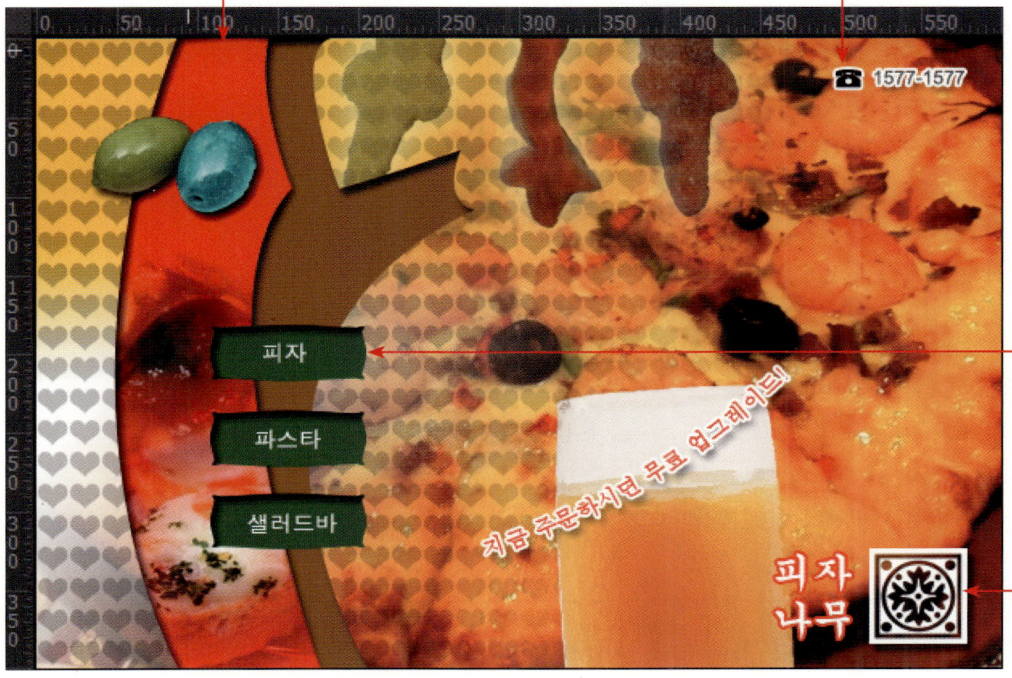

Pen Tool(펜 도구) 사용
(#ff0000, #996600),
레이어 스타일 - Inner Shadow(내부 그림자)

Shape Tool(모양 도구) 사용
#000000,
레이어 스타일 - Stroke(선/획)(2px, #ffffff)

Shape Tool(모양 도구) 사용
#006600, 레이어 스타일 -
Inner Shadow(내부 그림자)

Shape Tool(모양 도구) 사용
#ffffff, 레이어 스타일 -
Drop Shadow(그림자 효과)

제 04 회 GTQ 실전모의고사

Graphic Technology Qualification

급수	문제유형	시험시간	수험번호	성명
1급	D	90분		

수험자 유의사항

- 수험자는 문제지를 받는 즉시 응시하고자 하는 **과목 및 급수가 맞는지 확인**한 후 수험번호와 성명을 작성합니다.
- 파일명은 본인의 "수험번호-성명-문제번호"로 공백 없이 정확히 입력하고 답안폴더(내 PC\문서\GTQ)에 jpg파일과 psd 파일의 2가지 포맷으로 저장해야 하며, jpg 파일과 psd 파일의 내용이 상이할 경우 0점 처리됩니다. 답안문서 파일명이 "수험번호-성명-문제번호"와 일치하지 않거나, 답안 파일을 전송하지 않아 미제출로 처리될 경우 불합격 처리됩니다.
- 문제의 세부조건은 '영문(한글)' 형식으로 표기되어 있으니 유의하시기 바랍니다.
- 수험자 정보와 저장한 파일명, 저장 위치가 다를 경우 전송이 되지 않으므로, 주의하시기 바랍니다.
- 답안 작성 중에도 **주기적으로 '저장'과 '답안 전송'**을 이용하여 감독위원 PC로 답안을 전송하셔야합니다.
  (※ 작업한 내용을 **저장하지 않고 전송할 경우** 이전의 저장내용이 전송되오니 이점 반드시 유념하시기 바랍니다.)
- 답안문서는 지정된 경로 외의 다른 보조기억장치에 저장하는 행위, 지정된 시험 시간 외에 작성된 파일을 활용한 행위, 기타 통신수단(이메일, 메신저, 네트워크 등)을 이용하여 타인에게 전달 또는 외부 반출하는 행위는 부정으로 간주되어 **자격기본법 제32조에 의거 본 시험 및 국가공인 자격시험을 2년간 응시할 수 없습니다.**
- 시험 중 부주의 또는 고의로 시스템을 파손한 경우와 〈수험자 유의사항〉에 기재된 방법대로 이행하지 않아 생기는 불이익은 수험자의 책임임을 알려 드립니다.
- 시험을 완료한 수험자는 최종적으로 저장한 답안파일이 전송되었는지 확인한 후 감독위원의 지시에 따라 문제지를 제출하고 퇴실합니다.

답안 작성요령

- 온라인 답안 작성 절차
  수험자 등록 ⇒ 시험 시작 ⇒ 답안파일 저장 ⇒ 답안 전송 ⇒ 시험 종료
- 내 PC\문서\GTQ\Image폴더에 있는 그림 원본파일을 사용하여 답안을 작성하시고 최종답안을 답안폴더(내 PC\문서\GTQ)에 저장하여 답안을 전송하시고, 이미지의 크기가 다른 경우 감점 처리됩니다.
- 배점은 총 100점으로 이루어지며, 점수는 각 문제별로 차등 배분됩니다.
- 각 문제는 주어진 〈조건〉에 따라 작성하고, 언급하지 않은 조건은 《출력형태》와 같이 작성합니다.
- 배치 등의 편의를 위해 주어진 눈금자의 단위는 '픽셀'입니다.
  그 외는 출력형태(효과, 이미지, 문자, 색상, 레이아웃, 규격 등)와 같게 작업하십시오.
- 문제 조건에 서체의 지정이 없을 경우 한글은 굴림이나 돋움, 영문은 Arial로 작업하십시오.
  (단, 그 외에 제시되지 않은 문자 속성을 기본값으로 작성하지 않은 경우는 감점 처리됩니다.)
- Image Mode(이미지 모드)는 별도의 처리조건이 없을 경우에는 RGB(8비트)로 작업하십시오.
- 모든 답안 파일은 해상도 72 pixels/inch로 작업하십시오.
- Layer(레이어)는 각 기능별로 분할해야 하며, 임의로 합칠 경우나 각 기능에 대한 속성을 해지할 경우 해당 요소는 0점 처리됩니다.

문제 1   [기능평가] 고급 Tool(도구) 활용   [20점]

다음의 ≪조건≫에 따라 아래의 ≪출력형태≫와 같이 작업하시오.

≪조건≫

원본이미지	내문서₩GTQ₩Image₩1급-1.jpg, 1급-2.jpg, 1급-3.jpg		
파일저장규칙	JPG	파일명	내문서₩GTQ₩수험번호-성명-1.jpg
		크기	400 × 500 pixels
	PSD	파일명	내문서₩GTQ₩수험번호-성명-1.psd
		크기	40 × 50 pixels

1. 그림 효과
   ① 1급-1.jpg : 필터 - Glass(유리)
   ② Save Path(패스 저장) : 주전자 모양
   ③ Mask(마스크) : 주전자 모양, 1급-2.jpg를 이용하여 작성
      레이어 스타일 - Inner Shadow(내부 그림자), Outer Glow(외부 광선)
   ④ 1급-3.jpg : 레이어 스타일 - Drop Shadow(그림자 효과)
   ⑤ Shape Tool(모양 도구) :
      - 나뭇잎 모양 (#ffff00, 레이어 스타일 - Drop Shadow(그림자 효과))
      - 모래시계 모양 (레이어 스타일 - 그라디언트 오버레이
        (#99cc33, #ff6666))

2. 문자 효과
   ① 자연을 담은 차 (궁서, 40pt, 레이어 스타일 -
      그라디언트 오버레이(#669933, #cc6633), Stroke(선/획)(3px, #ffff99))

≪출력형태≫

문제 2   [기능평가] 사진편집 응용   [20점]

다음의 ≪조건≫에 따라 아래의 ≪출력형태≫와 같이 작업하시오.

≪조건≫

원본이미지	내문서₩GTQ₩Image₩1급-4.jpg, 1급-5.jpg, 1급-6.jpg		
파일저장규칙	JPG	파일명	내문서₩GTQ₩수험번호-성명-2.jpg
		크기	400 × 500 pixels
	PSD	파일명	내문서₩GTQ₩수험번호-성명-2.psd
		크기	40 × 50 pixels

1. 그림 효과
   ① 1급-4.jpg : 필터 - Paint Daubs(페인트 덥스/페인트 바르기)
   ② 색상 보정 : 1급-5.jpg - 보라색 계열로 보정
   ③ 1급-5.jpg : 레이어 스타일 - Bevel and Emboss(경사와 엠보스)
   ④ 1급-6.jpg : 레이어 스타일 - Drop Shadow(그림자 효과)
   ⑤ Shape Tool(모양 도구) :
      - 나선 모양 (#ff6666, 레이어 스타일 -
        Inner Glow(내부 광선),Drop Shadow(그림자 효과)
      - 덩굴잎 모양 (레이어 스타일 -
        그라디언트 오버레이(#cccc66, ff0000))

2. 문자 효과
   ① Korean Food (궁서, 28pt, #0000ff, 레이어 스타일 -
      Outer Glow(외부 광선))

≪출력형태≫

문제 3   [실무응용] 포스터 제작   [25점]

다음의 ≪조건≫에 따라 아래의 ≪출력형태≫와 같이 작업하시오.

≪조건≫

원본이미지	내문서\GTQ\Image\1급-7.jpg, 1급-8.jpg, 1급-9.jpg, 1급-10.jpg, 1급-11.jpg	
파일저장규칙	JPG	파일명 : 내문서\GTQ\수험번호-성명-3.jpg
		크기 : 600 × 400 pixels
	PSD	파일명 : 내문서\GTQ\수험번호-성명-3.psd
		크기 : 60 × 40 pixels

1. 그림 효과
   ① 배경 : 그라디언트(#ffff66, #ff9900)
   ② 1급-7.jpg : Blending Mode(혼합 모드) - Linear Burn(선형 번), 레이어 마스크 - 세로 방향으로 흐릿하게
   ③ 1급-8.jpg : 레이어 마스크 - 대각선 방향으로 흐릿하게, Opacity(불투명도)(70%)
   ④ 1급-9.jpg : 레이어 스타일 - Outer Glow(외부 광선)
   ⑤ 1급-10.jpg : 필터 - Film Grain(필름 그레인), 레이어 스타일 - Outer Glow(외부 광선)
   ⑥ 1급-11.jpg : 색상 보정 - 빨간색 계열로 보정, 레이어 스타일 - Stroke(선/획)(3px, #ffffff)
   ⑦ 그 외 ≪출력형태≫ 참조

2. 문자 효과
   ① 2023 (Arial, Regular, 34pt, #66ccff, 레이어 스타일 - Stroke(선/획)(3px, #6600ff))
   ② Kimchi Festival (Arial, Bold, 28pt, 레이어 스타일 - Drop Shadow(그림자 효과), 그라디언트 오버레이(#ff0033, #33ff66), Stroke(선/획)(3px, #ffffff))
   ③ 팔도김치축제 (궁서, 28pt, #ffffff, 레이어 스타일 - Drop Shadow(그림자 효과))
   ④ 전국 유명김치를 한자리에서 맛보세요! (궁서, 16pt, #cc66ff, 레이어 스타일 - Inner Shadow(내부 그림자))

≪출력형태≫

Shape Tool(모양 도구) 사용
레이어 스타일 - 그라디언트 오버레이(#ff0033, 66ff00),
Opacity(불투명도)(70%)

Shape Tool(모양 도구) 사용
레이어 스타일 -
Drop Shadow(그림자 효과),
그라디언트 오버레이
(#ff00cc, #99ffff)

Shape Tool(모양 도구) 사용
#3399cc, 레이어 스타일 -
Outer Glow(외부 광선)

문제 4 [실무응용] 웹 페이지 제작 [35점]

다음의 ≪조건≫에 따라 아래의 ≪출력형태≫와 같이 작업하시오.

≪조건≫

원본이미지		내문서\GTQ\Image\1급-12.jpg, 1급-13.jpg, 1급-14.jpg, 1급-15.jpg, 1급-16.jpg, 1급-17.jpg
파일저장규칙	JPG 파일명	내문서\GTQ\수험번호-성명-4.jpg
	크기	600 × 400 pixels
	PSD 파일명	내문서\GTQ\수험번호-성명-4.psd
	크기	60 × 40 pixels

1. 그림 효과
   ① 배경 : #ffff66, 필터 – Texturizer(텍스처화)
   ② 패턴(원 모양) : #ffffff, Opacity(불투명도)(40%)
   ③ 1급-12.jpg, 1급-13.jpg : Blending Mode(혼합 모드) – Multiply(곱하기), Opacity(불투명도)(80%)
   ④ 1급-14.jpg : 필터 – Dry Brush(드라이 브러쉬), 레이어 마스크 – 가로 방향으로 흐릿하게
   ⑤ 1급-15.jpg : 필터 – Crosshatch(그물눈), 레이어 스타일 – Inner Glow(내부 광선)
   ⑥ 1급-16.jpg : 레이어 스타일 – Drop Shadow(그림자 효과)
   ⑦ 1급-17.jpg : 색상 보정 – 보라색 계열로 보정, 레이어 스타일 – Drop Shadow(그림자 효과)
   ⑧ 그 외 ≪출력형태≫ 참조

2. 문자 효과
   ① KOREAN FOOD FAIR (Arial, Bold, 16pt, #ffffff, 레이어 스타일 – Stroke(선/획)(3px, #000000))
   ② 한국요리박람회 (궁서, 30pt, #ffffff, 레이어 스타일 – Drop Shadow(그림자 효과), Stroke(선/획)(3px, #cc3333))
   ③ 행사기간 : 2023.10.12-10.18 (바탕, 16pt, #000000, 레이어 스타일 – Drop Shadow(그림자 효과),Stroke(선/획)(2px, #ffffff))
   ④ 박람회소개 / 프로그램 / 오시는길 (돋움, 14pt, #ffffff, 레이어 스타일 – Drop Shadow(그림자 효과))

≪출력형태≫

Pen Tool(펜 도구) 사용
레이어 스타일 –
Inner Shadow(내부 그림자),
그라디언트 오버레이
(#ffcc00, #ff3399)

Shape Tool(모양 도구) 사용
레이어 스타일 –
Inner Shadow(내부 그림자),
그라디언트 오버레이
(#ff6666, #339900)

Shape Tool(모양 도구) 사용
#cc3333, 레이어 스타일 –
Bevel and Emboss(경사와 엠보스)

Shape Tool(모양 도구) 사용
레이어 스타일 – Inner Glow(내부 광선),
그라디언트 오버레이(#ff3300, #0099cc)

제05회 GTQ 실전모의고사

급수	문제유형	시험시간	수험번호	성명
1급	E	90분		

수험자 유의사항

- 수험자는 문제지를 받는 즉시 응시하고자 하는 **과목 및 급수가 맞는지 확인**한 후 수험번호와 성명을 작성합니다.
- 파일명은 본인의 "수험번호-성명-문제번호"로 공백 없이 정확히 입력하고 답안폴더(내 PC₩문서₩GTQ)에 jpg파일과 psd 파일의 2가지 포맷으로 저장해야 하며, jpg 파일과 psd 파일의 내용이 상이할 경우 0점 처리됩니다. 답안문서 파일명이 "수험번호-성명-문제번호"와 일치하지 않거나, 답안 파일을 전송하지 않아 미제출로 처리될 경우 불합격 처리됩니다.
- 문제의 세부조건은 '영문(한글)' 형식으로 표기되어 있으니 유의하시기 바랍니다.
- 수험자 정보와 저장한 파일명, 저장 위치가 다를 경우 전송이 되지 않으므로, 주의하시기 바랍니다.
- 답안 작성 중에도 **주기적으로 '저장'과 '답안 전송'**을 이용하여 감독위원 PC로 답안을 전송하셔야합니다.
  (※ 작업한 내용을 <u>저장하지 않고 전송할 경우</u> 이전의 저장내용이 전송되오니 이점 반드시 유념하시기 바랍니다.)
- 답안문서는 지정된 경로 외의 다른 보조기억장치에 저장하는 행위, 지정된 시험 시간 외에 작성된 파일을 활용한 행위, 기타 통신수단(이메일, 메신저, 네트워크 등)을 이용하여 타인에게 전달 또는 외부 반출하는 행위는 부정으로 간주되어 **자격기본법 제32조에 의거 본 시험 및 국가공인 자격시험을 2년간 응시할 수 없습니다.**
- 시험 중 부주의 또는 고의로 시스템을 파손한 경우와 〈수험자 유의사항〉에 기재된 방법대로 이행하지 않아 생기는 불이익은 수험자의 책임임을 알려 드립니다.
- 시험을 완료한 수험자는 최종적으로 저장한 답안파일이 전송되었는지 확인한 후 감독위원의 지시에 따라 문제지를 제출하고 퇴실합니다.

답안 작성요령

- 온라인 답안 작성 절차
  수험자 등록 ⇒ 시험 시작 ⇒ 답안파일 저장 ⇒ 답안 전송 ⇒ 시험 종료
- 내 PC₩문서₩GTQ₩Image폴더에 있는 그림 원본파일을 사용하여 답안을 작성하시고 최종답안을 답안폴더(내 PC₩문서₩GTQ)에 저장하여 답안을 전송하시고, 이미지의 크기가 다른 경우 감점 처리됩니다.
- 배점은 총 100점으로 이루어지며, 점수는 각 문제별로 차등 배분됩니다.
- 각 문제는 주어진 〈조건〉에 따라 작성하고, 언급하지 않은 조건은 《출력형태》와 같이 작성합니다.
- 배치 등의 편의를 위해 주어진 눈금자의 단위는 '픽셀'입니다.
  그 외는 출력형태(효과, 이미지, 문자, 색상, 레이아웃, 규격 등)와 같이 작업하십시오.
- 문제 조건에 서체의 지정이 없을 경우 한글은 굴림이나 돋움, 영문은 Arial로 작업하십시오.
  (단, 그 외에 제시되지 않은 문자 속성을 기본값으로 작성하지 않은 경우는 감점 처리됩니다.)
- Image Mode(이미지 모드)는 별도의 처리조건이 없을 경우에는 RGB(8비트)로 작업하십시오.
- 모든 답안 파일은 해상도 72 pixels/inch로 작업하십시오.
- Layer(레이어)는 각 기능별로 분할해야 하며, 임의로 합칠 경우나 각 기능에 대한 속성을 해지할 경우 해당 요소는 0점 처리됩니다.

문제 1 [기능평가] 고급 Tool(도구) 활용 [20점]

다음의 ≪조건≫에 따라 아래의 ≪출력형태≫와 같이 작업하시오.

≪조건≫

원본 이미지	내문서\GTQ\Image\1급-1.jpg, 1급-2.jpg, 1급-3.jpg		
파일 저장 규칙	JPG	파일명	내문서\GTQ\수험번호-성명-1.jpg
		크기	400 × 500 pixels
	PSD	파일명	내문서\GTQ\수험번호-성명-1.psd
		크기	40 × 50 pixels

1. 그림 효과
   ① 1급-1.jpg : 필터 - Crosshatch(그물눈)
   ② Save Path(패스 저장) : 새 모양
   ③ Mask(마스크) : 새 모양, 1급-2.jpg를 이용하여 작성
      레이어 스타일 -Stroke(선/획)(6px, #ccff33),
      Inner Shadow(내부 그림자)
   ④ 1급-3.jpg : 레이어 스타일 - Drop Shadow(그림자 효과)
   ⑤ Shape Tool(모양 도구) :
      - 별 모양 (레이어 스타일 - 그라디언트 오버레이(#ffff33, #ffffcc),
        Drop Shadow(그림자 효과))
      - 핵 모양 (레이어 스타일 - 그라디언트 오버레이(#000099, #ffff00))

2. 문자 효과
   ① Pattern design (Arial, Regular, 45pt, 레이어 스타일 -
      그라디언트 오버레이(#00ff66, #ff0000, #ffff00),
      Stroke(선/획)(2px, #000000))

≪출력형태≫

문제 2 [기능평가] 사진편집 응용 [20점]

다음의 ≪조건≫에 따라 아래의 ≪출력형태≫와 같이 작업하시오.

≪조건≫

원본 이미지	내문서\GTQ\Image\1급-4.jpg, 1급-5.jpg, 1급-6.jpg		
파일 저장 규칙	JPG	파일명	내문서\GTQ\수험번호-성명-2.jpg
		크기	400 × 500 pixels
	PSD	파일명	내문서\GTQ\수험번호-성명-2.psd
		크기	40 × 50 pixels

1. 그림 효과
   ① 1급-4.jpg : 필터 - Lens Flare(렌즈 플레어)
   ② 색상 보정 : 1급-5.jpg - 파란색 계열로 보정
   ③ 1급-5.jpg : 레이어 스타일 - Stroke(선/획)(2px, #ff6600)
   ④ 1급-6.jpg : 레이어 스타일 - Outer Glow(외부 광선)
   ⑤ Shape Tool(모양 도구) :
      - 백열전구 모양 (레이어 스타일 - 그라디언트 오버레이
        (#ff0000, #ffff00), Outer Glow(외부 광선))
      - 방사원형 모양 (#6666cc, Opacity(불투명도)(60%))

2. 문자 효과
   ① 패턴을 얻다 (돋움, 45pt, 레이어 스타일 -
      그라디언트 오버레이(#ff0000, #0000ff), Stroke(선/획)(2px, #ffffff))

≪출력형태≫

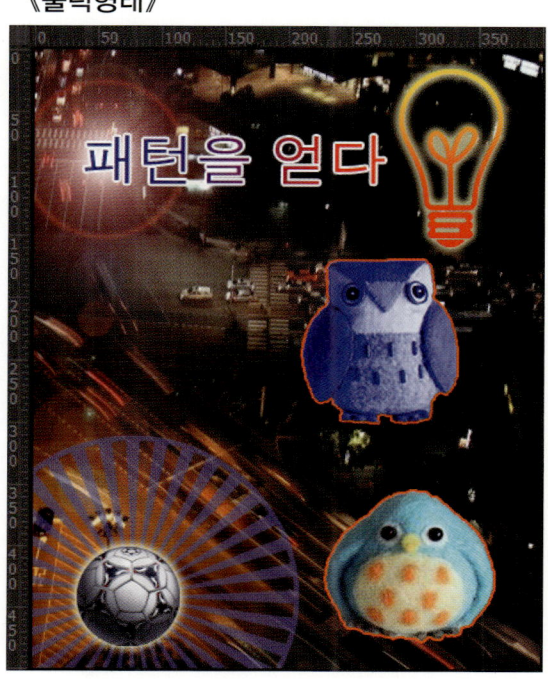

제05회 실전모의고사

문제 3 [실무응용] 포스터 제작   [25점]

다음의 ≪조건≫에 따라 아래의 ≪출력형태≫와 같이 작업하시오.

≪조건≫

원본이미지		내문서\GTQ\Image\1급-7.jpg, 1급-8.jpg, 1급-9.jpg, 1급-10.jpg, 1급-11.jpg
파일저장규칙	JPG 파일명	내문서\GTQ\수험번호-성명-3.jpg
	크기	600 × 400 pixels
	PSD 파일명	내문서\GTQ\수험번호-성명-3.psd
	크기	60 × 40 pixels

1. 그림 효과
① 배경 : 그라디언트(#3333cc, #ffffff)
② 1급-7.jpg : 필터 – Texturizer(텍스처화), 레이어 마스크 – 세로 방향으로 흐릿하게
③ 1급-8.jpg : Blending Mode(혼합 모드) – Soft Light(소프트 라이트), 레이어 마스크 – 가로 방향으로 흐릿하게
④ 1급-9.jpg : 필터 – Watercolor(수채화 효과), 레이어 스타일 – Outer Glow(외부 광선)
⑤ 1급-10.jpg : 레이어 스타일 – Drop Shadow(그림자 효과)
⑥ 1급-11.jpg : 색상 보정 – 초록색 계열로 보정, 레이어 스타일 – Bevel and Emboss(경사와 엠보스)
⑦ 그 외 ≪출력형태≫ 참조

2. 문자 효과
① 전통문양 연구소 특별 기획전 (돋움, 14pt, #ffffff, 레이어 스타일 – Drop Shadow(그림자 효과))
② 무늬와 문양 그림전 (궁서, 40pt, 레이어 스타일 – 그라디언트 오버레이(#ff6600, #33cc00, #ffffff), Stroke(선/획)(1px, #000000))
③ 애니멀 프린트 기하학 패턴 (돋움, 20pt, #9900cc, #336600, 레이어 스타일 – Stroke(선/획)(2px, #ffcccc))
④ 2024.09.16 ~ 09.30 (돋움, 15pt, #000000)

≪출력형태≫

문제 4 [실무응용] 웹 페이지 제작 [35점]

다음의 ≪조건≫에 따라 아래의 ≪출력형태≫와 같이 작업하시오.

《조건》

원본이미지			내문서₩GTQ₩Image₩1급-12.jpg, 1급-13.jpg, 1급-14.jpg, 1급-15.jpg, 1급-16.jpg, 1급-17.jpg
파일저장규칙	JPG	파일명	내문서₩GTQ₩수험번호-성명-4.jpg
		크기	600 × 400 pixels
	PSD	파일명	내문서₩GTQ₩수험번호-성명-4.psd
		크기	60 × 40 pixels

1. 그림 효과
   ① 배경 : 그라디언트(#cc9999, #ffffcc)
   ② 패턴(꽃 장식 모양) : #cc6666, 레이어 마스크 – 세로 방향으로 흐릿하게, Opacity(불투명도)(80%)
   ③ 1급-12.jpg : Blending Mode(혼합 모드) – Hard Light(하드 라이트), Opacity(불투명도)(50%)
   ④ 1급-13.jpg : 레이어 스타일 – Stroke(선/획)(2px, #996633)
   ⑤ 1급-14.jpg : 레이어 스타일 – Stroke(선/획)(2px, #ffcccc), Drop Shadow(그림자 효과)
   ⑥ 1급-15.jpg : 레이어 스타일 – Inner Shadow(내부 그림자), Opacity(불투명도)(80%)
   ⑦ 1급-16.jpg : 필터 – Texturizer(텍스처화), 레이어 스타일 – Bevel and Emboss(경사와 엠보스)
   ⑧ 그 외 ≪출력형태≫ 참조

2. 문자 효과
   ① Flower Pattern (Arial, Regular, 48pt, 레이어 스타일 – 그라디언트 오버레이(#663300, #ffcc66),Stroke(선/획)(2px, #cc6633))
   ② 아름다운 무늬의 세계에 빠져 보세요 (돋움, 15pt, #663300, 레이어 스타일 – Outer Glow(외부 광선))
   ③ 공지사항 / 포트폴리오 / 자료활용 / 커뮤니티 (돋움, 14pt, #990099, 레이어 스타일 – Drop Shadow(그림자 효과), Stroke(선/획)(2px, #ffffff))
   ④ 전통 무늬 의상 무늬 (돋움, 14pt, #663300, 레이어 스타일 – Stroke(선/획)(2px, #ffffff)), Drop Shadow(그림자 효과))

《출력형태》

제 06 회 GTQ 실전모의고사

급수	문제유형	시험시간	수험번호	성명
1급	A	90분		

수험자 유의사항

- 수험자는 문제지를 받는 즉시 응시하고자 하는 **과목 및 급수가 맞는지 확인**한 후 수험번호와 성명을 작성합니다.
- 파일명은 본인의 "수험번호-성명-문제번호"로 공백 없이 정확히 입력하고 답안폴더(내 PC\문서\GTQ)에 jpg파일과 psd 파일의 2가지 포맷으로 저장해야 하며, jpg 파일과 psd 파일의 내용이 상이할 경우 0점 처리됩니다. 답안문서 파일명이 "수험번호-성명-문제번호"와 일치하지 않거나, 답안 파일을 전송하지 않아 미제출로 처리될 경우 불합격 처리됩니다.
- 문제의 세부조건은 '영문(한글)' 형식으로 표기되어 있으니 유의하시기 바랍니다.
- 수험자 정보와 저장한 파일명, 저장 위치가 다를 경우 전송이 되지 않으므로, 주의하시기 바랍니다.
- 답안 작성 중에도 **주기적으로 '저장'과 '답안 전송'**을 이용하여 감독위원 PC로 답안을 전송하셔야합니다.
  (※ 작업한 내용을 <u>저장하지 않고 전송할 경우</u> 이전의 저장내용이 전송되오니 이점 반드시 유념하시기 바랍니다.)
- 답안문서는 지정된 경로 외의 다른 보조기억장치에 저장하는 행위, 지정된 시험 시간 외에 작성된 파일을 활용한 행위, 기타 통신수단(이메일, 메신저, 네트워크 등)을 이용하여 타인에게 전달 또는 외부 반출하는 행위는 부정으로 간주되어 **자격기본법 제32조에 의거 본 시험 및 국가공인 자격시험을 2년간 응시할 수 없습니다.**
- 시험 중 부주의 또는 고의로 시스템을 파손한 경우와 〈수험자 유의사항〉에 기재된 방법대로 이행하지 않아 생기는 불이익은 수험자의 책임임을 알려 드립니다.
- 시험을 완료한 수험자는 최종적으로 저장한 답안파일이 전송되었는지 확인한 후 감독위원의 지시에 따라 문제지를 제출하고 퇴실합니다.

답안 작성요령

- 온라인 답안 작성 절차
  수험자 등록 ⇒ 시험 시작 ⇒ 답안파일 저장 ⇒ 답안 전송 ⇒ 시험 종료
- 내 PC\문서\GTQ\Image폴더에 있는 그림 원본파일을 사용하여 답안을 작성하시고 최종답안을 답안폴더(내 PC\문서\GTQ)에 저장하여 답안을 전송하시고, 이미지의 크기가 다른 경우 감점 처리됩니다.
- 배점은 총 100점으로 이루어지며, 점수는 각 문제별로 차등 배분됩니다.
- 각 문제는 주어진 〈조건〉에 따라 작성하고, 언급하지 않은 조건은 《출력형태》와 같이 작성합니다.
- 배치 등의 편의를 위해 주어진 눈금자의 단위는 '픽셀'입니다.
  그 외는 출력형태(효과, 이미지, 문자, 색상, 레이아웃, 규격 등)와 같게 작업하십시오.
- 문제 조건에 서체의 지정이 없을 경우 한글은 굴림이나 돋움, 영문은 Arial로 작업하십시오.
  (단, 그 외에 제시되지 않은 문자 속성을 기본값으로 작성하지 않은 경우는 감점 처리됩니다.)
- Image Mode(이미지 모드)는 별도의 처리조건이 없을 경우에는 RGB(8비트)로 작업하십시오.
- 모든 답안 파일은 해상도 72 pixels/inch로 작업하십시오.
- Layer(레이어)는 각 기능별로 분할해야 하며, 임의로 합칠 경우나 각 기능에 대한 속성을 해지할 경우 해당 요소는 0점 처리됩니다.

문제 1   [기능평가] 고급 Tool(도구) 활용   [20점]

다음의 《조건》에 따라 아래의 《출력형태》와 같이 작업하시오.

《조건》

원본이미지	내문서₩GTQ₩Image₩1급-1.jpg, 1급-2.jpg, 1급-3.jpg		
파일 저장 규칙	JPG	파일명	내문서₩GTQ₩수험번호-성명-1.jpg
		크기	400 × 500 pixels
	PSD	파일명	내문서₩GTQ₩수험번호-성명-1.psd
		크기	40 × 50 pixels

1. 그림 효과
   ① 1급-1.jpg : 필터 - Watercolor(수채화 효과)
   ② Save Path(패스 저장) : 수레 모양
   ③ Mask(마스크) : 수레 모양, 1급-2.jpg를 이용하여 작성
      레이어 스타일 - Stroke(선/획)(3px, 그라디언트(#ff0033, #ffff00)),
      Inner Shadow(내부 그림자)
   ④ 1급-3.jpg : 레이어 스타일 - Drop Shadow(그림자 효과)
   ⑤ Shape Tool(모양 도구) :
      - 새 모양 (레이어 스타일 - 그라디언트 오버레이(#ccff00, #ffffff),
        Drop Shadow(그림자 효과))
      - 달팽이 모양 (#cc66cc, 레이어 스타일 -
        Stroke(선/획)(3px, #ffffff), Opacity(불투명도)(50%))

2. 문자 효과
   ① 농부체험 (궁서, 40pt, #336699, 레이어 스타일 -
      Drop Shadow(그림자 효과), Stroke(선/획)(3px, #ffffff))

《출력형태》

문제 2   [기능평가] 사진편집 응용   [20점]

다음의 《조건》에 따라 아래의 《출력형태》와 같이 작업하시오.

《조건》

원본이미지	내문서₩GTQ₩Image₩1급-4.jpg, 1급-5.jpg, 1급-6.jpg		
파일 저장 규칙	JPG	파일명	내문서₩GTQ₩수험번호-성명-2.jpg
		크기	400 × 500 pixels
	PSD	파일명	내문서₩GTQ₩수험번호-성명-2.psd
		크기	40 × 50 pixels

1. 그림 효과
   ① 1급-4.jpg : 필터 - Rough Pastels(거친 파스텔 효과)
   ② 색상 보정 : 1급-5.jpg - 녹색 계열로 보정
   ③ 1급-5.jpg : 레이어 스타일 - Outer Glow(외부 광선)
   ④ 1급-6.jpg : Drop Shadow(그림자 효과)
   ⑤ Shape Tool(모양 도구) :
      - 나선 모양 (레이어 스타일 - Outer Glow(외부 광선),
        그라디언트 오버레이(#ffcc66, #cc33cc))
      - 발바닥 모양 (#ffcc00, 레이어 스타일 - Inner Shadow(내부 그림자))

2. 문자 효과
   ① Traditional Play (Arial, Regular, 28pt, 레이어 스타일 -
      그라디언트 오버레이(#660099, #33cc00), Stroke(선/획)(2px, #ffffff))

《출력형태》

문제 3 [실무응용] 포스터 제작 [25점]

다음의 ≪조건≫에 따라 아래의 ≪출력형태≫와 같이 작업하시오.

≪조건≫

원본이미지	내문서₩GTQ₩Image₩1급-7.jpg, 1급-8.jpg, 1급-9.jpg, 1급-10.jpg, 1급-11.jpg	
파일저장규칙	JPG	파일명	내문서₩GTQ₩수험번호-성명-3.jpg
		크기	600 × 400 pixels
	PSD	파일명	내문서₩GTQ₩수험번호-성명-3.psd
		크기	60 × 40 pixels

1. 그림 효과
   ① 배경 : #33ffcc
   ② 1급-7.jpg : Blending Mode(혼합 모드) – Multiply(곱하기), 레이어 마스크 – 세로 방향으로 흐릿하게
   ③ 1급-8.jpg : 필터 – Texturizer(텍스처화), 레이어 마스크 – 세로 방향으로 흐릿하게
   ④ 1급-9.jpg : 필터 – Crosshatch(그물눈), 레이어 스타일 – Outer Glow(외부 광선)
   ⑤ 1급-10.jpg : 레이어 스타일 – Inner Shadow(내부 그림자)
   ⑥ 1급-11.jpg : 색상 보정 – 파란색 계열로 보정, 레이어 스타일 – Drop Shadow(그림자 효과)
   ⑦ 그 외 ≪출력형태≫ 참조

2. 문자 효과
   ① 어린이 물놀이 체험 축제 (돋움, 42pt, 28pt, #ff6666, #009999, 레이어 스타일 – Drop Shadow(그림자 효과), Stroke(선/획)(3px, #ffffff))
   ② Water Park (Arial, Regular, 28pt, #ffff99, 레이어 스타일 – Drop Shadow(그림자 효과), Stroke(선/획)(3px, #cc6699))
   ③ 즐거운 물놀이 친구와 함께 즐겨봐요~! (궁서, 14pt, 레이어 스타일 – 그라디언트 오버레이(#999900, #ff0000), Stroke(선/획)(2px, #ffffff))
   ④ [KIDS PLAY EVENT] (Arial, Regular, 16pt, #cc6600, 레이어 스타일 – Drop Shadow(그림자 효과), Stroke(2px, #ffff00))

≪출력형태≫

Shape Tool(모양 도구) 사용
레이어 스타일 – Drop Shadow(그림자 효과),
그라디언트 오버레이(#ff0000, #ffff00)

Shape Tool(모양 도구) 사용
#3399cc, 레이어 스타일 –
Inner Glow(내부 광선),
Opacity(불투명도)(60%)

Shape Tool(모양 도구) 사용
#33ffcc, 레이어 스타일 –
Stroke(선/획)(5px, #ffffff),
Opacity(불투명도)(60%)

문제 4   [실무응용] 웹 페이지 제작   [35점]

다음의 《조건》에 따라 아래의 《출력형태》와 같이 작업하시오.

《조건》

원본이미지		내문서\GTQ\Image\1급-12.jpg, 1급-13.jpg, 1급-14.jpg, 1급-15.jpg, 1급-16.jpg, 1급-17.jpg
파일저장규칙	JPG 파일명	내문서\GTQ\수험번호-성명-4.jpg
	크기	600 × 400 pixels
	PSD 파일명	내문서\GTQ\수험번호-성명-4.psd
	크기	60 × 40 pixels

1. 그림 효과
   ① 배경 : 그라디언트(#ffcc66, #336633)
   ② 패턴(손바닥, 잎 모양) : #ffffff, #ff3300, Opacity(불투명도)(50%)
   ③ 1급-12.jpg : 레이어 마스크 - 가로 방향으로 흐릿하게
   ④ 1급-13.jpg, 1급-14.jpg : Blending Mode(혼합 모드) - 곱하기(Multiply)
   ⑤ 1급-15.jpg : 필터 - Angled Strokes(각진 선), 레이어 스타일 - Drop Shadow(그림자 효과)
   ⑥ 1급-16.jpg : 필터 - Film Grain(필름 그레인), 레이어 스타일 - Outer Glow(외부 광선)
   ⑦ 1급-17.jpg : 색상 보정 - 파란색 계열로 보정, 레이어 스타일 - Drop Shadow(그림자 효과)
   ⑧ 그 외《출력형태》참조

2. 문자 효과
   ① 카페스토리 / 이용방법 / 메뉴 / 오시는길 (굴림, 16pt, #ffffff, 레이어 스타일 - Drop Shadow(그림자 효과), Stroke(선/획)(2px, #666666))
   ② 카페에서 만드는 나만의 예술품 (궁서, 16pt, #cccc66, 레이어 스타일 - Drop Shadow(그림자 효과))
   ③ "카페공방" (바탕, 40pt, 25pt, #ffffff, 레이어 스타일 - Outer Glow(외부 광선))
   ④ HAND MADE CAFE (Arial, Regular, 26pt, #ffffff, 레이어 스타일 - Stroke(선/획)(2px, #0000ff)), Opacity(불투명도)(60%)

《출력형태》

제 07 회 GTQ 실전모의고사

Graphic Technology Qualification

급수	문제유형	시험시간	수험번호	성명
1급	B	90분		

수험자 유의사항

- 수험자는 문제지를 받는 즉시 응시하고자 하는 **과목 및 급수가 맞는지 확인**한 후 수험번호와 성명을 작성합니다.
- 파일명은 본인의 "수험번호-성명-문제번호"로 공백 없이 정확히 입력하고 답안폴더(내 PC\문서\GTQ)에 jpg파일과 psd 파일의 2가지 포맷으로 저장해야 하며, jpg 파일과 psd 파일의 내용이 상이할 경우 0점 처리됩니다. 답안문서 파일명이 "수험번호-성명-문제번호"와 일치하지 않거나, 답안 파일을 전송하지 않아 미제출로 처리될 경우 불합격 처리됩니다.
- 문제의 세부조건은 '영문(한글)' 형식으로 표기되어 있으니 유의하시기 바랍니다.
- 수험자 정보와 저장한 파일명, 저장 위치가 다를 경우 전송이 되지 않으므로, 주의하시기 바랍니다.
- 답안 작성 중에도 **주기적으로 '저장'과 '답안 전송'**을 이용하여 감독위원 PC로 답안을 전송하셔야합니다.
 (※ 작업한 내용을 저장하지 않고 전송할 경우 이전의 저장내용이 전송되오니 이점 반드시 유념하시기 바랍니다.)
- 답안문서는 지정된 경로 외의 다른 보조기억장치에 저장하는 행위, 지정된 시험 시간 외에 작성된 파일을 활용한 행위, 기타 통신수단(이메일, 메신저, 네트워크 등)을 이용하여 타인에게 전달 또는 외부 반출하는 행위는 부정으로 간주되어 **자격기본법 제32조에 의거 본 시험 및 국가공인 자격시험을 2년간 응시할 수 없습니다.**
- 시험 중 부주의 또는 고의로 시스템을 파손한 경우와 〈수험자 유의사항〉에 기재된 방법대로 이행하지 않아 생기는 불이익은 수험자의 책임임을 알려 드립니다.
- 시험을 완료한 수험자는 최종적으로 저장한 답안파일이 전송되었는지 확인한 후 감독위원의 지시에 따라 문제지를 제출하고 퇴실합니다.

답안 작성요령

- 온라인 답안 작성 절차
 수험자 등록 ⇒ 시험 시작 ⇒ 답안파일 저장 ⇒ 답안 전송 ⇒ 시험 종료
- 내 PC\문서\GTQ\Image폴더에 있는 그림 원본파일을 사용하여 답안을 작성하시고 최종답안을 답안폴더(내 PC\문서\GTQ)에 저장하여 답안을 전송하시고, 이미지의 크기가 다른 경우 감점 처리됩니다.
- 배점은 총 100점으로 이루어지며, 점수는 각 문제별로 차등 배분됩니다.
- 각 문제는 주어진 〈조건〉에 따라 작성하고, 언급하지 않은 조건은 《출력형태》와 같이 작성합니다.
- 배치 등의 편의를 위해 주어진 눈금자의 단위는 '픽셀'입니다.
 그 외는 출력형태(효과, 이미지, 문자, 색상, 레이아웃, 규격 등)와 같게 작업하십시오.
- 문제 조건에 서체의 지정이 없을 경우 한글은 굴림이나 돋움, 영문은 Arial로 작업하십시오.
 (단, 그 외에 제시되지 않은 문자 속성을 기본값으로 작성하지 않은 경우는 감점 처리됩니다.)
- Image Mode(이미지 모드)는 별도의 처리조건이 없을 경우에는 RGB(8비트)로 작업하십시오.
- 모든 답안 파일은 해상도 72 pixels/inch로 작업하십시오.
- Layer(레이어)는 각 기능별로 분할해야 하며, 임의로 합칠 경우나 각 기능에 대한 속성을 해지할 경우 해당 요소는 0점 처리됩니다.

| 문제 1 | [기능평가] 고급 Tool(도구) 활용 | [20점] |

다음의 ≪조건≫에 따라 아래의 ≪출력형태≫와 같이 작업하시오.

≪조건≫

원본 이미지	내문서₩GTQ₩Image₩1급-1.jpg, 1급-2.jpg, 1급-3.jpg		
파일 저장 규칙	JPG	파일명	내문서₩GTQ₩수험번호-성명-1.jpg
		크기	400 × 500 pixels
	PSD	파일명	내문서₩GTQ₩수험번호-성명-1.psd
		크기	40 × 50 pixels

1. 그림 효과
  ① 1급-1.jpg : 필터 - Rough Pastels(거친 파스텔 효과)
  ② Save Path(패스 저장) : 로켓 모양
  ③ Mask(마스크) : 로켓 모양, 1급-2.jpg를 이용하여 작성
     레이어 스타일 - Inner Shadow(내부 그림자),
     Stroke(선/획)(4px, #66cccc)
  ④ 1급-3.jpg : 레이어 스타일 - Bevel and Emboss(경사와 엠보스)
  ⑤ Shape Tool(모양 도구) :
     - 달 모양 (#ffff99, 레이어 스타일 - Outer Glow(외부 광선))
     - 공구 모양 (#ff0066, 레이어 스타일 - Inner Glow(내부 광선))

2. 문자 효과
  ① 기술과 산업 (돋움, 48pt, #00cccc, #ff0066, 레이어 스타일 -
     Stroke(선/획)(2px, #ffffff))

≪출력형태≫

| 문제 2 | [기능평가] 사진편집 응용 | [20점] |

다음의 ≪조건≫에 따라 아래의 ≪출력형태≫와 같이 작업하시오.

≪조건≫

원본 이미지	내문서₩GTQ₩Image₩1급-4.jpg, 1급-5.jpg, 1급-6.jpg		
파일 저장 규칙	JPG	파일명	내문서₩GTQ₩수험번호-성명-2.jpg
		크기	400 × 500 pixels
	PSD	파일명	내문서₩GTQ₩수험번호-성명-2.psd
		크기	40 × 50 pixels

1. 그림 효과
  ① 1급-4.jpg : 필터 - Dry Brush(드라이 브러쉬)
  ② 색상 보정 : 1급-5.jpg - 빨간색 계열로 보정
  ③ 1급-5.jpg : 레이어 스타일 - Bevel and Emboss(경사와 엠보스)
  ④ 1급-6.jpg : 레이어 스타일 - Stroke(선/획)(5px, #000000)
  ⑤ Shape Tool(모양 도구) :
     - 시계 모양 (#ffffff, 레이어 스타일 - Drop Shadow(그림자 효과),
       Inner Shadow(내부 그림자))
     - 모서리가 둥근 사각형 모양 (레이어 스타일 - Outer Glow(외부
       광선), 그라디언트 오버레이(#666666, #000000))

2. 문자 효과
  ① Busy Time... (궁서, 26pt, #ffffff, 레이어 스타일 -
     Drop Shadow(그림자 효과))

≪출력형태≫

문제 3 [실무응용] 포스터 제작 [25점]

다음의 ≪조건≫에 따라 아래의 ≪출력형태≫와 같이 작업하시오.

《조건》

원본이미지			내문서\GTQ\Image\1급-7.jpg, 1급-8.jpg, 1급-9.jpg, 1급-10.jpg, 1급-11.jpg
파일저장규칙	JPG	파일명	내문서\GTQ\수험번호-성명-3.jpg
		크기	600 × 400 pixels
	PSD	파일명	내문서\GTQ\수험번호-성명-3.psd
		크기	60 × 40 pixels

1. 그림 효과
   ① 배경 : 그라디언트(#99ccff, #cccc33)
   ② 1급-7.jpg : Opacity(불투명도)(70%), 레이어 마스크 - 세로 방향으로 흐릿하게
   ③ 1급-8.jpg : 필터 - Film Grain(필름 그레인), 레이어 스타일 - Drop Shadow(그림자 효과)
   ④ 1급-9.jpg : Blending Mode(혼합 모드) - Darken(어둡게 하기), Opacity(불투명도)(70%)
   ⑤ 1급-10.jpg : 필터 - Crosshatch(그물눈), 레이어 마스크 - 가로 방향으로 흐릿하게
   ⑥ 1급-11.jpg : 색상 보정 - 녹색 계열로 보정, 레이어 스타일 - Outer Glow(외부 광선)
   ⑦ 그 외 ≪출력형태≫ 참조

2. 문자 효과
   ① 제1회 (돋움, 48pt, #ffff00, 레이어 스타일 - Drop Shadow(그림자 효과))
   ② 과학기술 연구소 탐험하기 (돋움, 30pt, 레이어 스타일 - 그라디언트 오버레이(#cc0000, #3366cc), Stroke(선/획)(3px, #ffffff))
   ③ 행사 프로그램 (돋움, 22pt, #ccccff, 레이어 스타일 - Drop Shadow(그림자 효과))
   ④ 1. 연구소 견학 2. 멘토와의 만남 (바탕, 16pt, #ffffff)

《출력형태》

Shape Tool(모양 도구) 사용
#ff66cc, 레이어 스타일 -
Drop Shadow(그림자 효과)

Shape Tool(모양 도구) 사용
레이어 스타일 - 그라디언트
오버레이(#ff6600, 006633),
Opacity(불투명도)(80%)

Shape Tool(모양 도구) 사용
#663333,
레이어 스타일 - Outer Glow(외부 광선)

문제 4   [실무응용] 웹 페이지 제작   [35점]

다음의 ≪조건≫에 따라 아래의 ≪출력형태≫와 같이 작업하시오.

≪조건≫

원본이미지		내문서\GTQ\Image\1급-12.jpg, 1급-13.jpg, 1급-14.jpg, 1급-15.jpg, 1급-16.jpg, 1급-17.jpg
파일저장규칙	JPG 파일명	내문서\GTQ\수험번호-성명-4.jpg
	크기	600 × 400 pixels
	PSD 파일명	내문서\GTQ\수험번호-성명-4.psd
	크기	60 × 40 pixels

1. 그림 효과
   ① 배경 : #9966cc, 필터 - Texturizer(텍스처화)
   ② 패턴(장식 모양) : #ffffff, 레이어 마스크 - 대각선 방향으로 흐릿하게, Opacity(불투명도)(50%)
   ③ 1급-12.jpg : 레이어 마스크 - 가로 방향으로 흐릿하게
   ④ 1급-13.jpg : 레이어 스타일 - Outer Glow(외부 광선)
   ⑤ 1급-14.jpg, 1급-15.jpg : Blending Mode(혼합 모드) - Multiply(곱하기)
   ⑥ 1급-16.jpg : 레이어 스타일 - Drop Shadow(그림자 효과)
   ⑦ 1급-17.jpg : 색상 보정 - 파란색 계열로 보정, 레이어 스타일 - Bevel and Emboss(경사와 엠보스)
   ⑧ 그 외 ≪출력형태≫ 참조

2. 문자 효과
   ① 과학기술정보센터 (돋움, 30pt, #ffffff, 레이어 스타일 - Drop Shadow(그림자 효과), Stroke(선/획)(3px, #663399))
   ② Science and Technology (Arial, Regular, 14pt, #cc3399, 레이어 스타일 - Outer Glow(외부 광선))
   ③ 과학정보지원 사업안내 (바탕, 14pt, #ffff00, 레이어 스타일 - Drop Shadow(그림자 효과))
   ④ / 사업 / 비전 / 자료검색 (돋움, 16pt, #3333cc, 레이어 스타일 - Outer Glow(외부 광선), Stroke(선/획)(2px, #ffffff))

≪출력형태≫

제08회 GTQ 실전모의고사

급수	문제유형	시험시간	수험번호	성명
1급	C	90분		

수험자 유의사항

- 수험자는 문제지를 받는 즉시 응시하고자 하는 **과목 및 급수가 맞는지 확인**한 후 수험번호와 성명을 작성합니다.
- 파일명은 본인의 "수험번호-성명-문제번호"로 공백 없이 정확히 입력하고 답안폴더(내 PC₩문서₩GTQ)에 jpg파일과 psd 파일의 2가지 포맷으로 저장해야 하며, jpg 파일과 psd 파일의 내용이 상이할 경우 0점 처리됩니다. 답안문서 파일명이 "수험번호-성명-문제번호"와 일치하지 않거나, 답안 파일을 전송하지 않아 미제출로 처리될 경우 불합격 처리됩니다.
- 문제의 세부조건은 '영문(한글)' 형식으로 표기되어 있으니 유의하시기 바랍니다.
- 수험자 정보와 저장한 파일명, 저장 위치가 다를 경우 전송이 되지 않으므로, 주의하시기 바랍니다.
- 답안 작성 중에도 **주기적으로 '저장'과 '답안 전송'**을 이용하여 감독위원 PC로 답안을 전송하셔야합니다.
 (※ 작업한 내용을 저장하지 않고 전송할 경우 이전의 저장내용이 전송되오니 이점 반드시 유념하시기 바랍니다.)
- 답안문서는 지정된 경로 외의 다른 보조기억장치에 저장하는 행위, 지정된 시험 시간 외에 작성된 파일을 활용한 행위, 기타 통신수단(이메일, 메신저, 네트워크 등)을 이용하여 타인에게 전달 또는 외부 반출하는 행위는 부정으로 간주되어 **자격기본법 제32조에 의거 본 시험 및 국가공인 자격시험을 2년간 응시할 수 없습니다.**
- 시험 중 부주의 또는 고의로 시스템을 파손한 경우와 〈수험자 유의사항〉에 기재된 방법대로 이행하지 않아 생기는 불이익은 수험자의 책임임을 알려 드립니다.
- 시험을 완료한 수험자는 최종적으로 저장한 답안파일이 전송되었는지 확인한 후 감독위원의 지시에 따라 문제지를 제출하고 퇴실합니다.

답안 작성요령

- 온라인 답안 작성 절차
 수험자 등록 ⇒ 시험 시작 ⇒ 답안파일 저장 ⇒ 답안 전송 ⇒ 시험 종료
- 내 PC₩문서₩GTQ₩Image폴더에 있는 그림 원본파일을 사용하여 답안을 작성하시고 최종답안을 답안폴더(내 PC₩문서₩GTQ)에 저장하여 답안을 전송하시고, 이미지의 크기가 다른 경우 감점 처리됩니다.
- 배점은 총 100점으로 이루어지며, 점수는 각 문제별로 차등 배분됩니다.
- 각 문제는 주어진 〈조건〉에 따라 작성하고, 언급하지 않은 조건은 《출력형태》와 같이 작성합니다.
- 배치 등의 편의를 위해 주어진 눈금자의 단위는 '픽셀'입니다.
 그 외는 출력형태(효과, 이미지, 문자, 색상, 레이아웃, 규격 등)와 같게 작업하십시오.
- 문제 조건에 서체의 지정이 없을 경우 한글은 굴림이나 돋움, 영문은 Arial로 작업하십시오.
 (단, 그 외에 제시되지 않은 문자 속성을 기본값으로 작성하지 않은 경우는 감점 처리됩니다.)
- Image Mode(이미지 모드)는 별도의 처리조건이 없을 경우에는 RGB(8비트)로 작업하십시오.
- 모든 답안 파일은 해상도 72 pixels/inch로 작업하십시오.
- Layer(레이어)는 각 기능별로 분할해야 하며, 임의로 합칠 경우나 각 기능에 대한 속성을 해지할 경우 해당 요소는 0점 처리됩니다.

문제 1 [기능평가] 고급 Tool(도구) 활용 [20점]

다음의 《조건》에 따라 아래의 《출력형태》와 같이 작업하시오.

《조건》

원본 이미지	내문서\GTQ\Image\1급-1.jpg, 1급-2.jpg, 1급-3.jpg		
파일 저장 규칙	JPG	파일명	내문서\GTQ\수험번호-성명-1.jpg
		크기	400 × 500 pixels
	PSD	파일명	내문서\GTQ\수험번호-성명-1.psd
		크기	40 × 50 pixels

1. 그림 효과
  ① 1급-1.jpg : 필터 - Dry Brush(드라이 브러쉬)
  ② Save Path(패스 저장) : 새 모양
  ③ Mask(마스크) : 새 모양, 1급-2.jpg를 이용하여 작성
     레이어 스타일 - Stroke(선/획)(2px, #ffffff), Inner Shadow(내부 그림자)
  ④ 1급-3.jpg : 레이어 스타일 - Stroke(선/획)(2px, #00ff00)
  ⑤ Shape Tool(모양 도구) :
     - 새 모양 (#99ffff, 00cccc, 레이어 스타일 -
       Bevel and Emboss(경사와 엠보스))
     - 나뭇잎 모양 (#006600, 레이어 스타일 - Stroke(선/획)(1px, #ffffcc))

2. 문자 효과
  ① Birds (Arial, Bold, 70pt, 레이어 스타일 - 그라디언트 오버레이
     (#000099, #ff6666), Stroke(선/획)(2px, #ffffff))

《출력형태》

문제 2 [기능평가] 사진편집 응용 [20점]

다음의 《조건》에 따라 아래의 《출력형태》와 같이 작업하시오.

《조건》

원본 이미지	내문서\GTQ\Image\1급-4.jpg, 1급-5.jpg, 1급-6.jpg		
파일 저장 규칙	JPG	파일명	내문서\GTQ\수험번호-성명-2.jpg
		크기	400 × 500 pixels
	PSD	파일명	내문서\GTQ\수험번호-성명-2.psd
		크기	40 × 50 pixels

1. 그림 효과
  ① 1급-4.jpg : 필터 - Crosshatch(그물눈)
  ② 1급-5.jpg : 색상 보정 - 빨간색 계열로 보정,
     레이어 스타일 - Drop Shadow(그림자 효과)
  ③ 1급-6.jpg : 레이어 스타일 - Outer Glow(외부 광선)
  ④ Shape Tool(모양 도구) :
     - 나선형 모양 (#00ffff, 레이어 스타일 - Drop Shadow(그림자 효과))
     - 꽃 장식 모양 (#0000ff, 레이어 스타일 - Inner Glow(내부 광선))

2. 문자 효과
  ① 사람과 함께 공존하는 조류 (돋움, 28pt, #000033,
     레이어 스타일 - Stroke(선/획)(2px, #ffff00),
     Drop Shadow(그림자 효과))

《출력형태》

| 문제 3 | [실무응용] 포스터 제작 | [25점] |

다음의 ≪조건≫에 따라 아래의 ≪출력형태≫와 같이 작업하시오.

《조건》

원본이미지	내문서\GTQ\Image\1급-7.jpg, 1급-8.jpg, 1급-9.jpg, 1급-10.jpg, 1급-11.jpg		
파일저장규칙	JPG	파일명	내문서\GTQ\수험번호-성명-3.jpg
		크기	600 × 400 pixels
	PSD	파일명	내문서\GTQ\수험번호-성명-3.psd
		크기	60 × 40 pixels

1. 그림 효과
   ① 배경 : #663300
   ② 1급-7.jpg : 레이어 마스크 - 세로 방향으로 흐릿하게
   ③ 1급-8.jpg : Blending Mode(혼합 모드) - Hard Light(하드 라이트), Opacity(불투명도)(80%)
   ④ 1급-9.jpg : 필터 - Texturizer(텍스처화), 레이어 스타일 - Stroke(선/획)(3px, #ffcc33)
   ⑤ 1급-10.jpg : 색상 보정 - 녹색 계열로 보정, 레이어 스타일 - Drop Shadow(그림자 효과)
   ⑥ 1급-11.jpg : 레이어 스타일 - Outer Glow(외부 광선)
   ⑦ 그 외 ≪출력형태≫ 참조

2. 문자 효과
   ① 힐링의 공간 / 삶의 여유 (돋움, 15pt, #ffffff, 레이어 스타일 - Drop Shadow(그림자 효과))
   ② Happy Birdsong (Arial, Bold, 14pt, 레이어 스타일 - Stroke(선/획)(2px, #ffffff))
   ③ 도심속 즐거운 새소리 (바탕, 35pt, #ffffff, 레이어 스타일 - Stroke(선/획)(2px, 그라디언트(#cc0000, #3300cc)))
   ④ 낭만 / 여유가 있는 도심속 푸른세상을 보존하자! (굴림, 12pt, #ffffff, 레이어 스타일 - Outer Glow(외부 광선))

《출력형태》

Shape Tool(모양 도구) 사용
#ffcc33, 레이어 스타일 -
Stroke(선/획)(5px, #336633),
Opacity(불투명도)(50%)

Shape Tool(모양 도구) 사용
#ff3300, 레이어 스타일 - Inner Glow(내부 광선)

Shape Tool(모양 도구) 사용
#99ffff, #ffffff, 레이어 스타일 -
Drop Shadow(그림자 효과)

문제 4   [실무응용] 웹 페이지 제작   [35점]

다음의 《조건》에 따라 아래의 《출력형태》와 같이 작업하시오.

《조건》

원본이미지		내문서₩GTQ₩Image₩1급-12.jpg, 1급-13.jpg, 1급-14.jpg, 1급-15.jpg, 1급-16.jpg, 1급-17.jpg
파일저장규칙	JPG 파일명	내문서₩GTQ₩수험번호-성명-4.jpg
	JPG 크기	600 × 400 pixels
	PSD 파일명	내문서₩GTQ₩수험번호-성명-4.psd
	PSD 크기	60 × 40 pixels

1. 그림 효과
   ① 배경 : 그라디언트(#0066ff, #ffcc99)
   ② 패턴(나비 모양) : #ffffff, Opacity(불투명도)(50%)
   ③ 1급-12.jpg : Blending Mode(혼합 모드) – Darken(어둡게 하기), 레이어 마스크 – 대각선 방향으로 흐릿하게
   ④ 1급-13.jpg : 필터 – Grain(그레인), 레이어 마스크 – 대각선 방향으로 흐릿하게
   ⑤ 1급-14.jpg, 1급-15.jpg : 레이어 스타일 – Outer Glow(외부 광선)
   ⑥ 1급-16.jpg : 레이어 스타일 – Drop Shadow(그림자 효과), Bevel and Emboss(경사와 엠보스)
   ⑦ 1급-17.jpg : 색상 보정 – 녹색 계열로 보정, 레이어 스타일 – Drop Shadow(그림자 효과)
   ⑧ 그 외 《출력형태》 참조

2. 문자 효과
   ① 자연과 휴식공간 (돋움, 35pt, #006600, 레이어 스타일 – Drop Shadow(그림자 효과), Stroke(선/획)(2px, #ffffff))
   ② 도심속으로 떠나는 새들의 쉼터 탐방여행 (굴림, 15pt, #ffffff,
       레이어 스타일 – Stroke(선/획)(2px, 그라디언트(#006633, #003399))
   ③ 생태학습 쉼터탐방 휴식공간 관광안내 (바탕, 18pt, #003300, 레이어 스타일 – Drop Shadow(그림자 효과))
   ④ Ecosystem (Arial, Bold, 20pt, #003399, 레이어 스타일 – Drop Shadow(그림자 효과))

《출력형태》

제09회 GTQ 실전모의고사

급수	문제유형	시험시간	수험번호	성명
1급	D	90분		

수험자 유의사항

- 수험자는 문제지를 받는 즉시 응시하고자 하는 **과목 및 급수가 맞는지 확인**한 후 수험번호와 성명을 작성합니다.
- 파일명은 본인의 "수험번호-성명-문제번호"로 공백 없이 정확히 입력하고 답안폴더(내 PC₩문서₩GTQ)에 jpg파일과 psd 파일의 2가지 포맷으로 저장해야 하며, jpg 파일과 psd 파일의 내용이 상이할 경우 0점 처리됩니다. 답안문서 파일명이 "수험번호-성명-문제번호"와 일치하지 않거나, 답안 파일을 전송하지 않아 미제출로 처리될 경우 불합격 처리됩니다.
- 문제의 세부조건은 '영문(한글)' 형식으로 표기되어 있으니 유의하시기 바랍니다.
- 수험자 정보와 저장한 파일명, 저장 위치가 다를 경우 전송이 되지 않으므로, 주의하시기 바랍니다.
- 답안 작성 중에도 <u>주기적으로 '저장'과 '답안 전송'</u>을 이용하여 감독위원 PC로 답안을 전송하셔야합니다.
  (※ 작업한 내용을 <u>저장하지 않고 전송할 경우</u> 이전의 저장내용이 전송되오니 이점 반드시 유념하시기 바랍니다.)
- 답안문서는 지정된 경로 외의 다른 보조기억장치에 저장하는 행위, 지정된 시험 시간 외에 작성된 파일을 활용한 행위, 기타 통신수단(이메일, 메신저, 네트워크 등)을 이용하여 타인에게 전달 또는 외부 반출하는 행위는 부정으로 간주되어 **자격기본법 제32조에 의거 본 시험 및 국가공인 자격시험을 2년간 응시할 수 없습니다.**
- 시험 중 부주의 또는 고의로 시스템을 파손한 경우와 〈수험자 유의사항〉에 기재된 방법대로 이행하지 않아 생기는 불이익은 수험자의 책임임을 알려 드립니다.
- 시험을 완료한 수험자는 최종적으로 저장한 답안파일이 전송되었는지 확인한 후 감독위원의 지시에 따라 문제지를 제출하고 퇴실합니다.

답안 작성요령

- 온라인 답안 작성 절차
  수험자 등록 ⇒ 시험 시작 ⇒ 답안파일 저장 ⇒ 답안 전송 ⇒ 시험 종료
- 내 PC₩문서₩GTQ₩Image폴더에 있는 그림 원본파일을 사용하여 답안을 작성하시고 최종답안을 답안폴더(내 PC₩문서₩GTQ)에 저장하여 답안을 전송하시고, 이미지의 크기가 다른 경우 감점 처리됩니다.
- 배점은 총 100점으로 이루어지며, 점수는 각 문제별로 차등 배분됩니다.
- 각 문제는 주어진 〈조건〉에 따라 작성하고, 언급하지 않은 조건은 《출력형태》와 같이 작성합니다.
- 배치 등의 편의를 위해 주어진 눈금자의 단위는 '픽셀'입니다.
  그 외는 출력형태(효과, 이미지, 문자, 색상, 레이아웃, 규격 등)와 같이 작업하십시오.
- 문제 조건에 서체의 지정이 없을 경우 한글은 굴림이나 돋움, 영문은 Arial로 작업하십시오.
  (단, 그 외에 제시되지 않은 문자 속성을 기본값으로 작성하지 않은 경우는 감점 처리됩니다.)
- Image Mode(이미지 모드)는 별도의 처리조건이 없을 경우에는 RGB(8비트)로 작업하십시오.
- 모든 답안 파일은 해상도 72 pixels/inch로 작업하십시오.
- Layer(레이어)는 각 기능별로 분할해야 하며, 임의로 합칠 경우나 각 기능에 대한 속성을 해지할 경우 해당 요소는 0점 처리됩니다.

문제 1 [기능평가] 고급 Tool(도구) 활용 [20점]

다음의 ≪조건≫에 따라 아래의 ≪출력형태≫와 같이 작업하시오.

≪조건≫

원본 이미지			내문서₩GTQ₩Image₩1급-1.jpg, 1급-2.jpg, 1급-3.jpg
파일 저장 규칙	JPG	파일명	내문서₩GTQ₩수험번호-성명-1.jpg
		크기	400 × 500 pixels
	PSD	파일명	내문서₩GTQ₩수험번호-성명-1.psd
		크기	40 × 50 pixels

1. 그림 효과
   ① 1급-1.jpg : 필터 - Sponge(스폰지 효과)
   ② Save Path(패스 저장) : 대나무 모양
   ③ Mask(마스크) : 대나무 모양, 1급-2.jpg를 이용하여 작성
      레이어 스타일 - Stroke(선/획)(3px, #ffffff),
      Inner Shadow(내부 그림자)
   ④ 1급-3.jpg : 필터 - Facet(단면화)
   ⑤ Shape Tool(모양 도구) :
      - 말풍선 모양 (#ff0033, #66cc00, #ff0033)

2. 문자 효과
   ① 대 나 무 축제 (궁서, 35pt, #ffffff,
      레이어 스타일 - Drop Shadow(그림자 효과))

≪출력형태≫

문제 2 [기능평가] 사진편집 응용 [20점]

다음의 ≪조건≫에 따라 아래의 ≪출력형태≫와 같이 작업하시오.

≪조건≫

원본 이미지			내문서₩GTQ₩Image₩1급-4.jpg, 1급-5.jpg, 1급-6.jpg
파일 저장 규칙	JPG	파일명	내문서₩GTQ₩수험번호-성명-2.jpg
		크기	520 × 350 pixels
	PSD	파일명	내문서₩GTQ₩수험번호-성명-2.psd
		크기	52 × 35 pixels

1. 그림 효과
   ① 1급-4.jpg : 필터 - Texturizer(텍스처화)
   ② 색상 보정 : 1급-5.jpg - 하늘색 계열로 보정
   ③ 1급-5.jpg : 레이어 마스크 - 가로 방향으로 흐릿하게
   ④ 1급-6.jpg : 레이어 스타일 - Inner Shadow(내부 그림자)
   ⑤ Shape Tool(모양 도구) :
      - 구름 모양 (#ffffff)
      - 구름 모양 (#ffffff, 레이어 스타일 - Drop Shadow(그림자 효과))

2. 문자 효과
   ① 기차여행 (궁서, 36pt, #0066cc, 레이어 스타일 -
      Drop Shadow(그림자 효과), Stroke(선/획)(3px, #ffffff))

≪출력형태≫

문제 3 [실무응용] 포스터 제작 [25점]

다음의 ≪조건≫에 따라 아래의 ≪출력형태≫와 같이 작업하시오.

≪조건≫

원본이미지	내문서\GTQ\Image\1급-7.jpg, 1급-8.jpg, 1급-9.jpg, 1급-10.jpg, 1급-11.jpg		
파일저장규칙	JPG	파일명	내문서\GTQ\수험번호-성명-3.jpg
		크기	320 × 450 pixels
	PSD	파일명	내문서\GTQ\수험번호-성명-3.psd
		크기	32 × 45 pixels

1. 그림 효과
   ① 1급-7.jpg : 필터 - Lens Flare(렌즈 플레어)
   ② 1급-8.jpg : 레이어 마스크 - 세로 방향으로 흐릿하게
   ③ 1급-9.jpg : Blending Mode(혼합 모드) - Darken(어둡게 하기), Opacity(불투명도)(60%)
   ④ 1급-10.jpg : 색상 보정 - 파랑색 계열로 보정, 레이어 스타일 - Outer Glow(외부 광선)
   ⑤ 1급-11.jpg : 레이어 스타일 - Stroke(선/획)(3px, #666666)
   ⑥ 그 외 ≪출력형태≫ 참조

2. 문자 효과
   ① 딸기따기! (궁서, 25pt, #ffffff, 레이어 스타일 - Stroke(선/획)(2px, #ff00cc))
   ② 어린이날 (궁서, 40pt, 레이어 스타일 - 그라디언트 오버레이(#ff00cc, #ffccff), Stroke(선/획)(3px, #ffffff), Drop Shadow(그림자 효과))
   ③ Event (Arial, Regular, 40pt, 레이어 스타일 - 그라디언트 오버레이(#006600, #33ff33),Stroke(선/획)(3px, #ffffff), Drop Shadow(그림자 효과))

≪출력형태≫

Shape Tool(모양 도구) 사용
#ffff00, 레이어 스타일 -
Stroke(선/획)(1px, #ff6600)

Shape Tool(모양 도구) 사용
#99ff00, 레이어 스타일 -
Stroke(선/획)(1px, #336600)

문제 4 [실무응용] 웹 페이지 제작 [35점]

다음의 ≪조건≫에 따라 아래의 ≪출력형태≫와 같이 작업하시오.

≪조건≫

원본이미지		내문서₩GTQ₩Image₩1급-12.jpg, 1급-13.jpg, 1급-14.jpg, 1급-15.jpg, 1급-16.jpg, 1급-17.jpg
파일저장규칙	JPG 파일명	내문서₩GTQ₩수험번호-성명-4.jpg
	크기	600 × 400 pixels
	PSD 파일명	내문서₩GTQ₩수험번호-성명-4.psd
	크기	60 × 40 pixels

1. 그림 효과
   ① 배경 : 그라디언트 (#66ccff, #ffffff)
   ② 패턴(바둑판 모양) : #ffffff, Opacity(불투명도)(20%), 레이어 마스크 - 세로 방향으로 흐릿하게
   ③ 1급-12.jpg : Blending Mode(혼합 모드) - Luminosity(광도)
   ④ 1급-13.jpg : 레이어 스타일 - Drop Shadow(그림자 효과)
   ⑤ 1급-14.jpg : 필터 - Watercolor(수채화 효과)
   ⑥ 1급-16.jpg : 색상 보정 - 파란색 계열로 보정, 레이어 스타일 - Outer Glow(외부 광선)
   ⑦ 1급-17.jpg : 레이어 마스크 - 가로 방향으로 흐릿하게
   ⑧ 그 외 ≪출력형태≫ 참조

2. 문자 효과
   ① 기차여행 / 대나무축제 / 벚꽃축제 / 이벤트참여 (굴림, 15pt, #ffffff, 레이어 스타일 - Drop Shadow(그림자 효과))
   ② 축제 한마당 (궁서, 30pt, #ffffff, 레이어 스타일 - Stroke(선/획)(2px, #ff6600))
   ③ 어린이날 이벤트 기간 : 5.1 ~ 5.5 (굴림, 15pt, #000000, #ff0000)
   ④ 이 벤 트 참 여 (궁서, 20pt, #ffffff)

≪출력형태≫

Pen Tool(펜 도구) 사용
#99cc00

Shape Tool(모양 도구) 사용
#99cc00, 레이어 스타일 -
Outer Glow(외부 광선)

Pen Tool(펜 도구) 사용
#ffff33

Shape Tool(모양 도구) 사용
#ffffcc, 레이어 스타일 - Stroke(선/획)(1px, #ff0000)

제 10 회 GTQ 실전모의고사

Graphic Technology Qualification

급수	문제유형	시험시간	수험번호	성명
1급	E	90분		

수험자 유의사항

- 수험자는 문제지를 받는 즉시 응시하고자 하는 **과목 및 급수가 맞는지 확인**한 후 수험번호와 성명을 작성합니다.
- 파일명은 본인의 "수험번호-성명-문제번호"로 공백 없이 정확히 입력하고 답안폴더(내 PC₩문서₩GTQ)에 jpg파일과 psd 파일의 2가지 포맷으로 저장해야 하며, jpg 파일과 psd 파일의 내용이 상이할 경우 0점 처리됩니다. 답안문서 파일명이 "수험번호-성명-문제번호"와 일치하지 않거나, 답안 파일을 전송하지 않아 미제출로 처리될 경우 불합격 처리됩니다.
- 문제의 세부조건은 '영문(한글)' 형식으로 표기되어 있으니 유의하시기 바랍니다.
- 수험자 정보와 저장한 파일명, 저장 위치가 다를 경우 전송이 되지 않으므로, 주의하시기 바랍니다.
- 답안 작성 중에도 **주기적으로 '저장'과 '답안 전송'**을 이용하여 감독위원 PC로 답안을 전송하셔야합니다.
  (※ **작업한 내용을 저장하지 않고 전송할 경우** 이전의 저장내용이 전송되오니 이점 반드시 유념하시기 바랍니다.)
- 답안문서는 지정된 경로 외의 다른 보조기억장치에 저장하는 행위, 지정된 시험 시간 외에 작성된 파일을 활용한 행위, 기타 통신수단(이메일, 메신저, 네트워크 등)을 이용하여 타인에게 전달 또는 외부 반출하는 행위는 부정으로 간주되어 **자격기본법 제32조에 의거 본 시험 및 국가공인 자격시험을 2년간 응시할 수 없습니다.**
- 시험 중 부주의 또는 고의로 시스템을 파손한 경우와 〈수험자 유의사항〉에 기재된 방법대로 이행하지 않아 생기는 불이익은 수험자의 책임임을 알려 드립니다.
- 시험을 완료한 수험자는 최종적으로 저장한 답안파일이 전송되었는지 확인한 후 감독위원의 지시에 따라 문제지를 제출하고 퇴실합니다.

답안 작성요령

- 온라인 답안 작성 절차
  수험자 등록 ⇒ 시험 시작 ⇒ 답안파일 저장 ⇒ 답안 전송 ⇒ 시험 종료
- 내 PC₩문서₩GTQ₩Image폴더에 있는 그림 원본파일을 사용하여 답안을 작성하시고 최종답안을 답안폴더(내 PC₩문서₩GTQ)에 저장하여 답안을 전송하시고, 이미지의 크기가 다른 경우 감점 처리됩니다.
- 배점은 총 100점으로 이루어지며, 점수는 각 문제별로 차등 배분됩니다.
- 각 문제는 주어진 〈조건〉에 따라 작성하고, 언급하지 않은 조건은 《출력형태》와 같이 작성합니다.
- 배치 등의 편의를 위해 주어진 눈금자의 단위는 '픽셀'입니다.
  그 외는 출력형태(효과, 이미지, 문자, 색상, 레이아웃, 규격 등)와 같이 작업하십시오.
- 문제 조건에 서체의 지정이 없을 경우 한글은 굴림이나 돋움, 영문은 Arial로 작업하십시오.
  (단, 그 외에 제시되지 않은 문자 속성을 기본값으로 작성하지 않은 경우는 감점 처리됩니다.)
- Image Mode(이미지 모드)는 별도의 처리조건이 없을 경우에는 RGB(8비트)로 작업하십시오.
- 모든 답안 파일은 해상도 72 pixels/inch로 작업하십시오.
- Layer(레이어)는 각 기능별로 분할해야 하며, 임의로 합칠 경우나 각 기능에 대한 속성을 해지할 경우 해당 요소는 0점 처리됩니다.

문제 1   [기능평가] 고급 Tool(도구) 활용   [20점]

다음의 ≪조건≫에 따라 아래의 ≪출력형태≫와 같이 작업하시오.

≪조건≫

원본 이미지	내문서\GTQ\Image\1급-1.jpg, 1급-2.jpg, 1급-3.jpg		
파일 저장 규칙	JPG	파일명	내문서\GTQ\수험번호-성명-1.jpg
		크기	400 × 500 pixels
	PSD	파일명	내문서\GTQ\수험번호-성명-1.psd
		크기	40 × 50 pixels

1. 그림 효과
 ① 1급-1.jpg : 필터 – Sponge(스폰지 효과)
 ② Save Path(패스 저장) : 토끼 모양
 ③ Mask(마스크) : 토끼 모양, 1급-2.jpg를 이용하여 작성
   레이어 스타일 – Stroke(선/획)(3px, #ff00ff),
   Inner Shadow(내부 그림자)
 ④ 1급-3.jpg : 레이어 스타일 – Outer Glow(외부 광선)
 ⑤ Shape Tool(모양 도구) :
   – 별 모양 (#ffff00, 레이어 스타일 – Drop Shadow(그림자 효과))
   – 음표 모양 (레이어 스타일 – Drop Shadow(그림자 효과),
    그라디언트 오버레이(#ffcc00, #ff0000))

2. 문자 효과
 ① 쿠키사랑 (궁서, 60pt, #cc6600, 레이어 스타일 –
   Stroke(선/획)(3px, #ffff00))

≪출력형태≫

문제 2   [기능평가] 사진편집 응용   [20점]

다음의 ≪조건≫에 따라 아래의 ≪출력형태≫와 같이 작업하시오.

≪조건≫

원본 이미지	내문서\GTQ\Image\1급-4.jpg, 1급-5.jpg, 1급-6.jpg		
파일 저장 규칙	JPG	파일명	내문서\GTQ\수험번호-성명-2.jpg
		크기	400 × 500 pixels
	PSD	파일명	내문서\GTQ\수험번호-성명-2.psd
		크기	40 × 50 pixels

1. 그림 효과
 ① 1급-4.jpg : 필터 – Ocean Ripple(바다 물결)
 ② 색상 보정 : 1급-6.jpg – 빨간색 계열로 보정
 ③ 1급-5.jpg : 레이어 스타일 – Drop Shadow(그림자 효과)
 ④ 1급-6.jpg : 레이어 스타일 – Outer Glow(외부 광선),
   Opacity(불투명도)(80%)
 ⑤ Shape Tool(모양 도구) :
   – 꽃 모양 (#663399, 레이어 스타일 – Stroke(선/획)(3px, #ffffff))
   – 체크 표시 모양 (#00ff00, 레이어 스타일 –
    Bevel and Emboss(경사와 엠보스))

2. 문자 효과
 ① FRUIT (Arial, Regular, 90pt, 레이어 스타일 – 그라디언트
   오버레이(#000099, #ff0000, #ffff00), Stroke(선/획)(3px, #ffffff),
   Drop Shadow(그림자 효과))

≪출력형태≫

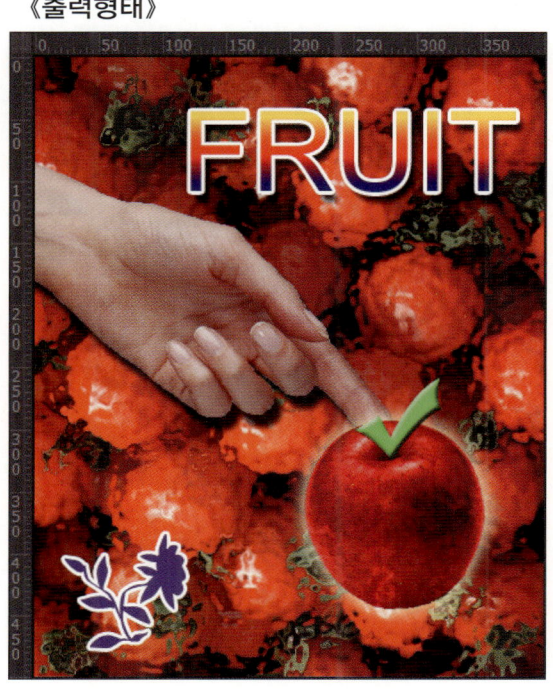

문제 3 [실무응용] 포스터 제작 [25점]

다음의 ≪조건≫에 따라 아래의 ≪출력형태≫와 같이 작업하시오.

≪조건≫

원본이미지		내문서\GTQ\Image\1급-7.jpg, 1급-8.jpg, 1급-9.jpg, 1급-10.jpg, 1급-11.jpg
파일저장규칙	JPG 파일명	내문서\GTQ\수험번호-성명-3.jpg
	크기	600 × 400 pixels
	PSD 파일명	내문서\GTQ\수험번호-성명-3.psd
	크기	60 × 40 pixels

1. 그림 효과
    ① 배경 : #ffffff
    ② 1급-7.jpg : 색상 보정 - 회색 계열로 보정, 필터 - Lens Flare(렌즈 플레어)
    ③ 1급-8.jpg : 필터 - ZigZag(지그재그), 레이어 마스크 - 세로 방향으로 흐릿하게
    ④ 1급-9.jpg : 레이어 마스크 - 가로 방향으로 흐릿하게
    ⑤ 1급-10.jpg : 레이어 스타일 - Outer Glow(외부 광선)
    ⑥ 1급-11.jpg : 레이어 스타일 - Drop Shadow(그림자 효과)
    ⑦ 그 외 ≪출력형태≫ 참조

2. 문자 효과
    ① TOMATO (Arial, Regular, 60pt, #ff0000, 레이어 스타일 - Stroke(선/획)(3px, #ffffff), Inner Shadow(내부 그림자))
    ② 만인이 사랑하는 (바탕, 25pt, #000000, 레이어 스타일 - Stroke(선/획)(2px, #ffffff))
    ③ pasta (Arial, Regular, 50pt, #cc3300, 레이어 스타일 - Stroke(선/획)(3px, #ffff99))

≪출력형태≫

Shape Tool(모양 도구) 사용
#cc0000, 레이어 스타일 -
Inner Shadow(내부 그림자)

Shape Tool(모양 도구) 사용
#ffff00, 레이어 스타일 -
Drop Shadow(그림자 효과)

Shape Tool(모양 도구) 사용
#000000, 레이어 스타일 -
Stroke(선/획)(1px, #ffffff)

문제 4 [실무응용] 웹 페이지 제작 [35점]

다음의 ≪조건≫에 따라 아래의 ≪출력형태≫와 같이 작업하시오.

《조건》

원본이미지		내문서\GTQ\Image\1급-12.jpg, 1급-13.jpg, 1급-14.jpg, 1급-15.jpg, 1급-16.jpg, 1급-17.jpg
파일저장규칙	JPG 파일명	내문서\GTQ\수험번호-성명-4.jpg
	크기	600 × 400 pixels
	PSD 파일명	내문서\GTQ\수험번호-성명-4.psd
	크기	60 × 40 pixels

1. 그림 효과
   ① 배경 : #ffcccc
   ② 패턴(장식 모양) : 1급-13.jpg 이용하여 작성, Opacity(불투명도)(30%)
   ③ 1급-12.jpg : 레이어 마스크 - 대각선 방향으로 흐릿하게
   ④ 1급-14.jpg : 레이어 마스크 - 둥근 방향으로 흐릿하게
   ⑤ 1급-15.jpg : 필터 - Dry Brush(드라이 브러쉬)
   ⑥ 1급-17.jpg : 필터 - Rough Pastels(거친 파스텔)
   ⑦ 그 외 ≪출력형태≫ 참조

2. 문자 효과
   ① 요 아 젤 (궁서, 30pt, #ff3399, #99cc33, #33cc99 레이어 스타일 - Drop Shadow(그림자 효과),Stroke(선/획)(3px, #ffffff))
   ② 요거트 아이스크림 젤라또 (굴림, 14pt, #000000)
   ③ 신제품 및 인기상품 (돋움, 18pt, #ffffff)
   ④ It's Delicious & Healthy (Arial, Regular, 30pt, #33cc99, 레이어 스타일 - Stroke(선/획)(3px, #ccff99), Drop Shadow(그림자 효과))

《출력형태》

Shape Tool(모양 도구) 사용
#ff3399

Shape Tool(모양 도구) 사용
레이어 스타일 -
Stroke(선/획)(3px, #ffffff)

Shape Tool(모양 도구) 사용
#ffcc00

Pen Tool(펜 도구) 사용
#ffffcc, 레이어 스타일 - Drop Shadow(그림자 효과)

PART 04

Photoshop CC
최신기출문제

GTQ 포토샵 Graphic Technology Qualification

최신기출문제

제01회 최신기출문제
제02회 최신기출문제
제03회 최신기출문제
제04회 최신기출문제
제05회 최신기출문제

제 01 회 GTQ[그래픽기술자격]-[S/W:포토샵]

급수	문제유형	시험시간	수험번호	성명
1급	A	90분		

수험자 유의사항

- 수험자는 문제지를 받는 즉시 응시하고자 하는 **과목 및 급수가 맞는지 확인**한 후 수험번호와 성명을 작성합니다.
- 파일명은 본인의 "수험번호-성명-문제번호"로 공백 없이 정확히 입력하고 답안폴더(내 PC\문서\GTQ)에 jpg파일과 psd 파일의 2가지 포맷으로 저장해야 하며, jpg 파일과 psd 파일의 내용이 상이할 경우 0점 처리됩니다. 답안문서 파일명이 "수험번호-성명-문제번호"와 일치하지 않거나, 답안 파일을 전송하지 않아 미제출로 처리될 경우 불합격 처리됩니다.
- 문제의 세부조건은 '영문(한글)' 형식으로 표기되어 있으니 유의하시기 바랍니다.
- 수험자 정보와 저장한 파일명, 저장 위치가 다를 경우 전송이 되지 않으므로, 주의하시기 바랍니다.
- 답안 작성 중에도 **주기적으로 '저장'과 '답안 전송'**을 이용하여 감독위원 PC로 답안을 전송하셔야합니다.
 (※ 작업한 내용을 저장하지 않고 전송할 경우 이전의 저장내용이 전송되오니 이점 반드시 유념하시기 바랍니다.)
- 답안문서는 지정된 경로 외의 다른 보조기억장치에 저장하는 행위, 지정된 시험 시간 외에 작성된 파일을 활용한 행위, 기타 통신수단(이메일, 메신저, 네트워크 등)을 이용하여 타인에게 전달 또는 외부 반출하는 행위는 부정으로 간주되어 **자격기본법 제32조에 의거 본 시험 및 국가공인 자격시험을 2년간 응시할 수 없습니다.**
- 시험 중 부주의 또는 고의로 시스템을 파손한 경우와 〈수험자 유의사항〉에 기재된 방법대로 이행하지 않아 생기는 불이익은 수험자의 책임임을 알려 드립니다.
- 시험을 완료한 수험자는 최종적으로 저장한 답안파일이 전송되었는지 확인한 후 감독위원의 지시에 따라 문제지를 제출하고 퇴실합니다.

답안 작성요령

- 온라인 답안 작성 절차
 수험자 등록 ⇒ 시험 시작 ⇒ 답안파일 저장 ⇒ 답안 전송 ⇒ 시험 종료
- 내 PC\문서\GTQ\Image폴더에 있는 그림 원본파일을 사용하여 답안을 작성하시고 최종답안을 답안폴더(내 PC\문서\GTQ)에 저장하여 답안을 전송하시고, 이미지의 크기가 다른 경우 감점 처리됩니다.
- 배점은 총 100점으로 이루어지며, 점수는 각 문제별로 차등 배분됩니다.
- 각 문제는 주어진 〈조건〉에 따라 작성하고, 언급하지 않은 조건은 《출력형태》와 같이 작성합니다.
- 배치 등의 편의를 위해 주어진 눈금자의 단위는 '픽셀'입니다.
 그 외는 출력형태(효과, 이미지, 문자, 색상, 레이아웃, 규격 등)와 같게 작업하십시오.
- 문제 조건에 서체의 지정이 없을 경우 한글은 굴림이나 돋움, 영문은 Arial로 작업하십시오.
 (단, 그 외에 제시되지 않은 문자 속성을 기본값으로 작성하지 않은 경우는 감점 처리됩니다.)
- Image Mode(이미지 모드)는 별도의 처리조건이 없을 경우에는 RGB(8비트)로 작업하십시오.
- 모든 답안 파일은 해상도 72 pixels/inch로 작업하십시오.
- Layer(레이어)는 각 기능별로 분할해야 하며, 임의로 합칠 경우나 각 기능에 대한 속성을 해지할 경우 해당 요소는 0점 처리됩니다.

문제 1 [기능평가] 고급 Tool(도구) 활용 [20점]

다음의 《조건》에 따라 아래의 《출력형태》와 같이 작업하시오.

《조건》

《출력형태》

원본 이미지	내문서₩GTQ₩Image₩1급-1.jpg, 1급-2.jpg, 1급-3.jpg		
파일 저장 규칙	JPG	파일명	내문서₩GTQ₩수험번호-성명-1.jpg
		크기	400 × 500 pixels
	PSD	파일명	내문서₩GTQ₩수험번호-성명-1.psd
		크기	40 × 50 pixels

1. 그림 효과
   ① 1급-1.jpg : 필터 - Poster Edges(포스터 가장자리)
   ② Save Path(패스 저장) : 환율 모양
   ③ Mask(마스크) : 환율 모양, 1급-2.jpg를 이용하여 작성
      레이어 스타일 - Stroke(선/획)(3px, 그라디언트(#ffff00, #6633ff)), Inner Shadow(내부 그림자)
   ④ 1급-3.jpg : 레이어 스타일 - Bevel and Emboss(경사와 엠보스)
   ⑤ Shape Tool(모양 도구) :
      - 지구 모양 (#cc66cc,
        레이어 스타일 - Inner Shadow(내부 그림자))
      - 폭발 모양 (#ccff00, #ffffff,
        레이어 스타일 - Outer Glow(외부 광선))

2. 문자 효과
   ① Coronomy Shock (Times New Roman, Regular, 45pt, 레이어 스타일 - 그라디언트 오버레이(#ff0000, #333366), Stroke(선/획)(2px, #ffffff))

문제 2 [기능평가] 사진편집 응용 [20점]

다음의 《조건》에 따라 아래의 《출력형태》와 같이 작업하시오.

《조건》

《출력형태》

원본 이미지	내문서₩GTQ₩Image₩1급-4.jpg, 1급-5.jpg, 1급-6.jpg		
파일 저장 규칙	JPG	파일명	내문서₩GTQ₩수험번호-성명-2.jpg
		크기	400 × 500 pixels
	PSD	파일명	내문서₩GTQ₩수험번호-성명-2.psd
		크기	40 × 50 pixels

1. 그림 효과
   ① 1급-4.jpg : 필터 - Dry Brush(드라이 브러시)
   ② 색상 보정 : 1급-5.jpg - 빨간색, 파란색 계열로 보정
   ③ 1급-5.jpg : 레이어 스타일 - Bevel and Emboss(경사와 엠보스)
   ④ 1급-6.jpg : 레이어 스타일 - Inner Glow(내부 광선)
   ⑤ Shape Tool(모양 도구) :
      - 집 모양 (#006699, 레이어 스타일 - Stroke(선/획)(2px, #ffcccc), Opacity(불투명도)(60%))
      - 타일 모양 (#cccccc, 레이어 스타일 - Inner Shadow(내부 그림자))

2. 문자 효과
   ① 위축된 경기 극복 (굴림, 40pt, 레이어 스타일 - 그라디언트 오버레이(#cc66cc, #ffff00, #00ccff), Stroke(선/획)(2px, #333333))

문제 3 [실무응용] 포스터 제작 [25점]

다음의 《조건》에 따라 아래의 《출력형태》와 같이 작업하시오.

《조건》

원본이미지	내문서\GTQ\Image\1급-7.jpg, 1급-8.jpg, 1급-9.jpg, 1급-10.jpg, 1급-11.jpg		
파일저장규칙	JPG	파일명	내문서\GTQ\수험번호-성명-3.jpg
		크기	600 × 400 pixels
	PSD	파일명	내문서\GTQ\수험번호-성명-3.psd
		크기	60 × 40 pixels

1. 그림 효과
   ① 배경 : #006666
   ② 1급-7.jpg : Blending Mode(혼합 모드) – Screen(스크린), Opacity(불투명도)(80%)
   ③ 1급-8.jpg : 필터 – Add Noise(노이즈 추가), 레이어 마스크 – 세로 방향으로 흐릿하게
   ④ 1급-9.jpg : 필터 – Texturizer(텍스처화)
   ⑤ 1급-10.jpg : 레이어 스타일 – Inner Glow(내부 광선), Drop Shadow(그림자 효과)
   ⑥ 1급-11.jpg : 색상 보정 – 빨간색 계열로 보정, 레이어 스타일 – Bevel and Emboss(경사와 엠보스)
   ⑦ 그 외《출력형태》참조

2. 문자 효과
   ① 강소기업 연구개발 지원사업 (궁서, 32pt, 44pt, 레이어 스타일 – 그라디언트 오버레이(#cc33ff, #006666, #cc6600), Stroke(선/획)(2px, #ffffcc), Drop Shadow(그림자 효과))
   ② 창업 / 양성 / 교육 (돋움, 16pt, #ffffff, #ff9900, 레이어 스타일 – Stroke(선/획)(2px, #333300))
   ③ Small hidden company R&D support project (Arial, Regular, 18pt, #003366, 레이어 스타일 – Stroke(선/획)(2px, #ffffff))
   ④ '코로노미 쇼크'로 어려움을 겪고 있는 중소기업을 돕기 위해 (돋움, 14pt, #336600, 레이어 스타일 – Stroke(선/획)(2px, 그라디언트(#66cc00, #ffcc00)))

《출력형태》

Shape Tool(모양 도구) 사용
#669966, #cc99cc, 레이어 스타일 –
Stroke(선/획)(1px, #003300),
Opacity(불투명도)(60%)

Shape Tool(모양 도구) 사용
레이어 스타일 – 그라디언트
오버레이(#66cc00, #ff9900),
Drop Shadow(그림자 효과)

Shape Tool(모양 도구) 사용
#000000, 레이어 스타일 –
Outer Glow(외부 광선),
Opacity(불투명도)(60%)

문제 4 [실무응용] 웹 페이지 제작 [35점]

다음의 《조건》에 따라 아래의 《출력형태》와 같이 작업하시오.

《조건》

원본이미지		내문서₩GTQ₩Image₩1급-12.jpg, 1급-13.jpg, 1급-14.jpg, 1급-15.jpg, 1급-16.jpg, 1급-17.jpg
파일저장규칙	JPG 파일명	내문서₩GTQ₩수험번호-성명-4.jpg
	크기	600 × 400 pixels
	PSD 파일명	내문서₩GTQ₩수험번호-성명-4.psd
	크기	60 × 40 pixels

1. 그림 효과
   ① 배경 : #cccccc
   ② 패턴(장식, 클립 모양) : #333366, #ffffff
   ③ 1급-12.jpg : Blending Mode(혼합 모드) - Overlay(오버레이), 레이어 마스크 - 대각선 방향으로 흐릿하게
   ④ 1급-13.jpg : 필터 - Sponge(스폰지), 레이어 마스크 - 세로 방향으로 흐릿하게
   ⑤ 1급-14.jpg : 레이어 스타일 - Bevel and Emboss(경사와 엠보스), Drop Shadow(그림자 효과)
   ⑥ 1급-15.jpg : 레이어 스타일 - Outer Glow(외부 광선), Drop Shadow(그림자 효과)
   ⑦ 1급-16.jpg : 색상 보정 - 파란색 계열로 보정, 레이어 스타일 - Bevel and Emboss(경사와 엠보스)
   ⑧ 그 외《출력형태》참조

2. 문자 효과
   ① 소상공인마당 자영업 지원 포털 (굴림, 35pt, 레이어 스타일 - 그라디언트 오버레이(#3300ff, #ff6600), Stroke(선/획)(2px, #ffffff), Drop Shadow(그림자 효과))
   ② 600만 소상공인과 전통시장의 꿈과 희망 (궁서, 15pt, 27pt, #993300, #336600, 레이어 스타일 - Stroke(선/획)(2px, #ffffcc))
   ③ https://www.sbiz.or.kr (Times New Roman, Bold, 16pt, #330066, 레이어 스타일 - Stroke(선/획)(2px, #ffffff))
   ④ 창업지원 경영성장 재기지원 (돋움, 18pt, #000000, 레이어 스타일 - Stroke(선/획)(2px, #ffffff, #ff9900))

《출력형태》

제 02 회 GTQ[그래픽기술자격]-[S/W:포토샵]

급수	문제유형	시험시간	수험번호	성명
1급	B	90분		

수험자 유의사항

- 수험자는 문제지를 받는 즉시 응시하고자 하는 **과목 및 급수가 맞는지 확인**한 후 수험번호와 성명을 작성합니다.
- 파일명은 본인의 "수험번호-성명-문제번호"로 공백 없이 정확히 입력하고 답안폴더(내 PC₩문서₩GTQ)에 jpg파일과 psd 파일의 2가지 포맷으로 저장해야 하며, jpg 파일과 psd 파일의 내용이 상이할 경우 0점 처리됩니다. 답안문서 파일명이 "수험번호-성명-문제번호"와 일치하지 않거나, 답안 파일을 전송하지 않아 미제출로 처리될 경우 불합격 처리됩니다.
- 문제의 세부조건은 '영문(한글)' 형식으로 표기되어 있으니 유의하시기 바랍니다.
- 수험자 정보와 저장한 파일명, 저장 위치가 다를 경우 전송이 되지 않으므로, 주의하시기 바랍니다.
- 답안 작성 중에도 **주기적으로 '저장'과 '답안 전송'**을 이용하여 감독위원 PC로 답안을 전송하셔야합니다.
  (※ 작업한 내용을 **저장하지 않고 전송할 경우** 이전의 저장내용이 전송되오니 이점 반드시 유념하시기 바랍니다.)
- 답안문서는 지정된 경로 외의 다른 보조기억장치에 저장하는 행위, 지정된 시험 시간 외에 작성된 파일을 활용한 행위, 기타 통신수단(이메일, 메신저, 네트워크 등)을 이용하여 타인에게 전달 또는 외부 반출하는 행위는 부정으로 간주되어 **자격기본법 제32조에 의거 본 시험 및 국가공인 자격시험을 2년간 응시할 수 없습니다.**
- 시험 중 부주의 또는 고의로 시스템을 파손한 경우와 〈수험자 유의사항〉에 기재된 방법대로 이행하지 않아 생기는 불이익은 수험자의 책임임을 알려 드립니다.
- 시험을 완료한 수험자는 최종적으로 저장한 답안파일이 전송되었는지 확인한 후 감독위원의 지시에 따라 문제지를 제출하고 퇴실합니다.

답안 작성요령

- 온라인 답안 작성 절차
  수험자 등록 ⇒ 시험 시작 ⇒ 답안파일 저장 ⇒ 답안 전송 ⇒ 시험 종료
- 내 PC₩문서₩GTQ₩Image폴더에 있는 그림 원본파일을 사용하여 답안을 작성하시고 최종답안을 답안폴더(내 PC₩문서₩GTQ)에 저장하여 답안을 전송하시고, 이미지의 크기가 다른 경우 감점 처리됩니다.
- 배점은 총 100점으로 이루어지며, 점수는 각 문제별로 차등 배분됩니다.
- 각 문제는 주어진 〈조건〉에 따라 작성하고, 언급하지 않은 조건은 《출력형태》와 같이 작성합니다.
- 배치 등의 편의를 위해 주어진 눈금자의 단위는 '픽셀'입니다.
  그 외는 출력형태(효과, 이미지, 문자, 색상, 레이아웃, 규격 등)와 같게 작업하십시오.
- 문제 조건에 서체의 지정이 없을 경우 한글은 굴림이나 돋움, 영문은 Arial로 작업하십시오.
  (단, 그 외에 제시되지 않은 문자 속성을 기본값으로 작성하지 않은 경우는 감점 처리됩니다.)
- Image Mode(이미지 모드)는 별도의 처리조건이 없을 경우에는 RGB(8비트)로 작업하십시오.
- 모든 답안 파일은 해상도 72 pixels/inch로 작업하십시오.
- Layer(레이어)는 각 기능별로 분할해야 하며, 임의로 합칠 경우나 각 기능에 대한 속성을 해지할 경우 해당 요소는 0점 처리됩니다.

문제 1   [기능평가] 고급 Tool(도구) 활용   [20점]

다음의 《조건》에 따라 아래의 《출력형태》와 같이 작업하시오.

《조건》

원본 이미지	내문서\GTQ\Image\1급-1.jpg, 1급-2.jpg, 1급-3.jpg		
파일 저장 규칙	JPG	파일명	내문서\GTQ\수험번호-성명-1.jpg
		크기	400 × 500 pixels
	PSD	파일명	내문서\GTQ\수험번호-성명-1.psd
		크기	40 × 50 pixels

1. 그림 효과
   ① 1급-1.jpg : 필터 – Cutout(오려내기)
   ② Save Path(패스 저장) : 책과 사람 모양
   ③ Mask(마스크) : 책과 사람 모양, 1급-2.jpg를 이용하여 작성
      레이어 스타일 – Stroke(선/획)(4px, 그라디언트(#ff0033, #ffff00)),
      Inner Shadow(내부 그림자)
   ④ 1급-3.jpg : 레이어 스타일 – Bevel and Emboss(경사와 엠보스)
   ⑤ Shape Tool(모양 도구) :
      – 얼룩 프레임 모양 (#ff9900,
        레이어 스타일 – Inner Shadow(내부 그림자))
      – 화살표 모양 (#ccff00, #ffffff,
        레이어 스타일 – Outer Glow(외부 광선))

2. 문자 효과
   ① 추천도서 (돋움, 50pt, 레이어 스타일 – 그라디언트 오버레이
      (#99ff00, #cc3399), Drop Shadow(그림자 효과))

《출력형태》

문제 2   [기능평가] 사진편집 응용   [20점]

다음의 《조건》에 따라 아래의 《출력형태》와 같이 작업하시오.

《조건》

원본 이미지	내문서\GTQ\Image\1급-4.jpg, 1급-5.jpg, 1급-6.jpg		
파일 저장 규칙	JPG	파일명	내문서\GTQ\수험번호-성명-2.jpg
		크기	400 × 500 pixels
	PSD	파일명	내문서\GTQ\수험번호-성명-2.psd
		크기	40 × 50 pixels

1. 그림 효과
   ① 1급-4.jpg : 필터 – Texturizer(텍스처화)
   ② 색상 보정 : 1급-5.jpg – 노란색, 보라색 계열로 보정
   ③ 1급-5.jpg : 레이어 스타일 – Drop Shadow(그림자 효과)
   ④ 1급-6.jpg : 레이어 스타일 – Inner Shadow(내부 그림자)
   ⑤ Shape Tool(모양 도구) :
      – 클립 모양 (#660033, 레이어 스타일 – Stroke(선/획)(2px,
        #ffcc33))
      – 폭발 모양 (#66cc33, 레이어 스타일 – Inner Shadow(내부
        그림자))

2. 문자 효과
   ① Best Seller (Times New Roman, Bold, 60pt, 레이어 스타일 –
      그라디언트 오버레이(#ff33ff, #000033, #66ff00),
      Drop Shadow(그림자 효과))

《출력형태》

문제 3 [실무응용] 포스터 제작 [25점]

다음의 《조건》에 따라 아래의 《출력형태》와 같이 작업하시오.

《조건》

원본이미지	내문서₩GTQ₩Image₩1급-7.jpg, 1급-8.jpg, 1급-9.jpg, 1급-10.jpg, 1급-11.jpg		
파일저장규칙	JPG	파일명	내문서₩GTQ₩수험번호-성명-3.jpg
		크기	600 × 400 pixels
	PSD	파일명	내문서₩GTQ₩수험번호-성명-3.psd
		크기	60 × 40 pixels

1. 그림 효과
   ① 배경 : #336600
   ② 1급-7.jpg : Blending Mode(혼합 모드) - Screen(스크린), Opacity(불투명도)(70%)
   ③ 1급-8.jpg : 필터 - Film Grain(필름 그레인), 레이어 마스크 - 가로 방향으로 흐릿하게
   ④ 1급-9.jpg : 필터 - Texturizer(텍스처화)
   ⑤ 1급-10.jpg : 색상 보정 - 노란색 계열로 보정, 레이어 스타일 - Drop Shadow(그림자 효과)
   ⑥ 1급-11.jpg : 레이어 스타일 - Outer Glow(외부 광선)
   ⑦ 그 외 《출력형태》 참조

2. 문자 효과
   ① 새로운 독서문화 (궁서, 42pt, 60pt, 레이어 스타일 - 그라디언트 오버레이(#cc33ff, #006666, #ff9900), Stroke(선/획)(2px, #000000), Drop Shadow(그림자 효과))
   ② New Reading Culture (Arial, Regular, 18pt, #003366, 레이어 스타일 - Stroke(선/획)(2px, #99ffcc))
   ③ 도서상품권을 드립니다 (돋움, 18pt, #000000, 레이어 스타일 - Stroke(선/획)(2px, 그라디언트(#66cc00, #ffff00)))
   ④ 작가인터뷰 / 싸인회 (돋움, 16pt, #ffffff, #cccc00, 레이어 스타일 - Stroke(선/획)(2px, #666633))

《출력형태》

Shape Tool(모양 도구) 사용
#cc33cc, 레이어 스타일 -
Outer Glow(외부 광선),
Opacity(불투명도)(60%)

Shape Tool(모양 도구) 사용
#ffff00, #ffffff, 레이어 스타일 -
Drop Shadow(그림자 효과),
Opacity(불투명도)(80%)

Shape Tool(모양 도구) 사용
레이어 스타일 - 그라디언트 오버레이(#ffffff, #ff0000),
Drop Shadow(그림자 효과)

문제 4 [실무응용] 웹 페이지 제작 [35점]

다음의 《조건》에 따라 아래의 《출력형태》와 같이 작업하시오.

《조건》

원본이미지	내문서₩GTQ₩Image₩1급-12.jpg, 1급-13.jpg, 1급-14.jpg, 1급-15.jpg, 1급-16.jpg, 1급-17.jpg		
파일저장규칙	JPG	파일명	내문서₩GTQ₩수험번호-성명-4.jpg
		크기	600 × 400 pixels
	PSD	파일명	내문서₩GTQ₩수험번호-성명-4.psd
		크기	60 × 40 pixels

1. 그림 효과
   ① 배경 : #ccccff
   ② 패턴(지구, 꽃 모양) : #ffffff, #ff66ff, Opacity(불투명도)(70%)
   ③ 1급-12.jpg : Blending Mode(혼합 모드) – Hard Light(하드 라이트), 레이어 마스크 – 대각선 방향으로 흐릿하게
   ④ 1급-13.jpg : 필터 – Dry Brush(드라이 브러쉬), 레이어 마스크 – 가로 방향으로 흐릿하게
   ⑤ 1급-14.jpg : 레이어 스타일 – Bevel and Emboss(경사와 엠보스), Drop Shadow(그림자 효과)
   ⑥ 1급-15.jpg : 필터 – Film Grain(필름 그레인), 레이어 스타일 – Outer Glow(외부 광선)
   ⑦ 1급-16.jpg : 색상 보정 – 노란색 계열로 보정, 레이어 스타일 – Bevel and Emboss(경사와 엠보스)
   ⑧ 그 외 《출력형태》 참조

2. 문자 효과
   ① Asian Book Publishing Hub (Times New Roman, Bold, 24pt, #330066, #cc33cc, 레이어 스타일 – Stroke(선/획)(2px, #ffffff))
   ② 아시아 도서출판의 허브 (굴림, 40pt, 레이어 스타일 – 그라디언트 오버레이(#3300ff, #339966, #ff6600), Stroke(선/획)(2px, #ffff66))
   ③ 국제 도서전 안내 (궁서, 20pt, #ffff00, 레이어 스타일 – Outer Glow(외부 광선))
   ④ 전문가교육 출판인교류 저작권수출 (돋움, 16pt, #000000, 레이어 스타일 – Stroke(선/획)(2px, #99ffff, #cc99ff))

《출력형태》

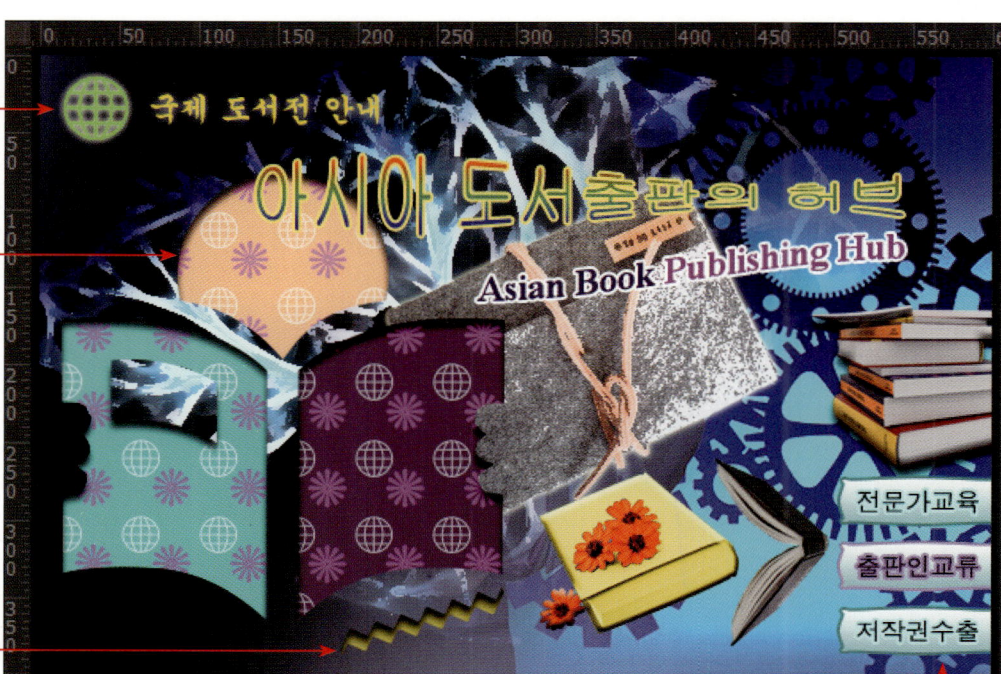

Shape Tool(모양 도구) 사용
#66ff33, 레이어 스타일 –
Outer Glow(외부 광선)

Pen Tool(펜 도구) 사용
#ffcc99, #33cccc, #663366,
레이어 스타일 –
Inner Shadow(내부 그림자)

Shape Tool(모양 도구) 사용
#cccc33, 레이어 스타일 –
Inner Shadow(내부 그림자)

Shape Tool(모양 도구) 사용
레이어 스타일 – 그라디언트 오버레이(#99cccc, #ffffff),
Stroke(선/획)(2px, #339999, #cc99ff)

제 03 회 GTQ[그래픽기술자격]-[S/W:포토샵]

급수	문제유형	시험시간	수험번호	성명
1급	C	90분		

수험자 유의사항

- 수험자는 문제지를 받는 즉시 응시하고자 하는 **과목 및 급수가 맞는지 확인**한 후 수험번호와 성명을 작성합니다.
- 파일명은 본인의 "수험번호-성명-문제번호"로 공백 없이 정확히 입력하고 답안폴더(내 PC\문서\GTQ)에 jpg파일과 psd 파일의 2가지 포맷으로 저장해야 하며, jpg 파일과 psd 파일의 내용이 상이할 경우 0점 처리됩니다. 답안문서 파일명이 "수험번호-성명-문제번호"와 일치하지 않거나, 답안 파일을 전송하지 않아 미제출로 처리될 경우 불합격 처리됩니다.
- 문제의 세부조건은 '영문(한글)' 형식으로 표기되어 있으니 유의하시기 바랍니다.
- 수험자 정보와 저장한 파일명, 저장 위치가 다를 경우 전송이 되지 않으므로, 주의하시기 바랍니다.
- 답안 작성 중에도 **주기적으로 '저장'과 '답안 전송'**을 이용하여 감독위원 PC로 답안을 전송하셔야합니다.
  (※ 작업한 내용을 <u>저장하지 않고 전송할 경우</u> 이전의 저장내용이 전송되오니 이점 반드시 유념하시기 바랍니다.)
- 답안문서는 지정된 경로 외의 다른 보조기억장치에 저장하는 행위, 지정된 시험 시간 외에 작성된 파일을 활용한 행위, 기타 통신수단(이메일, 메신저, 네트워크 등)을 이용하여 타인에게 전달 또는 외부 반출하는 행위는 부정으로 간주되어 **자격기본법 제32조에 의거 본 시험 및 국가공인 자격시험을 2년간 응시할 수 없습니다.**
- 시험 중 부주의 또는 고의로 시스템을 파손한 경우와 〈수험자 유의사항〉에 기재된 방법대로 이행하지 않아 생기는 불이익은 수험자의 책임임을 알려 드립니다.
- 시험을 완료한 수험자는 최종적으로 저장한 답안파일이 전송되었는지 확인한 후 감독위원의 지시에 따라 문제지를 제출하고 퇴실합니다.

답안 작성요령

- 온라인 답안 작성 절차
  수험자 등록 ⇒ 시험 시작 ⇒ 답안파일 저장 ⇒ 답안 전송 ⇒ 시험 종료
- 내 PC\문서\GTQ\Image폴더에 있는 그림 원본파일을 사용하여 답안을 작성하시고 최종답안을 답안폴더(내 PC\문서\GTQ)에 저장하여 답안을 전송하시고, 이미지의 크기가 다른 경우 감점 처리됩니다.
- 배점은 총 100점으로 이루어지며, 점수는 각 문제별로 차등 배분됩니다.
- 각 문제는 주어진 〈조건〉에 따라 작성하고, 언급하지 않은 조건은 《출력형태》와 같이 작성합니다.
- 배치 등의 편의를 위해 주어진 눈금자의 단위는 '픽셀'입니다.
  그 외는 출력형태(효과, 이미지, 문자, 색상, 레이아웃, 규격 등)와 같게 작업하십시오.
- 문제 조건에 서체의 지정이 없을 경우 한글은 굴림이나 돋움, 영문은 Arial로 작업하십시오.
  (단, 그 외에 제시되지 않은 문자 속성을 기본값으로 작성하지 않은 경우는 감점 처리됩니다.)
- Image Mode(이미지 모드)는 별도의 처리조건이 없을 경우에는 RGB(8비트)로 작업하십시오.
- 모든 답안 파일은 해상도 72 pixels/inch로 작업하십시오.
- Layer(레이어)는 각 기능별로 분할해야 하며, 임의로 합칠 경우나 각 기능에 대한 속성을 해지할 경우 해당 요소는 0점 처리됩니다.

문제 1　[기능평가] 고급 Tool(도구) 활용　[20점]

다음의 《조건》에 따라 아래의 《출력형태》와 같이 작업하시오.

《조건》

원본 이미지	내문서₩GTQ₩Image₩1급-1.jpg, 1급-2.jpg, 1급-3.jpg		
파일 저장 규칙	JPG	파일명	내문서₩GTQ₩수험번호-성명-1.jpg
		크기	400 × 500 pixels
	PSD	파일명	내문서₩GTQ₩수험번호-성명-1.psd
		크기	40 × 50 pixels

1. 그림 효과
  ① 1급-1.jpg : 필터 - Cutout(오려내기)
  ② Save Path(패스 저장) : 카메라 모양
  ③ Mask(마스크) : 카메라 모양, 1급-2.jpg를 이용하여 작성
  레이어 스타일 - Stroke(선/획)(3px, 그라디언트(#ffff00, #cc0099)),
  Inner Shadow(내부 그림자)
  ④ 1급-3.jpg : 레이어 스타일 - Bevel and Emboss(경사와 엠보스)
  ⑤ Shape Tool(모양 도구) :
    - 별 모양 (#993333, 레이어 스타일 - Inner Shadow(내부 그림자))
    - 물결 모양 (#ccff00, #ffffff, 레이어 스타일 - Outer Glow(외부 광선))

2. 문자 효과
  ① 드론 비행 체험 (돋움, 50pt, 레이어 스타일 - 그라디언트 오버레이(#990099, #ffff00), Drop Shadow(그림자 효과))

《출력형태》

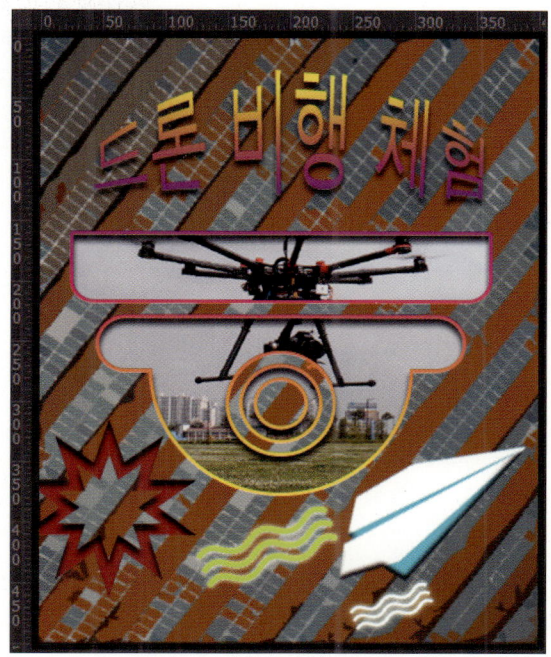

문제 2　[기능평가] 사진편집 응용　[20점]

다음의 《조건》에 따라 아래의 《출력형태》와 같이 작업하시오.

《조건》

원본 이미지	내문서₩GTQ₩Image₩1급-4.jpg, 1급-5.jpg, 1급-6.jpg		
파일 저장 규칙	JPG	파일명	내문서₩GTQ₩수험번호-성명-2.jpg
		크기	400 × 500 pixels
	PSD	파일명	내문서₩GTQ₩수험번호-성명-2.psd
		크기	40 × 50 pixels

1. 그림 효과
  ① 1급-4.jpg : 필터 - Texturizer(텍스처화)
  ② 색상 보정 : 1급-5.jpg - 녹색, 파란색 계열로 보정
  ③ 1급-5.jpg : 레이어 스타일 - Drop Shadow(그림자 효과)
  ④ 1급-6.jpg : 레이어 스타일 - Outer Glow(외부 광선)
  ⑤ Shape Tool(모양 도구) :
    - 원 모양 (#660033, 레이어 스타일 - Stroke(선/획)(2px, #ffffff))
    - 폭발 모양 (#ff9966, 레이어 스타일 - Inner Shadow(내부 그림자))

2. 문자 효과
  ① Play Zone (Times New Roman, Bold, 48pt, 레이어 스타일 - 그라디언트 오버레이(#ff9900, #66ff00, #003366), Drop Shadow(그림자 효과))

《출력형태》

문제 3 [실무응용] 포스터 제작   [25점]

다음의 《조건》에 따라 아래의 《출력형태》와 같이 작업하시오.

《조건》

원본이미지		내문서\GTQ\Image\1급-7.jpg, 1급-8.jpg, 1급-9.jpg, 1급-10.jpg, 1급-11.jpg
파일저장규칙	JPG 파일명	내문서\GTQ\수험번호-성명-3.jpg
	크기	600 × 400 pixels
	PSD 파일명	내문서\GTQ\수험번호-성명-3.psd
	크기	60 × 40 pixels

1. 그림 효과
   ① 배경 : #ccccff
   ② 1급-7.jpg : Blending Mode(혼합 모드) - Screen(스크린), Opacity(불투명도)(80%)
   ③ 1급-8.jpg : 필터 - Dry Brush(드라이 브러쉬), 레이어 마스크 - 세로 방향으로 흐릿하게
   ④ 1급-9.jpg : 필터 - Texturizer(텍스처화)
   ⑤ 1급-10.jpg : 레이어 스타일 - Stroke(선/획)(5px, 그라디언트(#003366, #ff9900))
   ⑥ 1급-11.jpg : 색상 보정 - 보라색 계열로 보정, 레이어 스타일 - Bevel and Emboss(경사와 엠보스)
   ⑦ 그 외 《출력형태》 참조

2. 문자 효과
   ① 축하공연 / 드론시연 (돋움, 16pt, #ffffff, 레이어 스타일 - Stroke(선/획)(2px, #666633))
   ② 드론 챌린지 코리아 (궁서, 42pt, 레이어 스타일 - 그라디언트 오버레이(#cc33ff, #006666, #ff9900), Stroke(선/획)(2px, #99ccff), Drop Shadow(그림자 효과))
   ③ Drone Challenge Korea (Arial, Regular, 18pt, 25pt, #003366, #cc33cc, 레이어 스타일 - Stroke(선/획)(2px, #ffffff))
   ④ 관람 및 드론 체험이 가능합니다 (돋움, 18pt, 레이어 스타일 - 그라디언트 오버레이(#66cc00, #ffcc00), Stroke(선/획)(2px, #333333))

《출력형태》

문제 4 [실무응용] 웹 페이지 제작 [35점]

다음의 《조건》에 따라 아래의 《출력형태》와 같이 작업하시오.

《조건》

원본이미지	내문서₩GTQ₩Image₩1급-12.jpg, 1급-13.jpg, 1급-14.jpg, 1급-15.jpg, 1급-16.jpg, 1급-17.jpg		
파일저장규칙	JPG	파일명	내문서₩GTQ₩수험번호-성명-4.jpg
		크기	600 × 400 pixels
	PSD	파일명	내문서₩GTQ₩수험번호-성명-4.psd
		크기	60 × 40 pixels

1. 그림 효과
   ① 배경 : #ccffff
   ② 패턴(원, 표적 모양) : #ff6666, #ff0066, Opacity(불투명도)(60%)
   ③ 1급-12.jpg : Blending Mode(혼합 모드) – Multiply(곱하기), 레이어 마스크 – 가로 방향으로 흐릿하게
   ④ 1급-13.jpg : 필터 – Dry Brush(드라이 브러쉬), 레이어 마스크 – 대각선 방향으로 흐릿하게
   ⑤ 1급-14.jpg : 레이어 스타일 – Bevel and Emboss(경사와 엠보스), Drop Shadow(그림자 효과)
   ⑥ 1급-15.jpg : 필터 – Texturizer(텍스처화), 레이어 스타일 – Drop Shadow(그림자 효과)
   ⑦ 1급-16.jpg : 색상 보정 – 빨간색 계열로 보정, 레이어 스타일 – Bevel and Emboss(경사와 엠보스)
   ⑧ 그 외 《출력형태》 참조

2. 문자 효과
   ① International Drone Expo (Times New Roman, Bold, 23pt, #330066, 레이어 스타일 – Stroke(선/획)(2px, #ffffff))
   ② 국제 드론 박람회 (굴림, 45pt, 레이어 스타일 – 그라디언트 오버레이(#000000, #ff0066), Stroke(선/획)(2px, #ffcc00))
   ③ 사전등록 바로가기 (궁서, 15pt, #ffff00, 레이어 스타일 – Stroke(선/획)(2px, #000000))
   ④ 행사개요 등록하기 공지사항 (돋움, 18pt, #000000, 레이어 스타일 – Stroke(선/획)(2px, #99ffff, #ffccff))

《출력형태》

Shape Tool(모양 도구) 사용 #cccccc, 레이어 스타일 – Drop Shadow(그림자 효과), Opacity(불투명도)(60%)

Pen Tool(펜 도구) 사용 #66ccff, #3366ff, 레이어 스타일 – Drop Shadow(그림자 효과)

Shape Tool(모양 도구) 사용 #ffff00, 레이어 스타일 – Inner Shadow(내부 그림자), Opacity(불투명도)(70%)

Shape Tool(모양 도구) 사용 레이어 스타일 – Stroke(선/획)(2px, #339999), 그라디언트 오버레이(#99cccc, #ffffff)

제 04 회 GTQ[그래픽기술자격]-[S/W:포토샵]

급수	문제유형	시험시간	수험번호	성명
1급	D	90분		

수험자 유의사항

- 수험자는 문제지를 받는 즉시 응시하고자 하는 **과목 및 급수가 맞는지 확인**한 후 수험번호와 성명을 작성합니다.
- 파일명은 본인의 "수험번호-성명-문제번호"로 공백 없이 정확히 입력하고 답안폴더(내 PC₩문서₩GTQ)에 jpg파일과 psd 파일의 2가지 포맷으로 저장해야 하며, jpg 파일과 psd 파일의 내용이 상이할 경우 0점 처리됩니다. 답안문서 파일명이 "수험번호-성명-문제번호"와 일치하지 않거나, 답안 파일을 전송하지 않아 미제출로 처리될 경우 불합격 처리됩니다.
- 문제의 세부조건은 '영문(한글)' 형식으로 표기되어 있으니 유의하시기 바랍니다.
- 수험자 정보와 저장한 파일명, 저장 위치가 다를 경우 전송이 되지 않으므로, 주의하시기 바랍니다.
- 답안 작성 중에도 **주기적으로 '저장'과 '답안 전송'**을 이용하여 감독위원 PC로 답안을 전송하셔야합니다.
 (※ 작업한 내용을 <u>저장하지 않고 전송할 경우</u> 이전의 저장내용이 전송되오니 이점 반드시 유념하시기 바랍니다.)
- 답안문서는 지정된 경로 외의 다른 보조기억장치에 저장하는 행위, 지정된 시험 시간 외에 작성된 파일을 활용한 행위, 기타 통신수단(이메일, 메신저, 네트워크 등)을 이용하여 타인에게 전달 또는 외부 반출하는 행위는 부정으로 간주되어 **자격기본법 제32조에 의거 본 시험 및 국가공인 자격시험을 2년간 응시할 수 없습니다.**
- 시험 중 부주의 또는 고의로 시스템을 파손한 경우와 〈수험자 유의사항〉에 기재된 방법대로 이행하지 않아 생기는 불이익은 수험자의 책임임을 알려 드립니다.
- 시험을 완료한 수험자는 최종적으로 저장한 답안파일이 전송되었는지 확인한 후 감독위원의 지시에 따라 문제지를 제출하고 퇴실합니다.

답안 작성요령

- 온라인 답안 작성 절차
 수험자 등록 ⇒ 시험 시작 ⇒ 답안파일 저장 ⇒ 답안 전송 ⇒ 시험 종료
- 내 PC₩문서₩GTQ₩Image폴더에 있는 그림 원본파일을 사용하여 답안을 작성하시고 최종답안을 답안폴더(내 PC₩문서₩GTQ)에 저장하여 답안을 전송하시고, 이미지의 크기가 다른 경우 감점 처리됩니다.
- 배점은 총 100점으로 이루어지며, 점수는 각 문제별로 차등 배분됩니다.
- 각 문제는 주어진 〈조건〉에 따라 작성하고, 언급하지 않은 조건은 《출력형태》와 같이 작성합니다.
- 배치 등의 편의를 위해 주어진 눈금자의 단위는 '픽셀'입니다.
 그 외는 출력형태(효과, 이미지, 문자, 색상, 레이아웃, 규격 등)와 같이 작업하십시오.
- 문제 조건에 서체의 지정이 없을 경우 한글은 굴림이나 돋움, 영문은 Arial로 작업하십시오.
 (단, 그 외에 제시되지 않은 문자 속성을 기본값으로 작성하지 않은 경우는 감점 처리됩니다.)
- Image Mode(이미지 모드)는 별도의 처리조건이 없을 경우에는 RGB(8비트)로 작업하십시오.
- 모든 답안 파일은 해상도 72 pixels/inch로 작업하십시오.
- Layer(레이어)는 각 기능별로 분할해야 하며, 임의로 합칠 경우나 각 기능에 대한 속성을 해지할 경우 해당 요소는 0점 처리됩니다.

문제 1   [기능평가] 고급 Tool(도구) 활용   [20점]

다음의 《조건》에 따라 아래의 《출력형태》와 같이 작업하시오.

《조건》

원본 이미지	내문서\GTQ\Image\1급-1.jpg, 1급-2.jpg, 1급-3.jpg		
파일 저장 규칙	JPG	파일명	내문서\GTQ\수험번호-성명-1.jpg
		크기	400 × 500 pixels
	PSD	파일명	내문서\GTQ\수험번호-성명-1.psd
		크기	40 × 50 pixels

1. 그림 효과
   ① 1급-1.jpg : 필터 - Texturizer(텍스처화)
   ② Save Path(패스 저장) : 손과 식물 모양
   ③ Mask(마스크) : 손과 식물 모양, 1급-2.jpg를 이용하여 작성
       레이어 스타일 - Stroke(선/획)(3px, 그라디언트(#cc33cc, #006633)), Inner Glow(내부 광선)
   ④ 1급-3.jpg : 레이어 스타일 - Drop Shadow(그림자 효과)
   ⑤ Shape Tool(모양 도구) :
       - 자동차 모양 (#666666,
         레이어 스타일 - Bevel and Emboss(경사와 엠보스))
       - 장식 모양 (#cc6699, #663366,
         레이어 스타일 - Outer Glow(외부 광선))

2. 문자 효과
   ① Personal Hygiene (Arial, Regular, 45pt, 레이어 스타일 - 그라디언트 오버레이 (#99cccc, #ff6600, #ffff00), Drop Shadow(그림자 효과))

《출력형태》

문제 2   [기능평가] 사진편집 응용   [20점]

다음의 《조건》에 따라 아래의 《출력형태》와 같이 작업하시오.

《조건》

원본 이미지	내문서\GTQ\Image\1급-4.jpg, 1급-5.jpg, 1급-6.jpg		
파일 저장 규칙	JPG	파일명	내문서\GTQ\수험번호-성명-2.jpg
		크기	400 × 500 pixels
	PSD	파일명	내문서\GTQ\수험번호-성명-2.psd
		크기	40 × 50 pixels

1. 그림 효과
   ① 1급-4.jpg : 필터 - Angled Strokes(각진 선/획)
   ② 색상 보정 : 1급-5.jpg - 파란색, 빨간색 계열로 보정
   ③ 1급-5.jpg : 레이어 스타일 - Inner Shadow(내부 그림자)
   ④ 1급-6.jpg : 레이어 스타일 - Drop Shadow(그림자 효과)
   ⑤ Shape Tool(모양 도구) :
       - 나비 모양 (#cc6699, 레이어 스타일 - Inner Glow (내부 광선))
       - 모래 시계 모양 (#cccccc, 레이어 스타일 - Inner Shadow(내부 그림자))

2. 문자 효과
   ① 청결 위생관리 (굴림, 40pt, 레이어 스타일 - 그라디언트 오버레이(#ffcc00, #ffffff, #ff66ff), Stroke(선/획)(3px, #666699))

《출력형태》

문제 3 [실무응용] 포스터 제작 [25점]

다음의 《조건》에 따라 아래의 《출력형태》와 같이 작업하시오.

《조건》

원본이미지	내문서₩GTQ₩Image₩1급-7.jpg, 1급-8.jpg, 1급-9.jpg, 1급-10.jpg, 1급-11.jpg		
파일저장규칙	JPG	파일명	내문서₩GTQ₩수험번호-성명-3.jpg
		크기	600 × 400 pixels
	PSD	파일명	내문서₩GTQ₩수험번호-성명-3.psd
		크기	60 × 40 pixels

1. 그림 효과
① 배경 : #6699cc
② 1급-7.jpg : Blending Mode(혼합 모드) – Linear Light(선형 라이트), Opacity(불투명도)(80%)
③ 1급-8.jpg : 필터 – Texturizer(텍스처화), 레이어 마스크 – 가로 방향으로 흐릿하게
④ 1급-9.jpg : 필터 – Poster Edges(포스터 가장자리)
⑤ 1급-10.jpg : 레이어 스타일 – Stroke(선/획)(6px, 그라디언트(#336633, #cccccc))
⑥ 1급-11.jpg : 색상 보정 – 파란색 계열로 보정, 레이어 스타일 – Inner Glow(내부 광선), Drop Shadow(그림자 효과)
⑦ 그 외《출력형태》참조

2. 문자 효과
① 사회적 거리두기 (굴림, 40pt, 레이어 스타일 – 그라디언트 오버레이(#00ccff, #33cc66, #ffcc00), Stroke(선/획)(3px, #660099))
② 1단계 / 2단계 / 3단계 (궁서, 16pt, #333399, #ff0099, 레이어 스타일 – Stroke(선/획)(2px, #ffffff))
③ SOCIAL distancing (Times New Roman, Regular, 24pt, 20pt, #ffffff, 레이어 스타일 – Stroke(선/획)(2px, #996633))
④ 여전히 엄중한 상황, 2주 더 연장합니다!
    (돋움, 16pt, 레이어 스타일 – 그라디언트 오버레이(#ccff00, #ff66ff), Stroke(선/획)(2px, #663300))

《출력형태》

Shape Tool(모양 도구) 사용
레이어 스타일 – 그라디언트
오버레이(#993333, #ffcccc),
Drop Shadow(그림자 효과)

Shape Tool(모양 도구) 사용
#cc9999, #ffff00,
레이어 스타일 – Inner
Shadow(내부 그림자),
Opacity(불투명도)(70%)

Shape Tool(모양 도구) 사용
#996600, 레이어 스타일 –
Outer Glow(외부 광선)

문제 4 [실무응용] 웹 페이지 제작 [35점]

다음의 《조건》에 따라 아래의 《출력형태》와 같이 작업하시오.

《조건》

원본이미지	내문서₩GTQ₩Image₩1급-12.jpg, 1급-13.jpg, 1급-14.jpg, 1급-15.jpg, 1급-16.jpg, 1급-17.jpg		
파일저장규칙	JPG	파일명	내문서₩GTQ₩수험번호-성명-4.jpg
		크기	600 × 400 pixels
	PSD	파일명	내문서₩GTQ₩수험번호-성명-4.psd
		크기	60 × 40 pixels

1. 그림 효과
   ① 배경 : #99ffff
   ② 패턴(나무, 집 모양) : #336633, #ffffff, Opacity(불투명도)(60%)
   ③ 1급-12.jpg : Blending Mode(혼합 모드) - Hard Light(하드 라이트), 레이어 마스크 - 대각선 방향으로 흐릿하게
   ④ 1급-13.jpg : 필터 - Dry Brush(드라이 브러쉬), 레이어 마스크 - 세로 방향으로 흐릿하게
   ⑤ 1급-14.jpg : 레이어 스타일 - Stroke(선/획)(2px, #ff9999), Bevel and Emboss(경사와 엠보스)
   ⑥ 1급-15.jpg : 필터 - Texturizer(텍스처화), 레이어 스타일 - Drop Shadow(그림자 효과)
   ⑦ 1급-16.jpg : 색상 보정 - 녹색 계열로 보정, 레이어 스타일 - Bevel and Emboss(경사와 엠보스)
   ⑧ 그 외 《출력형태》 참조

2. 문자 효과
   ① 전염을 막는 지혜로운 방법 (돋움, 33pt, 레이어 스타일 - 그라디언트 오버레이(#00ffff, #ffffff), Stroke(선/획)(3px, #660066), Drop Shadow(그림자 효과))
   ② http://covid19seoulmind.org (Arial, Regular, 18pt, #663300, 레이어 스타일 - Stroke(선/획)(2px, #ffcccc))
   ③ 우리 함께 잘 견디고 이겨내요! (돋움, 14pt, #ffffff, 레이어 스타일 - Stroke(선/획)(2px, #663333))
   ④ 뉴에티켓 팩트체크 치유레터 (돋움, 16pt, #000000, #cc0099, 레이어 스타일 - Stroke(선/획)(2px, #ffffff))

《출력형태》

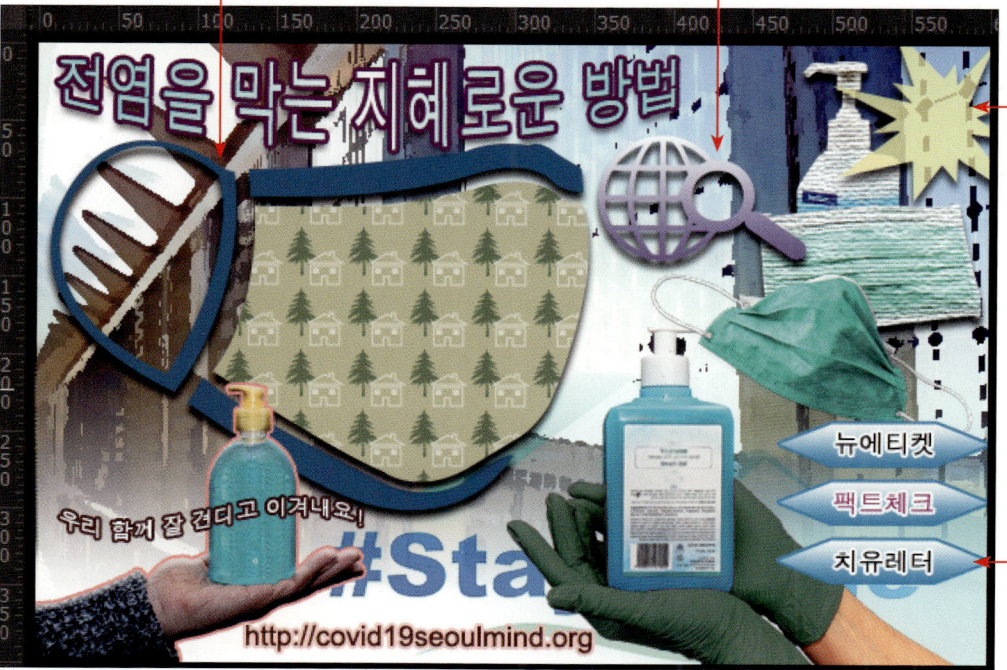

제 05 회 GTQ[그래픽기술자격]-[S/W:포토샵]

급수	문제유형	시험시간	수험번호	성명
1급	E	90분		

수험자 유의사항

- 수험자는 문제지를 받는 즉시 응시하고자 하는 **과목 및 급수가 맞는지 확인**한 후 수험번호와 성명을 작성합니다.
- 파일명은 본인의 "수험번호-성명-문제번호"로 공백 없이 정확히 입력하고 답안폴더(내 PC\문서\GTQ)에 jpg파일과 psd 파일의 2가지 포맷으로 저장해야 하며, jpg 파일과 psd 파일의 내용이 상이할 경우 0점 처리됩니다. 답안문서 파일명이 "수험번호-성명-문제번호"와 일치하지 않거나, 답안 파일을 전송하지 않아 미제출로 처리될 경우 불합격 처리됩니다.
- 문제의 세부조건은 '영문(한글)' 형식으로 표기되어 있으니 유의하시기 바랍니다.
- 수험자 정보와 저장한 파일명, 저장 위치가 다를 경우 전송이 되지 않으므로, 주의하시기 바랍니다.
- 답안 작성 중에도 **주기적으로 '저장'과 '답안 전송'**을 이용하여 감독위원 PC로 답안을 전송하셔야합니다.
  (※ 작업한 내용을 저장하지 않고 전송할 경우 이전의 저장내용이 전송되오니 이점 반드시 유념하시기 바랍니다.)
- 답안문서는 지정된 경로 외의 다른 보조기억장치에 저장하는 행위, 지정된 시험 시간 외에 작성된 파일을 활용한 행위, 기타 통신수단(이메일, 메신저, 네트워크 등)을 이용하여 타인에게 전달 또는 외부 반출하는 행위는 부정으로 간주되어 **자격기본법 제32조에 의거 본 시험 및 국가공인 자격시험을 2년간 응시할 수 없습니다.**
- 시험 중 부주의 또는 고의로 시스템을 파손한 경우와 〈수험자 유의사항〉에 기재된 방법대로 이행하지 않아 생기는 불이익은 수험자의 책임임을 알려 드립니다.
- 시험을 완료한 수험자는 최종적으로 저장한 답안파일이 전송되었는지 확인한 후 감독위원의 지시에 따라 문제지를 제출하고 퇴실합니다.

답안 작성요령

- 온라인 답안 작성 절차
  수험자 등록 ⇒ 시험 시작 ⇒ 답안파일 저장 ⇒ 답안 전송 ⇒ 시험 종료
- 내 PC\문서\GTQ\Image폴더에 있는 그림 원본파일을 사용하여 답안을 작성하시고 최종답안을 답안폴더(내 PC\문서\GTQ)에 저장하여 답안을 전송하시고, 이미지의 크기가 다른 경우 감점 처리됩니다.
- 배점은 총 100점으로 이루어지며, 점수는 각 문제별로 차등 배분됩니다.
- 각 문제는 주어진 〈조건〉에 따라 작성하고, 언급하지 않은 조건은 《출력형태》와 같이 작성합니다.
- 배치 등의 편의를 위해 주어진 눈금자의 단위는 '픽셀'입니다.
  그 외는 출력형태(효과, 이미지, 문자, 색상, 레이아웃, 규격 등)와 같게 작업하십시오.
- 문제 조건에 서체의 지정이 없을 경우 한글은 굴림이나 돋움, 영문은 Arial로 작업하십시오.
  (단, 그 외에 제시되지 않은 문자 속성을 기본값으로 작성하지 않은 경우는 감점 처리됩니다.)
- Image Mode(이미지 모드)는 별도의 처리조건이 없을 경우에는 RGB(8비트)로 작업하십시오.
- 모든 답안 파일은 해상도 72 pixels/inch로 작업하십시오.
- Layer(레이어)는 각 기능별로 분할해야 하며, 임의로 합칠 경우나 각 기능에 대한 속성을 해지할 경우 해당 요소는 0점 처리됩니다.

문제 1 [기능평가] 고급 Tool(도구) 활용 [20점]

다음의 《조건》에 따라 아래의 《출력형태》와 같이 작업하시오.

《조건》

원본 이미지	내문서\GTQ\Image\1급-1.jpg, 1급-2.jpg, 1급-3.jpg		
파일 저장 규칙	JPG	파일명	내문서\GTQ\수험번호-성명-1.jpg
		크기	400 × 500 pixels
	PSD	파일명	내문서\GTQ\수험번호-성명-1.psd
		크기	40 × 50 pixels

1. 그림 효과
   ① 1급-1.jpg : 필터 - Dry Brush(드라이 브러쉬)
   ② Save Path(패스 저장) : 믹서기 모양
   ③ Mask(마스크) : 믹서기 모양, 1급-2.jpg를 이용하여 작성
      레이어 스타일 - Stroke(선/획)(5px, 그라디언트(#ffcc00, #006600)), Inner Shadow(내부 그림자)
   ④ 1급-3.jpg : 레이어 스타일 - Drop Shadow(그림자 효과)
   ⑤ Shape Tool(모양 도구) :
      - 나뭇잎 모양 (#33cc66, 레이어 스타일 – Bevel and Emboss(경사와 엠보스))
      - 물결 모양 (#00ffff, #ffffff, 레이어 스타일 - Outer Glow(외부 광선))

2. 문자 효과
   ① 과일 주스 한 잔 (돋움, 45pt, 레이어 스타일 - 그라디언트 오버레이 (#ffff00, #ff3333), Stroke(선/획)(2px, #330033))

《출력형태》

문제 2 [기능평가] 사진편집 응용 [20점]

다음의 《조건》에 따라 아래의 《출력형태》와 같이 작업하시오.

《조건》

원본 이미지	내문서\GTQ\Image\1급-4.jpg, 1급-5.jpg, 1급-6.jpg		
파일 저장 규칙	JPG	파일명	내문서\GTQ\수험번호-성명-2.jpg
		크기	400 × 500 pixels
	PSD	파일명	내문서\GTQ\수험번호-성명-2.psd
		크기	40 × 50 pixels

1. 그림 효과
   ① 1급-4.jpg : 필터 - Crosshatch(그물눈)
   ② 색상 보정 : 1급-5.jpg - 파란색, 녹색 계열로 보정
   ③ 1급-5.jpg : 레이어 스타일 - Drop Shadow(그림자 효과)
   ④ 1급-6.jpg : 레이어 스타일 - Inner Shadow(내부 그림자)
   ⑤ Shape Tool(모양 도구) :
      - 나뭇잎 모양 (#33cc33, 레이어 스타일 - Drop Shadow(그림자 효과))
      - 꽃 모양 (#ff6666, #cc9999, 레이어 스타일 - Outer Glow(외부 광선))

2. 문자 효과
   ① Organic Food (Times New Roman, Bold, 50pt, 레이어 스타일 - 그라디언트 오버레이(#ff00ff, #ffcc00, #66ff00), Stroke(선/획) (2px, #333366))

《출력형태》

문제 3   [실무응용] 포스터 제작   [25점]

다음의 《조건》에 따라 아래의 《출력형태》와 같이 작업하시오.

《조건》

원본이미지		내문서\GTQ\Image\1급-7.jpg, 1급-8.jpg, 1급-9.jpg, 1급-10.jpg, 1급-11.jpg
파일저장규칙	JPG 파일명	내문서\GTQ\수험번호-성명-3.jpg
	JPG 크기	600 × 400 pixels
	PSD 파일명	내문서\GTQ\수험번호-성명-3.psd
	PSD 크기	60 × 40 pixels

1. 그림 효과
   ① 배경 : #ffcc00
   ② 1급-7.jpg : Blending Mode(혼합 모드) - Darken(어둡게 하기), Opacity(불투명도)(80%)
   ③ 1급-8.jpg : 필터 - Film Grain(필름 그레인), 레이어 마스크 - 대각선 방향으로 흐릿하게
   ④ 1급-9.jpg : 필터 - Dry Brush(드라이 브러쉬)
   ⑤ 1급-10.jpg : 색상 보정 - 녹색 계열로 보정, 레이어 스타일 - Stroke(선/획)(5px, 그라디언트(#009933, #ffcc00))
   ⑥ 1급-11.jpg : 레이어 스타일 - Bevel and Emboss(경사와 엠보스), Outer Glow(외부 광선)
   ⑦ 그 외 《출력형태》 참조

2. 문자 효과
   ① 햇살이네 주말농장 (궁서, 45pt, 레이어 스타일 - 그라디언트 오버레이(#00ccff, #33ff00, #ffcc00), Stroke(선/획)(2px, #333333), Drop Shadow(그림자 효과))
   ② 장소 / 시간 : 햇살농장 텃밭 / 매주 토요일 9시 (돋움, 15pt, #ffffff, 레이어 스타일 - Stroke(선/획)(2px, #336633))
   ③ Green Garden and Small Farm (Times New Roman, Bold, 20pt, #cc6600, #663399, 레이어 스타일 - Stroke(선/획)(2px, #99ff33))
   ④ 신선한 토마토 수확하기 (바탕, 23pt, 30pt, #000000, 레이어 스타일 - Stroke(선/획)(2px, 그라디언트(#cc99cc, #66ff99))

《출력형태》

Shape Tool(모양 도구) 사용
#ffff00, #ffffff, 레이어 스타일 -
Drop Shadow(그림자 효과),
Opacity(불투명도)(70%)

Shape Tool(모양 도구) 사용
레이어 스타일 - 그라디언트
오버레이(#ffffff, #ff9999),
Inner Shadow(내부 그림자)

Shape Tool(모양 도구) 사용
#000000, 레이어 스타일 -
Outer Glow(외부 광선),
Opacity(불투명도)(50%)

문제 4 [실무응용] 웹 페이지 제작 [35점]

다음의 《조건》에 따라 아래의 《출력형태》와 같이 작업하시오.

《조건》

원본이미지	내문서₩GTQ₩Image₩1급-12.jpg, 1급-13.jpg, 1급-14.jpg, 1급-15.jpg, 1급-16.jpg, 1급-17.jpg	
파일저장규칙	JPG	파일명 : 내문서₩GTQ₩수험번호-성명-4.jpg
		크기 : 600 × 400 pixels
	PSD	파일명 : 내문서₩GTQ₩수험번호-성명-4.psd
		크기 : 60 × 40 pixels

1. 그림 효과
   ① 배경 : #ffcc99
   ② 패턴(나뭇잎 모양) : #99cc33, #009966, Opacity(불투명도)(70%)
   ③ 1급-12.jpg : Blending Mode(혼합 모드) - Multiply(곱하기), 레이어 마스크 - 가로 방향으로 흐릿하게
   ④ 1급-13.jpg : 필터 - Dry Brush(드라이 브러쉬), 레이어 마스크 - 세로 방향으로 흐릿하게
   ⑤ 1급-14.jpg : 레이어 스타일 - Outer Glow(외부 광선), Drop Shadow(그림자 효과)
   ⑥ 1급-15.jpg : 필터 - Texturizer(텍스처화), 레이어 스타일 - Bevel and Emboss(경사와 엠보스)
   ⑦ 1급-16.jpg : 색상 보정 - 빨간색 계열로 보정, 레이어 스타일 - Drop Shadow(그림자 효과)
   ⑧ 그 외《출력형태》참조

2. 문자 효과
   ① Family Field Trip (Arial, Regular, 20pt, #ffcc00, 레이어 스타일 - Stroke(선/획)(2px, #663300))
   ② 과수원 과일 따기 체험 (궁서, 35pt, 레이어 스타일 - 그라디언트 오버레이(#33ff00, #ffff99, #ff6600), Stroke(선/획)(3px, #336600))
   ③ 대구 노을이네 사과 햇살농원 (굴림, 15pt, #660000, 레이어 스타일 - Stroke(선/획)(2px, #ffcccc))
   ④ 체험안내 교통안내 농장정보 (돋움, 17pt, #993333, 레이어 스타일 - Stroke(선/획)(2px, #ffff99))

《출력형태》

Pen Tool(펜 도구) 사용
#ffff66, #ff9900, #666699, #666600, 레이어 스타일 - Drop Shadow(그림자 효과)

Shape Tool(모양 도구) 사용
#ffffff, 레이어 스타일 - Stroke(선/획)(3px, 그라디언트(#00ff33, #ffcc00))

Shape Tool(모양 도구) 사용
레이어 스타일 - 그라디언트 오버레이(#00ff33, #ffcc00), Drop Shadow(그림자 효과)

Shape Tool(모양 도구) 사용
#ffcc33, #339933, 레이어 스타일 - Inner Shadow(내부 그림자), Opacity(불투명도)(80%)

PART 05

Photoshop CC
정답 및 해설

정답 및 해설

실전모의고사
최신기출문제

정답 및 해설 01 실전모의고사

GTQ 1급

제 01 회 실전모의고사

01 [기능평가] 고급 Tool(도구) 활용

STEP 01 캔버스 생성 및 이미지 복사하기

① Adobe Photoshop CC 2020을 실행하기 위해 [시작]을 클릭한 후 앱 뷰에서 [Adobe Photoshop 2020]을 클릭합니다.

② 포토샵이 실행되면 새 캔버스를 만들기 위해 [Create new(새로 만들기)] 단추를 클릭합니다.

③ [New Document(새로 만들기 문서)] 대화상자가 나타나면 단위(Pixels(픽셀))을 선택한 후 Width(너비)를 '400', Height(높이)를 '500', Resolution(해상도)를 '72'를 입력합니다. 그런 다음 [Create(만들기)] 단추를 클릭합니다.

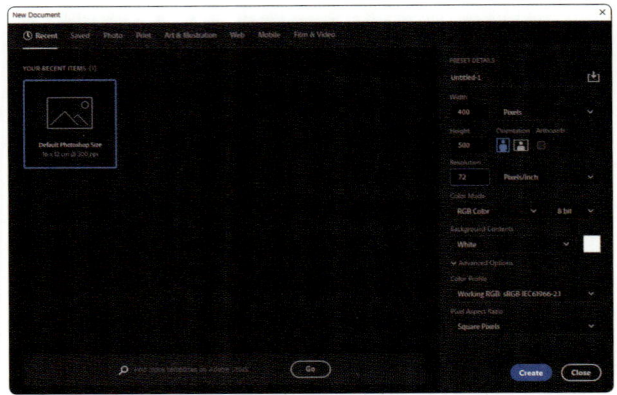

④ 새 캔버스가 만들어지면 눈금자가 표시 되는지 확인한 후 눈금자가 나타나지 않을 경우 [View(보기)]를 클릭한 다음 [Rulers(눈금자)]를 클릭합니다.

⑤ 눈금자를 드래그하여 Guides(안내선)을 100 pixels(픽셀) 단위로 작성합니다.

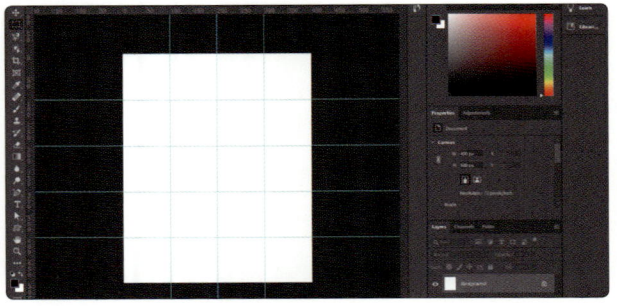

⑥ [File(파일)]을 클릭한 후 [Open(열기)]를 클릭합니다.

⑦ [열기] 대화상자가 나타나면 찾는 위치(내 PC₩문서₩GTQ₩Image)를 지정한 후 파일(1급-1 ~ 1급-3)을 선택한 다음 [열기] 단추를 클릭합니다.

⑧ 이미지가 불러와지면 [1급-1.jpg] 탭을 클릭한 후 Ctrl+A를 눌러 이미지 전체를 선택 영역으로 지정합니다.

⑨ 선택 영역이 지정되면 Ctrl+C를 눌러 이미지를 복사합니다.

⑩ 복사된 이미지를 작업 캔버스에 붙여넣기 위해 [Untitled-1] 탭을 클릭한 후 Ctrl+V를 눌러 붙여넣기 합니다.

⑪ [Edit(편집)]을 클릭한 후 [Free Transform(자유 변형)] 을 클릭합니다.

⑫ 이미지에 크기 조절점이 나타나면 드래그하여 이미지의 크기 및 위치를 조절합니다.

⑬ Tool Box(도구 상자)에서 [Move Tool(이동 도구)]를 선택한 후 이미지 위치를 이동합니다.

STEP 02 Filter(필터) 적용하기

① [Filter(필터)]를 클릭한 후 [Filter Gallery(필터 갤러리)]를 클릭합니다.

② [Filter Gallery(필터 갤러리)] 대화상자가 나타나면 [Aristic(예술 효과)]를 클릭한 후 Aristic(예술 효과) 목록이 나타나면 [Dry Brush(드라이 브러시)]를 클릭한 다음 속성을 지정하고 [OK(확인)] 단추를 클릭합니다.

③ 이미지에 Dry Brush(드라이 브러시) 필터가 적용됩니다.

STEP 03   패스 그리기 및 레이어 스타일 적용하기

① Tool Box(도구 상자)에서 [Pen Tool(펜 도구)]를 클릭한 후 옵션 바에서 [Paths(패스)]를 선택합니다.

② Pen Tool(펜 도구)을 이용하여 다음과 같이 상어 모양을 그립니다.

③ 패스를 저장하기 위해 [Paths(패스)] 패널을 클릭한 후 [Work Path(작업 패스)] 레이어를 더블 클릭합니다.

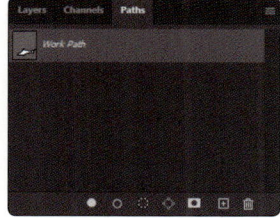

④ [Save Path(패스 저장)] 대화상자가 나타나면 이름(상어 모양)을 입력한 후 [OK(확인)] 단추를 클릭합니다.

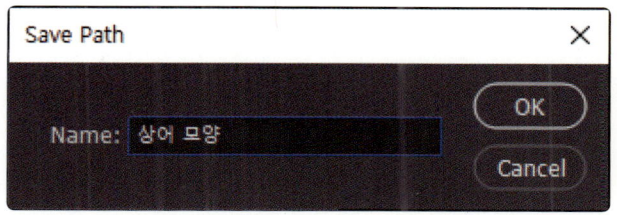

⑤ [Paths(패스)] 패널에서 Ctrl 을 누른 상태에서 [Path thumbnail(패스 축소판)]을 클릭하여 패스 모양을 선택 영역으로 지정합니다.

⑥ [Layers(레이어)] 패널을 클릭한 후 [Create a new layer(새 레이어 만들기)]를 클릭합니다.

⑦ 패스 모양에 맞춰 선택 영역이 지정되면 [Layers(레이어)] 패널을 선택한 후 Alt + Delete 를 눌러 전경색을 칠합니다.

⑧ [Layers(레이어)] 패널에서 [Add a layer style(레이어 스타일 추가)]를 클릭한 후 [Stroke(선)]을 클릭합니다.

⑨ [Layer Style(레이어 스타일)] 대화상자의 [Stroke(선)] 스타일이 나타나면 크기(3)를 입력한 후 Color(색상)을 클릭합니다.

⑩ [Color Picker(Stroke Color)(색상 피커(선 색상))] 대화상자가 나타나면 색상(ffcccc)을 입력한 후 [OK(확인)] 단추를 클릭합니다.

⑪ [Layer Style(레이어 스타일)] 대화상자가 다시 나타나면 [Inner Shadow(내부 그림자)] 스타일을 클릭합니다.

⑫ [Layer Style(레이어 스타일)] 대화상자의 [Inner Shadow(내부 그림자)] 스타일이 나타나면 속성을 지정한 후 [OK(확인)] 단추를 클릭합니다.

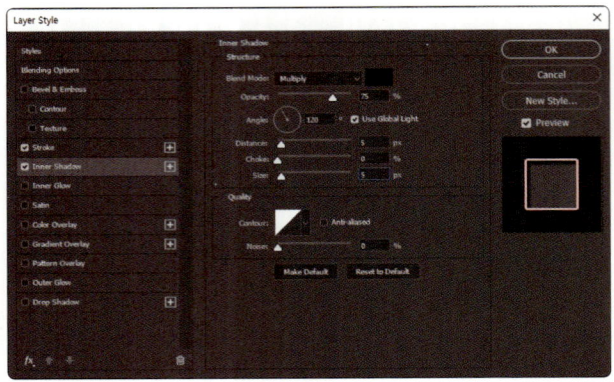

STEP 04 클리핑 마스크 설정 및 레이어 스타일 적용하기

① [1급-2.jpg] 탭을 클릭한 후 Ctrl+A를 눌러 이미지 전체를 선택 영역으로 지정한 후 Ctrl+C를 눌러 이미지를 복사합니다.

② [Untitled-1] 탭을 클릭한 후 Ctrl+V를 눌러 붙여넣기 합니다.

③ [Layer(레이어)]를 클릭한 후 [Create Clipping Mask(클리핑 마스크 만들기)]를 클릭합니다.

④ 클리핑 마스크가 만들어지면 Tool Box(도구 상자)에서 [Move Tool(이동 도구)]를 선택한 후 위치를 이동합니다.

STEP 05 이미지 복사 및 레이어 스타일 적용하기

① [1급-3.jpg] 탭을 클릭한 후 Tool Box(도구 상자)에서 [Magnetic Lasso Tool(자석 올가미 도구)]를 선택한 다음 옵션 바에서 Frequency(빈도수)에 '100'을 입력합니다.

② 시작점을 클릭한 후 드래그하여 갈매기를 선택 영역으로 지정합니다.

③ 갈매기가 선택 영역으로 지정되면 Ctrl+C를 눌러 이미지를 복사한 후 [Untitled-1] 탭을 클릭합니다.

④ [Layers(레이어)] 패널에서 [Layer 2(레이어 2)]를 선택한 후 Ctrl+V를 눌러 붙여넣기 합니다.

⑤ 이미지를 좌우 대칭시키기 위해 [Edit(편집)]을 클릭한 후 [Transform(변형)]-[Flip Horizontal(가로로 뒤집기)]를 클릭합니다.

⑥ 이미지가 좌우 대칭되면 크기를 조절하기 위해 [Edit(편집)]을 클릭한 후 [Free Transform(자유 변형)]을 클릭합니다.

⑦ 크기 조절점이 나타나면 조절점을 드래그하여 크기를 조절합니다.

⑧ 크기 조절점의 모서리 부분에 마우스 포인터를 위치시킨 후 모양으로 변경되면 드래그하여 갈매기를 회전시킨 다음 Enter를 누릅니다.

⑨ [Layers(레이어)] 패널에서 [Add a layer style(레이어 스타일 추가)]를 클릭한 후 [Drop Shadow(그림자 효과)]를 클릭합니다.

⑩ [Layer Style(레이어 스타일)] 대화상자의 [Drop Shadow(그림자 효과)] 스타일이 나타나면 속성을 지정한 후 [OK(확인)] 단추를 클릭합니다.

STEP 06 파형 모양 도형 작성하기

① Tool Box(도구상자)에서 [Custom Shape Tool(사용자 정의 모양 도구)]를 선택한 후 옵션 바에서 [Click to open Custom shape picker(사용자 정의 모양 피커)]의 [목록] 단추를 클릭합니다.

② 목록이 나타나면 [Legacy Shapes and More(레거시 모양 및 기타)]의 [목록] 단추를 클릭한 후 [All Legacy Default Shapes(모든 레거시 기본 모양)]의 [목록] 단추를 클릭한 다음 [Nature(자연)]의 [목록] 단추를 클릭하고 [Waves(파형)]을 클릭합니다.

③ 파형 모양 도형을 삽입하고자 하는 위치에 드래그합니다.

④ 파형 모양에 색상을 지정하기 위해 [Layers(레이어)] 패널에서 [Waves 1(파형 1)] 레이어의 [Layer thumbnail(레이어 축소판)]을 더블클릭합니다.

⑤ [Color Picker(Solid Color)(색상 피커(단색))] 대화상자가 나타나면 색상(0066ff)을 입력한 후 [OK(확인)] 단추를 클릭합니다.

⑥ [Layer(레이어) 패널에서 [Add a layer style(레이어 스타일 추가)]를 클릭한 후 [Bevel & Emboss(경사와 엠보스)]를 클릭합니다.

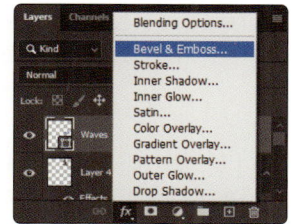

⑦ [Layer Style(레이어 스타일)] 대화상자의 [Bevel & Emboss(경사와 엠보스)] 스타일이 나타나면 속성을 지정한 후 [OK(확인)] 단추를 클릭합니다.

STEP 07 "없음" 기호 모양 도형 작성하기

① 옵션 바에서 [Click to open Custom shape picker(사용자 정의 모양 피커)]의 [목록] 단추를 클릭합니다.

② 목록이 나타나면 [Legacy Shapes and More(레거시 모양 및 기타)]의 [목록] 단추를 클릭한 후 [All Legacy Default Shapes(모든 레거시 기본 모양)]의 [목록] 단추를 클릭한 다음 [Symbols(기호)]의 [목록] 단추를 클릭하고 ['No' Sign("없음" 기호)]을 클릭합니다.

③ "없음" 기호 모양 도형을 삽입하고자 하는 위치에 드래그하여 삽입합니다.

④ [Layers(레이어)] 패널에서 ['No' Sign 1("없음" 기호 1)] 레이어의 [Layer thumbnail(레이어 축소판)]을 더블클릭합니다.

⑤ [Color Picker(Solid Color)(색상 피커(단색))] 대화상자가 나타나면 색상(ff0000)을 입력한 후 [OK(확인)] 단추를 클릭합니다.

⑥ [Layers(레이어)] 패널에서 [Add a layer style(레이어 스타일 추가)]를 클릭한 후 [Outer Glow(외부 광선)]을 클릭합니다.

⑦ [Layer Style(레이어 스타일)] 대화상자의 [Outer Glow(외부 광선)] 스타일이 나타나면 속성을 지정한 후 [OK(확인)] 단추를 클릭합니다.

STEP 08 ①번 텍스트 작성하기

① Tool Box(도구 상자)에서 [Horizontal Type Tool(수평 문자 도구)]를 선택한 후 옵션 바에서 글꼴(바탕)과 글꼴 크기(40)를 지정합니다.

② 텍스트를 삽입할 위치를 클릭한 후 '수영은'을 입력한 다음 Enter를 눌러 강제개행하고 '안전한 곳에서'를 입력한 후 Ctrl+Enter를 누릅니다.

③ [Layers(레이어)] 패널에서 [Add a layer style(레이어 스타일 추가)]를 클릭한 후 [Gradient Overlay(그라디언트 오버레이)]를 클릭합니다.

④ [Layer Style(레이어 스타일)] 대화상자의 [Gradient Overlay(그라디언트 오버레이)] 스타일이 나타나면 [Gradient(그라디언트)]를 클릭합니다.

⑤ [Gradient Editor(그라디언트 편집기)] 대화상자가 나타나면 왼쪽 Color Stop(색상 정지점)을 더블클릭합니다.

⑥ [Color Picker(Stop Color)(색상 피커(정지 색상))] 대화상자가 나타나면 색상(0000ff)을 입력한 후 [OK(확인)] 단추를 클릭합니다.

⑦ [Gradient Editor(그라디언트 편집기)] 대화상자가 다시 나타나면 오른쪽 Color Stop(색상 정지점)을 더블클릭합니다.

⑧ [Color Picker(Stop Color)(색상 피커(정지 색상))] 대화상자가 나타나면 색상(66ffcc)을 입력한 후 [OK(확인)] 단추를 클릭합니다.

⑨ [Gradient Editor(그라디언트 편집기)] 대화상자가 다시 나타나면 [OK(확인)] 단추를 클릭합니다.

⑩ [Layer Style(레이어 스타일)] 대화상자가 다시 나타나면 [Stroke(선)] 스타일을 클릭합니다.

⑪ [Layer Style(레이어 스타일)] 대화상자의 [Stroke(선)] 스타일이 나타나면 크기(2)를 입력한 후 Color(색상)을 클릭합니다.

⑫ [Color Picker(Stroke Color)(색상 피커(선 색상))] 대화상자가 나타나면 색상(ffffff)을 입력한 후 [OK(확인)] 단추를 클릭합니다.

⑬ [Layer Style(레이어 스타일)] 대화상자가 다시 나타나면 [OK(확인)] 단추를 클릭합니다.

02 [기능평가] 사진편집 응용

STEP 01 캔버스 생성 및 이미지 복사하기

① [문제1]에서 작성한 파일을 모두 닫은 후 [Home] 화면에서 [Create new(새로 만들기)] 단추를 클릭합니다.

② [New Document(새로 만들기 문서)] 대화상자가 나타나면 Width(너비)를 '400', Height(높이)를 '500', Resolution(해상도)를 '72'를 입력합니다. 그런 다음 [Create(만들기)] 단추를 클릭합니다.

③ 눈금자를 드래그하여 Guides(안내선)을 100 픽셀 단위로 그립니다.

④ [문제 2]에서 사용할 이미지를 불러오기 위해 [File(파일)]을 클릭한 후 [Open(열기)]를 클릭합니다.

⑤ [열기] 대화상자가 나타나면 찾는 위치(내 PC₩문서₩GTQ₩Image)를 지정한 후 파일(1급-4 ~ 1급-6)을 선택한 다음 [열기] 단추를 클릭합니다.

⑥ 이미지가 불러와지면 [1급-4.jpg] 탭을 선택한 후 Ctrl+A를 눌러 이미지 전체를 선택 영역으로 지정한 다음 Ctrl+C를 눌러 이미지를 복사합니다.

⑦ [Untitled-1] 탭을 클릭한 후 Ctrl+V를 눌러 붙여넣기 합니다.

⑧ 이미지를 좌우 대칭시키기 위해 [Edit(편집)]을 클릭한 후 [Transform(변형)]-[Flip Horizontal(가로로 뒤집기)]를 클릭합니다.

⑨ 이미지가 좌우 대칭되면 크기를 조절하기 위해 [Edit(편집)]을 클릭한 후 [Free Transform(자유 변형)]을 클릭합니다.

⑩ 크기 조절점이 나타나면 조절점을 드래그하여 크기 및 위치를 조절한 후 Enter를 누릅니다.

STEP 02 필터 적용하기

① [Filter(필터)]를 클릭한 후 [Filter Gallery(필터 갤러리)]를 클릭합니다.

② [Filter Gallery(필터 갤러리)] 대화상자가 나타나면 [Texture(텍스처)]을 클릭한 후 Texture(텍스처) 목록이 나타나면 [Texturier(텍스처화)]을 클릭한 다음 속성을 지정하고 [OK(확인)] 단추를 클릭합니다.

STEP 03 이미지 복사 및 색상 보정하기

① [1급-5.jpg] 탭을 클릭한 후 Tool Box(도구 상자)에서 [Magic Wand Tool(자동 선택 윤곽 도구)]를 선택한 다음 옵션 바에서 Tolerance(허용치)에 '20'을 입력합니다.

② 흰색 배경 부분을 클릭하여 선택 영역을 지정합니다.

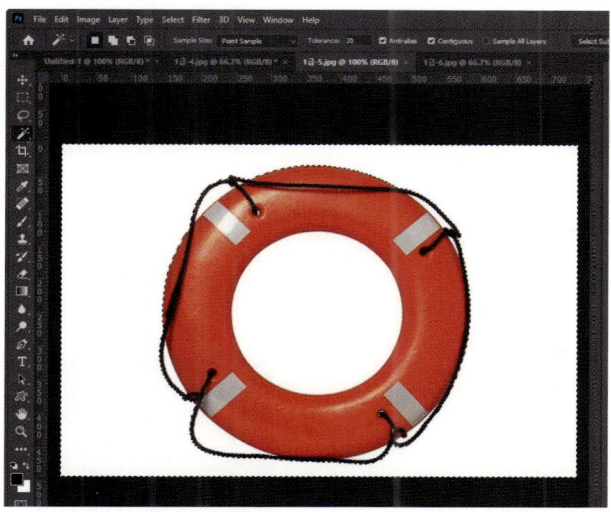

③ 옵션 바에서 [Add to selection(선택 영역에 추가)]를 선택한 후 추가하고자 하는 부분을 클릭하여 선택 영역을 추가로 지정합니다.

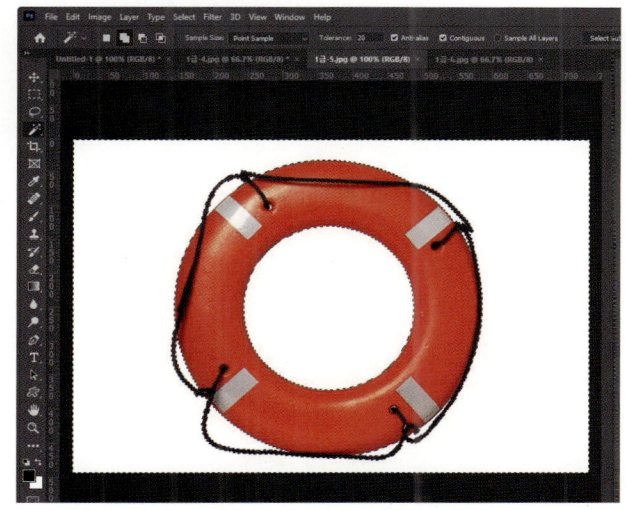

④ 선택 영역을 반전하기 위해 [Select(선택)]-[Inverse(반전)]을 클릭합니다.

⑤ 선택 영역이 반전되면 Ctrl+C를 눌러 이미지를 복사한 후 [Untitled-1] 탭을 클릭합니다. 그런 다음 Ctrl+V를 눌러 붙여넣기 합니다.

⑥ 이미지의 크기를 조절하기 위해 [Edit(편집)]을 클릭한 후 [Free Transform(자유 변형)]을 클릭합니다.

⑦ 크기 조절점이 나타나면 조절점을 드래그하여 크기 및 위치를 조절한 후 Enter를 누릅니다.

⑧ [Layers(레이어)] 패널에서 Ctrl을 누른 상태에서 [Layer thumbnail(레이어 축소판)]을 클릭합니다.

⑨ [Layers(레이어)] 패널에서 [Create new fill or adjustment layer(새 칠 또는 조정 레이어)]을 클릭한 후 [Hue/Saturation(색조/채도)]를 클릭합니다.

⑩ [Hue/Saturation 1(색조/채도 1)] 레이어가 추가되면 [Properties(속성)] 패널에서 [Colorize(색상화)]를 선택한 후 Hue(색조)와 Saturation(채도), Lightness(명도)를 조절하여 노란색 계열로 보정합니다.

⑪ [Layers(레이어)] 패널에서 [Layer 2(레이어 2)] 레이어를 선택한 후 [Add a layer style(레이어 스타일 추가)]를 클릭한 후 [Inner Glow(내부 광선)]을 클릭합니다.

⑫ [Layer Style(레이어 스타일)] 대화상자의 [Inner Glow(내부 광선)] 스타일이 나타나면 속성을 지정한 후 [OK(확인)] 단추를 클릭합니다.

STEP 04 이미지 복사 및 레이어 스타일 적용하기

① [1급-6.jpg] 탭을 클릭한 후 Tool Box(도구 상자)에서 [Magnetic Lasso Tool(자석 올가미 도구)]를 선택한 다음 요트를 선택 영역으로 지정합니다.

② 요트가 선택 영역으로 지정되면 Ctrl+C를 눌러 선택 영역의 이미지를 복사한 후 [Untitled-1] 탭을 클릭합니다.

③ [Layers(레이어)] 패널에서 [Hue/Saturation 1(색조/채도 1)] 레이어를 선택한 후 Ctrl+V를 눌러 붙여넣기 합니다.

④ 이미지를 좌우 대칭시키기 위해 [Edit(편집)]을 클릭한 후 [Transform(변형)]-[Flip Horizontal(가로로 뒤집기)]를 클릭합니다.

⑤ 이미지의 크기를 조절하기 위해 [Edit(편집)]을 클릭한 후 [Free Transform(자유 변형)]을 클릭합니다.

⑥ 크기 조절점이 나타나면 조절점을 드래그하여 크기를 조절한 후 Enter를 누릅니다.

⑦ 레이어 스타일을 지정하기 위해 [Add a layer style(레이어 스타일 추가)]를 클릭한 후 [Outer Glow(외부 광선)]을 클릭합니다.

⑧ [Layer Style(레이어 스타일)] 대화상자의 [Outer Glow(외부 광선)] 스타일이 나타나면 속성을 지정한 후 [OK(확인)] 단추를 클릭합니다.

STEP 05 보행자 모양 도형 작성하기

① Tool Box(도구상자)에서 [Custom Shape Tool(사용자 정의 모양 도구)]를 선택한 후 옵션 바에서 [Click to open Custom shape picker(사용자 정의 모양 피커)]의 [목록] 단추를 클릭합니다.

② 목록이 나타나면 [Legacy Shapes and More(레거시 모양 및 기타)]의 [목록] 단추를 클릭한 후 [All Legacy Default Shapes(모든 레거시 기본 모양)]의 [목록] 단추를 클릭한 다음 [Symbols(기호)]의 [목록] 단추를 클릭하고 [Pedestrian(보행자)]을 클릭합니다.

③ 보행자 모양 도형을 삽입하고자 하는 위치에 드래그하여 작성합니다.

④ [Layers(레이어)] 패널에서 [Pedestrian 1(보행자 1)] 레이어의 [Layer thumbnail(레이어 축소판)]을 더블클릭합니다.

⑤ [Color Picker(Solid Color)(색상 피커(단색))] 대화상자가 나타나면 색상(ff0000)을 지정한 후 [OK(확인)] 단추를 클릭합니다.

⑥ [Layers(레이어)] 패널에서 fx[Add a layer style(레이어 스타일 추가)]를 클릭한 후 [Bevel & Emboss(경사와 엠보스)]를 클릭합니다.

⑦ [Layer Style(레이어 스타일)] 대화상자의 [Bevel & Emboss(경사와 엠보스)] 스타일이 나타나면 속성을 지정한 후 [OK(확인)] 단추를 클릭합니다.

⑧ [Layers(레이어)] 패널에서 [Pedestrian 1(보행자 1)] 레이어를 [Create a new layer(새 레이어 만들기)] 단추로 드래그합니다.

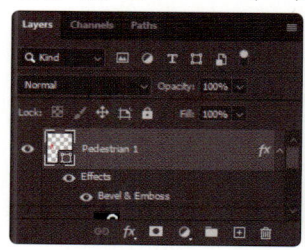 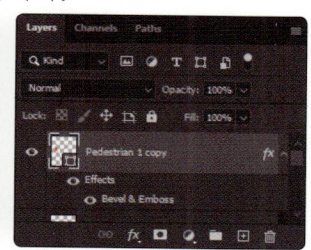

⑨ 레이어가 복사되면 [Pedestrian 1 copy(보행자 1 사본)] 레이어를 선택한 후 Tool Box(도구 상자)에서 [Move Tool(이동 도구)]를 선택한 다음 도형의 위치를 이동합니다.

⑩ [Layers(레이어)] 패널에서 [Pedestrian 1 copy(보행자 1 사본)] 레이어의 [Layer thumbnail(레이어 축소판)]을 더블클릭합니다.

⑪ [Color Picker(Solid Color)(색상 피커(단색))] 대화상자가 나타나면 색상(0066ff)을 지정한 후 [OK(확인)] 단추를 클릭합니다.

STEP 06 지그재그 모양 도형 작성하기

① Tool Box(도구상자)에서 [Custom Shape Tool(사용자 정의 모양 도구)]를 선택한 후 옵션 바에서 [Click to open Custom shape picker(사용자 정의 모양 피커)]의 [목록] 단추를 클릭합니다.

② 목록이 나타나면 [Legacy Shapes and More(레거시 모양 및 기타)]의 [목록] 단추를 클릭한 후 [All Legacy Default Shapes(모든 레거시 기본 모양)]의 [목록] 단추를 클릭한 다음 [Ornaments(장식)]의 [목록] 단추를 클릭하고 [ZigZag(지그재그)]를 클릭합니다.

③ 지그재그 모양을 삽입하고자 하는 위치에 드래그하여 삽입합니다.

④ [Layers(레이어)] 패널에서 [ZigZag 1(지그재그 1)] 레이어의 [Layer thumbnail(레이어 축소판)]을 더블클릭합니다.

⑤ [Color Picker(Solid Color)(색상 피커(단색))] 대화상자가 나타나면 색상(0000ff)을 지정한 후 [OK(확인)] 단추를 클릭합니다.

⑥ [Layers(레이어)] 패널에서 fx[Add a layer style(레이어 스타일 추가)]를 클릭한 후 [Stroke(선)]을 클릭합니다.

⑦ [Layer Style(레이어 스타일)] 대화상자의 [Stroke(선)] 스타일이 나타나면 크기(2)를 입력한 후 Color(색상)을 클릭합니다.

⑧ [Color Picker(Stroke Color)(색상 피커(선 색상))] 대화상자가 나타나면 색상(ffffff)을 입력한 후 [OK(확인)] 단추를 클릭합니다.

⑨ [Layer Style(레이어 스타일)] 대화상자가 다시 나타나면 [OK(확인)] 단추를 클릭합니다.

STEP 07 ①번 텍스트 작성하기

① Tool Box(도구 상자)에서 [Horizontal Type Tool(수평 문자 도구)]를 선택한 후 옵션 바에서 글꼴(돋움)과 글꼴 크기(30), 색상(ffffff)을 지정합니다.

② 텍스트를 삽입할 위치를 클릭한 후 '수상 안전의 필수품'을 입력한 다음 Ctrl+Enter를 누릅니다.

③ [Layers(레이어)] 패널에서 [Add a layer style(레이어 스타일 추가)]를 클릭한 후 [Stroke(선)]을 클릭합니다.

④ [Layer Style(레이어 스타일)] 대화상자의 [Stroke(선)] 스타일이 나타나면 크기(3)를 입력한 후 Color(색상)을 클릭합니다.

⑤ [Color Picker(Stroke Color)(색상 피커(선 색상))] 대화상자가 나타나면 색상(3300ff)을 입력한 후 [OK(확인)] 단추를 클릭합니다.

⑥ [Layer Style(레이어 스타일)] 대화상자가 다시 나타나면 [Drop Shadow(그림자 효과)] 스타일을 클릭한 후 속성을 지정한 다음 [OK(확인)] 단추를 클릭합니다.

⑦ 텍스트에 변형을 주기 위해 옵션 바에서 [Create warp text(텍스트 변형)]을 클릭합니다.

⑧ [Warp Text(텍스트 변형)] 대화상자가 나타나면 Style(Arc(부채꼴))을 선택한 후 Bend(구부리기)를 조절한 다음 [OK(확인)] 단추를 클릭합니다.

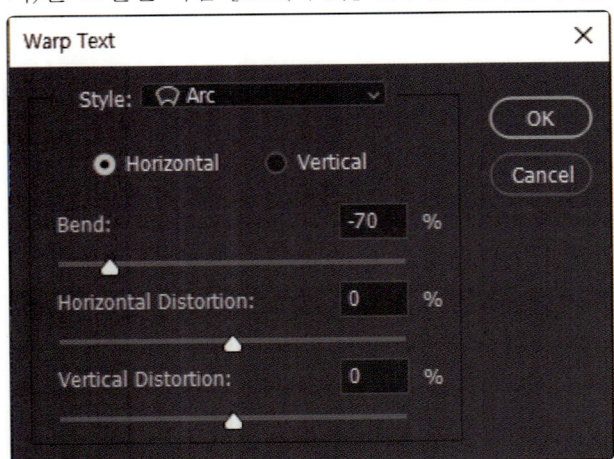

⑨ 이미지를 회전하기 위해 [Edit(편집)]을 클릭한 후 [Free Transform(자유 변형)]을 클릭합니다.

⑩ 크기 조절점의 모서리 부분에 마우스 포인터를 위치시킨 후 모양으로 변경되면 드래그하여 텍스트를 회전시킨 다음 Enter를 누릅니다.

03 [실무응용] 포스터 제작

STEP 01 캔버스 생성 및 이미지 복사, 필터

① [문제2]에서 작성한 파일을 모두 닫은 후 [Home] 화면에서 [Create new(새로 만들기)] 단추를 클릭합니다.

② [New Document(새로 만들기 문서)] 대화상자가 나타나면 Width(너비)를 '600', Height(높이)를 '400', Resolution(해상도)를 '72'를 입력합니다. 그런 다음 [Create(만들기)] 단추를 클릭합니다.

③ 눈금자를 드래그하여 Guides(안내선)을 100 픽셀 단위로 그립니다.

④ [문제 3]에서 사용할 이미지를 불러오기 위해 [File(파일)]을 클릭한 후 [Open(열기)]를 클릭합니다.

⑤ [열기] 대화상자가 나타나면 찾는 위치(내 PC\문서\GTQ\Image)를 지정한 후 파일(1급-7 ~ 1급-11)을 선택한 다음 [열기] 단추를 클릭합니다.

⑥ 이미지가 불러와지면 [1급-7.jpg] 탭을 선택한 후 Ctrl+A를 눌러 이미지 전체를 선택 영역으로 지정한 다음 Ctrl+C를 눌러 이미지를 복사합니다.

⑦ [Untitled-1] 탭을 클릭한 후 Ctrl+V를 눌러 붙여넣기 합니다.

⑧ Tool Box(도구 상자)에서 [Move Tool(이동 도구)]를 선택한 후 이미지의 위치를 조절합니다.

⑨ 이미지에 Filter(필터)를 지정하기 위해 [Filter(필터)]를 클릭한 후 [Pixelate(픽셀화)]-[Facet(단면화)]를 클릭합니다.

> **STEP 02** 혼합 모드 및 레이어 마스크 적용하기

① [1급-8.jpg] 이미지 탭을 선택한 후 Ctrl+A를 눌러 이미지 전체를 선택 영역으로 지정한 다음 Ctrl+C를 눌러 이미지를 복사합니다.

② [Untitled-1] 탭을 클릭한 후 Ctrl+V를 눌러 붙여넣기 합니다.

③ [Layers(레이어)] 패널에서 [Blending Mode(혼합 모드)]의 ▼[목록] 단추를 클릭한 후 [Hard Light(하드 라이트)]를 선택합니다.

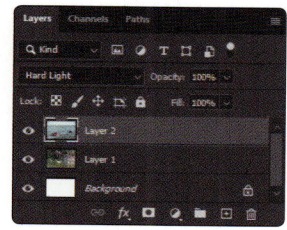

④ Blending Mode(혼합 모드)가 적용되면 레이어 마스크를 지정하기 위해 [Layers(레이어)] 패널에서 ▣[Add layer mask(레이어 마스크)]를 클릭합니다.

⑤ Tool Box(도구 상자)에서 ▣[Gradient Tool(그라디언트 도구)]를 선택한 후 옵션 바에서 ▬▬[Click to edit the gradient(클릭하여 그라디언트 편집)]의 ▼[목록] 단추를 클릭한 다음 [Basics(기본 사항)]-[Foreground to Background(전경색에서 배경으로)]를 클릭합니다.

⑥ 오른쪽에서 왼쪽으로 드래그하여 마스크를 적용합니다.

> **STEP 03** 레이어 마스크 적용하기

① [1급-9.jpg] 이미지 탭을 선택한 후 Ctrl+A를 눌러 이미지 전체를 선택 영역으로 지정한 다음 Ctrl+C를 눌러 이미지를 복사합니다.

② [Untitled-1] 탭을 클릭한 후 Ctrl+V를 눌러 붙여넣기 합니다.

③ 이미지의 크기를 조절하기 위해 [Edit(편집)]을 클릭한 후 [Free Transform(자유 변형)]을 클릭합니다.

④ 크기 조절점이 나타나면 조절점을 드래그하여 이미지를 조절한 후 Enter를 누릅니다.

⑤ Tool Box(도구 상자)에서 ✥[Move Tool(이동 도구)]를 선택한 후 이미지의 위치를 이동합니다.

⑥ 레이어 마스크를 지정하기 위해 [Layers(레이어)] 패널에서 ▣[Add layer mask(레이어 마스크)]를 클릭합니다.

⑦ Tool Box(도구 상자)에서 ▣[Gradient Tool(그라디언트 도구)]를 선택한 후 캔버스에 레이어 마스크를 지정하기 위해 위에서 아래 방향으로 드래그합니다.

> **STEP 04** 이미지 복사 및 레이어 스타일 적용하기

① [1급-10.jpg] 탭을 클릭한 후 Tool Box(도구 상자)에서 ⚞[Magnetic Lasso Tool(자석 올가미 도구)]를 선택한 다음 요트를 선택 영역으로 지정합니다.

② 요트가 선택 영역으로 지정되면 Ctrl+C를 눌러 선택 영역의 이미지를 복사한 후 [Untitled-1] 탭을 클릭합니다.

③ [Layers(레이어)] 패널에서 [Hue/Saturation 1(색조/채도 1)] 레이어를 선택한 후 Ctrl+V를 눌러 붙여넣기 합니다.

④ 이미지의 크기를 조절하기 위해 [Edit(편집)]을 클릭한 후 [Free Transform(자유 변형)]을 클릭합니다.

⑤ 크기 조절점이 나타나면 조절점을 드래그하여 크기를 조절한 후 Enter를 누릅니다.

⑥ [Layers(레이어)] 패널에서 [Blending Mode(혼합 모드)]의 [목록] 단추를 클릭한 후 [Luminosity(광도)]를 선택합니다.

⑦ [Layers(레이어)] 패널에서 Opacity(불투명도)에 '80%'를 입력합니다.

⑧ [Layers(레이어)] 패널에서 fx[Add a layer style(레이어 스타일 추가)]를 클릭한 후 [Outer Glow(외부 광선)]을 클릭합니다.

⑨ [Layer Style(레이어 스타일)] 대화상자의 [Outer Glow(외부 광선)] 스타일이 나타나면 속성을 지정한 후 [OK(확인)] 단추를 클릭합니다.

STEP 05 해 모양 도형 작성하기

① Tool Box(도구상자)에서 [Custom Shape Tool(사용자 정의 모양 도구)]를 선택한 후 옵션 바에서 [Click to open Custom shape picker(사용자 정의 모양 피커)]의 [목록] 단추를 클릭합니다.

② 목록이 나타나면 [Legacy Shapes and More(레거시 모양 및 기타)]의 [목록] 단추를 클릭한 후 [All Legacy Default Shapes(모든 레거시 기본 모양)]의 [목록] 단추를 클릭한 다음 [Nature(자연)]의 [목록] 단추를 클릭하고 [Sun 1(해 1)]를 클릭합니다.

③ 해 모양 도형을 삽입하고자 하는 위치에 드래그하여 삽입합니다.

④ [Layers(레이어)] 패널에서 [Sun 1 1(해 1 1)] 레이어의 [Layer thumbnail(레이어 축소판)]을 더블클릭합니다.

⑤ [Color Picker(Solid Color)(색상 피커(단색))] 대화상자가 나타나면 색상(ffffff)을 지정한 후 [OK(확인)] 단추를 클릭합니다.

⑥ [Layers(레이어)] 패널에서 fx[Add a layer style(레이어 스타일 추가)]를 클릭한 후 [Drop Shadow(그림자 효과)]를 클릭합니다.

⑦ [Layer Style(레이어 스타일)] 대화상자의 Drop Shadow(그림자 효과)] 스타일이 나타나면 속성을 지정한 후 [OK(확인)] 단추를 클릭합니다.

⑧ [Layers(레이어)] 패널에서 Opacity(불투명도)에 '30%'를 입력합니다.

STEP 06 색상 보정 및 레이어 스타일 적용하기

① [1급-11.jpg] 탭을 클릭한 후 Tool Box(도구 상자)에서 [Magic Wand Tool(자동 선택 도구)]를 선택합니다.

② 옵션 바에서 Tolerance(허용치)에 '10'을 입력한 후 [Add to selection(선택 영역에 추가)]를 선택합니다.

③ 텍스트를 각각 클릭하여 선택 영역을 지정합니다.

④ 텍스트가 선택 영역으로 지정되면 Ctrl+C를 눌러 이미지를 복사합니다.

⑤ [Untitled-1] 탭을 클릭한 후 Ctrl+V를 눌러 붙여넣기 합니다.

⑥ 크기를 조절하기 위해 [Edit(편집)]을 클릭한 후 [Free Transform(자유 변형)]을 클릭합니다.

⑦ 크기 조절점이 나타나면 조절점을 드래그하여 크기를 조절합니다.

⑧ [Layers(레이어)] 패널에서 Ctrl을 누른 상태에서 [Layer 5(레이어 5)] 레이어의 [Layer thumbnail(레이어 축소판)]을 클릭합니다.

⑨ [Layers(레이어)] 패널에서 [Create new fill or adjustment layer(새 칠 또는 조정 레이어)]을 클릭한 후 [Hue/Saturation(색조/채도)]를 클릭합니다.

⑩ [Hue/Saturation 1(색조/채도 1)] 레이어가 추가되면 [Properties(속성)] 패널에서 [Colorize(색상화)]를 선택한 후 Hue(색조)와 Saturation(채도), Lightness(명도)를 조절하여 보라색 계열로 보정합니다.

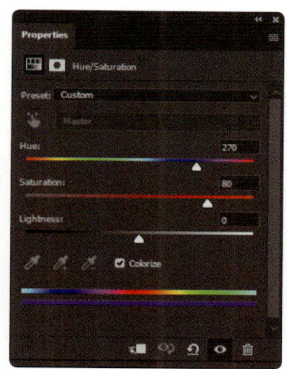

⑪ [Layers(레이어)] 패널에서 [Layer 5(레이어 5)] 레이어를 선택한 후 [Add a layer style(레이어 스타일 추가)]를 클릭한 후 [Drop Shadow(그림자 효과)]를 클릭합니다.

⑫ [Layer Style(레이어 스타일)] 대화상자의 [Drop Shadow(그림자 효과)] 스타일이 나타나면 속성을 지정한 후 [OK(확인)] 단추를 클릭합니다.

STEP 07 새 모양 도형 작성하기

① Tool Box(도구상자)에서 [Custom Shape Tool(사용자 정의 모양 도구)]을 선택한 후 옵션 바에서 [Click to open Custom shape picker(사용자 정의 모양 피커)]의 [목록] 단추를 클릭합니다.

② 목록이 나타나면 [Legacy Shapes and More(레거시 모양 및 기타)]의 [목록] 단추를 클릭한 후 [All Legacy Default Shapes(모든 레거시 기본 모양)]의 [목록] 단추를 클릭한 다음 [Animals(동물)]의 [목록] 단추를 클릭하고 [Bird 2(새 2)]를 클릭합니다.

③ 새 모양 도형을 삽입하고자 하는 위치에 드래그하여 삽입합니다.

④ [Layers(레이어)] 패널에서 [Bird 2 1(새 2 1)] 레이어의 [Layer thumbnail(레이어 축소판)]을 더블클릭합니다.

⑤ [Color Picker(Solid Color)(색상 피커(단색))] 대화상자가 나타나면 색상(ffffff)을 지정한 후 [OK(확인)] 단추를 클릭합니다.

⑥ [Layers(레이어)] 패널에서 [Add a layer style(레이어 스타일 추가)]를 클릭한 후 [Bevel & Emboss(경사와 엠보스)]을 클릭합니다.

⑦ [Layer Style(레이어 스타일)] 대화상자의 [Bevel & Emboss(경사와 엠보스)] 스타일이 나타나면 속성을 지정한 후 [OK(확인)] 단추를 클릭합니다.

STEP 08 모서리가 둥근 직사각형 도형 작성하기

① Tool Box(도구 상자)에서 [Rounded Rectangle Tool(모서리가 둥근 직사각형 도구)]를 선택한 후 옵션 바에서 Radius(반경)에 '20'을 입력합니다.

② 도형을 삽입할 위치를 드래그하여 도형을 작성합니다.

③ [Layers(레이어)] 패널에서 [Rounded Rectangle 1(모서리가 둥근 직사각형 1)] 레이어의 [Layer thumbnail(레이어 축소판)]을 더블클릭합니다.

④ [Color Picker(Solid Color)(색상 피커(단색))] 대화상자가 나타나면 색상(0066cc)을 지정한 후 [OK(확인)] 단추를 클릭합니다.

⑤ [Layers(레이어)] 패널에서 fx[Add a layer style(레이어 스타일 추가)]를 클릭한 후 [Inner Shadow(내부 그림자)]를 클릭합니다.

⑥ [Layer Style(레이어 스타일)] 대화상자의 [Inner Shadow(내부 그림자)] 스타일이 나타나면 속성을 지정한 후 [OK(확인)] 단추를 클릭합니다.

STEP 09 ①번 텍스트 작성하기

① Tool Box(도구 상자)에서 T[Horizontal Type Tool(수평 문자 도구)]를 선택한 후 옵션 바에서 글꼴(굴림)과 글꼴 크기(15)를 지정합니다.

② 텍스트를 삽입할 위치를 클릭한 후 '10일간의 짜릿한 휴가'를 입력한 다음 Ctrl+Enter를 누릅니다.

③ [Layers(레이어)] 패널에서 fx[Add a layer style(레이어 스타일 추가)]를 클릭한 후 [Gradient Overlay(그라디언트 오버레이)]를 클릭합니다.

④ [Layer Style(레이어 스타일)] 대화상자의 [Gradient Overlay(그라디언트 오버레이)] 스타일이 나타나면 [Gradient(그라디언트)]를 클릭합니다.

⑤ [Gradient Editor(그라디언트 편집기)] 대화상자가 나타나면 왼쪽 Color Stop(색상 정지점)을 더블클릭합니다.

⑥ [Color Picker(Stop Color)(색상 피커(정지 색상))] 대화상자가 나타나면 색상(ff0000)을 입력한 후 [OK(확인)] 단추를 클릭합니다.

⑦ [Gradient Editor(그라디언트 편집기)] 대화상자가 다시 나타나면 오른쪽 Color Stop(색상 정지점)을 더블클릭합니다.

⑧ [Color Picker(Stop Color)(색상 피커(정지 색상))] 대화상자가 나타나면 색상(000000)을 입력한 후 [OK(확인)] 단추를 클릭합니다.

⑨ [Gradient Editor(그라디언트 편집기)] 대화상자가 다시 나타나면 [OK(확인)] 단추를 클릭합니다.

⑩ [Layer Style(레이어 스타일)] 대화상자가 다시 나타나면 Angle(각도)에 '-90'을 입력한 후 [Stroke(선)] 스타일을 클릭합니다.

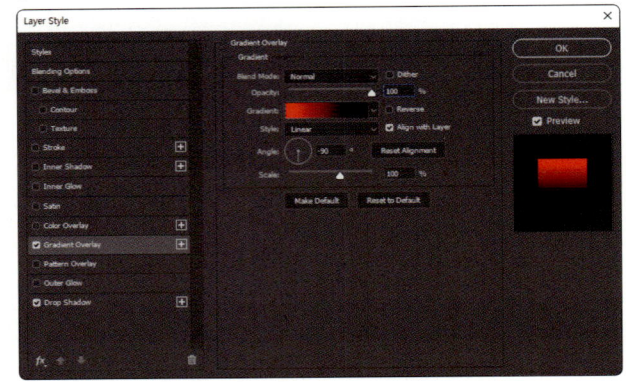

⑪ [Layer Style(레이어 스타일)] 대화상자의 [Stroke(선)] 스타일이 나타나면 크기(2)를 입력한 후 Color(색상)을 클릭합니다.

⑫ [Color Picker(Stop Color)(색상 피커(정지 색상))] 대화상자가 나타나면 색상(ffffff)을 입력한 후 [OK(확인)] 단추를 클릭합니다.

⑬ [Layer Style(레이어 스타일)] 대화상자가 다시 나타나면 [Drop Shadow(그림자 효과)] 스타일을 클릭합니다.

⑭ [Layer Style(레이어 스타일)] 대화상자의 [Drop Shadow(그림자 효과)] 스타일이 나타나면 속성을 지정한 후 [OK(확인)] 단추를 클릭합니다.

⑮ 텍스트에 변형을 주기 위해 옵션 바에서 [Create warp text(텍스트 변형)]을 클릭합니다.

⑯ [Warp Text(텍스트 변형)] 대화상자가 나타나면 Style(Arc(부채꼴))을 선택한 후 Bend(구부리기)를 조절한 다음 [OK(확인)] 단추를 클릭합니다.

⑰ 텍스트가 변형되면 Tool Box(도구 상자)에서 [Move Tool(이동 도구)]를 선택한 후 텍스트를 드래그하여 위치를 이동합니다.

STEP 10 ②번 텍스트 작성하기

① Tool Box(도구 상자)에서 [Horizontal Type Tool(수평 문자 도구)]를 선택한 후 텍스트를 입력할 위치를 클릭한 다음 'WATER SPORTS'를 입력하고 Ctrl+Enter를 누릅니다.

② 텍스트가 입력되면 옵션 바에서 글꼴(Arial), 글꼴 스타일(Italic), 글꼴 크기(20), 글꼴 색(ff0000)을 지정합니다.

③ [Layers(레이어)] 패널에서 [Add a layer style(레이어 스타일 추가)]를 클릭한 후 [Stroke(선)]을 클릭합니다.

④ [Layer Style(레이어 스타일)] 대화상자의 [Stroke(선)] 스타일이 나타나면 크기(2)를 입력한 후 Color(색상)을 클릭합니다.

⑤ [Color Picker(Stroke Color)(색상 피커(선 색상))] 대화상자가 나타나면 색상(ffffff)을 입력한 후 [OK(확인)] 단추를 클릭합니다.

⑥ [Layer Style(레이어 스타일)] 대화상자가 다시 나타나면 [OK(확인)] 단추를 클릭합니다.

STEP 11 ③번 텍스트 작성하기

① 텍스트를 입력할 위치를 클릭한 후 '장소 : 가평군 대성리'를 입력한 다음 Ctrl+Enter를 누릅니다.

② 텍스트가 입력되면 옵션 바에서 글꼴(돋움), 글꼴 크기(15), 글꼴 색(ffffff)을 지정합니다.

③ [Layers(레이어)] 패널에서 [Layers(레이어)] 패널에서 [Add a layer style(레이어 스타일 추가)]를 클릭한 후 [Stroke(선)]을 클릭합니다.

④ [Layer Style(레이어 스타일)] 대화상자의 [Stroke(선)] 스타일이 나타나면 크기(2)를 입력한 후 Color(색상)을 클릭합니다.

⑤ [Color Picker(Stroke Color)(색상 피커(선 색상))] 대화상자가 나타나면 색상(0000ff)을 입력한 후 [OK(확인)] 단추를 클릭합니다.

⑥ [Layer Style(레이어 스타일)] 대화상자가 다시 나타나면 [OK(확인)] 단추를 클릭합니다.

⑦ 같은 방법으로 ④번의 텍스트를 입력한 후 속성을 지정합니다.

04 [실무응용] 웹 페이지 제작

STEP 01 캔버스 생성 및 배경 작성하기

① [문제3]에서 작성한 파일을 모두 닫은 후 [Home] 화면에서 [Create new(새로 만들기)] 단추를 클릭합니다.

② [New Document(새로 만들기 문서)] 대화상자가 나타나면 '600 × 400 pixels' 문서를 만듭니다.

③ 눈금자를 드래그하여 Guides(안내선)을 100 픽셀 단위로 그립니다.

④ 배경색을 지정하기 위해 Tool Box(도구 상자)에서 [Set foreground color(전경색 설정)]을 클릭합니다.

⑤ [Color Picker(Foreground Color)(색상 피커(전경색))] 대화상자가 나타나면 색상(99cccc)을 입력한 후 [OK(확인)] 단추를 클릭합니다.

⑥ 전경색이 지정되면 전경색을 채우기 위해 Alt +Delete를 누릅니다.

STEP 02 패턴 작성하고 적용하기

① 패턴을 만들기 위해 [File(파일)]을 클릭한 후 [New(새로 만들기)]를 클릭합니다.

② [New Document(새로 만들기 문서)] 대화상자가 나타나면 Width(너비)를 '45', Height(높이)를 '45', Resolution(해상도)를 '72'를 입력한 후 Background Contents(배경 내용)을 Transparent(투명)을 선택합니다. 그런 다음 [Create(만들기)] 단추를 클릭합니다.

③ Width(폭)과 Height(높이)가 45 pixels 이라 크기가 작습니다. Ctrl+0을 눌러 화면 배율을 화면 크기에 맞게 확대합니다.

④ Tool Box(도구상자)에서 [Custom Shape Tool(사용자 정의 모양 도구)]를 선택한 후 옵션 바에서 [Click to open Custom shape picker(사용자 정의 모양 피커)]의 [목록] 단추를 클릭합니다.

⑤ 목록이 나타나면 [Legacy Shapes and More(레거시 모양 및 기타)]의 [목록] 단추를 클릭한 후 [All Legacy Default Shapes(모든 레거시 기본 모양)]의 [목록] 단추를 클릭한 다음 [Objects(물건)]의 [목록] 단추를 클릭하고 [Left Foot(왼발)]을 클릭합니다.

⑥ 도형을 삽입하고자 하는 위치에서 드래그하여 삽입합니다.

⑦ [Layers(레이어)] 패널에서 [Left Foot 1(왼발 1)] 레이어의 [Layer thumbnail(레이어 축소판)]을 더블클릭합니다.

⑧ [Color Picker(Solid Color)(색상 피커(단색))] 대화상자가 나타나면 색상(000000)을 지정한 후 [OK(확인)] 단추를 클릭합니다.

⑨ 옵션 바에서 [Click to open Custom shape picker(사용자 정의 모양 피커)]의 [목록] 단추를 클릭합니다.

⑩ [Right Foot(오른발)]을 클릭한 후 드래그하여 오른발 모양을 삽입합니다.

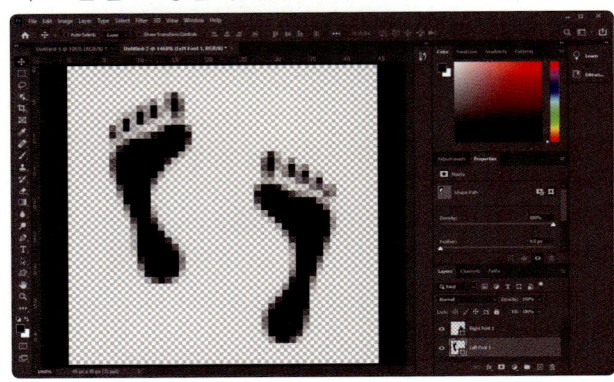

⑪ [Edit(편집)]을 클릭한 후 [Define Pattern(패턴 정의)]를 클릭합니다.

⑫ [Pattern Name(패턴 이름)] 대화상자가 나타나면 Name(발자국모양)을 입력한 후 [OK(확인)] 단추를 클릭합니다.

⑬ [Untitled-1] 탭을 선택한 후 레이어를 추가하기 위해 [Layers(레이어)] 패널에서 [Create a new layer(새 레이어 만들기)]를 클릭합니다.

⑭ [Edit(편집)]을 클릭한 후 [Fill(칠)]을 클릭합니다.

⑮ [Fill(칠)] 대화상자가 나타나면 Contents(내용)의 ▼[목록] 단추를 클릭한 후 Pattern(패턴)을 선택합니다.

⑯ [Custom Pattern(사용자 정의 패턴)]의 ▼[목록] 단추를 클릭한 후 정의한 패턴을 더블클릭한 다음 [OK(확인)] 단추를 클릭합니다.

⑰ 패턴이 적용되면 레이어 마스크를 지정하기 위해 [Layers(레이어)] 패널에서 ▣[Add layer mask(레이어 마스크)] 클릭합니다.

⑱ Tool Box(도구 상자)에서 ▣[Gradient Tool(그라디언트 도구)]를 선택합니다.

⑲ 옵션 바에서 ▣[Radial Gradient(방사형 그라디언트)]를 선택한 후 드래그하여 레이어 마스크를 지정합니다.

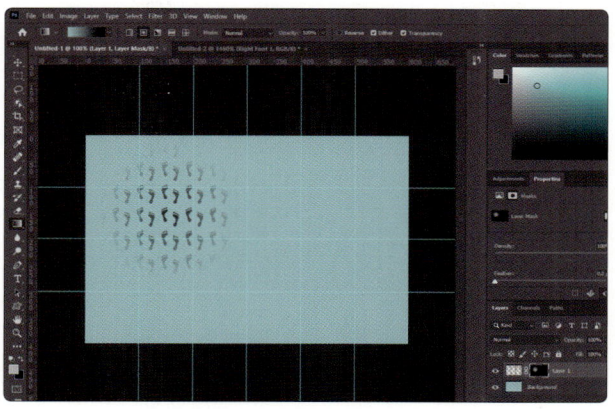

STEP 03 이미지 복사 및 필터, 레이어 마스크

① 패턴이 적용되면 [File(파일)]을 클릭한 후 [Open(열기)]를 클릭합니다.

② [Open(열기)] 대화상자가 나타나면 찾는 위치(라이브러리₩문서₩GTQ₩Image)를 지정한 후 '1급-12.jpg ~ 1급-17.jpg' 파일을 선택한 다음 [열기] 단추를 클릭합니다.

③ [1급-12.jpg] 이미지 탭을 선택한 후 Ctrl+A를 눌러 이미지 전체를 선택 영역으로 지정한 다음 Ctrl+C를 눌러 이미지를 복사합니다.

④ [Untitled-1] 탭을 클릭한 후 Ctrl+V를 눌러 붙여넣기 합니다.

⑤ 이미지를 좌우 대칭시키기 위해 [Edit(편집)]을 클릭한 후 [Transform(변형)]-[Flip Horizontal(가로로 뒤집기)]를 클릭합니다.

⑥ 이미지의 크기를 조절하기 위해 [Edit(편집)]을 클릭한 후 [Free Transform(자유 변형)]을 클릭합니다.

⑦ 크기 조절점이 나타나면 조절점을 드래그하여 크기를 조절한 후 Enter를 누릅니다.

⑧ [Filter(필터)]를 클릭한 후 [Filter Gallery(필터 갤러리)]를 클릭합니다.

⑨ [Filter Gallery(필터 갤러리)] 대화상자가 나타나면 [Brush Strokes(브러시 선)]을 클릭한 후 Brush Strokes(브러시 선) 목록이 나타나면 [Crosshatch(그물눈)]을 클릭한 다음 속성을 지정하고 [OK(확인)] 단추를 클릭합니다.

⑩ 필터가 적용되면 레이어 마스크를 지정하기 위해 [Layers(레이어)] 패널에서 ▣[Add layer mask(레이어 마스크)]를 클릭합니다.

⑪ [Layers(레이어)] 패널에 레이어 마스크가 표시되면 Tool Box(도구 상자)에서 ▣[Gradient Tool(그라디언트 도구)]를 선택한 후 옵션 바에서 ▣[Linear Gradient(선형 그라디언트)]를 선택합니다.

⑫ 캔버스에 레이어 마스크를 지정하기 위해 오른쪽에서 왼쪽 방향으로 드래그합니다.

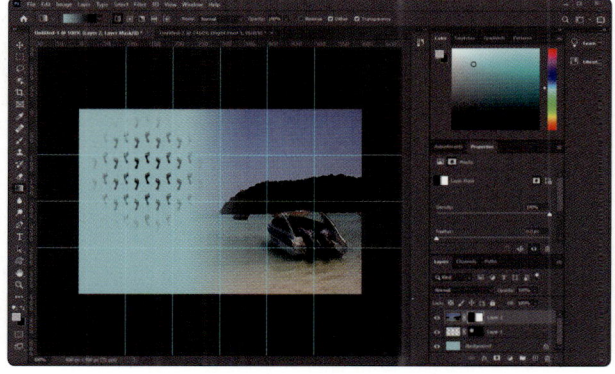

STEP 04 레이어 마스크 적용하기

① [1급-13.jpg] 이미지 탭을 선택한 후 Ctrl+A를 눌러 이미지 전체를 선택 영역으로 지정한 다음 Ctrl+C를 눌러 이미지를 복사합니다.

② [Untitled-1] 탭을 클릭한 후 Ctrl+V를 눌러 붙여넣기 합니다.

③ Tool Box(도구 상자)에서 ⊕[Move Tool(이동 도구)]를 선택한 후 드래그하여 이미지의 위치를 조절합니다.

④ 위치가 조절되면 레이어 마스크를 지정하기 위해 [Layers(레이어)] 패널에서 ◉[Add layer mask(레이어 마스크)]를 클릭합니다.

⑤ Tool Box(도구 상자)에서 ▢[Gradient Tool(그라디언트 도구)]를 선택합니다.

⑥ 왼쪽 아래에서 오른쪽 위로 대각선 방향으로 드래그합니다.

⑤ [Layers(레이어)] 패널에서 [Blending Mode(혼합 모드)]의 [목록] 단추를 클릭한 후 [Multiply(곱하기)]를 선택합니다.

⑥ [Layers(레이어)] 패널에서 Opacity(불투명도)에 '80%'를 입력합니다.

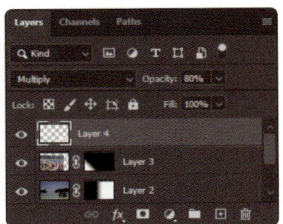

STEP 06   이미지 복사하기

① [1급-15.jpg] 이미지 탭을 선택한 후 Tool Box(도구 상자)에서 ⚯[Magnetic Lasso Tool(자석 올가미 도구)]를 선택합니다.

② 소라 영역을 드래그하여 선택 영역으로 지정합니다.

③ 소라가 선택 영역으로 지정되면 Ctrl+C를 눌러 이미지를 복사한 후 [Untitled-1] 탭을 클릭합니다.

④ [Untitled-1] 탭을 클릭한 후 Ctrl+V를 눌러 붙여넣기 합니다.

⑤ 이미지 크기를 조절하기 위해 [Edit(편집)]을 클릭한 후 [Free Transform(자유 변형)]을 클릭합니다.

⑥ 크기 조절점이 나타나면 조절점을 드래그하여 크기를 조절한 후 Enter를 누릅니다.

STEP 05   이미지 복사 및 레이어 스타일 적용하기

① [1급-14.jpg] 이미지 탭을 선택한 후 Ctrl+A를 눌러 이미지 전체를 선택 영역으로 지정한 다음 Ctrl+C를 눌러 이미지를 복사합니다.

② [Untitled-1] 탭을 클릭한 후 Ctrl+V를 눌러 붙여넣기 합니다.

③ [Edit(편집)]을 클릭한 후 [Free Transform(자유 변형)]을 클릭합니다.

④ 크기 조절점이 나타나면 조절점을 드래그하여 크기를 조절한 후 Enter를 누릅니다.

STEP 07   패스 그리기

① 레이어를 추가하기 위해 [Layers(레이어)] 패널에서 ⊞[Create a new layer(새 레이어 만들기)]를 클릭합니다.

② Tool Box(도구상자)에서 [Pen Tool(펜 도구)]를 선택한 후 옵션 바에서 [Path(패스)]를 선택합니다.

③ 패스를 삽입하고자 하는 첫 번째 위치를 클릭합니다.

④ 두 번째, 세 번째 위치 등을 클릭하여 패스를 작성합니다.

⑤ Tool Box(도구상자)에서 [Convert Point Tool(기준점 변환 도구)]를 선택한 후 기준점을 드래그하여 곡선을 만듭니다.

⑥ [Paths(패스)] 패널에서 Ctrl를 누른 상태에서 [Path thumbnail(패스 축소판)]을 클릭합니다.

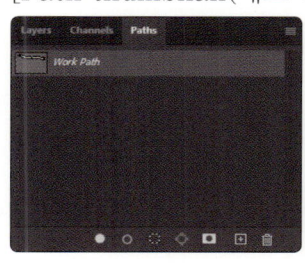 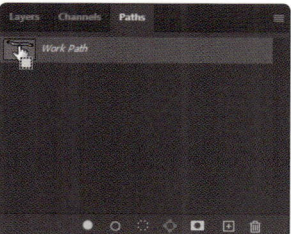

⑦ 패스가 선택 영역으로 지정되면 [Layers(레이어)] 패널을 클릭한 후 Alt+Delete를 눌러 전경색을 칠합니다.

⑧ [Layers(레이어)] 패널에서 [Add a layer style(레이어 스타일 추가)]를 클릭한 후 [Gradient Ovrlay(그라디언트 오버레이)]를 클릭합니다.

⑨ [Layer Style(레이어 스타일)] 대화상자의 [Gradient Overlay(그라디언트 오버레이)] 스타일이 나타나면 [Gradient(그라디언트)]를 클릭합니다.

⑩ [Gradient Editor(그라디언트 편집기)] 대화상자가 나타나면 왼쪽 Color Stop(색상 정지점)을 더블클릭합니다.

⑪ [Color Picker(Stop Color)(색상 피커(정지 색상))] 대화상자가 나타나면 색상(0066cc)을 입력한 후 [OK(확인)] 단추를 클릭합니다.

⑫ [Gradient Editor(그라디언트 편집기)] 대화상자가 다시 나타나면 가운데 부분을 클릭하여 Color Stop(색상 정지점)을 추가합니다. 그런 다음 가운데 Color Stop(색상 정지점)을 더블클릭합니다.

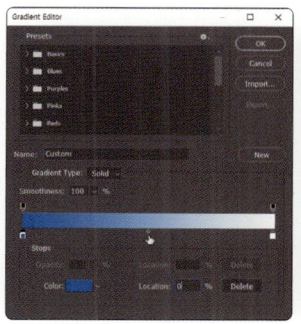 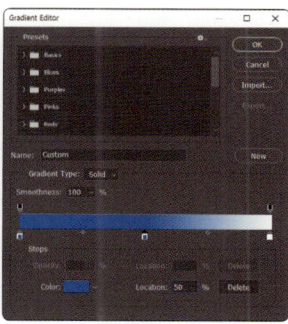

⑬ [Color Picker(Stop Color)(색상 피커(정지 색상))] 대화상자가 나타나면 색상(ffffff)을 입력한 후 [OK(확인)] 단추를 클릭합니다.

⑭ [Gradient Editor(그라디언트 편집기)] 대화상자가 다시 나타나면 오른쪽 Color Stop(색상 정지점)을 더블클릭합니다.

⑮ [Color Picker(Stop Color)(색상 피커(정지 색상))] 대화상자가 나타나면 색상(003366)을 입력한 후 [OK(확인)] 단추를 클릭합니다.

⑯ [Gradient Editor(그라디언트 편집기)] 대화상자가 다시 나타나면 [OK(확인)] 단추를 클릭합니다.

⑰ [Layer Style(레이어 스타일)] 대화상자가 다시 나타나면 Angle(각도)에 '0'을 입력한 후 [Drop Shadow(그림자 효과)] 탭을 클릭합니다.

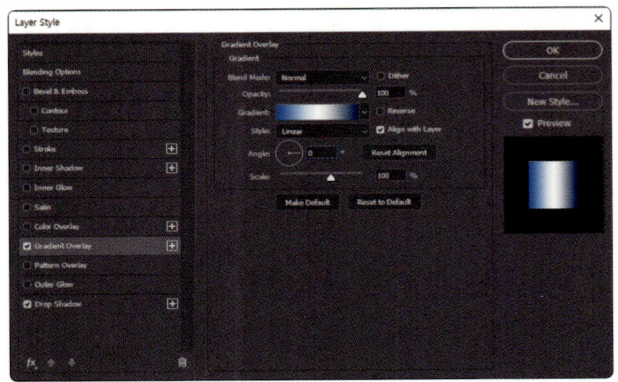

⑱ [Layer Style(레이어 스타일)] 대화상자 [Drop Shadow(그림자 효과)] 스타일이 나타나면 속성을 지정한 후 [OK(확인)] 단추를 클릭합니다.

⑲ 같은 방법으로 패스를 작성한 후 속성을 지정합니다.

⑤ 크기 조절점이 나타나면 조절점을 드래그하여 크기를 조절한 후 Enter를 누릅니다.

⑥ Tool Box(도구 상자)에서 [Move Tool(이동 도구)]를 선택한 후 이미지의 위치를 이동합니다.

⑦ [Layers(레이어)] 패널에서 [Layer 8(레이어 8)] 레이어를 선택한 후 [Add a layer style(레이어 스타일 추가)]를 클릭한 후 [Drop Shadow(그림자 효과)]를 클릭합니다.

⑧ [Layer Style(레이어 스타일)] 대화상자의 [Drop Shadow(그림자 효과)] 스타일이 나타나면 속성을 지정한 후 [OK(확인)] 단추를 클릭합니다.

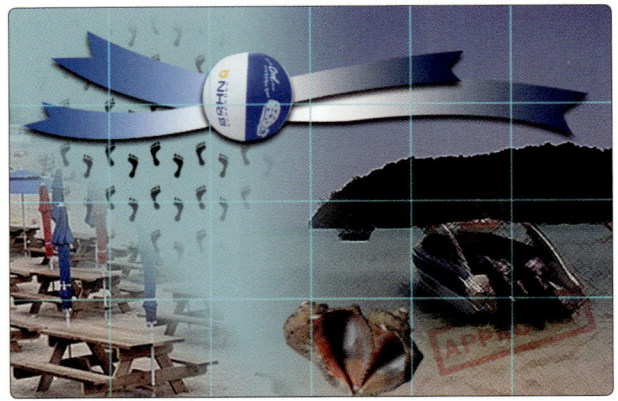

STEP 08 이미지 복사 및 레이어 스타일 적용하기

① [1급-16.jpg] 탭을 클릭한 후 Tool Box(도구 상자)에서 [Magnetic Lasso Tool(자석 올가미 도구)]를 선택합니다.

② 시작점을 클릭한 후 드래그하여 공을 선택 영역으로 지정한 다음 Ctrl+C를 눌러 이미지를 복사합니다.

③ [Untitled-1] 탭을 클릭한 후 Ctrl+V를 눌러 붙여넣기 합니다.

④ [Edit(편집)]을 클릭한 후 [Free Transform(자유 변형)]을 클릭합니다.

STEP 09 이미지 복사, 색상 보정, 레이어 스타일

① [1급-17.jpg] 탭을 클릭한 후 Tool Box(도구 상자)에서 [Magic Wand Tool(자동 선택 도구)]를 선택합니다.

② 옵션 바에서 Tolerance(허용치)에 '20'을 입력한 후 [Add to selection(선택 영역에 추가)]를 선택합니다.

③ 텍스트를 각각 클릭하여 선택 영역을 지정합니다.

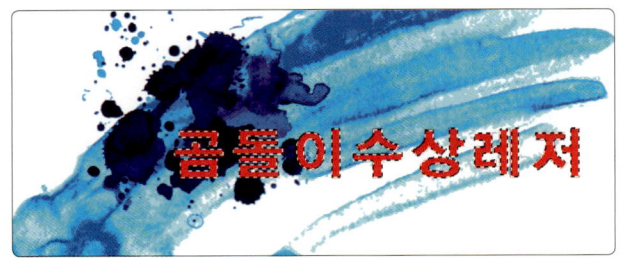

④ 텍스트가 선택 영역으로 지정되면 Ctrl+C를 눌러 이미지를 복사한 후 [Untitled-1] 탭을 클릭합니다.

⑤ [Untitled-1] 탭이 나타나면 Ctrl+V를 눌러 붙여넣기 합니다.

⑥ 크기를 조절하기 위해 [Edit(편집)]을 클릭한 후 [Free Transform(자유 변형)]을 클릭합니다.

⑦ 크기 조절점이 나타나면 조절점을 드래그하여 크기를 조절한 후 Enter를 누릅니다.

⑧ 색상을 보정하기 위해 [Layers(레이어)] 패널에서 Ctrl을 누른 상태에서 [Layer 9(레이어 9)] 레이어의 [Layer thumbnail(레이어 축소판)]을 클릭합니다.

⑨ [Layers(레이어)] 패널에서 [Create new fill or adjustment layer(새 칠 또는 조정 레이어)]을 클릭한 후 [Hue/Saturation(색조/채도)]를 클릭합니다.

⑩ [Hue/Saturation 1(색조/채도 1)] 레이어가 추가되면 [Properties(속성)] 패널에서 [Colorize(색상화)]를 선택한 후 Hue(색조)와 Saturation(채도), Lightness(명도)를 조절하여 연두색 계열로 보정합니다.

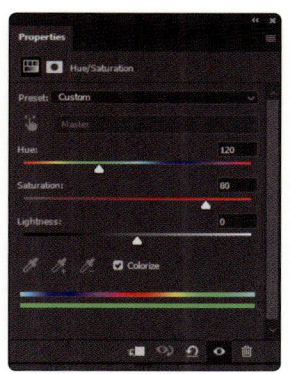

⑪ [Layers(레이어)] 패널에서 [Add a layer style(레이어 스타일 추가)]를 클릭한 후 [Stroke(선)]을 클릭합니다.

⑫ [Layer Style(레이어 스타일)] 대화상자의 [Stroke(선)] 스타일이 나타나면 크기(2)를 입력한 후 Color(색상)을 클릭합니다.

⑬ [Color Picker(Stroke Color)(색상 피커(선 색상))] 대화상자가 나타나면 색상(ffffff)을 입력한 후 [OK(확인)] 단추를 클릭합니다.

STEP 10 배너 모양 도형 작성하기

① Tool Box(도구상자)에서 [Custom Shape Tool(사용자 정의 모양 도구)]를 선택한 후 옵션 바에서 [Click to open Custom shape picker(사용자 정의 모양 피커)]의 [목록] 단추를 클릭합니다.

② 목록이 나타나면 [Legacy Shapes and More(레거시 모양 및 기타)]의 [목록] 단추를 클릭한 후 [All Legacy Default Shapes(모든 레거시 기본 모양)]의 [목록] 단추를 클릭한 다음 [Banners and Awards(배너 및 상장)]의 [목록] 단추를 클릭하고 [Banner 3(배너 3)]을 클릭합니다.

③ 배너 모양 도형을 삽입하고자 하는 위치에 드래그하여 삽입합니다.

④ [Layers(레이어)] 패널에서 [Banner 3 1(배너 3 1)] 레이어의 [Layer thumbnail(레이어 축소판)]을 더블클릭합니다.

⑤ [Color Picker(Solid Color)(색상 피커(단색))] 대화상자가 나타나면 색상(ccccff)을 지정한 후 [OK(확인)] 단추를 클릭합니다.

⑥ [Layers(레이어)] 패널에서 [Add a layer style(레이어 스타일 추가)]를 클릭한 후 [Drop Shadow(그림자 효과)]를 클릭합니다.

⑦ [Layer Style(레이어 스타일)] 대화상자의 [Drop Shadow(그림자 효과)] 스타일이 나타나면 속성을 지정한 후 [Stroke(선)] 스타일을 클릭합니다.

⑧ [Layer Style(레이어 스타일)] 대화상자의 [Stroke(선)] 스타일이 나타나면 크기(2)를 입력한 후 Color(색상)을 클릭합니다.

⑨ [Color Picker(Stroke Color)(색상 피커(선 색상))] 대화상자가 나타나면 색상(000000)을 입력한 후 [OK(확인)] 단추를 클릭합니다.

⑩ [Layer Style(레이어 스타일)] 대화상자가 다시 나타나면 [OK(확인)] 단추를 클릭합니다.

⑪ [Layers(레이어)] 패널에서 [Banner 3 1(배너 3 1)] 레이어를 [Create a new layer(새 레이어 만들기)] 단추로 드래그합니다.

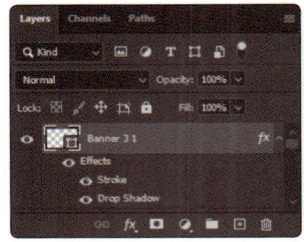 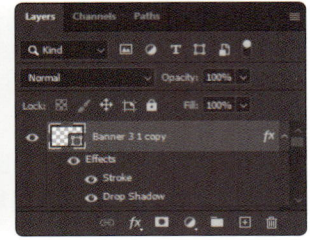

⑫ 같은 방법으로 레이어를 복사합니다.

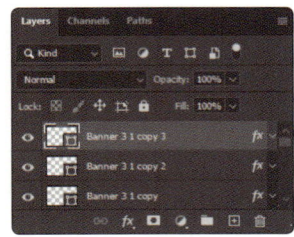

⑬ [Layers(레이어)] 패널에서 [Banner 3 1 copy(배너 3 1 사본)] 레이어를 선택한 후 Tool Box(도구 상자)에서 [Move Tool(이동 도구)]를 선택한 다음 도형의 위치를 이동합니다.

⑭ 같은 방법으로 레이어의 위치를 이동합니다.

⑮ 같은 방법으로 [Web(웹)]-[World Wide Web Search(웹 검색)] 모양 도형과 [Shapes(모양)]-[Blob 2 Frame(얼룩 2 플레임)] 모양 도형을 작성합니다.

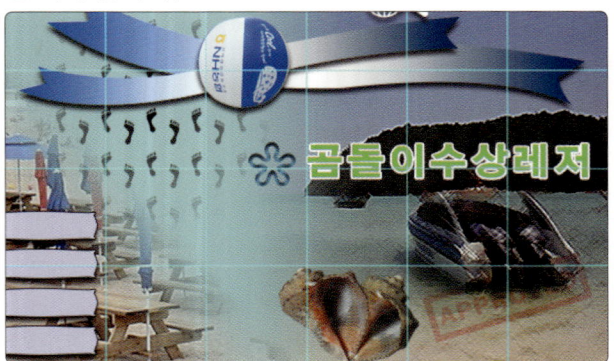

STEP 11   ①번 텍스트 작성하기

① Tool Box(도구 상자)에서 [Horizontal Type Tool(수평 문자 도구)]를 선택한 후 옵션 바에서 글꼴(바탕), 글꼴 크기(14), 글꼴 색(000000) 지정합니다.

② 텍스트를 삽입할 위치를 클릭한 후 '파격적인 패키지 30% 할인'을 입력한 다음 Ctrl+Enter를 누릅니다.

③ [Layers(레이어)] 패널에서 [Add a layer style(레이어 스타일 추가)]를 클릭한 후 [Drop Shadow(그림자 효과)]를 클릭합니다.

④ [Layer Style(레이어 스타일)] 대화상자의 [Drop Shadow(그림자 효과)] 스타일이 나타나면 속성을 지정한 후 [Stroke(선)] 탭을 클릭합니다.

⑤ [Layer Style(레이어 스타일)] 대화상자의 [Stroke(선)] 스타일이 나타나면 크기(2)를 입력한 후 Color(색상)을 클릭합니다.

⑥ [Color Picker(Stroke Color)(색상 피커(선 색상))] 대화상자가 나타나면 색상(ffffff)을 입력한 후 [OK(확인)] 단추를 클릭합니다.

⑦ [Layer Style(레이어 스타일)] 대화상자가 다시 나타나면 [OK(확인)] 단추를 클릭합니다.

⑧ 텍스트에 변형을 주기 위해 옵션 바에서 [Create warp text(텍스트 변형)]을 클릭합니다.

⑨ [Warp Text(텍스트 변형)] 대화상자가 나타나면 Style(Arc(부채꼴))을 선택한 후 Bend(구부리기)를 조절한 다음 [OK(확인)] 단추를 클릭합니다.

⑩ 텍스트가 변형되면 Tool Box(도구 상자)에서 [Move Tool(이동 도구)]를 선택한 후 텍스트를 드래그하여 위치를 이동합니다.

STEP 12   ③번 텍스트 작성하기

① [Horizontal Type Tool(수평 문자 도구)]를 선택한 후 텍스트를 입력할 위치를 클릭한 다음 '회사안내'를 입력하고 Ctrl+Enter를 누릅니다.

② 텍스트가 입력되면 옵션 바에서 글꼴(돋움), 글꼴 크기(15), 글꼴 색(ffffff)를 지정합니다.

③ [Layers(레이어)] 패널에서 fx [Add a layer style(레이어 스타일 추가)]를 클릭한 후 [Stroke(선)]을 클릭합니다.

④ [Layer Style(레이어 스타일)] 대화상자의 [Stroke(선)] 스타일이 나타나면 크기(2)를 입력한 후 Color(색상)을 클릭합니다.

⑤ [Color Picker(Stroke Color)(색상 피커(선 색상))] 대화상자가 나타나면 색상(003366)을 입력한 후 [OK(확인)] 단추를 클릭합니다.

⑥ [Layers(레이어)] 패널에서 [회사안내] 레이어를 [Create a new layer(새 레이어 만들기)] 단추로 드래그합니다.

⑦ 같은 방법으로 레이어를 2개 더 복사한 후 Tool Box(도구 상자)에서 [Move Tool(이동 도구)]를 선택한 후 텍스트를 드래그하여 위치를 이동합니다.

⑧ T [Horizontal Type Tool(수평 문자 도구)]를 선택한 후 [회사안내 사본] 레이어의 글자를 더블 클릭한 다음 텍스트에 범위가 지정되면 '수상레저'를 입력하고 Ctrl+Enter를 누릅니다.

⑨ 같은 방법으로 나머지 텍스트를 수정합니다.

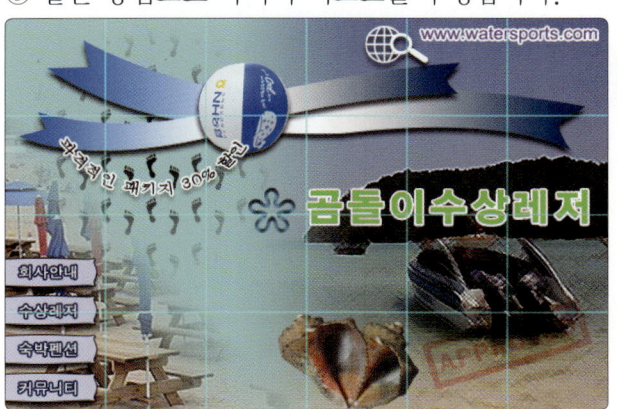

STEP 13 답안 저장 및 전송하기

① 작성한 답안을 저장하기 위해 [File(파일)]을 클릭한 후 [Save(저장)]을 클릭합니다.

② [Save on your computer or to cloud documents(컴퓨터 또는 클라우드 문서에 저장)] 대화상자가 나타나면 [Save on your computer(내 컴퓨터에 저장)] 단추를 클릭합니다.

③ [다른 이름으로 저장] 대화상자가 나타나면 저장 위치(내 PC₩문서₩GTQ)를 지정한 후 파일 이름(수험번호-성명-문제번호)을 입력한 다음 형식(JPEG (*.JPG;*.JPEG;*.JPE))을 선택하고 [저장] 단추를 클릭합니다.

> **Tip**
> • GTQ 시험에서는 '내 PC₩문서₩GTQ' 폴더에 '수험번호-성명-문제번호'로 저장합니다.
> • 저장 위치 및 파일 이름이 틀릴 경우 답안이 전송되지 않습니다.

④ [JPEG Options(JPEG 옵션)] 대화상자가 나타나면 Quality(품질)을 지정한 후 [OK(확인)] 단추를 클릭합니다.

⑤ PSD 파일로 저장하기 위해 [Image(이미지)]를 클릭한 후 [Image Size(이미지 크기)]를 클릭합니다.

⑥ [Image Size(이미지 크기)] 대화상자가 나타나면 단위(Pixels)를 선택한 후 Width(폭)에 '60'을 입력한 후 [OK(확인)] 단추를 클릭합니다.

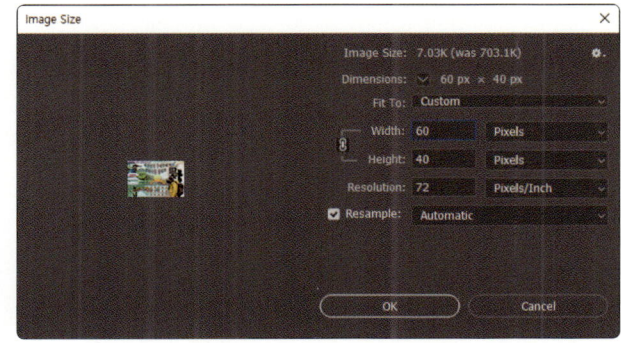

⑦ 작성한 답안을 저장하기 위해 [File(파일)]을 클릭한 후 [Save(저장)]을 클릭합니다.

⑧ [Save on your computer or to cloud documents(컴퓨터 또는 클라우드 문서에 저장)] 대화상자가 나타나면 [Save on your computer(내 컴퓨터에 저장)] 단추를 클릭합니다.

⑨ [다른 이름으로 저장(Save As)] 대화상자가 나타나면 저장 위치(내 PC₩문서₩GTQ)를 지정한 후 파일 이름(수험번호-성명-문제번호)을 입력한 다음 형식(Photoshop (*.PSD;*.PDD;*.PSDT))을 선택하고 [저장] 단추를 클릭합니다.

⑩ [Photoshop Format Options(Photoshop 형식 옵션)] 대화상자가 나타나면 [OK(확인)] 단추를 클릭합니다.

⑪ KOAS 수험자용 프로그램을 선택한 후 [답안 전송] 단추를 클릭합니다.

⑫ [MessageBox] 대화상자가 나타나면 [예] 단추를 클릭합니다.

⑬ [고사실 PC로 답안 파일 보내기] 대화상자가 나타나면 전송할 파일을 선택한 후 [답안전송] 단추를 클릭합니다.

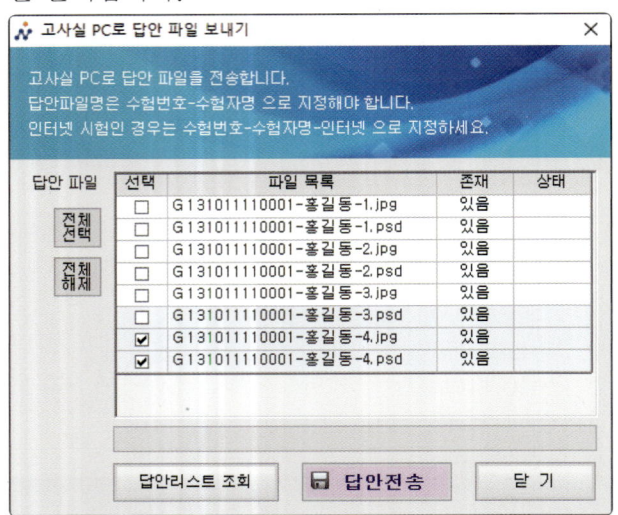

> **Tip**
> 전송하고자 하는 파일의 존재 여부가 '없음'으로 표시되면 파일명 및 저장 위치를 확인합니다.

⑭ [MessageBox] 대화상자가 나타나면 [확인] 단추를 클릭합니다.

⑮ [고사실 PC로 답안 파일 보내기] 대화상자가 다시 나타나면 [닫기] 단추를 클릭합니다.

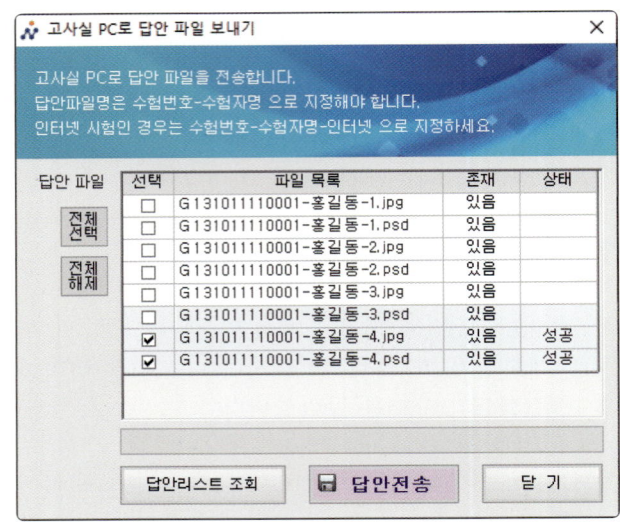

> **Tip**
> 전송한 파일의 상태 여부가 '성공'으로 표시되는지 확인합니다.

제02회 실전모의고사

02 [기능평가] 사진 편집 응용

STEP 01 캔버스 생성 및 이미지 복사하기

① [문제1]에서 작성한 파일을 모두 닫은 후 [Home] 화면에서 [Create new(새로 만들기)] 단추를 클릭합니다.

② [New Document(새로 만들기 문서)] 대화상자가 나타나면 Width(너비)를 '400', Height(높이)를 '500', Resolution(해상도)를 '72'를 입력합니다. 그런 다음 [Create(만들기)] 단추를 클릭합니다.

③ 새 캔버스가 만들어지면 눈금자가 표시 되는지 확인한 후 눈금자가 나타나지 않을 경우 [View(보기)]를 클릭한 다음 [Rulers(눈금자)]를 클릭합니다.

④ 눈금자를 드래그하여 Guides(안내선)을 100 pixels(픽셀) 단위로 작성합니다.

⑤ [File(파일)]을 클릭한 후 [Open(열기)]를 클릭합니다.

⑥ [열기] 대화상자가 나타나면 찾는 위치(내 PC₩문서₩GTQ₩Image)를 지정한 후 파일(1급-4 ~ 1급-6)을 선택한 다음 [열기] 단추를 클릭합니다.

⑦ 이미지가 불러와지면 [1급-1.jpg] 탭을 클릭한 후 Ctrl+A를 눌러 이미지 전체를 선택 영역으로 지정합니다.

⑧ 선택 영역이 지정되면 Ctrl+C를 눌러 이미지를 복사합니다.

⑨ [Untitled-1] 탭을 클릭한 후 Ctrl+V를 눌러 붙여넣기 합니다.

⑩ [Filter(필터)]를 클릭한 후 [Render(렌더)]-[Lens Flare(렌즈 플레어)]를 클릭합니다.

⑪ [Lens Flare(렌즈 플레어)] 대화상자가 나타나면 렌즈 플레이 위치를 클릭한 후 속성을 지정한 다음 [OK(확인)] 단추를 클릭합니다.

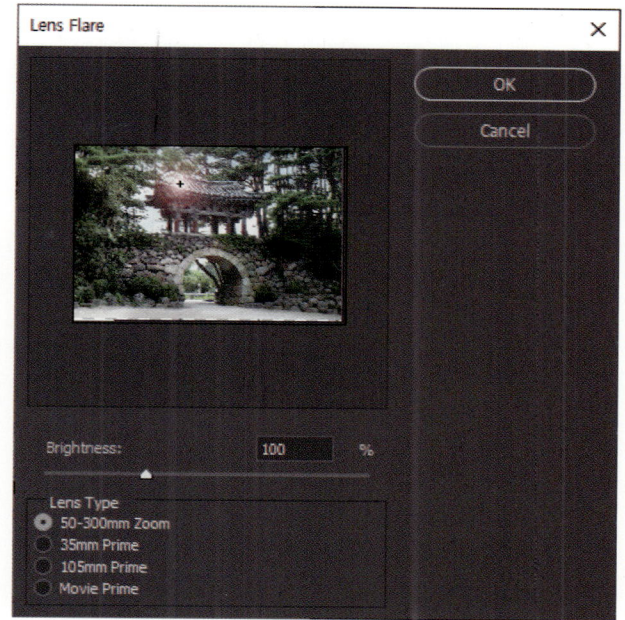

04 [실무응용] 웹 페이지 제작

STEP 01 패턴 적용하기

① 패턴을 만들기 위해 [File(파일)]을 클릭한 후 [New(새로 만들기)]를 클릭합니다.

② [New Document(새로 만들기 문서)] 대화상자가 나타나면 Width(너비)를 '29', Height(높이)를 '29', Resolution(해상도)를 '72'를 입력한 후 Background Contents(배경 내용)을 Transparent(투명)을 선택합니다. 그런 다음 [Create(만들기)] 단추를 클릭합니다.

③ Width(폭)과 Height(높이)가 29 pixels 이라 크기가 작습니다. Ctrl+0을 눌러 화면 배율을 화면 크기에 맞게 확대합니다.

④ Tool Box(도구상자)에서 [Custom Shape Tool(사용자 정의 모양 도구)]를 선택한 후 옵션 바에서 [Click to open Custom shape picker(사용자 정의 모양 피커)]의 [목록] 단추를 클릭합니다.

⑤ 목록이 나타나면 [Legacy Shapes and More(레거시 모양 및 기타)]의 [목록] 단추를 클릭한 후 [All Legacy Default Shapes(모든 레거시 기본 모양)]의 [목록] 단추를 클릭한 다음 [Objects(물건)]의 [목록] 단추를 클릭하고 [Hourglass(모래 시계)]를 클릭합니다.

⑥ 모래 시계 모양 도형을 삽입하고자 하는 위치에 드래그하여 삽입합니다.

⑦ [Layers(레이어)] 패널에서 [Hourglass 1(모래 시계 1)] 레이어의 [Layer thumbnail(레이어 축소판)]을 더블클릭합니다.

⑧ [Color Picker(Solid Color)(색상 피커(단색))] 대화상자가 나타나면 색상(ffffff)을 지정한 후 [OK(확인)] 단추를 클릭합니다.

⑨ [Edit(편집)]을 클릭한 후 [Define Pattern(패턴 정의)]를 클릭합니다.

⑩ [Pattern Name(패턴 이름)] 대화상자가 나타나면 Name(모래 시계 모양)을 입력한 후 [OK(확인)] 단추를 클릭합니다.

⑪ [Untitled-1] 탭을 선택한 후 레이어를 추가하기 위해 [Layers(레이어)] 패널에서 [Create a new layer(새 레이어 만들기)]를 클릭합니다.

⑫ [Edit(편집)]을 클릭한 후 [Fill(칠)]을 클릭합니다.

⑬ [Fill(칠)] 대화상자가 나타나면 Contents(내용)의 [목록] 단추를 클릭한 후 Pattern(패턴)을 선택합니다.

⑭ [Custom Pattern(사용자 정의 패턴)]의 [목록] 단추를 클릭한 후 정의한 패턴을 더블클릭한 다음 [OK(확인)] 단추를 클릭합니다.

⑮ [Layers(레이어)] 패널에서 Opacity(불투명도)에 '70%'를 입력합니다.

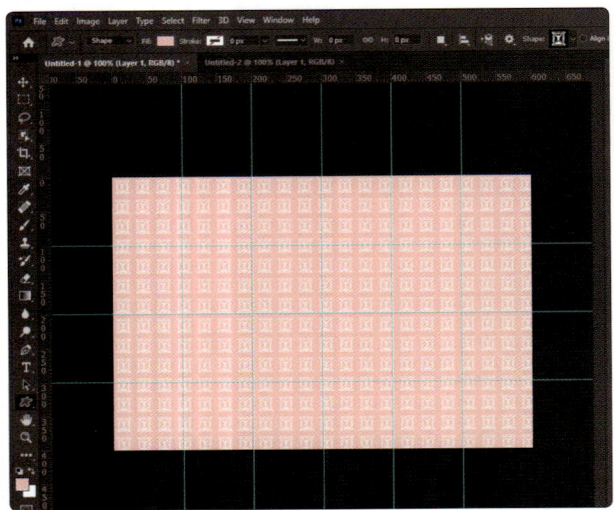

STEP 02 패스 그리기

① 레이어를 추가하기 위해 [Layers(레이어)] 패널에서 [Create a new layer(새 레이어 만들기)]를 클릭합니다.

② Tool Box(도구상자)에서 [Pen Tool(펜 도구)]를 선택한 후 옵션 바에서 [Path(패스)]를 선택합니다.

③ 패스를 삽입하고자 하는 위치를 클릭하여 패스를 작성합니다.

④ Tool Box(도구상자)에서 [Convert Point Tool(기준점 변환 도구)]를 선택한 후 기준점을 드래그하여 곡선을 만듭니다.

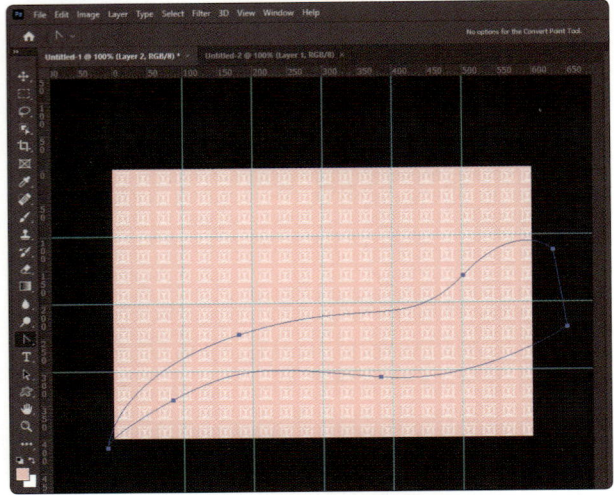

⑤ [Paths(패스)] 패널에서 Ctrl를 누른 상태에서 [Path thumbnail(패스 축소판)]을 클릭합니다.

 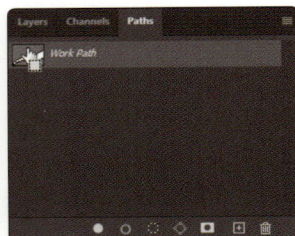

⑥ [Layers(레이어)] 패널에서 [Add a layer style(레이어 스타일 추가)]를 클릭한 후 [Drop Shadow(그림자 효과)]를 클릭합니다.

⑦ [Layer Style(레이어 스타일)] 대화상자의 [Drop Shadow(그림자 효과)] 스타일이 나타나면 속성을 지정한 후 [OK(확인)] 단추를 클릭합니다.

⑧ [Layers(레이어)] 패널에서 [Layer 2(레이어 2)] 레이어를 [Create a new layer(새 레이어 만들기)] 단추로 드래그합니다.

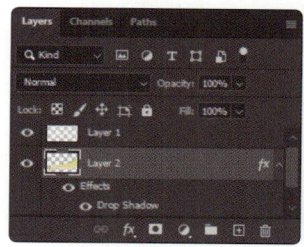 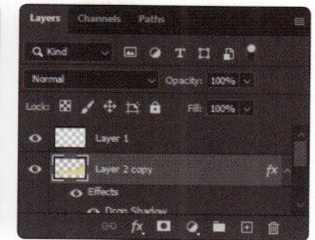

⑨ Tool Box(도구 상자)에서 [Move Tool(이동 도구)]를 선택한 후 드래그하여 위치를 이동합니다.

⑩ [Layers(레이어)] 패널에서 Ctrl을 누른 상태에서 [Layer 2 copy(레이어 2 사본)] 레이어의 [Layer thumbnail(레이어 축소판)]을 클릭합니다.

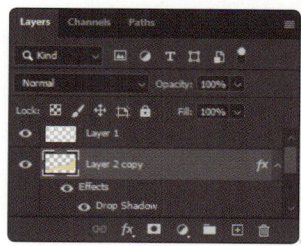 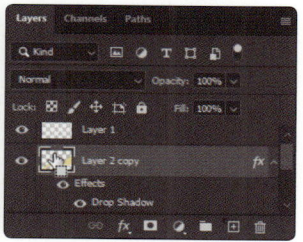

⑪ 선택 영역으로 지정되면 Tool Box(도구 상자)에서 [Set foreground color(전경색 설정)]을 클릭합니다.

⑫ [Color Picker(Foreground Color)(색상 피커(전경색))] 대화상자가 나타나면 색상(cc9966)을 입력한 후 [OK(확인)] 단추를 클릭합니다.

⑬ [Layers(레이어)] 패널을 클릭한 후 Alt+Delete를 눌러 전경색을 칠합니다.

⑭ 패턴을 클리핑 마스크에 맞게 지정하기 위해 [Layer(레이어)]를 클릭한 후 [Create Clipping Mask(클리핑 마스크 만들기)]를 클릭합니다.

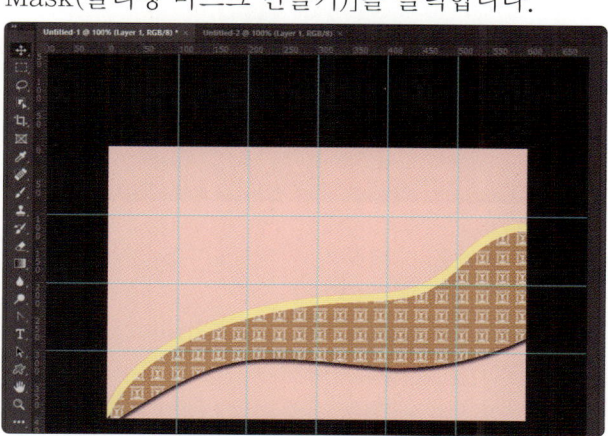

제 03 회 실전모의고사

02 [기능평가] 사진 편집 응용

STEP 01 이미지 복사 및 색상 보정하기

① [1급-5.jpg] 이미지 탭을 선택한 후 Tool Box(도구 상자)에서 [Magic Wand Tool(자동 선택 도구)]를 선택한 다음 옵션 바에서 Tolerance(허용치)에 '10'을 입력합니다.

② 배경 부분의 흰색 부분을 클릭하여 선택 영역을 지정한 후 [Select(선택)]을 클릭한 다음 [Inverse(반전)]을 클릭합니다.

③ 선택 영역이 반전되면 Ctrl+C를 눌러 이미지를 복사한 후 [Untitled-1] 탭을 클릭한 다음 Ctrl+V를 눌러 붙여넣기 합니다.

④ 이미지의 방향을 바꾸기 위해 [Edit(편집)]을 클릭한 후 [Transform(변형)]-[Rotate 90° Count Clockwise(시계 반대 방향으로 90° 회전)]을 클릭합니다.

⑤ 이미지가 시계 반대 방향으로 90° 회전하면 [Edit(편집)]을 클릭한 후 [Free Transform(자유 변형)]을 클릭합니다.

⑥ 이미지에 크기 조절점이 나타나면 크기 조절점을 드래그하여 크기를 조절한 후 Enter를 누릅니다.

⑦ [Layers(레이어)] 패널에서 Ctrl을 누른 상태에서 [Layer 2(레이어 2)] 레이어의 [Layer thumbnail(레이어 축소판)]을 클릭합니다.

⑧ [Layers(레이어)] 패널에서 [Create new fill or adjustment layer(새 칠 또는 조정 레이어)]를 클릭한 후 [Hue/Saturation(색조/채도)]를 클릭합니다.

⑨ [Hue/Saturation 1(색조/채도 1)] 레이어가 추가되면 [Properties(속성)] 패널에서 [Colorize(색상화)]를 선택한 후 Hue(색조)와 Saturation(채도), Lightness(명도)를 조절하여 빨간색 계열로 보정합니다.

⑩ [Layers(레이어)] 패널에서 fx[Add a layer style(레이어 스타일 추가)]를 클릭한 후 [Stroke(선)]을 클릭합니다.

⑪ [Layer Style(레이어 스타일)] 대화상자의 [Stroke(선)] 스타일이 나타나면 크기(3)를 입력한 후 Color(색상)을 클릭합니다.

⑫ [Color Picker(Stroke Color)(색상 피커(선 색상))] 대화상자가 나타나면 색상(006600)을 입력한 후 [OK(확인)] 단추를 클릭합니다.

⑬ [Layer Style(레이어 스타일)] 대화상자가 다시 나타나면 [OK(확인)] 단추를 클릭합니다.

03 [실무응용] 포스터 제작

STEP 01 이미지 복사 및 레이어 스타일 적용하기

① [1급-11.jpg] 이미지 탭을 선택한 후 Tool Box(도구 상자)에서 [Magnetic Lasso Tool(자석 올가미 도구)]를 선택한 다음 피자를 선택 영역으로 지정합니다.

② 피자가 선택 영역으로 지정되면 Ctrl+C를 눌러 이미지를 복사한 후 [Untitled-1] 탭을 클릭한 다음 Ctrl+V를 눌러 붙여넣기 합니다.

③ 이미지의 크기를 조절하기 위해 [Edit(편집)]을 클릭한 후 [Free Transform(자유 변형)]을 클릭합니다.

④ 크기 조절점이 나타나면 조절점을 드래그하여 크기를 조절한 후 Enter를 누릅니다.

⑤ [Layers(레이어)] 패널에서 [Indicates layer visibility(레이어 가시성)]을 클릭하여 피자 이미지가 나타나지 않도록 합니다.

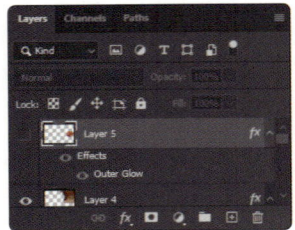

⑥ 피자 이미지가 나타나지 않으면 상자의 아래 부분을 선택 영역으로 지정합니다.

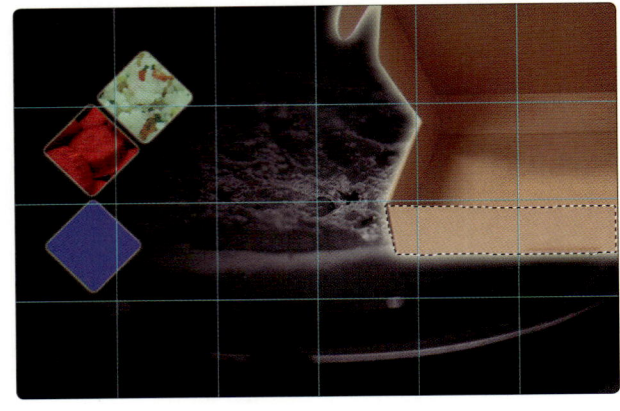

⑦ 선택 영역이 지정되면 [Indicates layer visibility(레이어 가시성)]을 클릭하여 피자 이미지가 나타나도록 합니다.

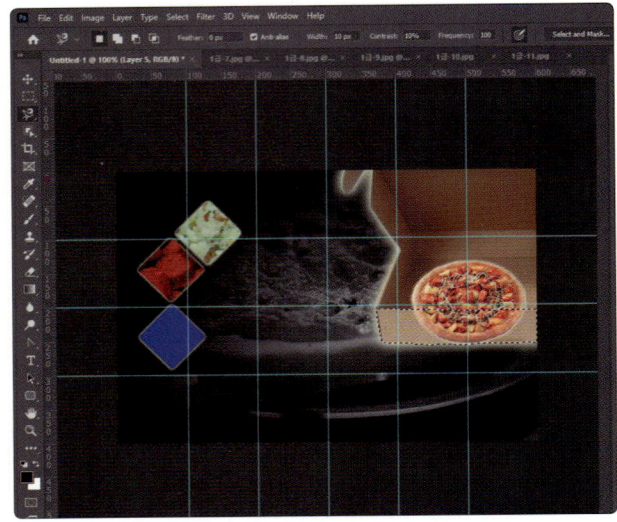

⑧ 피자 이미지가 나타나면 Delete를 눌러 선택 영역만큼 피자 이미지를 삭제합니다.

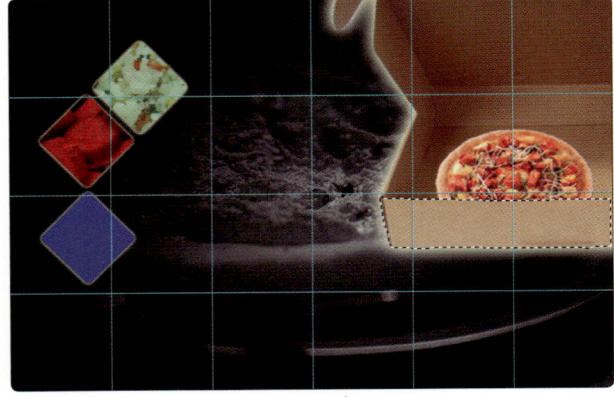

⑨ 선택 영역을 해제하기 위해 Ctrl+D를 누릅니다.

⑩ [Filter(필터)]를 클릭한 후 [Filter Gallery(필터 갤러리)]를 클릭합니다.

⑪ [Filter Gallery(필터 갤러리)] 대화상자가 나타나면 [Brush Strokes(브러시 선)]을 클릭한 후 Brush Strokes(브러시 선) 목록이 나타나면 [Crosshatch(그물눈)]을 클릭한 다음 속성을 지정하고 [OK(확인)] 단추를 클릭합니다.

⑫ [Layers(레이어)] 패널에서 fx[Add a layer style(레이어 스타일 추가)]를 클릭한 후 [Outer Glow(외부 광선)]을 클릭합니다.

⑬ [Layer Style(레이어 스타일)] 대화상자의 [Outer Glow(외부 광선)] 스타일이 나타나면 속성을 지정한 후 [OK(확인)] 단추를 클릭합니다.

04 [실무응용] 웹 페이지 제작

STEP 01 이미지 복사 및 레이어 스타일 적용하기

① [1급-14.jpg] 이미지 탭을 선택한 후 Ctrl + A 를 눌러 이미지 전체를 선택 영역으로 지정한 다음 Ctrl + C 를 눌러 이미지를 복사합니다.

② [Untitled-1] 탭을 클릭한 후 Ctrl + V 를 눌러 붙여넣기 합니다.

③ [Layer(레이어)]를 클릭한 후 [Create Clipping Mask(클리핑 마스크 만들기)]를 클릭합니다.

④ [Edit(편집)]을 클릭한 후 [Free Transform(자유 변형)]을 클릭합니다.

⑤ 이미지에 크기 조절점이 나타나면 크기 조절점을 드래그하여 모양에 이미지가 들어가도록 위치 및 크기를 조절한 후 Enter 를 누릅니다.

⑥ [Layers(레이어)] 패널에서 ◻[Add layer mask(레이어 마스크)]를 클릭합니다.

⑦ Tool Box(도구 상자)에서 ◻[Gradient Tool(그라디언트 도구)]를 선택한 후 옵션 바에서 ◻[Radial Gradient(방사형 그라디언트)]를 선택한 후 드래그하여 레이어 마스크를 지정합니다.

⑧ 그라디언트 설정이 변경되면 캔버스에 레이어 마스크를 지정하기 위해 안쪽에서 바깥쪽 방향으로 드래그합니다.

⑨ 같은 방법으로 [1급-15.jpg] 탭의 이미지를 복사한 후 클리핑 마스크 및 레이어 마스크를 지정합니다.

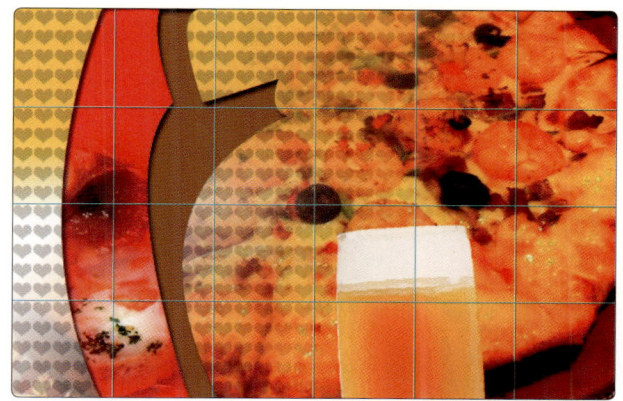

제04회 실전모의고사

01 [기능평가] 고급 Tool(도구) 활용

STEP 01 캔버스 생성 및 이미지 복사하기

① Adobe Photoshop CC 2020을 실행하기 위해 ⊞[시작]을 클릭한 후 앱 뷰에서 [Adobe Photoshop 2020]을 클릭합니다.

② 포토샵이 실행되면 새 캔버스를 만들기 위해 [Create new(새로 만들기)] 단추를 클릭합니다.

③ [New Document(새로 만들기 문서)] 대화상자가 나타나면 단위(Pixels(픽셀))을 선택한 후 Width(너비)를 '400', Height(높이)를 '500', Resolution(해상도)를 '72'를 입력합니다. 그런 다음 [Create(만들기)] 단추를 클릭합니다.

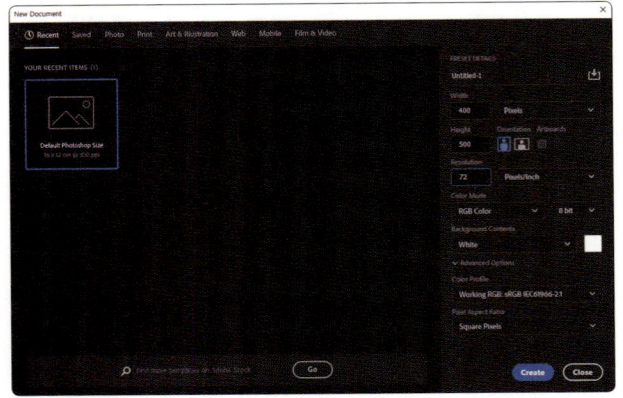

⑪ [Filter(필터)]를 클릭한 후 [Filter Gallery(필터 갤러리)]를 클릭합니다.

⑫ [Filter Gallery(필터 갤러리)] 대화상자가 나타나면 [Distort(왜곡)]을 클릭한 후 Distort(왜곡) 목록이 나타나면 [Glass(유리)]을 클릭한 다음 속성을 지정하고 [OK(확인)] 단추를 클릭합니다.

STEP 02 패스 모양 그리기

① [Layers(레이어)] 패널에서 [Create a new layer(새 레이어 만들기)]를 클릭합니다.

② Tool Box(도구상자)에서 [Pen Tool(펜 도구)]를 선택한 후 옵션 바에서 [Path(패스)]를 선택합니다.

③ 패스를 삽입하고자 하는 위치를 클릭하여 패스를 작성합니다.

④ Tool Box(도구상자)에서 [Convert Point Tool(기준점 변환 도구)]를 선택한 후 기준점을 드래그하여 곡선을 만듭니다.

④ 새 캔버스가 만들어지면 눈금자가 표시 되는지 확인한 후 눈금자가 나타나지 않을 경우 [View(보기)]를 클릭한 다음 [Rulers(눈금자)]를 클릭합니다.

⑤ 눈금자를 드래그하여 Guides(안내선)을 100 pixels(픽셀) 단위로 작성합니다.

⑤ 패스를 저장하기 위해 [Paths(패스)] 패널을 클릭한 후 [Work Path(작업 패스)] 레이어를 더블 클릭합니다.

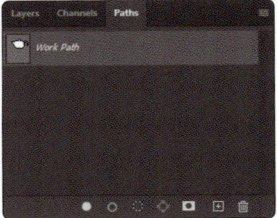

⑥ [File(파일)]을 클릭한 후 [Open(열기)]를 클릭합니다.

⑦ [열기] 대화상자가 나타나면 찾는 위치(내 PC\문서\GTQ\Image)를 지정한 후 파일(1급-1 ~ 1급-3)을 선택한 다음 [열기] 단추를 클릭합니다.

⑧ 이미지가 불러와지면 [1급-1.jpg] 탭을 클릭한 후 Ctrl+A를 눌러 이미지 전체를 선택 영역으로 지정합니다.

⑥ [Save Path(패스 저장)] 대화상자가 나타나면 이름(주전자 모양)을 입력한 후 [OK(확인)] 단추를 클릭합니다.

⑨ 선택 영역이 지정되면 Ctrl+C를 눌러 이미지를 복사합니다.

⑩ [Untitled-1] 탭을 클릭한 후 Ctrl+V를 눌러 붙여넣기 합니다.

⑦ [Paths(패스)] 패널에서 Ctrl을 누른 상태에서 [주전자 모양] 패스의 [Path thumbnail(패스 축소판)]을 클릭합니다.

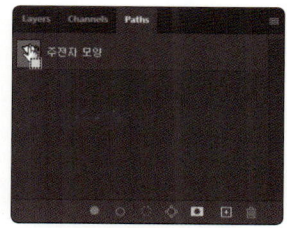

⑧ 패스 모양에 맞춰 선택 영역이 지정되면 [Layers(레이어)] 패널을 선택한 후 Alt + Delete 를 눌러 전경색을 칠합니다.

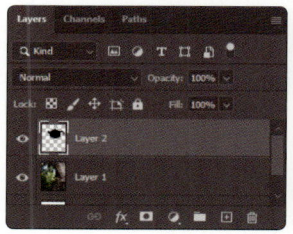

⑦ [Layer Style(레이어 스타일)] [Inner Shadow(내부 그림자)] 스타일이 나타나면 속성을 지정한 후 [Outer Glow(외부 광선)] 스타일을 클릭합니다.

⑧ [Layer Style(레이어 스타일)] [Outer Glow(외부 광선)] 스타일이 나타나면 속성을 지정한 후 [OK(확인)] 단추를 클릭합니다.

⑨ 주전자 모양에 레이어 마스크 및 레이어 스타일이 적용됩니다.

STEP 03 클리핑 마크 및 레이어 스타일 적용하기

① [1급-2.jpg] 탭에서 Ctrl + A 를 눌러 이미지 전체를 선택 영역으로 지정한 후 Ctrl + C 를 눌러 복사합니다.

② [Untitled-1] 탭을 클릭한 후 Ctrl + V 를 눌러 붙여넣기 합니다.

③ [Layer(레이어)]를 클릭한 후 [Create Clipping Mask(클리핑 마스크 만들기)]를 클릭합니다.

④ 클리핑 마스크가 만들어지면 주전자 모양에 꽃 이미지를 나타나게 하기 위해 [Edit(편집)]을 클릭한 후 [Free Transform(자유 변형)]을 클릭합니다.

⑤ 이미지에 크기 조절점이 나타나면 크기 조절점을 드래그하여 주전자 모양에 꽃이 들어가도록 위치 및 크기를 조절한 후 Enter 를 누릅니다.

⑥ [Layers(레이어)] 패널에서 [Layer 2(레이어 2)] 레이어를 선택한 후 [Add a layer style(레이어 스타일 추가)]를 클릭한 다음 [Inner Shadow(내부 그림자)]를 클릭합니다.

STEP 04 이미지 복사 및 레이어 스타일 적용하기

① [1급-3.jpg] 탭을 클릭한 후 Tool Box(도구 상자)에서 [Magnetic Lasso Tool(자석 올가미 도구)]를 선택합니다.

② 시작점을 클릭한 후 드래그하여 컵을 선택 영역으로 지정합니다.

③ 컵이 선택 영역으로 지정되면 Ctrl + C 를 눌러 이미지를 복사한 후 [Untitled-1] 탭을 클릭합니다.

④ [Layers(레이어)] 패널에서 [Layer 3(레이어 3)]를 선택한 후 Ctrl + V 를 눌러 붙여넣기 합니다.

⑤ 이미지의 크기를 조절하기 위해 [Edit(편집)]을 클릭한 후 [Free Transform(자유 변형)]을 클릭합니다.

⑥ 크기 조절점이 나타나면 조절점을 드래그하여 크기를 조절한 후 Enter 를 누릅니다.

⑦ [Layers(레이어)] 패널에서 [Add a layer style(레이어 스타일 추가)]를 클릭한 후 [Drop Shadow(그림자 효과)]를 클릭합니다.

⑧ [Layer Style(레이어 스타일)] 대화상자의 [Drop Shadow(그림자 효과)] 스타일이 나타나면 속성을 지정한 후 [OK(확인)] 단추를 클릭합니다.

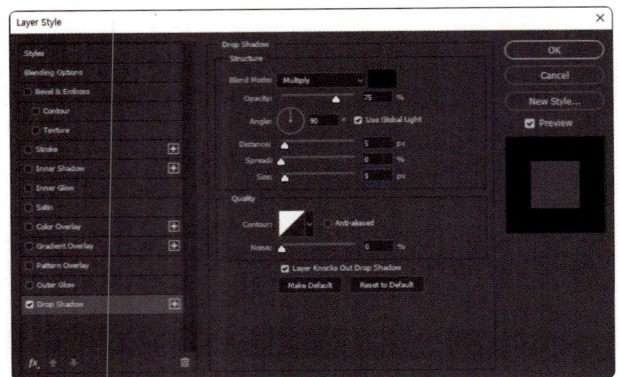

제 05 회 실전모의고사

01 [기능평가] 고급 Tool(도구) 활용

STEP 01 ①번 텍스트 작성하기

① Tool Box(도구 상자)에서 T[Horizontal Type Tool(수평 문자 도구)]를 선택한 후 옵션 바에서 Arial(글꼴), Regular(글꼴 스타일), 글꼴 크기 (45)를 지정합니다.

② 텍스트를 삽입할 위치를 클릭한 후 'Pattern Design'을 입력하고 Ctrl+Enter를 누릅니다.

③ 텍스트에 레이어 스타일을 지정하기 위해 [Layers(레이어)] 패널에서 fx[Add a layer style(레이어 스타일 추가)]를 클릭한 후 [Gradient Overlay(그라디언트 오버레이)]를 클릭합니다.

④ [Layer Style(레이어 스타일)] 대화상자의 [Gradient Overlay(그라디언트 오버레이)] 스타일이 나타나면 [Gradient(그라디언트)]를 클릭합니다.

⑤ [Gradient Editor(그라디언트 편집기)] 대화상자가 나타나면 왼쪽 Color Stop(색상 정지점)을 더블클릭합니다.

⑥ [Color Picker(Stop Color)(색상 피커(정지 색상))] 대화상자가 나타나면 색상(00ff66)을 입력한 후 [OK(확인)] 단추를 클릭합니다.

⑦ [Gradient Editor(그라디언트 편집기)] 대화상자가 다시 나타나면 Color Stop(색상 정지점)의 가운데 부분을 클릭한 후 Color Stop(색상 정지점)이 나타나면 더블클릭합니다.

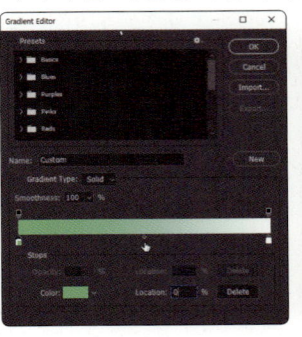 

⑧ [Color Picker(Stop Color)(색상 피커(정지 색상))] 대화상자가 나타나면 색상(ff0000)을 입력한 후 [OK(확인)] 단추를 클릭합니다.

⑨ [Gradient Editor(그라디언트 편집기)] 대화상자가 다시 나타나면 오른쪽 Color Stop(색상 정지점)을 더블클릭합니다.

⑩ [Color Picker(Stop Color)(색상 피커(정지 색상))] 대화상자가 나타나면 색상(ffff00)을 입력한 후 [OK(확인)] 단추를 클릭합니다.

⑪ [Gradient Editor(그라디언트 편집기)] 대화상자가 다시 나타나면 [OK(확인)] 단추를 클릭합니다.

⑫ [Layer Style(레이어 스타일)] 대화상자가 다시 나타나면 Angle(각도)에 '180'을 입력한 후 [Stroke(선)] 스타일을 클릭합니다.

⑬ [Layer Style(레이어 스타일)] 대화상자의 [Stroke(선)] 스타일이 나타나면 크기(2)를 입력한 후 Color(색상)을 클릭합니다.

⑭ [Color Picker(Stroke Color)(색상 피커(선 색상))] 대화상자가 나타나면 색상(000000)을 입력한 후 [OK(확인)] 단추를 클릭합니다.

⑮ [Layer Style(레이어 스타일)] 대화상자가 다시 나타나면 [OK(확인)] 단추를 클릭합니다.

02 [기능평가] 사진편집 응용

STEP 01 이미지 복사 및 색상 보정하기

① [1급-5.jpg] 탭을 클릭한 후 Tool Box(도구 상자)에서 [Magnetic Lasso Tool(자석 올가미 도구)]를 선택한 다음 부엉이를 선택 영역으로 지정합니다.

② 부엉이가 선택 영역으로 지정되면 Ctrl+C를 눌러 이미지를 복사한 후 [Untitled-1] 탭을 클릭한 다음 Ctrl+V를 눌러 붙여넣기 합니다.

③ 이미지의 크기를 조절하기 위해 [Edit(편집)]을 클릭한 후 [Free Transform(자유 변형)]을 클릭합니다.

④ 크기 조절점이 나타나면 조절점을 드래그하여 크기를 조절한 후 Enter를 누릅니다.

⑤ 색상을 보정하기 위해 [Layers(레이어)] 패널에서 Ctrl을 누른 상태에서 [Layer 2(레이어 2)] 레이어의 [Layer thumbnail(레이어 축소판)]을 클릭합니다.

⑥ 부엉이가 선택 영역으로 지정되면 [Layers(레이어)] 패널에서 [Create new fill or adjustment layer(새 칠 또는 조정 레이어)]-[Hue/Saturation(색조/채도)]를 클릭합니다.

⑦ [Hue/Saturation 1(색조/채도 1)] 레이어가 추가되면 [Properties(속성)] 패널에서 [Colorize(색상화)]를 선택한 후 Hue(색조)와 Saturation(채도), Lightness(명도)를 조절하여 파란색 계열로 보정합니다.

⑧ [Layers(레이어)] 패널에서 [Layer 2(레이어 2)] 레이어를 선택한 후 [Add a layer style(레이어 스타일 추가)]를 클릭한 후 [Stroke(선)]을 클릭합니다.

⑨ [Layer Style(레이어 스타일)] 대화상자의 [Stroke(선)] 스타일이 나타나면 크기(2)를 입력한 후 Color(색상)을 클릭합니다.

⑩ [Color Picker(Stroke Color)(색상 피커(선 색상))] 대화상자가 나타나면 색상(ff6600)을 입력한 후 [OK(확인)] 단추를 클릭합니다.

⑪ [Layer Style(레이어 스타일)] 대화상자가 다시 나타나면 [OK(확인)] 단추를 클릭합니다.

⑫ 다시 [1급-5.jpg] 탭을 클릭한 후 가운데 새를 선택 영역으로 지정합니다.

⑬ 새가 선택 영역으로 지정되면 Ctrl+C를 눌러 이미지를 복사한 후 [Untitled-1] 탭을 클릭한 다음 Ctrl+V를 눌러 붙여넣기 합니다.

⑭ Tool Box(도구 상자)에서 [Move Tool(이동 도구)]를 선택한 후 드래그하여 위치를 이동합니다.

⑮ [Layers(레이어)] 패널에서 [Add a layer style(레이어 스타일 추가)]를 클릭한 후 [Stroke(선)]을 클릭합니다.

⑯ [Layer Style(레이어 스타일)] 대화상자의 [Stroke(선)] 스타일이 나타나면 크기(2)를 입력한 후 Color(색상)을 클릭합니다.

⑰ [Color Picker(Stroke Color)(색상 피커(선 색상))] 대화상자가 나타나면 색상(ff6600)을 입력한 후 [OK(확인)] 단추를 클릭합니다.

⑱ [Layer Style(레이어 스타일)] 대화상자가 다시 나타나면 [OK(확인)] 단추를 클릭합니다.

03 [실무응용] 포스터 제작

STEP 01 ③번 텍스트 작성하기

① Tool Box(도구 상자)에서 [Horizontal Type Tool(수평 문자 도구)]를 선택합니다.

② 텍스트를 입력할 위치를 클릭한 후 '애니멀 프린트'를 입력한 다음 Enter를 눌러 강제개행하고 '기하학 패턴'을 입력한 후 Ctrl+Enter를 누릅니다.

③ 텍스트가 입력되면 옵션 바에서 글꼴(돋움), 글꼴 크기(20)를 지정합니다.

④ 글꼴 색을 지정하기 위해 [애니멀 프린트]를 드래그하여 블록으로 설정한 후 옵션 바에서 글꼴 색(9900cc)을 지정합니다.

⑤ 같은 방법으로 [기하학 패턴]을 드래그하여 범위를 지정한 후 글꼴 색(336600)을 지정한 다음 Ctrl+Enter를 누릅니다.

⑥ [Layers(레이어)] 패널에서 fx[Add a layer style(레이어 스타일 추가)]를 클릭한 후 [Stroke(선)]을 클릭합니다.

⑦ [Layer Style(레이어 스타일)] 대화상자의 [Stroke(선)] 스타일이 나타나면 크기(2)를 입력한 후 Color(색상)을 클릭합니다.

⑧ [Color Picker(Stroke Color)(색상 피커(선 색상))] 대화상자가 나타나면 색상(ffcccc)을 입력한 후 [OK(확인)] 단추를 클릭합니다.

⑨ 텍스트에 변형을 주기 위해 옵션 바에서 [Create warp text(텍스트 변형)]을 클릭합니다.

⑩ [Warp Text(텍스트 변형)] 대화상자가 나타나면 Style(Squeeze(양쪽 누르기))를 선택한 후 Bend(구부리기)를 '50%'로 지정한 다음 [OK(확인)] 단추를 클릭합니다.

제 06 회 실전모의고사

01 [기능평가] 고급 Tool(도구) 활용

STEP 01 패스 모양 작성하기

① Tool Box(도구 상자)에서 [Pen Tool(펜 도구)]를 클릭한 후 옵션 바에서 [Paths(패스)]를 선택합니다.

② Pen Tool(펜 도구)을 이용하여 다음과 같이 수레 모양을 그립니다.

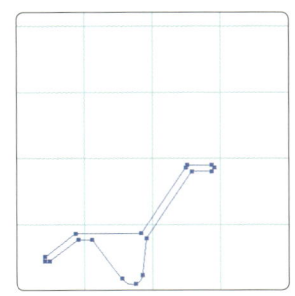

③ 옵션 바에서 [Combine Shapes(모양 결합)]을 선택한 후 패스 모양을 추가로 그립니다.

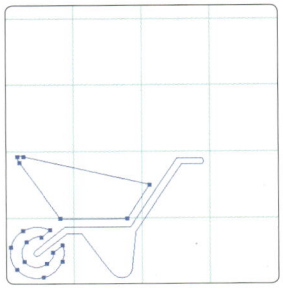

③ 옵션 바에서 [Exclude Overlapping Shapes(모양 오버랩 제외)]을 선택한 후 패스 모양을 추가로 그립니다.

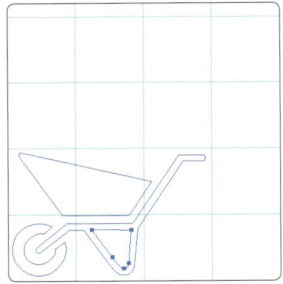

④ [Save Path(패스 저장)] 대화상자가 나타나면 이름(수레 모양)을 입력한 후 [OK(확인)] 단추를 클릭합니다.

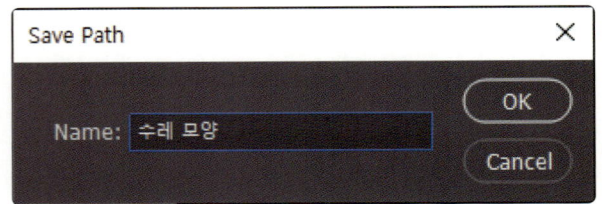

⑤ Ctrl을 누른 상태에서 [Path thumbnail(패스 축소판)]을 클릭하여 패스 모양을 선택 영역으로 지정합니다.

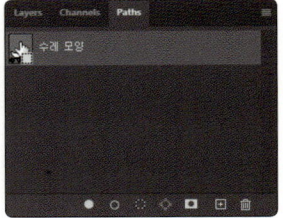

⑥ [Layers(레이어)] 패널을 클릭한 후 [Create a new layer(새 레이어 만들기)]를 클릭합니다.

⑦ 패스 모양에 맞춰 선택 영역이 지정되면 [Layers(레이어)] 패널을 선택한 후 Alt+Delete를 눌러 전경색을 칠합니다.

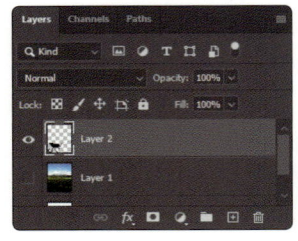
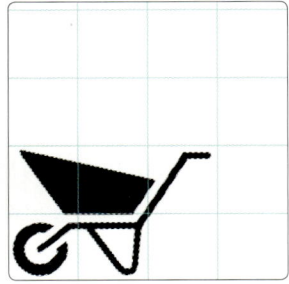

STEP 02 클리핑 마스크 설정 및 레이어 스타일 적용하기

① [1급-2.jpg] 탭을 클릭한 후 Ctrl+A를 눌러 이미지 전체를 선택 영역으로 지정한 후 Ctrl+C를 눌러 이미지를 복사합니다.

② [Untitled-1] 탭을 클릭한 후 Ctrl+V를 눌러 붙여넣기 합니다.

③ [Layer(레이어)]를 클릭한 후 [Create Clipping Mask(클리핑 마스크 만들기)]를 클릭합니다.

④ 클리핑 마스크가 만들어지면 수레 모양에 포도 이미지를 나타나게 하기 위해 [Edit(편집)]을 클릭한 후 [Free Transform(자유 변형)]을 클릭합니다.

⑤ 이미지에 크기 조절점이 나타나면 크기 조절점을 드래그하여 수레 모양에 포도 이미지가 들어가도록 위치 및 크기를 조절한 후 Enter를 누릅니다.

⑥ [Layers(레이어)] 패널에서 [Layer 2(레이어 2)] 레이어를 선택한 후 fx[Add a layer style(레이어 스타일 추가)]를 클릭한 후 [Stroke(선)]을 클릭합니다.

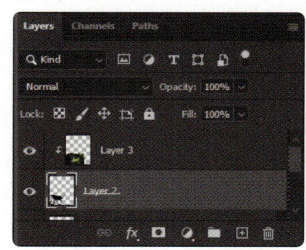 

⑦ [Layer Style(레이어 스타일)] 대화상자의 [선(Stroke)] 스타일이 나타나면 크기(3)를 입력한 후 Fill Type(칠 유형)의 ▼[목록] 단추를 클릭한 다음 [Gradient(그라디언트)]를 클릭합니다.

⑧ Fill Type(칠 유형)이 변경되면 [Gradient(그라디언트)]를 클릭합니다.

⑨ [Gradient Editor(그라디언트 편집기)] 대화상자가 나타나면 왼쪽 Color Stop(색상 정지점)을 더블클릭합니다.

⑩ [Color Picker(Stop Color)(색상 피커(정지 색상))] 대화상자가 나타나면 색상(ff0033)을 입력한 후 [OK(확인)] 단추를 클릭합니다.

⑪ [Gradient Editor(그라디언트 편집기)] 대화상자가 다시 나타나면 오른쪽 Color Stop(색상 정지점)을 더블클릭합니다.

⑫ [Color Picker(Stop Color)(색상 피커(정지 색상))] 대화상자가 나타나면 색상(ffff00)을 입력한 후 [OK(확인)] 단추를 클릭합니다.

⑬ [Gradient Editor(그라디언트 편집기)] 대화상자가 다시 나타나면 [OK(확인)] 단추를 클릭합니다.

⑭ [Layer Style(레이어 스타일)] 대화상자가 다시 나타나면 Angle(각도)에 '0'을 입력한 후 [Inner Shadow(내부 그림자)] 스타일을 클릭합니다.

⑮ [Layer Style(레이어 스타일)] 대화상자의 [Inner Shadow(내부 그림자)] 스타일이 나타나면 속성을 지정한 후 [OK(확인)] 단추를 클릭합니다.

STEP 03 ①번 텍스트 작성하기

① Tool Box(도구 상자)에서 [Vertical Type Tool(수직 문자 도구)]를 선택한 후 옵션 바에서 글꼴(궁서)과 글꼴 크기(40)를 입력합니다.

② 텍스트를 삽입할 위치를 클릭한 후 '농부체험'을 입력한 다음 Ctrl+Enter를 누릅니다.

③ 옵션 바에서 Color(색상)을 클릭합니다.

④ [Color Picker(Text Color)(색상 피커(텍스트 색상))] 대화상자가 나타나면 색상(336699)을 입력한 후 [OK(확인)] 단추를 클릭합니다.

⑤ [Layers(레이어)] 패널에서 fx[Add a layer style(레이어 스타일 추가)]를 클릭한 후 [Drop Shadow(그림자 효과)]를 클릭합니다.

⑥ [Layer Style(레이어 스타일)] 대화상자의 [Drop Shadow(그림자 효과)] 스타일이 나타나면 속성을 지정합니다.

⑦ [Stroke(선)] 스타일을 클릭한 후 크기(3)를 입력한 후 Color(색상)을 클릭합니다.

⑧ [Color Picker(Stroke Color)(색상 피커(선 색상))] 대화상자가 나타나면 색상(ffffff)을 입력한 후 [OK(확인)] 단추를 클릭합니다.

⑨ [Layer Style(레이어 스타일)] 대화상자가 다시 나타나면 [OK(확인)] 단추를 클릭합니다.

04 [실무응용] 웹 페이지 제작

STEP 01 캔버스 생성 및 배경 지정하기

① [문제3]에서 작성한 파일을 모두 닫은 후 [Home] 화면에서 [Create new(새로 만들기)] 단추를 클릭합니다.

② [New Document(새로 만들기 문서)] 대화상자가 나타나면 '600 × 400 pixels' 문서를 만듭니다.

③ 눈금자를 드래그하여 Guides(안내선)을 100 픽셀 단위로 그립니다.

④ Tool Box(도구 상자)에서 [Gradient Tool(그라디언트 도구)]를 선택한 후 옵션 바에서 [Gradient(그라디언트)]를 클릭합니다.

⑤ [Gradient Editor(그라디언트 편집기)] 대화상자가 나타나면 왼쪽 Color Stop(색상 정지점)을 더블클릭합니다.

⑥ [Color Picker(Stop Color)(색상 피커(정지 색상))] 대화상자가 나타나면 색상(ffcc66)을 입력한 후 [OK(확인)] 단추를 클릭합니다.

⑦ [Gradient Editor(그라디언트 편집기)] 대화상자가 다시 나타나면 오른쪽 Color Stop(색상 정지점)을 더블클릭합니다.

⑧ [Color Picker(Stop Color)(색상 피커(정지 색상))] 대화상자가 나타나면 색상(336633)을 입력한 후 [OK(확인)] 단추를 클릭합니다.

⑨ [Gradient Editor(그라디언트 편집기)] 대화상자가 다시 나타나면 [OK(확인)] 단추를 클릭합니다.

⑩ 왼쪽에서 오른쪽 방향으로 드래그하여 그라디언트 배경을 지정합니다.

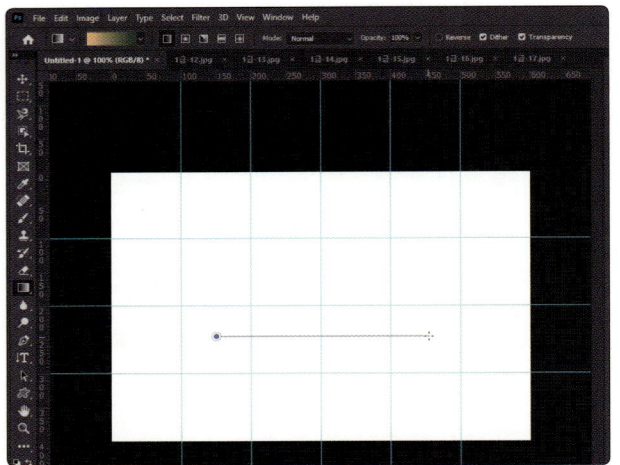

STEP 02 패턴 작성하기

① 패턴을 만들기 위해 [File(파일)]을 클릭한 후 [New(새로 만들기)]를 클릭합니다.

② [New Document(새로 만들기 문서)] 대화상자가 나타나면 Width(너비)를 '80', Height(높이)를 '80', Resolution(해상도)를 '72'를 입력한 후 Background Contents(배경 내용)을 Transparent(투명)을 선택합니다. 그런 다음 [Create(만들기)] 단추를 클릭합니다.

③ Width(폭)과 Height(높이)가 80 pixels 이라 크기가 작습니다. Ctrl + 0 을 눌러 화면 배율을 화면 크기에 맞게 확대합니다.

④ Tool Box(도구상자)에서 [Custom Shape Tool(사용자 정의 모양 도구)]를 선택한 후 옵션 바에서 [Click to open Custom shape picker(사용자 정의 모양 피커)]의 [목록] 단추를 클릭합니다.

⑤ 목록이 나타나면 [Legacy Shapes and More(레거시 모양 및 기타)]의 [목록] 단추를 클릭한 후 [All Legacy Default Shapes(모든 레거시 기본 모양)]의 [목록] 단추를 클릭한 다음 [Objects(물건)]의 [목록] 단추를 클릭하고 [Left Hand(왼손)]을 클릭합니다.

⑥ 왼손 모양 도형을 삽입하고자 하는 위치에 드래그하여 삽입합니다.

⑦ [Layers(레이어)] 패널에서 [Left Hand 1(왼손 1)] 레이어의 [Layer thumbnail(레이어 축소판)]을 더블클릭합니다.

⑧ [Color Picker(Solid Color)(색상 피커(단색))] 대화상자가 나타나면 색상(ffffff)을 지정한 후 [OK(확인)] 단추를 클릭합니다.

⑨ 색상이 변경되면 다음과 같이 도형을 드래그하여 추가합니다.

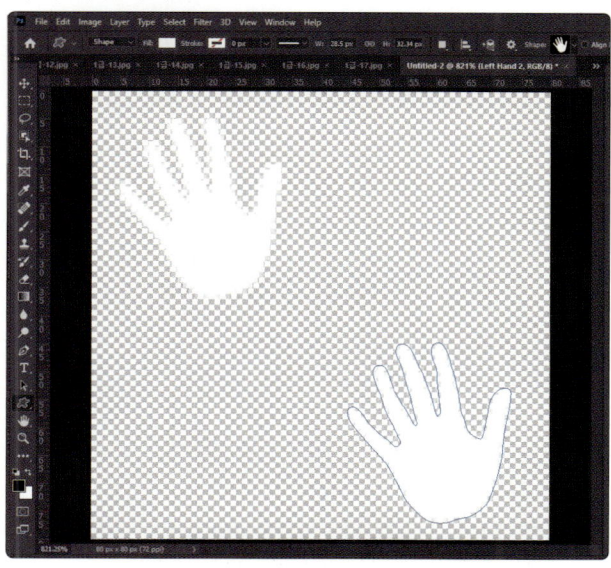

⑩ 옵션 바에서 [Click to open Custom shape picker(사용자 정의 모양 피커)]의 [목록] 단추를 클릭합니다.

⑪ 목록이 나타나면 [Legacy Shapes and More(레거시 모양 및 기타)]의 [목록] 단추를 클릭한 후 [All Legacy Default Shapes(모든 레거시 기본 모양)]의 [목록] 단추를 클릭한 다음 [Ornaments(장식)]의 [목록] 단추를 클릭하고 [Hedera 2(헤데라 2)]를 클릭합니다.

⑫ 헤데라 모양 도형을 삽입하고자 하는 위치에 드래그하여 삽입합니다.

⑬ [Layers(레이어)] 패널에서 [Hedera 2 1(헤데라 2) 1)] 레이어의 [Layer thumbnail(레이어 축소판)]을 더블클릭합니다.

⑭ [Color Picker(Solid Color)(색상 피커(단색))] 대화상자가 나타나면 색상(ff3300)을 지정한 후 [OK(확인)] 단추를 클릭합니다.

⑮ 색상이 변경되면 다음과 같이 도형을 드래그하여 추가합니다.

⑯ [Edit(편집)]을 클릭한 후 [Define Pattern(패턴 정의)]를 클릭합니다.

⑰ [Pattern Name(패턴 이름)] 대화상자가 나타나면 Name(손, 헤데라 모양)을 입력한 후 [OK(확인)] 단추를 클릭합니다.

⑱ [Untitled-1] 탭을 선택한 후 레이어를 추가하기 위해 [Layers(레이어)] 패널에서 [Create a new layer(새 레이어 만들기)]를 클릭합니다.

⑲ [Edit(편집)]을 클릭한 후 [Fill(칠)]을 클릭합니다.

⑳ [Fill(칠)] 대화상자가 나타나면 Contents(내용)의 ▼[목록] 단추를 클릭한 후 Pattern(패턴)을 선택합니다.

㉑ [Custom Pattern(사용자 정의 패턴)]의 ▼[목록] 단추를 클릭한 후 정의한 패턴을 더블클릭합니다.

㉒ Opacity(불투명도)에 '50%'를 입력한 후 [OK(확인)] 단추를 클릭합니다.

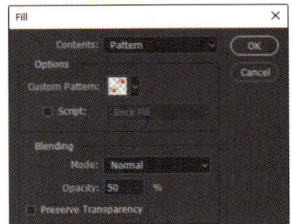

STEP 03 패스 모양 작성하기

① Tool Box(도구 상자)에서 [Pen Tool(펜 도구)]를 클릭한 후 옵션 바에서 [Paths(패스)]를 선택합니다.

② Pen Tool(펜 도구)을 이용하여 다음과 같이 물결 모양을 그립니다.

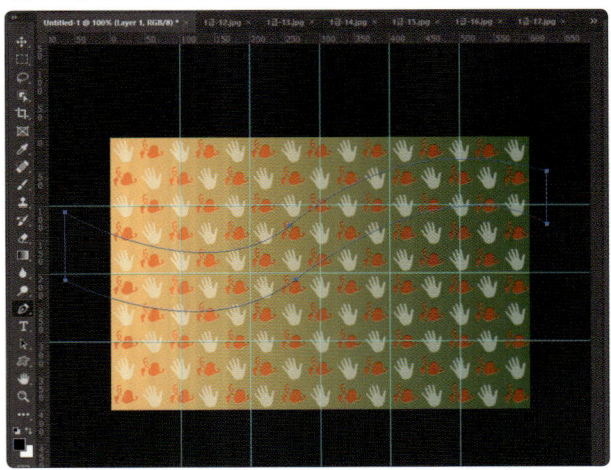

③ [Save Path(패스 저장)] 대화상자가 나타나면 이름(물결 모양)을 입력한 후 [OK(확인)] 단추를 클릭합니다.

④ Ctrl을 누른 상태에서 [Path thumbnail(패스 축소판)]을 클릭하여 패스 모양을 선택 영역으로 지정합니다.

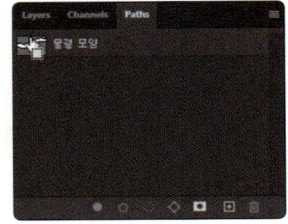

⑤ [Layers(레이어)] 패널을 클릭한 후 [Create a new layer(새 레이어 만들기)]를 클릭합니다.

⑥ 전경색을 지정하기 위해 Tool Box(도구 상자)에서 [Set foreground color(전경색 설정)]을 클릭합니다.

⑦ [Color Picker(Foreground Color)(색상 피커(전경색))] 대화상자가 나타나면 색상(669900)을 입력한 후 [OK(확인)] 단추를 클릭합니다.

⑧ 전경색이 지정되면 전경색을 채우기 위해 Alt + Delete 를 누릅니다.

⑨ [Layers(레이어)] 패널에서 [Layer 2(레이어 2) 레이어에 Opacity(불투명도)에 '60%'를 입력합니다.

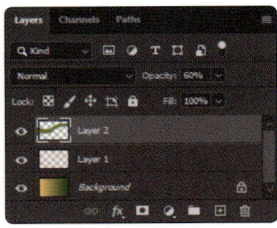

⑩ [Layers(레이어)] 패널에서 [Add a layer style(레이어 스타일 추가)]를 클릭한 후 [Drop Shadow(그림자 효과)]를 클릭합니다.

⑪ [Layer Style(레이어 스타일)] 대화상자의 [Drop Shadow(그림자 효과)] 스타일이 나타나면 속성을 지정한 후 [OK(확인)] 단추를 클릭합니다.

⑫ Tool Box(도구 상자)에서 [Rectangular Marquee Tool(사각형 선택 윤곽 도구)]를 선택한 후 옵션 바에서 [Add to selection(선택 영역에 추가)]를 선택한 다음 물결 모양 아래 부분을 선택 영역으로 지정합니다.

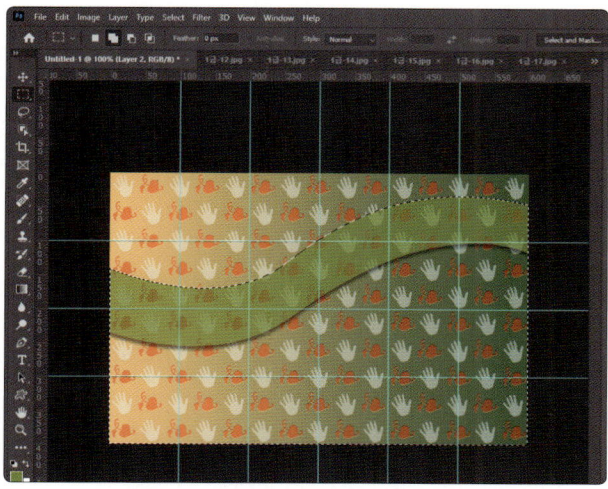

⑬ 선택 영역이 추가되면 [Layers(레이어)] 패널에서 [Layer 1(레이어 1)]을 선택합니다.

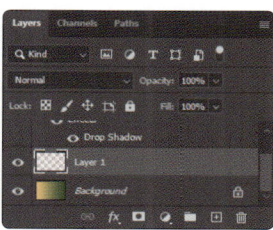

⑭ Delete 를 눌러 선택 영역의 패턴 이미지를 삭제합니다.

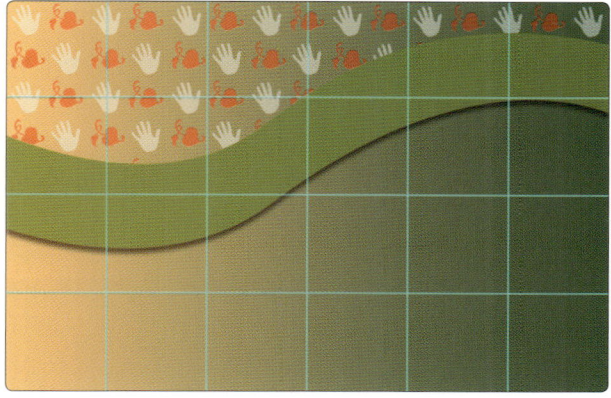

⑮ 같은 방법으로 패스 모양을 추가로 작성합니다.

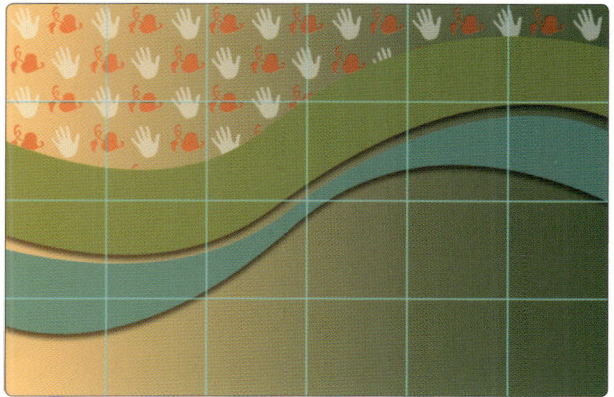

색상 : #009999, Drop Show(그림자 효과), Opacity(60%)

STEP 04   ③번 텍스트 작성하기

① 텍스트를 입력할 위치를 클릭한 후 '카페공방'을 입력한 다음 Ctrl+Enter 를 누릅니다.

② 텍스트가 입력되면 옵션 바에서 글꼴(바탕), 글꼴 크기(40)를 입력합니다.

③ '공방'을 드래그하여 선택 영역으로 지정한 후 옵션 바에서 글꼴 크기(25)를 입력한 다음 Ctrl+Enter 를 누릅니다.

④ 옵션 바에서 Color(색상)을 클릭합니다.

⑤ [Color Picker(Text Color)(색상 피커(텍스트 색상))] 대화상자가 나타나면 색상(ffffff)을 입력한 후 [OK(확인)] 단추를 클릭합니다.

⑥ [Warp Text(텍스트 변형)] 대화상자가 나타나면 Style(Arc Upper(위 부채꼴))을 선택한 후 Bend(구부리기)를 조절한 다음 [OK(확인)] 단추를 클릭합니다.

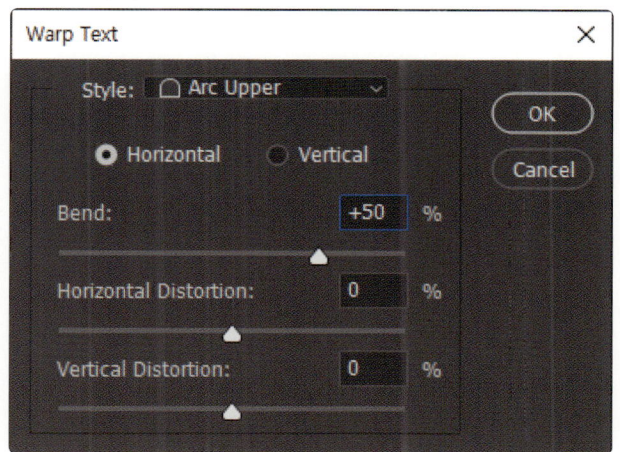

⑦ [Layers(레이어)] 패널에서 [Add a layer style(레이어 스타일 추가)]를 클릭한 후 [Outer Glow(외부 광선)]을 클릭합니다.

⑧ [Layer Style(레이어 스타일)] 대화상자의 [Outer Glow(외부 광선)] 스타일이 나타나면 속성을 지정한 후 [OK(확인)] 단추를 클릭합니다.

STEP 05   답안 저장 및 전송하기

① 작성한 답안을 저장하기 위해 [File(파일)]을 클릭한 후 [Save(저장)]을 클릭합니다.

② [Save on your computer or to cloud documents(컴퓨터 또는 클라우드 문서에 저장)] 대화상자가 나타나면 [Save on your computer(내 컴퓨터에 저장)] 단추를 클릭합니다.

③ [다른 이름으로 저장] 대화상자가 나타나면 저장 위치(내 PC₩문서₩GTQ)를 지정한 후 파일 이름(수험번호-성명-문제번호)을 입력한 다음 형식(JPEG (*.JPG;*.JPEG;*.JPE))을 선택하고 [저장] 단추를 클릭합니다.

> Tip
> • GTQ 시험에서는 '내 PC₩문서₩GTQ' 폴더에 '수험번호-성명-문제번호'로 저장합니다.
> • 저장 위치 및 파일 이름이 틀릴 경우 답안이 전송되지 않습니다.

④ [JPEG Options(JPEG 옵션)] 대화상자가 나타나면 Quality(품질)을 지정한 후 [OK(확인)] 단추를 클릭합니다.

⑤ PSD 파일로 저장하기 위해 [Image(이미지)]를 클릭한 후 [Image Size(이미지 크기)]를 클릭합니다.

⑥ [Image Size(이미지 크기)] 대화상자가 나타나면 단위(Pixels)를 선택한 후 Width(폭)에 '60'을 입력한 후 [OK(확인)] 단추를 클릭합니다.

⑦ 작성한 답안을 저장하기 위해 [File(파일)]을 클릭한 후 [Save(저장)]을 클릭합니다.

⑧ [Save on your computer or to cloud documents(컴퓨터 또는 클라우드 문서에 저장)] 대화상자가 나타나면 [Save on your computer(내 컴퓨터에 저장)] 단추를 클릭합니다.

⑨ [다른 이름으로 저장(Save As)] 대화상자가 나타나면 저장 위치(내 PC₩문서₩GTQ)를 지정한 후 파일 이름(수험번호-성명-문제번호)을 입력한 다음 형식(Photoshop (*.PSD;*.PDD;*.PSDT))을 선택하고 [저장] 단추를 클릭합니다.

⑩ [Photoshop Format Options(Photoshop 형식 옵션)] 대화상자가 나타나면 [OK(확인)] 단추를 클릭합니다.

⑪ KOAS 수험자용 프로그램을 선택한 후 [답안 전송] 단추를 클릭합니다.

⑫ [MessageBox] 대화상자가 나타나면 [예] 단추를 클릭합니다.

⑬ [고사실 PC로 답안 파일 보내기] 대화상자가 나타나면 전송할 파일을 선택한 후 [답안전송] 단추를 클릭합니다.

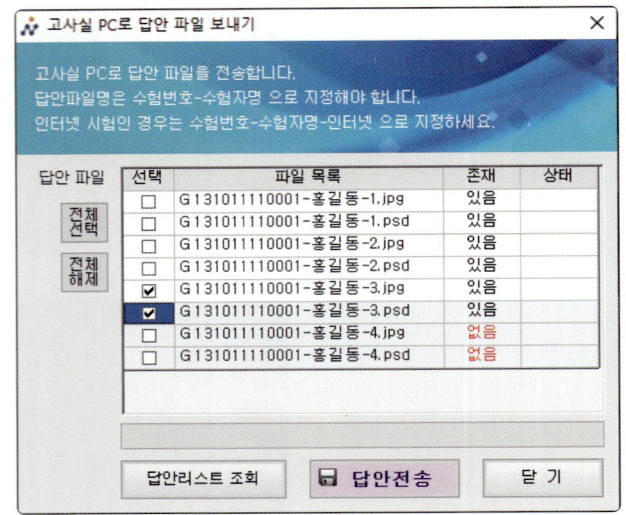

> Tip
> 전송하고자 하는 파일의 존재 여부가 '없음'으로 표시되면 파일명 및 저장 위치를 확인합니다.

⑭ [MessageBox] 대화상자가 나타나면 [확인] 단추를 클릭합니다.

⑮ [고사실 PC로 답안 파일 보내기] 대화상자가 다시 나타나면 [닫기] 단추를 클릭합니다.

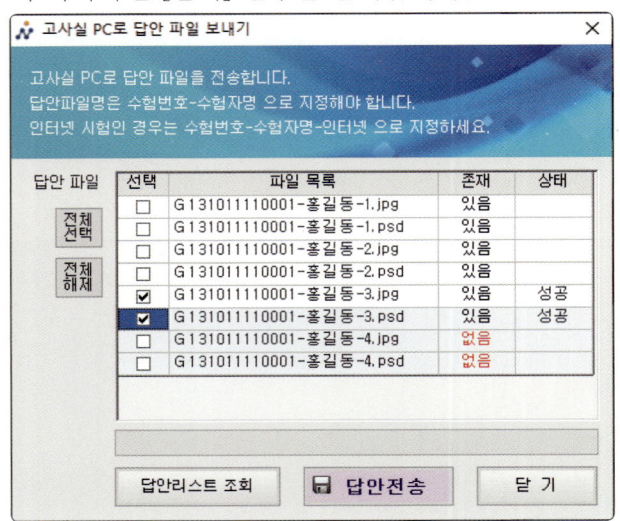

> Tip
> 전송한 파일의 상태 여부가 '성공'으로 표시되는지 확인합니다.

제 **07** 회 실전모의고사

01 [기능평가] 고급 Tool(도구) 활용

STEP 01 패스 모양 작성하기

① Tool Box(도구 상자)에서 [Pen Tool(펜 도구)]를 클릭한 후 옵션 바에서 [Paths(패스)]를 선택합니다.

② Pen Tool(펜 도구)을 이용하여 다음과 같이 로켓 모양을 그립니다.

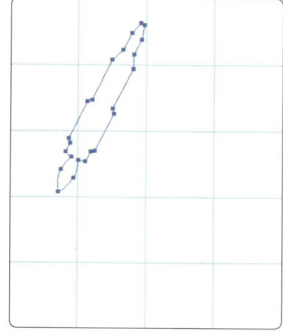

③ [Save Path(패스 저장)] 대화상자가 나타나면 이름(로켓 모양)을 입력한 후 [OK(확인)] 단추를 클릭합니다.

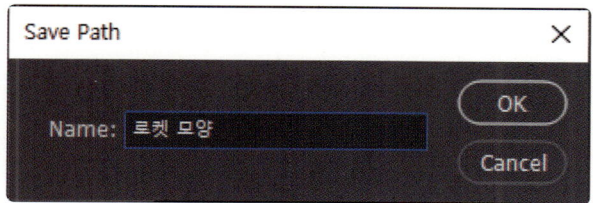

④ Ctrl 을 누른 상태에서 [Path thumbnail(패스 축소판)]을 클릭하여 패스 모양을 선택 영역으로 지정합니다.

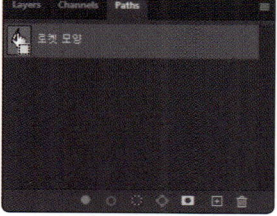

⑤ [Layers(레이어)] 패널을 클릭한 후 [Create a new layer(새 레이어 만들기)]를 클릭합니다.

⑥ 패스 모양에 맞춰 선택 영역이 지정되면 [Layers(레이어)] 패널을 선택한 후 Alt + Delete 를 눌러 전경색을 칠합니다.

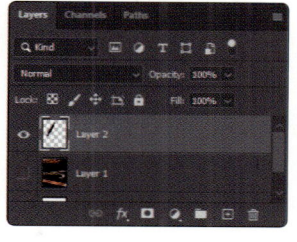
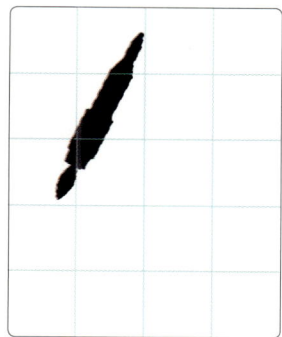

STEP 02 클리핑 마스크 설정 및 레이어 스타일 적용하기

① [1급-2.jpg] 탭을 클릭한 후 Ctrl + A 를 눌러 이미지 전체를 선택 영역으로 지정한 후 Ctrl + C 를 눌러 이미지를 복사합니다.

② [Untitled-1] 탭을 클릭한 후 Ctrl + V 를 눌러 붙여넣기 합니다.

③ [Layer(레이어)]를 클릭한 후 [Create Clipping Mask(클리핑 마스크 만들기)]를 클릭합니다.

④ 클리핑 마스크가 만들어지면 로켓 모양에 남산 이미지를 나타나게 하기 위해 [Edit(편집)]을 클릭한 후 [Free Transform(자유 변형)]을 클릭합니다.

⑤ 이미지에 크기 조절점이 나타나면 크기 조절점을 드래그하여 로켓 모양에 남산 이미지가 들어가도록 위치 및 크기를 조절한 후 Enter 를 누릅니다.

⑥ [Layers(레이어)] 패널에서 [Layer 2(레이어 2)] 레이어를 선택한 후 [Add a layer style(레이어 스타일 추가)]를 클릭한 후 [Inner Shadow(내부 그림자)]을 클릭합니다.

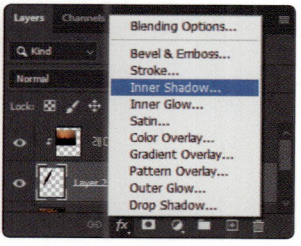

⑦ [Layer Style(레이어 스타일)] 대화상자의 [Inner Shadow(내부 그림자)] 스타일이 나타나면 속성을 지정합니다.

⑧ [Stroke(선)] 스타일을 클릭한 후 크기(4)를 입력한 다음 Color(색상)을 클릭합니다.

⑨ [Color Picker(Stroke Color)(색상 피커(선 색상))] 대화상자가 나타나면 색상(66cccc)을 입력한 후 [OK(확인)] 단추를 클릭합니다.

⑩ [Layer Style(레이어 스타일)] 대화상자가 다시 나타나면 [OK(확인)] 단추를 클릭합니다.

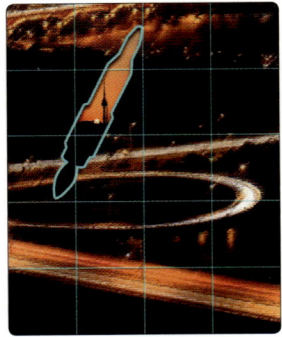

STEP 03 ①번 텍스트 작성하기

① Tool Box(도구 상자)에서 [Horizontal Type Tool(수평 문자 도구)]를 선택한 후 옵션 바에서 글꼴(돋움)과 글꼴 크기(48), 글꼴 색(00cccc)을 지정합니다.

② 텍스트를 삽입할 위치를 클릭한 후 '기술과'를 입력한 다음 Enter를 누르고 강제개행되면 '산업'을 입력한 후 Ctrl+Enter를 누릅니다.

③ '산업'을 드래그하여 범위를 지정한 후 옵션 바에서 글꼴 색(ff0066)을 지정한 다음 Ctrl+Enter를 누릅니다.

④ [Layers(레이어)] 패널에서 fx[Add a layer style(레이어 스타일 추가)]를 클릭한 후 [Stroke(선)]을 클릭합니다.

⑤ [Layer Style(레이어 스타일)] 대화상자의 [Stroke(선)] 스타일이 나타나면 크기(2)를 입력한 후 Color(색상)을 클릭합니다.

⑥ [Color Picker(Stroke Color)(색상 피커(선 색상))] 대화상자가 나타나면 색상(ffffff)을 입력한 후 [OK(확인)] 단추를 클릭합니다.

⑦ [Layer Style(레이어 스타일)] 대화상자가 다시 나타나면 [OK(확인)] 단추를 클릭합니다.

02 [기능평가] 사진편집 응용

STEP 01 이미지 복사 및 색상 보정하기

① [1급-5.jpg] 탭을 클릭한 후 Tool Box(도구 상자)에서 [Magnetic Lasso Tool(자석 올가미 도구)]를 선택한 다음 드래그하여 호이스트를 선택 영역으로 지정합니다.

② 호이스트가 선택 영역으로 지정되면 Ctrl+C를 눌러 이미지를 복사한 후 [Untitled-1] 탭을 클릭합니다.

③ 호이스트를 붙여넣기 위해 Ctrl+V를 눌러 붙여넣기 합니다.

④ 이미지의 크기를 조절하기 위해 [Edit(편집)]을 클릭한 후 [Free Transform(자유 변형)]을 클릭합니다.

⑤ 크기 조절점이 나타나면 조절점을 드래그하여 크기를 조절한 후 Enter를 누릅니다.

⑥ [Layers(레이어)] 패널에서 [Layer 2(레이어 2)] 레이어를 선택한 후 fx[Add a layer style(레이어 스타일 추가)]를 클릭한 후 [Bevel & Emboss(경사와 엠보스)]를 클릭합니다.

⑦ [Layer Style(레이어 스타일)] 대화상자의 [Bevel & Emboss(경사와 엠보스)] 스타일이 나타나면 속성을 지정한 후 [OK(확인)] 단추를 클릭합니다.

⑧ [Layers(레이어)] 패널에서 [Layer 2(레이어 2)] 레이어를 [Create a new layer(새 레이어 만들기)]로 드래그합니다.

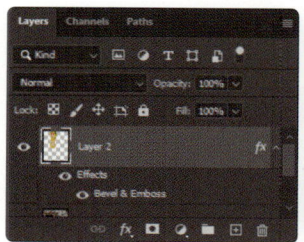 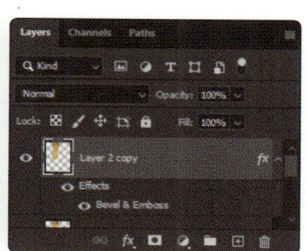

⑨ 레이어가 복사되면 [Move Tool(이동 도구)]를 선택한 후 드래그하여 위치를 이동합니다.

⑩ [Layers(레이어)] 패널에서 Ctrl을 누른 상태에서 [Layer 2(레이어 2)] 레이어의 [Layer thumbnail(레이어 축소판)]을 클릭합니다.

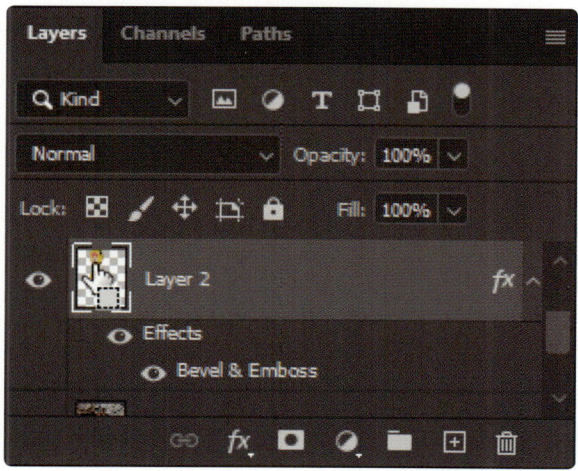

⑪ [Layers(레이어)] 패널에서 [Create new fill or adjustment layer(새 칠 또는 조정 레이어)]-[Hue/Saturation(색조/채도)]를 클릭합니다.

⑫ [Hue/Saturation 1(색조/채도 1)] 레이어가 추가되면 [Properties(속성)] 패널에서 [Colorize(색상화)]를 선택한 후 Hue(색조)와 Saturation(채도), Lightness(명도)를 조절하여 빨간색 계열로 보정합니다.

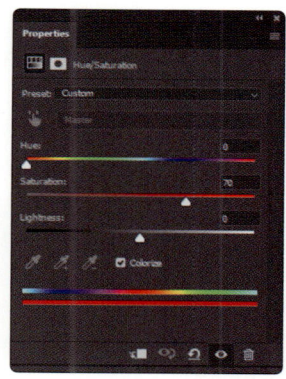

03 [실무응용] 포스터 제작

STEP 01 캔버스 생성 및 배경 지정하기

① [문제3]에서 작성한 파일을 모두 닫은 후 [Home] 화면에서 [Create new(새로 만들기)] 단추를 클릭합니다.

② [New Document(새로 만들기 문서)] 대화상자가 나타나면 '600 × 400 pixels' 문서를 만듭니다.

③ 눈금자를 드래그하여 Guides(안내선)을 100 픽셀 단위로 그립니다.

④ Tool Box(도구 상자)에서 [Gradient Tool(그라디언트 도구)]를 선택한 후 옵션 바에서 [Gradient(그라디언트)]를 클릭합니다.

⑤ [Gradient Editor(그라디언트 편집기)] 대화상자가 나타나면 왼쪽 Color Stop(색상 정지점)을 더블클릭합니다.

⑥ [Color Picker(Stop Color)(색상 피커(정지 색상))] 대화상자가 나타나면 색상(99ccff)을 입력한 후 [OK(확인)] 단추를 클릭합니다.

⑦ [Gradient Editor(그라디언트 편집기)] 대화상자가 다시 나타나면 오른쪽 Color Stop(색상 정지점)을 더블클릭합니다.

⑧ [Color Picker(Stop Color)(색상 피커(정지 색상))] 대화상자가나타나면 색상(cccc33)을 입력한 후 [OK(확인)] 단추를 클릭합니다.

⑨ [Gradient Editor(그라디언트 편집기)] 대화상자가 다시 나타나면 [OK(확인)] 단추를 클릭합니다.

⑩ 위쪽에서 아래쪽 방향으로 드래그하여 그라디언트 배경을 지정합니다.

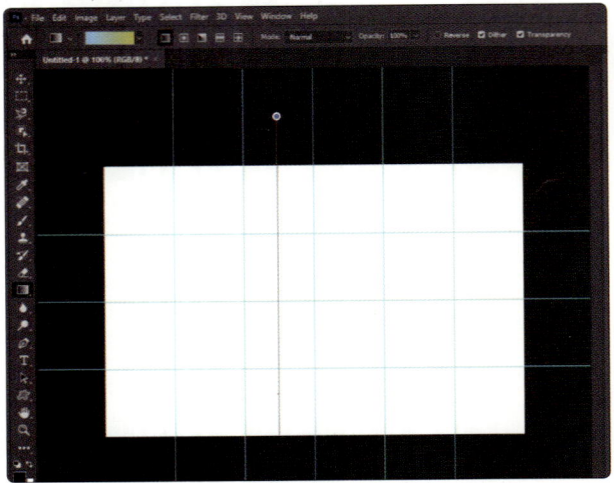

STEP 02   이미지 복사 및 레이어 마스크 적용하기

① [1급-7.jpg] 탭에서 Ctrl+A를 눌러 이미지 전체를 선택 영역으로 지정한 후 Ctrl+C를 눌러 이미지를 복사합니다.

② [Untitled-1] 탭을 클릭한 후 Ctrl+V를 눌러 복사한 이미지를 붙여넣기 합니다.

③ 이미지의 방향을 바꾸기 위해 [Edit(편집)]을 클릭한 후 [Transform(변형)]-[Rotate 90° Count Clockwise(시계 반대 방향으로 90° 회전)]을 클릭합니다.

④ 이미지가 시계 반대 방향으로 90° 회전하면 [Edit(편집)]을 클릭한 후 [Free Transform(자유 변형)]을 클릭합니다.

⑤ 이미지에 크기 조절점이 나타나면 크기 조절점을 드래그하여 크기를 조절한 후 Enter를 누릅니다.

⑥ [Layers(레이어)] 패널에서 Opacity(불투명도)에 '70%'를 입력합니다.

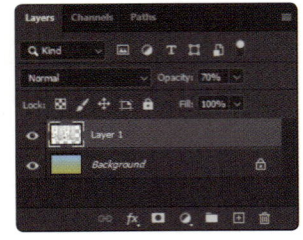

⑦ 레이어 마스크를 지정하기 위해 [Layers(레이어)] 패널에서 [Add layer mask(레이어 마스크)]를 클릭합니다.

⑧ Tool Box(도구 상자)에서 [Gradient Tool(그라디언트 도구)]를 선택한 후 옵션 바에서 [Click to edit the gradient(클릭하여 그라디언트 편집)]의 [목록] 단추를 클릭한 다음 [Basics(기본 사항)]-[Foreground to Background(전경색에서 배경으로)]를 클릭합니다.

⑨ 그라디언트 설정이 변경되면 캔버스에 레이어 마스크를 지정하기 위해 위에서 아래로 드래그합니다.

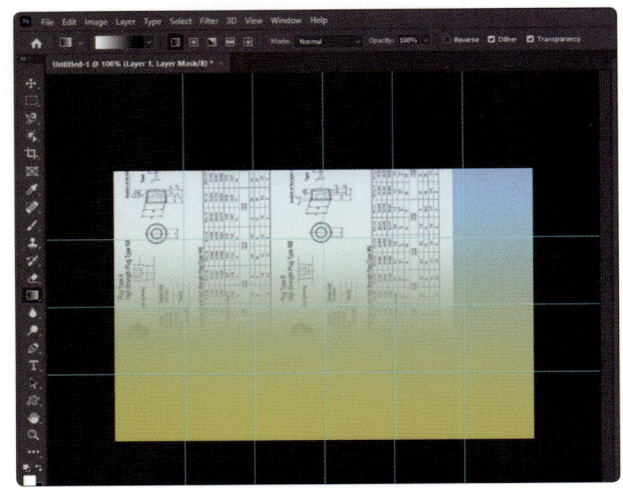

제08회   실전모의고사

02 [기능평가] 사진편집 응용

STEP 01   ①번 텍스트 작성하기

① Tool Box(도구 상자)에서 [Horizontal Type Tool(수평 문자 도구)]를 선택한 후 옵션 바에서 글꼴(돋움)과 글꼴 크기(28), 글꼴 색(000033)을 지정합니다.

② 텍스트를 삽입할 위치를 클릭한 후 '사람과 함께'를 입력한 다음 Enter를 누르고 강제개행되면 '공존하는 조류'을 입력한 후 Ctrl+Enter를 누릅니다.

> **Tip**
> SpaceBar 를 여러번 눌러 윗 문단과 글자 위치를 맞게 사이띄우기를 합니다.

③ [Layers(레이어)] 패널에서 fx.[Add a layer style(레이어 스타일 추가)]를 클릭한 후 [Stroke(선)]을 클릭합니다.

④ [Layer Style(레이어 스타일)] 대화상자의 [Stroke(선)] 스타일이 나타나면 크기(2)를 입력한 후 Color(색상)을 클릭합니다.

⑤ [Color Picker(Stroke Color)(색상 피커(선 색상))] 대화상자가 나타나면 색상(ffff00)을 입력한 후 [OK(확인)] 단추를 클릭합니다.

⑥ [Layer Style(레이어 스타일)] 대화상자가 다시 나타나면 [Drop Shadow(그림자 효과)]를 클릭합니다.

⑦ [Layer Style(레이어 스타일)] 대화상자의 [Drop Shadow(그림자 효과)] 스타일이 나타나면 속성을 지정한 다음 [OK(확인)] 단추를 클릭합니다.

⑧ 텍스트에 변형을 주기 위해 옵션 바에서 [Create warp text(텍스트 변형)]을 클릭합니다.

⑨ [Warp Text(텍스트 변형)] 대화상자가 나타나면 Style(Flag(깃발))을 선택한 후 Bend(구부리기)를 '-50%'로 지정한 다음 [OK(확인)] 단추를 클릭합니다.

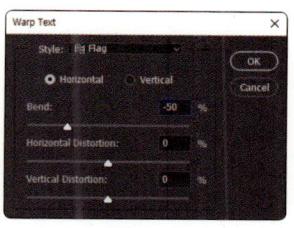

제09회 실전모의고사

04 [실무응용] 웹 페이지 제작

STEP 01 ④번 텍스트 작성하기

① Tool Box(도구 상자)에서 T.[Horizontal Type Tool(수평 문자 도구)]를 선택한 후 텍스트를 삽입할 위치를 클릭한 다음 '이'를 입력하고 Ctrl+Enter 를 누릅니다.

② 옵션 바에서 글꼴(궁서)과 글꼴 크기(20), 글꼴 색(ffffff)을 지정합니다.

③ [Edit(편집)]을 클릭한 후 [Free Transform(자유 변형)]을 클릭합니다.

④ 크기 조절점의 모서리 부분에 마우스 포인터를 위치시킨 후 ↷ 모양으로 변경되면 드래그하여 글자를 회전시킨 다음 Enter 를 누릅니다.

⑤ [Layers(레이어)] 패널에서 [이] 레이어를 ➕[Create a new layer(새 레이어 만들기)]로 드래그하여 복사합니다.

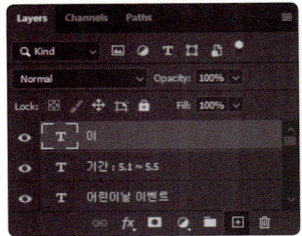 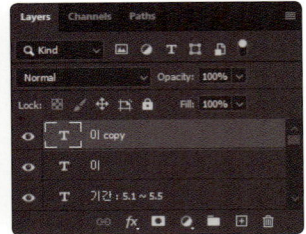

⑥ 같은 방법으로 레이어를 3개 더 복사합니다.

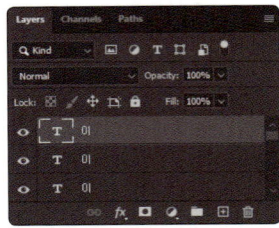

⑦ Tool Box(도구 상자)에서 ✥[Move Tool(이동 도구)]를 선택한 후 각각의 레이어를 선택한 다음 드래그하여 위치를 이동합니다.

⑧ 각각의 텍스트를 다음과 같이 수정합니다.

STEP 02 답안 저장 및 전송하기

① 작성한 답안을 저장하기 위해 [File(파일)]을 클릭한 후 [Save(저장)]을 클릭합니다.

② [Save on your computer or to cloud documents(컴퓨터 또는 클라우드 문서에 저장)] 대화상자가 나타나면 [Save on your computer(내 컴퓨터에 저장)] 단추를 클릭합니다.

③ [다른 이름으로 저장] 대화상자가 나타나면 저장 위치(내 PC\문서\GTQ)를 지정한 후 파일 이름(수험번호-성명-문제번호)을 입력한 다음 형식 (JPEG (*.JPG;*.JPEG;*.JPE))을 선택하고 [저장] 단추를 클릭합니다.

> **Tip**
> • GTQ 시험에서는 '내 PC\문서\GTQ' 폴더에 '수험번호-성명-문제번호'로 저장합니다.
> • 저장 위치 및 파일 이름이 틀릴 경우 답안이 전송되지 않습니다.

④ [JPEG Options(JPEG 옵션)] 대화상자가 나타나면 Quality(품질)을 지정한 후 [OK(확인)] 단추를 클릭합니다.

⑤ PSD 파일로 저장하기 위해 [Image(이미지)]를 클릭한 후 [Image Size(이미지 크기)]를 클릭합니다.

⑥ [Image Size(이미지 크기)] 대화상자가 나타나면 단위(Pixels)를 선택한 후 Width(폭)에 '60'을 입력한 후 [OK(확인)] 단추를 클릭합니다.

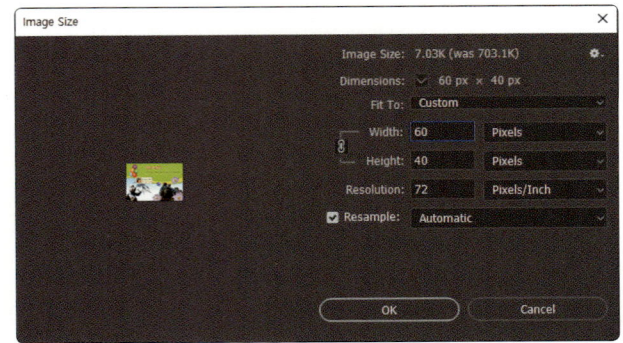

⑦ 작성한 답안을 저장하기 위해 [File(파일)]을 클릭한 후 [Save(저장)]을 클릭합니다.

⑧ [Save on your computer or to cloud documents(컴퓨터 또는 클라우드 문서에 저장)] 대화상자가 나타나면 [Save on your computer(내 컴퓨터에 저장)] 단추를 클릭합니다.

⑨ [다른 이름으로 저장(Save As)] 대화상자가 나타나면 저장 위치(내 PC₩문서₩GTQ)를 지정한 후 파일 이름(수험번호-성명-문제번호)을 입력한 다음 형식(Photoshop (*.PSD;*.PDD;*.PSDT))을 선택하고 [저장] 단추를 클릭합니다.

⑩ [Photoshop Format Options(Photoshop 형식 옵션)] 대화상자가 나타나면 [OK(확인)] 단추를 클릭합니다.

⑪ KOAS 수험자용 프로그램을 선택한 후 [답안 전송] 단추를 클릭합니다.

⑫ [MessageBox] 대화상자가 나타나면 [예] 단추를 클릭합니다.

⑬ [고사실 PC로 답안 파일 보내기] 대화상자가 나타나면 전송할 파일을 선택한 후 [답안전송] 단추를 클릭합니다.

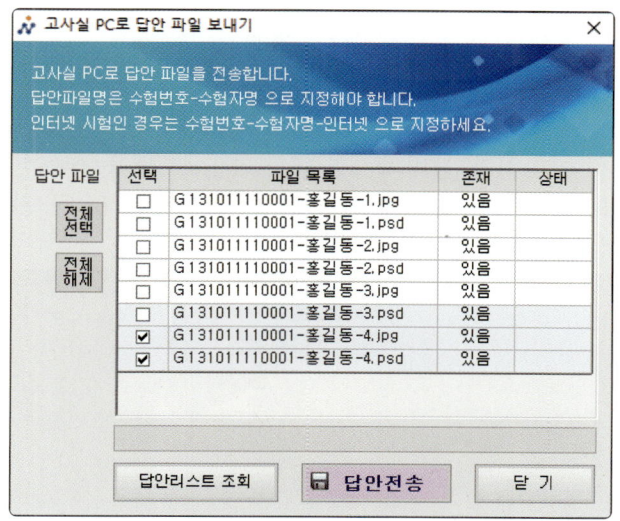

> **Tip**
> 전송하고자 하는 파일의 존저 여부가 '없음'으로 표시되면 파일명 및 저장 위치를 확인합니다.

⑭ [MessageBox] 대화상자가 나타나면 [확인] 단추를 클릭합니다.

⑮ [고사실 PC로 답안 파일 보내기] 대화상자가 다시 나타나면 [닫기] 단추를 클릭합니다.

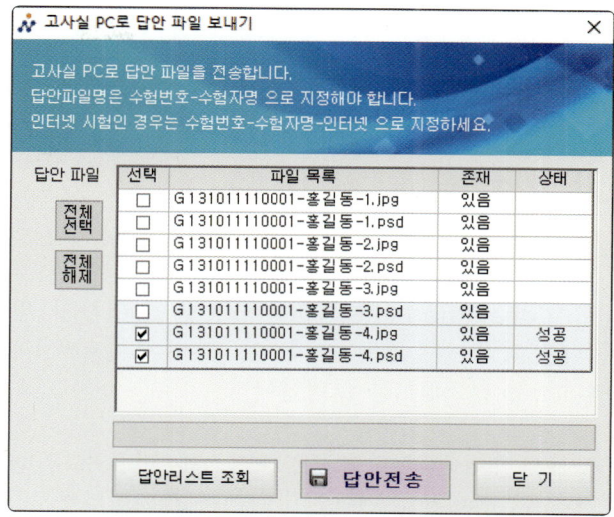

> **Tip**
> 전송한 파일의 상태 여부가 '성공'으로 표시되는지 확인합니다.

정답 및 해설 02 — 최신기출문제

GTQ 1급

제 01 회 최신기출문제

01 [기능평가] 고급 Tool(도구) 활용

STEP 01 캔버스 생성 및 이미지 복사하기

① Adobe Photoshop CC 2020을 실행하기 위해 ⊞[시작]을 클릭한 후 앱 뷰에서 [Adobe Photoshop 2020]을 클릭합니다.

② 포토샵이 실행되면 새 캔버스를 만들기 위해 [Create new(새로 만들기)] 단추를 클릭합니다.

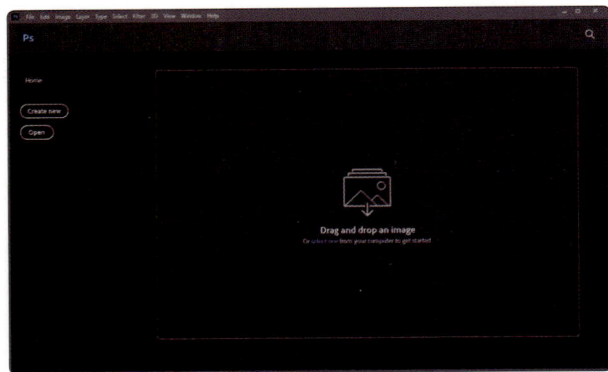

③ [New Document(새로 만들기 문서)] 대화상자가 나타나면 단위(Pixels(픽셀))을 선택한 후 Width(너비)를 '400', Height(높이)를 '500', Resolution(해상도)를 '72'를 입력합니다. 그런 다음 [Create(만들기)] 단추를 클릭합니다.

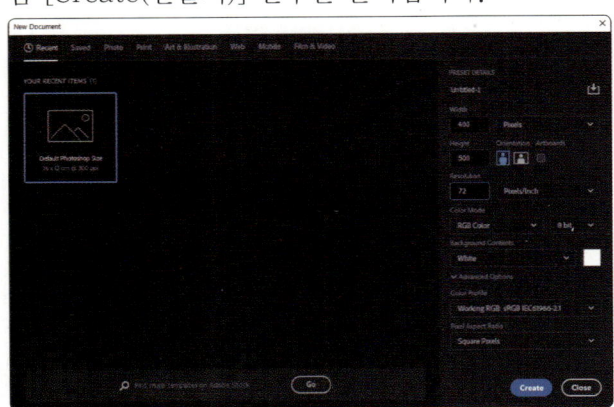

④ 새 캔버스가 만들어지면 눈금자가 표시 되는지 확인한 후 눈금자가 나타나지 않을 경우 [View(보기)]를 클릭한 다음 [Rulers(눈금자)]를 클릭합니다.

⑤ 눈금자를 드래그하여 Guides(안내선)을 100 pixels(픽셀) 단위로 작성합니다.

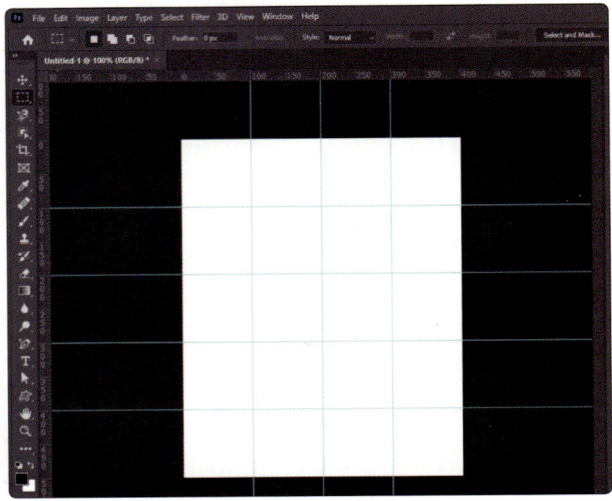

⑥ [File(파일)]을 클릭한 후 [Open(열기)]를 클릭합니다.

⑦ [열기] 대화상자가 나타나면 찾는 위치(내 PC₩문서₩GTQ₩Image)를 지정한 후 파일(1급-1 ~ 1급-3)을 선택한 다음 [열기] 단추를 클릭합니다.

⑧ 이미지가 불러와지면 [1급-1.jpg] 탭을 클릭한 후 Ctrl+A를 눌러 이미지 전체를 선택 영역으로 지정합니다.

⑨ 선택 영역이 지정되면 Ctrl+C를 눌러 이미지를 복사합니다.

432 Photoshop CC(2020) 정답 및 해설

⑩ [Untitled-1] 탭을 클릭한 후 Ctrl+V를 눌러 붙여넣기 합니다.

⑪ [Edit(편집)]을 클릭한 후 [Free Transform(자유 변형)]을 클릭합니다.

⑫ 이미지에 크기 조절점이 나타나면 드래그하여 이미지의 크기 및 위치를 조절한 후 Enter를 누릅니다.

STEP 02   Filter(필터) 적용하기

① [Filter(필터)]를 클릭한 후 [Filter Gallery(필터 갤러리)]를 클릭합니다.

② [Filter Gallery(필터 갤러리)] 대화상자가 나타나면 [Aristic(예술 효과)]를 클릭한 후 Aristic(예술 효과) 목록이 나타나면 [Poster Edges(포스터 가장자리)]를 클릭한 다음 속성을 지정하고 [OK(확인)] 단추를 클릭합니다.

③ 이미지에 Poster Edges(포스터 가장자리) 필터가 적용됩니다.

STEP 03   패스 그리기 및 레이어 스타일 적용하기

① Tool Box(도구 상자)에서 [Pen Tool(펜 도구)]를 클릭한 후 옵션 바에서 [Paths(패스)]를 선택합니다.

② Pen Tool(펜 도구)을 이용하여 다음과 같이 환율 모양을 그립니다.

③ 옵션 바에서 [Exclude Overlapping Shapes(모양 오버랩 제외)]을 선택한 후 패스 모양을 추가로 그립니다.

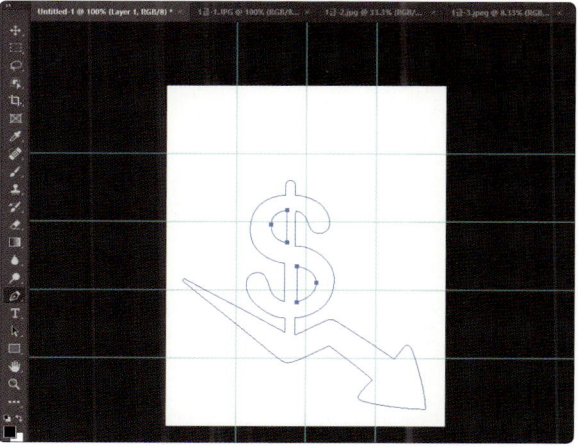

Chapter02 · 최신기출문제 **433**

④ 패스를 저장하기 위해 [Paths(패스)] 패널을 클릭한 후 [Work Path(작업 패스)] 레이어를 더블클릭합니다.

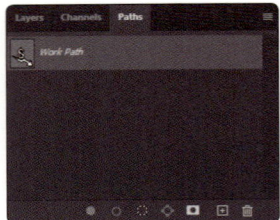

⑤ [Save Path(패스 저장)] 대화상자가 나타나면 이름(상어 모양)을 입력한 후 [OK(확인)] 단추를 클릭합니다.

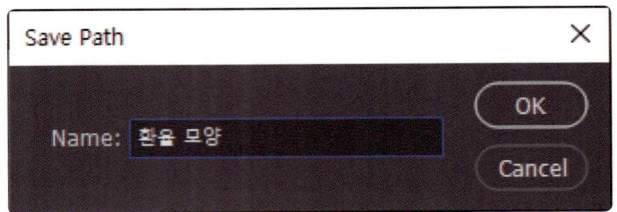

⑥ [Layers(레이어)] 패널을 클릭한 후 [Create a new layer(새 레이어 만들기)]를 클릭합니다.

⑦ 패스 모양에 맞춰 선택 영역이 지정되면 [Layers(레이어)] 패널을 선택한 후 Alt + Delete 를 눌러 전경색을 칠합니다.

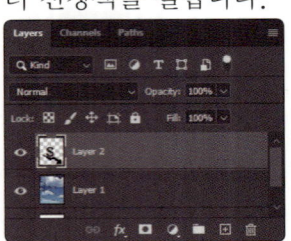

STEP 04 클리핑 마스크 설정 및 레이어 스타일 적용하기

① [1급-2.jpg] 탭을 클릭한 후 Ctrl + A 를 눌러 이미지 전체를 선택 영역으로 지정한 후 Ctrl + C 를 눌러 이미지를 복사합니다.

② [Untitled-1] 탭을 클릭한 후 Ctrl + V 를 눌러 붙여넣기 합니다.

③ [Layer(레이어)]를 클릭한 후 [Create Clipping Mask(클리핑 마스크 만들기)]를 클릭합니다.

④ 클리핑 마스크가 만들어지면 Tool Box(도구 상자)에서 [Move Tool(이동 도구)]를 선택한 후 위치를 이동합니다.

⑤ [Layers(레이어)] 패널에서 [Layer 2(레이어 2)]를 선택한 후 [Add a layer style(레이어 스타일 추가)]를 클릭한 다음 [Stroke(선)]을 클릭합니다.

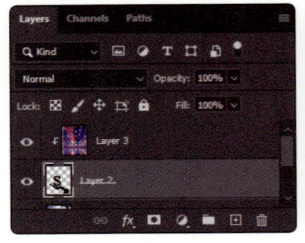

⑥ [Layer Style(레이어 스타일)] 대화상자의 [선(Stroke)] 스타일이 나타나면 크기(3)를 입력한 후 Fill Type(칠 유형)의 [목록] 단추를 클릭한 다음 [Gradient(그라디언트)]를 클릭합니다.

⑦ Fill Type(칠 유형)이 변경되면 [Gradient(그라디언트)]를 클릭합니다.

⑧ [Gradient Editor(그라디언트 편집기)] 대화상자가 나타나면 왼쪽 Color Stop(색상 정지점)을 더블클릭합니다.

⑨ [Color Picker(Stop Color)(색상 피커(정지 색상))] 대화상자가 나타나면 색상(ffff00)을 입력한 후 [OK(확인)] 단추를 클릭합니다.

⑩ [Gradient Editor(그라디언트 편집기)] 대화상자가 다시 나타나면 오른쪽 Color Stop(색상 정지점)을 더블클릭합니다.

⑪ [Color Picker(Stop Color)(색상 피커(정지 색상))] 대화상자가 나타나면 색상(6633ff)을 입력한 후 [OK(확인)] 단추를 클릭합니다.

⑫ [Gradient Editor(그라디언트 편집기)] 대화상자가 다시 나타나면 [OK(확인)] 단추를 클릭합니다.

⑬ [Layer Style(레이어 스타일)] 대화상자가 다시 나타나면 Angle(각도)에 '90'을 입력한 후 [Inner Shadow(내부 그림자)] 스타일을 클릭합니다.

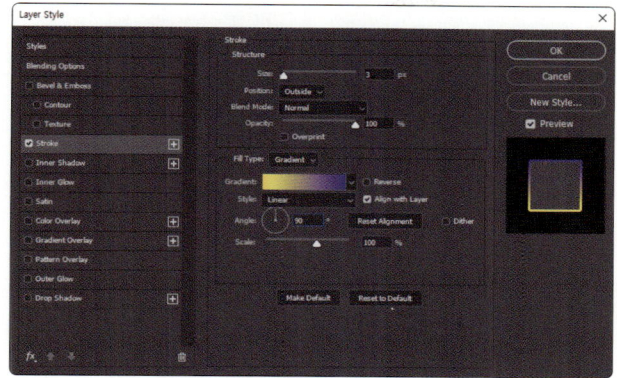

⑭ [Layer Style(레이어 스타일)] 대화상자의 [Inner Shadow(내부 그림자)] 스타일이 나타나면 속성을 지정한 후 [OK(확인)] 단추를 클릭합니다.

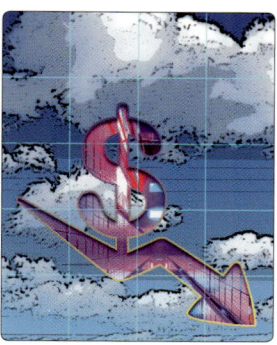

STEP 05 이미지 복사 및 레이어 스타일 적용하기

① [1급-3.jpg] 탭을 클릭한 후 Tool Box(도구 상자)에서 [Magnetic Lasso Tool(자석 올가미 도구)]를 선택한 다음 옵션 바에서 Frequency(빈도 수)에 '100'을 입력합니다.

② 시작점을 클릭한 후 드래그하여 선인장을 선택 영역으로 지정합니다.

③ 선인장이 선택 영역으로 지정되면 Ctrl+C를 눌러 이미지를 복사한 후 [Untitled-1] 탭을 클릭합니다.

④ [Layers(레이어)] 패널에서 [Layer 3(레이어 3)]를 선택한 후 Ctrl+V를 눌러 붙여넣기 합니다.

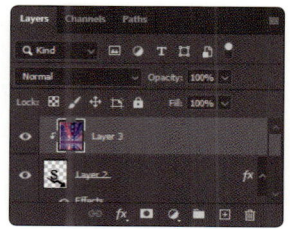

⑤ [Edit(편집)]을 클릭한 후 [Free Transform(자유 변형)]을 클릭합니다.

⑥ 크기 조절점이 나타나면 조절점을 드래그하여 크기 및 위치를 조절한 후 Enter를 누릅니다.

⑦ [Layers(레이어)] 패널에서 [Add a layer style(레이어 스타일 추가)]를 클릭한 후 [Bevel & Emboss(경사와 엠보스))]를 클릭합니다.

⑧ [Layer Style(레이어 스타일)] 대화상자의 [Bevel & Emboss(경사와 엠보스))]를 스타일이 나타나면 속성을 지정한 후 [OK(확인)] 단추를 클릭합니다.

STEP 06 지구 모양 도형 작성하기

① Tool Box(도구상자)에서 [Custom Shape Tool(사용자 정의 모양 도구)]를 선택한 후 옵션 바에서 [Click to open Custom shape picker(사용자 정의 모양 피커)]의 [목록] 단추를 클릭합니다.

② 목록이 나타나면 [Legacy Shapes and More(레거시 모양 및 기타)]의 [목록] 단추를 클릭한 후 [All Legacy Default Shapes(모든 레거시 기본 모양)]의 [목록] 단추를 클릭한 다음 [Symbols(기호)]의 [목록] 단추를 클릭하고 [World(세계)]를 클릭합니다.

③ 세계 모양 도형을 삽입하고자 하는 위치에 드래그합니다.

④ [Layers(레이어)] 패널에서 [World 1(세계 1)] 레이어의 [Layer thumbnail(레이어 축소판)]을 더블클릭합니다.

⑤ [Color Picker(Solid Color)(색상 피커(단색))] 대화상자가 나타나면 색상(cc66cc)을 입력한 후 [OK(확인)] 단추를 클릭합니다.

⑥ [Layer(레이어) 패널에서 fx[Add a layer style(레이어 스타일 추가)]를 클릭한 후 [Inner Shadow(내부 그림자)]를 클릭합니다.

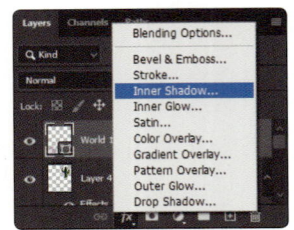

⑦ [Layer Style(레이어 스타일)] 대화상자의 [Inner Shadow(내부 그림자)] 스타일이 나타나면 속성을 지정한 후 [OK(확인)] 단추를 클릭합니다.

STEP 07 폭발 모양 도형 작성하기

① 옵션 바에서 [Click to open Custom shape picker(사용자 정의 모양 피커)]의 ▼[목록] 단추를 클릭합니다.

② 목록이 나타나면 [Legacy Shapes and More(레거시 모양 및 기타)]의 ▶[목록] 단추를 클릭한 후 [All Legacy Default Shapes(모든 레거시 기본 모양)]의 ▶[목록] 단추를 클릭한 다음 [Symbols(기호)]의 ▶[목록] 단추를 클릭하고 [Boom 2(폭발 2)]를 클릭합니다.

③ 폭발 모양 도형을 삽입하고자 하는 위치에 드래그하여 삽입합니다.

④ [Layers(레이어)] 패널에서 [Boom 2 1(폭발 2 1)] 레이어의 [Layer thumbnail(레이어 축소판)]을 더블클릭합니다.

⑤ [Color Picker(Solid Color)(색상 피커(단색))] 대화상자가 나타나면 색상(ccff00)을 입력한 후 [OK(확인)] 단추를 클릭합니다.

⑥ [Layers(레이어)] 패널에서 fx[Add a layer style(레이어 스타일 추가)]를 클릭한 후 [Outer Glow(외부 광선)]을 클릭합니다.

⑦ [Layer Style(레이어 스타일)] 대화상자의 [Outer Glow(외부 광선)] 스타일이 나타나면 속성을 지정한 후 [OK(확인)] 단추를 클릭합니다.

⑧ [Layers(레이어)] 패널에서 [Boom 2 1(폭발 1 1)] 레이어를 [Create a new layer(새 레이어 만들기)]로 드래그하여 복사합니다.

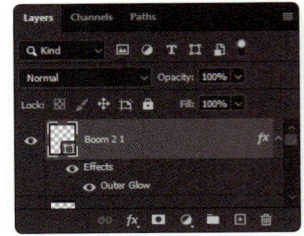 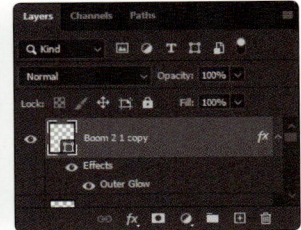

⑨ Tool Box(도구 상자)에서 [Move Tool(이동 도구)]를 선택한 후 위치를 이동합니다.

⑩ [Layers(레이어)] 패널에서 [Boom 2 1 copy(폭발 2 1 사본)] 레이어의 [Layer thumbnail(레이어 축소판)]을 더블클릭합니다.

⑪ [Color Picker(Solid Color)(색상 피커(단색))] 대화상자가 나타나면 색상(ffffff)을 입력한 후 [OK(확인)] 단추를 클릭합니다.

STEP 08 ①번 텍스트 작성하기

① Tool Box(도구 상자)에서 T[Horizontal Type Tool(수평 문자 도구)]를 선택한 후 옵션 바에서 글꼴(Times New Roman)과 글꼴 스타일(Regular)을 선택한 다음 글꼴 크기(45)를 입력합니다.

② 텍스트를 삽입할 위치를 클릭한 후 'Coronomy Shock'를 입력한 후 Ctrl + Enter 를 누릅니다.

③ [Layers(레이어)] 패널에서 [Add a layer style(레이어 스타일 추가)]를 클릭한 후 [Gradient Overlay(그라디언트 오버레이)]를 클릭합니다.

④ [Layer Style(레이어 스타일)] 대화상자의 [Gradient Overlay(그라디언트 오버레이)] 스타일이 나타나면 [Gradient(그라디언트)]를 클릭합니다.

⑤ [Gradient Editor(그라디언트 편집기)] 대화상자가 나타나면 왼쪽 Color Stop(색상 정지점)을 더블클릭합니다.

⑥ [Color Picker(Stop Color)(색상 피커(정지 색상))] 대화상자가 나타나면 색상(ff0000)을 입력한 후 [OK(확인)] 단추를 클릭합니다.

⑦ [Gradient Editor(그라디언트 편집기)] 대화상자가 나타나면 오른쪽 Color Stop(색상 정지점)을 더블클릭합니다.

⑧ [Color Picker(Stop Color)(색상 피커(정지 색상))] 대화상자가 나타나면 색상(333366)을 입력한 후 [OK(확인)] 단추를 클릭합니다.

⑨ [Gradient Editor(그라디언트 편집기)] 대화상자가 다시 나타나면 [OK(확인)] 단추를 클릭합니다.

⑩ [Layer Style(레이어 스타일)] 대화상자가 다시 나타나면 [Stroke(선)] 스타일을 클릭합니다.

⑪ [Layer Style(레이어 스타일)] 대화상자의 [Stroke(선)] 스타일이 나타나면 크기(2)를 입력한 후 Color(색상)을 클릭합니다.

⑫ [Color Picker(Stroke Color)(색상 피커(선 색상))] 대화상자가 나타나면 색상(ffffff)을 입력한 후 [OK(확인)] 단추를 클릭합니다.

⑬ [Layer Style(레이어 스타일)] 대화상자가 다시 나타나면 [OK(확인)] 단추를 클릭합니다.

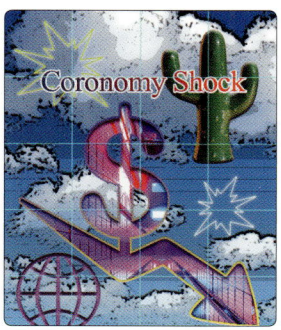

⑭ 텍스트에 변형을 주기 위해 옵션 바에서 [Create warp text(텍스트 변형)]을 클릭합니다.

⑮ [Warp Text(텍스트 변형)] 대화상자가 나타나면 Style(Flag(깃발))을 선택한 후 Bend(구부리기)를 조절한 다음 [OK(확인)] 단추를 클릭합니다.

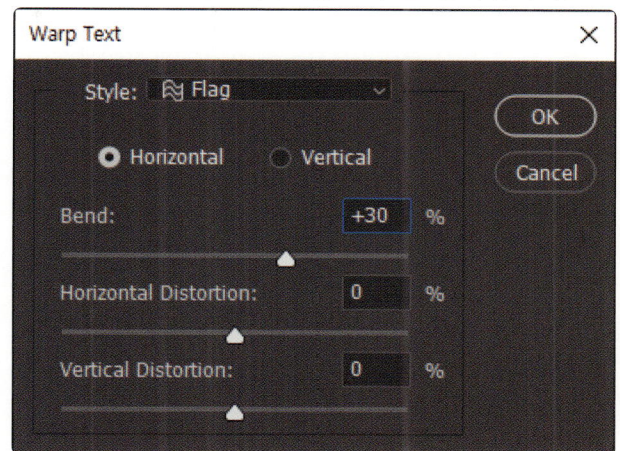

STEP 09   답안 저장 및 전송하기

① 작성한 답안을 저장하기 위해 [File(파일)]을 클릭한 후 [Save(저장)]을 클릭합니다.

② [Save on your computer or to cloud documents(컴퓨터 또는 클라우드 문서에 저장)] 대화상자가 나타나면 [Save on your computer(내 컴퓨터에 저장)] 단추를 클릭합니다.

③ [다른 이름으로 저장] 대화상자가 나타나면 저장 위치(내 PC₩문서₩GTQ)를 지정한 후 파일 이름(수험번호-성명-문제번호)을 입력한 다음 형식(JPEG (*.JPG;*.JPEG;*.JPE))을 선택하고 [저장] 단추를 클릭합니다.

④ [JPEG Options(JPEG 옵션)] 대화상자가 나타나면 Quality(품질)을 지정한 후 [OK(확인)] 단추를 클릭합니다.

⑤ PSD 파일로 저장하기 위해 [Image(이미지)]를 클릭한 후 [Image Size(이미지 크기)]를 클릭합니다.

⑥ [Image Size(이미지 크기)] 대화상자가 나타나면 단위(Pixels)를 선택한 후 Width(폭)에 '40'을 입력한 후 [OK(확인)] 단추를 클릭합니다.

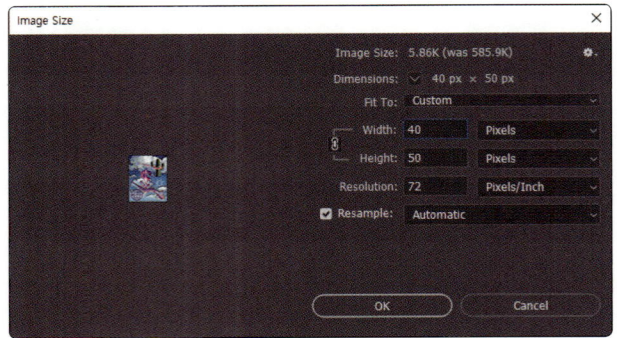

⑦ 작성한 답안을 저장하기 위해 [File(파일)]을 클릭한 후 [Save(저장)]을 클릭합니다.

⑧ [Save on your computer or to cloud documents(컴퓨터 또는 클라우드 문서에 저장)] 대화상자가 나타나면 [Save on your computer(내 컴퓨터에 저장)] 단추를 클릭합니다.

⑨ [다른 이름으로 저장(Save As)] 대화상자가 나타나면 저장 위치(내 PC₩문서₩GTQ)를 지정한 후 파일 이름(수험번호-성명-문제번호)을 입력한 다음 형식(Photoshop (*.PSD;*.PDD;*.PSDT))을 선택하고 [저장] 단추를 클릭합니다.

⑩ [Photoshop Format Options(Photoshop 형식 옵션)] 대화상자가 나타나면 [OK(확인)] 단추를 클릭합니다.

⑪ KCAS 수험자용 프로그램을 선택한 후 [답안 전송] 단추를 클릭합니다.

⑫ [MessageBox] 대화상자가 나타나면 [예] 단추를 클릭합니다.

⑬ [고사실 PC로 답안 파일 보내기] 대화상자가 나타나면 전송할 파일을 선택한 후 [답안전송] 단추를 클릭합니다.

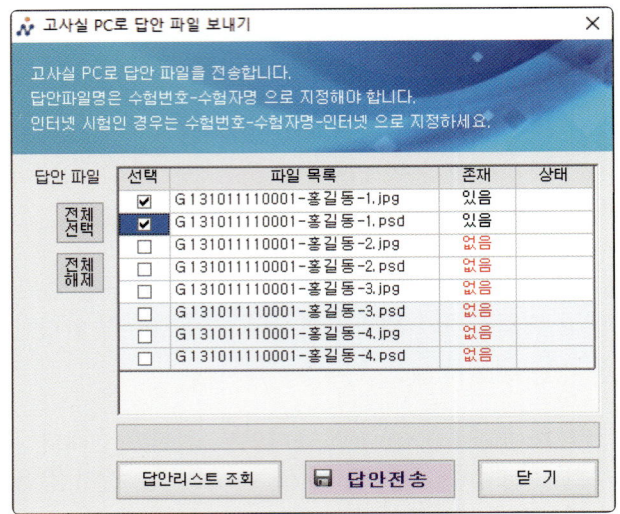

> **Tip**
> 전송하고자 하는 파일의 존재 여부가 '없음'으로 표시되면 파일명 및 저장 위치를 확인합니다.

⑭ [MessageBox] 대화상자가 나타나면 [확인] 단추를 클릭합니다.

⑮ [고사실 PC로 답안 파일 보내기] 대화상자가 다시 나타나면 [닫기] 단추를 클릭합니다.

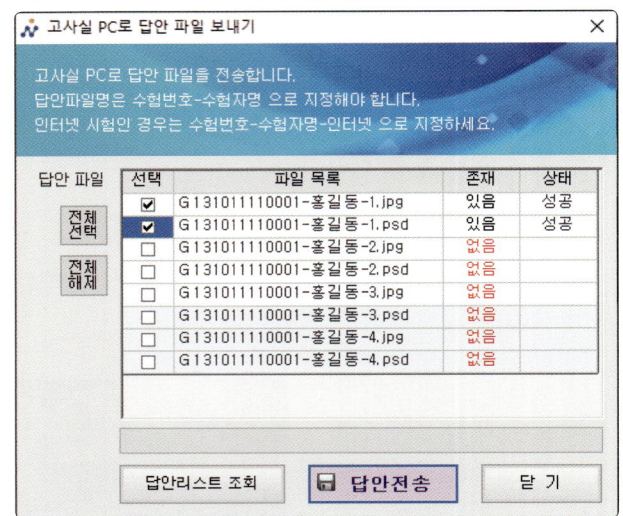

> **Tip**
> 전송한 파일의 상태 여부가 '성공'으로 표시되는지 확인합니다.

02 [기능평가] 사진편집 응용

STEP 01 캔버스 생성 및 이미지 복사하기

① [문제1]에서 작성한 파일을 모두 닫은 후 [Home] 화면에서 [Create new(새로 만들기)] 단추를 클릭합니다.

② [New Document(새로 만들기 문서)] 대화상자가 나타나면 Width(너비)를 '400', Height(높이)를 '500', Resolution(해상도)를 '72'를 입력합니다. 그런 다음 [Create(만들기)] 단추를 클릭합니다.

③ 눈금자를 드래그하여 Guides(안내선)을 100 픽셀 단위로 그립니다.

④ [문제 2]에서 사용할 이미지를 불러오기 위해 [File(파일)]을 클릭한 후 [Open(열기)]를 클릭합니다.

⑤ [열기] 대화상자가 나타나면 찾는 위치(내 PC₩문서₩GTQ₩Image)를 지정한 후 파일(1급-4 ~ 1급-6)을 선택한 다음 [열기] 단추를 클릭합니다.

⑥ 이미지가 불러와지면 [1급-4.jpg] 탭을 선택한 후 Ctrl+A를 눌러 이미지 전체를 선택 영역으로 지정한 다음 Ctrl+C를 눌러 이미지를 복사합니다.

⑦ [Untitled-1] 탭을 클릭한 후 Ctrl+V를 눌러 붙여넣기 합니다.

⑧ 이미지를 좌우 대칭시키기 위해 [Edit(편집)]을 클릭한 후 [Transform(변형)]-[Flip Horizontal(가로로 뒤집기)]를 클릭합니다.

⑨ 이미지가 좌우 대칭되면 크기를 조절하기 위해 [Edit(편집)]을 클릭한 후 [Free Transform(자유 변형)]을 클릭합니다.

⑩ 크기 조절점이 나타나면 조절점을 드래그하여 크기 및 위치를 조절한 후 Enter를 누릅니다.

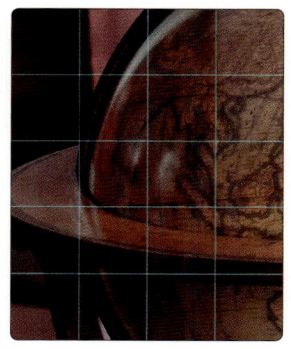

STEP 02 필터 적용하기

① [Filter(필터)]를 클릭한 후 [Filter Gallery(필터 갤러리)]를 클릭합니다.

② [Filter Gallery(필터 갤러리)] 대화상자가 나타나면 [Artistic(예술 효과)]을 클릭한 후 Artistic(예술 효과) 목록이 나타나면 [Dry Brush(드라이 브러시)]을 클릭한 다음 속성을 지정하고 [OK(확인)] 단추를 클릭합니다.

STEP 03 이미지 복사 및 색상 보정하기

① [1급-5.jpg] 탭을 클릭한 후 Tool Box(도구 상자)에서 [Magic Wand Tool(자동 선택 도구)]를 선택한 다음 옵션 바에서 Tolerance(허용치)에 '10'을 입력합니다.

② 흰색 배경 부분을 클릭하여 선택 영역을 지정합니다.

③ [Select(선택)]을 클릭한 후 [Inverse(반전)]을 클릭하여 선택 영역을 반전합니다.

④ 선택 영역이 반전되면 Ctrl+C를 눌러 이미지를 복사한 후 [Untitled-1] 탭을 클릭한 다음 Ctrl+V를 눌러 붙여넣기 합니다.

⑤ 이미지의 크기를 조절하기 위해 [Edit(편집)]을 클릭한 후 [Free Transform(자유 변형)]을 클릭합니다.

⑥ 크기 조절점이 나타나면 조절점을 드래그하여 크기를 조절한 후 Enter를 누릅니다.

⑦ Tool Box(도구 상자)에서 [Magnetic Lasso Tool(자석 올가미 도구)]를 선택한 다음 옵션 바에서 [Add to Selection] 유니콘의 뿔과 목 깃털을 선택 영역으로 지정합니다.

⑧ [Layers(레이어)] 패널에서 [Create new fill or adjustment layer(새 칠 또는 조정 레이어)]을 클릭한 후 [Hue/Saturation(색조/채도)]를 클릭합니다.

⑨ [Hue/Saturation 1(색조/채도 1)] 레이어가 추가되면 [Properties(속성)] 패널에서 [Colorize(색상화)]를 선택한 후 Hue(색조)와 Saturation(채도), Lightness(명도)를 조절하여 빨간색 계열로 보정합니다.

⑩ [Layers(레이어)] 패널에서 [Layer 2(레이어 2)] 레이어를 선택한 후 유니콘의 꼬리 부분을 선택 영역으로 지정합니다.

⑪ [Layers(레이어)] 패널에서 [Create new fill or adjustment layer(새 칠 또는 조정 레이어)]을 클릭한 후 [Hue/Saturation(색조/채도)]를 클릭합니다.

⑫ [Hue/Saturation 2(색조/채도 2)] 레이어가 추가되면 [Properties(속성)] 패널에서 [Colorize(색상화)]를 선택한 후 Hue(색조)와 Saturation(채도), Lightness(명도)를 조절하여 파란색 계열로 보정합니다.

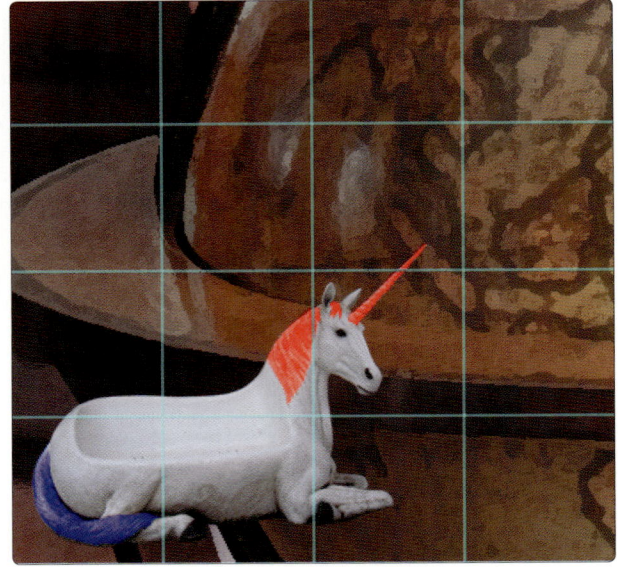

⑬ [Layers(레이어)] 패널에서 [Layer 2(레이어 2)] 레이어를 선택한 후 [Add a layer style(레이어 스타일 추가)]를 클릭한 후 [Bevel & Emboss(경사와 엠보스)]을 클릭합니다.

⑭ [Layer Style(레이어 스타일)] 대화상자의 [Bevel & Emboss(경사와 엠보스)] 스타일이 나타나면 속성을 지정한 후 [OK(확인)] 단추를 클릭합니다.

STEP 04   이미지 복사 및 레이어 스타일 적용하기

① [1급-6.jpg] 탭을 클릭한 후 Tool Box(도구 상자)에서 [Magnetic Lasso Tool(자석 올가미 도구)]를 선택한 다음 호야등을 선택 영역으로 지정합니다.

② 호야등이 선택 영역으로 지정되면 Ctrl+C를 눌러 선택 영역의 이미지를 복사한 후 [Untitled-1] 탭을 클릭합니다.

③ [Layers(레이어)] 패널에서 [Hue/Saturation 1(색조/채도 1)] 레이어를 선택한 후 Ctrl+V를 눌러 붙여넣기 합니다.

④ 이미지의 크기를 조절하기 위해 [Edit(편집)]을 클릭한 후 [Free Transform(자유 변형)]을 클릭합니다.

⑤ 크기 조절점이 나타나면 조절점을 드래그하여 크기를 조절한 후 Enter를 누릅니다.

⑥ 레이어 스타일을 지정하기 위해 fx[Add a layer style(레이어 스타일 추가)]를 클릭한 후 [Inner Glow(내부 광선)]을 클릭합니다.

⑦ [Layer Style(레이어 스타일)] 대화상자의 [Inner Glow(내부 광선)] 스타일이 나타나면 속성을 지정한 후 [OK(확인)] 단추를 클릭합니다.

STEP 05 집 모양 도형 작성하기

① [Layers(레이어)] 패널에서 [Layer 1(레이어 1)] 레이어를 선택합니다.

② Tool Box(도구상자)에서 [Custom Shape Tool(사용자 정의 모양 도구)]를 선택한 후 옵션 바에서 [Click to open Custom shape picker(사용자 정의 모양 피커)]의 [목록] 단추를 클릭합니다.

③ 목록이 나타나면 [Legacy Shapes and More(레거시 모양 및 기타)]의 [목록] 단추를 클릭한 후 [All Legacy Default Shapes(모든 레거시 기본 모양)]의 [목록] 단추를 클릭한 다음 [Web(웹)]의 [목록] 단추를 클릭하고 [Home(홈)]을 클릭합니다.

④ 홈 모양 도형을 삽입하고자 하는 위치에 드래그하여 작성합니다.

⑤ [Layers(레이어)] 패널에서 [Home 1(홈 1)] 레이어의 [Layer thumbnail(레이어 축소판)]을 더블 클릭합니다.

⑥ [Color Picker(Solid Color)(색상 피커(단색))] 대화상자가 나타나면 색상(006699)을 지정한 후 [OK(확인)] 단추를 클릭합니다.

⑦ [Layers(레이어)] 패널에서 fx[Add a layer style(레이어 스타일 추가)]를 클릭한 후 [Stroke(선)]을 클릭합니다.

⑧ [Layer Style(레이어 스타일)] 대화상자의 [Stroke(선)] 스타일이 나타나면 크기(2)를 입력한 후 Color(색상)을 클릭합니다.

⑨ [Color Picker(Stroke Color)(색상 피커(선 색상))] 대화상자가 나타나면 색상(ffcccc)을 입력한 후 [OK(확인)] 단추를 클릭합니다.

⑩ [Layer Style(레이어 스타일)] 대화상자가 다시 나타나면 속성을 지정한 다음 [OK(확인)] 단추를 클릭합니다.

⑪ [Layers(레이어)] 패널에서 Opacity(불투명도)에 '60%'를 입력합니다.

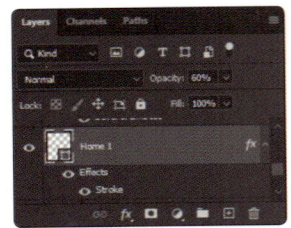

STEP 06 타일 모양 도형 작성하기

① Tool Box(도구상자)에서 [Custom Shape Tool(사용자 정의 모양 도구)]를 선택한 후 옵션 바에서 [Click to open Custom shape picker(사용자 정의 모양 피커)]의 [목록] 단추를 클릭합니다.

② 목록이 나타나면 [Legacy Shapes and More(레거시 모양 및 기타)]의 [목록] 단추를 클릭한 후 [All Legacy Default Shapes(모든 레거시 기본 모양)]의 [목록] 단추를 클릭한 다음 [Tiles(타일)]의 [목록] 단추를 클릭하고 [Tile 1(타일 1)]을 클릭합니다.

③ 타일 모양을 삽입하고자 하는 위치에 드래그하여 삽입합니다.

④ [Layers(레이어)] 패널에서 [Tile 1 1(타일 1 1)] 레이어의 [Layer thumbnail(레이어 축소판)]을 더블클릭합니다.

⑤ [Color Picker(Solid Color)(색상 피커(단색))] 대화상자가 나타나면 색상(cccccc)을 지정한 후 [OK(확인)] 단추를 클릭합니다.

⑥ [Layers(레이어)] 패널에서 [Add a layer style(레이어 스타일 추가)]를 클릭한 후 [Inner Shadow(내부 그림자)]을 클릭합니다.

⑦ [Layer Style(레이어 스타일)] 대화상자의 [Inner Shadow(내부 그림자)] 스타일이 나타나면 속성을 지정한 후 [OK(확인)] 단추를 클릭합니다.

⑧ [Layers(레이어)] 패널에서 [Tile 1 1(타일 1 1)] 레이어를 [Create a new layer(새 레이어 만들기)]로 드래그하여 복사합니다.

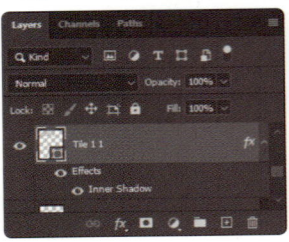 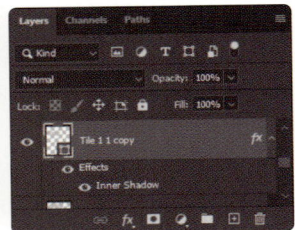

⑨ 이미지를 상하 대칭시키기 위해 [Edit(편집)]을 클릭한 후 [Transform(변형)]-[Flip Vertical(세로로 뒤집기)]를 클릭합니다.

⑩ 이미지의 크기를 조절하기 위해 [Edit(편집)]을 클릭한 후 [Free Transform(자유 변형)]을 클릭합니다.

⑪ 크기 조절점이 나타나면 조절점을 드래그하여 크기 및 위치를 조절한 후 Enter를 누릅니다.

STEP 07 ①번 텍스트 작성하기

① Tool Box(도구 상자)에서 [Horizontal Type Tool(수평 문자 도구)]를 선택한 후 옵션 바에서 글꼴(굴림)을 선택한 다음 글꼴 크기(40)를 입력합니다.

② 텍스트를 삽입할 위치를 클릭한 후 '위축된 경기 극복'을 입력한 다음 Ctrl+Enter를 누릅니다.

③ [Layers(레이어)] 패널에서 fx[Add a layer style(레이어 스타일 추가)]를 클릭한 후 [Gradient Overlay(그라디언트 오버레이)]를 클릭합니다.

④ [Layer Style(레이어 스타일)] 대화상자의 [Gradient Overlay(그라디언트 오버레이)] 스타일이 나타나면 [Gradient(그라디언트)]를 클릭합니다.

⑤ [Gradient Editor(그라디언트 편집기)] 대화상자가 나타나면 왼쪽 Color Stop(색상 정지점)을 더블클릭합니다.

⑥ [Color Picker(Stop Color)(색상 피커(정지 색상))] 대화상자가 나타나면 색상(cc66cc)을 입력한 후 [OK(확인)] 단추를 클릭합니다.

⑦ [Gradient Editor(그라디언트 편집기)] 대화상자가 다시 나타나면 가운데 부분을 클릭하여 Color Stop(색상 정지점)을 추가합니다. 그런 다음 가운데 Color Stop(색상 정지점)을 더블클릭합니다.

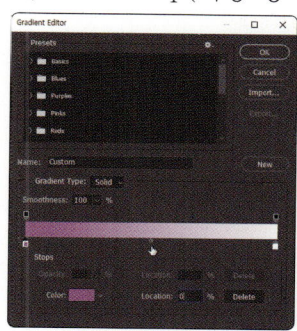 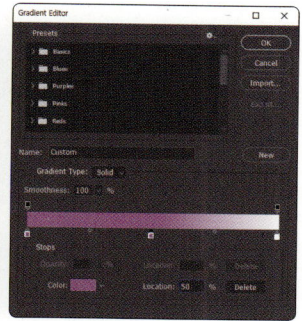

⑧ [Color Picker(Stop Color)(색상 피커(정지 색상))] 대화상자가 나타나면 색상(ffff00)을 입력한 후 [OK(확인)] 단추를 클릭합니다.

⑨ [Gradient Editor(그라디언트 편집기)] 대화상자가 다시 나타나면 오른쪽 Color Stop(색상 정지점)을 더블클릭합니다.

⑩ [Color Picker(Stop Color)(색상 피커(정지 색상))] 대화상자가 나타나면 색상(00ccff)을 입력한 후 [OK(확인)] 단추를 클릭합니다.

⑪ [Gradient Editor(그라디언트 편집기)] 대화상자가 다시 나타나면 [OK(확인)] 단추를 클릭합니다.

⑫ [Layer Style(레이어 스타일)] 대화상자가 다시 나타나면 Angle(각도)에 '90'을 입력한 후 [Stroke(선)] 스타일을 클릭합니다.

⑬ [Layer Style(레이어 스타일)] 대화상자의 [Stroke(선)] 스타일이 나타나면 크기(2)를 입력한 후 Color(색상)을 클릭합니다.

⑭ [Color Picker(Stroke Color)(색상 피커(선 색상))] 대화상자가 나타나면 색상(333333)을 입력한 후 [OK(확인)] 단추를 클릭합니다.

⑮ [Layer Style(레이어 스타일)] 대화상자가 다시 나타나면 [OK(확인)] 단추를 클릭합니다.

⑯ 텍스트에 변형을 주기 위해 옵션 바에서 [Create warp text(텍스트 변형)]을 클릭합니다.

⑰ [Warp Text(텍스트 변형)] 대화상자가 나타나면 Style(Fish(물고기))를 선택한 후 Bend(구부리기)를 조절한 다음 [OK(확인)] 단추를 클릭합니다.

STEP 08 답안 저장 및 전송하기

① 작성한 답안을 저장하기 위해 [File(파일)]을 클릭한 후 [Save(저장)]을 클릭합니다.

② [Save on your computer or to cloud documents(컴퓨터 또는 클라우드 문서에 저장)] 대화상자가 나타나면 [Save on your computer(내 컴퓨터에 저장)] 단추를 클릭합니다.

③ [다른 이름으로 저장] 대화상자가 나타나면 저장 위치(내 PC\문서\GTQ)를 지정한 후 파일 이름(수험번호-성명-문제번호)을 입력한 다음 형식(JPEG (*.JPG;*.JPEG;*.JPE))을 선택하고 [저장] 단추를 클릭합니다.

④ [JPEG Options(JPEG 옵션)] 대화상자가 나타나면 Quality(품질)을 지정한 후 [OK(확인)] 단추를 클릭합니다.

⑤ PSD 파일로 저장하기 위해 [Image(이미지)]를 클릭한 후 [Image Size(이미지 크기)]를 클릭합니다.

⑥ [Image Size(이미지 크기)] 대화상자가 나타나면 단위(Pixels)를 선택한 후 Width(폭)에 '40'을 입력한 후 [OK(확인)] 단추를 클릭합니다.

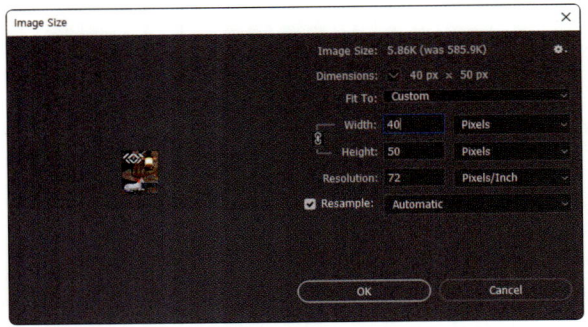

⑦ 작성한 답안을 저장하기 위해 [File(파일)]을 클릭한 후 [Save(저장)]을 클릭합니다.

⑧ [Save on your computer or to cloud documents(컴퓨터 또는 클라우드 문서에 저장)] 대화상자가 나타나면 [Save on your computer(내 컴퓨터에 저장)] 단추를 클릭합니다.

⑨ [다른 이름으로 저장(Save As)] 대화상자가 나타나면 저장 위치(내 PC\문서\GTQ)를 지정한 후 파일 이름(수험번호-성명-문제번호)을 입력한 다음 형식(Photoshop (*.PSD;*.PDD;*.PSDT))을 선택하고 [저장] 단추를 클릭합니다.

⑩ [Photoshop Format Options(Photoshop 형식 옵션)] 대화상자가 나타나면 [OK(확인)] 단추를 클릭합니다.

⑪ KOAS 수험자용 프로그램을 선택한 후 [답안 전송] 단추를 클릭합니다.

⑫ [MessageBox] 대화상자가 나타나면 [예] 단추를 클릭합니다.

⑬ [고사실 PC로 답안 파일 보내기] 대화상자가 나타나면 전송할 파일을 선택한 후 [답안전송] 단추를 클릭합니다.

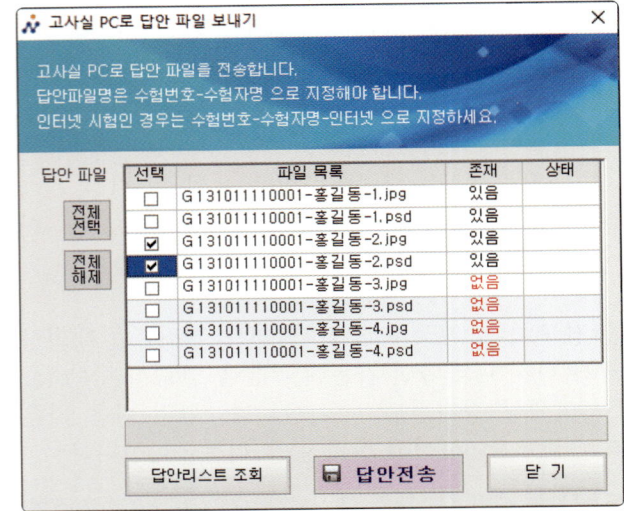

⑭ [MessageBox] 대화상자가 나타나면 [확인] 단추를 클릭합니다.

⑮ [고사실 PC로 답안 파일 보내기] 대화상자가 다시 나타나면 [닫기] 단추를 클릭합니다.

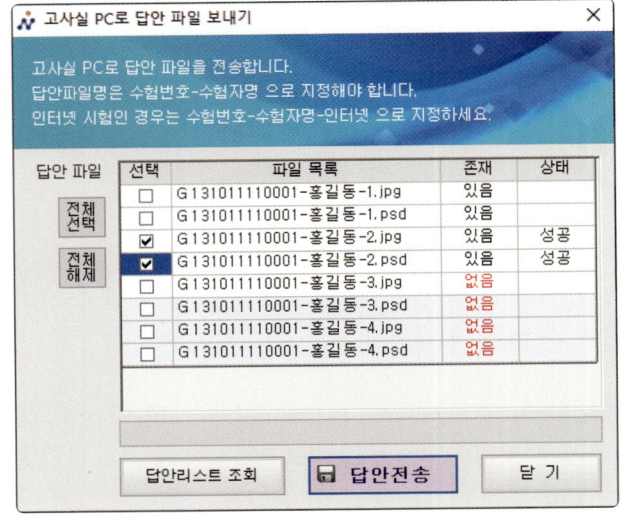

03 [실무응용] 포스터 제작

STEP 01 캔버스 생성 및 이미지 복사, 필터

① [문제2]에서 작성한 파일을 모두 닫은 후 [Home] 화면에서 [Create new(새로 만들기)] 단추를 클릭합니다.

② [New Document(새로 만들기 문서)] 대화상자가 나타나면 Width(너비)를 '600', Height(높이)를 '400', Resolution(해상도)를 '72'를 입력합니다. 그런 다음 [Create(만들기)] 단추를 클릭합니다.

③ 눈금자를 드래그하여 Guides(안내선)을 100 픽셀 단위로 그립니다.

④ 배경색을 지정하기 위해 Tool Box(도구 상자)에서 [Set foreground color(전경색 설정)]을 클릭합니다.

⑤ [Color Picker(Foreground Color)(색상 피커(전경색))] 대화상자가 나타나면 색상(006666)을 입력한 후 [OK(확인)] 단추를 클릭합니다.

⑥ 전경색이 지정되면 전경색을 채우기 위해 Alt + Delete 를 누릅니다.

STEP 02 혼합 모드 및 레이어 마스크 적용하기

① [문제 3]에서 사용할 이미지를 불러오기 위해 [File(파일)]을 클릭한 후 [Open(열기)]를 클릭합니다.

② [열기] 대화상자가 나타나면 찾는 위치(내 PC\문서\GTQ\Image)를 지정한 후 파일(1급-7 ~ 1급-11)을 선택한 다음 [열기] 단추를 클릭합니다.

③ 이미지가 불러와지면 [1급-7.jpg] 탭을 선택한 후 Ctrl + A 를 눌러 이미지 전체를 선택 영역으로 지정한 다음 Ctrl + C 를 눌러 이미지를 복사합니다.

④ [Untitled-1] 탭을 클릭한 후 Ctrl + V 를 눌러 붙여넣기 합니다.

⑤ [Layers(레이어)] 패널에서 [Blending Mode(혼합 모드)]의 ■[목록] 단추를 클릭한 후 [Screen(스크린)]을 선택합니다.

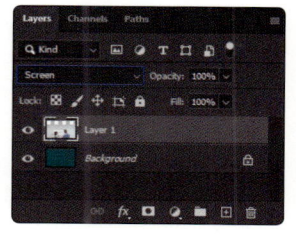

⑥ [Layers(레이어)] 패널에서 Opacity(불투명도)에 '80%'를 입력합니다.

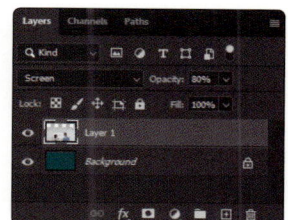

STEP 03 필터 및 레이어 마스크 적용하기

① [1급-8.jpg] 이미지 탭을 선택한 후 Ctrl + A 를 눌러 이미지 전체를 선택 영역으로 지정한 다음 Ctrl + C 를 눌러 이미지를 복사합니다.

② [Untitled-1] 탭을 클릭한 후 Ctrl + V 를 눌러 붙여넣기 합니다.

③ 이미지의 크기를 조절하기 위해 [Edit(편집)]을 클릭한 후 [Free Transform(자유 변형)]을 클릭합니다.

④ 크기 조절점이 나타나면 조절점을 드래그하여 이미지를 조절한 후 Enter 를 누릅니다.

⑤ [Filter(필터)]를 클릭한 후 [Noise(노이즈)]-[Add Noise(노이즈 추가)]를 클릭합니다.

⑥ [Add Noise(노이즈 추가)] 대화상자가 나타나면 Amount(양)을 지정한 후 [OK(확인)] 단추를 클릭합니다.

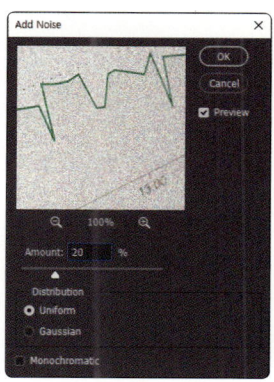

⑦ 레이어 마스크를 지정하기 위해 [Layers(레이어)] 패널에서 ■[Add layer mask(레이어 마스크)]를 클릭합니다.

⑧ Tool Box(도구 상자)에서 ▣[Gradient Tool(그라디언트 도구)]를 선택한 후 캔버스에 레이어 마스크를 지정하기 위해 위에서 아래 방향으로 드래그합니다.

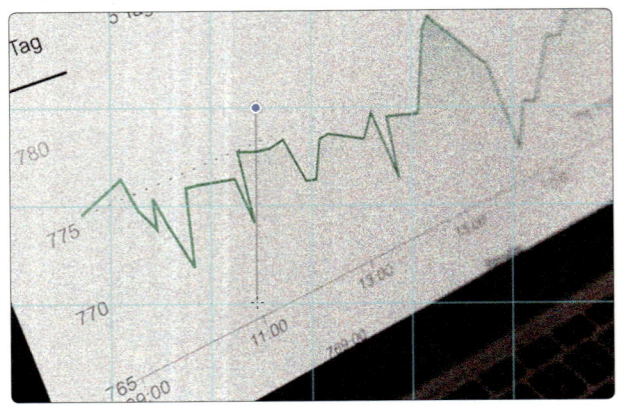

STEP 04   이미지 복사 및 필터 적용하기

① [1급-9.jpg] 탭을 클릭한 후 Tool Box(도구 상자)에서 ◯[Elliptical Marquee Tool(원형 선택 윤곽 도구)]를 선택한 다음 손을 선택 영역으로 지정합니다.

② 손이 선택 영역으로 지정되면 Ctrl+C를 눌러 선택 영역의 이미지를 복사합니다.

③ [Untitled-1] 탭을 클릭 후 Ctrl+V를 눌러 붙여넣기 합니다.

④ 이미지의 크기를 조절하기 위해 [Edit(편집)]을 클릭한 후 [Free Transform(자유 변형)]을 클릭합니다.

⑤ 크기 조절점이 나타나면 조절점을 드래그하여 이미지를 조절한 후 Enter를 누릅니다.

⑥ [Filter(필터)]를 클릭한 후 [Filter Gallery(필터 갤러리)]를 클릭합니다.

⑦ [Filter Gallery(필터 갤러리)] 대화상자가 나타나면 [Texture(텍스처)]을 클릭한 후 Texture(텍스처) 목록이 나타나면 [Texturizer(텍스처화)]를 클릭한 다음 속성을 지정하고 [OK(확인)] 단추를 클릭합니다.

STEP 05   이미지 복사 및 레이어 스타일 적용하기

① [1급-10.jpg] 탭을 클릭한 후 Tool Box(도구 상자)에서 ⚲[Magnetic Lasso Tool(자석 올가미 도구)]를 선택한 다음 사람을 선택 영역으로 지정합니다.

② 사람이 선택 영역으로 지정되면 Ctrl+C를 눌러 선택 영역의 이미지를 복사합니다.

③ [Untitled-1] 탭을 클릭한 후 Ctrl+V를 눌러 붙여넣기 합니다.

④ 이미지의 크기를 조절하기 위해 [Edit(편집)]을 클릭한 후 [Free Transform(자유 변형)]을 클릭합니다.

⑤ 크기 조절점이 나타나면 조절점을 드래그하여 크기를 조절한 후 Enter를 누릅니다.

⑥ [Layers(레이어)] 패널에서 fx[Add a layer style(레이어 스타일 추가)]를 클릭한 후 [Inner Glow(내부 광선)]을 클릭합니다.

⑦ [Layer Style(레이어 스타일)] 대화상자의 [Inner Glow(내부 광선)] 스타일이 나타나면 속성을 지정한 후 [Drop Shadow(그림자 효과)] 스타일을 클릭합니다.

⑧ [Layer Style(레이어 스타일)] 대화상자의 [Drop Shadow(그림자 효과)] 스타일이 나타나면 속성을 지정한 후 [OK(확인)] 단추를 클릭합니다.

STEP 06   색상 보정 및 레이어 스타일 적용하기

① [1급-11.jpg] 탭을 클릭한 후 Tool Box(도구 상자)에서 [Magnetic Lasso Tool(자석 올가미 도구)]를 선택한 다음 상자를 선택 영역으로 지정합니다.

② 상자가 선택 영역으로 지정되면 Ctrl+C를 눌러 선택 영역의 이미지를 복사합니다.

③ [Untitled-1] 탭을 클릭한 후 [Layers(레이어)] 패널에서 [Layer 2(레이어 2)] 레이어를 선택한 다음 Ctrl+V를 눌러 붙여넣기 합니다.

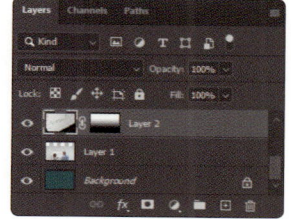

④ 크기를 조절하기 위해 [Edit(편집)]을 클릭한 후 [Free Transform(자유 변형)]을 클릭합니다.

⑤ 크기 조절점이 나타나면 조절점을 드래그하여 크기를 조절합니다.

⑥ [Magnetic Lasso Tool(자석 올가미 도구)]가 선택된 상태에서 상자의 리본 부분을 선택 영역으로 지정합니다.

⑦ [Layers(레이어)] 패널에서 [Create new fill or adjustment layer(새 칠 또는 조정 레이어)]을 클릭한 후 [Hue/Saturation(색조/채도)]를 클릭합니다.

⑧ [Hue/Saturation 1(색조/채도 1)] 레이어가 추가되면 [Properties(속성)] 패널에서 [Colorize(색상화)]를 선택한 후 Hue(색조)와 Saturation(채도), Lightness(명도)를 조절하여 빨간색 계열로 보정합니다.

⑨ [Layers(레이어)] 패널에서 [Layer 5(레이어 5)] 레이어를 선택한 후 [Add a layer style(레이어 스타일 추가)]를 클릭한 후 [Bevel & Emboss(경사와 엠보스)]를 클릭합니다.

⑩ [Layer Style(레이어 스타일)] 대화상자의 [Bevel & Emboss(경사와 엠보스)] 스타일이 나타나면 속성을 지정한 후 [OK(확인)] 단추를 클릭합니다.

STEP 07   꽃 모양 도형 작성하기

① Tool Box(도구상자)에서 [Custom Shape Tool(사용자 정의 모양 도구)]를 선택한 후 옵션 바에서 [Click to open Custom shape picker(사용자 정의 모양 피커)]의 [목록] 단추를 클릭합니다.

② 목록이 나타나면 [Legacy Shapes and More(레거시 모양 및 기타)]의 [목록] 단추를 클릭한 후 [All Legacy Default Shapes(모든 레거시 기본 모양)]의 [목록] 단추를 클릭한 다음 [Nature(자연)]의 [목록] 단추를 클릭하고 [Flower 7(꽃 7)]를 클릭합니다.

③ 꽃 모양 도형을 삽입하고자 하는 위치에 드래그하여 삽입합니다.

④ [Layers(레이어)] 패널에서 [Flower 7 1(꽃 7 1)] 레이어의 [Layer thumbnail(레이어 축소판)]을 더블클릭합니다.

⑤ [Color Picker(Solid Color)(색상 피커(단색))] 대화상자가 나타나면 색상(669966)을 지정한 후 [OK(확인)] 단추를 클릭합니다.

⑥ [Layers(레이어)] 패널에서 [Add a layer style(레이어 스타일 추가)]를 클릭한 후 [Stroke(선)]을 클릭합니다.

⑦ [Layer Style(레이어 스타일)] 대화상자의 [Stroke(선)] 스타일이 나타나면 크기(1)를 입력한 후 Color(색상)을 클릭합니다.

⑧ [Color Picker(Stroke Color)(색상 피커(선 색상))] 대화상자가 나타나면 색상(003300)을 입력한 후 [OK(확인)] 단추를 클릭합니다.

⑨ [Layer Style(레이어 스타일)] 대화상자가 다시 나타나면 [OK(확인)] 단추를 클릭합니다.

⑩ [Layers(레이어)] 패널에서 Opacity(불투명도)에 '60%'를 입력합니다.

⑪ [Layers(레이어)] 패널에서 [Flower 7 1(꽃 7 1)] 레이어를 [Create a new layer(새 레이어 만들기)]로 드래그하여 복사합니다.

⑫ 레이어가 복사되면 Tool Box(도구 상자)에서 [Move Tool(이동 도구)]를 선택한 후 드래그하여 위치를 이동합니다.

⑬ 이미지의 크기를 조절하기 위해 [Edit(편집)]을 클릭한 후 [Free Transform(자유 변형)]을 클릭합니다.

⑭ 크기 조절점이 나타나면 조절점을 드래그하여 이미지를 조절한 후 Enter를 누릅니다.

STEP 08 자동차 모양 도형 작성하기

① Tool Box(도구상자)에서 [Custom Shape Tool(사용자 정의 모양 도구)]를 선택한 후 옵션 바에서 [Click to open Custom shape picker(사용자 정의 모양 피커)]의 [목록] 단추를 클릭합니다.

② 목록이 나타나면 [Legacy Shapes and More(레거시 모양 및 기타)]의 [목록] 단추를 클릭한 후 [All Legacy Default Shapes(모든 레거시 기본 모양)]의 [목록] 단추를 클릭한 다음 [Symbols(심볼)]의 [목록] 단추를 클릭하고 [Car 2(자동차 2)]를 클릭합니다.

③ 자동차 모양 도형을 삽입하고자 하는 위치에 드래그하여 삽입합니다.

④ [Layers(레이어)] 패널에서 [Add a layer style(레이어 스타일 추가)]를 클릭한 후 [Gradient Overlay(그라디언트 오버레이)]를 클릭합니다.

⑤ [Layer Style(레이어 스타일)] 대화상자의 [Gradient Overlay(그라디언트 오버레이)] 스타일이 나타나면 [Gradient(그라디언트)]를 클릭합니다.

⑥ [Gradient Editor(그라디언트 편집기)] 대화상자가 나타나면 왼쪽 Color Stop(색상 정지점)을 더블클릭합니다.

⑦ [Color Picker(Stop Color)(색상 피커(정지 색상))] 대화상자가 나타나면 색상(66cc00)을 입력한 후 [OK(확인)] 단추를 클릭합니다.

⑧ [Gradient Editor(그라디언트 편집기)] 대화상자가 다시 나타나면 오른쪽 Color Stop(색상 정지점)을 더블클릭합니다.

⑨ [Color Picker(Stop Color)(색상 피커(정지 색상))] 대화상자가 나타나면 색상(ff9900)을 입력한 후 [OK(확인)] 단추를 클릭합니다.

⑩ [Gradient Editor(그라디언트 편집기)] 대화상자가 다시 나타나면 [OK(확인)] 단추를 클릭합니다.

⑪ [Layer Style(레이어 스타일)] 대화상자가 다시 나타나면 [Drop Shadow(그림자 효과)] 스타일을 클릭합니다.

⑫ [Layer Style(레이어 스타일)] 대화상자의 [Drop Shadow(그림자 효과)] 스타일이 나타나면 속성을 지정한 후 [OK(확인)] 단추를 클릭합니다.

STEP 09 오른쪽 표시 모양 도형 작성하기

① Tool Box(도구상자)에서 [Custom Shape Tool(사용자 정의 모양 도구)]를 선택한 후 옵션 바에서 [Click to open Custom shape picker(사용자 정의 모양 피커)]의 [목록] 단추를 클릭합니다.

② 목록이 나타나면 [Legacy Shapes and More(레거시 모양 및 기타)]의 ▶[목록] 단추를 클릭한 후 [All Legacy Default Shapes(모든 레거시 기본 모양)]의 ▶[목록] 단추를 클릭한 다음 [Ornaments(장식)]의 ▶[목록] 단추를 클릭하고 ■[Point Right(오른쪽 표시)]를 클릭합니다.

③ 오른쪽 표시 모양 도형을 삽입하고자 하는 위치에 드래그하여 삽입합니다.

④ [Layers(레이어)] 패널에서 [Point Right 1(오른쪽 표시 1)] 레이어의 [Layer thumbnail(레이어 축소판)]을 더블클릭합니다.

⑤ [Color Picker(Solid Color)(색상 피커(단색))] 대화상자가 나타나면 색상(000000)을 지정한 후 [OK(확인)] 단추를 클릭합니다.

⑥ [Layers(레이어)] 패널에서 fx[Add a layer style(레이어 스타일 추가)]를 클릭한 후 [Outer Glow(외부 광선)]을 클릭합니다.

⑦ [Layer Style(레이어 스타일)] 대화상자의 [Outer Glow(외부 광선)] 스타일이 나타나면 속성을 지정한 후 [OK(확인)] 단추를 클릭합니다.

⑧ [Layers(레이어)] 패널에서 Opacity(불투명도)에 '60%'를 입력합니다.

STEP 10 ①번 텍스트 작성하기

① Tool Box(도구 상자)에서 T.[Horizontal Type Tool(수평 문자 도구)]를 선택한 후 옵션 바에서 글꼴(궁서)과 글꼴 크기(32)를 지정합니다.

② 텍스트를 삽입할 위치를 클릭한 후 '강소기업 연구개발 지원사업'을 입력한 다음 Ctrl+Enter를 누릅니다.

③ '강소기업'을 드래그하여 블록으로 설정한 후 글꼴 크기(44)를 입력한 다음 Ctrl+Enter를 누릅니다.

④ [Layers(레이어)] 패널에서 fx[Add a layer style(레이어 스타일 추가)]를 클릭한 후 [Gradient Overlay(그라디언트 오버레이)]를 클릭합니다.

⑤ [Layer Style(레이어 스타일)] 대화상자의 [Gradient Overlay(그라디언트 오버레이)] 스타일이 나타나면 ▬▬▬[Gradient(그라디언트)]를 클릭합니다.

⑥ [Gradient Editor(그라디언트 편집기)] 대화상자가 나타나면 왼쪽 Color Stop(색상 정지점)을 더블클릭합니다.

⑦ [Color Picker(Stop Color)(색상 피커(정지 색상))] 대화상자가 나타나면 색상(cc33ff)을 입력한 후 [OK(확인)] 단추를 클릭합니다.

⑧ [Gradient Editor(그라디언트 편집기)] 대화상자가 다시 나타나면 가운데 부분을 클릭하여 Color Stop(색상 정지점)을 추가합니다. 그런 다음 가운데 Color Stop(색상 정지점)을 더블클릭합니다.

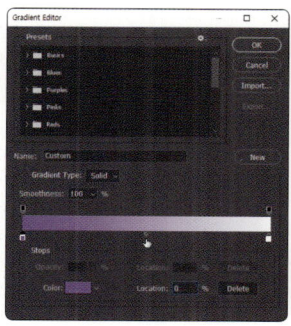 

⑨ [Color Picker(Stop Color)(색상 피커(정지 색상))] 대화상자가 나타나면 색상(006666)을 입력한 후 [OK(확인)] 단추를 클릭합니다.

⑩ [Gradient Editor(그라디언트 편집기)] 대화상자가 다시 나타나면 오른쪽 Color Stop(색상 정지점)을 더블클릭합니다.

⑪ [Color Picker(Stop Color)(색상 피커(정지 색상))] 대화상자가 나타나면 색상(cc6600)을 입력한 후 [OK(확인)] 단추를 클릭합니다.

⑫ [Gradient Editor(그라디언트 편집기)] 대화상자가 다시 나타나면 [OK(확인)] 단추를 클릭합니다.

⑬ [Layer Style(레이어 스타일)] 대화상자가 다시 나타나면 Angle(각도)에 '0'을 입력한 후 [Stroke(선)] 스타일을 클릭합니다.

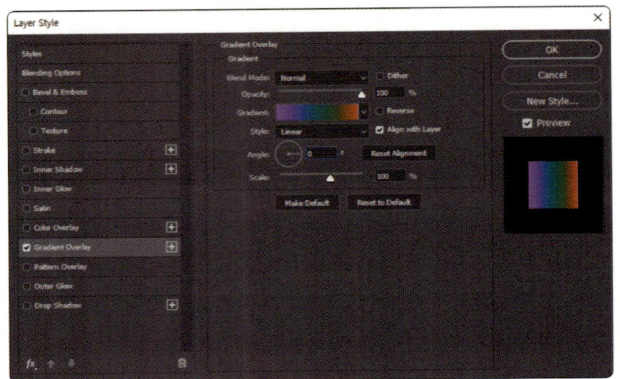

⑭ [Layer Style(레이어 스타일)] 대화상자의 [Stroke(선)] 스타일이 나타나면 크기(2)를 입력한 후 Color(색상)을 클릭합니다.

⑮ [Color Picker(Stop Color)(색상 피커(정지 색상))] 대화상자가 나타나면 색상(ffffcc)을 입력한 후 [OK(확인)] 단추를 클릭합니다.

⑯ [Layer Style(레이어 스타일)] 대화상자가 다시 나타나면 [Drop Shadow(그림자 효과)] 스타일을 클릭합니다.

⑰ [Layer Style(레이어 스타일)] 대화상자의 [Drop Shadow(그림자 효과)] 스타일이 나타나면 속성을 지정한 후 [OK(확인)] 단추를 클릭합니다.

⑱ 텍스트에 변형을 주기 위해 옵션 바에서 [Create warp text(텍스트 변형)]을 클릭합니다.

⑲ [Warp Text(텍스트 변형)] 대화상자가 나타나면 Style(Flag(깃발))을 선택한 후 Bend(구부리기)를 조절한 다음 [OK(확인)] 단추를 클릭합니다.

⑳ 텍스트가 변형되면 Tool Box(도구 상자)에서 [Move Tool(이동 도구)]를 선택한 후 텍스트를 드래그하여 위치를 이동합니다.

STEP 11 ②번 텍스트 작성하기

① Tool Box(도구 상자)에서 [Horizontal Type Tool(수평 문자 도구)]를 선택한 후 텍스트를 입력할 위치를 클릭한 다음 '창업 / 양성 / 교육'을 입력하고 Ctrl+Enter를 누릅니다.

② 텍스트가 입력되면 옵션 바에서 글꼴(돋움)을 선택한 후 글꼴 크기(16)를 입력한 다음 Color(색상)을 클릭합니다.

③ [Color Picker(Text Color)(색상 피커(텍스트 색상))] 대화상자가 나타나면 색상(ffffff)을 입력한 후 [OK(확인)] 단추를 클릭합니다.

④ '교육'을 드래그하여 블록으로 설정한 후 옵션 바에서 Color(색상)을 클릭합니다.

⑤ [Color Picker(Text Color)(색상 피커(텍스트 색상))] 대화상자가 나타나면 색상(ff9900)을 입력한 후 [OK(확인)] 단추를 클릭합니다. 그런 다음 Ctrl+Enter를 누릅니다.

⑥ [Layers(레이어)] 패널에서 [Add a layer style(레이어 스타일 추가)]를 클릭한 후 [Stroke(선)]을 클릭합니다.

⑦ [Layer Style(레이어 스타일)] 대화상자의 [Stroke(선)] 스타일이 나타나면 크기(2)를 입력한 후 Color(색상)을 클릭합니다.

⑧ [Color Picker(Stroke Color)(색상 피커(선 색상))] 대화상자가 나타나면 색상(333300)을 입력한 후 [OK(확인)] 단추를 클릭합니다.

⑨ [Layer Style(레이어 스타일)] 대화상자가 다시 나타나면 [OK(확인)] 단추를 클릭합니다.

STEP 12 ③번 텍스트 작성하기

① 텍스트를 입력할 위치를 클릭한 후 'Small hidden company R&D support project'를 입력한 다음 Ctrl+Enter를 누릅니다.

② 텍스트가 입력되면 옵션 바에서 글꼴(Arial), 글꼴 스타일(Regular), 글꼴 크기(18), 글꼴 색(003366)을 지정합니다.

③ [Layers(레이어)] 패널에서 [Layers(레이어)] 패널에서 fx[Add a layer style(레이어 스타일 추가)]를 클릭한 후 [Stroke(선)]을 클릭합니다.

④ [Layer Style(레이어 스타일)] 대화상자의 [Stroke(선)] 스타일이 나타나면 크기(2)를 입력한 후 Color(색상)을 클릭합니다.

⑤ [Color Picker(Stroke Color)(색상 피커(선 색상))] 대화상자가 나타나면 색상(ffffff)을 입력한 후 [OK(확인)] 단추를 클릭합니다.

⑥ [Layer Style(레이어 스타일)] 대화상자가 다시 나타나면 [OK(확인)] 단추를 클릭합니다.

STEP 13 ④번 텍스트 작성하기

① 텍스트를 입력할 위치를 클릭한 후 "코로노미 쇼크'로 어려움을 겪고 있는 중소기업을 돕기 위해'를 입력한 다음 Ctrl+Enter를 누릅니다.

② 텍스트가 입력되면 옵션 바에서 글꼴(Arial), 글꼴 스타일(Regular), 글꼴 크기(18), 글꼴 색(003366)을 지정합니다.

③ [Layers(레이어)] 패널에서 [Layers(레이어)] 패널에서 fx[Add a layer style(레이어 스타일 추가)]를 클릭한 후 [Stroke(선)]을 클릭합니다.

④ [Layer Style(레이어 스타일)] 대화상자의 [선(Stroke)] 스타일이 나타나면 크기(2)를 입력한 후 Fill Type(칠 유형)의 [목록] 단추를 클릭한 다음 [Gradient(그라디언트)]를 클릭합니다.

⑤ Fill Type(칠 유형)이 변경되면 [Gradient(그라디언트)]를 클릭합니다.

⑥ [Gradient Editor(그라디언트 편집기)] 대화상자가 나타나면 왼쪽 Color Stop(색상 정지점)을 더블클릭합니다.

⑦ [Color Picker(Stop Color)(색상 피커(정지 색상))] 대화상자가 나타나면 색상(66cc00)을 입력한 후 [OK(확인)] 단추를 클릭합니다.

⑧ [Gradient Editor(그라디언트 편집기)] 대화상자가 다시 나타나면 오른쪽 Color Stop(색상 정지점)을 더블클릭합니다.

⑨ [Color Picker(Stop Color)(색상 피커(정지 색상))] 대화상자가 나타나면 색상(ffcc00)을 입력한 후 [OK(확인)] 단추를 클릭합니다.

⑩ [Gradient Editor(그라디언트 편집기)] 대화상자가 다시 나타나면 [OK(확인)] 단추를 클릭합니다.

⑪ [Layer Style(레이어 스타일)] 대화상자가 다시 나타나면 [OK(확인)] 단추를 클릭합니다.

STEP 14 답안 저장 및 전송하기

① 작성한 답안을 저장하기 위해 [File(파일)]을 클릭한 후 [Save(저장)]을 클릭합니다.

② [Save on your computer or to cloud documents(컴퓨터 또는 클라우드 문서에 저장)] 대화상자가 나타나면 [Save on your computer(내 컴퓨터에 저장)] 단추를 클릭합니다.

③ [다른 이름으로 저장] 대화상자가 나타나면 저장 위치(내 PC\문서\GTQ)를 지정한 후 파일 이름(수험번호-성명-문제번호)을 입력한 다음 형식(JPEG (*.JPG;*.JPEG;*.JPE))을 선택하고 [저장] 단추를 클릭합니다.

④ [JPEG Options(JPEG 옵션)] 대화상자가 나타나면 Quality(품질)을 지정한 후 [OK(확인)] 단추를 클릭합니다.

⑤ PSD 파일로 저장하기 위해 [Image(이미지)]를 클릭한 후 [Image Size(이미지 크기)]를 클릭합니다.

⑥ [Image Size(이미지 크기)] 대화상자가 나타나면 단위(Pixels)를 선택한 후 Width(폭)에 '60'을 입력한 후 [OK(확인)] 단추를 클릭합니다.

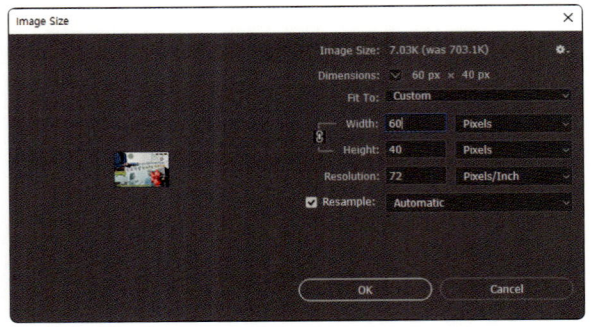

⑦ 작성한 답안을 저장하기 위해 [File(파일)]을 클릭한 후 [Save(저장)]을 클릭합니다.

⑧ [Save on your computer or to cloud documents(컴퓨터 또는 클라우드 문서에 저장)] 대화상자가 나타나면 [Save on your computer(내 컴퓨터에 저장)] 단추를 클릭합니다.

⑨ [다른 이름으로 저장(Save As)] 대화상자가 나타나면 저장 위치(내 PC\문서\GTQ)를 지정한 후 파일 이름(수험번호-성명-문제번호)을 입력한 다음 형식(Photoshop (*.PSD;*.PDD;*.PSDT))을 선택하고 [저장] 단추를 클릭합니다.

⑩ [Photoshop Format Options(Photoshop 형식 옵션)] 대화상자가 나타나면 [OK(확인)] 단추를 클릭합니다.

⑪ KOAS 수험자용 프로그램을 선택한 후 [답안 전송] 단추를 클릭합니다.

⑫ [MessageBox] 대화상자가 나타나면 [예] 단추를 클릭합니다.

⑬ [고사실 PC로 답안 파일 보내기] 대화상자가 나타나면 전송할 파일을 선택한 후 [답안전송] 단추를 클릭합니다.

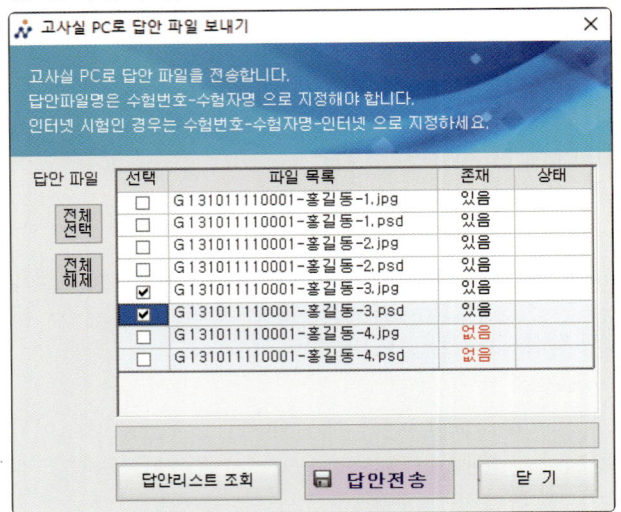

⑭ [MessageBox] 대화상자가 나타나면 [확인] 단추를 클릭합니다.

⑮ [고사실 PC로 답안 파일 보내기] 대화상자가 다시 나타나면 [닫기] 단추를 클릭합니다.

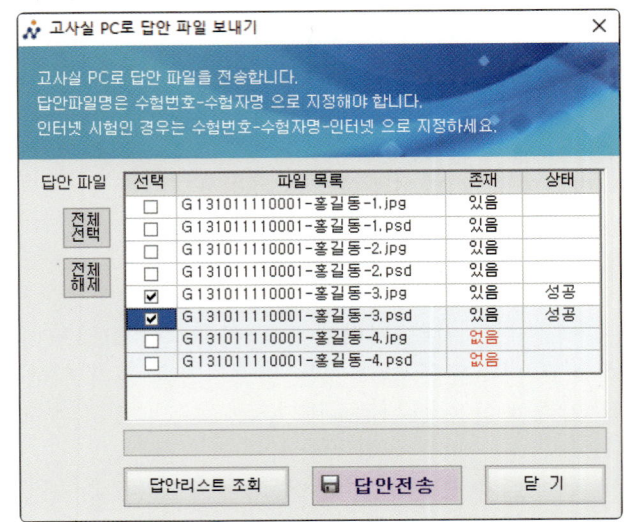

04 [실무응용] 웹 페이지 제작

STEP 01 캔버스 생성 및 배경 작성하기

① [문제3]에서 작성한 파일을 모두 닫은 후 [Home] 화면에서 [Create new(새로 만들기)] 단추를 클릭합니다.

② [New Document(새로 만들기 문서)] 대화상자가 나타나면 '600 × 400 pixels' 문서를 만듭니다.

③ 눈금자를 드래그하여 Guides(안내선)을 100 픽셀 단위로 그립니다.

④ 배경색을 지정하기 위해 Tool Box(도구 상자)에서 [Set foreground color(전경색 설정)]을 클릭합니다.

⑤ [Color Picker(Foreground Color)(색상 피커(전경색))] 대화상자가 나타나면 색상(cccccc)을 입력한 후 [OK(확인)] 단추를 클릭합니다.

⑥ 전경색이 지정되면 전경색을 채우기 위해 Alt +Delete 를 누릅니다.

STEP 02 패턴 작성하기

① 패턴을 만들기 위해 [File(파일)]을 클릭한 후 [New(새로 만들기)]를 클릭합니다.

② [New Document(새로 만들기 문서)] 대화상자가 나타나면 Width(너비)를 '36', Height(높이)를 '36', Resolution(해상도)를 '72'를 입력한 후 Background Contents(배경 내용)을 Transparent(투명)을 선택합니다. 그런 다음 [Create(만들기)] 단추를 클릭합니다.

③ Width(폭)과 Height(높이)가 36 pixels 이라 크기가 작습니다. Ctrl+0을 눌러 화면 배율을 화면 크기에 맞게 확대합니다.

④ Tool Box(도구상자)에서 [Custom Shape Tool(사용자 정의 모양 도구)]를 선택한 후 옵션 바에서 [Click to open Custom shape picker(사용자 정의 모양 피커)]의 [목록] 단추를 클릭합니다.

⑤ 목록이 나타나면 [Legacy Shapes and More(레거시 모양 및 기타)]의 [목록] 단추를 클릭한 후 [All Legacy Default Shapes(모든 레거시 기본 모양)]의 [목록] 단추를 클릭한 다음 [Ornaments(장식)]의 [목록] 단추를 클릭하고 [Ornament 4(장식 4)]을 클릭합니다.

⑥ 도형을 삽입하고자 하는 위치에서 드래그하여 삽입합니다.

⑦ [Layers(레이어)] 패널에서 [Ornament 4 1(장식 4 1)] 레이어의 [Layer thumbnail(레이어 축소판)]을 더블클릭합니다.

⑧ [Color Picker(Solid Color)(색상 피커(단색))] 대화상자가 나타나면 색상(333366)을 지정한 후 [OK(확인)] 단추를 클릭합니다.

⑨ 옵션 바에서 [Click to open Custom shape picker(사용자 정의 모양 피커)]의 [목록] 단추를 클릭합니다.

⑩ [Paper Clip(색종이 조각)]을 클릭한 후 드래그하여 클립 모양을 삽입합니다.

⑪ [Layers(레이어)] 패널에서 [Paper Clip 1(색종이 조각 1)] 레이어의 [Layer thumbnail(레이어 축소판)]을 더블클릭합니다.

⑫ [Color Picker(Solid Color)(색상 피커(단색))] 대화상자가 나타나면 색상(ffffff)을 지정한 후 [OK(확인)] 단추를 클릭합니다.

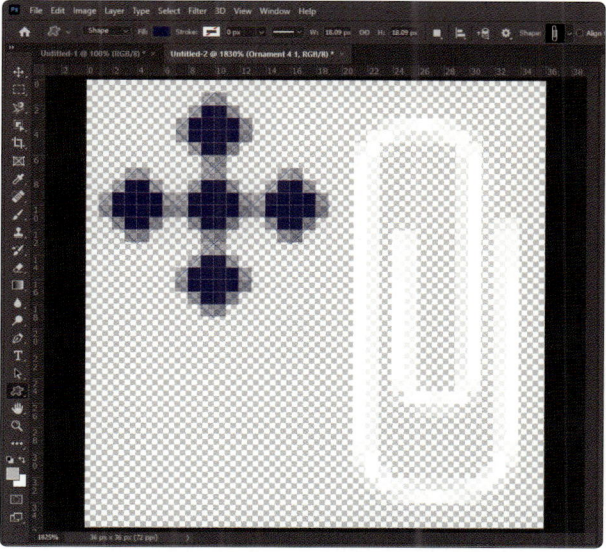

⑬ [Edit(편집)]을 클릭한 후 [Define Pattern(패턴 정의)]를 클릭합니다.

⑭ [Pattern Name(패턴 이름)] 대화상자가 나타나면 Name(장식, 클립 모양)을 입력한 후 [OK(확인)] 단추를 클릭합니다.

STEP 03   혼합 모드 및 레이어 마스크

① [File(파일)]을 클릭한 후 [Open(열기)]를 클릭합니다.

② [Open(열기)] 대화상자가 나타나면 찾는 위치(라이브러리₩문서₩GTQ₩Image)를 지정한 후 '1급-12.jpg ~ 1급-17.jpg' 파일을 선택한 다음 [열기] 단추를 클릭합니다.

③ [1급-12.jpg] 이미지 탭을 선택한 후 Ctrl+A를 눌러 이미지 전체를 선택 영역으로 지정한 다음 Ctrl+C를 눌러 이미지를 복사합니다.

④ [Untitled-1] 탭을 클릭한 후 Ctrl+V를 눌러 붙여넣기 합니다.

⑤ 이미지의 크기를 조절하기 위해 [Edit(편집)]을 클릭한 후 [Free Transform(자유 변형)]을 클릭합니다.

⑥ 크기 조절점이 나타나면 조절점을 드래그하여 크기를 조절한 후 Enter를 누릅니다.

⑦ [Layers(레이어)] 패널에서 [Blending Mode(혼합 모드)]의 ▼[목록] 단추를 클릭한 후 [Overlay(오버레이)]를 선택합니다.

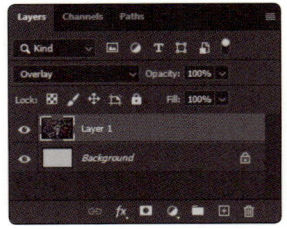

⑧ [Layers(레이어)] 패널에서 ⬚[Add layer mask(레이어 마스크)]를 클릭합니다.

⑨ [Layers(레이어)] 패널에 레이어 마스크가 표시되면 Tool Box(도구 상자)에서 ⬚[Gradient Tool(그라디언트 도구)]를 선택합니다.

⑩ 캔버스에 레이어 마스크를 지정하기 위해 대각선 방향으로 드래그합니다.

STEP 04   필터 및 레이어 마스크 적용하기

① [1급-13.jpg] 이미지 탭을 선택한 후 Ctrl+A를 눌러 이미지 전체를 선택 영역으로 지정한 다음 Ctrl+C를 눌러 이미지를 복사합니다.

② [Untitled-1] 탭을 클릭한 후 Ctrl+V를 눌러 붙여넣기 합니다.

③ Tool Box(도구 상자)에서 ✥[Move Tool(이동 도구)]를 선택한 후 드래그하여 이미지의 위치를 조절합니다.

④ [Filter(필터)]를 클릭한 후 [Filter Gallery(필터 갤러리)]를 클릭합니다.

⑤ [Filter Gallery(필터 갤러리)] 대화상자가 나타나면 [Aristic(예술 효과)]를 클릭한 후 Aristic(예술 효과) 목록이 나타나면 [Sponge(스폰지)]를 클릭한 다음 속성을 지정하고 [OK(확인)] 단추를 클릭합니다.

⑥ 위치가 조절되면 레이어 마스크를 지정하기 위해 [Layers(레이어)] 패널에서 ⬚[Add layer mask(레이어 마스크)]를 클릭합니다.

⑦ Tool Box(도구 상자)에서 ⬚[Gradient Tool(그라디언트 도구)]를 선택합니다.

⑧ 아래에서 위쪽으로 드래그합니다.

STEP 05   이미지 복사 및 레이어 스타일 적용하기

① [1급-14.jpg] 탭을 클릭한 후 Tool Box(도구 상자)에서 [Magnetic Lasso Tool(자석 올가미 도구)]를 선택합니다.

② 잎을 선택 영역으로 지정한 다음 Ctrl+C를 눌러 이미지를 복사합니다.

③ [Untitled-1] 탭을 클릭한 후 Ctrl+V를 눌러 붙여넣기 합니다.

④ [Edit(편집)]을 클릭한 후 [Free Transform(자유 변형)]을 클릭합니다.

⑤ 크기 조절점의 모서리 부분에 마우스 포인터를 위치시킨 후 모양으로 변경되면 드래그하여 회전시킨 다음 Enter를 누릅니다.

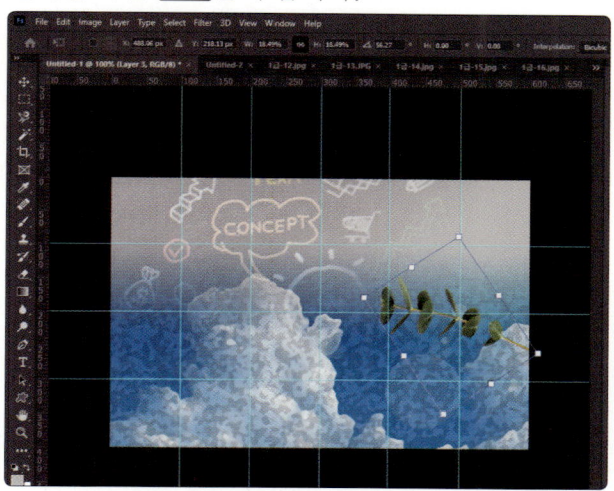

⑥ [Layers(레이어)] 패널에서 [Layer 8(레이어 8)] 레이어를 선택한 후 [Add a layer style(레이어 스타일 추가)]를 클릭한 후 [Bevel & Emboss(경사와 엠보스)]를 클릭합니다.

⑦ [Layer Style(레이어 스타일)] 대화상자의 [Bevel & Emboss(경사와 엠보스)] 스타일이 나타나면 속성을 지정한 후 [Drop Shadow(그림자 효과)]를 클릭합니다.

⑧ [Layer Style(레이어 스타일)] 대화상자의 [Drop Shadow(그림자 효과)] 스타일이 나타나면 속성을 지정한 후 [OK(확인)] 단추를 클릭합니다.

STEP 06   이미지 복사 및 레이어 스타일 적용하기

① [1급-15.jpg] 탭을 클릭한 후 Tool Box(도구 상자)에서 [Magic Wand Tool(자동 선택 도구)]를 선택한 다음 옵션 바에서 Tolerance(허용치)에 '10'을 입력합니다.

② 배경 부분을 클릭하여 선택 영역을 지정합니다.

③ 옵션 바에서 [Add to selection(선택 영역에 추가)]를 선택한 후 추가하고자 하는 부분을 클릭하여 선택 영역을 추가로 지정합니다.

④ 선택 영역을 반전하기 위해 [Select(선택)]을 클릭한 후 [Inverse(반전)]을 클릭합니다.

⑤ 선택 영역이 반전되면 Ctrl+C를 눌러 이미지를 복사한 후 [Untitled-1] 탭을 클릭한 다음 Ctrl+V를 눌러 붙여넣기 합니다.

⑥ 이미지의 크기를 조절하기 위해 [Edit(편집)]을 클릭한 후 [Free Transform(자유 변형)]을 클릭합니다.

⑦ 크기 조절점이 나타나면 조절점을 드래그하여 크기를 조절한 후 Enter를 누릅니다.

⑧ [Layers(레이어)] 패널에서 [Add a layer style(레이어 스타일 추가)]를 클릭한 후 [Outer Glow(외부 광선)]을 클릭합니다.

⑨ [Layer Style(레이어 스타일)] 대화상자의 [Outer Glow(외부 광선)] 스타일이 나타나면 속성을 지정한 후 [Drop Shadow(그림자 효과)]를 클릭합니다.

⑩ [Layer Style(레이어 스타일)] 대화상자의 [Drop Shadow(그림자 효과)] 스타일이 나타나면 속성을 지정한 후 [OK(확인)] 단추를 클릭합니다.

STEP 07   이미지 복사, 색상 보정, 레이어 스타일

① [1급-16.jpg] 탭을 클릭한 후 Tool Box(도구 상자)에서 [Magnetic Lasso Tool(자석 올가미 도구)]를 선택한 다음 글자 를 선택 영역으로 지정합니다.

② 글자가 선택 영역으로 지정되면 Ctrl+C를 눌러 선택 영역의 이미지를 복사합니다.

③ [Untitled-1] 탭을 클릭한 후 Ctrl+V를 눌러 붙여넣기 합니다.

④ 크기를 조절하기 위해 [Edit(편집)]을 클릭한 후 [Free Transform(자유 변형)]을 클릭합니다.

⑤ 크기 조절점이 나타나면 조절점을 드래그하여 크기 및 위치를 조절합니다.

⑥ [Magnetic Lasso Tool(자석 올가미 도구)]가 선택된 상태에서 옵션 바에서 [Add to selection(선택 영역에 추가)]를 선택한 후 'S'와 'O'를 선택 영역으로 지정합니다.

⑦ [Layers(레이어)] 패널에서 [Create new fill or adjustment layer(새 칠 또는 조정 레이어)]을 클릭한 후 [Hue/Saturation(색조/채도)]를 클릭합니다.

⑧ [Hue/Saturation 1(색조/채도 1)] 레이어가 추가되면 [Properties(속성)] 패널에서 [Colorize(색상화)]를 선택한 후 Hue(색조)와 Saturation(채도), Lightness(명도)를 조절하여 빨간색 계열로 보정합니다.

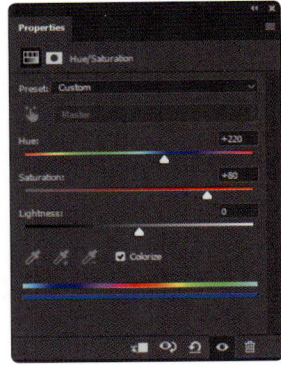

⑨ [Layers(레이어)] 패널에서 [Layer 5(레이어 5)] 레이어를 선택한 후 [Add a layer style(레이어 스타일 추가)]를 클릭한 후 [Bevel & Emboss(경사와 엠보스)]를 클릭합니다.

⑩ [Layer Style(레이어 스타일)] 대화상자의 [Bevel & Emboss(경사와 엠보스)] 스타일이 나타나면 속성을 지정한 후 [OK(확인)] 단추를 클릭합니다.

STEP 08   이미지 복사하기

① [1급-17.jpg] 탭을 클릭한 후 Tool Box(도구 상자)에서 [Magnetic Lasso Tool(자석 올가미 도구)]를 선택합니다.

② 태블릿 및 손을 선택 영역으로 지정한 다음 Ctrl+C를 눌러 이미지를 복사합니다.

③ [Untitled-1] 탭을 클릭한 후 [Layers(레이어)] 패널에서 [Layer 2(레이어 2)] 레이어를 선택한 다음 Ctrl+V를 눌러 붙여넣기 합니다.

④ 이미지의 방향을 바꾸기 위해 [Edit(편집)]을 클릭한 후 [Transform(변형)]-[Rotate 180°(180도 회전)]을 클릭합니다.

⑤ 이미지가 180° 회전하면 [Edit(편집)]을 클릭한 후 [Free Transform(자유 변형)]을 클릭합니다.

⑥ 이미지의 크기를 조절하기 위해 [Edit(편집)]을 클릭한 후 [Free Transform(자유 변형)]을 클릭합니다.

⑦ 크기 조절점이 나타나면 조절점을 드래그하여 크기 및 위치를 조절한 후 Enter를 누릅니다.

STEP 09 패스 작성 및 패턴 지정하기

① 레이어를 추가하기 위해 [Layers(레이어)] 패널에서 [Create a new layer(새 레이어 만들기)]를 클릭합니다.

② Tool Box(도구상자)에서 [Pen Tool(펜 도구)]를 선택한 후 옵션 바에서 [Path(패스)]를 선택합니다.

③ 패스를 삽입하고자 하는 첫 번째 위치를 클릭합니다.

④ 두 번째, 세 번째 위치 등을 클릭하여 패스를 작성합니다.

⑤ Tool Box(도구상자)에서 [Convert Point Tool(기준점 변환 도구)]를 선택한 후 기준점을 드래그하여 곡선을 만듭니다.

⑥ 패스 작성이 완료되면 Tool Box(도구 상자)에서 [Set foreground color(전경색 설정)]을 클릭합니다.

⑦ [Color Picker(Foreground Color)(색상 피커(전경색))] 대화상자가 나타나면 색상(ffcc99)을 입력한 후 [OK(확인)] 단추를 클릭합니다.

⑧ [Paths(패스)] 패널에서 Ctrl를 누른 상태에서 [Path thumbnail(패스 축소판)]을 클릭합니다.

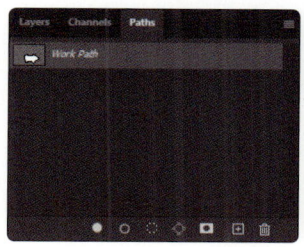 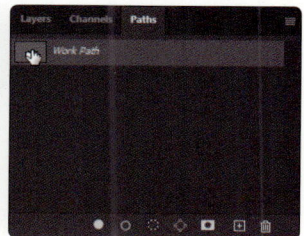

⑨ [Layers(레이어)] 패널을 [Layer 6(레이어 6)] 레이어를 선택한 후 [Create a new layer(새 레이어 만들기)]를 클릭합니다.

⑩ 레이어가 추가되면 Alt+Delete를 눌러 전경색을 칠합니다.

⑪ [Layers(레이어)] 패널에서 fx[Add a layer style(레이어 스타일 추가)]를 클릭한 후 [Drop Shadow(그림자 효과)]를 클릭합니다.

⑫ [Layer Style(레이어 스타일)] 대화상자 [Drop Shadow(그림자 효과)] 스타일이 나타나면 속성을 지정한 후 [OK(확인)] 단추를 클릭합니다.

⑬ [Layers(레이어)] 패널에서 [Create a new layer(새 레이어 만들기)]를 클릭합니다.

⑭ 레이어가 추가되면 [Edit(편집)]을 클릭한 후 [Fill(칠)]을 클릭합니다.

⑮ [Fill(칠)] 대화상자가 나타나면 Contents(내용)의 [목록] 단추를 클릭한 후 Pattern(패턴)을 선택합니다.

⑯ [Custom Pattern(사용자 정의 패턴)]의 [목록] 단추를 클릭한 후 정의한 패턴을 더블클릭한 다음 [OK(확인)] 단추를 클릭합니다.

⑰ [Layer(레이어)]를 클릭한 후 [Create Clipping Mask(클리핑 마스크 만들기)]를 클릭합니다.

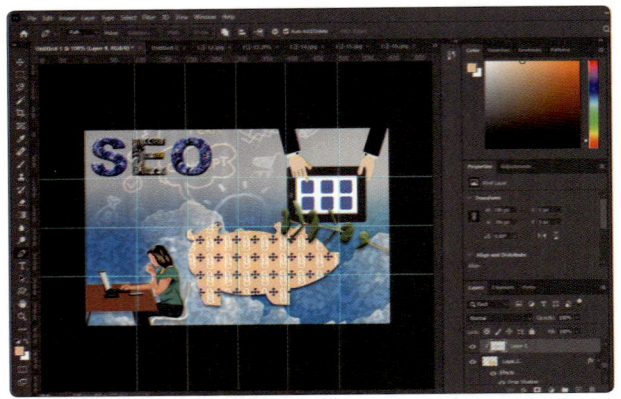

STEP 10 패스 및 레이어 스타일 적용하기

① [Paths(패스)] 패널에서 [Create a new path(새 패스)]를 클릭합니다.

② 패스를 삽입하고자 하는 위치를 클릭하여 패스를 작성합니다.

③ [Paths(패스)] 패널에서 Ctrl를 누른 상태에서 [Path thumbnail(패스 축소판)]을 클릭합니다.

④ [Layers(레이어)] 패널에서 [Create a new layer(새 레이어 만들기)]를 클릭합니다.

⑤ 레이어가 추가되면 Alt+Delete를 눌러 전경색을 칠합니다.

⑥ [Layers(레이어)] 패널에서 [Add a layer style(레이어 스타일 추가)]를 클릭한 후 [Gradient Overlay(그라디언트 오버레이)]를 클릭합니다.

⑦ [Layer Style(레이어 스타일)] 대화상자의 [Gradient Overlay(그라디언트 오버레이)] 스타일이 나타나면 [Gradient(그라디언트)]를 클릭합니다.

⑧ [Gradient Editor(그라디언트 편집기)] 대화상자가 나타나면 왼쪽 Color Stop(색상 정지점)을 더블클릭합니다.

⑨ [Color Picker(Stop Color)(색상 피커(정지 색상))] 대화상자가 나타나면 색상(33cccc)을 입력한 후 [OK(확인)] 단추를 클릭합니다.

⑩ [Gradient Editor(그라디언트 편집기)] 대화상자가 다시 나타나면 오른쪽 Color Stop(색상 정지점)을 더블클릭합니다.

⑪ [Color Picker(Stop Color)(색상 피커(정지 색상))] 대화상자가 나타나면 색상(ffffff)을 입력한 후 [OK(확인)] 단추를 클릭합니다.

⑫ [Gradient Editor(그라디언트 편집기)] 대화상자가 다시 나타나면 [OK(확인)] 단추를 클릭합니다.

⑬ [Layer Style(레이어 스타일)] 대화상자가 다시 나타나면 Angle(각도)에 '180'을 입력한 후 [Drop Shadow(그림자 효과)] 스타일을 클릭합니다.

⑭ [Layer Style(레이어 스타일)] 대화상자의 [Drop Shadow(그림자 효과)] 스타일이 나타나면 속성을 지정한 후 [OK(확인)] 단추를 클릭합니다.

STEP 11 백열 전구 모양 도형 작성하기

① Tool Box(도구상자)에서 [Custom Shape Tool(사용자 정의 모양 도구)]를 선택한 후 옵션 바에서 [Click to open Custom shape picker(사용자 정의 모양 피커)]의 [목록] 단추를 클릭합니다.

② 목록이 나타나면 [Legacy Shapes and More(레거시 모양 및 기타)]의 [목록] 단추를 클릭한 후 [All Legacy Default Shapes(모든 레거시 기본 모양)]의 [목록] 단추를 클릭한 다음 [Objects(물건)]의 [목록] 단추를 클릭하고 [Light Bulb 1(백열 전구 1)]을 클릭합니다.

③ 백열 전구 모양 도형을 삽입하고자 하는 위치에 드래그하여 삽입합니다.

④ [Layers(레이어)] 패널에서 [Add a layer style(레이어 스타일 추가)]를 클릭한 후 [Gradient Overlay(그라디언트 오버레이)]를 클릭합니다.

⑤ [Layer Style(레이어 스타일)] 대화상자의 [Gradient Overlay(그라디언트 오버레이)] 스타일이 나타나면 [Gradient(그라디언트)]를 클릭합니다.

⑥ [Gradient Editor(그라디언트 편집기)] 대화상자가 나타나면 왼쪽 Color Stop(색상 정지점)을 더블클릭합니다.

⑦ [Color Picker(Stop Color)(색상 피커(정지 색상))] 대화상자가 나타나면 색상(993333)을 입력한 후 [OK(확인)] 단추를 클릭합니다.

⑧ [Gradient Editor(그라디언트 편집기)] 대화상자가 다시 나타나면 오른쪽 Color Stop(색상 정지점)을 더블클릭합니다.

⑨ [Color Picker(Stop Color)(색상 피커(정지 색상))] 대화상자가 나타나면 색상(ffff99)을 입력한 후 [OK(확인)] 단추를 클릭합니다.

⑩ [Gradient Editor(그라디언트 편집기)] 대화상자가 다시 나타나면 [OK(확인)] 단추를 클릭합니다.

⑪ [Layer Style(레이어 스타일)] 대화상자가 다시 나타나면 [Drop Shadow(그림자 효과)] 스타일을 클릭합니다.

⑫ [Layer Style(레이어 스타일)] 대화상자의 [Drop Shadow(그림자 효과)] 스타일이 나타나면 속성을 지정한 후 [OK(확인)] 단추를 클릭합니다.

STEP 12 볼륨 모양 도형 작성하기

① Tool Box(도구상자)에서 [Custom Shape Tool(사용자 정의 모양 도구)]를 선택한 후 옵션 바에서 [Click to open Custom shape picker(사용자 정의 모양 피커)]의 [목록] 단추를 클릭합니다.

② 목록이 나타나면 [Legacy Shapes and More(레거시 모양 및 기타)]의 [목록] 단추를 클릭한 후 [All Legacy Default Shapes(모든 레거시 기본 모양)]의 [목록] 단추를 클릭한 다음 [Web(웹)]의 [목록] 단추를 클릭하고 [Volume(볼륨)]을 클릭합니다.

③ 볼륨 모양 도형을 삽입하고자 하는 위치에 드래그하여 삽입합니다.

④ Tool Box(도구 상자)에서 [Set foreground color(전경색 설정)]을 클릭합니다.

⑤ [Color Picker(Foreground Color)(색상 피커(전경색))] 대화상자가 나타나면 색상(ffff00)을 입력한 후 [OK(확인)] 단추를 클릭합니다.

⑥ [Layers(레이어)] 패널에서 [Add a layer style(레이어 스타일 추가)]를 클릭한 후 [Drop Shadow(그림자 효과)]를 클릭합니다.

⑦ [Layer Style(레이어 스타일)] 대화상자의 [Drop Shadow(그림자 효과)] 스타일이 나타나면 속성을 지정한 후 [OK(확인)] 단추를 클릭합니다.

⑧ [Layers(레이어)] 패널에서 Opacity(불투명도)에 '80%'를 입력합니다.

STEP 13 도장 모양 도형 작성하기

① Tool Box(도구상자)에서 [Custom Shape Tool(사용자 정의 모양 도구)]를 선택한 후 옵션 바에서 [Click to open Custom shape picker(사용자 정의 모양 피커)]의 [목록] 단추를 클릭합니다.

② 목록이 나타나면 [Legacy Shapes and More(레거시 모양 및 기타)]의 [목록] 단추를 클릭한 후 [All Legacy Default Shapes(모든 레거시 기본 모양)]의 [목록] 단추를 클릭한 다음 [Objects(물건)]의 [목록] 단추를 클릭하고 [Stamp 1(도장 1)]을 클릭합니다.

③ 도장 모양 도형을 삽입하고자 하는 위치에 드래그하여 삽입합니다.

④ [Layers(레이어)] 패널에서 fx[Add a layer style(레이어 스타일 추가)]를 클릭한 후 [Gradient Overlay(그라디언트 오버레이)]를 클릭합니다.

⑤ [Layer Style(레이어 스타일)] 대화상자의 [Gradient Overlay(그라디언트 오버레이)] 스타일이 나타나면 ▭[Gradient(그라디언트)]를 클릭합니다.

⑥ [Gradient Editor(그라디언트 편집기)] 대화상자가 나타나면 왼쪽 Color Stop(색상 정지점)을 더블클릭합니다.

⑦ [Color Picker(Stop Color)(색상 피커(정지 색상))] 대화상자가 나타나면 색상(996699)을 입력한 후 [OK(확인)] 단추를 클릭합니다.

⑧ [Gradient Editor(그라디언트 편집기)] 대화상자가 다시 나타나면 오른쪽 Color Stop(색상 정지점)을 더블클릭합니다.

⑨ [Color Picker(Stop Color)(색상 피커(정지 색상))] 대화상자가 나타나면 색상(ffffff)을 입력한 후 [OK(확인)] 단추를 클릭합니다.

⑩ [Gradient Editor(그라디언트 편집기)] 대화상자가 다시 나타나면 [OK(확인)] 단추를 클릭합니다.

⑪ [Layer Style(레이어 스타일)] 대화상자가 다시 나타나면 [Stroke(선)] 스타일을 클릭합니다.

⑫ [Layer Style(레이어 스타일)] 대화상자의 [Stroke(선)] 스타일이 나타나면 크기(2)를 입력한 후 Color(색상)을 클릭합니다.

⑬ [Color Picker(Stroke Color)(색상 피커(선 색상))] 대화상자가 나타나면 색상(996699)을 입력한 후 [OK(확인)] 단추를 클릭합니다.

⑭ [Layer Style(레이어 스타일)] 대화상자가 다시 나타나면 [OK(확인)] 단추를 클릭합니다.

⑮ [Layers(레이어)] 패널에서 [Stamp 1 1(도장 1 1)] 레이어를 ▣[Create a new layer(새 레이어 만들기)]로 드래그하여 복사합니다.

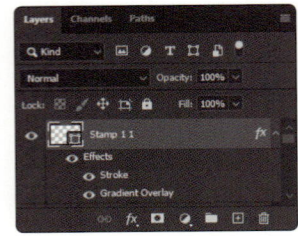 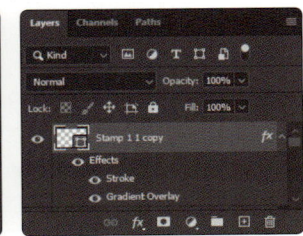

⑯ 같은 방법으로 레이어를 하나 더 추가합니다. 면 다음과 같이 패스를 작성합니다.

⑰ [Layers(레이어)] 패널에서 [Stamp 1 1 copy(도장 1 1 사본)] 레이어를 선택한 후 Tool Box(도구 상자)에서 ✥[Move Tool(이동 도구)]를 선택한 다음 드래그하여 위치를 이동합니다.

⑱ [Layers(레이어)] 패널에서 [Stamp 1 1 copy 2(도장 1 1 사본 2)] 레이어를 선택한 후 드래그하여 위치를 이동합니다.

⑲ [Layers(레이어)] 패널에서 [Stamp 1 1 copy(도장 1 1 사본)] 레이어를 선택한 후 [Effects(효과)]-[Gradient Overlay(그라디언트 오버레이)]를 더블클릭합니다.

⑳ [Layer Style(레이어 스타일)] 대화상자의 [Gradient Overlay(그라디언트 오버레이)] 스타일이 나타나면 [Gradient(그라디언트)]를 클릭합니다.

㉑ [Gradient Editor(그라디언트 편집기)] 대화상자가 나타나면 왼쪽 Color Stop(색상 정지점)을 더블클릭합니다.

㉒ [Color Picker(Stop Color)(색상 피커(정지 색상))] 대화상자가 나타나면 색상(ff9900)을 입력한 후 [OK(확인)] 단추를 클릭합니다.

㉓ [Layer Style(레이어 스타일)] 대화상자가 다시 나타나면 [Stroke(선)] 스타일을 클릭합니다.

㉔ [Layer Style(레이어 스타일)] 대화상자의 [Stroke(선)] 스타일이 나타나면 Color(색상)을 클릭합니다.

㉕ [Color Picker(Stroke Color)(색상 피커(선 색상))] 대화상자가 나타나면 색상(ff9900)을 입력한 후 [OK(확인)] 단추를 클릭합니다.

㉖ [Layer Style(레이어 스타일)] 대화상자가 다시 나타나면 [OK(확인)] 단추를 클릭합니다.

STEP 14 ①번 텍스트 작성하기

① Tool Box(도구 상자)에서 [Horizontal Type Tool(수평 문자 도구)]를 선택한 후 옵션 바에서 글꼴(굴림)을 선택한 다음 글꼴 크기(35)를 입력합니다.

② 텍스트를 삽입할 위치를 클릭한 후 '소상공인마당'을 입력한 다음 Enter를 누른 다음 '자영업 지원 포털'을 입력한 다음 Ctrl+Enter를 누릅니다.

③ [Layers(레이어)] 패널에서 [Add a layer style(레이어 스타일 추가)]를 클릭한 후 [Gradient Overlay(그라디언트 오버레이)]를 클릭합니다.

④ [Layer Style(레이어 스타일)] 대화상자의 [Gradient Overlay(그라디언트 오버레이)] 스타일이 나타나면 [Gradient(그라디언트)]를 클릭합니다.

⑤ [Gradient Editor(그라디언트 편집기)] 대화상자가 나타나면 왼쪽 Color Stop(색상 정지점)을 더블클릭합니다.

⑥ [Color Picker(Stop Color)(색상 피커(정지 색상))] 대화상자가 나타나면 색상(3300ff)을 입력한 후 [OK(확인)] 단추를 클릭합니다.

⑦ [Gradient Editor(그라디언트 편집기)] 대화상자가 다시 나타나면 오른쪽 Color Stop(색상 정지점)을 더블클릭합니다.

⑧ [Color Picker(Stop Color)(색상 피커(정지 색상))] 대화상자가 나타나면 색상(ff6600)을 입력한 후 [OK(확인)] 단추를 클릭합니다.

⑨ [Gradient Editor(그라디언트 편집기)] 대화상자가 다시 나타나면 [OK(확인)] 단추를 클릭합니다.

⑩ [Layer Style(레이어 스타일)] 대화상자가 다시 나타나면 Reverse(반전)을 선택한 후 Style(Reflected(반사))을 선택한 다음 Angle(각도)에 '0'을 입력합니다. 그런 다음 [Stroke(선)] 스타일을 클릭합니다.

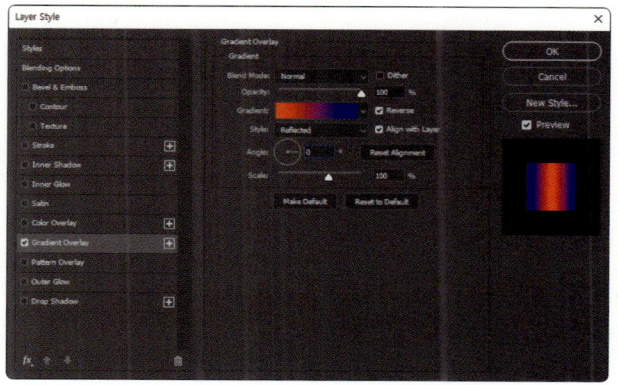

⑪ [Layer Style(레이어 스타일)] 대화상자의 [Stroke(선)] 스타일이 나타나면 크기(2)를 입력한 후 Color(색상)을 클릭합니다.

⑫ [Color Picker(Stroke Color)(색상 피커(선 색상))] 대화상자가 나타나면 색상(ffffff)을 입력한 후 [OK(확인)] 단추를 클릭합니다.

⑬ [Layer Style(레이어 스타일)] 대화상자가 다시 나타나면 [Drop Shadow(그림자 효과)]를 클릭합니다.

⑭ [Layer Style(레이어 스타일)] 대화상자의 [Drop Shadow(그림자 효과)] 스타일이 나타나면 속성을 지정한 후 [OK(확인)] 단추를 클릭합니다.

⑮ [Layer Style(레이어 스타일)] 대화상자가 다시 나타나면 [OK(확인)] 단추를 클릭합니다.

⑯ 텍스트에 변형을 주기 위해 옵션 바에서 [Create warp text(텍스트 변형)]을 클릭합니다.

⑰ [Warp Text(텍스트 변형)] 대화상자가 나타나면 Style(Fish(물고기))를 선택한 후 Bend(구부리기)를 조절한 다음 [OK(확인)] 단추를 클릭합니다.

⑱ 텍스트가 변형되면 Tool Box(도구 상자)에서 [Move Tool(이동 도구)]를 선택한 후 텍스트를 드래그하여 위치를 이동합니다.

STEP 15 ②번 텍스트 작성하기

① [Horizontal Type Tool(수평 문자 도구)]를 선택한 후 텍스트를 입력할 위치를 클릭한 다음 '600만 소상공인과 전통시장의'을 입력하고 Enter를 누릅니다. 그런 다음 '꿈과 희망'을 입력하고 Ctrl+Enter를 누릅니다.

② 텍스트가 입력되면 옵션 바에서 글꼴(궁서), 글꼴 크기(15), 글꼴 색(993300)를 지정합니다.

③ '꿈과 희망'을 드래그하여 블록으로 설정한 후 옵션 바에서 글꼴 크기(27), 글꼴 색(336600)를 지정합니다.

④ [Layers(레이어)] 패널에서 fx [Add a layer style(레이어 스타일 추가)]를 클릭한 후 [Stroke(선)]을 클릭합니다.

⑤ [Layer Style(레이어 스타일)] 대화상자의 [Stroke(선)] 스타일이 나타나면 크기(2)를 입력한 후 Color(색상)을 클릭합니다.

⑥ [Color Picker(Stroke Color)(색상 피커(선 색상))] 대화상자가 나타나면 색상(ffffcc)을 입력한 후 [OK(확인)] 단추를 클릭합니다.

⑦ [Layer Style(레이어 스타일)] 대화상자가 다시 나타나면 [OK(확인)] 단추를 클릭합니다.

⑧ 텍스트에 변형을 주기 위해 옵션 바에서 [Create warp text(텍스트 변형)]을 클릭합니다.

⑨ [Warp Text(텍스트 변형)] 대화상자가 나타나면 Style(Flag(깃발))을 선택한 후 Bend(구부리기)를 조절한 다음 [OK(확인)] 단추를 클릭합니다.

⑩ 텍스트가 변형되면 Tool Box(도구 상자)에서 [Move Tool(이동 도구)]를 선택한 후 텍스트를 드래그하여 위치를 이동합니다.

STEP 16 ③번 텍스트 작성하기

① [Horizontal Type Tool(수평 문자 도구)]를 선택한 후 텍스트를 입력할 위치를 클릭한 다음 'http://wwww.sbiz.or.kr'을 입력하고 Ctrl+Enter를 누릅니다.

② 텍스트가 입력되면 옵션 바에서 글꼴(Times New Roman), 글꼴 스타일(Bold), 글꼴 크기(16), 글꼴 색(330066)를 지정합니다.

③ [Layers(레이어)] 패널에서 [Add a layer style(레이어 스타일 추가)]를 클릭한 후 [Stroke(선)]을 클릭합니다.

④ [Layer Style(레이어 스타일)] 대화상자의 [Stroke(선)] 스타일이 나타나면 크기(2)를 입력한 후 Color(색상)을 클릭합니다.

⑤ [Color Picker(Stroke Color)(색상 피커(선 색상))] 대화상자가 나타나면 색상(ffffff)을 입력한 후 [OK(확인)] 단추를 클릭합니다.

⑥ [Layer Style(레이어 스타일)] 대화상자가 다시 나타나면 [OK(확인)] 단추를 클릭합니다.

STEP 17 ④번 텍스트 작성하기

① [Horizontal Type Tool(수평 문자 도구)]를 선택한 후 텍스트를 입력할 위치를 클릭한 다음 '창업지원'을 입력하고 Ctrl+Enter를 누릅니다.

② 텍스트가 입력되면 옵션 바에서 글꼴(돋움), 글꼴 크기(18), 글꼴 색(000000)를 지정합니다.

③ [Layers(레이어)] 패널에서 [Add a layer style(레이어 스타일 추가)]를 클릭한 후 [Stroke(선)]을 클릭합니다.

④ [Layer Style(레이어 스타일)] 대화상자의 [Stroke(선)] 스타일이 나타나면 크기(2)를 입력한 후 Color(색상)을 클릭합니다.

⑤ [Color Picker(Stroke Color)(색상 피커(선 색상))] 대화상자가 나타나면 색상(ffffff)을 입력한 후 [OK(확인)] 단추를 클릭합니다.

⑥ [Layer Style(레이어 스타일)] 대화상자가 다시 나타나면 [OK(확인)] 단추를 클릭합니다.

⑦ [Layers(레이어)] 패널에서 [창업지원] 레이어를 [Create a new layer(새 레이어 만들기)]로 드래그하여 복사합니다.

⑧ 같은 방법으로 레이어를 추가한 후 Tool Box(도구 상자)에서 [Move Tool(이동 도구)]를 선택한 후 텍스트를 드래그하여 위치를 이동합니다. 그런 다음 텍스트를 수정합니다.

⑨ [Layers(레이어)] 패널에서 [경영성장] 레이어의 [Effects(효과)]-[Stroke(선)]을 더블클릭합니다.

⑩ [Layer Style(레이어 스타일)] 대화상자의 [Stroke(선)] 스타일이 나타나면 Color(색상)을 클릭합니다.

⑪ [Color Picker(Stroke Color)(색상 피커(선 색상))] 대화상자가 나타나면 색상(ff9900)을 입력한 후 [OK(확인)] 단추를 클릭합니다.

⑫ [Layer Style(레이어 스타일)] 대화상자가 다시 나타나면 [OK(확인)] 단추를 클릭합니다.

STEP 18 답안 저장 및 전송하기

① 작성한 답안을 저장하기 위해 [File(파일)]을 클릭한 후 [Save(저장)]을 클릭합니다.

② [Save on your computer or to cloud documents(컴퓨터 또는 클라우드 문서에 저장)] 대화상자가 나타나면 [Save on your computer(내 컴퓨터에 저장)] 단추를 클릭합니다.

③ [다른 이름으로 저장] 대화상자가 나타나면 저장 위치(내 PC₩문서₩GTQ)를 지정한 후 파일 이름(수험번호-성명-문제번호)을 입력한 다음 형식(JPEG (*.JPG;*.JPEG;*.JPE))을 선택하고 [저장] 단추를 클릭합니다.

> **Tip**
> - GTQ 시험에서는 '내 PC₩문서₩GTQ' 폴더에 '수험번호-성명-문제번호'로 저장합니다.
> - 저장 위치 및 파일 이름이 틀릴 경우 답안이 전송되지 않습니다.

④ [JPEG Options(JPEG 옵션)] 대화상자가 나타나면 Quality(품질)을 지정한 후 [OK(확인)] 단추를 클릭합니다.

⑤ PSD 파일로 저장하기 위해 [Image(이미지)]를 클릭한 후 [Image Size(이미지 크기)]를 클릭합니다.

⑥ [Image Size(이미지 크기)] 대화상자가 나타나면 단위(Pixels)를 선택한 후 Width(폭)에 '60'을 입력한 후 [OK(확인)] 단추를 클릭합니다.

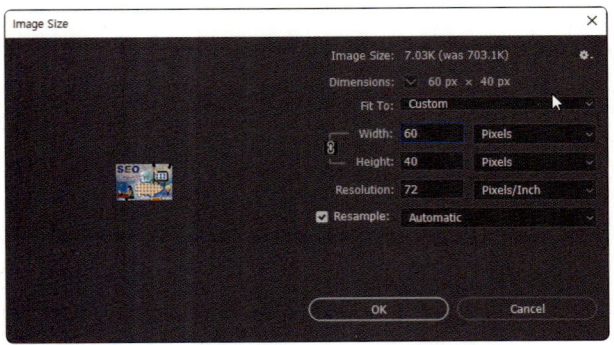

⑦ 작성한 답안을 저장하기 위해 [File(파일)]을 클릭한 후 [Save(저장)]을 클릭합니다.

⑧ [Save on your computer or to cloud documents(컴퓨터 또는 클라우드 문서에 저장)] 대화상자가 나타나면 [Save on your computer(내 컴퓨터에 저장)] 단추를 클릭합니다.

⑨ [다른 이름으로 저장(Save As)] 대화상자가 나타나면 저장 위치(내 PC₩문서₩GTQ)를 지정한 후 파일 이름(수험번호-성명-문제번호)을 입력한 다음 형식(Photoshop (*.PSD;*.PDD;*.PSDT))을 선택하고 [저장] 단추를 클릭합니다.

⑩ [Photoshop Format Options(Photoshop 형식 옵션)] 대화상자가 나타나면 [OK(확인)] 단추를 클릭합니다.

⑪ KOAS 수험자용 프로그램을 선택한 후 [답안 전송] 단추를 클릭합니다.

⑫ [MessageBox] 대화상자가 나타나면 [예] 단추를 클릭합니다.

⑬ [고사실 PC로 답안 파일 보내기] 대화상자가 나타나면 전송할 파일을 선택한 후 [답안전송] 단추를 클릭합니다.

> **Tip**
> 전송하고자 하는 파일의 존재 여부가 '없음'으로 표시되면 파일명 및 저장 위치를 확인합니다.

⑭ [MessageBox] 대화상자가 나타나면 [확인] 단추를 클릭합니다.

⑮ [고사실 PC로 답안 파일 보내기] 대화상자가 다시 나타나면 [닫기] 단추를 클릭합니다.

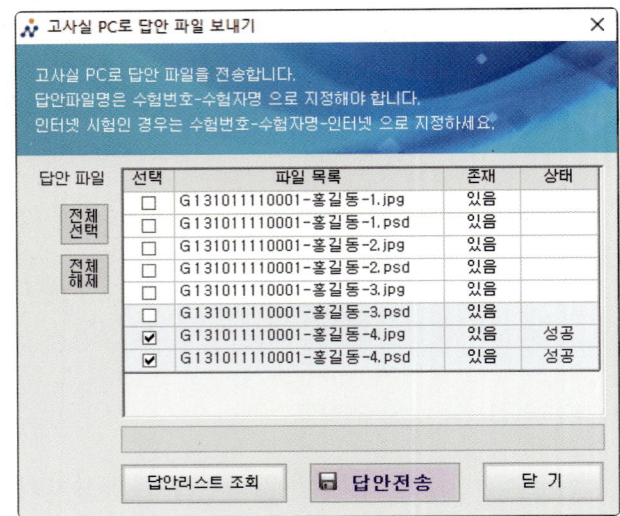

> **Tip**
> 전송한 파일의 상태 여부가 '성공'으로 표시되는지 확인합니다.

제02회 최신기출문제

01 [기능평가] 고급 Tool(도구) 활용

STEP 01 캔버스 생성 및 이미지 복사하기

① 포토샵이 실행되면 새 캔버스를 만들기 위해 [Create new(새로 만들기)] 단추를 클릭합니다.

② [New Document(새로 만들기 문서)] 대화상자가 나타나면 단위(Pixels(픽셀))을 선택한 후 Width(너비)를 '400', Height(높이)를 '500', Resolution(해상도)를 '72'를 입력합니다. 그런 다음 [Create(만들기)] 단추를 클릭합니다.

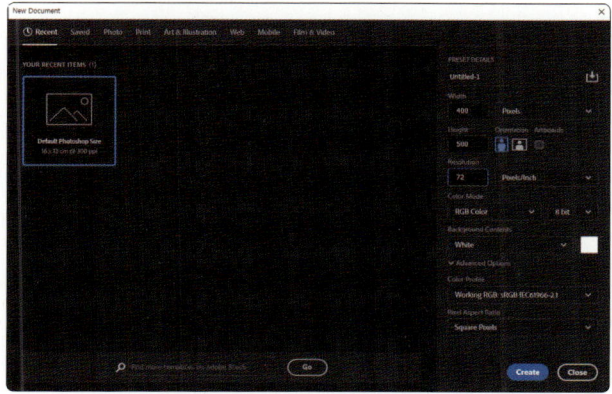

③ 새 캔버스가 만들어지면 눈금자가 표시 되는지 확인한 후 눈금자가 나타나지 않을 경우 [View(보기)]를 클릭한 다음 [Rulers(눈금자)]를 클릭합니다.

④ 눈금자를 드래그하여 Guides(안내선)을 100 pixels(픽셀) 단위로 작성합니다.

⑤ [File(파일)]을 클릭한 후 [Open(열기)]를 클릭합니다.

⑥ [열기] 대화상자가 나타나면 찾는 위치(내 PC₩문서₩GTQ₩Image)를 지정한 후 파일(1급-1 ~ 1급-3)을 선택한 다음 [열기] 단추를 클릭합니다.

⑦ 이미지가 불러와지면 [1급-1.jpg] 탭을 클릭한 후 Ctrl+A를 눌러 이미지 전체를 선택 영역으로 지정합니다.

⑧ 선택 영역이 지정되면 Ctrl+C를 눌러 이미지를 복사합니다.

⑨ [Untitled-1] 탭을 클릭한 후 Ctrl+V를 눌러 붙여넣기 합니다.

⑩ 이미지의 방향을 바꾸기 위해 [Edit(편집)]을 클릭한 후 [Transform(변형)]-[Rotate 90° Clockwise(시계 방향으로 90° 회전)]을 클릭합니다.

⑪ [Edit(편집)]을 클릭한 후 [Free Transform(자유 변형)] 을 클릭합니다.

⑫ 이미지에 크기 조절점이 나타나면 드래그하여 이미지의 크기 및 위치를 조절한 후 Enter를 누릅니다.

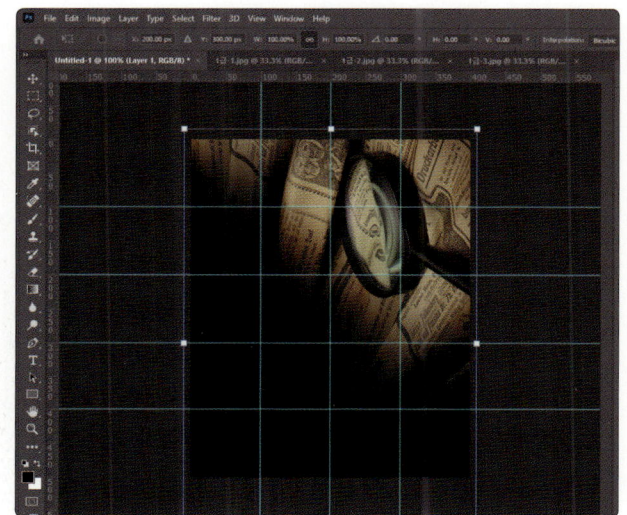

STEP 02 Filter(필터) 적용하기

① [Filter(필터)]를 클릭한 후 [Filter Gallery(필터 갤러리)]를 클릭합니다.

② [Filter Gallery(필터 갤러리)] 대화상자가 나타나면 [Aristic(예술 효과)]를 클릭한 후 Aristic(예술 효과) 목록이 나타나면 [Cutout(오려내기)]를 클릭한 다음 속성을 지정하고 [OK(확인)] 단추를 클릭합니다.

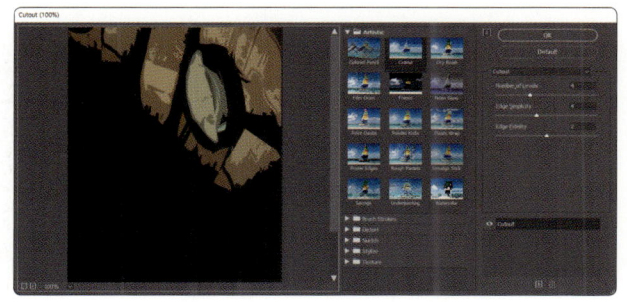

③ 이미지에 Cutout(오려내기) 필터가 적용됩니다.

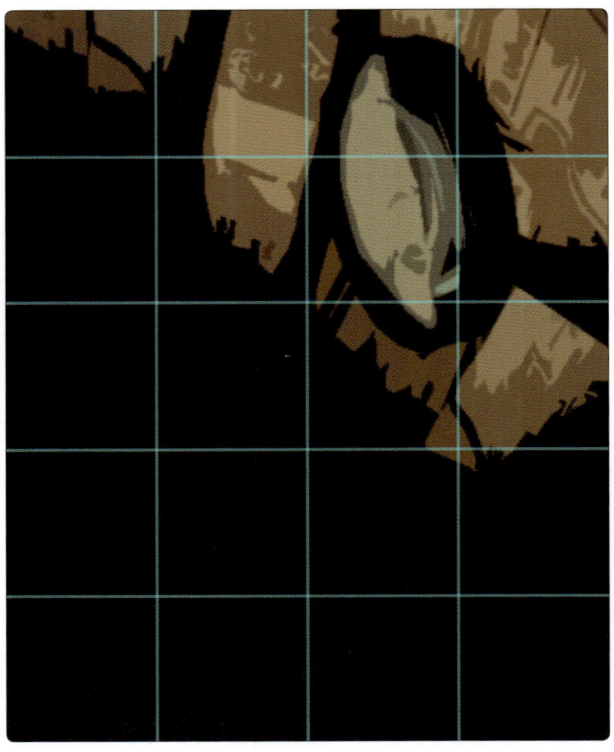

STEP 03   패스 그리기 및 레이어 스타일 적용하기

① Tool Box(도구 상자)에서 [Ellipse Tool(타원 도구)]를 클릭한 후 옵션 바에서 [Paths(패스)]를 선택합니다.

② Ellipse Tool(타원 도구)을 이용하여 다음과 같이 사람의 머리 모양을 그립니다.

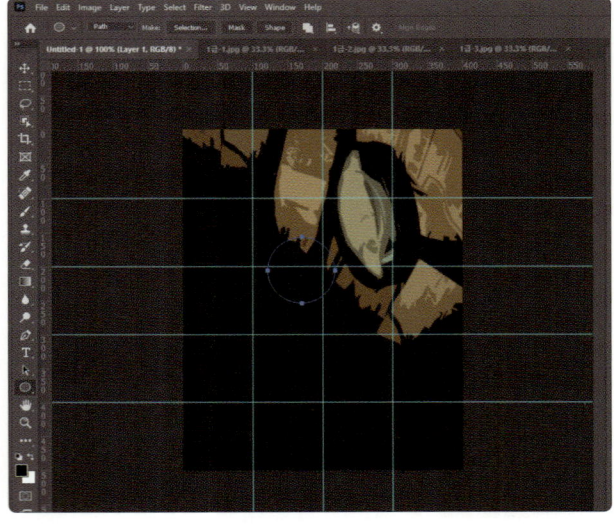

③ Tool Box(도구 상자)에서 [Pen Tool(펜 도구)]를 클릭한 후 옵션 바에서 [Paths(패스)]를 선택합니다.

④ 옵션 바에서 [Combine Shapes(모양 겹침)]을 선택한 후 사람의 몸 모양을 추가로 그립니다.

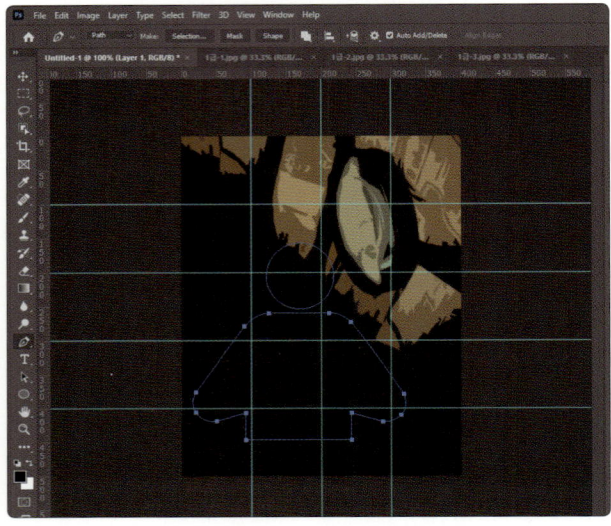

⑤ 옵션 바에서 [Exclude Overlapping Shapes(모양 오버랩 제외)]을 선택한 후 패스 모양을 추가로 그립니다.

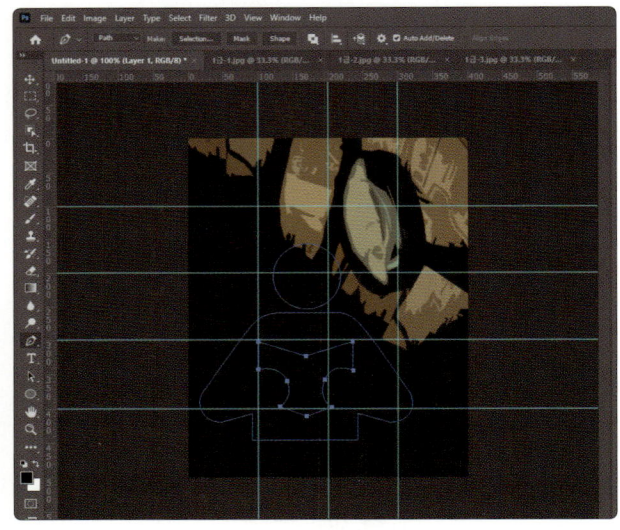

⑥ 패스를 저장하기 위해 [Paths(패스)] 패널을 클릭한 후 [Work Path(작업 패스)] 레이어를 더블 클릭합니다.

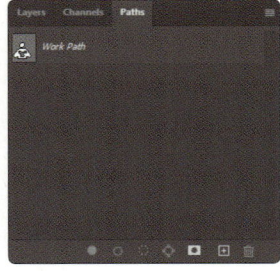

⑦ [Save Path(패스 저장)] 대화상자가 나타나면 이름(책과 사람 모양)을 입력한 후 [OK(확인)] 단추를 클릭합니다.

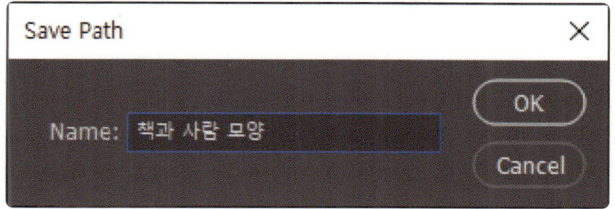

⑧ [Paths(패스)] 패널에서 Ctrl을 누른 상태에서 [Path thumbnail(패스 축소판)]을 클릭하여 패스 모양을 선택 영역으로 지정합니다.

⑨ [Layers(레이어)] 패널을 클릭한 후 ⬜[Create a new layer(새 레이어 만들기)]를 클릭합니다.

⑩ 패스 모양에 맞춰 선택 영역이 지정되면 [Layers(레이어)] 패널을 선택한 후 Alt + Delete 를 눌러 전경색을 칠합니다.

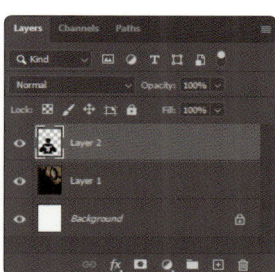

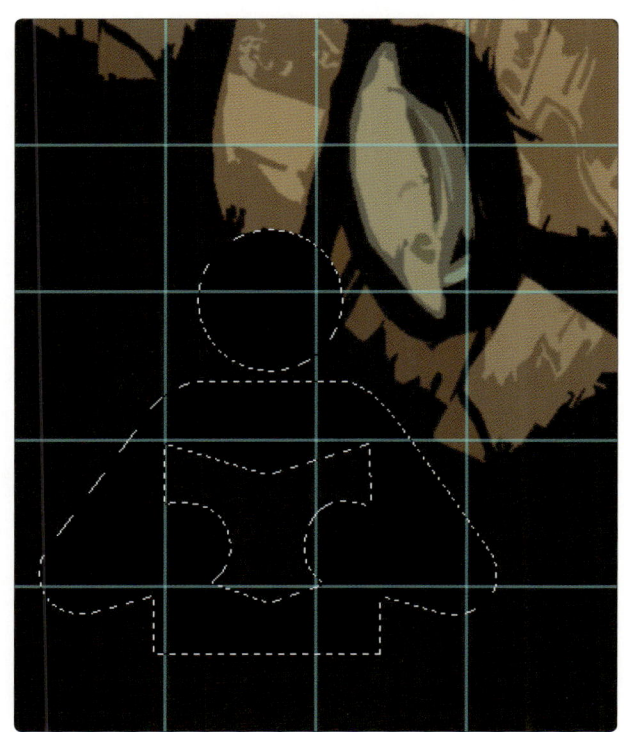

STEP 04 클리핑 마스크 설정 및 레이어 스타일 적용하기

① [1급-2.jpg] 탭을 클릭한 후 Ctrl + A 를 눌러 이미지 전체를 선택 영역으로 지정한 후 Ctrl + C 를 눌러 이미지를 복사합니다.

② [Untitled-1] 탭을 클릭한 후 Ctrl + V 를 눌러 붙여넣기 합니다.

③ [Layer(레이어)]를 클릭한 후 [Create Clipping Mask(클리핑 마스크 만들기)]를 클릭합니다.

④ [Edit(편집)]을 클릭한 후 [Free Transform(자유 변형)]을 클릭합니다.

⑤ 이미지에 크기 조절점이 나타나면 드래그하여 이미지의 크기 및 위치를 조절한 후 Enter 를 누릅니다.

⑥ [Layers(레이어)] 패널에서 [Layer 2(레이어 2)]를 선택한 후 fx[Add a layer style(레이어 스타일 추가)]를 클릭한 다음 [Stroke(선)]을 클릭합니다.

⑦ [Layer Style(레이어 스타일)] 대화상자의 [선(Stroke)] 스타일이 나타나면 크기(4)를 입력한 후 Fill Type(칠 유형)의 ▼[목록] 단추를 클릭한 다음 [Gradient(그라디언트)]를 클릭합니다.

⑧ Fill Type(칠 유형)이 변경되면 [Gradient(그라디언트)]를 클릭합니다.

⑨ [Gradient Editor(그라디언트 편집기)] 대화상자가 나타나면 왼쪽 Color Stop(색상 정지점)을 더블클릭합니다.

⑩ [Color Picker(Stop Color)(색상 피커(정지 색상))] 대화상자가 나타나면 색상(ff0033)을 입력한 후 [OK(확인)] 단추를 클릭합니다.

⑪ [Gradient Editor(그라디언트 편집기)] 대화상자가 다시 나타나면 오른쪽 Color Stop(색상 정지점)을 더블클릭합니다.

⑫ [Color Picker(Stop Color)(색상 피커(정지 색상))] 대화상자가 나타나면 색상(ffff00)을 입력한 후 [OK(확인)] 단추를 클릭합니다.

⑬ [Gradient Editor(그라디언트 편집기)] 대화상자가 다시 나타나면 [OK(확인)] 단추를 클릭합니다.

⑭ [Layer Style(레이어 스타일)] 대화상자가 다시 나타나면 Angle(각도)에 '-90'을 입력한 후 [Inner Shadow(내부 그림자)] 스타일을 클릭합니다.

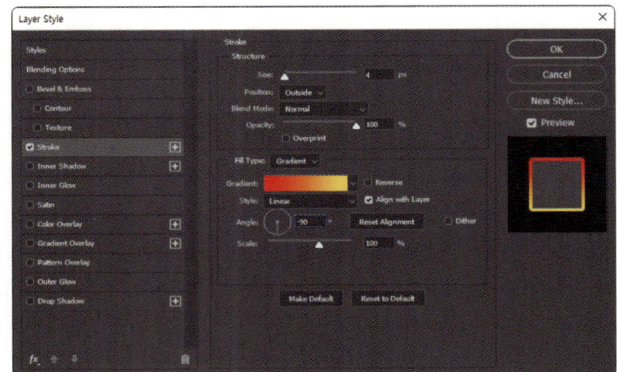

⑮ [Layer Style(레이어 스타일)] 대화상자의 [Inner Shadow(내부 그림자)] 스타일이 나타나면 속성을 지정한 후 [OK(확인)] 단추를 클릭합니다.

02 [기능평가] 사진편집 응용

STEP 01 캔버스 생성 및 이미지 복사하기

① [문제1]에서 작성한 파일을 모두 닫은 후 [Home] 화면에서 [Create new(새로 만들기)] 단추를 클릭합니다.

② [New Document(새로 만들기 문서)] 대화상자가 나타나면 Width(너비)를 '400', Height(높이)를 '500', Resolution(해상도)를 '72'를 입력합니다. 그런 다음 [Create(만들기)] 단추를 클릭합니다.

③ 눈금자를 드래그하여 Guides(안내선)을 100 픽셀 단위로 그립니다.

④ [문제 2]에서 사용할 이미지를 불러오기 위해 [File(파일)]을 클릭한 후 [Open(열기)]를 클릭합니다.

⑤ [열기] 대화상자가 나타나면 찾는 위치(내 PC₩문서₩GTQ₩Image)를 지정한 후 파일(1급-4 ~ 1급-6)을 선택한 다음 [열기] 단추를 클릭합니다.

⑥ 이미지가 불러와지면 [1급-4.jpg] 탭을 선택한 후 Ctrl+A를 눌러 이미지 전체를 선택 영역으로 지정한 다음 Ctrl+C를 눌러 이미지를 복사합니다.

⑦ [Untitled-1] 탭을 클릭한 후 Ctrl+V를 눌러 붙여넣기 합니다.

⑧ 이미지를 좌우 대칭시키기 위해 [Edit(편집)]을 클릭한 후 [Transform(변형)]-[Flip Horizontal(가로로 뒤집기)]를 클릭합니다.

⑨ 이미지가 좌우 대칭되면 크기를 조절하기 위해 [Edit(편집)]을 클릭한 후 [Free Transform(자유 변형)]을 클릭합니다.

⑩ 크기 조절점이 나타나면 조절점을 드래그하여 크기 및 위치를 조절한 후 Enter를 누릅니다.

STEP 02 필터 적용하기

① [Filter(필터)]를 클릭한 후 [Filter Gallery(필터 갤러리)]를 클릭합니다.

② [Filter Gallery(필터 갤러리)] 대화상자가 나타나면 [Texture(텍스처)]을 클릭한 후 Texture(텍스처) 목록이 나타나면 [Texturizer(텍스처화)]를 클릭한 다음 속성을 지정하고 [OK(확인)] 단추를 클릭합니다.

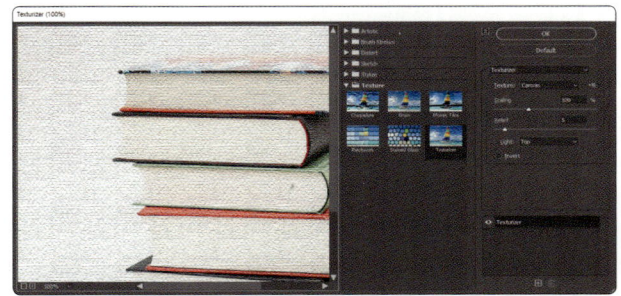

STEP 03 ①번 텍스트 작성하기

① Tool Box(도구 상자)에서 [Horizontal Type Tool(수평 문자 도구)]를 선택한 후 옵션 바에서 글꼴(Times New Roman), 글꼴 스타일(Bold)을 선택한 다음 글꼴 크기(60)를 입력합니다.

② 텍스트를 삽입할 위치를 클릭한 후 'Best Seller'를 입력한 다음 Ctrl+Enter를 누릅니다.

③ [Layers(레이어)] 패널에서 [Add a layer style(레이어 스타일 추가)]를 클릭한 후 [Gradient Overlay(그라디언트 오버레이)]를 클릭합니다.

④ [Layer Style(레이어 스타일)] 대화상자의 [Gradient Overlay(그라디언트 오버레이)] 스타일이 나타나면 [Gradient(그라디언트)]를 클릭합니다.

⑤ [Gradient Editor(그라디언트 편집기)] 대화상자가 나타나면 왼쪽 Color Stop(색상 정지점)을 더블클릭합니다.

⑥ [Color Picker(Stop Color)(색상 피커(정지 색상))] 대화상자가 나타나면 색상(ff33ff)을 입력한 후 [OK(확인)] 단추를 클릭합니다.

⑦ [Gradient Editor(그라디언트 편집기)] 대화상자가 다시 나타나면 가운데 부분을 클릭하여 Color Stop(색상 정지점)을 추가합니다. 그런 다음 가운데 Color Stop(색상 정지점)을 더블클릭합니다.

⑧ [Color Picker(Stop Color)(색상 피커(정지 색상))] 대화상자가 나타나면 색상(000033)을 입력한 후 [OK(확인)] 단추를 클릭합니다.

⑨ [Gradient Editor(그라디언트 편집기)] 대화상자가 다시 나타나면 오른쪽 Color Stop(색상 정지점)을 더블클릭합니다.

⑩ [Color Picker(Stop Color)(색상 피커(정지 색상))] 대화상자가 나타나면 색상(66ff00)을 입력한 후 [OK(확인)] 단추를 클릭합니다.

⑪ [Gradient Editor(그라디언트 편집기)] 대화상자가 다시 나타나면 [OK(확인)] 단추를 클릭합니다.

⑫ [Layer Style(레이어 스타일)] 대화상자가 다시 나타나면 Angle(각도)에 '0'을 입력합니다. 그런 다음 [Drop Shadow(그림자 효과)]를 클릭합니다.

⑬ [Layer Style(레이어 스타일)] 대화상자의 [Drop Shadow(그림자 효과)] 스타일이 나타나면 속성을 지정한 후 [OK(확인)] 단추를 클릭합니다.

⑭ 텍스트에 변형을 주기 위해 옵션 바에서 [Create warp text(텍스트 변형)]을 클릭합니다.

⑮ [Warp Text(텍스트 변형)] 대화상자가 나타나면 Style(Bulge(돌출))을 선택한 후 Bend(구부리기) 및 Vertical Distortion(세로 왜곡) 조절한 다음 [OK(확인)] 단추를 클릭합니다.

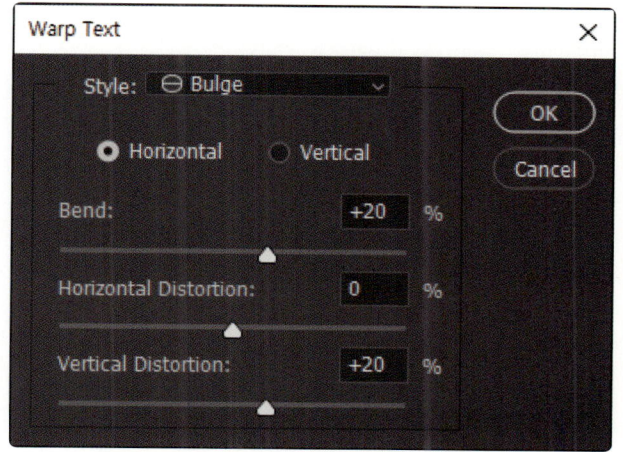

⑯ 텍스트가 변형되면 Tool Box(도구 상자)에서 [Move Tool(이동 도구)]를 선택한 후 텍스트를 드래그하여 위치를 이동합니다.

03 [실무응용] 포스터 제작

STEP 01 이미지 복사 및 필터 적용하기

① [1급-9.jpg] 탭을 선택한 후 Ctrl+A를 눌러 이미지 전체를 선택 영역으로 지정한 다음 Ctrl+C를 눌러 이미지를 복사합니다.

② [Untitled-1] 탭을 클릭 후 Ctrl+V를 눌러 붙여넣기 합니다.

③ 이미지의 크기를 조절하기 위해 [Edit(편집)]을 클릭한 후 [Free Transform(자유 변형)]을 클릭합니다.

④ 크기 조절점이 나타나면 조절점을 드래그하여 이미지를 조절한 후 Enter를 누릅니다.

⑤ [Filter(필터)]를 클릭한 후 [Filter Gallery(필터 갤러리)]를 클릭합니다.

⑥ [Filter Gallery(필터 갤러리)] 대화상자가 나타나면 [Texture(텍스처)]을 클릭한 후 Texture(텍스처) 목록이 나타나면 [Texturizer(텍스처화)]를 클릭한 다음 속성을 지정하고 [OK(확인)] 단추를 클릭합니다.

STEP 02 색상 보정 및 레이어 스타일 적용하기

① [1급-10.jpg] 탭을 클릭한 후 Tool Box(도구 상자)에서 [Magic Wand Tool(자동 선택 도구)]를 선택한 다음 옵션 바에서 Tolerance(허용치)에 '30'을 입력합니다.

② 빨간색 계열 모양 부분을 클릭하여 선택 영역을 지정합니다.

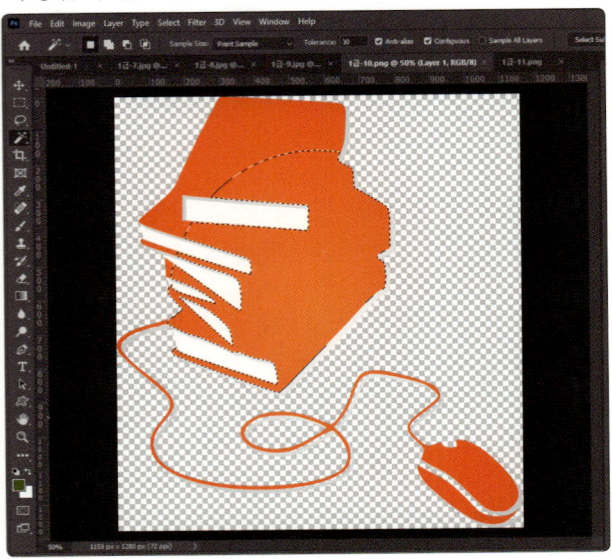

③ 옵션 바에서 [Add to selection(선택 영역에 추가)]를 선택한 후 추가하고자 하는 부분을 클릭하여 선택 영역을 추가로 지정합니다.

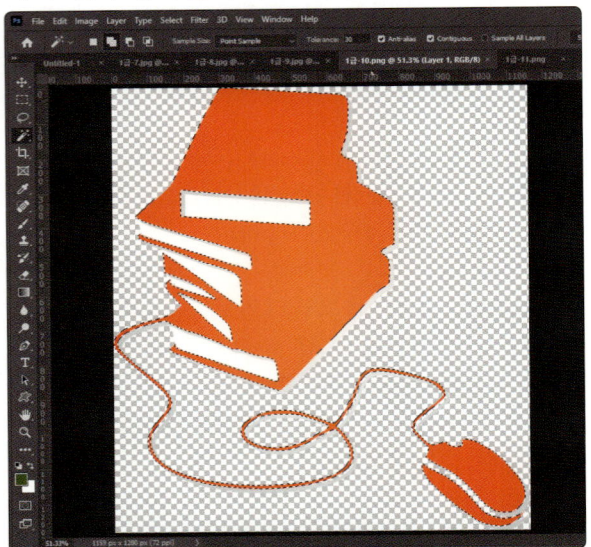

④ 선택 영역이 지정되면 Ctrl+C를 눌러 이미지를 복사합니다.

⑤ [Untitled-1] 탭을 클릭한 후 [Layers(레이어)] 패널에서 [Layer 2(레이어 2)] 레이어를 선택한 후 Ctrl+V를 눌러 붙여넣기 합니다.

⑥ 이미지의 크기를 조절하기 위해 [Edit(편집)]을 클릭한 후 [Free Transform(자유 변형)]을 클릭합니다.

⑦ 크기 조절점이 나타나면 조절점을 드래그하여 크기를 조절한 후 Enter를 누릅니다.

⑧ Tool Box(도구 상자)에서 [Magnetic Lasso Tool(자석 올가미 도구)]를 선택한 다음 마우스와 줄 부분을 선택 영역으로 지정합니다.

⑨ [Layers(레이어)] 패널에서 [Create new fill or adjustment layer(새 칠 또는 조정 레이어)]을 클릭한 후 [Hue/Saturation(색조/채도)]를 클릭합니다.

⑩ [Hue/Saturation 1(색조/채도 1)] 레이어가 추가되면 [Properties(속성)] 패널에서 [Colorize(색상화)]를 선택한 후 Hue(색조)와 Saturation(채도), Lightness(명도)를 조절하여 노란색 계열로 보정합니다.

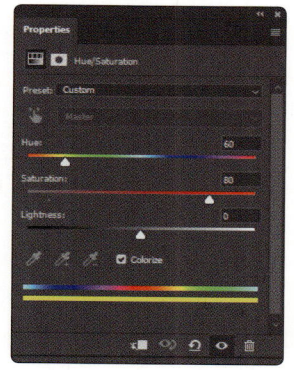

⑪ [Layers(레이어)] 패널에서 [Layer 4(레이어 4)] 레이어를 선택한 후 [Add a layer style(레이어 스타일 추가)]를 클릭한 후 [Drop Shadow(그림자 효과)]를 클릭합니다.

⑫ [Layer Style(레이어 스타일)] 대화상자의 [Drop Shadow(그림자 효과)] 스타일이 나타나면 속성을 지정한 후 [OK(확인)] 단추를 클릭합니다.

⑬ [Magnetic Lasso Tool(자석 올가미 도구)]가 선택된 상태에서 책 부분을 선택 영역으로 지정합니다.

⑭ [Layers(레이어)] 패널에서 [Hue/Saturation 1(색조/채도 1)] 레이어를 선택한 후 [Create a new layer(새 레이어 만들기)]를 클릭합니다.

⑮ 레이어가 추가되면 Alt+Delete를 눌러 전경색을 칠합니다.

⑯ [Layer(레이어)]를 클릭한 후 [Create Clipping Mask(클리핑 마스크 만들기)]를 클릭합니다.

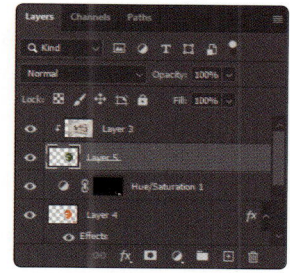

STEP 03 답안 저장 및 전송하기

① 작성한 답안을 저장하기 위해 [File(파일)]을 클릭한 후 [Save(저장)]을 클릭합니다.

② [Save on your computer or to cloud documents(컴퓨터 또는 클라우드 문서에 저장)] 대화상자가 나타나면 [Save on your computer(내 컴퓨터에 저장)] 단추를 클릭합니다.

③ [다른 이름으로 저장] 대화상자가 나타나면 저장 위치(내 PC₩문서₩GTQ)를 지정한 후 파일 이름(수험번호-성명-문제번호)을 입력한 다음 형식(JPEG (*.JPG;*.JPEG;*.JPE))을 선택하고 [저장] 단추를 클릭합니다.

④ [JPEG Options(JPEG 옵션)] 대화상자가 나타나면 Quality(품질)을 지정한 후 [OK(확인)] 단추를 클릭합니다.

⑤ PSD 파일로 저장하기 위해 [Image(이미지)]를 클릭한 후 [Image Size(이미지 크기)]를 클릭합니다.

⑥ [Image Size(이미지 크기)] 대화상자가 나타나면 단위(Pixels)를 선택한 후 Width(폭)에 '60'을 입력한 후 [OK(확인)] 단추를 클릭합니다.

⑦ 작성한 답안을 저장하기 위해 [File(파일)]을 클릭한 후 [Save(저장)]을 클릭합니다.

⑧ [Save on your computer or to cloud documents(컴퓨터 또는 클라우드 문서에 저장)] 대화상자가 나타나면 [Save on your computer(내 컴퓨터에 저장)] 단추를 클릭합니다.

⑨ [다른 이름으로 저장(Save As)] 대화상자가 나타나면 저장 위치(내 PC₩문서₩GTQ)를 지정한 후 파일 이름(수험번호-성명-문제번호)을 입력한 다음 형식(Photoshop (*.PSD;*.PDD;*.PSDT))을 선택하고 [저장] 단추를 클릭합니다.

⑩ [Photoshop Format Options(Photoshop 형식 옵션)] 대화상자가 나타나면 [OK(확인)] 단추를 클릭합니다.

⑪ KOAS 수험자용 프로그램을 선택한 후 [답안 전송] 단추를 클릭합니다.

⑫ [MessageBox] 대화상자가 나타나면 [예] 단추를 클릭합니다.

⑬ [고사실 PC로 답안 파일 보내기] 대화상자가 나타나면 전송할 파일을 선택한 후 [답안전송] 단추를 클릭합니다.

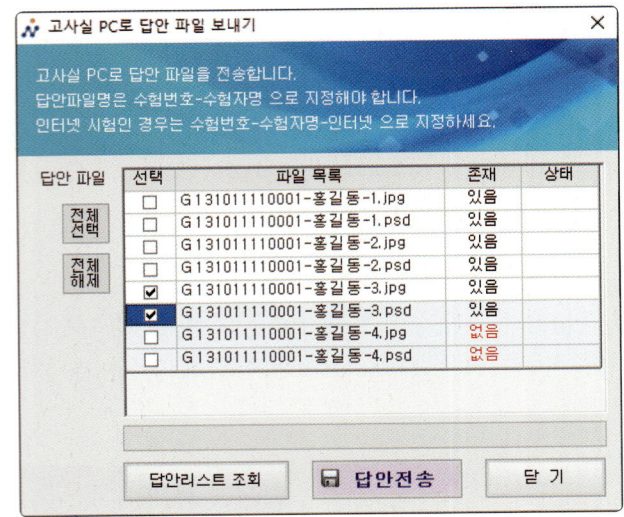

> **Tip**
> 전송하고자 하는 파일의 존재 여부가 '없음'으로 표시되면 파일명 및 저장 위치를 확인합니다.

⑭ [MessageBox] 대화상자가 나타나면 [확인] 단추를 클릭합니다.

⑮ [고사실 PC로 답안 파일 보내기] 대화상자가 다시 나타나면 [닫기] 단추를 클릭합니다.

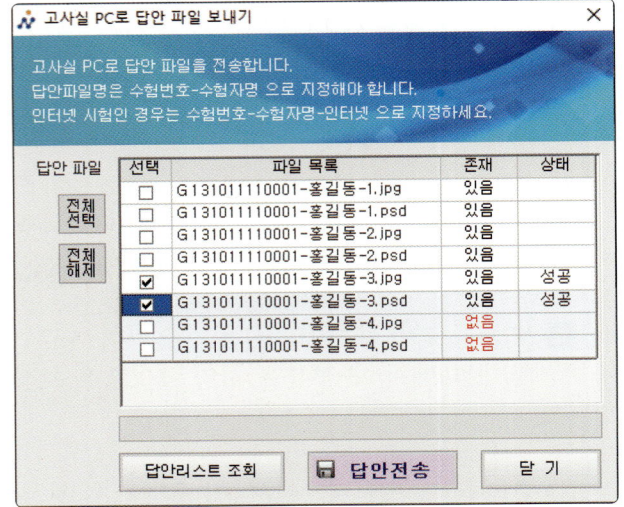

> **Tip**
> 전송한 파일의 상태 여부가 '성공'으로 표시되는지 확인합니다.

04 [실무응용] 웹 페이지 제작

STEP 01　혼합 모드 및 레이어 마스크

① [File(파일)]을 클릭한 후 [Open(열기)]를 클릭합니다.

② [Open(열기)] 대화상자가 나타나면 찾는 위치(라이브러리₩문서₩GTQ₩Image)를 지정한 후 '1급-12.jpg ~ 1급-17.jpg' 파일을 선택한 다음 [열기] 단추를 클릭합니다.

③ [1급-12.jpg] 이미지 탭을 선택한 후 Ctrl+A를 눌러 이미지 전체를 선택 영역으로 지정한 다음 Ctrl+C를 눌러 이미지를 복사합니다.

④ [Untitled-1] 탭을 클릭한 후 Ctrl+V를 눌러 붙여넣기 합니다.

⑤ 이미지를 좌우 대칭시키기 위해 [Edit(편집)]을 클릭한 후 [Transform(변형)]-[Flip Horizontal(가로로 뒤집기)]를 클릭합니다.

⑥ 크기를 조절하기 위해 [Edit(편집)]을 클릭한 후 [Free Transform(자유 변형)]을 클릭합니다.

⑦ 크기 조절점이 나타나면 조절점을 드래그하여 크기 및 위치를 조절한 후 Enter를 누릅니다.

⑧ [Layers(레이어)] 패널에서 [Blending Mode(혼합 모드)]의 [목록] 단추를 클릭한 후 [Hard Light(하드 라이트)]를 선택합니다.

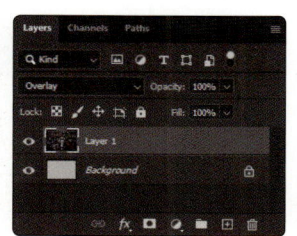

⑨ [Layers(레이어)] 패널에서 [Add layer mask(레이어 마스크)]를 클릭합니다.

⑩ [Layers(레이어)] 패널에 레이어 마스크가 표시되면 Tool Box(도구 상자)에서 [Gradient Tool(그라디언트 도구)]를 선택합니다.

⑪ 오른쪽에서 왼쪽으로 드래그합니다.

STEP 02　필터 및 레이어 마스크 적용하기

① [1급-13.jpg] 이미지 탭을 선택한 후 Ctrl+A를 눌러 이미지 전체를 선택 영역으로 지정한 다음 Ctrl+C를 눌러 이미지를 복사합니다.

② [Untitled-1] 탭을 클릭한 후 Ctrl+V를 눌러 붙여넣기 합니다.

③ [Edit(편집)]을 클릭한 후 [Free Transform(자유 변형)]을 클릭합니다.

④ 크기 조절점이 나타나면 조절점을 드래그하여 크기를 조절한 후 Enter를 누릅니다.

⑤ [Filter(필터)]를 클릭한 후 [Filter Gallery(필터 갤러리)]를 클릭합니다.

⑥ [Filter Gallery(필터 갤러리)] 대화상자가 나타나면 [Aristic(예술 효과)]를 클릭한 후 Aristic(예술 효과) 목록이 나타나면 [Dry Brush(드라이 브러시)]를 클릭한 다음 속성을 지정하고 [OK(확인)] 단추를 클릭합니다.

⑦ 위치가 조절되면 레이어 마스크를 지정하기 위해 [Layers(레이어)] 패널에서 [Add layer mask(레이어 마스크)]를 클릭합니다.

⑧ Tool Box(도구 상자)에서 [Gradient Tool(그라디언트 도구)]를 선택합니다.

⑨ 왼쪽 위에서 오른쪽 아래 방향으로 드래그하여 대각선 방향으로 흐릿하게 작성합니다.

STEP 03   이미지 복사, 색상 보정, 레이어 스타일

① [1급-16.jpg] 탭을 클릭한 후 Tool Box(도구 상자)에서 [Magnetic Lasso Tool(자석 올가미 도구)]를 선택한 다음 책과 꽃을 선택 영역으로 지정합니다.

② 책과 꽃이 선택 영역으로 지정되면 Ctrl+C를 눌러 선택 영역의 이미지를 복사합니다.

③ [Untitled-1] 탭을 클릭한 후 Ctrl+V를 눌러 붙여넣기 합니다.

④ 크기를 조절하기 위해 [Edit(편집)]을 클릭한 후 [Free Transform(자유 변형)]을 클릭합니다.

⑤ 크기 조절점이 나타나면 조절점을 드래그하여 크기 및 위치를 조절합니다.

⑥ 크기 조절점의 모서리 부분에 마우스 포인터를 위치시킨 후 ↻ 모양으로 변경되면 드래그하여 책과 꽃을 회전시킨 다음 Enter를 누릅니다.

⑦ [Magnetic Lasso Tool(자석 올가미 도구)]가 선택된 상태에서 책을 선택 영역으로 지정합니다.

⑧ 옵션 바에서 [Subtract from selection(선택 영역에서 빼기)]를 선택한 후 꽃 부분을 선택 영역에서 빼줍니다.

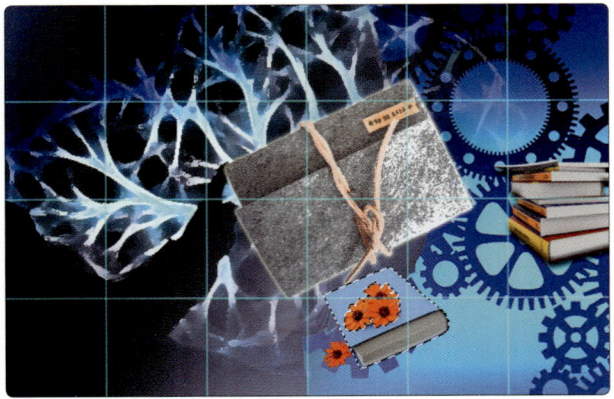

⑨ [Layers(레이어)] 패널에서 [Create new fill or adjustment layer(새 칠 또는 조정 레이어)]을 클릭한 후 [Hue/Saturation(색조/채도)]를 클릭합니다.

⑩ [Hue/Saturation 1(색조/채도 1)] 레이어가 추가되면 [Properties(속성)] 패널에서 [Colorize(색상화)]를 선택한 후 Hue(색조)와 Saturation(채도), Lightness(명도)를 조절하여 노란색 계열로 보정합니다.

⑪ [Layers(레이어)] 패널에서 [Layer 5(레이어 5)] 레이어를 선택한 후 [Add a layer style(레이어 스타일 추가)]를 클릭한 후 [Bevel & Emboss(경사와 엠보스)]를 클릭합니다.

⑫ [Layer Style(레이어 스타일)] 대화상자의 [Bevel & Emboss(경사와 엠보스)] 스타일이 나타나면 속성을 지정한 후 [OK(확인)] 단추를 클릭합니다.

STEP 04   패스 작성 및 패턴 지정하기

① 레이어를 추가하기 위해 [Layers(레이어)] 패널에서 [Create a new layer(새 레이어 만들기)]를 클릭합니다.

② Tool Box(도구상자)에서 [Pen Tool(펜 도구)]를 선택한 후 옵션 바에서 [Path(패스)]를 선택합니다.

③ 패스를 삽입하고자 하는 위치를 클릭하여 패스를 작성합니다.

④ [Paths(패스)] 패널에서 Ctrl를 누른 상태에서 [Path thumbnail(패스 축소판)]을 클릭합니다.

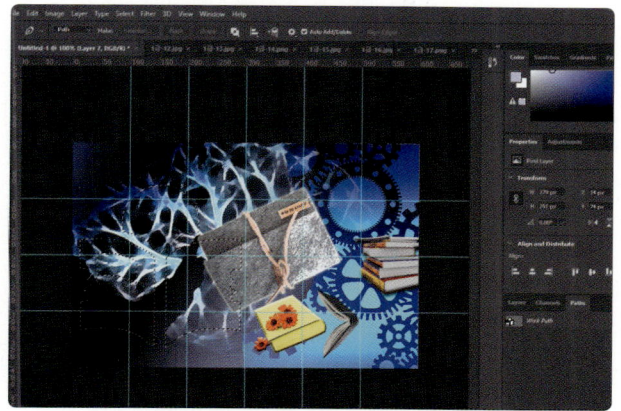

⑤ Tool Box(도구 상자)에서 [Rectangular Marquee Tool(사각형 선택 윤곽 도구)]를 선택한 후 옵션 바에서 [Subtract from selection(선택 영역에서 빼기)]를 선택한 다음 책 모양을 선택 영역에서 빼줍니다.

⑥ Tool Box(도구 상자)에서 [Set foreground color(전경색 설정)]을 클릭합니다.

⑦ [Color Picker(Foreground Color)(색상 피커(전경색))] 대화상자가 나타나면 색상(ffcc99)을 입력한 후 [OK(확인)] 단추를 클릭합니다.

⑧ Alt + Delete 를 눌러 전경색을 칠합니다.

⑨ 다시 [Paths(패스)] 패널에서 Ctrl를 누른 상태에서 [Path thumbnail(패스 축소판)]을 클릭합니다.

⑩ Tool Box(도구 상자)에서 [Rectangular Marquee Tool(사각형 선택 윤곽 도구)]를 선택한 후 옵션 바에서 [Subtract from selection(선택 영역에서 빼기)]를 선택한 다음 위쪽 머리 모양과 오른쪽 책 모양을 선택 영역에서 빼줍니다.

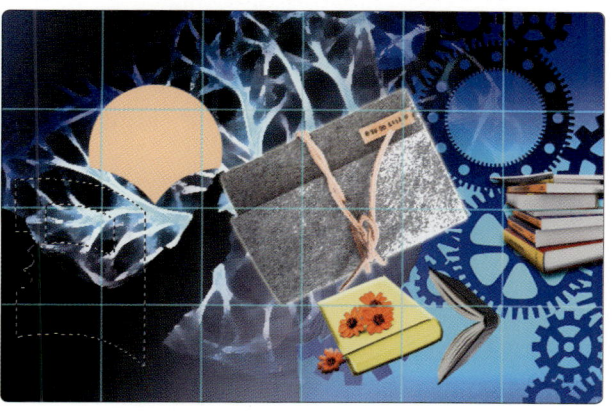

⑪ Tool Box(도구 상자)에서 [Set foreground color(전경색 설정)]을 클릭합니다.

⑫ [Color Picker(Foreground Color)(색상 피커(전경색))] 대화상자가 나타나면 색상(33cccc)을 입력한 후 [OK(확인)] 단추를 클릭합니다.

⑬ Alt + Delete 를 눌러 전경색을 칠합니다.

⑭ 다시 [Paths(패스)] 패널에서 Ctrl를 누른 상태에서 [Path thumbnail(패스 축소판)]을 클릭합니다.

⑮ Tool Box(도구 상자)에서 [Rectangular Marquee Tool(사각형 선택 윤곽 도구)]를 선택한 후 옵션 바에서 [Subtract from selection(선택 영역에서 빼기)]를 선택한 다음 위쪽 머리 모양과 왼쪽 책 모양을 선택 영역에서 빼줍니다.

⑯ Tool Box(도구 상자)에서 [Set foreground color(전경색 설정)]을 클릭합니다.

⑰ [Color Picker(Foreground Color)(색상 피커(전경색))] 대화상자가 나타나면 색상(663366)을 입력한 후 [OK(확인)] 단추를 클릭합니다.

⑱ Alt + Delete 를 눌러 전경색을 칠합니다.

⑲ [Layers(레이어)] 패널에서 [Add a layer style(레이어 스타일 추가)]를 클릭한 후 [Inner Shadow(내부 그림자)]를 클릭합니다.

⑳ [Layer Style(레이어 스타일)] 대화상자 [Inner Shadow(내부 그림자)] 스타일이 나타나면 속성을 지정한 후 [OK(확인)] 단추를 클릭합니다.

㉑ [Layers(레이어)] 패널에서 [Create a new layer(새 레이어 만들기)]를 클릭합니다.

㉒ 레이어가 추가되면 [Edit(편집)]을 클릭한 후 [Fill(칠)]을 클릭합니다.

㉓ [Fill(칠)] 대화상자가 나타나면 Contents(내용)의 [목록] 단추를 클릭한 후 Pattern(패턴)을 선택합니다.

㉔ [Custom Pattern(사용자 정의 패턴)]의 [목록] 단추를 클릭한 후 정의한 패턴을 더블클릭한 다음 [OK(확인)] 단추를 클릭합니다.

㉕ [Layer(레이어)]를 클릭한 후 [Create Clipping Mask(클리핑 마스크 만들기)]를 클릭합니다.

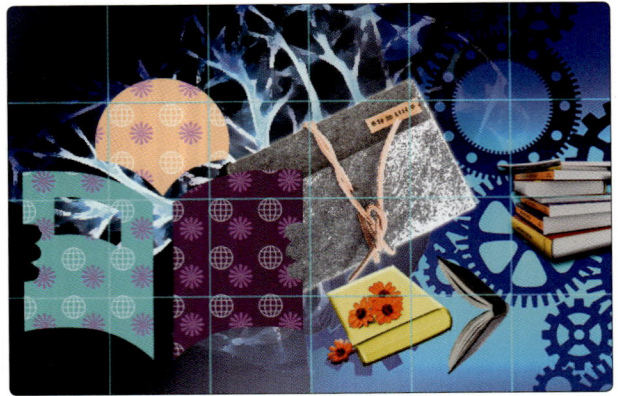

| STEP 05 | ①번 텍스트 작성하기 |

① Tool Box(도구 상자)에서 [Horizontal Type Tool(수평 문자 도구)]를 선택한 후 옵션 바에서 글꼴(Times New Roman), 글꼴 스타일(Bold)을 선택한 다음 글꼴 크기(24), 글꼴 색(330066)를 지정합니다.

② 텍스트를 삽입할 위치를 클릭한 후 'Asian Book Publishing Hub'를 입력한 다음 Ctrl+Enter를 누릅니다.

③ 'Publishing Hub'를 드래그하여 블록으로 설정한 후 글꼴 색(cc33cc)을 지정한 다음 Ctrl+Enter를 누릅니다.

④ [Layers(레이어)] 패널에서 [Add a layer style(레이어 스타일 추가)]를 클릭한 후 [Stroke(선)]을 클릭합니다.

⑤ [Layer Style(레이어 스타일)] 대화상자의 [Stroke(선)] 스타일이 나타나면 크기(2)를 입력한 후 Color(색상)을 클릭합니다.

⑥ [Color Picker(Stroke Color)(색상 피커(선 색상))] 대화상자가 나타나면 색상(ffffff)을 입력한 후 [OK(확인)] 단추를 클릭합니다.

⑦ [Layer Style(레이어 스타일)] 대화상자가 다시 나타나면 [OK(확인)] 단추를 클릭합니다.

⑧ 텍스트에 변형을 주기 위해 옵션 바에서 [Create warp text(텍스트 변형)]을 클릭합니다.

⑨ [Warp Text(텍스트 변형)] 대화상자가 나타나면 Style(Rise(상승))을 선택한 후 Bend(구부리기)를 조절한 다음 [OK(확인)] 단추를 클릭합니다.

⑩ 텍스트가 변형되면 Tool Box(도구 상자)에서 [Move Tool(이동 도구)]를 선택한 후 텍스트를 드래그하여 위치를 이동합니다.

제03회 최신기출문제

01 [기능평가] 고급 Tool(도구) 활용

| STEP 01 | 캔버스 생성 및 이미지 복사하기 |

① [Home] 화면에서 [Create new(새로 만들기)] 단추를 클릭합니다.

② [New Document(새로 만들기 문서)] 대화상자가 나타나면 Width(너비)를 '400', Height(높이)를 '500', Resolution(해상도)를 '72'를 입력합니다. 그런 다음 [Create(만들기)] 단추를 클릭합니다.

③ 새 캔버스가 만들어지면 눈금자가 표시 되는지 확인한 후 눈금자가 나타나지 않을 경우 [View(보기)]를 클릭한 다음 [Rulers(눈금자)]를 클릭합니다.

④ 눈금자를 드래그하여 Guides(안내선)을 100 pixels(픽셀) 단위로 작성합니다.

⑤ [File(파일)]을 클릭한 후 [Open(열기)]를 클릭합니다.

⑥ [열기] 대화상자가 나타나면 찾는 위치(내 PC₩문서₩GTQ₩Image)를 지정한 후 파일(1급-1 ~ 1급-3)을 선택한 다음 [열기] 단추를 클릭합니다.

⑦ 이미지가 불러와지면 [1급-1.jpg] 탭을 클릭한 후 Ctrl+A를 눌러 이미지 전체를 선택 영역으로 지정합니다.

⑧ 선택 영역이 지정되면 Ctrl+C를 눌러 이미지를 복사합니다.

⑨ [Untitled-1] 탭을 클릭한 후 Ctrl+V를 눌러 붙여넣기 합니다.

STEP 02 | Filter(필터) 적용하기

① [Filter(필터)]를 클릭한 후 [Filter Gallery(필터 갤러리)]를 클릭합니다.

② [Filter Gallery(필터 갤러리)] 대화상자가 나타나면 [Aristic(예술 효과)]를 클릭한 후 Aristic(예술 효과) 목록이 나타나면 [Cutout(오려내기)]를 클릭한 다음 속성을 지정하고 [OK(확인)] 단추를 클릭합니다.

STEP 03 | 패스 그리기 및 레이어 스타일 적용하기

① Tool Box(도구 상자)에서 [Pen Tool(펜 도구)]를 클릭한 후 옵션 바에서 [Paths(패스)]를 선택합니다.

② 다음과 같이 카메라 모양을 작성합니다.

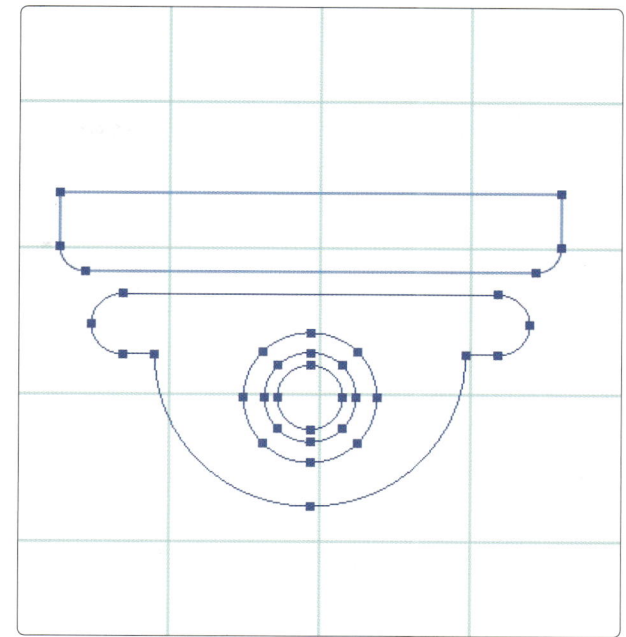

③ 패스를 저장하기 위해 [Paths(패스)] 패널을 클릭한 후 [Work Path(작업 패스)] 레이어를 더블클릭합니다.

④ [Save Path(패스 저장)] 대화상자가 나타나면 이름(카메라 모양)을 입력한 후 [OK(확인)] 단추를 클릭합니다.

⑤ [Paths(패스)] 패널에서 Ctrl을 누른 상태에서 [Path thumbnail(패스 축소판)]을 클릭하여 패스 모양을 선택 영역으로 지정합니다.

⑥ [Layers(레이어)] 패널을 클릭한 후 [Create a new layer(새 레이어 만들기)]를 클릭합니다.

⑦ Alt+Delete를 눌러 전경색을 칠합니다.

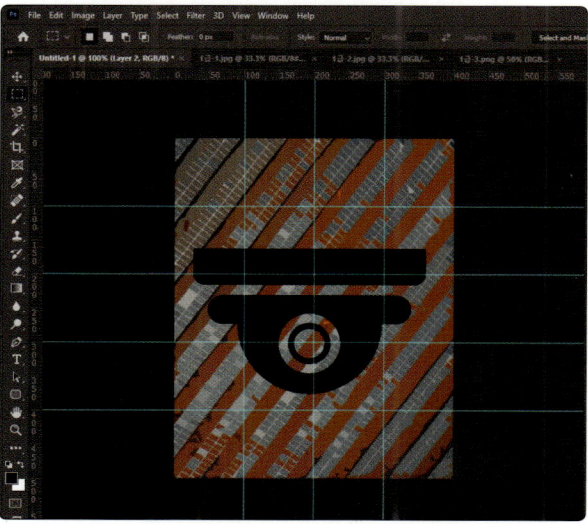

STEP 04 클리핑 마스크 설정 및 레이어 스타일 적용하기

① [1급-2.jpg] 탭을 클릭한 후 Ctrl+A를 눌러 이미지 전체를 선택 영역으로 지정한 후 Ctrl+C를 눌러 이미지를 복사합니다.

② [Untitled-1] 탭을 클릭한 후 Ctrl+V를 눌러 붙여넣기 합니다.

③ [Layer(레이어)]를 클릭한 후 [Create Clipping Mask(클리핑 마스크 만들기)]를 클릭합니다.

④ [Edit(편집)]을 클릭한 후 [Free Transform(자유 변형)]을 클릭합니다.

⑤ 이미지에 크기 조절점이 나타나면 드래그하여 이미지의 크기 및 위치를 조절한 후 Enter를 누릅니다.

⑥ [Layers(레이어)] 패널에서 [Layer 2(레이어 2)]를 선택한 후 fx[Add a layer style(레이어 스타일 추가)]를 클릭한 다음 [Stroke(선)]을 클릭합니다.

⑦ [Layer Style(레이어 스타일)] 대화상자의 [선(Stroke)] 스타일이 나타나면 크기(3)를 입력한 후 Fill Type(칠 유형)의 ▼[목록] 단추를 클릭한 다음 [Gradient(그라디언트)]를 클릭합니다.

⑧ Fill Type(칠 유형)이 변경되면 [Gradient(그라디언트)]를 클릭합니다.

⑨ [Gradient Editor(그라디언트 편집기)] 대화상자가 나타나면 왼쪽 Color Stop(색상 정지점)을 더블클릭합니다.

⑩ [Color Picker(Stop Color)(색상 피커(정지 색상))] 대화상자가 나타나면 색상(ffff00)을 입력한 후 [OK(확인)] 단추를 클릭합니다.

⑪ [Gradient Editor(그라디언트 편집기)] 대화상자가 다시 나타나면 오른쪽 Color Stop(색상 정지점)을 더블클릭합니다.

⑫ [Color Picker(Stop Color)(색상 피커(정지 색상))] 대화상자가 나타나면 색상(cc0099)을 입력한 후 [OK(확인)] 단추를 클릭합니다.

⑬ [Gradient Editor(그라디언트 편집기)] 대화상자가 다시 나타나면 [OK(확인)] 단추를 클릭합니다.

⑭ [Layer Style(레이어 스타일)] 대화상자가 다시 나타나면 Angle(각도)에 '90'을 입력한 후 [Inner Shadow(내부 그림자)] 스타일을 클릭합니다.

⑮ [Layer Style(레이어 스타일)] 대화상자의 [Inner Shadow(내부 그림자)] 스타일이 나타나면 속성을 지정한 후 [OK(확인)] 단추를 클릭합니다.

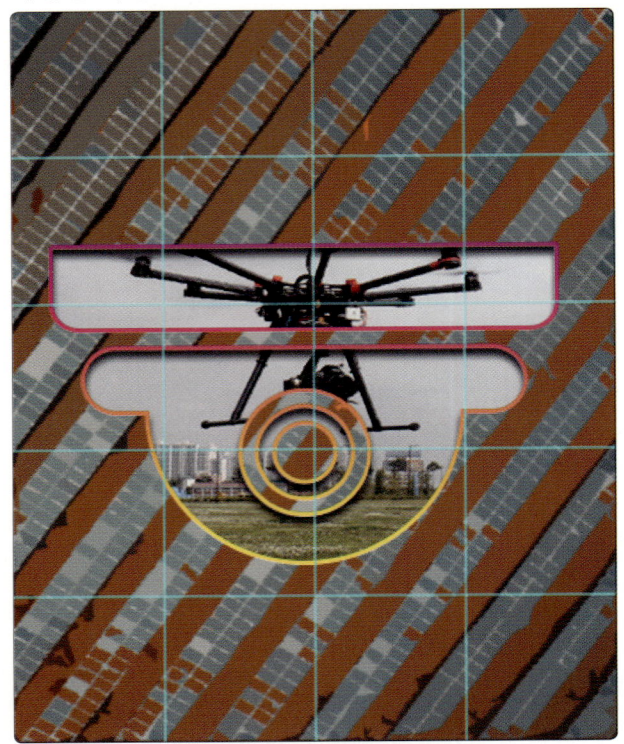

STEP 05 이미지 복사 및 레이어 스타일 적용하기

① [1급-3.jpg] 탭을 클릭한 후 Tool Box(도구 상자)에서 [Magnetic Lasso Tool(자석 올가미 도구)]를 선택한 다음 종이 비행기를 선택 영역으로 지정합니다.

② 종이 비행기를 선택 영역으로 지정되면 Ctrl+C를 눌러 선택 영역의 이미지를 복사합니다.

③ [Untitled-1] 탭을 클릭한 후 Ctrl+V를 눌러 붙여넣기 합니다.

④ [Edit(편집)]을 클릭한 후 [Transform(변형)]-[Flip Horizontal(가로로 뒤집기)]를 클릭합니다.

⑤ [Edit(편집)]을 클릭한 후 [Free Transform(자유 변형)]을 클릭합니다.

⑥ 크기 조절점이 나타나면 조절점을 드래그하여 크기 및 위치를 조절한 후 Enter를 누릅니다.

⑦ 크기 조절점의 모서리 부분에 마우스 포인터를 위치시킨 후 ↵ 모양으로 변경되면 드래그하여 종이 비행기를 회전시킨 다음 Enter를 누릅니다.

⑧ [Layers(레이어)] 패널에서 fx[Add a layer style(레이어 스타일 추가)]를 클릭한 후 [Bevel & Emboss(경사와 엠보스)]를 클릭합니다.

⑨ [Layer Style(레이어 스타일)] 대화상자의 [Bevel & Emboss(경사와 엠보스)] 스타일이 나타나면 속성을 지정한 후 [OK(확인)] 단추를 클릭합니다.

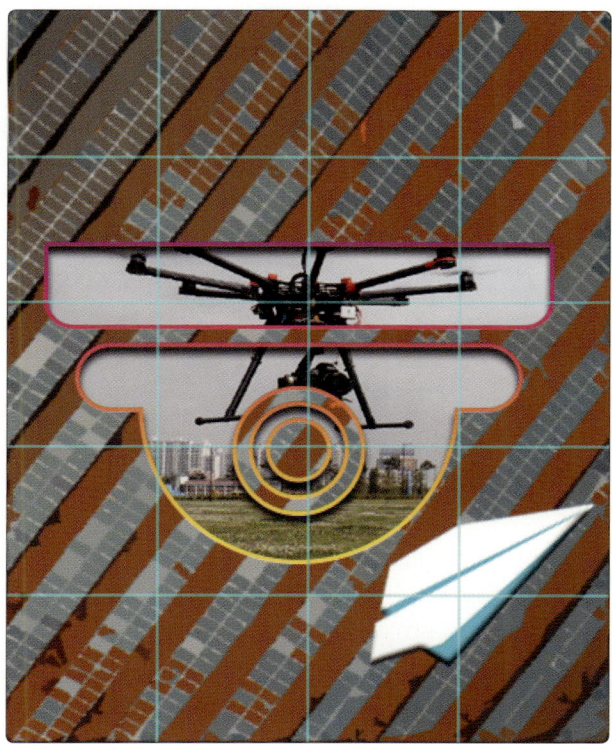

STEP 06   별 모양 도형 작성하기

① Tool Box(도구상자)에서 ✿[Custom Shape Tool(사용자 정의 모양 도구)]를 선택한 후 옵션 바에서 [Click to open Custom shape picker(사용자 정의 모양 피커)]의 ▶[목록] 단추를 클릭합니다.

② 목록이 나타나면 [Legacy Shapes and More(레거시 모양 및 기타)]의 ▶[목록] 단추를 클릭한 후 [All Legacy Default Shapes(모든 레거시 기본 모양)]의 ▶[목록] 단추를 클릭한 다음 [Shapes(모양)]의 ▶[목록] 단추를 클릭하고 ✿[10 Point Star Frame(10포인트 별 프레임)]을 클릭합니다.

③ 별 모양 도형을 삽입하고자 하는 위치에 드래그하여 삽입합니다.

④ Tool Box(도구 상자)에서 [Set foreground color(전경색 설정)]을 클릭합니다.

⑤ [Color Picker(Foreground Color)(색상 피커(전경색))] 대화상자가 나타나면 색상(993333)을 입력한 후 [OK(확인)] 단추를 클릭합니다.

⑥ [Layers(레이어)] 패널에서 fx[Add a layer style(레이어 스타일 추가)]를 클릭한 후 [Inner Shadow(내부 그림자)]를 클릭합니다.

⑦ [Layer Style(레이어 스타일)] 대화상자의 [Inner Shadow(내부 그림자)] 스타일이 나타나면 속성을 지정한 후 [OK(확인)] 단추를 클릭합니다.

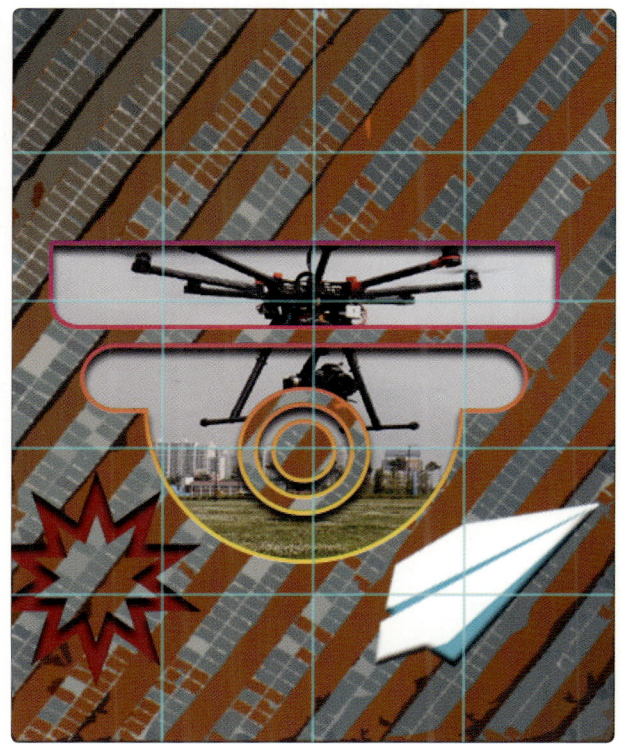

STEP 07 파형 모양 도형 작성하기

① Tool Box(도구상자)에서 [Custom Shape Tool(사용자 정의 모양 도구)]를 선택한 후 옵션 바에서 [Click to open Custom shape picker(사용자 정의 모양 피커)]의 [목록] 단추를 클릭합니다.

② 목록이 나타나면 [Legacy Shapes and More(레거시 모양 및 기타)]의 [목록] 단추를 클릭한 후 [All Legacy Default Shapes(모든 레거시 기본 모양)]의 [목록] 단추를 클릭한 다음 [Nature(자연)]의 [목록] 단추를 클릭하고 [Waves(파형)]을 클릭합니다.

③ 파형 모양 도형을 삽입하고자 하는 위치에 드래그합니다.

④ [Edit(편집)]을 클릭한 후 [Free Transform(자유 변형)]을 클릭합니다.

⑤ 크기 조절점의 모서리 부분에 마우스 포인터를 위치시킨 후 모양으로 변경되면 드래그하여 종이 비행기를 회전시킨 다음 Enter를 누릅니다.

⑥ 파형 모양에 색상을 지정하기 위해 [Layers(레이어)] 패널에서 [Waves 1(파형 1)] 레이어의 [Layer thumbnail(레이어 축소판)]을 더블클릭합니다.

⑦ [Color Picker(Solid Color)(색상 피커(단색))] 대화상자가 나타나면 색상(ccff00)을 입력한 후 [OK(확인)] 단추를 클릭합니다.

⑧ [Layers(레이어)] 패널에서 [Add a layer style(레이어 스타일 추가)]를 클릭한 후 [Outer Glow(외부 광선)]을 클릭합니다.

⑨ [Layer Style(레이어 스타일)] 대화상자의 [Outer Glow(외부 광선)] 스타일이 나타나면 속성을 지정한 후 [OK(확인)] 단추를 클릭합니다.

⑩ [Layers(레이어)] 패널에서 [Waves 1(파형 1)] 레이어를 [Create a new layer(새 레이어 만들기)]로 드래그하여 복사합니다.

⑪ [Layers(레이어)] 패널에서 [Waves 1 copy(파형 1 사본)] 레이어를 선택한 후 Tool Box(도구 상자)에서 [Move Tool(이동 도구)]를 선택한 다음 드래그하여 위치를 이동합니다.

⑫ 파형 사본 모양에 색상을 지정하기 위해 [Layers(레이어)] 패널에서 [Waves 1 copy(파형 1 사본)] 레이어의 [Layer thumbnail(레이어 축소판)]을 더블클릭합니다.

⑬ [Color Picker(Solid Color)(색상 피커(단색))] 대화상자가 나타나면 색상(ffffff)을 입력한 후 [OK(확인)] 단추를 클릭합니다.

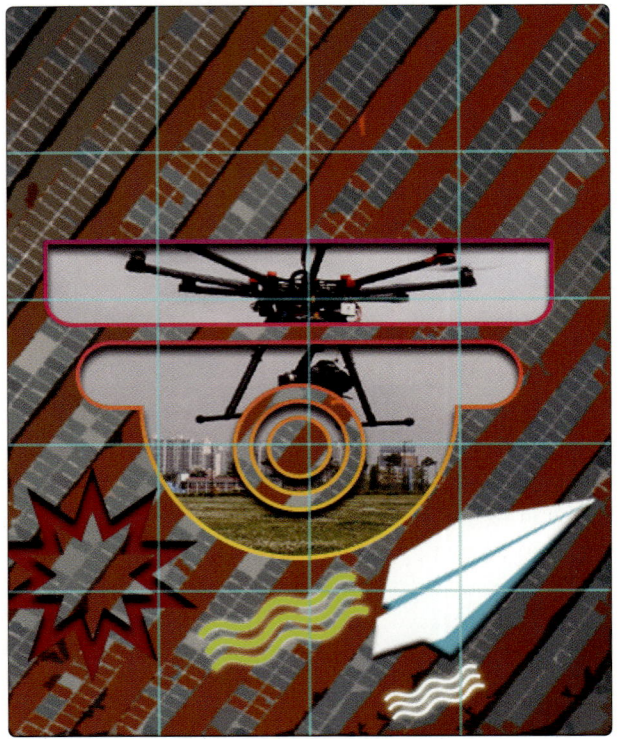

STEP 08 ①번 텍스트 작성하기

① Tool Box(도구 상자)에서 [Horizontal Type Tool(수평 문자 도구)]를 선택한 후 옵션 바에서 글꼴(돋움)을 선택한 다음 글꼴 크기(50)를 입력합니다.

② 텍스트를 삽입할 위치를 클릭한 후 '드론 비행 체험'을 입력한 다음 Ctrl+Enter를 누릅니다.

③ [Layers(레이어)] 패널에서 [Add a layer style(레이어 스타일 추가)]를 클릭한 후 [Gradient Overlay(그라디언트 오버레이)]를 클릭합니다.

④ [Layer Style(레이어 스타일)] 대화상자의 [Gradient Overlay(그라디언트 오버레이)] 스타일이 나타나면 [Gradient(그라디언트)]를 클릭합니다.

⑤ [Gradient Editor(그라디언트 편집기)] 대화상자가 나타나면 왼쪽 Color Stop(색상 정지점)을 더블클릭합니다.

⑥ [Color Picker(Stop Color)(색상 피커(정지 색상))] 대화상자가 나타나면 색상(990099)을 입력한 후 [OK(확인)] 단추를 클릭합니다.

⑦ [Gradient Editor(그라디언트 편집기)] 대화상자가 다시 나타나면 오른쪽 Color Stop(색상 정지점)을 더블클릭합니다.

⑧ [Color Picker(Stop Color)(색상 피커(정지 색상))] 대화상자가 나타나면 색상(ffff00)을 입력한 후 [OK(확인)] 단추를 클릭합니다.

⑨ [Gradient Editor(그라디언트 편집기)] 대화상자가 다시 나타나면 [OK(확인)] 단추를 클릭합니다.

⑩ [Layer Style(레이어 스타일)] 대화상자가 다시 나타나면 [Drop Shadow(그림자 효과)]를 클릭합니다.

⑪ [Layer Style(레이어 스타일)] 대화상자의 [Drop Shadow(그림자 효과)] 스타일이 나타나면 속성을 지정한 후 [OK(확인)] 단추를 클릭합니다.

⑫ 텍스트에 변형을 주기 위해 옵션 바에서 [Create warp text(텍스트 변형)]을 클릭합니다.

⑬ [Warp Text(텍스트 변형)] 대화상자가 나타나면 Style(Arc Upper(위 부채꼴))을 선택한 후 Bend(구부리기)를 조절한 다음 [OK(확인)] 단추를 클릭합니다.

⑭ 텍스트가 변형되면 Tool Box(도구 상자)에서 [Move Tool(이동 도구)]를 선택한 후 텍스트를 드래그하여 위치를 이동합니다.

STEP 09 답안 저장 및 전송하기

① 작성한 답안을 저장하기 위해 [File(파일)]을 클릭한 후 [Save(저장)]을 클릭합니다.

② [Save on your computer or to cloud documents(컴퓨터 또는 클라우드 문서에 저장)] 대화상자가 나타나면 [Save on your computer(내 컴퓨터에 저장)] 단추를 클릭합니다.

③ [다른 이름으로 저장] 대화상자가 나타나면 저장 위치(내 PC\문서\GTQ)를 지정한 후 파일 이름(수험번호-성명-문제번호)을 입력한 다음 형식(JPEG (*.JPG;*.JPEG;*.JPE))을 선택하고 [저장] 단추를 클릭합니다.

④ [JPEG Options(JPEG 옵션)] 대화상자가 나타나면 Quality(품질)을 지정한 후 [OK(확인)] 단추를 클릭합니다.

⑤ PSD 파일로 저장하기 위해 [Image(이미지)]를 클릭한 후 [Image Size(이미지 크기)]를 클릭합니다.

⑥ [Image Size(이미지 크기)] 대화상자가 나타나면 단위(Pixels)를 선택한 후 Width(폭)에 '40'을 입력한 후 [OK(확인)] 단추를 클릭합니다.

⑦ 작성한 답안을 저장하기 위해 [File(파일)]을 클릭한 후 [Save(저장)]을 클릭합니다.

⑧ [Save on your computer or to cloud documents(컴퓨터 또는 클라우드 문서에 저장)] 대화상자가 나타나면 [Save on your computer(내 컴퓨터에 저장)] 단추를 클릭합니다.

⑨ [다른 이름으로 저장(Save As)] 대화상자가 나타나면 저장 위치(내 PC₩문서₩GTQ)를 지정한 후 파일 이름(수험번호-성명-문제번호)을 입력한 다음 형식(Photoshop (*.PSD;*.PDD;*.PSDT))을 선택하고 [저장] 단추를 클릭합니다.

⑩ [Photoshop Format Options(Photoshop 형식 옵션)] 대화상자가 나타나면 [OK(확인)] 단추를 클릭합니다.

⑪ KOAS 수험자용 프로그램을 선택한 후 [답안 전송] 단추를 클릭합니다.

⑫ [MessageBox] 대화상자가 나타나면 [예] 단추를 클릭합니다.

⑬ [고사실 PC로 답안 파일 보내기] 대화상자가 나타나면 전송할 파일을 선택한 후 [답안전송] 단추를 클릭합니다.

⑭ [MessageBox] 대화상자가 나타나면 [확인] 단추를 클릭합니다.

⑮ [고사실 PC로 답안 파일 보내기] 대화상자가 다시 나타나면 [닫기] 단추를 클릭합니다.

제 04 회 최신기출문제

03 [실무응용] 포스터 제작

STEP 01 캔버스 생성 및 이미지 복사하기

① [문제2]에서 작성한 파일을 모두 닫은 후 [Home] 화면에서 [Create new(새로 만들기)] 단추를 클릭합니다.

② [New Document(새로 만들기 문서)] 대화상자가 나타나면 Width(너비)를 '600', Height(높이)를 '400', Resolution(해상도)를 '72'를 입력합니다. 그런 다음 [Create(만들기)] 단추를 클릭합니다.

③ 눈금자를 드래그하여 Guides(안내선)을 100 픽셀 단위로 그립니다.

④ 배경색을 지정하기 위해 Tool Box(도구 상자)에서 [Set foreground color(전경색 설정)]을 클릭합니다.

⑤ [Color Picker(Foreground Color)(색상 피커(전경색))] 대화상자가 나타나면 색상(6699cc)을 입력한 후 [OK(확인)] 단추를 클릭합니다.

⑥ 전경색이 지정되면 전경색을 채우기 위해 Alt + Delete 를 누릅니다.

STEP 02 혼합 모드 적용하기

① [문제 3]에서 사용할 이미지를 불러오기 위해 [File(파일)]을 클릭한 후 [Open(열기)]를 클릭합니다.

② [열기] 대화상자가 나타나면 찾는 위치(내 PC₩문서₩GTQ₩Image)를 지정한 후 파일(1급-7 ~ 1급-11)을 선택한 다음 [열기] 단추를 클릭합니다.

③ 이미지가 불러와지면 [1급-7.jpg] 탭을 선택한 후 Ctrl + A 를 눌러 이미지 전체를 선택 영역으로 지정한 다음 Ctrl + C 를 눌러 이미지를 복사합니다.

④ [Untitled-1] 탭을 클릭한 후 Ctrl + V 를 눌러 붙여넣기 합니다.

⑤ 이미지의 크기를 조절하기 위해 [Edit(편집)]을 클릭한 후 [Free Transform(자유 변형)]을 클릭합니다.

⑥ 크기 조절점이 나타나면 조절점을 드래그하여 크기 및 위치를 조절한 후 Enter 를 누릅니다.

⑦ [Layers(레이어)] 패널에서 [Blending Mode(혼합 모드)]의 ▼[목록] 단추를 클릭한 후 [Linear Light(선형 라이트)]를 선택합니다.

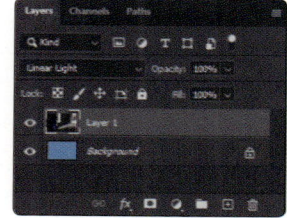

⑧ [Layers(레이어)] 패널에서 Opacity(불투명도)에 '80%'를 입력합니다.

STEP 03   필터 및 레이어 마스크 적용하기

① [1급-8.jpg] 이미지 탭을 선택한 후 Ctrl+A를 눌러 이미지 전체를 선택 영역으로 지정한 다음 Ctrl+C를 눌러 이미지를 복사합니다.

② [Untitled-1] 탭을 클릭한 후 Ctrl+V를 눌러 붙여넣기 합니다.

③ 이미지의 크기를 조절하기 위해 [Edit(편집)]을 클릭한 후 [Free Transform(자유 변형)]을 클릭합니다.

④ 크기 조절점이 나타나면 조절점을 드래그하여 크기 및 위치를 조절한 후 Enter를 누릅니다.

⑤ [Filter(필터)]를 클릭한 후 [Filter Gallery(필터 갤러리)]를 클릭합니다.

⑥ [Filter Gallery(필터 갤러리)] 대화상자가 나타나면 [Texture(텍스처)]을 클릭한 후 Texture(텍스처) 목록이 나타나면 [Texturizer(텍스처화)]를 클릭한 다음 속성을 지정하고 [OK(확인)] 단추를 클릭합니다.

⑦ 레이어 마스크를 지정하기 위해 [Layers(레이어)] 패널에서 ▣[Add layer mask(레이어 마스크)]를 클릭합니다.

⑧ Tool Box(도구 상자)에서 ■[Gradient Tool(그라디언트 도구)]를 선택한 후 캔버스에 레이어 마스크를 지정하기 위해 오른쪽에서 왼쪽 방향으로 드래그합니다.

STEP 04   이미지 복사 및 필터 적용하기

① [1급-9.jpg] 탭을 선택한 후 Ctrl+A를 눌러 이미지 전체를 선택 영역으로 지정한 다음 Ctrl+C를 눌러 이미지를 복사합니다.

② [Untitled-1] 탭을 클릭한 후 Ctrl+V를 눌러 붙여넣기 합니다.

③ 이미지의 크기를 조절하기 위해 [Edit(편집)]을 클릭한 후 [Free Transform(자유 변형)]을 클릭합니다.

④ 크기 조절점이 나타나면 조절점을 드래그하여 크기 및 위치를 조절한 후 Enter를 누릅니다.

⑤ [Filter(필터)]를 클릭한 후 [Filter Gallery(필터 갤러리)]를 클릭합니다.

⑥ [Filter Gallery(필터 갤러리)] 대화상자가 나타나면 [Artistic(예술 효과)]을 클릭한 후 Artistic(예술 효과) 목록이 나타나면 [Poster Edges(포스터 가장자리)]를 클릭한 다음 속성을 지정하고 [OK(확인)] 단추를 클릭합니다.

STEP 05 — 이미지 복사 및 레이어 스타일 적용하기

① [1급-10.jpg] 탭을 클릭한 후 Tool Box(도구 상자)에서 [Magnetic Lasso Tool(자석 올가미 도구)]를 선택한 다음 그림을 선택 영역으로 지정합니다.

② 옵션 바에서 [Add to selection(선택 영역에 추가)]를 선택한 후 추가로 그림을 선택 영역으로 지정합니다.

③ 그림이 선택 영역으로 지정되면 Ctrl+C를 눌러 선택 영역의 이미지를 복사합니다.

④ [Untitled-1] 탭을 클릭한 후 Ctrl+V를 눌러 붙여넣기 합니다.

⑤ 이미지의 크기를 조절하기 위해 [Edit(편집)]을 클릭한 후 [Free Transform(자유 변형)]을 클릭합니다.

⑥ 크기 조절점이 나타나면 조절점을 드래그하여 크기를 조절한 후 Enter를 누릅니다.

⑦ [Layers(레이어)] 패널에서 [Add a layer style(레이어 스타일 추가)]를 클릭한 후 [Stroke(선)]을 클릭합니다.

⑧ [Layer Style(레이어 스타일)] 대화상자의 [선(Stroke)] 스타일이 나타나면 크기(6)를 입력한 후 Fill Type(칠 유형)의 [목록] 단추를 클릭한 다음 [Gradient(그라디언트)]를 클릭합니다.

⑨ Fill Type(칠 유형)이 변경되면 [Gradient(그라디언트)]를 클릭합니다.

⑩ [Gradient Editor(그라디언트 편집기)] 대화상자가 나타나면 왼쪽 Color Stop(색상 정지점)을 더블클릭합니다.

⑪ [Color Picker(Stop Color)(색상 피커(정지 색상))] 대화상자가 나타나면 색상(336633)을 입력한 후 [OK(확인)] 단추를 클릭합니다.

⑫ [Gradient Editor(그라디언트 편집기)] 대화상자가 다시 나타나면 오른쪽 Color Stop(색상 정지점)을 더블클릭합니다.

⑬ [Color Picker(Stop Color)(색상 피커(정지 색상))] 대화상자가 나타나면 색상(cccccc)을 입력한 후 [OK(확인)] 단추를 클릭합니다.

⑭ [Gradient Editor(그라디언트 편집기)] 대화상자가 다시 나타나면 [OK(확인)] 단추를 클릭합니다.

⑮ [Layer Style(레이어 스타일)] 대화상자가 다시 나타나면 [OK(확인)] 단추를 클릭합니다.

STEP 06 — 색상 보정 및 레이어 스타일 적용하기

① [1급-11.jpg] 탭을 클릭한 후 Tool Box(도구 상자)에서 [Magnetic Lasso Tool(자석 올가미 도구)]를 선택한 다음 이정표를 선택 영역으로 지정합니다.

② 이정표가 선택 영역으로 지정되면 Ctrl+C를 눌러 선택 영역의 이미지를 복사합니다.

③ [Untitled-1] 탭을 클릭한 후 [Layers(레이어)] 패널에서 [Layer 2(레이어 2)] 레이어를 선택한 다음 Ctrl+V를 눌러 붙여넣기 합니다.

④ 크기를 조절하기 위해 [Edit(편집)]을 클릭한 후 [Free Transform(자유 변형)]을 클릭합니다.

⑤ 크기 조절점이 나타나면 조절점을 드래그하여 크기를 조절합니다.

⑥ [Magnetic Lasso Tool(자석 올가미 도구)]가 선택된 상태에서 이정표 안에 그림을 선택 영역으로 지정합니다.

⑦ [Layers(레이어)] 패널에서 [Create new fill or adjustment layer(새 칠 또는 조정 레이어)]을 클릭한 후 [Hue/Saturation(색조/채도)]를 클릭합니다.

⑧ [Hue/Saturation 1(색조/채도 1)] 레이어가 추가되면 [Properties(속성)] 패널에서 Hue(색조)와 Saturation(채도), Lightness(명도)를 조절하여 파란색 계열로 보정합니다.

⑨ [Layers(레이어)] 패널에서 [Layer 5(레이어 5)] 레이어를 선택한 후 [Add a layer style(레이어 스타일 추가)]를 클릭한 다음 [Inner Glow(내부 광선)]을 클릭합니다.

⑩ [Layer Style(레이어 스타일)] 대화상자의 [Inner Glow(내부 광선)] 스타일이 나타나면 속성을 지정한 후 [Drop Shadow(그림자 효과)] 스타일을 클릭합니다.

⑪ [Layer Style(레이어 스타일)] 대화상자의 [Drop Shadow(그림자 효과)] 스타일이 나타나면 속성을 지정한 후 [OK(확인)] 단추를 클릭합니다.

⑫ [Magnetic Lasso Tool(자석 올가미 도구)]가 선택된 상태에서 이정표 안의 남자 그림을 선택 영역으로 지정합니다.

⑬ [Layers(레이어)] 패널에서 [Hue/Saturation 1(색조/채도 1)] 레이어를 선택한 후 [Create a new layer(새 레이어 만들기)]를 클릭합니다.

⑭ 레이어가 추가되면 Alt+Delete를 눌러 전경색을 칠합니다.

⑮ [Layers(레이어)] 패널에서 [Layer 3(레이어 3)] 레이어를 선택한 후 [Layer(레이어)]를 클릭한 후 [Create Clipping Mask(클리핑 마스크 만들기)]를 클릭합니다.

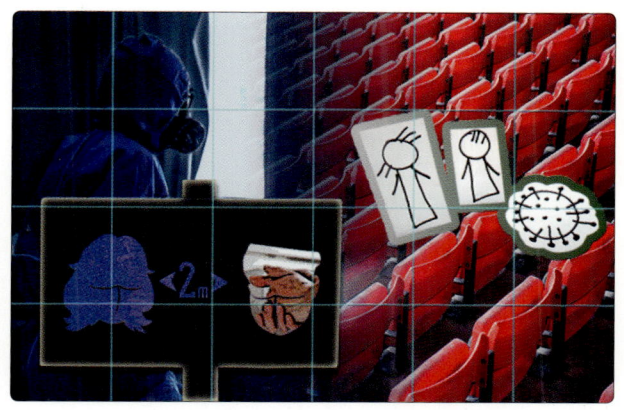

제05회 최신기출문제

04 [실무응용] 웹 페이지 제작

STEP 01 패스 작성 및 패턴 지정하기

① [Pahts(패스)] 패널에서 [Create a new path(새 패스 만들기)]를 클릭하여 4개의 패스를 작성합니다.

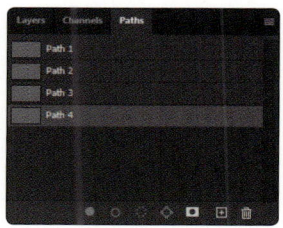

② [Pahts(패스)] 패널에서 [Path 1(패스 1)]을 선택한 후 Tool Box(도구상자)에서 [Pen Tool(펜 도구)]를 선택한 다음 옵션 바에서 [Path(패스)]를 선택합니다.

③ 펜 도구를 이용하여 다음과 같이 패스를 작성합니다.

④ [Pahts(패스)] 패널에서 [Path 2(패스 2)]을 선택한 후 다음과 같이 패스를 작성합니다.

⑤ 같은 방법으로 패스 3, 4를 작성합니다.

⑥ [Layers(레이어)] 패널을 [Layer 2(레이어 2)] 레이어를 선택한 후 [Create a new layer(새 레이어 만들기)]를 클릭합니다.

⑦ 레이어가 추가되면 [Paths(패스)] 패널에서 Ctrl를 누른 상태에서 [Path 1 thumbnail(패스 축소판)]을 클릭합니다.

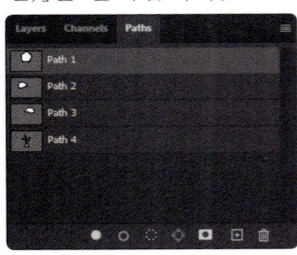 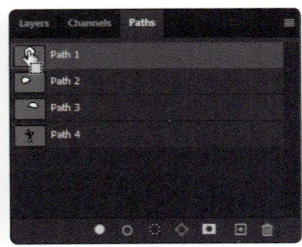

⑧ 선택 영역이 지정되면 Tool Box(도구 상자)에서 [Set foreground color(전경색 설정)]을 클릭합니다.

⑨ [Color Picker(Foreground Color)(색상 피커(전경색))] 대화상자가 나타나면 색상(ffff66)을 입력한 후 [OK(확인)] 단추를 클릭합니다.

⑩ Alt+Delete를 눌러 전경색을 칠합니다.

⑪ [Layers(레이어)] 패널에서 fx[Add a layer style(레이어 스타일 추가)]를 클릭한 후 [Drop Shadow(그림자 효과)]를 클릭합니다.

⑫ [Layer Style(레이어 스타일)] 대화상자 [Drop Shadow(그림자 효과)] 스타일이 나타나면 속성을 지정한 후 [OK(확인)] 단추를 클릭합니다.

⑬ [Layers(레이어)] 패널을 [Layer 3(레이어 3)] 레이어를 선택한 후 [Create a new layer(새 레이어 만들기)]를 클릭합니다.

⑭ 레이어가 추가되면 [Paths(패스)] 패널에서 Ctrl를 누른 상태에서 [Path 2 thumbnail(패스 축소판)]을 클릭합니다.

 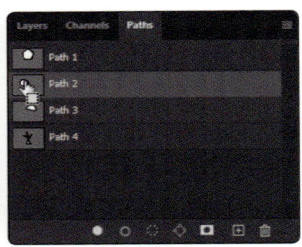

⑮ 선택 영역이 지정되면 Tool Box(도구 상자)에서 [Set foreground color(전경색 설정)]을 클릭합니다.

⑯ [Color Picker(Foreground Color)(색상 피커(전경색))] 대화상자가 나타나면 색상(666699)을 입력한 후 [OK(확인)] 단추를 클릭합니다.

⑰ Alt+Delete를 눌러 전경색을 칠합니다.

⑱ [Layers(레이어)] 패널에서 fx[Add a layer style(레이어 스타일 추가)]를 클릭한 후 [Drop Shadow(그림자 효과)]를 클릭합니다.

⑲ [Layer Style(레이어 스타일)] 대화상자 [Drop Shadow(그림자 효과)] 스타일이 나타나면 속성을 지정한 후 [OK(확인)] 단추를 클릭합니다.

⑳ 같은 방법으로 레이어를 추가한 후 전경색을 칠한 다음 레이어 스타일을 지정합니다.

㉑ [Layers(레이어)] 패널을 [Layer 5(레이어 5)] 레이어를 선택한 후 [Create a new layer(새 레이어 만들기)]를 클릭합니다.

㉒ 레이어가 추가되면 [Edit(편집)]을 클릭한 후 [Fill(칠)]을 클릭합니다.

㉓ [Fill(칠)] 대화상자가 나타나면 Contents(내용)의 [목록] 단추를 클릭한 후 Pattern(패턴)을 선택합니다.

㉔ [Custom Pattern(사용자 정의 패턴)]의 [목록] 단추를 클릭한 후 정의한 패턴을 더블클릭한 다음 [OK(확인)] 단추를 클릭합니다.

㉕ [Layers(레이어)] 패널에서 Opacity(불투명도)에 '70%'를 입력합니다.

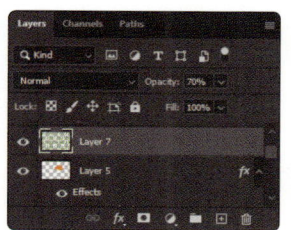

㉖ [Paths(패스)] 패널에서 Ctrl를 누른 상태에서 [Path 1 thumbnail(패스 축소판)]을 클릭합니다.

㉗ 선택 영역이 지정되면 Ctrl+Shift를 누른 상태에서 [Path 2 thumbnail(패스 축소판)]을 클릭합니다.

㉘ Path 1 과 Path 2가 선택 영역으로 합쳐서 지정되면 Ctrl+Shift를 누른 상태에서 [Path 3 thumbnail(패스 축소판)]을 클릭하여 선택 영역을 지정합니다.

㉙ 선택 영역이 지정되면 [Select(선택)]을 클릭한 후 [Inverse(반전)]을 클릭하여 선택 영역을 반전합니다.

㉚ 선택 영역이 반전되면 Delete를 눌러 삭제합니다.

STEP 02 답안 저장 및 전송하기

① 작성한 답안을 저장하기 위해 [File(파일)]을 클릭한 후 [Save(저장)]을 클릭합니다.

② [Save on your computer or to cloud documents(컴퓨터 또는 클라우드 문서에 저장)] 대화상자가 나타나면 [Save on your computer(내 컴퓨터에 저장)] 단추를 클릭합니다.

③ [다른 이름으로 저장] 대화상자가 나타나면 저장 위치(내 PC₩문서₩GTQ)를 지정한 후 파일 이름(수험번호-성명-문제번호)을 입력한 다음 형식(JPEG (*.JPG;*.JPEG;*.JPE))을 선택하고 [저장] 단추를 클릭합니다.

④ [JPEG Options(JPEG 옵션)] 대화상자가 나타나면 Quality(품질)을 지정한 후 [OK(확인)] 단추를 클릭합니다.

⑤ PSD 파일로 저장하기 위해 [Image(이미지)]를 클릭한 후 [Image Size(이미지 크기)]를 클릭합니다.

⑥ [Image Size(이미지 크기)] 대화상자가 나타나면 단위(Pixels)를 선택한 후 Width(폭)에 '60'을 입력한 후 [OK(확인)] 단추를 클릭합니다.

⑦ 작성한 답안을 저장하기 위해 [File(파일)]을 클릭한 후 [Save(저장)]을 클릭합니다.

⑧ [Save on your computer or to cloud documents(컴퓨터 또는 클라우드 문서에 저장)] 대화상자가 나타나면 [Save on your computer(내 컴퓨터에 저장)] 단추를 클릭합니다.

⑨ [다른 이름으로 저장(Save As)] 대화상자가 나타나면 저장 위치(내 PC\문서\GTQ)를 지정한 후 파일 이름(수험번호-성명-문제번호)을 입력한 다음 형식(Photoshop (*.PSD;*.PDD;*.PSDT))을 선택하고 [저장] 단추를 클릭합니다.

⑩ [Photoshop Format Options(Photoshop 형식 옵션)] 대화상자가 나타나면 [OK(확인)] 단추를 클릭합니다.

⑪ KOAS 수험자용 프로그램을 선택한 후 [답안 전송] 단추를 클릭합니다.

⑫ [MessageBox] 대화상자가 나타나면 [예] 단추를 클릭합니다.

⑬ [고사실 PC로 답안 파일 보내기] 대화상자가 나타나면 전송할 파일을 선택한 후 [답안전송] 단추를 클릭합니다.

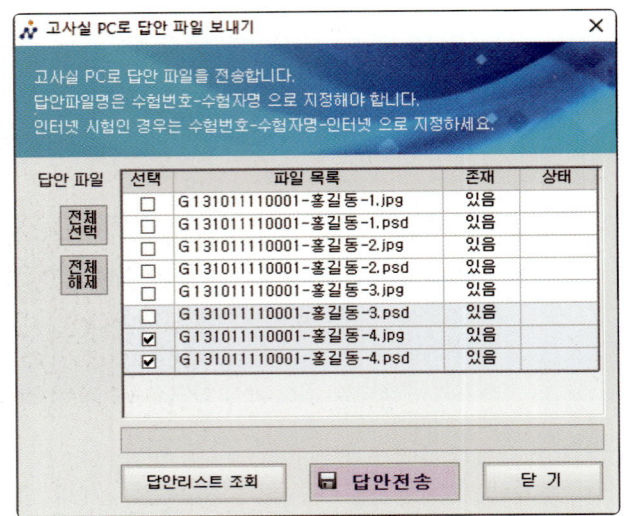

전송하고자 하는 파일의 존재 여부가 '없음'으로 표시되면 파일명 및 저장 위치를 확인합니다.

⑭ [MessageBox] 대화상자가 나타나면 [확인] 단추를 클릭합니다.

⑮ [고사실 PC로 답안 파일 보내기] 대화상자가 다시 나타나면 [닫기] 단추를 클릭합니다.

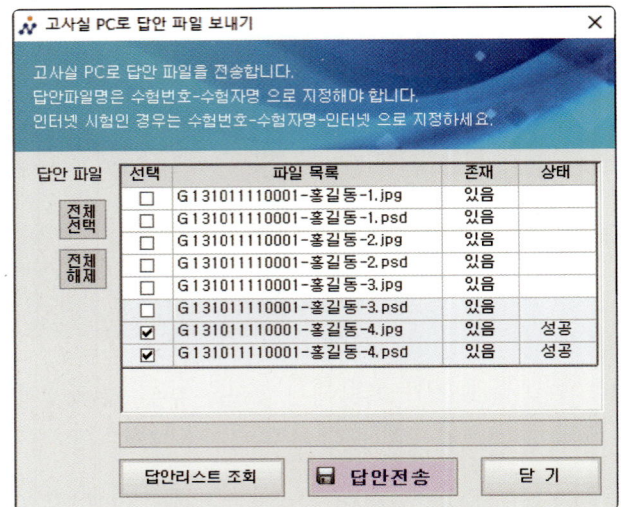

전송한 파일의 상태 여부가 '성공'으로 표시되는지 확인합니다.